编委会人员名单

顾　问：米东生　黄立新

主　编：刁殿伟

编　委：郑　林　陈思竹　王明毅　赵荣强　李贵霖
田　渊　钟全武　侯家学　周　琼　普永红
罗　湖　马利波　江建成　段冬梅　段培光
杨立刚　洪建新　张晋宣　刘顺昌　李永祥

编　辑：郑　林　陈思竹　王明毅　赵荣强
李亚洁　连利军　邓健强　杨　光

云南（2006~2010）改革报告

REFORM REPORT OF YUNNAN PROVINCE

云南省发展和改革委员会
刁殿伟　主编

云南大学出版社
YUNNAN UNIVERSITY PRESS

图书在版编目（CIP）数据

云南改革报告：2006～2010／刁殿伟主编．—昆明：云南大学出版社，2011

ISBN 978－7－5482－0398－8

Ⅰ．①云… Ⅱ．①刁… Ⅲ．①经济改革—研究报告—云南省—2006～2010②政治改革—研究报告—云南省—2006～2010 Ⅳ．①F127.74

中国版本图书馆 CIP 数据核字（2011）第 049915 号

云南改革报告（2006～2010）

刁殿伟　主编

策划编辑：张丽华

责任编辑：张丽华　谢　程　潘　芮

封面设计：夏雪梅

出版发行：云南大学出版社

印　　装：昆明卓林包装印刷有限公司

开　　本：787mm×1092mm　1/16

印　　张：22.25

字　　数：552 千

版　　次：2011 年 4 月第 1 版

印　　次：2011 年 4 月第 1 次印刷

书　　号：ISBN 978－7－5482－0398－8

定　　价：68.00 元

社　　址：云南省昆明市翠湖北路 2 号云南大学英华园内（邮编：650091）

发行电话：0871－5033244

网　　址：http：//www.ynup.com　E－mail：market@ynup.com

序　言

省委常委、常务副省长　罗正富

胡锦涛总书记在纪念党的十一届三中全会召开30周年大会时强调："改革开放是决定当代中国命运的关键抉择，是发展中国特色社会主义、实现中华民族伟大复兴的必由之路。"不断推进改革创新，一直是党和国家既定的战略方针和重大的工作部署。"十一五"期间，省委、省政府认真贯彻落实中央的各项重大改革决策，结合云南实际大胆探索，重点领域和关键环节改革都取得了新的突破。一是经济体制改革向纵深发展。国有企业和国有资产管理体制改革向纵深发展，成功引进了一批国内外战略投资者。财税、金融、投资体制改革继续深化，市场体系不断健全。农村综合改革和集体林权制度、农垦、华侨农（林）场改革稳步推进。二是社会体制改革加快推进。各级各类教育改革统筹推进，城乡居民最低生活保障制度和社会救助体系不断完善，医药卫生体制改革全面推进。三是文化体制改革全面启动。文化产业与旅游产业实现深度结合、互动发展，省直文化事业单位改革分类推进，组建了云南文化产业投资集团有限公司、云南广电网络集团有限公司。四是行政管理体制改革不断创新。法治政府、责任政府、阳光政府、效能政府等十六项制度全面实施，政府职能加快转变。推进干部人事制度改革，加大了竞争性选拔干部力度。五是各项综合改革试点成果频现。昆明市和红河州作为综合改革试点在行政审批制度创新、户籍制度改革、统筹城乡发展等方面进行了有益探索。扩权强县、省直管县财政管理体制和旅游业综合改革等有序开展。

这些重大改革，为推动全省经济社会又好又快发展提供了强大动力。"十一五"时期是我省改革开放以来综合经济实力增长最快的时期，是基础设施建设投入最多、城乡面貌变化最大的时期，是优势特色产业快速发展、产业结构不断优化的时期，是社会事业全面进步、各族群众得实惠最多的时期，是干部队伍建设全面加强、执政能力和领导水平明显提高的时期。这些成绩，正是省委、省政府立足云南实际、不断深化省情认识、坚持改革创新的结果。认真总结“十一五”时期全省改革工作，对于回顾改革历史，总结改革经验，推动全省各族干部群众进一步解放思想、深化改革，加快建立健全推进科学发展的体制机制，加快全面建设小康社会进程，具有十分重要的意义。

由省发展改革委牵头编制的《云南改革报告（2006～2010）》收录了34期分析研究报告、17篇全省及各州市“十一五”改革工作总结和“十二五”改革总体打算，涉及了我省行政管理、所有制结构、农村经济、财政金融投资、社会事业管理、市场体系建设、对外开放和社会保障体制改革等多个方面，其中的一些分析报告对改革过程中关系经济社会发展的重点、难点、热点问题进行了深入研究，提出的对策建议得到了地方、部门同志们的认可，得到了省委、省政府领导的肯定。将这些资料汇编成书既是对“十一五”我省推进改革的全面总结和成就展示，也是我省“十二五”继续深化改革的前瞻和部署，同时也凝聚了广大改革工作者的心血和汗水。该书内容丰富、涉及面广、时代性强，是一本难得的改革理论指导和实践经验参考书。

实践永无止境，探索和创新也永无止境。“十二五”时期是云南加快转变经济发展方式的攻坚期，是加快建设“两强一堡”的黄金期，是全面建设小康社会的关键期。希望全省各级、各部门在党中央、国务院和省委、省政府的正确领导下，紧紧围绕科学发展这个主题、加快转变经济发展方式这条主线，加大改革创新，加快开放步伐，加强统筹协调，以更加坚定的决心和更加有力的措施，深入推进改革攻坚，不断完善社会主义市场经济体制，奋力推进云南改革发展和现代化建设不断迈上新的台阶。

目　录

综合篇

专题篇

综合篇

经济体制改革全面推进　进一步深化改革任务艰巨

近年来，在省委、省政府的正确领导下，我省紧紧围绕建立社会主义市场经济体制的改革目标，全面推进各项改革，解放和发展了生产力，促进了全省经济较快发展。继顺利完成“十五”规划后，实现了“十一五”开门红。2006 年，全省生产总值 4 001.87 亿元，比上年增长 11.9%，人均 GDP、全部工业增加值和固定资产投资分别比上年增长 11.1%、16.5%和 26.5%。经济社会发展规律表明，“十一五”时期，云南仍处于加快发展的最好时期，同时也处于加快改革的最有利时期。本报告是“云南省改革进程分析报告”的第一期。报告对全省改革进展情况及存在问题进行综合分析，并提出了进一步深化改革的初步设想。

一、各项改革全面推进，社会主义市场经济体制框架基本建立

以建立社会主义市场经济体制为目标的经济体制改革，是一项长期的战略任务。党的十四届三中全会作出的《中共中央关于建立社会主义市场经济体制若干问题的决定》，提出了构建社会主义市场经济体制的基本框架，党的十六届三中全会作出的《中共中央关于完善社会主义市场经济体制若干问题的决定》，提出了完善社会主义经济体制的目标和任务。为了进一步加快经济体制改革步伐，2003 年，国家新组建成立了国家发展和改革委员会。我省也于 2004 年 2 月新组建成立了云南省发展和改革委员会，全面推进全省经济体制改革。经过十几年的努力，我省社会主义市场经济体制基本框架已初步建立。近年来的主要改革成效表现在以下六个方面。

（一）国企改革和大企业大集团行业整合成效显著

一是在 2002～2005 年三年国企改革取得成效的基础上，及时启动了新一轮三年国有企业改革工作。截至 2006 年底，在全省 16 个州市列入前三年深化国企改革考核范围的 2 351 户企业中，有 2 312 户完成了改革任务，改革面达到了 98.3%，其中红河、西双版纳、丽江、怒江、迪庆、个旧等 6 个州市已 100% 完成改革任务；全省 57 个关闭破产项目和脱困改革稳步推进；股份合作制企业的深化改革试点工作基本完成，全省 8 个州市共 20 户试点企业中已有 15 户全面完成试点任务；省属企业股份制改革顺利推进，已有 85% 以上省属二级企业完成了股权多元化改革，列入前三年改革考核范围的 195 户省属重点企业完成改革面达到 87.7%。二是继续推进冶金、化工、煤炭、建材、机械、电子、制药、制糖、制茶、橡胶等 10 大行业整合工作，“7 变 3”重组了云天化集团、煤化工集团和云锡

集团3大企业集团；整合组建了新的旅游产业集团、物流产业集团等大集团；改革了国有企业的监管体制，省国资委监管的省属企业由39户减少到26户。改革促进了大企业大集团的发展，实现了优质资源向优势企业的集中。

（二）发展壮大县域经济和农村经济体制改革取得成效

一是从2004年起在47个县开展了县域经济发展改革试点，在25个县实施了兴边富民工程，改革试点带动了全省县域经济的发展壮大。2005年47个试点县完成地区生产总值2 173.7亿元，比上年增长10.9%，比全省增幅高1.9个百分点；财政收入完成180亿元，比上年增长24.8%，增幅比全省高9.7%；未列入改革范围的兰坪、新平等非试点县的地区生产总值和财政收入也都实现了两位数的增长，2006年，兰坪和新平两县的地区生产总值、财政收入分别比上年增长50%、54%和13.5%、16.1%，显现了县域经济改革试点的带动作用。同时，兴边富民工程也促进了边境地区的经济社会发展。二是以乡镇机构、义务教育和县乡财政管理体制改革为重点的农村综合改革取得初步成效。到目前，全省已撤并减少了257个乡镇，减幅16.4%，已超额完成计划减少15%的改革目标，精简乡镇行政机构1 300多个、事业机构6 000多个，乡镇行政事业单位编制精简了10%；结合村民委员会换届选举，减少了村民委员会150多个、村民小组1 600多个，精简村组干部1.3万人；撤销了乡镇教办，将教师人事和工资全部上收到县统一管理，全面落实“两免一补”政策，2006年全省投入“两免一补”的经费达15.53亿元，享受免杂费、免教科书费的学生分别达到601万人和261万人，120万贫困学生获得生活补助；进一步统筹县乡财政资源，规范乡镇财政收支行为，85个县的966个乡镇实行“乡财县管乡用”，有9 300个村实行“村财民理乡代管”改革，98%的村普遍实行财务公开，73%的村委会、58%的村民小组建立了民主理财小组。三是积极推进农村信用社和粮食流通体制改革。自云南省农村信用联社于2005年3月成立后，积极推进改革，科学布设网点，到2006年底，全省农村信用社共有机构网点2 533个，各项存款余额达到990多亿元，各项贷款余额635亿元，实现利润4亿多元。鼓励和引导非公企业参与粮食流通，全省各类粮食企业由2002年的1 000余户发展到2006年的6 717户，其中民营企业和股份制企业达6 503户。四是积极推进社会主义新农村建设。制定出台了《关于贯彻〈中共中央国务院关于推进社会主义新农村建设的若干意见〉的实施意见》，启动了省级500个新农村建设试点村的村容村貌整治工作，作出由省、州（市）、县连续5年向全省下派驻村指导员指导新农村建设，首批共有省、州（市）、县（市、区）、乡（镇）四级1 312支工作队，13 500名指导员已分赴13 442个行政村。

（三）行政审批制度改革和市场体系建设逐步深入

一是从2000年开始，先后进行了两轮行政审批制度改革，在第一轮改革中分4批对省直部门、省属事业单位及厅局转实体单位的1 076项行政审批项目进行了清理，共取消479项，取消精简率45%左右。结合贯彻实施《行政许可法》，启动了第二轮行政审批制度改革工作，对47个省直部门报送的734项行政许可项目进行了清理，取消129项，改变管理方式61项，并于2004年6月以省政府125号令向社会公布。全面推进依法行政，提请省人大常委会审议通过47件地方性法规，发布37件政府规章，废止34件政府规章和规范性文件。认真贯彻行政许可法，认定90个省级单位的行政许可实施主体资格，减少43个，政府工作逐步走上制度化、规范化和法制化轨道。二是积极推进企业上市和资本市场发展。截至目前，全省共有上市公司 25 家，2006 年上市公司主营业务收入 345.7 亿元。三是积极培育发展烟、糖、茶、胶等特色优势商品市场。成立近十年的昆明商品中心批发市场，已从一个区域性的食糖批发市场发展成为我国最大的食糖批发市场，2006 引进外资改组为“云南鲲鹏农产品电子商务批发市场有限公司”，当年食糖交易量达 90 万吨，交易额 41 亿元。该市场交易额多年位居全国第一，市场拥有功能完备的信息网络、交易网络、结算网络和物流配送网络，现已发展成为全国食糖价格形成中心和全国食糖资源配置中心。全省的花卉、茶叶等重要商品市场发展迅速，普洱茶交易额不断攀升。

（四）投融资体制改革和专业投资公司发展成绩突出

一是认真贯彻落实《国务院关于投资体制改革的决定》，出台了《云南省企业投资项目核准实施办法》、《云南省企业投资建设项目登记备案实施办法》、《云南省省级预算内投资管理办法》、《云南省发展和改革委员会委托投资咨询评估管理办法》和《云南省公益性项目代建管理办法》等六个配套文件，进一步确立企业的投资主体地位，严格审批制，健全并规范核准制和备案制，改变政府投资管理方式。二是积极开展了两个省本级公益性项目“代建制”试点，并积极推进专业投资公司组建工作。省发改委成立近三年来，在重点领域牵头组建了电力、铁路、城建、旅游、农业、公路、水利水电、铁投新兴等 8 大专业投资公司，构建了新型投融资平台，进一步拓宽了融资渠道。三是积极推进金融体制改革。制定出台了《云南省对金融机构支持中小企业贷款考核奖励暂行办法》，进一步加大了对非公经济的信贷支持力度，制定出台了《云南省金融支持社会主义新农村建设指导意见》，加大了对“三农”的信贷支持力度。到 2006 年底，全省银行机构各项存款余额 6 192.7 亿元，比上年增长 19.1%；各项贷款余额 4 851.5 亿元，同比增长 20.4%；资产总额 7 321 亿元，比 2000 年增长 1.3 倍，全省银行机构实现税后利润 33.7 亿元。“十五”期间全省保险业累计实现保费收入 327 亿元，比“九五”增长近 1 倍，2006 年全省实现保费规模达 95.3 亿元，同比增长 17.6%。

（五）社会保障体制改革逐步推进

一是建立和完善相关政策法规。制定出台了《云南省城镇企业职工养老保险暂行办法》、《云南省企业职工基本养老保险条例》、《云南省劳动就业条例》、《云南省国有企业富余职工分流安置实施办法》、《云南省职业介绍条例》等系列法规政策；出台了《关于进一步做好国有企业下岗职工基本生活保障和再就业工作意见的通知》等 30 余份规范性文件；出台了《云南省城市居民最低生活保障制度实施意见》、《提高城镇居民最低生活保障水平实施方案》、《关于调整城镇居民最低生活保障标准的通知》以及关于社会福利制度和优抚安置制度等方面的文件。二是以城镇职工基本养老、医疗、失业保险为主要内容的社会保障体制改革迅速推进。到 2006 年全省实行多种形式社会化管理服务率达 99%，其中纳入社区管理服务率为 48%；参加基本养老保险的人数达到 266.5 万人；参加基本医疗保险的人数为 330.7 万人，失业保险参保人数达到 193.1 万人，为 54 万失业职工和下岗职工提供了救济金和生活保障金。我省还制定了农民工参加医疗保险的办法，2006 年，全省农民工参加工伤保险人数达到 9 万人，国有煤矿农民工参加工伤保险率达到 94%，参加医疗保险人数达 3.5 万人。有 10 个州市 66 个县开设了农民工工资保障金专户。在推进南华县这个作为 8 个国家级试点县之一农村养老保险制度改革试点的同时，还选择了 16 个县进行农村社会养老保险制度改革试点。

（六）文化、教育、卫生等社会事业改革取得明显成效

一是在文化体制方面，已有8个州（市）25个县开展了文化体制改革试点。2006年制定了《云南省深化文化体制改革实施方案》，进一步加快推进文化体制改革。通过深化改革，文化及相关产业发展速度加快。据初步统计，自2004年至2006年，全省已实施和即将实施的文化产业项目达1 259项。2006年文化产业及相关产业增加值达到200亿元以上，占全省GDP 6%以上。二是在教育体制方面，大力推进农村义务教育、高中教育、职业教育、高等教育等各类教育改革试点，截至2006年底，有9个试点州（市）通过深化教育改革，基本建立起政府投入为主、多渠道筹措经费的投入机制，基本形成以公办教育为主，公办和民办教育共同发展的办学新机制；中小学教材招投标改革试点工作稳步推进，通过招投标改革切实降低中小学教材价格。三是医疗卫生体制方面，围绕解决“看病难、看病贵”问题，加大了公共卫生和医疗服务体系建设投入、探索医疗机构产权制度改革、推进新型农村合作医疗试点、深化药品生产流通和监督管理体制改革等努力推进卫生体制改革。截至2006年底，全省147个疾病预防控制体系建设项目全部开工建设，农村卫生服务体系项目已竣工455个；新型农村合作医疗试点县总数达52个，覆盖了全省129个县（市、区）的40%，农民群众的医疗费用负担进一步减轻。制定了整治药品市场秩序方案，拟在2006年8月至2007年7月期间，对药品研制注册、生产、流通各环节，在全省范围开展整顿和规范药品市场秩序专项行动。

二、把握深化改革的难点重点问题，继续完善落实科学发展观的体制基础

自1997年以来，云南经济增长出现了连续5年的下滑，到2002年才止跌回升，“十五”期间尽管我们加快了改革步伐，在国企改革、行政审批制度改革等方面取得了较好成效，但GDP增长速度只有2004年一个年份高于全国平均增长水平，达到11.33%。“十一五”开局良好，2006年GDP比上年增长11.9%，高于全国平均速度。但与兄弟省区相比，我省经济发展的质量、速度和效益还有较大差距，发展过程中还存在许多亟待解决的问题。一方面，从综合情况来看，我省的综合经济总量不足全国平均水平的6成。据对2005年地区生产总值、人均生产总值、全社会固定资产投资、财政收入，第二、三产业就业人数等指标的无量纲化及综合排序处理计算，全省综合经济总量得分0.587分，排在全国第23位，只相当于全国平均水平的58.7%，相当于第一位广东省的21.7%，第二位江苏省的23.75%。另一方面，从产业规模来看，工业、旅游业、外资企业、私营企业、住宿餐饮业差距更大。据统计资料，全省工业、建筑业、交通运输邮电业、批发零售业、住宿餐饮业、房地产业、外资企业、旅游业和私营企业等9大产业中，仅交通运输邮电业略超过全国平均水平，其余8个产业都在全国平均水平以下，而且离平均水平都有较大差距，其中外资企业、私营企业只相当于全国平均水平的19.1%和36.3%。

综合分析我省加快发展中存在的问题，究其根本原因，系社会主义市场经济体制还不完善，集中表现在以下四个方面的体制性障碍仍严重制约着生产力的发展。

（一）市场主体发育缓慢，微观经济主体难以适应市场经济的发展要求

弱小的微观经济主体难以满足经济社会加快发展的需要，更难以适应全球化的需要。从企业来看，国有企业比重过大，企业自主权不完整，上市公司量少质弱，大量上市公司被省外重组收购，未能充分发挥对区域经济的促进作用，各类企业的市场主体地位尚未完全确

立。2006 年国有经济比重为 63.5%，非公经济占全省生产总值的比重 36.5%；全省国有及国有控股企业工业增加值占全省工业增加值 63.47%；上市公司数量仅占全国 1.74%，总市值占比为 1.02%，筹集资金比例 1.91%。从农村来看，分散的农民还没有成为真正的市场主体，“小农户，大市场”的矛盾依然非常突出。目前，农民的合作组织发育程度很低，还不能有效地把农户组织起来，使农民沦为了大市场中的弱势群体。农村市场主体的缺位，使得社会主义新农村建设中通过发展生产以促进农民增收的问题困难重重且十分突出。

（二）市场体系不完善，市场化程度低，制约了市场配置资源功能的发挥

各要素市场发育缓慢，以市场方式推动经济结构调整和促进生产要素向产业聚集的主导作用尚未显现，市场配置资源为主的体制难以形成。资本市场发育程度低，投融资能力不强；土地流转机制尚未建立健全；产权市场尚未完全规范发展，企业产权进场交易难度大，产权交易评估价格与市场价格难以衔接；人才和劳动力市场发展滞后，部门分割，市场供需主体没有完全到位，整体服务水平不高，公益性服务缺乏资金；技术市场对技术推进发展指导不力，服务体系建设滞后。

开放程度低，利用外资水平不高。2006 年，全省对外贸易进出口总额完成 62.3 亿美元，虽然首次突破 60 亿美元，比上年增长 31.4%，但仅占全国的 0.35%，外贸净出口对 GDP 增长的贡献率仅占 8.3%；同年，全省直接利用外资 3.02 亿美元，比上年增长 74.2%，也仅占全国 0.43%，仅占广东 2.08%，仅占江苏 1.73%，仅占上海 4.25%。据北师大等有关课题组的研究，2002 年，中国市场化指数为 72.8%，同年，在全国 31 个省区市“市场化进程总体排序”中，云南省位列第 23 位，在西部 12 省区市中次于重庆、四川、广西，位居第 4。另据中国社会科学院 2007 年中国区域综合竞争力报告，云南省综合竞争力排名第 26 位，比两年前降低了两位。

（三）收入分配和社会保障制度改革滞后，难以适应和谐社会建设的需要

从收入分配制度来看，企业与行政、事业单位的工资分配实行“双轨制”，造成企业职工总体工资和福利水平与行政、事业单位的差距不断扩大；行政性垄断导致不同行业和行业内部不同企业之间职工工资收入差距快速扩大，2003 年垄断行业与非垄断行业的职工工资收入差距达 3～4 倍；企业内部工资分配的市场化尚不完善，国有企业中职工工资分配平均主义严重与经营者和职工工资差距快速扩大并存，非国有企业则是分配主体缺位，工资分配由经营者决定，职工合法权益难以保障；个人所得税起征点较低，使大部分中低收入者成为纳税主体，加大了高低收入者之间的差距，财政转移支付对低收入群体的扶持不足，公共产品的提供和服务不到位。

从社会保障体系来看，不合理的城乡相互分离、覆盖面较小、统筹层次低的制度设计，致使大部分公民尤其是低收入群体和流动性较强的农民工，被排斥在社会保障的“安全网”之外，造成保障作用的弱化，特别是农村社会保障体系建设严重滞后，占全省人口 70% 的农村人口至今未能享有社会保障。2005 年农村养老保险覆盖面只占全省农业人员的 4.4%，且参保农民的保障水平普遍偏低，对农民的养老难以起到保障的作用。新型农村合作医疗处于试点完善阶段，覆盖面小，保障水平低。社会救助在农村的救助面远远小于需求，且救助水平很低。

（四）政府管理体制改革尚未真正破题，职能转变缓慢，政府体制难以适应加快发展和公共服务均等化的需要

由于政府集改革对象和改革推动者两种角色于一身，角色的不确定性，使政府自身的改革十分艰难。一是政府在发展战略的制定中对改革攻坚的任务未明确，发展规划的落实、体制创新的推进、政府职能的界定等问题亟待破解和深化。二是政府提供社会公共产品的服务职能不到位，公共基础设施、义务教育、公共医疗、基本卫生保健等的资源配给体制不合理，公共资源过度地对城镇人口倾斜，农村人口得到的资源量少，占总人口70%的农村居民仅拥有不到20%的医疗卫生资源，城乡社会保障覆盖率之比高达22∶1。三是政府角色“越位”、“错位”、“缺位”现象普遍，形成了该管的没管好，不该管的管过头，限制了市场配置资源基础性作用的发挥和政府对公共服务均等化责任的体现。以医疗卫生体制为例，政府的卫生管理体制还没有摆脱计划经济框架，政府对医院仍然管办不分，政府职能混乱，医疗改革难以推进。首先是医院改革不是从体制上来下工夫，而是推脱财政责任，过多地强调经费自筹和创收，促使大多数医院靠开药、检验、高收费来开工资发奖金，造成老百姓看不起病、住不起院；其次是卫生资源在城乡间、在大中型医院间配置不合理，优质卫生资源过度向大中城市、向大医院集中；最后是尚未形成“小病”进社区“大病”进医院的分级医疗、双向转诊制度。

三、突破五大改革难关，促进我省经济社会又好又快发展

全省经济社会要实现又好又快发展，必须坚持社会主义市场经济的改革方向，必须用改革的办法着力解决阻碍经济社会发展的体制性问题，通过推进市场化程度和建立市场化的财产制度来进一步深化改革，充分发挥市场配置资源的基础性作用，促进经济加快发展和公共服务均等化。当前和今后一段时期，要着力突破改革的五大难关。

（一）深化政府管理体制改革，改变管理方式，建设高效的公共服务型政府

一是加快行政管理体制的改革。继续深化行政审批制度改革，进一步减少行政审批范围，清理行政许可项目和非行政许可审批项目。积极创新行政审批方式，推行并完善告知承诺制度、并联审批制度、网上审批制度、简化和规范行政审批程序。2007年要集中建立和完善国有资产处置审批制度、重大资源开发利用审批制度、重大投资项目审批制度、财政资金支出项目审批制度等政府重大决策制度。二是选择1～4个有条件的非民族自治县进行省直管县的改革试点，同时进一步加大撤并乡镇的改革力度，扩大试点范围；启动事业单位管理体制改革，大力发展和规范各类社会组织，充分发挥其提供服务、反映诉求、规范行为的作用。三是进一步加大投资体制改革力度，进一步规范政府投资行为，提高政府投资决策水平，拓宽投融资渠道。2007年要组建科技开发专业投资公司，并为已组建的专业投资公司配置加快发展壮大的政策环境。四是建立现代公共财政体制，完善成本监控系统、集中统一收费制度、政府采购制度等，降低政府成本。五是完善行政问责制，推行政务公开，建设电子政府，推动政府再造，提高政府重大决策的透明度和公众参与度。

（二）建立和完善现代产权制度，发展农村合作组织，培育市场主体

要结合贯彻《中华人民共和国物权法》，建立产权明晰、公平竞争的社会主义市场经济体制，着力抓好城市企业改革和农村经济体制改革工作。

在企业改革方面，一是要通过建立和完善国有资产监督管理体制，培育国有资产规范、有序流转的运行机制，促进国有资本在不同地区、行业和企业之间的合理流动；二是要建立国有资本规范的出资人制度和退出机制，建立国有资本经营预算制度、规范政府与企业的分配关系，优化政府投资结构；三是建立健全现代产权制度，大力发展混合所有制

经济，重点是减少市场准入的限制和降低市场准入的“门槛”，加速私营经济和个体经济的发展，推进省属国有大中型企业股份制改革，深化国有中小企业股份合作制企业的股权结构改革，扩大非公经济参与国企改革的广度和深度；四是建立和完善企业经营管理层激励和约束机制，推进职业经理人的市场化配置；五是继续推行行业整合改革，培育一批有较强竞争力的大企业大集团，帮扶一批具有发展前景的困难企业，强化企业内部管理，着力打造品牌，提高企业的市场竞争力。

在农村改革方面，鉴于原定47个县域经济试点县的改革政策将于2007年年底到期，为此建议提前做好调研，并于2008年及时调整相关改革政策并建议增加兰坪、新平等县列入新一轮县域经济改革试点范围；根据中央关于进一步深化农村综合改革的新要求，进一步加大农村综合改革的力度，加快培育和组建各类新合作组织，加大农村供销合作社改革，把分散的农户组织起来，提高参与市场竞争能力，完善政策和法律法规体系保证农村合作组织的健康发展。建议在兰坪、开远等地先行探索工业反哺农业改革试点。

（三）加大要素市场培育力度，建立健全统一、开放、竞争、有序的市场体系

着力抓好资产、土地、产权、人力资源等要素市场的改革发展工作。一是推进资本市场的改革，提高上市公司的质量，发挥其融资能力，积极发展海外市场，拓展债券、期货等多种融资渠道；二是建立土地有偿使用长效机制，围绕城市化和新型工业化推进，进一步完善土地资源规划体系，严格执行土地利用总体规划和年度计划，坚决控制建设占地规模，加强对建设用地的调控力度，落实土地监察制度，遏制低水平重复建设和盲目圈占土地，加强耕地特别是基本农田的保护，完善农村土地制度、土地征用制度和城镇国有土地收购储备制度，保证土地资源的合理开发利用，形成市场配置土地资源的价格机制；三是构建统一的产权市场，加快产权交易信息网络建设，规范产权交易行为，防止国有资产的流失；四是解决人才市场和劳动力市场部门分割的状况，调整人力资源市场结构，优化布局，加快人力资源市场的专业化、信息化、产业化建设，健全人力资源服务体系，提高服务效率，建立“多层次、全方位、优服务”的人力资源市场网络，促进人力资源的合理配置；五是推进技术市场改革，以昆明为中心，拓宽技术辐射面和技术产品流通渠道，提高技术贸易活动水平，扩大技术交易的规模和范围。

（四）进一步加快收入分配和社会保障制度的改革步伐，建设构建社会主义和谐社会的体制基础

在收入分配方面，要以构建起点干预、过程干预、结果干预“三位一体”政策为中心的公平分配制度模式。当前，要发挥政府对初次分配形成中的重要作用，逐步建立反映市场经济内在要求的收入分配制度。一是进一步完善企业和事业单位工资收入分配制度改革，借鉴企业收入分配制度改革的成功经验，加快事业单位的工资改革。二是消除和限制行政性垄断，为各类企业创造公平竞争的环境；进一步推进省属国有及国有控股企业经营者年薪制改革，建立科学、客观、公正的企业经营业绩指标评价体系；推行年薪制、职工持股、技术和知识产权入股、股票期权等分配制度，加快建立与经济增长相适应的工资增长机制。三是完善税收制度，增强其对收入分配的调节作用。四是不断完善个人应税收入申报制度，采用分类综合型所得税制，适时提高个人所得税的起征点，完善累进所得税制。

在社会保障方面，要逐渐打破二元社会经济体制的束缚，建立城乡统一的社会保障制度；政府在城乡社会保障体系中应该进行财力投入和政策扶持；尽快改革和完善社会保障运行机制，以适应经济体制改革的需要；尽快建立多层次保障体系，缓解社会保障体系的压力；抓紧制定机关事业单位养老保险制度改革方案，推进城镇一体化社会保障体系的建立。完善城镇职工基本养老保险制度，坚持社会统筹与个人账户相结合，逐步做实养老保障个人账户。完善企业年金制度。推进符合我省农村家庭和民族习俗的16个县农村社会养老保险制度改革试点。提高失业保险统筹层次。扩大基本医疗保险覆盖范围，健全多层次的医疗保障体系。实现工伤保险全覆盖。发展企业补充保险和商业保险。全面落实城市居民最低生活保障，建立农村最低生活保障制度。

在医疗改革方面，要促进医疗保障体制、医院管理体制和药品流通体制“三改联动”。医疗保障体制改革要做到让最广大的人民看得起病、住得起院；医院管理体制改革要增加政府投入，建立稳定的经费保障机制，保证公立医院和城市社区医院回归公益服务本位，提高医疗服务效率，改进医疗服务质量；药品流通体制改革要消除药品流通环节的商业贿赂等腐败行为，最大限度地降低药品价格，使人民群众吃得起药。建议在医院“管办分离”改革方面，选择1~2个相对发达的地级市学习借鉴无锡市把卫生局“一分二”的改革经验，成立医院管理中心，试行管办分离体制。

（五）创新开放型经济体制，提高对外开放水平

顺应经济全球化和区域经济一体化的发展趋势，学习广西北部湾经济区建设以扩大开放的经验，进一步扩大我省对东南亚、南亚的开放，提高对外开放水平。一是增强扩大开放的意识，创新四个基本体制。要创新领导体制，认真制定开放型经济发展战略规划，修改和完善相关法规和政策，创造良好的外部环境；要创新管理体制，促进政府职能转变，减少行政审批项目，鼓励和支持各行业成立行业商会，重视和发挥行业商会的作用；要创新工作机制，建立各部门、政府与企业、中介组织之间联合互动、职责明确、相互协调、形成合力的工作机制；要创新融资体制，通过贷款担保和贷款贴息等鼓励和支持中小企业围绕大型企业和重点项目发展配套工业，并为国内外企业创造良好的投融资环境。二是改进对外开放的方式，放宽投资进入的市场限制，全面实行国民待遇，大力推行多种模式，调整导向性政策，吸引世界500强和国内大企业大集团到云南省投资兴业。三是完善云南对外开放政策体系，重点是完善有利于民营经济发展和公平竞争以及有关资本市场和社会信用体系建设方面的政策，大力推进我省南向互利合作，积极参与中国—东盟自由贸易区建设，进一步扩大与世界各国和地区的交往，巩固和完善六省区市七方经济技术合作，加强滇沪、滇粤和与浙江、江苏、福建等沿海省区的合作。同时，要加快“引进来”和“走出去”的步伐，建立和完善利用两种资源、开拓两个市场的支撑体系。

同时，应结合贯彻《七彩云南保护行动》，正确处理开发与保护的关系，以建立滇池水污染防治体制机制为契机，积极探索建立我省生态环境保护和合理开发的新体制新机制；结合贯彻中共中央政治局2007年2月15日第39次集体学习时强调把区域协调发展摆在更加重要位置切实贯彻落实好区域发展总体战略的精神，适应区域主体功能区划分要求，积极探索建立促进我省区域协调发展的体制机制，特别是通过试点加快建立生态补偿机制。

（《云南省改革进程分析报告》2007年第1期）

云南省2007年一季度改革进展情况分析及对策建议

2007年一季度我省经济体制改革取得七个方面重要进展，但还存在三个问题，下一步要结合贯彻全国经济体制改革工作会议精神，建议采取五项措施积极推进我省的经济体制改革工作。

一、一季度改革工作取得七个方面主要进展

按照坚持社会主义市场经济体制改革方向的要求，2007年全省加快改革步伐的共识逐步提高，任务逐步落实。一季度改革形势良好，各项改革工作有序推进。主要有七个方面的进展。

（一）制定出台了《云南省2007年经济体制改革工作要点》，全面部署全年改革工作

为了加强对改革工作的总体指导和综合协调，省发展和改革委员会在认真总结2006年改革工作的基础上，牵头组织有关部门认真研究制定了《云南省2007年经济体制改革工作要点》（以下简称《要点》）。《要点》上报省政府审批同意后，已于4月10日正式下发全省各地各部门。《要点》以科学发展观和建设社会主义和谐社会为指导，明确了2007年我省推进改革的七项重点任务。一是以转变政府职能为重点，加快行政管理体制改革。二是进一步深化国有企业改革，促进所有制结构调整。三是全面深化农村改革，推进社会主义新农村建设。四是积极推进投融资、财税、价格体制改革，完善宏观调控体系。五是继续深化科教文卫体制改革，促进社会事业全面发展。六是加快推进就业、社保和收入分配制度改革，建设富裕和谐云南。七是创新资源节约型和环境友好型社会建设的体制，实现人与自然和谐发展。

2007年年初，省发展和改革委员会还根据统筹改革发展的职能职责要求建立了《云南省改革进程分析报告制度》，对改革进展情况进行跟踪分析研究。4月18日，省发展和改革委员会及时组织召开了一季度改革形势分析会议，邀请省经委、省劳动和社会保障厅、省卫生厅、省农业厅、省国资委、省政府研究室、省政府法制办、省农村综合改革办、省农村信用社、省开发投资公司等部门对我省一季度改革工作进行认真研究分析，形成了本期分析报告。

（二）各部门认真履行职责，积极推进行政管理体制改革工作

为了切实推进依法行政，健全科学民主决策机制，建立公正、透明、高效的服务型政府，我省各部门根据职能分工，积极推进行政管理体制改革。一是省政府研究室牵头完成了《推进云南行政管理体制改革的重点和对策研究》课题，提出了推进我省行政管理体制改革的初步思路和对策建议。二是省政府办公厅牵头拟定了《云南省省属企业国有资产处置审批制度》、《云南省重大资源开发利用项目审批制度》、《云南省重大投资项目审批和

核准制度》、《云南省重大决策通报制度》等八项制度。三是在原来进行了两轮行政审批制度改革的基础上，2007年一季度省政府法制办进行了前期准备，准备适时启动我省第三轮行政审批制度改革工作。四是加快了电子政务建设步伐，电子政务门户网站建设居我国31个省市区的第七位，连续两年位居西部第一。到目前为止，已有3 571个政务部门接入云南省电子政务网，网站每天服务人数超过3 500人次，一季度完成了全省90%信访局机关的电子政务网络接入工作。

（三）国有企业和垄断行业改革成效明显，非公经济发展势头良好

一季度，我省的国有企业改革顺利进展，邮政、电力等垄断行业的改革取得了明显的成效，促进了所有制结构的调整，非公经济发展势头良好。一是国有企业改革顺利进展。省国资委制定出台了《云南省进一步深化国企改革2007年工作要点》，全省新一轮深化国企改革工作有序推进。截至一季度末，全省列入改革考核的2 546户企业，完成改革2 483户，改革面为97.5%；我省22家上市公司的股权分置改革工作基本完成；省列入深化改革的182户股份合作制企业，有75户完成了深化改革，占41.2%。二是垄断行业改革取得进展。邮政体制改革取得新进展，2007年2月7日云南省邮政有限公司正式挂牌成立，标志着我省邮政改革进入了新的阶段；云南电网公司按照国家《关于“十一五”深化电力体制改革实施意见的通知》要求，开展了主辅分离的准备工作，对云南省火电建设公司、云南省送变电工程公司和云南省电力设计院等三家辅业单位的人员、资产、资质和经营情况进行了摸底调查。三是非公经济发展势头良好。随着所有制结构调整步伐的加快，我省非公经济发展环境进一步改善，一季度全省非公经济继续保持良好的发展势头。截至一季度末，全省非公经济户数共有87.7万户，比上年同期增长10.5%；注册资本金2 115.5亿元，比上年同期增长25.6%；上缴税金47.8亿元，比上年同期增长36.9%。在糖业和茶叶产业中的云南力量集团、下关沱茶集团等民营经济不断发展壮大。

（四）农村综合改革和农村信用社改革继续深入推进，社会主义新农村建设有序开展

一季度，我省积极推进农村综合改革，加快了农村金融改革的步伐，开展农业政策性保险的积极探索，通过改革创新，努力构建有利于社会主义新农村建设的体制机制。一是农村综合改革不断推进。2007年3月3日，我省召开了全省农村综合改革工作会议，对当前和今后一段时期的农村综合改革进行了全面部署，为深入推进我省农村综合改革指明了方向，提出了要求，明确了目标。拟定了《云南省人民政府关于贯彻国务院做好农村综合改革工作文件的实施意见》和《云南省人民政府办公厅关于贯彻国务院办公厅做好清理化解乡村债务工作文件的通知》，为扎实推进农村综合改革的“三项改革”，全面开展乡村债务化解工作提供切实可行的指导。目前，全省各地各部门正在抓紧贯彻落实全省农村综合改革工作的会议精神。二是农村信用社改革进一步深化。省农村信用社在管理体制改革基本完成的基础上，继续在产权制度改革方面取得了新突破，完善了法人治理结构。到一季度末，官渡、大理、红塔3家农村合作银行已挂牌开业，全省124家统一法人社中有119家已经批准成立。通过组建农村合作银行和以县为单位统一法人产权制度改革工作，转变了经营机制，自我发展能力明显增强，一季度全省农村信用社各项业务经营指标再创历史新高，改革工作取得的成效日益显著，到一季度末，全省农村信用社各项存款余额突破了1 000亿元大关，达到1 038.5亿元，各项贷款余额达699.85亿元，存贷规模位居全省第二位，成为我省农村金融主力军。三是制定出台了《中共云南省委、省人民政府关于贯彻〈中共中央国务院关于推进社会主义新农村建设的若干意见〉的实施意见》，社会主义新农村建设工作有序推进。2007 年 1 ~3 月份，由农业厅牵头对开展我省农业政策性保险试点工作进行了调研，拟选取生猪、奶牛、甘蔗等农产品政策性保险试点，积极探索农村政策性保险工作。

（五）“代建制”试点正常推进，以专业投资公司为重点的投资体制改革进展顺利

一季度，我省省本级“代建制”试点工作和专业投资公司改革发展取得实效，促进了我省投资体制改革的进一步深化。一是我省一季度通过理顺审批、核准及相关行政许可环节，对部分环节进行并联，优化办事环节，减少办事程序，实现“流程通畅、办理高效、服务优质”的目标，加强对全省重大投资项目审批办理环节、办理时限和办理程序等方面的监督管理，提高重大投资项目审批、核准效率，进一步推进了投资体制改革。我省省本级“代建制”试点工作进展顺利，至一季度末，云南省艾滋病关爱中心/传染病医院主体工程已基本完成。二是专业投资公司发展良好。2007 年 3 月，我省水利水电投资公司正式挂牌成立，省发改委牵头完成了对城市建设投资公司掌鸠河项目股权划转协调工作，明晰了省级出资人权益；2007 年一季度，省开发投资公司累计对外投资 2.545 亿元，其中自有资金股权投资 0.945 亿元，自有资金债权投资 1.3 亿元，开行资金债权投资 0.3 亿元；云南铁投新兴公司以推进项目为中心，配合铁路建设已累计完成经营额 700 多万元。

（六）卫生体制改革和社会保障制度建设取得明显成效，和谐社会建设的体制机制逐步推进

为加快我省构建社会主义和谐社会的进程，我省一季度积极推进卫生体制改革和社会保障制度建设，相关改革工作取得了积极成效。一是我省卫生体制改革不断深化，新农合改革取得显著成效，医院产权制度改革继续推进。一季度，我省的新农合试点新增 77 个县（市区），由原来的 52 个扩大到 129 个县，覆盖了全省范围，在全国率先全面覆盖了农村。至一季度末，129 个试点县参合率达 86%，参合人数达 3 100 万人。医院产权改革方面，红河州县级以上医疗机构除妇幼保健院外，全面开展了产权制度改革，全州 32 家公立医院中，12 家改为国有控股医院，国有控股 50% 以上，12 家为全员控股，1 家为整体出售，1 家为委托管理，3 家为惠民医院，3 家暂缓进行改制。二是进一步完善了社会保障体系，加强了社会保险制度建设，劳动和社会保障厅拟定了《调整企业职工养老保险方案》，启动了“农民工平安行动”，以大力推进非公有制经济组织从业人员和灵活就业人员参加医疗保险工作，正在拟定《城市居民医疗保险方案》，继续探索新型农村养老保险制度模式，在南华县开展国家级农村养老保险制度改革试点的基础上，全省 16 个县开展了新型农村养老保险制度试点工作。

（七）中小学教材招投标改革试点工作稳步推进，努力降低中小学教材出版发行价格

我省作为全国 11 个中小学教材招投标改革试点省之一，2007 年一季度以来，省发展和改革委员会牵头制定了《云南省 2007 年秋季中小学教材出版发行招投标试点工作实施方案》，发布了招标公告，目前，试点工作正在按我省 2007 年秋季中小学教材出版发行公开招标工作流程表确定的日程稳步推进。2007 年，我省的中小学教材招投标工作在继续对出版进行招投标的基础上，首次对中小学教材的发行进行了改革，实施公开招投标，深化改革工作有了进一步的突破。

尽管一季度我省的经济体制改革工作进展顺利，取得了一定成效，但也要清醒地看到，我省经济体制改革工作中仍存在一些亟待解决的问题，归纳起来主要有三个方面。一是改革的综合配套性和协调性亟待加强。改革进入攻坚阶段，改革从局部扩展到全面，从单项深入到综合，改革触及了深层次的利益调整，在卫生体制改革方面，国家层面上已有7个改革方案，但总体方案尚未确定。目前各部门推进各自领域的改革如何与全省综合改革协调起来、各部门本年度的改革任务如何与全省《2007年改革工作要点》衔接有序等问题，集中反映在新形势下如何做好总体指导和综合协调全省改革工作上，负责综合协调改革工作的部门和负责推进专项改革工作的部门应在实际工作中加以解决。二是改革成本的支付影响到新一轮国企改革的"收尾"工作。据国资委初步统计，2007年共有9亿元左右的改革成本难以支付，尚有80万企业退休职工需实现社区化管理；全省股份合作制企业进一步深化改革中办理土地使用权变更、职工社保续接、退休人员移交社区管理等方面存在很多困难，破产资金变现、职工安置资金、破产费用支付缺口较大。三是尽管国家和我省都已经把行政管理体制改革作为下一阶段改革的重点工作和中心任务，但此项改革的思路仍不明确，改革方案尚未拟定，改革工作进展还不理想。如何把握符合我省客观实际改革行政管理体制仍处于探索阶段。

二、进一步深化我省经济体制改革工作的对策建议

国家发展和改革委员会于4月初在四川省成都市召开了2007年全国经济体制改革工作会议，会议分析了当前的改革形势，明确了2007年的改革重点，下一步我省要认真贯彻落实全国经济体制改革工作会议精神，在深入研究改革动向的基础上，结合我省实际，采取五项措施推进改革工作，确保我省2007年改革工作任务的顺利完成。

（一）认真领会准确把握全国经济体制改革的基本动向

据有关信息，近期国家将下发《关于2007年深化经济体制改革的意见》，2007年全国经济体制改革主要有六个方面的基本动向。一是加强对体制改革工作的总体指导和综合协调。要建立和完善有利于指导和推进总体经济体制改革的工作协调机制，制定和发布年度改革指导意见，明确重点改革任务，落实牵头单位和工作责任。二是继续深化投资体制改革。要改进企业投资项目核准程序，修订《政府核准的企业投资项目目录》，统一规范企业投资项目备案制，继续推行"代建制"，抓紧建立政府投资决策责任追究制度。三是深化资源性产品价格改革。要逐步理顺成品油和天然气价格，适时调整各类水价标准，推进供热价格改革。完善高耗能、高污染行业差别电价和水价政策，健全排污收费制度，年底前所有城市都要收缴污水处理费，并逐步提高收费标准，所有设市城市都要在规定期限内收缴垃圾处理费。四是加快垄断行业管理体制改革。要稳步推进电力体制改革，研究提出铁路体制改革总体方案，继续落实电信和邮政体制改革措施。五是促进中小企业和非公有制经济健康发展。目前，促进非公有制经济发展的配套文件已出台25个，剩余12个文件要在2007年内出齐或基本出齐，切实消除"玻璃门"，优化非公有制经济发展的外部环境。六是推进综合配套改革试点。要把推进综合配套改革试点与完善宏观政策、优化产业布局、促进城乡和区域协调发展紧密联系起来，在推动建立符合科学发展观与构建和谐社会要求的体制机制方面先行一步。

（二）进一步深化我省经济体制改革工作的五点建议

下一阶段特别是二季度以后，我省改革要认真贯彻落实2007年全国经济体制改革工

作会议的精神，学习借鉴外省的先进改革经验，创新体制机制，按照《云南省2007年经济体制改革工作要点》的要求，积极完成2007年的改革任务。为此，提出以下五点建议：

1. 建议进一步加强对改革工作的总体指导和综合协调。要根据《云南省2007年改革工作要点》，尽快拟定任务分解，围绕建立和完善社会主义市场经济体制改革目标，把改革任务分解到各部门，明确各部门推进改革工作的具体要求。有关综合部门要尽快拟定《云南省行政管理体制改革总体方案》，并建议尽快启动我省第三轮行政审批制度改革工作；国资委要继续深化国有企业改革，确保2007年底完成我省国有企业的各项既定工作；卫生、劳动和社会保障部门要高度关注"看病贵，看病难"以及社会保障覆盖面窄等问题，提出切实可行的改革方案和措施；涉农改革的部门要重点推进农村综合、集体林权制度和农垦管理体制"三大改革"，增强农村发展活力。2007年全部推开农村综合改革后，玉溪、红河两州市及44个重点改革县要充分发挥试点探索作用，加强我省农村综合改革的制度建设。

2. 建议于2007年底以前建立统筹协调推进改革的工作机制。据有关资料，全国各省区市自成立发展和改革委员会以来，已有7个省区市成立了省级的政府改革工作领导小组，17个省区市成立了省级的联席会议制度（浙江、青海和深圳同时设立了改革工作领导小组和联席会议制度），建立和完善了高层次的统筹协调机制，为推进改革工作，促进经济发展作出了一定的贡献。建议在2007年底以前成立我省经济体制改革工作领导小组及其办公室，通过召开联席会议等方式，统一改革决策，加强统筹协调，以进一步深入推进改革工作。

3. 建议积极争取国家综合配套改革试点。近期国家拟出台《关于推进综合配套改革试点的指导意见》，并将选择一些地区开展多层次、多类型的综合配套改革试点，建议我省积极争取列为试点，以探索新形势下促进经济社会发展有效的体制机制，首先抓好前期研究工作。如结合进一步扩大对外开放，我省可以通过以改革促开发促发展，进一步提高对外开放的水平，争取把我省列为面向东南亚、南亚的"综合配套改革试点区"。

4. 建议进一步加大对专业投资公司的政策扶持力度。近年来，省发展和改革委员会已经牵头组建了8大专业投资公司，为进一步发挥我省专业投资公司投融资平台"四两拨千斤"的作用，发挥资本放大作用，多渠道缓解现阶段投资不足的问题，建议2007年二季度以后，投资体制改革要围绕拉动投资这个中心环节，进一步加大对我省专业投资公司的政策扶持力度，分类推进专业投资公司的发展壮大，对铁路、公路等涉及我省基础设施建设的专业投资公司，制定土地、资本金等方面的优惠支持政策；对农业、水利电力等涉及农业农村经济社会发展的专业投资公司，加大政策扶持力度，并针对这类公司运营中存在的困难，进一步深入调研，提供政策建议，促进公司发展；对电力、城建、旅游等效益较好的专业投资公司，要扶持其进一步发展，做大实力，引导这些公司参与我省重大建设项目的建设开发。及时引导各投资公司运用金融工具和创新投资方式等办法，扩大融资能力，为拉动全省固定资产投资总额和结构改善作出新贡献。

5. 建议建立鼓励各州市大胆探索改革工作的机制。为进一步鼓励各州市根据自身发展的特色大胆进行改革探索，建议每年举行一次改革亮点评选活动，对我省开展的较为超前的改革事项进行表彰，建立鼓励探索改革的工作机制。如进一步鼓励红河州继续探索卫生体制改革，普洱市探索集体林权制度改革，德宏州、西双版纳州探索对外开放体制创新改革，楚雄州继续探索社会事业管理体制改革，大理州探索促进非公经济发展的体制机制等等。

（《云南省改革进程分析报告》2007年第2期）

各项改革稳步推进　存在问题亟待解决

——2007年上半年改革进程分析

2007年上半年，省发改委在省委、省政府的高度重视和正确领导下，紧紧围绕全面落实科学发展观和构建社会主义和谐社会的目标，认真履行职能，加强对全省改革工作的总体指导和统筹协调，制定下发了《云南省2007年经济体制改革工作要点》和《云南省2007年经济体制改革任务分解》，明确了2007年我省推进改革的重点任务，并结合各地各部门的实际，对改革任务作了具体安排部署。半年来，经过各州市、各有关部门共同努力，全省各项改革稳步推进，一些重点领域的改革取得了积极进展，同时也凸现了一些亟待解决的困难和问题，深化改革的任务仍然很艰巨。现重点从行政管理体制改革、国有企业改革、农村改革、投资体制改革、社会事业体制改革、资源环境体制机制建设等六个方面进行分析，并提出进一步深化改革的建议。

一、行政管理体制改革

（一）行政管理体制改革取得新进展

一是省政府加强对行政管理体制改革的组织领导。2007年以来，省政府切实加强深化行政管理体制改革工作的组织领导。在政府工作报告中明确提出，继续深化行政管理体制改革，加强政府自身建设。进一步明确从“切实转变职能，全面履行职责；强化行政责任，提高行政效能；严格依法行政，规范行政权力；加强队伍建设，坚持勤政廉政”四个方面入手，深化我省行政管理体制改革，并多次召开专题会议，精心研究部署我省行政管理体制改革工作。

二是深化行政管理体制改革有了新突破。年初，省政府牵头制定了《云南省省属企业国有资产处置审批制度》、《云南省重大资源开发利用项目审批制度》、《云南省重大投资项目审批和核准制度》、《云南省省级财政追加预算支出审批制度》、《云南省人民政府出台重大经济政策的审批制度》、《云南省人民政府重大决策通报制度》、《云南省人民政府办公厅公文审签制度》、《全省经济运行分析报告制度》等八项工作制度，5月1日起全部实施。这八项制度的制定和实施，对加快我省政府职能转变具有积极的促进作用。

三是加强制度建设。省纪委监察厅已经拟定《云南省行政问责暂行办法》、《云南省人民政府关于行政负责人问责暂行办法》及《云南省行政问责令》三份送审稿；省法制办提出了《深化我省行政审批制度改革工作的意见》（草案）、《云南省人民政府关于规范行政权力、加强行政执法监督的实施意见》（代拟稿）；省人事厅初步提出了《关于深化行政管理体制改革中公务员队伍建设、政风行风评议、政府绩效评估工作的实施意见》。我省开始通过制度建设把依法行政的目标转化为具体的实践行动，推进了建设法治政府、服务政府、责任政府、效能政府和廉洁政府的进程。

此外，我省加强了深化行政管理体制改革的相关研究，省政府政策研究室牵头研究制定了《深化我省行政管理体制改革建议方案》。

（二）行政管理体制改革存在的主要问题

我省行政管理体制改革虽已取得积极进展，但是，与建设法治政府、服务政府、责任政府的目标和要求相比，现行行政管理体制仍然存在许多不适应的地方，主要表现在：政府职能转变尚未完全到位，政府管理的越位、缺位和错位依然存在；政府组织结构及其权力、职责配置不尽科学，职能交叉尚未得到根本解决；形式主义和“文山会海”现象仍然比较严重；依法行政、依法办事的能力和水平还不高，公共服务的水平和质量有待进一步提高。具体表现在：

一是政府职能转变不到位，政府作为国有资产所有者的职能与公共行政管理者的职能尚未完全分开；政府仍在不同程度地直接干预企业生产经营活动，市场在资源配置中的基础性作用尚未有效发挥；市场监管力度不够，预防、制裁违法行为的机制还不健全。

二是一些政府部门职能交叉、相互扯皮仍较严重；行政执法队伍过多，执法力量分散，执法扰民现象比较突出；基层执法力量薄弱，基层执法人员政治、业务水平不高，素质较低。

三是行政管理方式、手段比较单一，重事前审批、轻事后监督；行政机关的决策、决定程序不够规范、透明，行使权力缺乏有效的制约、监督机制，有权无责现象比较严重。

（三）深化行政管理体制改革的建议

一是以实施省政府8项工作制度为重点，深化行政管理体制改革，加强政府内部管理。把贯彻执行省政府8项制度作为推进政府职能转变的一项重要工作抓紧抓好，进一步规范行政权力。按照《行政许可法》的规定和国务院《全面推进依法行政实施纲要》的要求，进一步清理、取消妨碍市场开放、公平竞争的审批事项。加快对行政审批权运行的监控，最大限度地减少行政审批的随意性和暗箱操作。

二是强化行政执行力监督和问责制度，完善服务绩效考核机制，提高政府行政效能。制定颁布《云南省问责令》，在全省实行行政首长问责制和无为问责制，推行首问责任制、限时办结制、服务承诺制，整治行政不作为、乱作为，解决工作不落实、配合不协调问题。建立健全监督工作机制，确保政令畅通、令行禁止，确保党和国家以及省委省政府的各项重大决策和重要工作部署落到实处。不断完善重大决策的协调机制，实行专家论证、技术咨询和决策评估制度，与群众利益密切相关的重大决策实行公示、听证制度。

三是强化政府社会管理职能，加快政企、政资、政事、政府与市场中介组织分开。大力推进事业单位改革，制定行业协会管理办法，规范行业协会管理，更好地发挥行业协会的沟通、服务和桥梁作用。进一步精简会议和文件，严格执行会议计划、控制会议数量、提高会议效率，降低行政成本。要重点解决好人民群众最关心的利益问题，努力为人民群众提供更多更好的公共产品和服务，提高公共服务水平。

四是加快推进政务公开，完善政府信息发布制度。建立健全政务公开基本制度，规范政务公开程序，把人民群众普遍关心、涉及人民群众切身利益的事项和容易滋生腐败的领域作为政务公开的重点内容，特别是对项目审批的程序、条件、时限、责任追究等事项要全部公开。学校、医院和供水、供电、环保、公交等与群众利益密切相关的公共服务部门和单位，要全面公开办事制度。加强政府新闻发言人制度和政府网站建设，通过电子政务、政府公报等方式，公开发布政务信息，使公众能够及时、方便地查阅政府信息，为人民群众提高公开、透明、高效的公共服务。

二、国有企业改革

（一）国企改革深入推进

2007年是新一轮深化国企改革的最后一年，年初省国企改革领导小组下发了《云南省进一步深化国企改革2007年工作要点》，全省紧紧围绕新一轮深化国企改革“三增强、三实现”的改革总体目标和十大任务，有序推进国企改革。

一是前三年深化国企改革的扫尾完善工作已基本完成。2007年上半年，列入州市考核范围的2 351户企业中，有2 312户已完成改革任务，改革面为98.3%；列入省属企业及省级企业主管部门考核范围的195户企业，已完成改革171户，剩下24户企业中，有7户是列入国家政策性破产的企业，目前改革进展顺利。

二是省属大企业集团改革重组稳步实施。实施了对云天化、石化集团、东源煤业、云锡、中轻依兰、大黄磷、贵金属研究所的整合重组，实现“7变3”集中优势资源打造云天化、煤化工和云锡三大集团。全省旅游资源、商贸流通企业、公路企业的整合工作有效推进。水利水电公司于2007年6月1日正式进入西交集团，铁路总公司改革脱困工作基本完成，正组织力量进行调研论证，待条件成熟后，整体并入西交集团。云南磷肥工业总公司的债转股工作正积极推进。

三是股权分置改革工作已经完成，企业融资工作取得新突破。我省需要进行股权分置改革的22家上市公司已全部完成股改工作，股改对价支付水平低于全国同行业平均水平，如期实现了股改工作的目标和任务。到目前为止，我省上市公司已增加到25户。

四是省属企业的股份制改造取得新进展。目前省国资委履行出资人职责的26户企业已有22户完成了公司制改革。省属企业85%的子公司完成了股份制改造。昆钢股份有限公司引进战略合作伙伴的前期工作已基本就绪。

（二）存在的主要问题

一是股份合作制企业的深化改革进展较慢。由于企业自身条件千差万别、各方面利益难以协调、缺少改革成本等原因，股份合作制企业的深化改革推进难度很大。目前全省列入深化改革的182户股份合作制企业，只有85户完成了深化改革，仅占46.7%。

二是劣势企业退出困难。目前共有48个政策性关闭破产项目正在推进，涉及职工5.3万人，拟核销银行呆坏账和资产管理公司债权27亿元，这些企业资金缺口较大，人员安置问题难解决，改革工作进展缓慢。

（三）推进国企改革工作的建议

一是确保推进股份制企业深化改革的措施尽快落实。相关部门要加强协调，抓紧分析股份合作制企业进展缓慢的原因，并就有关政策的适用问题进行研究，细化改革工作计划，切实加强落实工作。

二是积极协调落实改革成本，确保政策性关闭破产工作完成。要制订详细周密的工作计划和保障措施，把握好关闭破产中债权审查、破产费用审核、改革成本协调、资产处置等具体环节。加强与省财政厅的会商协调，使改革成本尽快落实。

三是积极探索推进国有资产监管体制改革。要紧紧围绕优化国有资本布局和结构调整的需要，进一步加强研究，积极探索国有资产的有效监管体制机制，使全省国资监管工作能够遵循市场经济和企业发展的规律，促进企业做大做强，充分发挥国有资产在全省国民经济发展中的控制力、影响力和带动力。

三、投资体制改革

（一）2007 年上半年投资体制改革取得积极进展

一是为加强对全省重大投资项目审批环节、办理时限和办理程序等方面的管理，提高重大投资项目审批、核准效率，制定出台了《云南省重大投资项目审批和核准制度》，2007 年 5 月 1 日已正式实施。

二是大力发挥专业投资公司作用。3 月份成立了省水利水电投资公司。到目前为止，我省已组建的 9 大专业投资公司注册资本达 129.1 亿元，各投资公司组织架构和内部管理制度进一步完善，运营平稳。投资规模进一步扩大，参与了省里许多重大项目及重点工程的建设。融资作用进一步发挥，搭建了粗具规模的融资平台。

三是积极筹备云南省投资协会。为发挥政府与投资主体之间的桥梁和纽带作用，加强全省各地国有投资公司间的业务交流与合作，实现资源共享，完善自身建设，促进投资决策与管理的科学化、规范化和法制化，我省现正在筹备成立云南省投资协会。

（二）存在的问题

目前我省的投资体制改革成效主要体现在做大做强专业投资公司，大力发挥政府投资对经济的拉动作用方面，没有真正发挥市场对资源配置的基础性作用，市场主体参与的成分很小，投资体制改革与经济发展和相关配套改革结合的研究工作亟待加强。

（三）推进改革的意见和建议

一是进一步完善投资体制改革的相关配套文件。加快研究制定《云南省预算内投资项目后评价办法》、《省政府投资项目公示试点办法》、《政府投资条例》。合理界定政府投资职能，规范政府投资行为，切实提高投资决策的科学化、民主化水平，加强对全社会投资活动的引导、调控和监管。

二是加强投资体制改革与经济发展和相关配套改革结合的研究工作。如结合当前我省正大力加强水利工作的机遇，认真开展好水利的投融资体制改革研究，以改革促发展，更好地发挥投资体制改革对经济的促进作用。

四、农村改革

（一）农村改革继续推进

一是农村综合改革继续深入。2007 年上半年，我省农村综合改革力度不断加大，3 月 3 日，我省召开了全省农村综合改革工作会议，对当前和今后一段时期的农村综合改革进行了全面部署，为深入推进我省农村综合改革指明了方向，提出了要求，明确了目标。拟定了《云南省人民政府关于贯彻国务院做好农村综合改革工作文件的实施意见》和《云南省人民政府办公厅关于贯彻国务院办公厅做好清理化解乡村债务工作文件的通知》，为扎实推进农村综合改革的“三项改革”，全面开展乡村债务化解工作提供切实可行的指导。

二是农村土地制度改革稳步推进。2007 年上半年，我省按照“依法、自愿、有偿”的原则，进一步加强了引导、规范和纠纷调解等工作，积极稳妥地推进土地承包经营权流转。到2007年5月底，全省家庭承包耕地流转总面积86.44万亩，占承包面积的2.3%，其中转包面积32.73万亩，转让面积7.55万亩，互换面积4万亩，出租面积35.15万亩，入股面积2.05万亩，其他形式流转面积4.96万亩。家庭土地承包流转合同份数9.73万份。土地流转主要集中在经济较为发达地区和城郊、坝区。

三是农民负担的监督管理工作进一步加强。2007年上半年，我省按照农业部关于开展农民负担综合治理示范的要求，以玉溪市红塔区为试点，制订了工作方案，并于五月初正式启动了试点工作。同时，认真抓好16个农民负担监测点的监测与管理，发现问题及时调查处理，坚决制止乱收费和加重农民负担行为。

（二）存在问题

我省农村基层行政管理体制不适应农村生产力发展的要求，社会管理和公共服务薄弱；农村公共产品供给体制不适应保障公共服务的要求，农村公共事业发展缓慢，城乡基础设施和社会事业发展差距扩大。农民专业合作组织数量少、发展水平低、覆盖面窄、规模小、实力弱，市场开拓、品牌建设、加工增值的能力不强，我省参加农民专业合作组织的成员只有70多万人，仅占农业总人口3 115.7万人的0.02%。

（三）深化农村改革的对策建议

一是出台相关政策，加快推进农村综合改革。建议尽快研究出台完善农村基层行政管理体制和工作机制、农村义务教育改革、农民“一事一议”筹资筹劳等指导性意见和办法；制定农村综合改革考核奖励实施办法，对化解农村义务教育等政府性公益性乡村债务的激励政策措施，对通过“一事一议”兴办农村公益事业的奖补办法等激励政策措施，创新农村工作机制，积极化解乡村债务，加快推进乡镇机构、农村义务教育和县乡财政管理体制改革的步伐。

二是加大扶持力度，发展农民专业合作组织。2007年，我省省级财政已将扶持农民专业合作组织资金增加至1 500万元，建议重点扶持有产业基础、带动性强的农民专业合作组织，充分发挥扶持资金的效益，以合作社为重点，通过项目扶持，加快我省各类农村专业合作组织的发展。

五、社会事业体制改革

（一）科技体制改革进展情况、存在问题及深化改革的建议

2007年上半年我省科研机构改革取得新的进展。省属应用型科研院所以“三项制度”改革为重点的内部改革开始启动，“开放、流动、竞争、协作”的新机制正在建立，广大科技人员面向市场搞科研的积极性得到发挥，科技创新能力和企业发展后劲有所增强。以企业为主体、市场为导向、产学研相结合的技术创新体系逐步建立。目前存在的主要问题是转制为中小企业的科研院所，由于缺少资金和经营性资产、缺乏企业管理经验和市场开拓能力，企业和产品的竞争力不强，在市场竞争中处于比较被动的地位。同时，科技资源配置也不尽合理，尤其是中小企业科技支撑能力很弱。为此，要积极支持和鼓励科研院所进入大企业、大集团，成为行业和企业集团的技术创新机构。要加快推进科技管理体制改革，加强统筹和整合区域科技发展和科技资源配置能力，逐步建立分工明确、权责统一、协调联动的科技管理体制。

（二）教育体制改革进展情况、存在问题及深化改革的建议

2007年上半年，我省义务教育得到进一步普及和巩固，加大了对2007年需要“普九”的4个县的验收指导工作。“两免一补”得到落实，春季共免除610.25万名农村和城市学校农村户口义务教育阶段学生的学杂费，占全省义务教育阶段在校学生的94.68%。享受免费教科书的人数达261.52万人。高等教育改革成效明显，云南大学、云南师范大学、云南财经大学在全国本科教学工作评估中被评为优秀。实施“走出去”战略，在4所高校开展“走出去”试点，积极扩大高等教育对外交流与合作，进一步加强中外合作办学。中小学教材招投标工作顺利实施。当前存在的主要问题是：“普九”任务尚未完成。民族教育体制机制不健全，困难较大。职业教育有待进一步加强。下一步要继续推进“普九”工作，使“普九”人口覆盖率达到90%。创新民族教育体制机制，推进双语教学，加强双语教师的培训。继续推进高等教育办学体制、管理体制、投资体制改革。大力发展职业教育，充分发挥行业、企业的积极性，推动校企合作，组建职业教育集团。继续推进中小学教材招投标试点工作。

（三）文化体制改革进展情况、存在问题及深化改革的建议

2007年上半年我省积极稳妥推进文化体制改革，省级公益性文化事业单位省图书馆、省博物馆、省文化馆的改革试点工作逐步深化。专业文艺团体经营性改革试点单位的改革继续推进，省杂技团、昆明市电影发行放映公司改革效果良好。通过深化改革，全省文化资源配置更趋合理，取得了良好的社会效益和经济效益。文化体制改革存在的主要问题是现有文化体制改革和文化产业发展的文件缺乏配套办法，一些政策措施难以落实。反映在由于缺乏具体的配套办法，经营性文化事业单位转企改制的分流人员社会保障问题无法落实。建议下一步尽快研究出台文化事业单位分类改革办法和相关配套政策。

（四）医药卫生体制改革进展情况、存在问题及深化改革的建议

2007年上半年全省医疗卫生体制改革进展顺利。新型农村合作医疗在全省16个州市、129个县区全面实施。全省3 100万农民参加新型农村合作医疗，参合率86.14%。继续深化城市医疗卫生体制改革。基本完成省第三人民医院与北京城志股份联合办医的初步方案制订。做好省第一人民医院收购邮电医院工作。推进国企自办医院分离工作。截至2007年5月30日，296所医疗机构已完成分离282所，占应分离总数的95.3%。积极探索中医医疗体制改革。完善曲靖市中医院股份制改造。推进红河州医疗体制改革试点工作。存在的主要问题是：城镇医疗服务体系改革滞后。医疗卫生资源分布不均，资源过度集中在城市大医院，社区卫生发展缓慢；药品和医用耗材生产流通秩序混乱，价格过高；社会资金进入医疗卫生领域困难，多渠道办医格局难以形成；医疗机构行业监管机制不健全。下一步改革重点是：巩固提高52个县（市、区）新农合工作，认真总结试点以来的成功经验，总结出2~3种较为成熟的管理运行模式在全省推广；继续加大对药品生产流通的整治力度；积极探索吸引社会资金办医，加快形成多渠道办医格局；建立健全医疗卫生行业的监管机制。

（五）劳动和社会保障事业改革进展情况、存在问题及深化改革的建议

我省2007年上半年劳动和社会保障事业改革取得积极进展。社会保障体系进一步完善。制定了《云南省劳动和社会保障厅贯彻云南省人民政府关于完善企业职工基本养老保险制度实施意见的细则》和《云南省劳动和社会保障厅关于企业职工办理退休办法》，拟定了《关于落实省属企业退休人员移交属地社会化管理服务工作的实施意见》；拟定了我省城镇居民基本医疗保险指导意见和实施方案，已向国家劳动保障部上报了4个试点城市，待批准后即可实施；着手研究统筹解决关闭破产企业退休人员和困难企业职工参加医疗保险问题；正式实施《云南省农民工工伤保险暂行办法》；继续抓好农村社会养老保险试点，探索建立“个人、集体、政府”三方共同筹资的新型农村养老保险制度；制定下发《云南省社会保险经办机构内控暂行办法实施细则》，加强了对社会保险基金的管理和监督。存在的主要问题：我省就业形势依然严峻，高技能人才严重缺乏，劳动力市场建设基础薄弱，尚没有能力开展高效、优质、一站式和人性化服务。下一步要继续完善劳动和社会保障制度，认真落实各项政策。要进一步强化就业工作，建立健全推进就业的体制机制。建立和完善大中专毕业生就业指导服务体系，鼓励毕业生自主创业；加强劳动力就业技能培训，提高劳动者的就业和创业能力；健全和完善劳动力市场体系建设，加快就业信息化网络建设，改善就业服务。

六、资源环境方面

（一）资源节约型环境友好型社会体制机制建立进一步加强

一是进一步健全探矿权采矿权管理体制。制定了《云南省探矿权管理规定》和《云南省采矿权管理规定》，进一步明确矿业权人资质，完善两权申报程序和审批制度，维护正常的矿产资源开发秩序。2007年4月，正式发出通知，在全省范围内开始征收矿产资源有偿使用费，制定了征收程序和办法，下达了征收计划，预计2007年征收可达10亿元。矿产资源有偿使用机制的建立，使矿产资源所有人的权益得到了充分体现，促使矿产资源使用者避免采富弃贫和掠夺式开采，提高合理和节约利用矿产资源的水平，从机制上促进资源节约型和环境友好型社会建设。

二是进一步完善和理顺环境监管体制。制定下发了《关于进一步加强环境影响评价管理工作的通知》，加大从源头上控制环境污染和生态破坏的力度。全面实施污染物排放总量控制和排污许可证制度。省政府与各州市政府、重点行业和企业签订了主要污染物总量控制目标责任书。截至目前，全省16个州市政府，已有12个州市将总量控制、污染减排任务分解落实到各县（市、区）和所辖部分重点企业。建立健全自然生态保护规章制度。下发了《云南省人民政府关于进一步加强自然保护区建设和管理的通知》，制定了《云南省自然保护区申报与评审办法》，修订了《云南省省级自然保护区评审标准》，成立了第三届省级自然保护区评审委员会。围绕推进生态省建设积极开展绿色创建。编制完成了《关于加快云南建设生态省的建议》。

三是积极开展资源合理开发利用和环境治理保护体制机制建设的研究。2007年上半年，根据省委办公厅（云办通〔2007〕2号文）关于落实省第八次党代会报告和中共云南省委关于贯彻落实中共中央关于构建社会主义和谐社会若干重大问题的决定的实施意见确定的主要任务分解的通知要求，由省发改委牵头，拟订工作方案，组织省国土厅、省科技厅、省环保局、省水利厅等部门，开展了对我省建立完善生产要素和重要资源有偿使用的市场机制和补偿机制、建立生态环境评价体系和补偿机制、战略资源和能源的保护与合理开发等问题的研究。

（二）存在问题

一是资源价格未能体现资源的价值。我省虽然已明确了矿产资源补偿费，水资源使用费，逐步完善重要资源的有偿使用制度，但收取的资源补偿费和使用费未能真正体现资源的价值，造成资源开发利用方式粗放，浪费现象仍比较突出，直接影响了矿产资源开发的服务年限和可持续发展，是我省矿产资源开发利用回采率低、产品附加值低、深加工程度低的根源。

二是生态补偿机制尚未建立。我省是资源型大省，在对自然资源的开发利用过程中，尚未建立和实行“谁开发谁保护、谁破坏谁恢复、谁利用谁补偿”的机制，矿区生态恢复的成本未计入企业的生产成本，造成的环境问题留给了国家和社会，使原本已脆弱的生态环境欠账越来越多。致使老矿区生态破坏严重，出现诸如东川老矿区矿源枯竭后，生态恶化，泥石流频频发生的严重后果。

三是环境价值核算体系还没有建立。由于生态环境价值作用的复杂性，使得真正意义上的环境价值核算体系还没有建立，给开展生态补偿工作带来了难度。可持续发展和资源综合利用的各类机制不尽完善。我省“高投入、高消耗、难循环、低效率”的粗放型经济增长方式还没有得到根本转变，深层次的原因在于相关机制尚未建立和完善。

（三）深化改革的措施建议

长期以来，人们已经习惯了免费享用自然的恩赐。在人类活动已能明显影响自然环境的时候，仍然没有及时转变观念，形成了高消耗、高排放、低效益的经济增长模式和生活消费方式。这种固有观念根深蒂固，要真正确立环境资源有偿使用的社会经济体系，还任重道远。下一步建议着力从以下五个方面深化改革：

一是不断健全法律法规体系，应对发展过程中出现的新问题、新情况。建立长效机制，不断完善资源合理开发管理制度和资源有偿使用和补偿机制，建立起有效的资源开发监管责任体系。推进环境法制建设，落实环境保护目标责任制，严格实行环境影响评价制度，推行城镇污水处理和垃圾处理的收费改革，逐步建立生态效益补偿机制。

二是建立技术支持。要加快建立自然资源和生态环境统计监测指标体系，积极探索定量化的自然资源和生态环境价值评价方法，为建立健全生态补偿机制提供科学依据。各级统计、环保、科技、国土资源、林业、水利等部门要协同配合，依托科研单位、高等院校联合攻关，进一步完善国民经济增长过程代价分析，着手研究资源、环境实物量统计，开展资源耗减、环境损失估价方法等课题的研究工作。加快建立区域生态环境保护标准体系。结合生态功能区规划编制，建立区域生态环境保护标准体系。

三是逐步探索建立绿色国民经济核算体系和环境审计体系。要加大财政转移支付力度，将生态补偿机制中的生态保护工程建设列为财政转移支付的重要支持对象，把因保护生态环境而造成的当地财政减收，作为安排财政转移支付资金的重要因素。

四是进一步加快价格改革。建立健全资源的价格形成机制，探索建立反映能源供求状况和体现能源稀缺程度、促进节能的价格形成机制，对资源类产品价格要建立价格联动和传导机制。积极推进能源价格改革，完善价格形成机制。加大矿产品、水价、电价等资源性产品价格改革力度，科学合理提高能源价格，按照产业政策实施差别化能源价格政策。在实行差别电价的基础上，研究对各行业超过产品能耗限额标准的耗能实施累进加价的制度。

五是开展生态补偿试点。积极探索建立生态补偿的有效机制。建议选取矿产资源富集的地区作为我省的生态补偿试点，积极开展试点工作，探索“谁开发谁保护，谁利用谁补偿”的资源开发生态补偿机制，促进资源开发与环境治理、生态恢复同步进行。

（《云南省改革进程分析报告》2007年第3期）

集体林权制度改革全面推进　林业实现持续发展任重道远

在省委、省政府领导的高度重视下，为消除林业发展的体制机制性障碍，我省用科学发展观统领林权改革全局，开展了全省集体林权制度改革，进一步解放和发展了林业生产力，大力促进了我省社会主义新农村建设。然而在改革的过程中，也出现了一些不容忽视的矛盾和问题。林改需进一步完善，林业的持续发展任务艰巨。现就集体林权制度改革的进展情况、存在的主要问题及如何进一步完善林改，使林业实现持续发展作初步分析。

一、集体林权制度改革顺利推进

为了实现“农民得实惠、生态受保护、产业得发展、集体经济得壮大”的目标，适应新型产权制度关系的需要，我省从2006年开始，采取先行试点、逐步推开和主体先行、配套跟进的方式，逐步推进集体林权制度改革。

（一）先行试点，稳步推进

2005年，我省在借鉴兄弟省区经验的基础上，结合实际制定出台了全省集体林权制度改革的试点工作方案。2006年5月，组织开展了罗平、屏边、砚山、景谷、永平、腾冲、潞西、兰坪、云县等9个县的林改试点。制定下发了《云南省林业厅关于贯彻落实省委省政府深化集体林权制度改革决定的意见》等林改相关的指导性文件、操作细则和管理制度。并组织开展了林业区划、资源连清和森林资源二类调查等基础工作。进行了森林采伐管理制度的改革尝试，把林木采伐限额落实到山头地块，采伐指标落实到林权所有者手中，调动了群众林改的积极性。组织开展了天保工程区人工商品林采伐试点，启动了生态公益林区的抚育间伐和更新采伐试点。为全省林改的顺利实施奠定了基础。截至目前，9个试点县的主体改革基本完成，现已转入配套改革阶段。在试点取得阶段性工作经验的基础上，我省进一步总结和部署了全省林改工作，明确全省阶段性的林改工作任务是：2007年，9个省级试点县启动配套改革，2008年完成全省主体改革任务，2009年完成配套改革。

目前，全省16个州市、129个县区全面启动了集体林权制度改革，有845个乡镇、7 048个村、84 867个村民小组完成调查摸底，有842个乡镇、6 454个村、72 817个村民小组完成方案制订；全省已完成确权的村民小组数40 874个、确权户数1 812 141户、确权宗数2 545 514宗、确权面积8 334. 49万亩，核发林权证287 505本、发证面积2 265. 11万亩。

（二）措施到位，成效显著

我省集体林权制度改革以“林业发展、林地增效、林农增收”为目标，适应经济发展规律，顺应群众意愿，采取了切实可行的工作措施，使林改工作推动力度很大、效果显著。

一是领导高度重视，林改工作责任制度落实到位。省委、省政府高度重视林改工作，2003年省委书记白恩培就提出“生态建设产业化、产业发展生态化”的林业发展思路，2005年白书记又对林权改革做出“一定要改，要快改”的批示，2006年7月召开了全省集体林权制度改革工作座谈会，9月出台了《中共云南省委、云南省人民政府关于深化集体林权制度改革的决定》，明确了全省集体林权制度改革的指导思想、总体目标、基本原则，以及改革的范围、内容、政策措施和方法步骤。

为贯彻落实林改《决定》精神，成立了由省委李纪恒副书记任组长，省政府孔垂柱副省长任第一副组长，省林业厅厅长任常务副组长，22个省级相关部门领导为成员的云南省深化集体林权制度改革领导小组及其办公室；各州（市）县（市、区）也相应成立了林改领导小组及办公室，全省16个州市、129个县区、1 296个乡镇、12 940个村都成立了以书记任组长、行政主要负责人任副组长的林改领导小组及办公室。从而，在全省形成了省、州市、县、乡、村五级书记抓林改，党委、人大、政府、政协四套班子齐配合的林改工作局面，建立了领导小组成员挂钩联系和成员单位联络员制度，林改巡视督查和林改目标责任制度，要求各级党委政府做到思想认识到位、领导挂钩到位、工作指导到位、技术服务到位。同时我省还把林改列入20项农业农村重点督查工作之一，组成16个督查组，由16位省级领导任组长进行督查指导，确保林改工作的责任落实。

二是社会广泛参与，营造良好改革氛围。我省始终把宣传作为林改的一项重要基础工作来抓。省委、省政府明确要求各地建立林改宣传机构，落实工作经费，广泛深入地宣传发动群众。省林业厅与省委宣传部联合制定了《关于做好深化集体林权制度改革宣传工作的通知》、《云南省深化集体林权制度改革宣传提纲》和宣传标语。云南电视台、云南人民广播电台、《云南日报》、《中国绿色时报》、《中国林业》等对我省的林改宣传给予了大力支持。

在加大宣传力度的同时，各部门也积极参与林改工作。如省委农办积极开展林改政策性工作调研；省财政厅积极调研分类经营，筹措生态补偿资金和林改工作经费；省发改委把集体林改列入部门8项督查事项之一，进行督查指导等等。林改工作得到了社会各界的普遍关注和各部门的大力支持，营造了良好改革氛围，有效地促进了全省的林改工作。

三是科学民主决策，依法依规抓好林改工作。我省在具体的林改操作过程中，实行科学民主决策，严格依法依规办事。坚持实事求是，情况不明不动手；坚持依靠群众，三分之二以上村民代表表决通过后实施。林改改什么、怎么改由群众说了算；坚持办事公平原则，公示有异议的方案不审批，严格执行政策不走样，严格按程序操作不缺项；广泛推行“六签名、四公示”制度。“六签名”即：村民小组会议通知签收、村民小组会议签到、村民小组实施方案签字、林地界限确认书签字、合同签字、村民委员会对村民小组实施方案决议签字；“四公示”即：村民小组实施方案公示、林改工作程序公示、林权现状公示、林改结果公示。充分尊重群众意愿，采取分山到户、集体统一经营、租赁、流转等模式，不搞一刀切。对原来由集体统一经营的林地，既有均山到户的模式，又有均利到户和均股到户的模式。

四是注重资源保护，妥善处理改革与发展的关系。林改以来，我省十分注重资源保护管理，大力培育重点产业，积极协调处理改革与发展的关系。

2007 年 7 月，省政府出台了《关于加强森林资源林政管理工作的意见》（云政发〔2007〕119 号文件），就如何处理好改革与保护的关系、林改中如何加强资源林政管理等问题作出了明确规定。省林改办领导、省林业厅和相关职能部门多次深入重点地区开展山林纠纷调研，各级林业部门加大纠纷调处力度，有力促进了林改工作的稳步推进。

在推进林改的同时，我省大力培育林业产业，完成了商品林和公益林经营区划，制定了林业产业发展规划并组织实施了构建技术创新、科技推广、病虫害防治和良种保育四大支撑体系，建设十二个原料基地，重点发展“特色经济林产业、林浆纸一体化产业、林化产业、非木材产业、木材加工及产品深加工利用业、竹藤产业、野生动物驯养繁殖业、森林生态旅游业”等八大产业。

通过一系列政策和措施的落实，全省集体林权改革取得了初步成效：

一是林改促进了森林资源的有效保护。改变了过去林权主体不明确，责、权、利不对称的状况。据统计，全省实施林改以来，乱砍滥伐案件同比下降 20.6%，森林火灾同比下降 47.6%。二是林改已成为农民增收的新途径。集体林产权明晰到户后，林农依托森林资源这一重要的生产资料，发展林业生产，开展多种经营，来自林业的收入大幅度增加。三是林改使林产业发展焕发了生机。通过林改，激活了产业发展机制，全社会投资林业的积极性大大增强。2007 年全省启动了由中国石油天然气股份有限公司投资建设的 40 万亩膏桐原料林基地。为更好发挥企业在林产业建设中的带动作用，全省评定了林业产业省级龙头企业 68 个，成立了云南省林业产业协会。四是林改促进了林业部门职能的转变。林改后，林业部门传统的“赶着农民种树，管着农民砍树”的工作方式发生了根本性转变，林业部门作为“管理者”的压力逐步减小，“服务员”、“裁判员”角色日益凸显。五是林改促进了农村民主法制建设。在林改中，始终坚持依法依规操作，让广大农民真正成为改革的主体，借助林改，完善了村务管理制度，确保村务管理的公开、公正、透明，村民自治、民主管理的氛围增加，有力地推动了农村社会民主化进程。六是林改促进了农村社会的和谐发展。我省在林改过程中，始终坚持体察民情、尊重民意、维护民利，积极帮助群众排忧解难，赢得了广大群众的信任，架起了干群“连心桥”，进一步融洽了干群关系。通过林改，明晰产权，及时调处林权纠纷，既解决了大量的历史遗留问题，又有效化解了沉淀多年的矛盾纠纷，有力促进了农村社会的和谐发展。

二、林改存在的主要矛盾和问题

我省集体林权制度改革虽然取得了初步成效，但在改革的过程中，也出现了一些不容忽视的矛盾和问题，主要表现在以下三个方面：

（一）林权制度改革与林产业发展尚未较好地结合，缺乏统筹规划

按照生态建设产业化、产业发展生态化的要求，以森林资源培育为基础，以精深加工为带动，以科技进步为支撑，积极发展林浆纸一体化、木材加工及人造板、林化工产业、特色经济林、森林资源非木材产品、竹藤产业、野生动物驯养繁殖产业、森林生态旅游业等八大林产业是我省调整林业经济结构，加快产业发展步伐的重要举措，集体林权制度改革的既定目标是实现“农民得实惠、生态受保护、产业得发展”，发展林产业与林权制度改革有机结合是尽快形成林产业发展新格局的捷径。但通过林权制度改革明晰产权、均山到户后，林地林木使用权落实到林农手中，千家万户的小生产适应不了千变万化的大市场。要巩固林改成果，必须统筹考虑林业生产力布局，认真研究、制定符合地方实际的林产业发展规划，我省林权制度改革尚未与林业生产力布局、林产业发展较好地结合，缺乏具有针对性和可操作性的统筹规划。

（二）林地产权不明晰，纠纷调解难度较大，发证率低

一是集体林地产权不明晰。1982 年林业“三定”时，发证不统一、不规范，林地使用权和林木经营权不统一，责、权、利不统一；1982 年林地承包后，私开的土地较多，交叉开荒、跨区域开荒的现象较为突出，出现“一山多主、一山多证”的现象；1993 年开展的有偿出让集体宜林荒山使用权过程中，由于国土资源局、农业局、林业局、农工部等多部门都在开展此项工作，形成了多部门管理、多部门发证的混乱局面，导致了山林权属不清、主体不明。二是林权纠纷调处难度较大。明晰产权是进行林改的基础环节，是林改工作的焦点和难点问题，随着改革的不断深化，林地经营的利润空间加大，一些历史遗留的林地、林木权属纠纷，不规范的林木流转引发的矛盾逐渐显现，使得调解的难度不断加大；涉及跨县、跨州甚至跨省面积较大的林地调处的难度也大，同时，已调处的纠纷也存在反弹现象，林权矛盾纠纷调处率和执行率不高，难度较大。三是试点县发证率低。林权证是集体林权制度改革确权发证阶段性成果的体现，是确认林地林木权属的法律文书，也是明晰产权后开展配套改革，依法流转、抵押、租赁的重要凭证。截至目前，全省 9 个省级试点县基本完成主体改革，全省 129 个县区都启动了林改，但发证率不高，核发林权证面积仅 2 265. 11 万亩，仅占全省林业用地的 6. 22% 。

（三）林改工作进展不平衡，配套改革启动缓慢

一是林改工作进展不平衡。我省的集体林权制度改革是按照宣传发动，开展培训；调查摸底，制订方案；落实权属，核发证书；配套改革，建章立制；检查验收，总结完善五个阶段分步骤进行，我省自 2006 年启动集体林权制度改革试点以来，各州市县区林改工作进度不一，进展不平衡，配套改革启动缓慢，目前我省的集体林权制度改革第一阶段的宣传培训工作任务已完成，第二阶段的调查摸底工作有 84 867 个村民小组完成，方案制订工作有 72 817 个村民小组完成，第三阶段的落实权属工作有 40 874 个村民小组完成，核发林权证 287 505 本，仅有 9 个省级试点县转入第四阶段的配套改革。二是配套改革启动缓慢。确权发证是集体林权制度改革的主体工作，是林改工作的第一步，要巩固林改成果，最大限度地发挥林改的整体效应，达到集体林权制度改革的目的要求，使农民充分享受改革的成果，必须推进配套改革，我省目前的配套改革启动缓慢，在转入配套改革阶段的 9 个试点县中，仅景谷县完成林业产权交易服务中心建设。

三、进一步完善林改促进林业持续发展的对策建议

（一）把林权制度改革与林产业发展有机结合，充分发挥林产业的规模效益

我省要因地制宜探索林产业发展方向和发展路子，坚持规划先行，按照“市场带动、产业化发展”的思路，突出特色、发挥优势、准确定位，以科学规划促产业发展，超前谋划，统筹考虑，合理布局，制定切实可行的林业发展区域规划，认真组织实施，把林权制度改革与发展林产业有机结合，提高林业资源的利用率和竞争力。加大扶持力度，在林权制度改革后，做大做强林产品基地，形成林产业的区域性生产力布局，积极培育市场前景广阔、关联度强、科技含量高、综合效益好的林业龙头企业，加快林业产业化发展步伐，

实现规模化生产和产业化经营；支持林业企业的技术改造，促进产业结构、技术、产品升级，提高资源利用率和企业竞争力；充分发挥林地的综合经营优势，加大林下资源培育与开发力度，采用林农间作、庭院林业等多种经营方式，充分发挥规模效益，把我省的资源优势转化为经济优势，尽快形成区域发展新格局，促进我省林产业的发展。

（二）积极处理林地纠纷，确保林改稳定顺利进行

要坚持以人为本，以促发展保稳定为出发点，始终把农民的利益作为集体林权制度改革的根本要求，坚持因地、因村、因林制定具体的改革方案，通过扎实有效的工作，最大限度保护林农的利益，充分调动林农的积极性，针对在林改中存在的林地权属不明、林权纠纷突出、集体利益与个人利益冲突较大的实际，建立专门的调处机构，认真化解矛盾纠纷，建议州、县、乡各级都要建立一个由林业、农业、国土、法制办、司法、民政、公安、法院等部门组成的林权纠纷调处机构，专门负责对林改中出现的各种纠纷进行调处，以确保工作质量，提高效率。

（三）着力完善集体林权制度改革的配套措施，巩固林改成效

建议尽快出台《云南省深化集体林权制度综合配套改革意见》，适时组织开展综合配套改革工作。一是林业税费改革。将林业税费改革纳入国家农村税费改革的范围，依法改革到位，逐步降低育林基金征收基价和征收比例。同时，要抓住农村公共财政体制改革的契机，将基层林业机构的经费纳入财政预算。二是林业投融资改革。积极协调金融部门继续对林业实行长期、低息、贴息的信贷扶持政策，放宽对农民营造林的贷款条件，推动林权抵押贷款，发展林业保险事业，提高农民抵御风险的能力。三是建立健全服务体系。鼓励农民自愿成立森林防火、防止乱砍滥伐、防治病虫害组织，建立森林灾害联防和应急反应机制。引导林业经营者组建种苗、核桃、笋竹、林产品加工、营销等专业协会。积极培育和规范造林公司、森林采伐公司、木材销售公司、商品林企业联合会等新型林业经济组织。建立健全森林资产评估、木竹检尺、伐区设计等中介服务机构，为农户提供优质、便捷、高效的服务。乡镇林业工作站要充分发挥政策宣传、资源管理、林政执法、生产组织、科技推广等职能作用，健全以乡镇林业站为中心，与农民各类合作组织相连接的农村林业社会化服务网络。四是强化林业科技支撑。以科技推广站、林业工作站、各级林业学会和林业科研院所为主体，开展多种形式的科技咨询和实用技术推广，满足农民科技兴林的愿望。积极引导农户实行科学经营，帮助他们编制和实施好森林经营方案，促进森林可持续经营。组织林业技术专业培训，指导技术协会、专业合作社等群众性组织和农民技术人员的林业技术推广活动，支持和引导林业经营者学科学、用科学，充分发挥科技在兴林富民中的重要作用。五是转变林业管理方式。林权制度改革后，林业经营主体多了，管理对象多了，林业的管理方式必须随之改变。各级林业部门要建立适应新形势的林业管理机制，转变行政职能，创新管理方式，把工作重心转移到林业行政执法、市场监管和公共服务上来，创建公开透明的管理体系，构建公正公平的执法体系，构筑高效便捷的林业行政服务体系。

（《云南省改革进程分析报告》2007 年第 4 期）

2007年改革取得积极进展　继续深化改革任务仍然繁重

2007年，为进一步健全完善社会主义市场经济体制，促进我省经济又好又快发展，在省委、省政府统一领导下，经过各州市、各有关部门共同努力，使全省各项改革全面推进，一些重点领域的改革取得了积极进展。本报告将对2007年改革进展情况及当前的改革形势进行总结分析，并提出2008年进一步深化改革的意见。

一、2007年我省改革取得积极进展

（一）改革的总体指导和统筹协调工作机制不断完善

一是通过制定出台指导全省改革的相关文件，切实加强了对全省改革工作的总体指导。2007年初我省制定下发了《云南省2007年经济体制改革工作要点》和《云南省2007年经济体制改革任务分解》，并转发了《国务院办公厅转发发展改革委关于2007年深化经济体制改革工作意见的通知》（国办发〔2007〕47号）。《改革要点》从深化行政管理体制改革、加快所有制结构调整、推进农村经济体制改革等七个方面明确了2007年我省推进改革的重点任务；《任务分解》结合各单位的工作职能，对改革任务进行了安排部署，对改革工作提出了具体要求，确保全年改革任务顺利推进。

二是建立了改革进程分析报告制度。2007年初，我省建立了《云南省改革进程分析报告制度》，成立了由省发展改革委牵头，相关部门组成的全省改革进程分析报告制度工作小组。对全省改革进展情况进行跟踪分析研究，并形成季度综合改革分析及不定期的改革亮点、专题分析。已完成的4期分析报告，通过分析及时发现阻碍经济社会发展的深层次体制矛盾和问题，有针对性地提出了改革的对策措施，为省委、省政府领导决策提供参考建议。

三是成立了云南省经济体制改革领导小组及其办公室。2007年7月正式成立了由罗正富常务副省长任组长，省政府黄立新副秘书长、省发展和改革委员会主任任副组长，省直25个相关部门分管领导为成员的云南省经济体制改革领导小组及其办公室，增强了我省对改革的总体指导和统筹协调力度，同时加强了各部门之间的协调配合，有力促进了全省改革工作的顺利推进。

（二）各项改革全面推进，重点领域改革取得明显成效

2007年我省各项改革全面推进，其中行政管理体制及国企改革取得重要进展，农村集体林权制度、文化体制改革亮点突出，垄断行业、公用事业改革起点良好，医疗、教育、社保等民生问题部分得到切实解决，加强了资源节约和环境友好型社会的体制机制建设，成效显著。

一是行政管理体制改革有了新突破。我省多次召开专题会议，精心研究部署深化行政

管理体制改革工作，特别在制度建设和深化行政审批制度改革方面有了新突破。第一，加强制度建设，积极促进政府职能转变。年初省政府牵头制定了《云南省省属企业国有资产处置审批制度》、《云南省重大资源开发利用项目审批制度》等八项工作制度，并于5月1日正式实施。这八项制度的制定和实施，对加快我省政府职能转变具有积极的促进作用。第二，全面启动了第三轮行政审批制度改革。2007年7月，我省启动了第三轮行政制度改革工作，进一步对全省行政审批项目进行清理，取消和调整了一批行政审批项目。深化行政审批体制改革在减少行政审批项目的同时，简化了办事手续，提高了办事效率，促进了政府职能转变。

二是国企改革取得新进展。2007年我省国企改革重点在积极引进外来战略合作伙伴、推进省属大企业整合重组、股份制改造及上市融资方面有了实质性的进展。第一，进一步推进了省属大企业集团整合重组。2007年重点推进的省属企业整合重组工作主要是中国云南国际经济技术合作公司划转云铜集团，铁路总公司和水利水电公司划转西交集团，按照省政府关于推进我省电子行业整合重组的要求，目前电子总公司下属云南无线电有限公司、天达光伏公司股权划转省国资公司的工作已经完成。同时对农垦集团管理体制进行了改革，对红塔证券、交大昆机、国际信托公司的股权实施了划转，目前省国资委履行出资人职责的企业减少为20户。第二，加快了省属大中型企业股份制改造。在全国钢铁行业整合重组的大背景下，我省引进武钢集团，以增资扩股的方式组建了新的昆钢股份公司；云铜集团与中铝集团签订合作协议，引进资金达百亿元；目前省建三公司、四公司、五公司、省商业储运公司等一批列入全省国企改革考核任务的企业股份制改造已经国资委批复，相关工作正积极推进。第三，股权分置改革工作顺利完成，省属大企业上市融资工作取得新突破。我省需要进行股权分置改革的22家上市公司已全部完成股改工作，股改对价支付水平低于全国同行业平均水平，如期实现了股改工作的目标和任务。一批上市公司加快了再融资工作。云维集团和煤化集团对云维股份的持股比例上升了12个百分点；南天股份、云铝股份等企业也启动了增发新股的工作；城投公司借壳S红河上市的工作已经中国证监会重组委通过，即将上市流通。国有企业改革的推进，增强了我省国有企业的实力，提高了国企控制力和竞争力。

三是垄断行业、公用事业改革和非公经济发展成效明显。在大力推进国企改革的同时，我省垄断行业、公用事业改革起步良好，非公经济发展很快，所有制结构调整进一步完善。第一，垄断行业、公用事业改革起步良好。我省水利体制改革坚持重点推进水价、水利投融资和水利工程管理体制“三项改革”，取得了明显成效。现阶段水价改革工作目标始终坚持以城镇生活用水和工业生产供水为重点，运用市场手段，通过经济杠杆调配水资源，初步建立了符合省情的水价形成机制；城市公交、燃气、市政道路等行业也积极进行了市场化改革的尝试。第二，非公经济发展加快。截至2007年10月底，我省城乡个体工商户共有834 871户，同比增长6.8%，从业人员1 709 584人，同比增长6.6%；注册资金1 793 306万元，同比增长13.5%。全省私营企业达到82 330户，同比增长8.5%，从业人员1 335 703人，同比增长24.9%；注册资金17 412 258万元，同比增长23.4%。通过积极鼓励、支持个体私营企业收购、兼并或参与国有、集体企业改革，参与公用设施、基础设施等行业、领域的投资和经营，大力支持和促进劳动密集型等产业的发展，鼓励企业多渠道、多方式增加就业岗位，促进了经济社会持续健康发展。

四是投融资体制改革稳步推进。我省继续做大做强专业投资公司，成立了云南省投资协会，同时继续推进了银行管理体制改革，有效发挥了金融与经济的促进互动作用。第一，专业投资公司作用进一步得到发挥。3 月成立了省水利水电投资公司，8 月成立了省科技创新投资有限公司。到目前为止各投资公司组织架构和内部管理制度进一步完善，运营平稳。投资规模进一步扩大，参与了省里许多重大项目及重点工程的建设。融资能力进一步增强，搭建了粗具规模的融资平台。第二，成立云南省投资协会。为发挥政府与投资主体之间的桥梁和纽带作用，加强全省国有投资公司间的业务交流与合作，实现资源共享，加强自身建设，促进投资决策与管理的科学化、规范化和法制化，我省于 2007 年 9 月正式成立了云南省投资协会。第三，银行管理体制改革成效明显。我省工行、中行、建行和交行股份制改革成果进一步得到巩固，公司治理日益完善，风险管理和内部控制进一步加强，“以客户为中心、以市场为导向”的管理模式和服务运营体系初步建立。农行股份制改革工作正全面、稳健、有序地推进。农村信用社改革成绩显著，积极推动农村金融创新服务“三农”的产品和服务，充分发挥了农村金融支持新农村建设的主力军作用。昆明市商业银行改革也取得了实质性进展。

五是社会事业改革全面推进。我省科技、教育、卫生、社保等改革全面开展，文化体制改革亮点突出。第一，科研机构改革取得新进展。省属应用型科研院所以“三项制度”改革为重点的内部改革开始启动，“开放、流动、竞争、协作”的新机制正在建立，广大科技人员面向市场进行科研开发的积极性得到有效发挥，科技创新能力和企业发展后劲有所增强。以企业为主体、市场为导向、产学研相结合的技术创新体系逐步建立。第二，教育体制改革进一步推进。全省义务教育进一步普及和巩固，切实加强了对需要“普九”的 4 个县的验收指导工作。全面落实“两免一补”，春季共免除 610.25 万名农村和城市学校农村户口义务教育阶段学生的学杂费，占全省义务教育阶段在校学生的 94.68%。享受免费教科书的人数达 261.52 万人。2007 年秋季非免费中小学教材招投标工作顺利完成，平均降价幅度为 6.68%，降价金额为 1 065.65 万元，切实减轻了中小学学生负担。第三，医疗卫生体制改革继续推进。新型农村合作医疗在全省全面实施，已有 3 100 万农民参加新型农村合作医疗，参合率达 86.14%。医疗卫生体制改革试点工作不断深化，积极推进国企自办医院分离，全省 296 所医疗机构中已完成分离 282 家，占应分离总数的 95.3%，未分离的 14 所医疗机构均已制定分离方案。积极探索中医医疗体制改革，开展了省中医院新建云南省中医医院滇池医院和红河州医疗卫生体制改革试点工作。第四，社会保障制度改革有序推进。2007 年我省制定了《云南省劳动和社会保障厅贯彻云南省人民政府关于完善企业职工基本养老保险制度实施细则》和《云南省劳动和社会保障厅关于企业职工办理退休办法》，拟定了《关于落实省属企业退休人员移交属地社会化管理服务工作的实施意见》。按照《云南省城镇居民基本医疗保险试点实施办法》的要求，从 10 月 1 日开始，在昆明、红河、楚雄 3 个州市启动了城镇居民基本医疗保险试点。正式实施《云南省农民工工伤保险暂行办法》；继续抓好农村养老保险试点，探索建立“个人、集体、政府”三方共同筹资的新型农村养老保险制度等。通过一系列改革，使我省社会保障体系进一步完善。第五，文化体制改革取得较大进展。省级公益性文化事业单位省图书馆、省博物馆、省文化馆的改革试点工作逐步深化。专业文艺团体经营性改革试点单位的改革继续推进，全国文化体制改革试点城市丽江市确定的两个试点单位——丽江市民族歌舞团、丽江市电影公司已基本完成了转企改制；省委、省政府确定的三个试点城市——昆明市、大理州、腾冲县相关的经营性文化单位转企改制工作正按计划顺利推进；省杂技团、云南省电影发行放映公司、昆明市电影发行放映公司转企改制工作正按照改革方案规范实施。全省文化资源配置更趋合理，取得了良好的社会效益和经济效益。“十五”期间，我省的文化产业主营业务收入年均增长27.52%，增幅大大高于GDP增幅，2007年，文化产业继续保持高速增长，文化产业正在成为我省经济新的增长点和支柱产业。

六是农村各项改革稳步推进，集体林权制度改革成效明显。为大力加强新农村建设，我省全面推进农村各项改革。第一，农村综合改革继续深入推进。2007年拟定下发了《云南省人民政府关于贯彻国务院做好农村综合改革工作文件的实施意见》和《云南省人民政府办公厅关于贯彻国务院办公厅做好清理化解乡村债务工作文件的通知》，为扎实推进农村综合改革的“三项改革”，全面开展乡村债务化解工作提供切实可行的指导。第二，农村土地制度改革稳步推进。我省按照“依法、自愿、有偿”的原则，积极稳妥地推进土地承包经营权流转。2007年5月底，全省家庭承包耕地流转总面积86.44万亩，占承包面积的2.3%，其中转包面积32.73万亩，转让面积7.55万亩，互换面积4万亩，出租面积35.15万亩，入股面积2.05万亩，其他形式流转面积4.96万亩。家庭土地承包流转合同达9.73万份。第三，集体林权制度改革成效显著。我省从2006年开始在9个县开始试点，2007年全面铺开，计划用3年左右的时间，基本完成全省集体林权制度改革任务。2007年11月出台了《中共云南省委办公厅、云南省人民政府办公厅关于进一步加大集体林权制度主体改革力度和稳步推进配套改革的意见》（云办发〔2007〕20号）。截至目前，全省16个州市、129个县区全部启动了集体林权制度改革，有95 947个村民小组完成调查摸底，占全省村民小组数的59%；50 340个村民小组完成权属勘察，确权户数累计为2 064 333户，已确权面积8 324.33万亩，确权宗数为3 227 946宗，已核发林权证396 730本。通过林改，有力促进了林业发展和林农增收。

七是资源节约和环境友好型社会的体制机制建设不断加强。为构建资源节约型和环境友好型社会，我省进一步健全了探矿权采矿权管理体制，完善和理顺了环境监管体制，积极开展了建立和实行生态补偿机制等研究工作。第一，进一步健全探矿权采矿权管理体制。制定了《云南省探矿权管理规定》和《云南省采矿权管理规定》，进一步明确矿业权人资质，完善两权申报程序和审批制度，维护正常的矿产资源开发秩序。2007年4月，在全省范围内正式开始征收矿产资源有偿使用费，制定了征收程序和办法，下达了征收计划，预计全年可征收10亿元。第二，进一步完善和理顺环境监管体制。制定下发了《关于进一步加强环境影响评价管理工作的通知》，加大从源头上控制环境污染和生态破坏的力度。全面实施污染物排放总量控制和排污许可证制度。省政府与各州市政府、重点行业和企业签订了主要污染物总量控制目标责任书。截至目前，全省16个州市政府，已有12个州市将总量控制、污染减排任务分解落实到各县（市、区）和所辖部分重点企业。第三，积极开展资源合理开发利用和环境治理保护体制机制建设的研究。根据省委办公厅（云办通〔2007〕2号文）关于落实省第八次党代会报告和中共云南省委关于贯彻落实中共中央关于构建社会主义和谐社会若干重大问题的决定的实施意见确定的主要任务分解的通知要求，由省发改委牵头，组织省国土厅、省科技厅等部门，开展了对我省建立和完善生产要素重要资源有偿使用的市场机制和补偿机制、建立生态环境评价体系和补偿机制、战略资源和能源的保护与合理开发等问题的研究。

2007 年全省的改革虽然取得了较大进展，但目前改革面临新的形势，新情况新问题不断出现，2008 年乃至今后一个时期的改革任务仍将非常艰巨。

二、当前改革形势分析及 2008 年深化改革的意见

2008 年是全面贯彻落实党的十七大会议精神的第一年，也是“十一五”时期全省改革攻坚的关键一年，改革任务十分艰巨。2008 年的改革工作要根据当前的形势，结合我省实际，着力构建落实科学发展观和建设社会主义和谐社会的体制机制，促进全省经济社会又好又快发展。

（一）当前改革形势分析

新时期新阶段改革呈现以下“五个转变”的新特点：

一是体制改革的重点已由国有企业改革转变为行政管理体制改革。经过多年的改革，以国有企业改革为中心环节来带动其他改革的空间已经很小，在新时期新阶段，要针对阻碍经济社会发展的突出问题，来确定下一步改革的重点。随着改革不断向纵深推进，政府本身所拥有的权力和作为经济社会管理者所处的特殊位置，决定了政府在改革中的主导地位和政府行政管理体制对整个经济体制的特殊制约作用。政府行政管理体制改革对其他改革的牵制作用日益明显，要推动经济体制改革的全面深化，必须把政府行政管理体制改革放到十分重要的位置。因此，在新时期新阶段解决经济社会发展中存在的深层矛盾和问题，关键是深化政府行政管理体制改革，改革的重点已由国有企业改革转变为行政管理体制改革。

二是体制改革的动力已由以改革促开放转变为以开放促改革。在新时期新阶段，经济全球化使各国经济联系更加紧密，生产要素在全球范围内自由流动程度不断提高，有利于进一步利用国际资本，引进先进技术，开拓国际市场，为经济发展注入新的活力。近年来，我省抓住加入 WTO、国家实施西部大开发、中国—东盟自由贸易区的建设和“泛珠三角 9 + 2”区域合作机遇，加大对外开放力度，对外开放不仅促进了我省经济活动与国外市场高效率的经济管理体制和运作规则的对接，也使建设中的新体制有效地摆脱旧体制的束缚，接纳了国内外的先进管理体制的优点，科学吸收和利用世界资源条件和先进文明成果，加快了改革的步伐，形成了开放倒逼改革的局面，使改革更加规范化、法制化、制度化，开放成为改革的动力。

三是体制改革的方式已由单项改革转变为综合配套改革。新时期新阶段的改革工作，从本质上来看，是深层次的权利和利益关系的调整。现阶段改革职能分散在各部门，进一步推动改革，需要充分发挥各职能部门的作用，但是每个职能部门由于改革所站的角度不同，改革方式也有差异，特别是涉及一些重大利益调整和制度设计等重大问题时，往往处于难以抉择的两难困境。因此，必须系统地综合性地推进改革，以防止改革走形变样，防止借改革之名保护或维持甚至是强化部门的权力。新时期各项改革能否顺利推进，将取决于一些重要领域和关键环节改革的力度和突破的程度。这些关键领域的改革，只有加强总体指导和协调，才能解决好重点突破和综合配套的关系，保证必要的力度和速度。新时期改革要从全局的角度统筹规划、整体设计，经济体制改革的总体性、综合性和配套性已明显增强。

四是体制改革的模式已由一部分人先富起来转变为共享发展改革成果。改革开放近三十年来，我国国民经济持续快速增长，经济总量和人民生活都有极大的改善，已实现了让一部分人先富起来的阶段性目标。当前，我国地区、城乡、行业之间的收入差距过大，弱势群体有所增多，解决这一阻碍经济社会发展的问题已成为新时期新阶段改革的主要任务。改革是社会主义制度的自我完善，实质是以经济发展和共同富裕为出发点和归宿的，从根本上说，改革就是为了调整好各方面的利益关系，使多数人在改革中不断获益。在新时期新阶段，我们要按照科学发展观和构建社会主义和谐社会的要求，树立以人为本的改革观，使改革政策的制定与抉择立足于多数人的利益，更加关注改革决策的科学性和改革政策的协调性，使广大人民群众更能公平地分享改革和发展的成果，以实现改革成果的普惠性目标。

五是体制改革的着力点已由围绕经济增长方式转变为经济发展方式。转变经济发展方式，实现经济又好又快发展，是当前经济工作的重要任务，是在探索和把握我国经济发展规律的基础上提出的重要方针，也是从当前我国经济发展的实际出发提出的重大战略。在新时期新阶段，要更深刻、更自觉地把握经济发展规律，围绕转变经济发展方式推进改革，下更大的决心、采取更有力的措施提高经济发展质量和效益，大力推进经济结构战略性调整，提高自主创新能力，建立和完善有利于资源和环境协调发展的体制机制，确保资源开发的生态、经济和社会效益。

（二）2008 年深化改革的意见

一是着力提高政府的执行力和公信力。政府所拥有的权力和作为经济社会管理者的特殊位置，决定了其在经济发展和改革中的重要作用。我省 2008 年要以转变政府职能为重点，深化行政管理体制改革。第一加快政府职能转变。做好行政管理体制改革的路径设计和规划安排，抓紧制定行政管理体制改革方案，健全政府职责体系，强化社会管理和公共服务，完善公共服务体系，加快推进政企分开、政资分开、政事分开、政府与市场中介组织分开。第二提高行政效能。继续深化第三轮行政审批制度改革，减少和规范现有行政许可和行政审批项目；完善制约和监督机制，坚持用制度管权、管事、管人，建立健全决策权、执行权、监督权既相互制约又相互协调的权力结构和运行机制；深入落实重大投资、重大资源开发、财政资金支出审批等制度，切实提高政府的执行力和公信力；完善各类公开办事制度，提高政府工作透明度和公信力。第三规范行政权力。全面落实依法行政纲要，严格依法行政，抓紧制定出台我省依法行政五年规划；做好群众关注的热点、难点问题的立法工作，积极调动社会力量参与立法，完善法规规章的修改、废止和规范性文件的定期清理制度；建立健全行政执法主体资格制度，推进综合执法、解决行政执法职责交叉、多头执法等问题；推行行政执法责任制度和过错追究制度，不断提高行政执法效率。

二是着力完善推动科学发展的经济调节机制。完善经济调节机制是建立健全落实科学发展观体制保障的关键内容，2008 年，我省应围绕推动科学发展，着力推进财税、金融、投资、价格等方面的体制改革，形成完善的经济调节体系，促进市场主体把工作重心切实转到提高经济增长的质量和效益、节约资源和保护环境上来，促进经济社会协调发展。第一，完善公共财政体系。加快推进部门预算管理制度改革，加大公共服务领域投入，改革和加强财政监督，建立规范、可操作的财政绩效预算管理体系，实行有利于科学发展的财税制度，建立健全资源有偿使用制度和生态环境补偿机制，加大省级财政对县乡的转移支付力度，建立规范统一的非税收入征收管理制度和体系。第二，推进金融体制改革。发展各类金融市场，形成多种所有制和多种经营形式、结构合理、功能完善、高效安全的现代金融体系，继续支持和配合国家做好深化国有商业银行改革，积极推进邮政储蓄银行和政策性银行改革，进一步推进农村信用社改革，增强金融发展的活力，鼓励企业从资本市场直接融资，建立起资本市场与货币市场、保险市场共同协调发展的机制。第三，继续深化投资体制改革。逐步建立市场引导投资、企业自主决策、银行独立审贷、融资方式多样、中介服务规范、宏观调控有效的新型投融资体制，充分发挥专业投资公司融资平台作用，进一步做大做强我省专业投资公司，培育更多的投融资主体，建立多元化、多层次、多专业的投融资体系，探索和完善非经营性投资项目“代建制”改革试点。第四，不断推进价格体制改革。继续深化价格体制和行政事业性收费体系改革，着眼于建立反映市场供求状况和资源稀缺程度、有利于促进协调发展的价格形成机制，合理调整教育、卫生、文化及城市污水、垃圾处理等公共服务和产品的价格，保持农产品价格的合理水平，形成有利于科学发展的宏观调控体系。

三是着力构建市场主体能动与规范运作的制度基础和社会环境。实现科学发展，不仅需要政府的科学管理和有效调节，而且依赖于作为市场主体的企事业单位和广大社会成员的能动与规范性运作。形成市场主体能动与规范运作的制度基础和社会环境，2008 年我省要从以下两个方面加大改革力度。第一，推进国有资本调整和国有企业改革。继续深化国有企业改革，推进省属企业的股份制改造，完善现代企业制度建设；加快国有大型企业的集团化改组，规范和完善以资本为主要纽带的母子公司体制；调整集团内部的资源结构、资产结构和业务结构，促使优质资源向集团核心业务以及价值链的核心环节集中；加快破产企业和劣势企业的退出工作；加快推进垄断行业改革；大力推进企业管理创新和科技创新，转变企业增长方式，增强企业核心竞争力。完善国有资产监督管理体制，积极探索国有资产监督管理和经营的有效形式；加大对重大事项和财务风险的控制，完善外派监事会制度；建立完善国有资本经营预算制度，规范政府与企业的分配关系。积极开展国有企业经营绩效评价工作，建立起科学有效的国有资产保值增值考核体系；培育国有资产规范、有序流转的运行机制，促使国有资本在不同地区、行业和企业之间的合理流动。进一步消除非公经济发展的体制障碍和政策性制约因素，加大政策落实的执行力，放宽非公有制经济市场准入。第二，加快完善生产要素市场体系。推进资本市场建设，较快建立多层次资本市场体系，营造良好的直接融资环境；培育统一的劳动力和人才市场，继续深化户籍管理制度改革，促进全省城乡一体化进程，建立城乡统一的人力资源流动机制；规范发展土地市场，巩固和完善经营性土地和工业用地招拍挂出让制度，积极探索农村集体非农建设用地流转机制，创造条件开展农村集体非农建设用地流转试点工作；规范产权交易市场，加强对产权交易行为的监管，推进国有资产有序流转；加快发展技术市场，进一步发挥市场机制配置科技资源的作用，进一步推进技术创新和科技成果的产业化，依法保护知识产权；积极发展和规范中介服务机构，提高中介服务市场化水平，加强市场监管体系建设，建立和完善社会信用体系，加快诚信云南建设。

四是着力构建统筹城乡协调发展的体制机制。解决好“三农”问题，逐步改变城乡二元经济结构，推进城乡一体化，是具有中国特色社会主义市场经济的本质要求，是生产力发展的必须结果，是我省全面建设小康社会的重中之重。2008 年，我省要深化农村改革，加快社会主义新农村建设。第一，继续深化农村综合改革。积极推进乡镇机构改革，创新基层管理体制和运行机制，科学界定乡镇政府职能，优化整合乡镇事业站所；加快农村义务教育改革，以边疆、民族、贫困山区为重点，建立和完善农村义务教育管理体制，保障办学经费，合理优化配置教育资源，提高教育质量，促进教育公平。深化县乡财政管理体制改革，按照事权和财权相匹配的原则，明确各级政府的收入与支出责任，加大转移支付力度，进一步完善省以下财政管理体制。切实落实各项支农惠农政策，建立健全减轻农民负担的有效机制。第二，深化集体林权制度改革。坚持以“兴林富民”为目标，按“生态产业化、产业生态化”的要求，加大以明晰产权为主的集体林权制度主体改革力度。稳步推进配套改革，积极探索符合地方实际的配套改革方式，构建现代林业经营体系，健全现代林业服务体系，建立森林资源流转体系，加强森林管护体系建设。第三，进一步完善农村土地制度。依法稳定完善农村土地承包关系，维护农民土地承包权益；探索农户间转包、转让、互换等土地流转方式，健全土地承包经营流转市场，鼓励有条件的地方发展适度规模经营。第四，继续深化其他各项改革。继续深化粮食流通体制改革，加大支农资金整合力度，提高资金使用率，发展壮大县域经济，培育促进农民增收的特色产业和优势产业，大力发展各类专业合作组织，增强农村集体经济组织服务功能，加快建立有利于改变城乡二元结构的体制机制。通过建立新型农垦管理体制，充分发挥农垦资源、产业、规模、科技和组织等优势，进一步加快农垦经济发展，全面推动云南农垦“二次创业”。

五是着力打造促进社会事业发展和公共服务均等化的体制基础。落实科学发展观的核心是以人为本，民生关注的热点、焦点和难点是社会建设的关键环节和重要领域。2008年，我省要以改善民生为重点，推进社会事业领域改革。第一，深化收入分配制度改革。加大收入分配调节力度，努力缓解地区之间和部分社会成员之间收入分配差距扩大的趋势。着力提高低收入者收入，加强政府调节职能，扩大转移支付。第二，加快建立覆盖城乡居民的社会保障体系。促进企业、机关、事业单位基本养老保险制度改革，探索建立农村养老保险制度。全面推进城镇职工基本医疗保险、城镇居民基本医疗保险、新型农村合作医疗保险制度。完善城乡居民最低生活保障制度，完善失业、工伤、生育保险制度。第三，建立健全医疗卫生体系。坚持公共医疗卫生的公益性质，实行政事分开、管办分开、医药分开、营利性和非营利性分开，强化政府责任和投入，鼓励社会参与，建设覆盖城乡居民的公共卫生服务体系、医疗服务体系、医疗保障体系、药品供应体系；提高重大疾病防控和突发公共卫生事件应急处置能力。第四，深化科技体制改革。继续围绕“一个突出、两个一批”，进一步营造鼓励自主创新的环境，建立技术创新体系、支持鼓励企业成为技术创新主体、加速科技成果转化、实施重大科技项目、推进科技管理创新、深化转制科研机构产权制度改革、深化社会公益类科研机构内部三项制度改革。第五，深化教育体制改革。进一步统筹城乡、区域和各级各类教育协调发展；深化农村义务教育经费保障机制改革；以市场需求和劳动就业为导向，深化职业教育体制改革。推进高等教育办学体制、管理体制和投资体制改革，优化办学条件，进一步提高高等教育质量；积极鼓励社会力量参与办学，形成政府办学和社会办学两种体系和谐发展的态势；建立和完善多元化的教育资助体系；认真总结并继续深化中小学教材出版发行招投标改革。第六，深化文化体制改革。完善扶持公益文化事业、发展文化产业、鼓励文化创新的政策；实施重大文化产业项目带动战略，加快文化产业基地和区域性特色文化产业群建设；深化文化艺术事业单位管理体制改革，以省直艺术表演团体体制改革为重点，加快文化产业化进程。

六是着力建立健全有利于资源环境协调发展的机制。我省是资源富集的省份，但资源并没有转化为经济优势，资源的大开发并实现经济的大发展，为确保资源开发的生态、经济和社会效益，2008 年我省以创新资源环境体制机制为重点，对资源进行综合平衡、科学规划、统筹安排、有序开发和合理利用，建立促进我省经济社会与环境和谐发展的体制机制。深化资源税费征收体制改革，完善资源型产品价格形成机制，加强土地资源、水资源的利用保护的体制机制建设，探索建立资源环境有偿使用的市场机制和生态环境补偿机制。推动保护和合理开发战略资源和能源的体制机制建设，不断完善和推进有利于新能源和可再生能源开发利用的制度建设，推动我省经济发展方式的根本转变。完善促进节能减排的体制机制。探索建立落后生产能力退出的保障和补偿机制。建立多元化的节能环保投入机制和高效节能环保产品推广的财政激励机制。研究提出鼓励生产和使用节能环保产品的税收政策。建立和完善节能减排指标体系、检测体系和考核体系。

（《云南省改革进程分析报告》2007 年第 5 期）

坚定信心　深化改革　完善政策
继续推进我省县域经济的健康发展

2004 年，省委、省政府确立我省一批综合实力较强、发展潜力较大的县区作为加快县域经济发展的试点。2008 年初，我委先后到玉溪市红塔区、通海县、江川县，普洱市思茅区、宁洱县、景谷县和西双版纳州景洪市等七个试点县（市、区），就 2005 ~ 2007 年三年县域经济试点相关情况进行了实地调研。调研结果显示，试点县（市、区）认真贯彻落实《中共云南省委、云南省人民政府关于加快县域经济发展的决定》和全省县域经济发展试点县工作会议精神，通过“抓组织、抓规划、抓落实”，县域经济发展速度明显加快，效益明显提高，成效显著。在发展过程中虽然还存在一些困难和问题，但为加快全省县域经济发展作出了积极的贡献，并提供了很好的经验和启示。

一、试点县（市、区）县域经济发展成效显著

（一）县域经济发展目标按期完成，综合经济实力不断增强

玉溪市红塔区、通海县、江川县 2007 年分别完成生产总值 285 亿元（不含红塔集团完成 102 亿元，三年平均增长 13.8%）、32.6 亿元、31.4 亿元，三年平均增长 9.2%、10.9%、14.2%；财政总收入 11.52 亿元、3.39 亿元、2.48 亿元，三年平均增长 36.2%、21.6%、15.4%；地方财政收入 5.26 亿元、1.83 亿元、1.7 亿元，三年平均增长 29%、20.7%、15.4%；全社会固定资产投资 69.45 亿元、10.67 亿元、8.1 亿元，三年平均增长 19.1%、23%、13.9%；农民人均纯收入 5 216 元、4 621 元、3 946 元，三年平均增长 8.4%、9.5%、10.2%。红塔区 2005 年、2006 年连续两年被省政府评为“云南省县域经济发展十强县”之一，2007 年各项指标均实现了县域经济发展总体规划当年目标；通海县全面完成“县域经济发展试点县”目标责任书的各项指标；列为省考核的江川县生产总值、农民人均纯收入、财政总收入及地方财政收入四项指标均提前一年完成。

2007 年，普洱市思茅区、景谷县、宁洱县分别实现生产总值 32 亿元、23.28 亿元、15.1 亿元，三年平均增长 14.9%、14.5%、18.9%；财政总收入 4.26 亿元、2.06 亿元、1.51 亿元，三年平均增长 31.62%、20.4%、33.8%；地方财政收入 2.63 亿元、1.25 亿元、0.88 亿元，三年平均增长 29.23%、18.95%、27.1%；全社会固定资产投资 33 亿元、10.4 亿元、10.68 亿元，三年平均增长 28.3%、30.8%、38.8%；农民人均纯收入 2 503 元、2 254 元、2 420 元，三年平均增长 13%、11.27%、13.6%。3 个试点县（区）全面完成县域经济各项考核指标，县域经济整体实力得到发展壮大。2005 年、2006 年思茅区连续被评为全省县域经济发展先进县。

西双版纳州景洪市 2007 年生产总值完成 54.1 亿元，比 2004 年增长 15.3 亿元，三年平均增长 9.4%，完成考核目标 48 亿元的 112.7%；财政总收入 5.3 亿元，三年平均增长

27.1%；地方财政收入完成2.7亿元，三年平均增长22%，完成考核目标1.8亿元的150%；全社会固定资产投资40.2亿元，三年平均增长15.47%；农民人均纯收入3 103元，三年平均增长10.8%。生产总值、地方财政收入两项指标提前一年完成。

（二）经济结构调整力度加大，特色产业培植初显成效

玉溪市红塔区实施工业强区战略，工业产值上亿元的企业达34户。矿电钢铁、卷烟配套、生物制药成为全区最大的支柱产业，产值占全区工业总产值的85.4%以上。巩固提升第三产业发展的整体水平，引进世界知名企业——沃尔玛首家入驻二级城市，加快了研和、高仓物流中心规划建设步伐。通海县狠抓五金机电、彩印包装、食品加工三大特色支柱产业，全力打造五金特色经济园区，以工业经济大发展带动县域经济的发展。三大支柱产业产值达56.6亿元，占全县工业总产值的81.7%。大力推进农业产业结构调整，形成了以烤烟、蔬菜、畜牧、花卉为主体的支柱产业，成为全省重要的无公害蔬菜及绿色畜产品生产基地之一。江川县以磷化工产业发展为基础，依托云天化进一步整合全县磷矿资源，成立了云天化天湖国际化工，对磷化工产品提质增量，磷化工产值占江川工业总产值的比重达52.9%，成为江川最大的支柱产业。

普洱市思茅区建峰水泥、大唐汉方、金陵药业、山水矿业等一批新建和改扩建工业重点项目建成投产，成为思茅区新的财源和重要支柱产业。景谷县2007年实现林产工业产值8.32亿元，已建成“云景林纸”和“景谷林业”两大龙头企业及61家中小型林业生产企业，以林纸、林化、林板和林下资源开发为体系的林产业已成为财政增长、农民增收的最大支柱。宁洱县把培育茶产业、电力产业、林产业、建筑建材业作为全县县域经济发展的四大支柱产业。进一步弘扬“普洱茶”的声誉，茶叶产业已成为山区人民群众增收致富的主要亮点，2007年实现茶产业总产值3.25亿元，从事茶产业人员达4.5万余人。通过整合矿产资源，完成磨黑盐矿主业整合上划、辅业分离转制和职工分流安置；引进云南铜业集团、云南龙润集团等大型企业落户宁洱，成功整合了大箐铜矿、萝卜山铅锌矿等矿山企业。

景洪市以商贸旅游为重点，努力构建热带风光突出、民族风情浓郁的国际化生态旅游城市。以西双版纳旅游二次创业、建设现代绿洲新景洪为契机，加快现代服务业和旅游业的发展。2005年至2007年三年接待国内外游客933.8万人次，特别是2007年接待国内外游客数创历史最高水平，累计实现旅游业总收入67.5亿元。不断优化产业结构，三次产业比重由2004年的29.5∶25.9∶44.6调整为29∶25∶46。2007年，景洪市非公有制经济增加值完成17.9亿元，占全市生产总值的比重达33%，成为经济发展的主力军。

（三）加大投入，试点示范，推进社会主义新农村建设

玉溪市红塔区三年区财政投入农业资金2.6亿元，占区财政总支出的11.27%，确保财政每年对新农村建设的投入不低于财政支出的三分之一，到2007年底，43个试点村项目建设全面完成，产业支撑作用得到显现，村组集体经济进一步巩固发展，农村人居环境、村容村貌、乡风民风不断改善。通海县全面取消了农业税，减轻农民负担1 421.2万元；通过发展机电小五金、现代农业、实施农业产业化经营，努力实现村有支柱产业，户有增收渠道，夯实新农村建设的基础。江川县财政自筹资金100万元，设立新农村以奖代补专项资金，用于发展农村公益设施和公益事业的建设；不断扩大新型农村合作医疗保险覆盖面，2007年新型农村合作医疗参合率达99.98%。

普洱市思茅区采取“典型引路、全面推开”的办法，通过示范带动全区新农村建设，涌现出了大石缸、高家寨、糯扎渡第一村等一批新农村建设的示范典型。2007 年，全区完成农业生产总值 6.5 亿元，同比增长 26.5%，农民人均现金收入达 2 588 元，增长了 18.7%。景谷县 2006 年启动省、市、县三级新农村试点村建设 15 个，2007 年又新增试点村 14 个。宁洱县新农村建设与“6·3”地震恢复重建相结合，2007 年实施省、市级新农村试点村 10 个，县财政安排 100 万元用于 2 000 万元新农村建设贷款贴息，扶持农民发展产业和重建家园。

景洪市三年累计投入财政资金 1.6 亿元，先后启动实施了“四通两改善”、水利工程建设、耕地开发整理、“农民增收千元项目”、“山区人均一亩良种茶”、“扶持发展壮大畜牧业”等基础设施建设和产业发展项目。三年对农民实用技术培训达 1.8 万人次以上，累计培训新型农民 2 万人次。

（四）统筹城乡协调发展，社会各项事业全面进步

玉溪市红塔区强化城镇产业支撑，增强小城镇综合经济实力，加大城镇规划、建设和管理力度，大营街镇、北城镇已逐渐发展成具有中心城区互补功能，集休闲、娱乐、度假、商住、旅游为一体的综合性城镇。通海县全面落实取消农业税政策，减轻农民负担 1 421.2 万元。农村广播电视基本实现“村村通、户户看”，解决了 613 户困难群众看电视难问题。全县农村新型经济组织达 48 个，行业涵盖种植、养殖、加工，成员农户 6 659 户，农民市场组织化程度进一步提高。江川县以创建“国家级生态示范区”和“甲级卫生县城”为目标，结合玉溪打造“三湖”生态城市群的发展规划，围绕构建沿星云湖生态旅游经济圈，加大实施以县城为中心的生态城市建设，三年累计投资 3 100 多万元，城镇化水平由 2004 年 28.8% 上升到 2007 年的 30.4%。

普洱市思茅区以增加农民收入为出发点，初步形成了市场牵龙头、龙头带基地、基地连农户的生产、加工、销售一体化新格局；工业打造了一批辐射面较广、带动力较强的重点工业企业；第三产业形成了梅子湖公园、莱阳河国家级森林公园、茶马古道风景区、观光茶园等以生态、休闲和人文景观旅游为特色的旅游景区。景谷县以实现“山有其主，主有其权，权有其责，责有其利”为目标，全面完成集体林权制度改革试点工作，确保林农的合法权益得到有效落实。15 个新农村试点村共举办种植、养殖和餐饮服务等各类培训班 32 期，98% 的劳动力接受了技术培训，100% 的劳动力掌握了 1～2 门实用技术。小学初中巩固率均达到 100%，广播电视覆盖率达到 100%，新型农村合作医疗参合率达到 96.2%。宁洱县通过行政办公区搬迁逐步推进新城区建设，2007 年城镇化率为 24.1%，比 2005 年的 19% 增加 5.1 个百分点。教育综合改革稳步推进，完成 6 所试点学校的校长公开竞聘、教职工聘任和绩效工资制度改革。

景洪市以城市“五创工作”为契机，加强城市规划编制工作，城市基础设施和特色城镇建设成效明显，城镇化水平达 38%。加强卫生三级网络和服务体系建设，城乡公共卫生设施和医疗条件明显改善，农业人口独生子女“奖优免补”政策得到落实，人口自然增长率控制在 5‰以内。社会保障体系日趋完善，共有 68.8 万人次享受最低保障，三年共发放保障金 5 130 万元。就业和再就业工作成效明显，三年累计新增城镇就业人员 7 652 人，城镇登记失业率控制在 3.4% 以内。

二、县域经济发展存在的困难和问题

一是资金投入有限。地方财政由于县域经济总量小，增收来源渠道少，收支矛盾日益突出，有限的财力只能保工资、保运转，用于基本建设、产业发展、环境治理等方面的资金严重不足。每年省财政对47个试点县的项目投入只有1亿元，安排到每个县也只有200多万元。

二是部分产业发展后劲不足。县域经济增长方式主要以资源开发为先导，资源型、粗放型产业突出，产业链短，产品精深加工不足，附加值低、综合竞争力不强。如思茅的矿产业存在着勘探程度低、布局不合理、生产不规范、资源综合利用程度低等问题；林产业企业规模小、散、乱，用材基地建设缓慢，技术装备落后等，制约了林产业的可持续发展。

三是生态建设与环境保护任务还比较繁重。随着经济社会的发展，环境保护和生态建设压力加大。如通海和江川是我省农业发展水平较高的地区，但城乡生活污水和农业面源污染严重，“九大高原湖泊”中的杞麓湖和星云湖仍是劣V类水。景谷县林业生产企业原料基地建设滞后，林产业开发与保护的矛盾突出。

四是中小企业发展融资困难。由于国家实行限制部分产业、行业发展的宏观调控政策，商业银行信贷投放受到一定抑制，贷款准入门槛提高，除电力及大的工业项目以外，中小企业获得贷款额度很小。贷款担保体系建设严重滞后，造成县域经济发展项目融资难于落实。加上土地、林业等审批权限进一步上收，制约了县域经济发展的调控能力。

五是考核评价指标体系不完善。目前从发展水平、发展活力和发展潜力三个方面确定的29项指标，首先是还不尽完善，缺乏节能减排相关内容，同时衡量民生方面的指标亦不足；其次是采用统一的考核评价指标对发展基础和产业特色不同的试点县（市、区）进行考核，不能充分体现各县发展的起点和取得的进步。

六是现行管理体制有待进一步完善。目前各地试点工作领导机构，有的设在政府研究室，有的设在财政部门，有的设在发展改革部门，上下不对接，左右不顺畅，推诿扯皮情况时有发生。

三、加快县域经济发展的经验和启示

通过调研，我们认为省委、省政府做出加快我省县域经济发展的决策是正确的，采取的相关措施是有效的，各部门的推进工作是积极的，县域经济发展的成效也是十分显著的。所调研的七县市区按照省里的统一部署，有效地推动了县域经济发展，为加快全省县域经济发展作出了积极的贡献，并提供了以下经验和启示。

（一）加强领导、精心组织是县域经济发展的前提

为推进县域经济发展试点工作，保证各项目标任务的顺利实现，各试点县（市、区）高度重视，牢固树立“县域兴、经济兴”的思想，始终把县域经济作为本地经济发展的基础来抓，成立了以政府主要领导为组长，相关部门领导为成员的县域经济发展领导小组及其办公室，切实加强组织领导，狠抓各项政策措施的落实，使县域经济工作得以扎实推进。

（二）理清思路、科学规划是县域经济发展的基础

各试点县（市、区）认真组织相关部门，科学制定了县域经济发展规划或财源建设规划，并与当地“十一五”规划相衔接，明确了发展目标、发展重点和任务措施，进一步理清了县域经济发展思路。为加快县域经济的发展打下了坚实的基础。

（三）因地制宜、突出特色是县域经济发展的根本

各试点县（市、区）根据本地的资源禀赋条件，发挥比较优势，形成了人无我有、人有我优的主导产业，提高了核心竞争力。红塔区打破烟草产业一枝独秀的产业格局，初步形成了以矿冶钢铁、卷烟配套、生物制药为主要产业，新型材料、农产品加工等为新兴产业的县域经济产业集群。江川县培育壮大精细磷化工、纸制品、农产品加工和建材等优势产业，并巩固提升青铜制品和烟花爆竹等传统产业。宁洱县主抓茶叶生产龙头企业建设，努力做大做强“普洱茶”产业，成为山区群众增收致富的重要来源。

（四）多方筹资、项目带动是县域经济发展的动力

在本级财政财力十分有限的情况下，各试点县（市、区）都安排了重点支持县域经济发展试点专项资金，并积极争取上级扶持，把项目建设作为发展县域经济的工作重点，实行专款专用，强化项目建设责任制，确保项目建设一批，成功一批，取得了较好的经济效益和社会效益，也成为促进县域经济发展的亮点。

（五）“一主三化”、协调发展是县域经济发展的途径

以发展非公有制经济为主，努力推进农业产业化、新型工业化和城镇化进程，是近年来各地发展县域经济实践证明了的一条成功路子。通海的非公经济发展，江川、通海、景谷的农业产业化和新型工业化进程，景洪市和红塔区的城镇化推进，都印证了“一主三化”在县域经济发展中的重要性和必要性。另外，不断推进社会事业进步，注重生态文明建设，扎实推进社会主义新农村建设，加快建立以工促农、以城带乡长效机制，才能使县域经济呈现出速度与效益、结构与质量协调发展的良好局面。

四、进一步发展县域经济的对策和建议

三年试点工作虽然取得了显著成效，但农业大县、工业小县、经济弱县、财政穷县的状况未根本改变，全省县域经济发展的任务还十分艰巨，面临的困难还很大，需要我们进一步创新思路，完善相关政策，继续深入开展此项工作。为此，我们建议：

（一）继续创新思路和办法，深化新一轮县域经济发展改革试点

坚持以富民强县为目标，以分类指导为原则，以“一主五化”为重点，进一步理顺县域经济发展试点领导机构，加强组织领导，创新思路，根据产业特点和经济发展水平，优化我省县域经济和社会发展综合评价考核办法，对全省129个县（市、区）拟分成三大类县（即一类县市区40个，二类县市区54个，三类县市区35个），实行区别对待，在政策、资金和项目扶持及激励机制上有所侧重。对一类先进县重点是奖励为主，二、三类先进县是奖励加资金和项目扶持为主。同时对争先进县的领导班子及个人在提拔任用上予以优先。在新一轮县域经济考核指标体系和评价办法中，增加节能减排、环境保护、社会发展等考核指标。

（二）完善财政管理体制，增强县域经济自我发展能力

调减省、州（市）分成比例，合理调整上解基数，扩大地方财政收入来源。按照财

权、事权统一的原则，逐步改变“城乡分治”国民收入分配格局。分类处置县域债务问题，保证县域经济发展“轻装上阵”。进一步加大纵向转移支付力度，结合省级财政近年来大幅度增加的实际，将省级财政安排的县域经济发展专项资金由1亿元增加到5亿元，并实施财政专款直接安排到试点县，切实增强县级政府财政能力。

（三）加强项目储备，改革项目资金扶持办法

各县域经济发展试点县（市、区）要从本地实际出发，按照县域经济发展规划，从区位优势、资源优势、产业优势和经济优势中寻找和开发项目，优选和储备一批建设周期短、经济效益好、带动作用强的建设项目，积极与省级相关部门对接。省级相关部门要积极探索，按照产业分类制定对县域经济项目贷款贴息，适当降低贴息门槛，如300万元至500万元也可获得贴息支持；或给试点州市发改部门一定的贴息额度支配权。在项目资金拼盘中，取消县级配套资金。增加对县级基础设施建设和社会事业项目的扶持，增强县域经济的发展后劲。

（四）健全金融体制，解决中小企业贷款难问题

强化政策性金融机构在县域经济中的作用，加大商业金融的支农惠农力度，深化农村信用社体制改革，发挥农村信用社支农主力军作用。积极探索贷款担保体系建设，逐步形成以企业资金、信贷资金、财政资金相互补充的资金来源渠道和多元投资主体共同支持县域经济发展的投资格局。

（五）注重生态文明建设，努力转变经济发展方式

在加快发展县域经济的同时，要更加注重环境治理和生态保护建设。发展林产业要与林业基地建设同步，不能过量砍伐，破坏生态；发展现代农业，要控制面源污染，防止高原湖泊水质进一步恶化。以经济结构调整为主线，坚持一、二、三产业协调发展。第一产业要围绕提升农业综合生产能力和农民增收这一主题，大力扶持生态特色农业；第二产业要继续支持工业园区建设，发展循环经济，扶持有潜力的工业企业开展技改、提高效益、节能减排；第三产业要以旅游业为龙头，加快物流业和现代服务业的发展。

（六）增强县级政府调控能力，开展扩权强县试点工作

为提高县级政府加快发展的积极性，进一步营造良好的体制环境，建议在全省选择10～15个县（市、区）开展“强县扩权”试点。以扩大县级政府经济社会管理权限为重点，按照“能放则放、权责统一”的原则，赋予试点县与州（市）级相同的经济管理权限，如计划直接上报、财政直接结算、经费直接安排、税权部分调整、项目直接审批或申报、用地直接报批、证照直接发放等，真正做到赋予试点县（市、区）更大的自主权和决策权，为县域经济发展松绑。

（《云南改革报告》2008年第1期）

大力发展农民专业合作组织　实现农村经济新飞跃

——保山市农民专业合作组织发展情况调研报告

为完善农村家庭承包经营制度，推进农村经营体制创新，提高农民的组织化程度和农业产业化经营水平，促进农业增效、农民增收和农村发展，2005年，省政府下发了《云南省人民政府关于加快发展农民专业合作组织的意见》（云政发〔2005〕168号），我省农民专业合作组织在各级政府的引导和农户的积极参与下不断加快发展。2007年7月1日《中华人民共和国农民专业合作社法》正式颁布施行，农民专业合作组织进入了依法发展的新阶段。

近日，我委到农民专业合作组织发展较快的保山市，就农民专业合作组织发展情况进行了实地调研。调研结果显示，近年来，保山市坚持以家庭承包经营为基础，以“民办、民管、民受益”为原则，以优势产业和特色产品为依托，以服务“三农”增加农民收入为宗旨，以政府引导、支持、服务、指导为后盾，充分发挥优势，采取入社农户群、农村基层组织和基层供销合作社“三位一体”的创新模式，以基层社领办、与农民联办、农民自办、引导社会力量领办等多种形式，大力发展农民专业合作社、专业协会、农村服务社等新型农民合作经济组织，取得了显著的成效，有力地促进了该地区农业增效、农民增收，带动了全市农村经济的发展，为加快全省农民专业合作组织发展提供了很好的经验和启示。然而农民专业合作组织在发展过程中还存在一些困难和问题，有待采取一些新的对策措施来进一步发展和完善。

一、保山市农民专业合作组织发展取得显著成效

2004年以来，保山市针对全市农村发展面临的新情况和新问题，根据新时期党中央提出的社会主义新农村建设的战略任务和市委、市政府的总体部署，结合全市的实际，认真贯彻落实省政府《关于加快发展农民专业合作组织的意见》，积极探索发展以农民专业合作社、专业协会、农村服务社等形式为主的农村合作组织。在全市供销系统的引领带动下，“两社一会”在保山得以迅猛发展，截至2007年12月，全市供销社共发展农村合作组织673个，其中，农民专业合作社110个，涉及生猪养殖、禽蛋、奶牛养殖加工、酿酒、茶叶、草果、山葵、淮山药、苦荞种植加工、竹编、刺绣、土陶制品、核桃、蔬菜、水果、石材加工、玉雕、林业、农资购销、农产品购销等；专业协会24个，服务社539个。专业合作社有入社社员6 119户，占全市农户数的1.25%；带动农户97 061户，占全市农户数的19.8%；协会会员2 814个，带动农户48 428户，占全市农户数的9.88%；服务社辐射带动农户178 677户，占全市农户数的36.47%。农民专业合作社帮助农民实现收入1.9亿元，农民专业合作社社员人均纯收入净增120元。三年来，共举办与农村合作

经济组织相关的培训125期，共培训各类人员9 233人次。

通过发展农村合作经济组织，促进了农村经济社会的快速发展和农业增效、农民增收，提高了农民生产经营的组织化、市场化程度，促进了农业产业化发展。具体表现在以下几方面：

（一）促进农业增效、农民增收

农民专业合作组织的创办与发展，为农民提供了优质服务，扶持农民发展生产，帮助农民寻找销售，实现了增产增收，带动了农村经济发展。如潞江镇“登高蔬菜专业合作社”，2005～2007年带领社员及农户种植无公害蔬菜，带动种菜户1 585户，带动面积4 900亩，带动农户实现收入达5 000多万元，户均收入2万多元，菜农人均收入从1995年的600元增加到2007年的7 336元，比保山市农民人均收入2 365元高4 971元。瓦房“旺发生猪专业合作社”2006年9月25日挂牌成立，入社农户69户。合作社成立一年多来，共收购销售肥猪7 290头，为西山贫困地区农户实现收入700多万元，为农民增加收入140万元。西邑乡“方平生猪养殖专业合作社”成立于2006年，入社农户32户，吸纳股金60万元，养殖、收购销售肥猪8万余头，销往昆明、广西、广东、深圳等地，交易额达6 000余万元，收入40万元左右；辐射带动周边县乡农户上万户，户均收入上万元。在养殖专业合作社的带动下，如今西邑乡已自发形成生猪交易集散地，年生猪出栏交易量已超过40万头，有力地带动了农民增收。

（二）提高农民组织化程度

农民专业合作组织的建立和发展，较好地解决了分散的小生产与千变万化的大市场脱节（即家庭经营与市场经济的衔接）问题，通过帮助农民找企业抓订单，指导农民按照市场需求进行专业化生产，为农民提供产前、产中、产后服务，切实提高了农民的组织化程度和农产品竞争力。如腾冲县腾越镇“田心禽蛋专业合作社”，是依托养殖大户郭正镜成立的保山市第一个禽蛋专业合作社。合作社成立后统一品种、统一规划养殖、统一采购生产资料、统一技术服务与管理、统一产品收购和销售，并注册了“正强”商标，在每一个鸡蛋上打码“商标和日期”，使每公斤鲜蛋同比增收0.8～1元，日增收1 000～1 200元，产品进入了省内一些大的超市，且供不应求；合作社还与饲料生产厂家努力协调，使每吨饲料价格降低了300元，每天节约成本800多元；合作社生产的30 000多只淘汰鸡，由合作社销售每只多卖1元；仅此三项就为农民增收54.2万元。该合作社不断发展壮大，社员已发展到了腾越、北海、固东、曲石、中和等乡镇和梁河县，入社社员120户，共饲养鸡30 000多只，其中蛋鸡21 000只，日产田心鸡蛋1.2吨；全年生产禽蛋400多吨，供应饲料1 000吨。2006年合作社举办培训班2期89人次，为社员和腾越镇养禽户培训了饲养技术。2007年实现总销售170万元，实现利润70多万元。

（三）促进农业产业化发展

推进农业产业化是改造传统农业、建设现代农业的必由之路。确定主导产业，实行区域布局，依靠龙头带动，发展规模经营，实行市场牵龙头，龙头带动基地，基地连农户是农业产业化的基本组织形式。而实现“龙头”企业与千家万户联系的最好途径就是建立农民专业合作组织。如保山市山葵产业开发有限责任公司自2004年成立以来，利用农民合作组织集聚作用，使山葵种植技术、培训得到规范和统一，有效提升了农产品科技含量和质量，更好地带动了农民增收和农业增效，促进了企业的加快发展。经过几年努力，以保山市山葵产业开发有限责任公司为龙头、农民合作社为纽带、农户为基础的经营模式（公司+农民合作组织+农户）已粗具雏形，逐步形成了龙头企业带动，合作社牵动，农户主动，三方互动的态势，实现了企业加快发展、合作社不断壮大、农民增收富裕的“三赢”良好局面。截至2007年全市通过供销社和龙头企业的合作配合，组建了8个农民合作经济组织，分布全市3县区15个乡镇，入社农户500多户，股金达到3.5万多元，种植面积1 270多亩，销售收入748万多元，亩均达到收入6 900多元，纯收入4 000多元，户均收入达到1.4万元。服务带动农户437户，种植面积1 120多亩。累计带动农户900多户，占总农户2 000多户的45%以上，累计种植面积2 400多亩，占总种植规模5 500亩的44%。同时，山葵公司还对入社种植户给予支持和服务，对每户入社户的化肥、农药、遮阴网和科技培训等投入近100多万元，按入社户500多户计算，户均投入近2 000元。农民合作社的发展促进了企业发展，2007年企业实现工业产值2 500多万元，创汇15万美元。

二、保山市农民专业合作组织发展经验及启示

通过调研我们认为，农民专业合作组织的发展，切实为推进农村经营体制创新，提高农民的组织化程度和农业产业化经营水平，促进农业增效、农民增收和农村发展，起到了极大的推动作用。保山市农民专业合作组织的发展，给全省提供了很好的经验和启示。

（一）专设机构，是发展农民专业合作组织的前提

为有效促进农村合作经济组织健康有序发展，更好地组织、引导和规范农民专业合作组织。2004年7月，保山市在全省率先成立了农村合作经济组织管理办公室，挂牌于市供销社，实行“两块牌子、一套人马”。各县区也成立了相应的组织机构。把凡是跟农业、农村和农民有关的农村合作组织都纳入到供销社的指导服务和管理范畴，真正实现供销社为“三农”服务的办社宗旨。在此基础上，保山市人民政府以保政办发〔2004〕87号出台了《保山市人民政府办公室关于加强农村合作经济组织管理工作的通知》、以保政办发〔2004〕152号出台了《保山市人民政府办公室关于印发保山市农村合作经济组织发展规划的通知》和保政办发〔2005〕202号《保山市人民政府办公室关于认真贯彻〈云南省人民政府办公厅转发省供销社关于大力发展“两社一会”推进农村流通服务体系建设意见的通知〉的通知》。并每年从农口资金划拨20万~25万元给市供销社作为发展农村合作经济组织的工作经费，为发展农民专业合作组织提供了有力保障。

（二）制定规划，是发展农民专业合作组织的基础

为大力发展农民专业合作组织，保山市制定了全市农村合作组织发展规划，并以市政府办公室保政办发〔2004〕152号文件印发，对全市2004年至2010年的发展进行了全面规划。即通过5至6年的努力，在全市基本形成以农民为主体以供销社为骨干的农村合作组织体系。依托农村合作经济组织辐射农产品生产、加工、流通、储运，农业生产资料和日用工业品供应、服务，废旧物资收购、科技培训、经纪人培训等各个环节和各种服务领域，不断提高农民进入市场的组织化程度，使加入农村合作经济组织的农户诚信意识、契约意识、文化素质，特别是收入水平明显提高。市供销社根据政府的发展规划，结合各县区的实际，制定出每年的发展目标。使发展农民专业合作组织工作既有长远发展规划，又有近期发展目标。

（三）健全制度，是发展农民专业合作组织的保障

保山市通过建立各项考核机制，加大工作的指导、督查力度，以保障农民专业合作组织顺利发展。一是明确责任，落实措施。每年初，市供销社将发展农村合作组织指标分解到各县区供销社，并与各县区供销社签订《责任书》，明确各县区的责任。二是加强指导，适当扶持。对全市成立的每个农村合作组织市社领导都亲自参与进行指导，严格建社申请和审批程序，使全市范围内的农民专业合作组织的标牌统一，章程规范。对挂牌成立和正式运作的合作组织，市供销社在经费十分紧张的情况下，千方百计筹措资金，给予每个农民专业合作组织2 000元至5 000元的开办费用补助。三是适时跟踪，掌握情况，加大督查力度。四是严格考核，建立奖惩机制。由市社制定出《农村合作经济组织考核验收标准》，每季度对已组建的农民专业合作组织按考核验收标准逐一进行对照检查验收。

（四）加强服务，是农民专业合作组织发展的要求

发展农民专业合作组织涉及面广，创办程序要求严格，工作难度较大，保山市各级供销社在做好农民专业合作组织发展工作的同时，对已建立的农民专业合作组织不断加强跟踪服务，及时发现和解决其运转和发展中暴露出来的矛盾和问题，为合作组织提供了全程服务。如帮助制定《申请书》、《协议书》、《章程》、《实施细则》，协调注册登记、制作公章、全市统一标牌及《社员证》，联系农业部门在技术培训方面给予支持，为合作组织提供栽培、防病等技术服务。联系农产品龙头企业、流通经纪人开展订单生产、组织收购工作，指导建立会计账务等，并经常深入合作组织中检查指导工作，保证其正常运转和健康发展，使全市农民专业合作组织在规范的指导下发展，在发展的基础上不断规范。

（五）规范管理，是发展农民专业合作组织的条件

保山市通过认真贯彻落实《中华人民共和国农民专业合作社法》和《农民专业合作社登记管理条例》，切实做好指导全市农民专业合作社依法登记注册和建章立制等工作，更好地引导农民专业合作社发展，提高农民专业合作社规范化建设水平和农民进入市场的组织化程度。市供销社积极与市工商行政管理局协调联系，会同保山市人民政府农村合作组织管理办公室、保山市工商行政管理局、保山市供销社，以保供农合〔2007〕36号《关于做好农民专业合作社登记管理工作的通知》文件，下发到各县区工商行政管理局、供销社，通知要求各县区农民专业合作社登记注册前，必须到县农村合作组织管理办公室、供销社进行备案后，报县区工商局注册登记，县区农村合作组织管理办公室、工商局、供销社，要做好农民专业合作社登记的指导、服务工作。各县区农村合作经济组织管理办公室、供销社负责指导、督促和通知各农民专业合作社到当地工商部门进行年检，专业合作社要按时向农村合作组织管理办公室、供销社报送各种报表。

（六）特色产业，是发展农民专业合作组织的抓手

保山市因地制宜，通过农民专业合作组织的发展，大力发展特色产业，促进了地方经济发展。如腾冲县团田乡和蒲川乡积极发展当地特色产业——茶叶产业，成立了茶业协会。通过研究制定茶叶生产经营措施，开展茶叶咨询服务、产品营销中介、茶叶生产工具销售、茶叶品牌品尝推介等系列服务，遏止了历年茶叶生产中出现的跨乡、跨村、跨区域抢购鲜茶，哄抬茶价，导致茶叶采摘等级不分，成品质次价低等现象，有效地促进了两个茶乡的茶叶生产增产增收。蒲川乡2008年上半年茶叶总产量达到80万公斤，生产总值1 436万元，产量产值分别比2007年同期增长42%；团田乡2008年上半年茶叶总产量达到50万公斤，产值580万元，产量比2007年同期30万公斤，增产20万公斤。产值比2007年同期360万元增收220万元。两乡的茶叶产业发展，充分体现出农民专业合作组织的积极作用，而茶叶这一特色产业也正是农民专业合作组织的有力抓手。

三、农民专业合作组织发展存在的困难和问题

保山市农民专业合作组织的发展虽然取得了较大成效，但总体上看，农民专业合作组织仍处于初级阶段，发展参差不齐，存在一定的困难和问题以及制约因素，主要表现在以下四个方面：

一是认识不足，推进难度大。2005年省政府下发《云南省人民政府关于加快发展农民专业合作组织的意见》（以下简称《意见》），2007年《农民专业合作社法》颁布施行，至今有关部门对《意见》和法律的学习认识有不足，对《意见》的贯彻落实和法律的宣传不到位。就农民而言，由于法律的宣传普及不够，相当一部分地区的农民群众缺乏对法律的认知，不了解、甚至不知道农民专业合作社，更不懂得如何创办，发展过程中需要花很多时间和精力对其进行解释，增加了发展工作的难度和成本。另一方面，扶持资金不足，缺乏前期启动资金和运作及项目扶持资金，发展工作推进缓慢。

二是发展规模不大，覆盖面较小。农民专业合作组织数量和成员数量仍较少，大多数经济实力弱，服务能力有限。合作组织发展生产、引进优良品种、推广先进技术、培训社员提高技术水平、注册商标打造品牌、农产品的加工、包装、销售等都需要资金投入。而大部分农民专业合作组织是近年白手起家发展起来的，相当一部分没有资金来源，积累甚少，制约其加快发展。

三是抗风险能力弱，带动力不强。农民专业合作社组织较为松散，稳定性较差，抗风险能力弱，与成员之间还没有形成“风险共担，利益共享”的利益联结机制。在政府财政扶持有限，合作社自身积累又少的情况下，合作组织实力很弱，抵御市场风险能力非常弱，制约了其为会员服务的能力，也影响自身的发展。

四是管理制度不健全，竞争力不强。部分农民专业合作组织章程不规范，有的流于形式，有的甚至没有。有的理事会、监理会等组织机构不健全，内部管理制度不够健全，民主意识淡薄，资金积累制度和风险保障制度缺乏。部分合作社会员的利益关系不够紧密，突出表现在盈余分配比例小，有的甚至没有分配。大部分合作社股金层次低，市场竞争力不强，服务基本停留在信息、技术、咨询等层次上。

五是缺乏配套政策措施，发展空间狭窄。大部分已经取得工商法人资格的农民专业合作组织在金融信贷、享受税收优惠时存在困难。全省对农民专业合作社的扶持力度远远不够，一些优惠措施没有落到实处，多数农民专业合作组织得不到财政、信贷、外贸等方面的扶持以及税收上的优惠，外部发展空间狭窄。

四、大力发展农民专业合作组织的对策和建议

发展农民专业合作组织，是全面繁荣农村经济、促进农民增收的重大举措；是提高农民的组织化程度，推进农业产业化经营的重要方式；是普及推广农业科技知识，增强农产品竞争力的主要手段；是完善农村社会化服务体系，促进政府职能转变的客观要求；是创新农村经营体制，提升农业整体素质和效益的有效途径。我省应结合农业大省这一实际，

采取有效措施，大力发展农民专业合作组织，以实现农村经济的新飞跃。为了大力推进农民专业合作组织的发展，我们建议：

（一）加大宣传引导力度

建议进一步加强宣传和引导工作。新闻媒体要加大对农民专业合作组织的宣传力度，做好《农民专业合作社法》的学习宣传和贯彻实施，同时，进一步加大《云南省人民政府关于加快发展农民专业合作组织的意见》贯彻落实的力度，提高广大干部特别是县乡干部对发展农民专业合作组织的思想认识和指导水平，加大指导和引导发展的力度。有关研究部门要深入研究实践中遇到的困难和问题，探索解决的措施和方法，为群众释疑解难，充分调动广大农民加入专业合作组织的积极性，形成全社会支持农民专业合作组织发展的良好氛围和舆论环境，加强有关培训，引导农民专业合作组织完善制度、规范运作，促进我省农民专业合作组织健康快速发展。

（二）尽快出台配套制度

主导农民专业合作组织发展的供销社、农业等部门，要进一步加强协调，充分发挥各自的职能职责，积极引导农民专业合作组织的发展，形成全省相对统一的发展模式。同时，主动与相关部门沟通，尽快会同工商、税务、金融、林业、水利、畜牧等部门，研究探讨适合我省实际的农民专业合作社发展的保护政策、促进政策。鼓励和支持农民专业合作社参与农业结构调整、农业产业化经营、现代农业发展以及其他涉农项目实施，充分发挥其组织带动和载体作用。建议尽快制定《云南省农民专业合作社条例》或实施办法，努力将我省实施法律的办法或条例列入下一年省人大立法计划，为顺利贯彻提供制度保障。

（三）加大政策扶持力度

一是加大资金扶持力度。努力使支持农民专业合作经济组织发展的财政专项资金进一步增加，允许符合条件的农民专业合作经济组织为主体，承担农、林、牧、渔和农产品加工重点工程等各类项目的建设和实施。二是搭建服务平台。鼓励基层农业技术推广部门、科研院所、大专院校及农业产业化龙头企业，为农民专业合作经济组织提供技术、信息等方面的支撑。组织开展信息、培训、质量标准和认证等服务，帮助合作经济组织拓宽服务领域，增强营销能力。三是加大人才扶持力度。鼓励农技人员和高校毕业生到合作社工作，帮助合作社解决人才缺乏的问题。

（四）做好规范化管理工作

建议省供销社、省农业厅牵头会同相关部门，尽快研究制定符合我省实际的《云南省农民专业合作社示范章程》、《云南省农民专业合作社财务制度》。为需要设立和登记的农民专业合作社提供上门指导和服务，依法引导符合条件的农民专业合作经济组织自愿向农民专业合作社发展。进一步规范农民专业合作社的章程，帮助其建立健全组织机构和生产管理、收购营销、财务会计等内部制度，使其利益分配和风险保障机制更加合理规范。尽快建立和完善我省农民专业合作组织规范化建设的等级标准和统计、考核及评价体系。

（《云南改革报告》2008 年第 2 期）

重点领域改革积极推进　继续深化改革仍需努力

——2008 年上半年改革情况报告

2008 年上半年，为深入贯彻党的十七大和中央经济工作会议精神，落实科学发展观，着力破解制约我省经济社会发展的体制机制问题，省委、省政府出台了《中共云南省委、云南省人民政府关于进一步深化改革的决定》（云发〔2008〕6 号），为新时期的改革指明了方向，确定了深化改革的重大意义、指导思想和目标任务，对涉及经济、社会、政治、文化等领域的改革提出了具体要求。为加强对全省改革工作的总体指导和统筹协调，省人民政府办公厅以云政办发〔2008〕93 号文转发了省发改委制定的《云南省 2008 年深化改革意见及任务分解》，进一步明确了各有关部门、单位的改革任务。半年来，经过各州市、各有关部门共同努力，全省各项改革积极推进，重点领域的改革取得了新进展，现重点报告国有企业改革、农村改革、科技、教育、文化、卫生等社会事业体制改革、非公经济等方面的情况，并针对各项改革存在的困难和问题，提出进一步深化改革的措施建议。

一、国企改革

（一）国企改革取得新突破

一是进一步建立健全国资监管体系。2008 年上半年，我省积极探索国有资产有效的监管方式和途径，出台了《中共云南省委、云南省人民政府关于加强国有资产监督管理工作的意见》（云发〔2008〕10 号），明确了加强国有资产监督管理工作的指导思想、基本原则、目标和工作重点，健全了国有资产监管的法规体系、保值增值体系、责任体系和安全防控体系。二是积极推进省属企业整合重组。云南省国有资产经营公司整体改制为云南省工业投资控股集团公司，打造了我省工业投资平台。十四冶整体改制为集团有限公司。云南农垦改革取得实质性进展，云南农垦总局的机构设置及人员编制方案已制订上报，农垦预算单列、税收增量分成、农产品税收优惠等具体方案报批后即可实施。三是加快省属大中型企业股份制改造。云南煤化工集团拟引进三峡总公司 40 亿元资金，力争集团整体上市。云南机场集团通过增资控股方式引进海航集团，将云南祥鹏航空公司更名为云南航空股份有限公司，打造云南航空板块。省投资控股集团公司下属专业投资公司进行资产重组。省工投集团从国内大型保险公司、社保基金、投资型央企、有实力的民营企业中选择合作者，年内将实现工投集团注册资本增加到 100 亿元。云南旅游产业集团、世博集团引进国内外在旅游产业领域有较高知名度的战略合作伙伴，发展壮大旅游产业。拟在年内完成战略合作，组建新公司。

同时，2008 年上半年我省还积极推进前三年深化国企改革的完善、国有劣势企业退出、企业上市融资等工作，并积极探索企业管理创新和科技创新。截至目前，州市国企改革面已达 99.28%，省属国有企业改革面为 98.6%。

（二）国企改革存在的困难和问题

总体上看，经过多年的改革与发展，全省大企业大集团战略成效突出，国有经济实力不断增强，国有经济质量得到明显改善，国有资本运营能力得到提升。但国企改革还存在不少困难和问题。主要表现为中小企业改革遗留问题较多；股份合作制企业改革各方面利益难以协调，缺少改革成本；企业管理水平和自主创新能力有待提高；企业利用资本市场的水平不够高等。

（三）下一步深化国企改革的建议

一是完善国有资产监管体系。紧紧围绕优化国有资本布局和结构调整的需要，加强研究，进一步完善国有资产监督管理体系。完善国有资产监管的各项规章制度，强化国有资产监督管理；拓宽国有资产监督管理的领域和范围；建立完善各级国有资产监督管理机构的工作机制。二是进一步深化国企改革。积极推进已改制企业按照现代企业制度规范运行；加快国有大型企业的集团化改组，推动集团层面的投资主体多元化；加快推进企业主辅分离、辅业改制和社区化建设；加大对股份合作制企业深化改革的力度。三是推进企业管理创新和科技创新。对照国内外同行业的先进管理水平，积极探索和创新各种行之有效的管理内容、方式、方法和手段。四是推进企业上市融资工作。培育一批后备上市公司，加快企业新上市融资步伐。已上市公司要积极争取再融资。促进具备条件的企业积极争取发行企业债、公司债和融资券，实现多种形式融资。

二、农村改革

（一）农村改革扎实推进

2008年上半年我省农村改革扎实有效推进。一是推进乡镇机构、农村义务教育和县乡财政管理体制改革。制定出台了关于深化乡镇机构改革的指导意见；切实抓好农村义务教育保障机制政策的落实，进一步提高农村中小学公用经费补助标准；建立县乡最低财政支出保障机制，加强乡镇财政所建设，健全乡镇财政管理体制，积极探索建立确保农村税费改革后村级组织正常运转的长效保障机制。二是积极开展村级公益事业建设一事一议财政奖补试点工作。我省列为全国首批开展村级公益事业建设一事一议财政奖补三个试点省之一，上半年，及时制定了云南省村级公益事业建设一事一议财政奖补贯彻实施意见。4月，召开了全省村级公益事业建设一事一议财政奖补试点工作电视电话会议。6月，省政府下发了《云南省村级公益事业建设一事一议财政奖补试点实施意见》，村级公益事业建设一事一议财政奖补试点工作在我省全面推开。三是推进乡村债务清理化解工作。上半年，省农村综合改革办、省财政厅、省教育厅和相关部门，建立健全组织领导机构，制订实施方案，扎实推进农村义务教育“普九”债务清理化解试点工作。同时，积极推进村组债务的清理工作，并结合云南实际，探索化解村组债务的有效办法。认真总结推广各地好的做法和经验，健全和完善偿债激励机制和新增债务责任追究制度，强化监管，防止发生新的乡村债务。

（二）当前农村改革存在的主要问题

我省农村改革取得了明显的阶段性成效，但随着改革的不断深化，一些困难和问题也不同程度显现出来。有的地方和部门对农村综合改革的长期性、艰巨性和复杂性缺乏足够的认识，面对困难和问题产生了畏难情绪和消极等待、观望、依赖思想，使一些难度较大的改革如精简整合乡镇机构、分流安置超编人员、清理化解乡村债务等改革试点工作推进越来越难。此外，各项改革的配套政策措施也不到位。从试点地区政策措施制定情况看，普遍存在配套政策措施不多、细化不够、分类指导不明显、创新性不突出等问题。

（三）深化农村改革的建议

当前农村改革已进入到对农村上层建筑和城乡体制机制进行改革的攻坚阶段，较前一阶段，情况更为复杂，难度倍增。各相关部门要切实提高对深化农村改革重要性的认识，认真发挥好组织协调作用，加快推进农村各项改革。一是尽快制定改革配套政策措施。相关部门要抓紧制定出台乡镇机构、农村义务教育、县乡财政管理体制改革和化解乡村债务、建立村级公益事业建设一事一议财政奖补制度和推进农村综合改革激励机制等改革配套政策措施。在制定改革政策时，要根据不同类型地区的实际，全面总结各地改革试点经验，加强分类指导，因地制宜地进行改革和探索。二是探索建立农村综合改革财政专项转移支付或奖励补助制度。建议在农村税费改革和建立农村义务教育经费保障机制成功经验的基础上，探索建立农村综合改革专项转移支付补助制度，建立激励机制，对推进乡镇机构改革、县乡财政管理体制改革、建立村级公益事业一事一议财政奖补制度、化解政府性债务等方面实行专项转移支付或奖励补助，为改革提供财力保障。

三、社会事业体制改革

（一）科技体制改革进展情况、存在问题及深化改革的建议

2008 年上半年省属科研机构改革取得新的进展。为及时掌握信息，研究解决省属科研机构深化改革中的重大问题，省科技厅组织召开了专门会议，对各转制科研机构主业范围、为企业和社会公共事业提供服务的情况进行研究，为进一步深化科研机构改革奠定了基础。对省属公益类科研机构开展综合绩效评价，探索各类公益性科研机构持续发展的体制机制。积极推进构建科技投融资平台，省科技厅研究提出了《开发性金融合作协议》，拟定了科技融资担保平台组建工作方案，提出了科技型中小企业融资担保公司组建计划。积极培育高新技术企业上市，确定了两批共 25 家上市培育高新技术企业名单。目前存在的主要问题是转制的科研机构市场竞争力不强，科技创新能力较弱，技术市场中介服务机构不健全。为此，要积极支持和鼓励科研机构与大企业、大集团合作，成为企业的技术创新核心。要进一步加强技术市场中介服务组织的建设和服务能力的提升。完善技术市场转移机制，加快建立以企业为主体、市场为导向、产学研紧密结合的技术创新和转移体系。

（二）教育体制改革进展情况、存在问题及深化改革的建议

2008 年上半年，“两基”攻坚工作顺利推进。4 个规划“普九”县各项工作进展有序，福贡县有望提前验收。大力发展职业教育，认真实施“云南省加快中等职业教育发展行动计划”，采取校企结合，校校联合的方式，走集团化办学的路子，扩大办学规模。继续推进高校改革，完成了云南高等教育创新发展决定等相关改革方案和文件的起草工作。农村义务教育经费保障机制工作有序推进。义务教育免费教科书循环使用制度启动实施。积极扩大教育对外与交流，邀请泰国、越南、缅甸、柬埔寨、马来西亚、新加坡、巴基斯坦、韩国、俄罗斯、英国、加拿大 11 国总领事，就云南与 11 国加强教育合作与交流进行了深入探讨，推进了云南与上述国家的教育合作与交流。当前存在的主要问题是：“普九”仍需进一步加强，高等教育改革发展的新思路、新举措研究不到位。下一步要继续加强对

“普九”攻坚规划县的指导和帮助，完成省级评估验收的各项工作，确保4县“普九”。加大教学改革力度，继续推动教学内容和课程体系改革。积极探索高校改革的新路子。切实落实高校自主权利；加大高等学校学科专业建设和专业机构调整力度；推动高校后勤社会化改革，积极推动“股份制”和“公司制”改造。进一步完善农村义务教育经费保障机制。

（三）文化体制改革进展情况、存在问题及深化改革的建议

2008年上半年在认真总结试点经验和深入调查研究的基础上，采取了一系列具体措施，全面推动我省新一轮文化体制改革。收集省外文化体制改革的新经验新做法，编写了《文化事业单位体制改革手册》，为文化企业改革提供参考。认真总结省图书馆、省杂技团及昆明市歌舞剧院的改革试点经验，分类指导各直属单位积极探索改革的新模式。根据文化单位的功能和性质，分三个类别推进省直文化事业单位改革。即公益性文化事业单位改革重在机制创新；艺术院团改革重在“一团一策”完成内部机制改革；经营性文化事业单位改革重在转企改制，在实行整体转企改制的基础上，拟吸纳省外演艺集团和民营文化企业参股，组建云南演艺集团、云南文物产业集团和云南文化艺术职业教育集团。组织起草了省直文化事业单位改革实施方案。文化体制改革中存在的主要问题是文化体制改革涉及面广，改革对象复杂特殊，简单套用其他行业改革的一些做法，不能解决其改革过程中遇到的实际困难和特殊问题，在执行政策上困难较大。下一步要加快推进经营性文化事业单位的转企改制，培育一批具有核心竞争力的骨干文化企业和企业集团。认真研究艺术院团分类改革的办法，制定不同类型的艺术院团改革发展的政策。尽快研究出台切合文化事业单位改革实际的相关配套政策。

（四）医药卫生体制改革进展情况、存在问题及深化改革的建议

2008年上半年全省医疗卫生体制改革进展顺利。新型农村合作医疗试点稳步推进。截至6月新农合已覆盖全省129个县市区，参合人员达3 224万人，参合率为89.77%，参合率比上年上升3.8个百分点。社区卫生服务不断发展。到目前为止，已建社区卫生服务中心170所，服务站274个，州市所在地城市和县级市所在地城镇大部分开展了社区卫生服务。公共卫生体系建设取得新的成果。覆盖城乡的疾病预防控制和应急医疗救治体系基本建成。医药卫生体制改革取得新突破。积极引入社会资金参与公立医药机构的改制。出台了发展民营医疗机构的有关政策，促进了民营医疗机构的发展。药品集中采购招标工作深入开展。2008年上半年又进行了一次省级药品招标采购，目前网上竞价（限价采购）品种达15 000余种，医院零售药价较国家最高零售价格低33%。在全省范围内全面推进“药品统一采购、统一配送”的宣威模式，目前已有74个县全面开展。在七个省州市三级医院开展了药房托管试点。拟定了公立医疗机构开展“院长公选制、职工聘用制及绩效工资制”的意见和“引入社会资本、发展医疗卫生事业的意见”。昆明市、红河州综合医改试点工作进展顺利，同时还开展了惠民医院与惠民病床的试点。目前存在的主要问题是公共卫生服务体系不健全，城乡医疗服务体系建设滞后，新型农村合作医疗制度有待完善。下一步要着重抓好以下改革：进一步加强基本医疗卫生制度的体系建设，完善公共卫生服务体系。加快推进城乡医疗服务体系建设。建立和完善以县医院为龙头、乡镇卫生院为枢纽，村卫生室为基础的农村三级医疗卫生服务网络。完善以社区卫生服务为基础的新型城市医疗服务体系。大力发展社区卫生服务，加快建设以社区卫生服务中心为主体的城市社区卫生服务网络，完善社区卫生服务功能。加快完善新型农村合作医疗制度。要认真总结5年来实施新农合的经验教训，研究并解决好新农合管理机构的人员编制和管理经费、新农合资金筹集、资金安全运行、医疗机构监管等问题。

四、非公经济

（一）非公经济发展环境改善

2008年上半年，相关部门着力为非公经济创造良好发展环境，积极促进全省非公经济又好又快发展。一是贯彻平等准入，形成公平竞争的发展环境。实行了“非禁即放”的原则，凡是法律法规未明令禁止的领域，非公经济资本可以平等进入；凡是国家承诺对外开放的领域和国有资本退出的领域，鼓励和支持民间资本进入。对非公企业利用自有资金和商业银行贷款投资建设的一般基建项目，不再进行投资审批，超出限额的，实行备案制。非公企业自筹资金的技改项目，不再进行审批。二是加强服务指导，促进非公经济持续发展。相关部门加大了对非公经济产业结构、产品结构调整的指导工作力度，正确引导非公经济投资方向，及时向非公经济传递国家及省有关宏观调控政策、产业政策、行业规划等信息，积极帮助协调非公企业生产经营中的重大问题。三是推动自主创新，提升非公企业核心竞争力。积极鼓励有条件的非公企业加大研发资金投入，开展技术创新工作，自主建立企业技术中心。引导和帮助非公企业采用高新技术和先进适用技术，加快技术改造步伐。对符合国家国债技改专项资金要求及相关产业政策要求的非公企业技改项目和符合国家中小企业发展专项资金支持的项目，协助申报争取国债技改贴息支持和国家中小企业发展专项资金补助或贴息支持。四是加快信用担保体系建设。制定和修改完善了中小企业融资相关政策。如《云南省中小企业促进条例》、《云南省人民政府贯彻落实国务院办公厅关于加强中小企业信用担保体系建设的意见（国办发〔2006〕90号文件）的实施意见》、《云南省银行业中小企业贷款奖励办法》等；探索建立初创型小企业贷款风险补偿机制，实施小企业贷款风险补偿政策。五是加强中小企业信息网络服务平台建设。全省以中小企业市场、信息、技术、人才、资金、生产、经营、管理等实际需求为导向，不断完善中小企业公共服务平台及相关网络体系建设，形成了15个子系统、30多个服务栏目，为我省中小企业提供全方位服务。组建了“电子商务创新中心”和“云南中小企业技术创新平台”，充分发挥“产—学—研”的联合优势。六是建立创业及中小企业服务平台。举办各类公益性创业辅导、创业培训、创业服务活动，对创业者开展创业技能培训、创业辅导，对创业者实施个性化的创业指导，以培养、提高创业者的心理、管理、经营素质，建设创业促就业、创业促和谐、创业促发展的良好社会环境。培育一批成功的微型企业和中小企业，达到新增就业岗位，促进社会和谐，构建中小企业服务平台的目的，并将此活动作为推动全民创业的长效机制。

（二）非公经济发展中存在的主要困难和问题

近年来，我省非公经济虽然发展步伐加快，但在发展过程中仍然存在着很多困难和问题。一是企业融资渠道窄、贷款难、运转资金短缺。随着银行对贷款者的诚信度的审批越来越严，一些没有权威部门和诚信单位担保，无固定资产作抵押的中小型企业在贷款上就很难，造成了企业资金运转的困难。二是政府监管服务有待进一步改善。政府对非公有制企业作宏观调控，主要职能是制定相关法规监督执行、搞好协调和服务。但在这些方面都有待改进和完善，应尽量避免监管、协调、服务的越位、错位和不到位。三是企业科技含量低，抵御市场风险能力弱。企业缺乏相应的科技人才和管理人才，企业的科技投入和产品开发跟不上时代前进的步伐。有不少企业是土法上马，传统管理，缺乏比较先进的科技投入和高素质的管理人才，难于跻身市场和占领市场，更谈不上企业的发展和产品的换代更新。

（三）进一步加快非公经济发展的建议

一是加快信用担保体系建设。要认真贯彻落实《云南省人民政府贯彻落实国务院办公厅关于加强中小企业信用担保体系建设的意见（国办发〔2006〕90 号文件）的实施意见》、《云南省银行业中小企业贷款奖励办法》等；积极探索建立初创型小企业贷款风险补偿机制，实施小企业贷款风险补偿政策；进一步抓好中小企业信用担保体系建设，支持民间资本出资组建商业性担保机构，扩大担保资金来源；进一步拓宽抵押物和质押物的范围，解决中小企业抵押资产不足的问题；积极推进中小企业集合发债试点工作。二是着力抓好公共服务平台建设。要激活社会各类资源，加快推进公共、公益、商业服务中小企业的平台建设。对具备满足小企业发展所需的场地，生产经营所需的水、电、气、道路等公用工程，公共会议、洽谈、商务、培训、仓储、运输等配套服务设施，提供信息、咨询、财税等申报代理、融资指导、技术支持、市场开拓等相关服务。加快对具有支持中小企业开展技术创新、节能减排活动所必需的公共技术研发、培训、咨询等服务设施的技术服务平台的审核认证，加快公共技术服务平台建设。三是完善工作机制，确保非公经济发展工作落到实处。进一步加强非公经济领导小组成员单位之间的联系，不断完善工作协调机制，充分发挥好对非公经济发展的指导、协调、扶持、维权和监测的职能作用。及时研究分析非公经济的发展现状、存在的问题以及投资环境、产业结构、经营管理等情况，提出解决问题的思路和措施。

（《云南改革报告》2008 年第 3 期）

云南省“十一五”经济体制改革中期进展情况

“十一五”期间，云南省经济社会发展迅速，各项改革全面推进。根据国家发改委的要求，我委在省直有关部门的配合下，就我省“十一五”重大体制机制改革工作进行总体评估，现将有关情况报告如下：

一、改革主要目标和任务进展情况

（一）国企改革、结构调整成效显著，非公经济发展迅速

1. 国有资本经营预算、企业业绩考核以及企业重大决策失误追究等制度建设方面有较大进展。制定了《云南省省属企业国有资本收益收取管理暂行办法》及《云南省省本级国有资本经营预算编报试行办法》，我省新的国有资本经营预算制度即将施行；2007年对《考核办法》进行了修订，进一步完善业绩考核指标体系；制定了《云南省国有企业重大事项决策失误造成国有资产重大损失责任追究暂行办法》，填补了我省国有企业领导人决策失误责任追究制度的空白，得到了国务院国资委的充分肯定。建立了国有资产监管法规政策体系、国有资产保值增值体系、国有资产保值增值的责任体系和国有资产安全防控体系。

2. 规范国有资本流动机制工作成效明显。按照建立完善现代产权制度的要求，推进国有资本有序流转。努力实现国资监管工作的“四个转变”：即着力推进省属企业从生产经营型向资本运作型转变，着力推进企业发展从资源依赖型向创新推动型转变，着力推进党组织的政治优势向竞争优势转变，着力推进国资监管从管资产向管资本转变。大力引进了国内外有实力的战略投资者，采取增资扩股、产（股）权转让等方式，对省属企业集团公司实施股份制改造；产权交易市场在促进国有产权交易有序流转的同时，将功能延伸至促进各种所有制和多种类型的产权流转。

3. 不断深化以产权制度为核心的国有企业改革。截至2007年底，全省16个州市列入前三年深化国企改革考核范围的2 351户企业，已经有2 318户已完成改革任务，改革面达到98.6%。省属企业及省级有关部门列入前三年深化国企改革考核范围的195户二级以上中型企业，已有179户完成改革任务，改革面为91.8%。积极稳妥推进政策性关闭破产工作，完成了省政府提出的工作目标。继续推进主辅分离，党政机关与所属136户企业的脱钩工作如期完成；433所企业办普通中小学全部移交地方政府，并一次性解决了国企所办普通中小学分离经费和退休教师待遇等问题，成为全国做得比较好的省份之一。

4. 以资产重组和资源整合为主要手段，着力调整优化全省国有经济布局和结构。按照省委、省政府提出的“重组、改造、培育壮大一批”的要求，实施大企业大集团战略，大力推进行业整合重组。实施资源整合，使优质资源向优势行业和企业聚集。积极推进企

业股份制改革，企业资本运作成效明显。省国资委履行出资人职责的企业减为20户。以云锡公司为主的锡资源整合取得历史性的突破，成为国土资源部推广的模式；以云铜集团为主的铜资源整合、以云天化集团为主的磷资源整合、以昆钢集团为主的铁资源整合、以冶金集团为主的铅锌资源整合、以农垦集团为主的天然橡胶资源整合、以东源集团为主的煤炭资源整合等，都取得明显成效。

5. 非公经济发展迅速。截至2007年底，全省非公企业户数93.9万户，从业人员达到315万人，注册资金2 505亿元，完成增加值1 764亿元，占全省GDP的比重由35%提高到37.4%；上缴税金完成200.1亿元，突破200亿元大关。完成民间投资1 407亿元，占全省固定资产投资的50.3%；完成消费品零售额1150.5亿元，占全省社会消费品零售额的82.5%；实现进出口额32.2亿美元，占全省进出口总额的36.6%。

（二）现代市场体系建设逐步发展，市场化程度明显提高

1. 完善土地市场及价格形成机制。目前，全省有108个县（市）成立了土地收购储备交易机构，110个县（市）实行了建设用地信息发布制度，建立土地有形市场70个，已经形成了相对完善、规范、有效的市场体系和运行机制，土地市场土地有偿使用比例连年提高，“十五”期末为52.85%，2007年已达62.70%，招标、拍卖、挂牌出让土地面积，2007年已达到3 073公顷；土地收益不断增加，2007年，全省土地收益跃升至160.4亿元，相比2000年土地收益4.46亿元，增长近40倍。

2. 技术市场健康发展。近年来，云南省修订了技术市场发展相关政策，技术市场得到了健康发展。一是技术市场规模不断扩大，技术合同成交金额逐年增加，据统计，从1996～2007年，云南省技术合同成交金额从5.5亿元增加到14.3亿元，年均增长9%。二是技术市场服务体系不断完善，培育了一批专门从事技术市场中介服务的专业机构，到2007年，云南省常设的技术产权交易机构4个，技术合同认定登记机构17个。三是技术市场服务手段和方法不断提高，从2006年起实施了技术合同的网上登记，实现了国家、省、州（市）技术合同登记三级联网。四是按照科技部《关于加快发展技术市场的意见》的总体部署，引导各创新主体积极开展创新活动和技术转移、转化，使技术开发活动成为技术市场主体，政府科技计划外项目首次成为技术交易主流，企业成为技术市场交易活动主体，高新技术产业引领了技术市场发展。

3. 人力资源市场规范发展。到2007年，云南全省共有职业介绍机构1 865个，职业介绍工作人员2 675人。劳动保障部门开办的职业介绍机构完全覆盖了全省县以上行政区域，乡镇职业介绍机构已覆盖了全省乡镇的75.2%，工作覆盖面达到90%以上。全省统一对劳动力市场的职业介绍服务规则进行了规范，实行“一站式”就业服务；推行职业指导员资格制度和就业准入制度，促进职业指导工作和劳动预备制的开展；设立并公布举报信箱和电话，使用人单位和求职者合法权益得到有效及时保护。截至2007年底，全省人事系统组建和批准成立的人才市场共有118家。

4. 资本市场粗具规模。截至2007年底，全省共有26家上市公司，60家证券经营机构，2家期货公司，1家证券投资咨询机构。全省累计开户股东数达110.9万户，累计直接募集资金220.32亿元，较为有力地支持和服务了云南地方经济的发展。并完成了一系列成效显著的有利于促进我省资本市场健康发展的重大改革和举措：完成我省信、证分业，并在此基础上组建综合类券商红塔证券；稳妥处置恒丰期货公司违规挪用客户保证金风险；平稳处置云南证券风险；清理大股东占用上市公司资金；证券公司综合治理；全面完成上市公司股权分置改革工作；推动一些绩差公司更换主业借壳重生；严厉打击我省各种非法证券活动。

（三）行政管理体制改革逐步推进，事业单位改革取得初步进展

1. 行政管理体制改革逐步推进。一是完成第三轮、启动第四轮行政审批制度改革。二是加强制度建设，积极促进政府职能转变。2007 年初省政府出台了《云南省省属企业国有资产处置审批制度》、《云南省重大资源开发利用项目审批制度》等八项工作制度，并于 2007 年 5 月 1 日正式实施。2008 年我省出台了《行政问责制》等四项制度，进一步强化了行政责任，规范了执政行为和公务员职业操守，提高了政府的执行和公信力。对进一步深化行政管理体制改革，促进机关工作作风的转变，优化政务环境，加强政府自身建设，促进政府职能转变起到了很大的促进作用。

2. 分类推进事业单位改革取得初步进展。推进事业单位分类改革，按照政事分开、事企分开和管办分离的原则，对现有事业单位分三类进行改革。重点开展的工作：一是摸清底数，为分类改革做好前期准备工作。2006 年对省级所有的事业单位进行了清理整顿，共清理整顿 995 个事业单位，清理 274 199 名事业编制，合并核销了 53 个事业单位，核销 5 616 名事业编制。二是加强研究，积极配合相关部门做好事业单位改革工作。三是开展政府购买服务试点。

（四）财税、投资体制改革稳步推进，宏观调控体系逐步完善

1. 推进财税体制改革。一是理顺省以下财政管理体制。2006 年制定并实施云南省省对州市“十一五”财政管理体制方案，进一步规范了省与州市的收支划分，积极向下转移财力；加大对乡镇财政监管力度，积极推进乡镇财政“乡财县管乡用”改革。全省地方财政收入占 GDP 的比重由 1994 年的 7.9% 提高到 2007 年的 10.3%。二是完善转移支付制度。主要完善专项转移支付、民族地区转移支付和一般转移支付制度，使之成为省对县市财政管理体制的基本内容和省政府的宏观调控手段。三是规范非税收入管理改革。2007 年 4 月正式成立了非税收入管理局，开辟了云南省矿产资源有偿使用费新的增收项目，印发了《云南省矿产资源有偿使用费征收管理实施细则》（云财建〔2006〕659 号）规定，于 2007 年 4 月开始征收，当年组织收入 41 483.95 万元。四是建立财政绩效预算管理体系。制定了《云南省财政绩效评价暂行管理办法》，用制度指导和规范了全省财政绩效评价工作。目前全省 16 个州市财政局都已成立了绩效评价机构。

2. 投资体制改革稳步推进。一是组建专业投资公司，搭建投融资平台。坚持按照现代企业制度运作、多渠道筹集资本金、政府投资主要集中于非竞争性基础设施和公益项目的原则，先后组建了电力、铁路、城投、旅游、农业、公路、水利水电、工业、科技、城乡建设等专业投资公司，至今，全省共有 13 家专业投资公司。各专业投资公司紧紧围绕我省的投资需求，参与了许多重大项目及重点工程的建设，为我省经济社会又好又快发展作出了贡献。二是完善配套政策体系。根据《国务院关于投资体制改革的决定》和相关配套政策，出台了《云南省企业投资项目核准实施办法（试行）》、《政府核准的投资项目目录（云南省 2004 年本）》等 6 个配套文件，在减少程序、下放权限、简化内容、提高效率等方面明确一系列改革措施。三是改革投资项目审批制度。对投资规章和项目进行了清理，废止投资规章目录和规范性文件目录 1 件；取消投资审批事项 4 项，改变投资管理方式11项。规范政府投资行为和范围，对于企业不使用政府性资金的投资建设项目，依据《政府核准的投资项目目录（云南省2004年本）》规定，一律不再实行审批制，区别不同情况实行核准制和备案制，确立企业投资主体地位。四是加快推行项目代建制的改革探索。对政府公共事业投资项目引入市场竞争机制，对非经营性政府投资项目积极推行“代建制”。

（五）金融体制改革全面推进，金融与经济发展良性互动

1. 坚持不懈深化银行业改革，不断完善银行机构体系。成功组建富滇银行，积极支持工行、建行、中行和农业银行的股份制改革，邮政储蓄银行分支机构组建；积极引进香港恒生银行在我省设立分支机构；新引进深圳发展银行、民生银行、兴业银行等股份制银行设立昆明分行；大力推进云南信托公司成为全国第一批变更公司名称实施新办法的信托机构，稳步实现业务转型，昆明信托公司重组登记及复牌工作也取得突破性进展。目前，全省共有银行类金融机构19家，各类机构网点5 033个。

2. 坚持推进保险业改革，提高服务保障能力。一是保险市场体系不断健全。全省保险公司达25家（财产险15家、人身险9家、政策性1家），较2002年增加了13家；分支机构1 914家，专业中介机构从无到有，发展到了41家法人机构，51家分支机构。二是农业保险实现新突破。2007年全省农业保险实现保费收入1.67亿元，同比增长2.1倍。

3. 全面推进农村金融体系建设。全省农村金融机构2007年末存款超过1 000亿元，贷款超过800亿元，均比2004年组建时翻了一番，存贷款规模居全省银行业机构第二位，利润7.7亿元，增长10倍。全省农信社农业贷款余额和增量占全省金融机构80%以上，农户小额贷款达到610万户，贷款面达70%，是农村金融的主力军。新增额的比重达36%，超额完成省政府确定的新增200亿元的目标，成为金融支持“三农”的亮点。鼓励各类金融企业到农村设立机构和网点，增强邮政储蓄银行为“三农”服务的功能，努力增加支农信贷投入。

（六）社会事业改革稳步推进，促进和谐社会建设

1. 整合职业教育资源，深化高等教育管理体制改革。2008年5月省政府出台了《云南省加快中等职业教育发展行动计划》。楚雄以建设好职业教育中心为龙头，组织实施“181096工程”。曲靖以打造“国内一流、国际知名”的现代职业教育中心为总目标，正在建设现代化职业教育中心。玉溪、昆明开展了组建职教集团的工作。大理、红河、文山、临沧、普洱、德宏等地投入中等职业教育的经费都达到历年新高。全省已有14所中职学校，9所高职学校在国家和省专项资金的扶持下建成国家级重点专业实训基地。全省国家级重点中等职业学校达到50所，省部级重点中等职业学校达到56所。

深化高等教育管理体制改革。拟定《中共云南省委云南省人民政府关于深化改革大力发展高等教育的决定》，准备提出深化4项改革措施。即：办学体制、管理体制、教育教学、后勤社会化改革。

2. 建立促进产学研结合的现代科研院所制度。省属转制院所产权制度改革探索逐步推进。截至2007年底，全省有技术开发类转制科研机构23家。省橡胶所、省轻工所、省机电所等转制院所，在现代企业制度建立方面迈出了实质性的步伐。2007年2月，省机电所整体进入民营企业——云立集团，成为我省转制科研机构“国退民进”第一家。省属转制院所产学研结合的自觉性、主动性、自主创新能力、制度完善等方面明显增强。省属公益类科研机构普遍加强了内部管理机制创新为重点的内部改革，积极探索人员聘用制和岗位管理制度，建立健全了内部考核、激励及约束机制。云南省应用技术（工程）研究院组建工作加紧推进。

3. 完善新型农村合作医疗管理制度，扩大试点范围。新型农村合作医疗全面推进，至2008年上半年已实现129个县（市、区）全面覆盖，参合率已由试点初期的85%，提高到89.77%，参合人口已达3 224万人，管理制度已基本建立并实施。在全省推广“药品统一采购、统一配送”的“宣威模式”至目前已有74个县完成了推广任务。选择了7所州、市级以上医院试行药房托管。开展了昆医附一院呈贡新区医院、省中医院滇池医院股份合作制建设，省老年病医院BOT模式建设、省第三人民医院的综合改革试点。

（七）集体林权制度改革、户籍制度改革等专项改革取得较大突破

1. 集体林权制度改革顺利推进。我省从2006年开始，采取先行试点、逐步推开和主体先行、配套跟进的方式，逐步推进集体林权制度改革。2006年5月，组织开展了罗平、屏边、砚山、景谷、永平、腾冲、潞西、兰坪、云县等9个县的林改试点。制定下发了《云南省林业厅关于贯彻落实省委、省政府深化集体林权制度改革决定的意见》等林改相关的指导性文件、操作细则和管理制度。进行了森林采伐管理制度的改革尝试，把林木采伐限额落实到山头地块，采伐指标落实到林权所有者手中，调动了群众林改的积极性。组织开展了天保工程区人工商品林采伐试点，启动了生态公益林区的抚育间伐和更新采伐试点。目前，9个试点县的主体改革基本完成，现已转入配套改革阶段。

2. 红河州户籍制度改革在全省率先开展。出台了《中共红河州委、红河州人民政府关于深化户籍制度改革，促进公民迁徙自由的决定》，并于2006年1月1日起在全省率先实施深化户籍管理制度改革，有力地促进了统筹城乡经济社会协调发展，受到社会各界一致好评。2007年我省出台了《云南省人民政府关于深化户籍管理制度改革的意见》（云政发〔2007〕137号），决定从2008年1月1日起在全省范围内全面开展户籍管理制度改革。

二、存在的主要问题

经过多年的努力，我省的经济体制改革取得了明显成效，促进了社会主义市场经济体制的建立和完善，同时还存在一些深层次的问题亟待解决。

（一）改革的总体指导和统筹协调机制不够完善

由于现阶段改革职能分散在相关部门，并且每个职能部门改革的视角和方式存在差异，改革合力难以形成，存在着各改革职能部门相互沟通不够，协调和组织不力，总体指导和综合协调全省改革工作的机制不完善，改革的进度和实施成效难以监督，考核难度较大。

（二）改革缺乏整体设计和综合配套

改革已进入攻坚阶段，涉及的都是利益调整层次较深、力度较大、涉及面较广的改革任务，不确定性和风险越来越大。改革措施的配套程度、改革方案设计的周密程度、改革操作过程中的规范程度都直接影响到改革的成效。目前我省对改革工作的部署还倾向于单项突破，缺乏整体设计。

（三）改革进展不平衡

我省国有企业改革、行业整合等改革已有明显成效，但收入分配体制改革由于涉及现有利益关系和分配格局的调整，推进难度较大；市场主体发育缓慢，生产要素市场培育滞后；行政管理体制改革仍处于滞后状态甚至有待破题。改革仍存在着一些薄弱环节和领域，还没有真正触及深层，滞后的改革越来越制约着其他领域改革的进程，改革在部分行业间、领域间、地区间进展不平衡。如扩权强县改革还未起步，水务体制改革有待深化。

（四）改革与发展结合不够紧密

一些部门对改革促进发展的作用认识上不统一，对通过改革解决制约经济社会发展的深层次矛盾和体制机制障碍的认识不足，没有把改革放在重要的位置，仍存在“发展硬、改革软”的现象，重视改革和重视发展还有不对称性，改革还没有完全成为经济发展的根本动力。

（五）改革成本难以支付

每一项重大的改革项目，都需要支付一定的改革成本。但在改革任务艰巨而繁重的关键时期，用于支付改革成本的投入却很有限，尚无专项用于改革成本支付的经费预算。与发达省份相比，云南省财力较为有限，利益调整难度大，某些领域改革推动较难，改革承受能力弱，改革经费筹措困难。

三、我省“十二五”体制改革规划建议

在我省即将开展“十二五”规划前期研究及制定“十二五”改革规划相关工作中，根据党的十七大对改革提出的新要求，我们建议着重推进八个方面的重点改革任务。

一是深化行政管理体制改革，切实转变政府职能。做好行政管理体制改革的路径设计和规划安排，抓紧制定行政管理体制改革方案；加快推进政企分开、政资分开、政事分开、政府与市场中介组织分开，着力转变政府职能、健全政府职责体系，强化社会管理和公共服务；继续推进行政审批制度改革，减少和规范现有行政许可和行政审批项目；完善制约和监督机制，建立健全决策权、执行权、监督权既相互制约又相互协调的权力结构和运行机制；统筹政府机构设置，健全部门间协调配合机制；严格依法行政，抓紧制定出台我省依法行政五年规划；完善各类公开办事制度，提高政府工作透明度和公信力。

二是深化社会领域体制改革，促进社会和谐。深化收入分配制度改革，规范个人收入分配秩序，着力提高低收入者收入，逐步提高扶贫标准和最低工资标准，建立企业职工工资正常增长机制和支付机制；加强政府调节职能，扩大转移支付，强化税收调节，打破经营垄断，创造机会公平。促进机关、事业单位基本养老保险制度改革，探索建立农村养老保险制度；完善城乡居民最低生活保障制度，健全社会救助体系。全面推进城镇职工、城镇居民基本医疗保险、新型农村合作医疗保险制度；深化医疗卫生体制改革，建设覆盖城乡的公共卫生服务体系。健全廉租住房制度，加快解决城市低收入家庭住房困难。深化科技体制改革，增强企业技术创新的内在动力。深化教育体制改革，进一步统筹城乡、区域和各级各类教育协调发展。认真总结并继续深化中小学教材出版发行招投标改革。实施重大文化产业项目带动战略，加快文化产业基地和区域性特色文化产业群建设；以省直艺术表演团体体制改革为重点，加快文化产业化进程。

三是深化农村体制改革，统筹城乡发展。继续深化农村综合改革。积极推进乡镇机构

改革，加快农村义务教育改革，深化县乡财政管理体制改革；切实落实各项支农惠农政策，建立健全减轻农民负担的有效机制。深化集体林权制度改革。稳步推进林业经营体系、服务体系、森林资源流转体系和森林管护体系建设的配套改革，深化林业管理体制改革。进一步完善农村土地制度。大力发展各类专业合作组织。通过建立新型农垦管理体制，全面推动云南农垦“二次创业”。

四是深化国有企业改革，提高国有经济的控制力和竞争力。继续推进省属企业的股份制改造，完善现代企业制度建设；加快国有大型企业的集团化改组，规范和完善以资本为主要纽带的母子公司体制，促使优质资源向集团核心业务以及价值链的核心环节集中；加快破产企业和劣势企业的退出工作；加快推进垄断行业改革；大力推进企业管理创新和科技创新，转变企业增长方式。完善国有资产经营管理体制，尽快出台《云南省国有资产监督管理实施办法》；建立完善国有资本经营预算制度，建立起科学有效的国有资产保值增值考核体系；培育国有资产规范、有序流转的运行机制。改善非公经济发展的外部环境。

五是建立和完善现代市场体系，进一步发挥市场机制的作用。建立多层次资本市场体系，营造良好的直接融资环境。深化农村信用社改革，创新农村金融发展模式。建立城乡统一的人力资源流动机制。继续推进户籍管理制度改革，促进全省城乡一体化进程。规范发展土地市场，巩固和完善经营性土地和工业用地招拍挂出让制度，积极探索农村集体非农建设用地流转机制。规范产权交易市场，推进国有资产有序流转。加快发展技术市场，依法保护知识产权。积极发展和规范中介服务机构，提高中介服务市场化水平。加强市场监管体系建设，建立和完善社会信用体系。

六是深化财税和投资体制改革，形成有利于落实科学发展的宏观调控体系。围绕基本公共服务均等化，完善公共财政体系。加快推进部门预算管理制度改革，强化预算管理。按照事权与财权相对称的原则，合理界定各级政府的财政责任。建立规范、可操作的财政绩效预算管理体系。继续深化投融资体制改革，充分发挥专业投资公司融资平台作用，通过解决投资公司的管理体制、资产划拨和充实资本金问题，进一步做大做强我省专业投资公司，吸引和筹集更多的资金投入到全省各项建设事业。探索和完善非经营性投资项目“代建制”改革试点。继续深化价格体制和行政事业性收费体系改革，形成有利于科学发展的宏观调控体系。

七是创新资源环境体制机制，建设资源节约型、环境友好型社会。建立和完善有利于资源环境协调发展的体制机制。深化资源税费征收体制改革，完善资源型产品价格形成机制，建立资源环境有偿使用的市场机制和生态环境补偿机制。完善促进节能减排的体制机制。探索建立落后生产能力退出的保障和补偿机制。建立多元化的节能环保投入机制和高效节能环保产品推广的财政激励机制。研究提出鼓励生产和使用节能环保产品的税收政策。建立和完善节能减排指标体系、检测体系和考核体系。

八是加强对改革工作的领导，健全统筹协调机制。一要把改革放在更加突出的重要位置。进一步解放思想，转变观念，克服重发展轻改革的思想，充分发挥改革开放的推动作用。二要加强改革的总体指导。深入贯彻落实党的十七大精神，结合云南实际，深入研究，认真规划制定我省“十二五”重大体制机制改革方案。三要加强改革的总体设计和规划。加强对重大改革的总体设计，进行战略性布局，适时拿出改革方案。加强改革的总体规划，使改革有步骤、有战略、有方向、有秩序的进行。四要健全改革的统筹协调机制。

进一步完善改革联络员制度，增强各部门之间的协调配合，提高改革决策的科学性，健全对改革工作的组织领导、总体指导、统筹协调和监督检查，继续争取各地州根据当地实际情况，探索建立改革工作协调机构，以保证改革顺利进行。五要进一步加强改革试点工作的指导。以我省推进昆明市、红河州综合改革和旅游发展改革试点为契机，全省各州市、省级主管部门要针对经济社会发展中实际存在的突出矛盾和问题，突出阶段性特点，确定试点的主攻方向和重点内容，找准着力点和突破口，积极开展试点工作。省发展和改革委员会要对试点工作进行总体指导，地方、部门负责组织实施。

（《云南改革报告》2008 年第 4 期）

云岭大地创新实践的壮丽诗篇

——云南改革开放30年回顾与展望

2008年，云南的改革开放走过了整整30年的历程。30年的历程波澜壮阔，30年的成就鼓舞人心，30年的经验弥足珍贵。在十一届三中全会精神的指引和党中央国务院、省委、省政府的正确领导下，云南各族人民团结一心，艰苦奋斗，在云岭大地上谱写了创新实践的壮丽诗篇，取得了社会主义现代化建设的辉煌成就。云南经济社会面貌发生了翻天覆地的历史变化，城乡各地焕发出欣欣向荣的无限生机。

一、伟大历程

党的十一届三中全会以来，云南历届省委、省政府根据中央改革开放的方针政策，解放思想，勇于实践，锐意改革，敢于突破，走出了一条具有云南边疆多民族特色的改革开放之路。纵观云南改革开放的历程，根据各个发展时期改革开放的历史使命、目标要求、时代特点和阶段性成效，可分为三个重要阶段：第一阶段从1978年十一届三中全会到1992年邓小平同志南方谈话和党的十四大，是改革开放的启动和目标探索阶段；第二阶段从党的十四大到21世纪初，是社会主义市场经济体制框架的构建阶段；第三阶段从党的十六大到2008年，是社会主义市场经济体制的完善阶段。

（一）第一阶段：以解放思想为先导，以拨乱反正为起点，以城乡经济体制改革为突破，以对外开放和横向联合协作为发展“两翼”，全面迈出了改革开放的重大步伐

1978年12月召开的中国共产党第十一届三中全会，重新确立了解放思想、实事求是的思想路线，作出了把全党工作重点转移到社会主义现代化建设上来的战略决策。沿着十一届三中全会开辟的改革开放道路，云南步入了一个不断焕发生机与活力的新的伟大历史进程。

1. 改革计划经济体制，全面推进城乡经济体制改革。势如破竹的改革历程首先从农村起步，率先在农村突破，并以磅礴之势推向全省，形成不可抗拒的滚滚洪流。早在1977年冬天，元谋县大塘子生产队就突破“左”倾思想的禁锢，在全省第一个推行了定工到组、联产计酬、超产奖励的生产责任制，并得到省委的肯定。党的十一届三中全会后，广大农民要求包产到户的呼声越来越高。1980年7月，省委召开县委书记会议，决定在边疆少数民族地区和内地高寒、分散、贫瘠山区推行包产到户和包交提留到户，之后逐步扩大到山区、半山区和坝区。到1983年底，云南99.9%的生产队建立了家庭联产承包责任制，彻底废除了“吃大锅饭”的分配方式，不少地方的农民很快从原来吃粮靠返销、生活靠救济的困境里摆脱出来。在实行家庭联产承包责任制的同时，省委制定了一系列促进农业发展的政策措施：实行林业“两山”政策，把几亿亩集体所有的荒山、林山、草山和轮歇地，分别不同情况，以自留山或责任山的形式承包到户；实行大牲畜私有私养；在国营农林牧渔场（包括华侨农场）内办家庭农场和实行多种形式的生产责任制；提倡农民在承包土地上挖塘养鱼，在承包土地上种植和经营果园；增加和建设农村集市贸易点，开辟城市农贸市场；鼓励农民进城开店办厂；取消对农副产品的统购派购政策，等等。这些政策措施，极大地调动了农民的积极性，解放了农村生产力。随着生产责任制的普遍建立，政社合一的人民公社体制已经不适应农村发展的需要。1983 年，省委、省政府进行了政社分开试点，1984 年 6 月，废除了人民公社，实行大区小乡制。经过三年多的实践后，又于 1987 年对区乡体制进行再次改革，把区改为乡（镇），把原来的乡改为村公所或办事处。这次改革到 1988 年 5 月基本结束。通过两次改革，实现了党、政、企分设，彻底废除了人民公社政社合一体制，基层政权组织有所加强，为进一步深化改革创造了条件。

在农村改革的推动下，1984 年，我省城市经济体制改革随之启动。城市经济体制改革紧紧围绕增强企业活力这个中心环节，对国营小型工商企业实行“全民所有，集体经营，照章纳税，自负盈亏”以及转让、租赁等政策，对大中型企业推行承包经营责任制，实行厂长（经理）负责制，由过去对企业直接调控逐步转变为“国家调节市场、市场引导企业”的间接调控。在自愿互利的原则下，发展横向联合，组建企业集团。同时，根据“统一计划、分级管理”的原则，采取了简政放权措施，改变过去管得过多、统得过死的状况。在此基础上，省委按照清“左”、改革、放开、扩权、搞活、快上的精神，坚持国营、集体、个体一起上的方针，制定了 12 条重要政策，大力发展城乡集体企业和各种专业户、重点户、联合体、个体工商户，实行多种经济成分、多种经营形式、多条流通渠道并存。到 1991 年底，全省城乡集体经济和个体经济都有了相当大的发展，特别是乡镇企业异军突起，当年吸纳农村劳动力 156.86 万人，工业产值占全省工业总产值的 14.5%，极大地发挥了城镇的辐射带动作用。

2. 初步实行对外开放，加强省内外横向联合协作。一是为适应经济技术协作发展的需要，1980 年 6 月，省委、省政府成立了省经济协作领导小组，统一办理与各省市区的经济技术协作事项，并与上海开展对口支援协作活动。1982 年 5 月，省政府在昆明举办经济技术协作邀请会，全国 18 个省市自治区代表参会，云南与外省的横向经济合作由此向多方位发展。二是对外经济技术和劳务合作不断发展。“七五”期间，先后在 30 个国家和地区投标，不断拓展对外承包工程业务，在美国、缅甸等国开办了合资企业和独资企业。三是发挥区位优势，大力发展边境贸易。从 1979 年开始，云南边境贸易逐渐得到恢复和发展。1985 年 3 月，省政府制定了《关于边境贸易的暂行规定》，确定边境贸易实行“自找货源、自找销路、自行谈判、自行平衡、自负盈亏”的方针。“七五”期间，云南边境贸易得到了前所未有的发展，全省边境贸易进出口的 80% 以上集中在德宏傣族景颇族自治州。当时，中央一些领导同志到云南视察，把云南边境贸易的作用全面概括为：利国、富民、睦邻、安邦。扩大进出口贸易，加快引进外资与先进技术。1981 年，国家对外贸经营体制进行了初步改革，云南的外贸出口由原来的调拨口岸代理，大部分改为省内自理，云南开始有了外贸进出口权。1988 年，云南紧紧抓住国家实施沿海地区发展战略这一机遇，全面推行对外贸易承包经营责任制，出台了一系列鼓励外贸出口政策，由此带动了外贸体制的全面改革。“六五”和“七五”期间，云南对外贸易发展较快，出口创汇稳定增长，出口商品结构得到调整和优化，进出口商品总量不断增加。

这一阶段的改革开放，迈出了历史性的两大步。第一步是从 1978 年至 1985 年，通过拨乱反正和落实政策，以城乡经济体制改革带动和激活了经济社会发展全局，巩固和发展了安定团结的政治局面，实现了工作重点的战略转移，国民经济出现了持续、稳定、协调发展的新局面；第二步是从1985年至1990年，重点抓了治理整顿和深化改革，经济社会发展的结构性矛盾和问题得到初步抑制、调整和解决，有效抑制了非生产性建设摊子过大和货币投放过大、物价上涨过猛的势头，工农业比例失调，能源、交通基础设施建设比较薄弱等困难有所好转，经济总的没有出现大涨大落的情况。这一阶段，是改革开放初展蓝图，初见成效，全省各族人民初享改革开放成果的阶段。

（二）第二阶段：以邓小平理论和“三个代表”重要思想为指导，以夯实农业基础为支撑，以培育群体支柱产业为重点，以基础设施建设的跨越式发展为引擎，以深化改革和全方位对外开放为动力，改革开放向纵深全面推进

1992年初，邓小平同志发表视察南方重要讲话，同年召开党的十四大，确定了建立社会主义市场经济体制的目标，我国改革开放进入了一个新的发展阶段。面对新阶段新任务，省委、省政府不断深化省情认识，积极探索在云南这样一个边疆、民族、山区、贫困省份建立社会主义市场经济体制的有效路子，使云南改革开放事业既保持了平稳起步、稳健前行的良好态势，又发挥了承前启后的重大历史作用。

1. 深化改革，社会主义市场经济体制初步建立。农村改革经历了两次大的过程。一是稳定完善家庭承包经营责任制。按照中央精神，省委、省政府明确规定耕地承包期在原有基础上再延长30年，允许有偿转包。1994年，在坚持农村土地集体所有和不改变土地用途的前提下，实行“四荒”（荒山、荒沟、荒丘、荒滩）使用权有偿出让开发。1996年，省人大颁布《云南省农业承包合同条例》，促进了第二轮土地承包合同的续签工作。1998年，省政府专门成立粮食改革协调领导小组和粮食改革办公室，制定了按保护价敞开收购农民余粮，粮食收购企业实行顺价销售和粮食收购资金封闭运行的实施办法。同时，全面开展减轻农民负担的工作。二是变革经营体制和生产方式。20世纪80年代中后期，我省思茅地区和西双版纳州的部分企业和农村，对农业产业化经营进行了初步探索。1992年12月，省委主要领导在调研过程中，把这些地区的做法和经验概括为城乡结合、科技与经济结合、开放与开发结合，农工商一体化的“三结合、一体化”经营体制和社会化大生产方式，并向全省推广。在此基础上，1995年召开的省第六次党代会提出，把大力推进农业产业化经营作为深化农村各项改革的突破口，突破所有制、隶属关系和行政区域界限，加快农业产业化经营步伐。由于农产品产量大幅增长，20世纪90年代后期，农产品开始出现结构性过剩，农业陷入了增产不增收的困境。省委、省政府紧紧围绕市场需求，在稳定粮食生产的前提下，对农业和农村产业结构进行调整和优化。一是放手调整农产品结构。发挥云南多物种和多气候带优势，大力改进粮油作物的品种质量，走“人无我有、人有我优、人优我特”的路子，发展特色农业。二是放手调整农村产业结构。做大做强畜牧业，全面推开乡镇企业改革工作。到2000年底，全省建成有一定规模的农产品商品基地600多个，畜牧业产值占农业产值的30%，收入占农民人均纯收入的40%左右，成为农业中的支柱产业。

城市改革总体上呈现出“三大亮点”、“一大突破”的特点。“三大亮点”：一是宏观经济体制改革实现突破，财税改革中分税制财政管理体制建立健全，投资体制改革逐步走上了规范化、制度化轨道，金融体制改革建立了适应国际和国内金融市场的运行机制。二是各类要素市场逐步建立，商品市场体系建设步伐较快，商业、物资、外贸、供销等流通企业的体制改革进一步深化，劳动力和人才市场发展迅速，技术贸易市场日趋活跃，金融市场逐步繁荣，电子信息服务发展较快，房地产市场的建立和运行逐步规范、有序。三是社会保障体系逐步建立，企业养老保险实现了省级统筹，失业保险由县级统筹向地市级统筹过渡，医疗保险试点到2000已在81个县（市）推开，城镇住房制度改革逐步走向制度化、市场化和人性化。“一大突破”：即国有企业的改革和脱困。20世纪90年代，国有企业改革主要走了三大步：第一步，初步建立现代企业制度。1993年，选择了117户国有企业进行转换经营机制的试点。1995年，在122户企业中进行现代企业制度试点，1998年，在全省逐步推开。第二步，抓大放小。1995年，确定40户大企业、大集团作为重点培育对象。对于重点骨干企业，在扶持政策及资金上给予重点倾斜。对企业国有资产收益，规定从1996年起5年内全部归还企业。在“抓大”的同时，按照“多种形式并举、股份合作制为主”和一厂一策的方针，搞好“放小”，从1998年开始，对国有小型企业进行放开搞活试点。第三步，国有企业的脱困。1998年出台了《云南省国有企业三年改革和脱困纲要》，提出到2000年，在抓好面上国有企业扭亏增盈的同时，重点抓好85户大中型企业的扭亏和减亏工作（以后调整为国家重点脱困企业105户，省重点脱困企业64户）。为切实解决下岗职工的再就业和生活保障问题，为企业改革创造条件，1997年全省各地州市人民政府先后建立了解困领导小组和工作机构，层层签订了《国有企业下岗职工基本生活保障与再就业暨三年改革脱困责任书》，各级劳动部门建立了再就业服务中心。到2000年，大多数国有企业3年内基本脱困的目标基本实现，初步建立现代企业制度取得阶段性成果。

在加快国有企业的改革和脱困的同时，省委、省政府加快调整所有制结构。1994年4月，省委召开全省县委书记会议，全面检查了个体和私营经济发展情况，决定把现有工业产值中国有、集体和个体私营的7∶2∶1的比例，逐步调整到各占三分之一。1996年制定了《云南省人民政府关于加强个体和私营企业的决定》，在政策上给予个体和私营经济极大支持。1997年，省委对发展非公有制经济实行“三放”、“四不限”，即放心、放胆、放手，不限速度、不限规模、不限比例、不限范围。1998年，省委、省政府发布了《关于大力发展个体私营经济的决定》，力争经过5年努力，个体私营经济创造的国内生产总值在全省国内生产总值中的比重达到15%以上，经过10年努力，国有经济、集体经济和非公有制经济各占三分之一。2000年，省委、省政府又制定补充规定，从财政、税收等方面给予非公有制经济大力支持，非公有制经济逐步成为社会主义市场经济中的最活跃部分。

2. 实行全方位对外开放，云南对外开放的战略地位得到极大提升。20世纪90年代以来，省委、省政府紧紧抓住国家实行全方位对外开放，将开放城市由沿海扩展到沿江、沿边的机遇，实行全方位、多层次、宽领域的对外开放战略，先后制定了《关于进一步扩大对外开放的若干意见》、《中共云南省委、云南省人民政府关于进一步改善投资环境，扩大对外开放，全面实施西部大开发战略的若干意见》等政策性文件。全方位对外开放战略的实施，概括起来分为四个步骤：

第一步，打基础，初步建立多层次对外开放格局。1992年，实施“以大西南为依托，昆明市为中心，边境开放城市为前沿，东南亚和南亚为重点，面向全世界的全方位、多层次、宽领域对外开放”战略。1997年底，全省128个县（市、区）全部实行对外开放。

边境口岸建设力度进一步加大，到2000年底，全省共有开放口岸20个，开通了100多条边民互市通道。瑞丽市的姐告边境贸易区，在全国首创“境内关外”政策，从缅甸进入贸易区的货物，海关不实行监管，使姐告在“八五”初期成为全国最繁华的内陆口岸之一。景洪港、磨憨口岸、河口口岸、思茅港、天保口岸、孟定口岸，也随着硬件设施建设的提升，成为云南对外开放的“桥头堡”。

第二步，搭平台，扩大对外交往和对外经济贸易。主要搭建好四个平台：一是搭建对外友好交往平台。积极参与澜沧江—湄公河次区域经济合作，成功承办了次区域经济合作第六届部长级会议，深化了与次区域6国间的各项建设和合作。二是搭建进出口贸易平台。针对受1997年亚洲金融危机影响，边境贸易出现下滑的情况，省委、省政府先后出台了一系列促进进出口贸易和吸引外资的措施，扼制边境贸易下滑趋势，到“九五”末期，边境贸易实现恢复性增长。三是搭建利用外资平台，着力改善投资软环境。四是搭建对外经济合作平台。积极主动寻求对外工程承包，境外投资有所进展，从事外经工作的人员不断增加。

第三步，架桥梁，举办昆交会和世博会。1992年7月在昆明召开的西南五省区七方第九次经济协调会，决定在昆明建立国际贸易中心，从1993年起每年联合举办一次“中国昆明出口商品交易会”。1993年8月8日，第一届昆交会开幕，至2000年，共举办了8届昆交会，成为云南扩大对外开放的桥梁。1999年5月1日，中国’99昆明世界园艺博览会开幕，成为云南对外开放的重要窗口。

第四步，建内联，抓省际的横向联系，实行全方位对内开放。一是深化西南六省区七方区域合作。二是逐步扩展与东部省市的合作范围。1996年，滇沪两省市签署了《上海—云南对口帮扶与经济协作“九五”计划纲要》。1997年，滇粤两省签署《关于进一步加强两省经济合作的会谈纪要》。在此基础上，逐步扩展了与浙江、江苏等省的合作。三是创新合作形式。先后与北京大学、清华大学等高校建立了省院、省校合作关系。四是主动寻求上下合作形式，实行省部合作，推动基础设施建设的跨越式发展。上述对外开放战略的实施，省委、省政府既定的以东南亚为重点，面向全世界，外引内联，大贸边贸结合，实行全方位对外开放的决策已初见成效，云南由对外开放的末端逐步跃升为对外开放的前沿。

回顾总结第二阶段的改革开放，全省经济社会改革呈现多管齐下、多头并进、多元发展的格局。农村深化改革有所创新和突破，城市经济体制改革以搞好国有大中型企业为中心逐步深化，全方位对外开放的格局基本形成。这一阶段，改革攻坚克难、平稳前行，对外开放、对内与对外并举，是改革开放承前启后的重要阶段，云南向建立社会主义市场经济体制迈出了坚实的一大步。

（三）第三阶段：以科学发展观为指引，以整体推进改革开放为出发点，以推进农村综合改革为支撑点，以开展新一轮国有企业改革为着力点，以社会文化体制改革为突破点，以全面提升对外开放水平为落脚点，改革开放再上历史新台阶

党的十六大以来，以胡锦涛同志为总书记的党中央认真总结国内外的发展经验，提出了以人为本、全面协调可持续的科学发展观，为我省深化改革、扩大开放、加快发展提供了科学指南。省委、省政府坚定不移地用科学发展观统领经济社会发展全局，不断创新发展理念，完善发展方略，推进改革开放步入了整体推进、科学发展的新阶段。

1. 整体推进改革，促进在重要领域和关键环节的创新和突破。全面推进农村综合改革。一是村级体制改革。2000年5月，省委召开了全省村级体制改革工作会议，对改革村级体制、实行村民自治进行了部署。改革的重点是把村级行政管理体制改革为村民自治体制，把村公所（办事处）改革为村民委员会，把村干部管理和选任由选聘制改革为选举制。当年底，全省已有95%左右的村完成了村级民主选举任务。2001年，村改工作基本完成，初步实现了村级组织体系健全完备，农村基层各项民主管理制度健全落实，迈出了我省农村民主政治建设的重要一步。二是农村税费改革。2000年开展了农村税费改革试点工作，2003年启动第二次农村税费改革试点，逐步取消了乡统筹、屠宰税以及专门向农民的行政事业性收费、政府性基金和各种集资，在此基础上，全面取消了农业税和农林特产税。配合税费改革和为农民长期减负，出台了相关配套改革措施。三是全面推进粮食购销市场化改革。认真落实“一取消，三放开”政策，加快农业和粮食生产结构调整步伐，稳定粮食综合生产能力，完善各级政府储备粮管理体系，增强政府粮食调控能力。四是启动集体林权制度改革。省委决定从2006年起，用3年左右的时间，基本完成全省深化集体林权制度及其配套改革任务。乡镇机构、农村义务教育、县乡财政管理体制、农村金融体制、农村医疗卫生体制、农垦、供销社等改革也同步推进，陆续由点向面展开。同时，确立了“围绕增收调结构，突出特色闯市场，依靠科技增效益”的农业发展新思路，实施农民增收“五个一工程”：建设一批优质高效农业产品生产基地；启动一批农产品交易市场；实施一批以水利为重点的农业基础设施项目；推广一批适用农业科技；转移一批农村富余劳动力。下发了《关于推进农业产业化经营的意见》，进一步加大农业产业化经营的力度。到2007年，全省规模化农业商品基地发展到3 650万亩，159家省级以上重点龙头企业和3 497个专业合作经济组织与484万农户结成不同形式的利益关系，从根本上解决了困扰云南多年的农业效益低、农民闯市场难问题。2007年4月，省委、省政府发出《关于贯彻〈中共中央国务院关于积极发展现代农业　扎实推进社会主义新农村建设的若干意见〉的实施意见》，全省按照生产发展、生活宽裕、乡风文明、村容整洁、管理民主的要求，围绕增强农业、富裕农民、繁荣农村、缩小差距的思路，以建设小康村、文明村、生态村、和谐村为目标，全面推进社会主义新农村建设，推进城乡经济社会一体化进程。党的十七届三中全会后，省委、省政府进一步加大“三农”工作的力度，一系列农村改革正在以前所未有的速度向深度和广度统筹推进。广大农村迎来了加快发展、科学发展的新时代。

开展新一轮国有企业改革。2002年3月，省委、省政府制定了《中共云南省委、云南省人民政府关于深化国有企业改革的若干意见》，以产权制度改革为突破口，以退促进，以放促活，加快全省国有企业的体制创新、机制转换和结构优化，基本解决国有企业存在的重点难点问题。提出国企改革的5个步骤：推进国有企业战略性改组、建立和完善现代企业制度、切实减轻企业负担、加快社会保障体系建设、加强对国有企业改革与发展的领导。省委、省政府成立了云南省国有企业改革领导小组，力争在3年内，重组、改造、培育壮大一批，有序退出、转让一批，破产、关闭、淘汰一批，退二进三转产一批，理顺体制、激活机制，加大开放引进和发展非公有制经济力度，进一步解决国有企业体制不顺、机制不活、负担沉重、技术落后、管理粗放等重点难点问题。在三年改革任务完成后，省委、省政府又于2005年6月出台《关于进一步深化国有企业改革的意见》，决定再用3年时间进一步深化推进国有企业的改革工作，拉开了新一轮国企改革的序幕。在5年深化国有企业改革中，建立健全社保体系，积极稳妥分流安置下岗职工，帮助数十万下岗人员实现再就业。企业行业重组，是国有企业改革中的一个重要步骤。2003年3月，云南省第一个全省性行业整合总体方案——“云南省化工行业整合总体方案”出台实施。2005年，省政府决定对国资委监管的云天化集团、云南石化集团等企业进行重组，把化工、煤炭、贵金属行业中的7户企业重组为新的云天化集团、云南煤化工集团、新的云锡集团三大集团。随着国有企业改革的全面深化，非公有制经济发展力度也进一步加大，在全省经济社会发展中发挥了不可替代的重要作用。

深化社会体制改革。一是文化体制改革。2003年7月，省委召开云南省发展文化产业、繁荣民族文化、建设文化大省大会，提出把文化产业作为云南新的经济增长点和新的支柱产业来培育。在全国率先制定了《关于深化文化体制改革、加快文化产业发展的若干意见》、《加快文化产业发展的若干政策》、《云南省人民政府关于开展文化产业统计的意见》等3个文件，按照“扶持一批、转制一批、重组一批、剥离一批”的思路，分类分步推进国有文化企事业单位改革，大力推进文化与旅游、企业和科技相结合，力争到“十一五”末期，使文化产业增加值占全省生产总值的比重达到6%～10%。2007年，全省文化体制改革试点扩大到8个州（市）、25个县（市、区），全面启动“文化产业建设工程”。到2008年，全省初步形成以公有制为主体、多种所有制共同发展的文化产业格局，打造出了《云南映象》、《丽水金沙》等一批国际知名、社会效益和经济效益高度统一的艺术精品，创造了令人瞩目的“云南现象”和“云南模式”。我省在文化产业和文化体制改革方面的实践，为全国提供了示范，积累了经验。二是教育体制改革。2003年，全省确定了9个州市进行教育改革试点，力求使云南教育改革与发展不仅在量上有突破，而且在质上有提高。2006年，省委、省政府召开教育改革与发展经验交流现场会，提出加快教育发展的根本出路在改革，要以更大的精力、更多的财力，尽最大可能做到“四个优先”，即在经济社会发展规划中优先谋划教育发展，在安排财政支出中优先保障教育经费，在资源配置中优先满足教育需求，在制定相关政策中优先支持教育发展，力争3至5年，推进云南教育向全国先进行列迈进。三是卫生体制改革。2001年，省政府批准实施《关于全面推进云南省城镇医药卫生体制改革意见》，改革的主要内容是：转变卫生行政管理部门职能，实行卫生工作全行业管理；建立新的医疗机构分类管理制度，将医疗机构分为营利性和非营利性两类管理；对医疗药品收入实行收支两线管理；调整不合理的医疗服务价格；调控药品价格。率先在全国全面铺开新型农村合作医疗改革，成为全国主要试点地区之一。四是行政管理体制改革。2004年，省委、省政府召开加快县域经济发展电视电话会议，提出适当扩大地方政府的资金支配权力，使县市区有更多的经济管理自主权。“十五”期间，开展了财政专款切块直接安排到县的试点工作，清理取消行政许可事项608项。2008年，全面推行行政问责制、首问责任制、限时办结制、服务承诺制四项制度，进一步精简审批事项，完善政府投资监管制度及国有资产监督管理办法，推进政企、政资、政事、政府与市场中介组织分开，加大政府管理创新力度，建设服务型政府。

2. 以大开放带动大发展，全面提升对外开放的水平。按照发挥沿边优势、突出两亚（东南亚、南亚）重点、活跃对外交往、实现共同双赢的基本思路，坚持把扩大对外开放作为带动全省发展的大战略来抓，深入实施“引进来”与“走出去”相结合的对外开放战略，积极扩大对外开放，全方位、多层次、宽领域的对外开放再上新台阶。

一是深入参与中国—东盟自由贸易区建设。按照“发挥沿边优势、突出两亚特点、活跃对外交往、实现共同双赢”的指导思想，充分发挥云南对外开放的区位优势，积极参与中国—东盟自由贸易区建设和澜沧江—湄公河次区域合作、孟中印缅地区经济合作，全面推进与东南亚、南亚国家的合作和交流。稳步推进区域性国际合作，在中国—东盟自由贸易区建设和大湄公河次区域合作框架下，云南先后与周边国家合作构建了云南—老北、云南—泰北合作工作组和中国云南—越南北部五省市经济协商会议等合作机制，积极倡议并致力推进孟中印缅地区经济合作，初步形成了以周边为基础、大湄公河次区域为核心、涵盖东盟和南亚，多层次、宽领域的区域性国际合作新格局。

二是深化对内开放。积极发展西南六省区市七方的区域经济合作，加速西南经济区一体化的进程，共同走向东南亚、南亚；在“泛珠三角”区域合作机制的推动下，采取多种形式稳步推进区域内双边与多边的合作和交流。2001 年 12 月，滇沪对口帮扶协作领导小组第五次联席会议暨《上海—云南对口帮扶与全面合作“十五”计划纲要》签字仪式在上海举行。2001 年 6 月，云南省委、省政府在昆明举行云南—浙江两省经济社会发展情况交流会，并举行了云南省—浙江省经济技术合作项目签约仪式，滇浙合作由此全面展开。2001 年 7 月，云南省政府与广东省政府在昆明签署了关于加强两省经济合作框架协议，并就“云电送粤”进行了座谈。

回顾第三阶段的改革开放，农村综合改革取得实质性进展，国有企业改革步伐加快，在产权制度改革上取得新突破，社会事业改革不断出现新亮点，扩大社会保障覆盖面和提高保障水平上取得新突破，与东南亚诸国的经济合作迈出了新步伐，与南亚诸国的合作逐步拓展，全面加强西南六省区与东部沿海各省市的合作，全方位、多层次、宽领域的对外开放格局初步形成。这一阶段是我省改革开放实现整体推进，改革不断实现创新和突破，对外开放的程度、层次、质量和效益全面提升，全省各族人民共享改革成果的阶段。

二、辉煌成就

改革开放 30 年来，云南各级党委、政府团结带领全省各族人民，牢牢把握改革、发展、稳定的大局，解放思想，扎实工作，开拓进取，在经济、政治、文化、社会建设的各个领域、各条战线，都取得了举世瞩目的辉煌成就，提前一年实现了全面建设小康社会的第一步战略目标。充满生机活力的云岭大地，正以全新的面貌展现在世人面前。

（一）社会生产力空前发展，经济实力显著增强

国民经济不断跃上新的台阶。改革开放促进了云南生产力的极大解放。1982 年，云南生产总值突破 100 亿元大关，之后，跨越式发展的势头越来越快，越来越强。1995 年，全省生产总值跃上 1 000 亿元台阶，提前 6 年实现经济总量比 1980 年翻两番的战略目标。2000 年、2004 年和 2006 年又分别跃上 2 000 亿元、3 000 亿元和 4 000 亿元台阶。到 2007 年，全省实现地区生产总值 4 741. 31 亿元，比 1978 年增长 13. 8 倍，年均增长 9. 7%。人均生产总值由 1978 年的 226 元提高到 2007 年的 10 540 元，增长 45. 6 倍。

财政收入实现历史性突破。经济的快速发展和规模的不断扩大，带来了财力的迅速增加。全省财政总收入 1978 年仅为 11. 76 亿元，1996 年达到 100 亿元，列全国第 16 位，上缴中央的财政连续几年在各省区市中名列前茅。2003 年以来，云南财政步入增长的快车

道，5 年间总收入相继突破 500 亿、600 亿、700 亿元、800 亿元和 1 000 亿元。2007 年达到 1 111.3 亿元，比 1978 年增长 93.5 倍。财政总收入占全省 GDP 的比重，由 1978 年的 17% 提高到 2007 年的 23.4%，人均财政总收入由 1978 年的 38 元提高到 2007 年的 2 470 元，增长 64 倍。在财政收入规模不断扩大的同时，财政增收与经济增长呈现出良性互动的发展态势，结构趋于合理，质量稳步提高，区域更加协调，为加强经济社会薄弱环节、切实改善民生、有效应对各种风险和自然灾害的冲击，提供了有力保障。

产业结构日趋优化。1978 年全省三次产业之比为 42.7∶39.9∶17.4，第二、三产业发展严重滞后。改革开放后，第一产业增加值占 GDP 的比重逐年下降，第二产业和第三产业增加值的比重逐渐提高。1987 年第二产业首次超过第一产业，1992 年第三产业也超过第一产业。2007 年，三次产业之比为 17.7∶43.2∶39.1，与 1978 年相比，第一产业比重下降 25 个百分点，第二产业比重提高 3.3 个百分点，第三产业比重提高 21.7 个百分点，实现了由农业主导型向工业主导型转变，群体支柱产业建设粗具规模，基本形成了具有云南特色和区域竞争力的产业体系。

农业生产稳步发展。2007 年底，全省粮食总产量达 1 460.7 万吨，油料 36.65 万吨，烤烟 76.68 万吨，橡胶 28.22 万吨，茶叶 16.99 万吨，甘蔗 1 938.67 万吨，水果 203.37 万吨，肉类总产量达 266.10 万吨，分别比 1978 年增长 69.1%、5.7 倍、5.3 倍、17.4 倍、8.5 倍、11.1 倍、16.4 倍和 8.1 倍，烟、糖、茶、胶、鲜切花产量分别居全国第 1 位、第 2 位、第 2 位、第 1 位和第 1 位。蔬菜、水果、肉类、茶叶等农产品不仅自给有余，还大量调出省外和出口国外，在国内国际市场中占有一席之地。

工业生产快速增长。一大批体现云南资源经济特色的优势产业逐步发展壮大，工业对国民经济发展的支撑作用日益凸显。特别是党的十六大以来，全省工业的支柱产业建设成效显著，烟草产业再创辉煌，利税突破 600 亿元，以磷化工和有色金属为主的矿业快速发展，年均增长速度达到 20% 以上，电力产业和生物产业成为新的经济增长点，初步形成了以“烟、糖、茶、胶、药”为主的轻工业和以“钢铁、有色金属、电力、化工、矿产、机械”为主的重工业的工业体系，昆钢、云铜、云天化、云冶、云南电网、红塔集团、红云集团、红河卷烟总厂的年销售收入均超过百亿元，成为全省工业发展的龙头企业。

第三产业飞速发展。第三产业增加值由 1978 年的 12.01 亿元增加到 2007 年的 1 852.88 亿元，增长 33.4 倍。旅游业成为新兴支柱产业，2007 年接待海外旅游者 221.9 万人次，比 1979 年增长 164.6 倍，接待海外旅游人次居全国第 8 位，西部第 1 位；旅游外汇收入 8.60 亿美元，比 1979 年增长 858.6 倍，旅游外汇收入居全国第 9 位，西部第 1 位。商品市场发展迅猛，2007 年实现社会消费品零售总额 1 394.54 亿元，比 1978 年增长 48.1 倍。2007 年，金融保险业、房地产业、教育文化业增加值分别是 1978 年的 109.9 倍、582.2 倍和 167.4 倍。与此同时，信息服务产业、中介服务业、社区服务网络等新兴服务业方兴未艾，不断发展壮大，大大方便了人民群众的生产生活，有力地推动了社会的发展和进步。证券产业发展迅猛，到 2007 年末已有 26 家上市公司，总股份 99.46 亿股，总市值 3 482 亿元。

非公有制经济成为国民经济的重要组成部分。改革开放 30 年来，全省经济实现了由单一的公有制经济向多种所有制经济共同发展的转变。1978 年以前，非公有制经济的发展基本上处于停滞状态。改革开放以来，全省非公有制经济不断发展壮大。2007 年，非公有制经济实现增加值1 773亿元，占全省GDP的比重达37.4%，比1990年提高27个百分点，对全省经济增长的贡献率达43.9%，拉动经济增长5.4个百分点，成为推动全省经济增长的重要力量。

区域发展协调性进一步增强。改革开放在推动全省经济迅速发展的同时，推动城乡二元结构发生了重大变化，城镇化步伐明显加快，基本实现了由城乡分割向城乡协调共同发展的转变。平等、团结、互助、和谐的社会主义民族关系不断巩固和发展，有力地保证和促进了边疆民族地区经济发展和社会稳定和谐，民族地方综合经济实力不断增强。2007年，全省少数民族自治地方生产总值1 820.25亿元，占全省生产总值的38.4%，人均GDP达8 154元，生产总值和人均GDP分别是1978年的57.6倍和57.4倍；地方财政收入达130.55亿元，比1978年增长42.2倍。经济的快速发展，有力地保障和促进了民族自治地方社会事业的全面发展，促进了全省的社会稳定和各民族的团结、和谐。少数民族群众积极投身改革开放的伟大实践并同全省人民同享改革开放带来的和谐幸福生活，实现了与全省人民共同发展、共同进步、共同进入总体小康社会。

（二）基础设施极大改善，发展后劲明显增强

交通运输建设取得历史性成就。2007年，全省公路通车里程达到20.03万公里，高等级公路超过7 478公里，铁路运营里程达到1 924公里，民用机场增加到11个，是全国州（市）级机场最多的省份，从昆明市始发航线总数达200多条，民航航线里程达到12.98万公里，初步形成了公路“三纵三横、九大通道”，铁路“一出境、五出省”，航空以昆明为中心，覆盖省内、辐射国内主要城市、面向东亚、东南亚和南亚的立体交通运输体系，极大地缓解了瓶颈制约。全省各种运输方式的旅客周转量由1978年的24.25亿人公里增加到2007年的393.4亿人公里，增长15.2倍；各种运输方式的货物周转量由1978年的62.34亿吨公里增加到2007年的770.96亿吨公里，增长11.4倍。

农田水利建设取得跨越式发展。30年来，全省累计建成大中型水库5 403座，总蓄水容量106.23亿立方米，建成山区“五小水利”工程100多万件、亩产400公斤以上的高稳产农田3 035万亩，建成76个农村水电初级电气化县、36个农村水电电气化县，累计解决了2 313万人的饮水困难和饮水安全问题。全省农田有效灌溉面积由1978年的90.2万公顷扩大到2007年的151.72万公顷；农用机械总动力1 861.91万千瓦，增长近24倍。

能源建设取得明显进步。全省电力建设进入大电站、大机组、超高压、大电网时期，阳宗海电厂的改扩建，曲靖、小龙潭等电厂和漫湾、鲁布革、大朝山、景洪等电站的相继建成投产，新增装机容量800万千瓦，后期陆续投产的景洪电站其他机组和在建的溪洛渡等电站，将再增装机容量1 400万千瓦，标志着我省电力发展进入了一个崭新的时代，有力地推进了国家“西电东送”能源战略目标的实施进程，建成了我省“西电东送”、“云电外送”的重要电源基地和战略通道。全省发电量由1978年的52.51亿千瓦小时提高到2007年的904.51亿千瓦小时，彻底改变了我省缺电、少电的历史。

邮电通信业取得突破性进展。全省邮电业务总量由1978年的3 017万元增加到2007年的469.35亿元，增长1 554.7倍。建成包括光纤、数字微波、程控交换、移动通信等覆盖全省的公用电信网，并建成了业务种类齐全、网点密布的公用邮政网。全省邮路投递线路总长度由1978年的26.08万公里增加到2007年的33.01万公里。全省所有的行政村全部通邮，98.96%的行政村通固定电话，97.86%的行政村通移动电话，各族人民充分享受到了现代化通信带来的方便与快捷。

生态环境状况持续改善。计划生育工作成效显著，人口自然增长率由 1978 年的 15.2‰下降到 6.86‰。天然林保护、退耕还林还草、防护林体系建设工程全面推进，累计治理水土流失面积 4.69 万平方公里，建成自然保护区 176 个，面积 288.33 万公顷，森林覆盖率恢复到 50% 以上，生物多样性得到有效保护。农村累计改水受益人口 3 000 万人，占农村总人口的 85% 以上，农村自来水普及率为 61%，农村卫生厕所普及率 51%，粪便无害化处理率 59%。全面推广节能、节水，对重点耗能企业实行节能目标责任制，实施差别电价，淘汰落后产能，能源消费总量增长有所减缓，单位 GDP 能耗由升转降。全省环境质量状况基本保持稳定，生态功能正向好的方向转化，为可持续发展奠定了坚实的基础。

（三）对外关系实现从封闭半封闭到全方位开放的历史性转折，外向型经济快速发展

对外贸易进出口总额大幅增长。改革开放 30 年来，云南 129 个县市区全部对外开放，先后与 130 多个国家和地区建立了贸易关系，参与大湄公河次区域经济合作迈出新步伐，对外贸易依存度从 2000 年的 7.7% 提高到 2006 年的 12.2%。全省 1978 年外贸进出口总额仅为 1.04 亿美元，2007 年达 87.80 亿美元，增长 83.4 倍。同时，贸易结构明显改善，高新技术产品和机电产品出口比重不断增加，加工贸易和一般贸易快速发展，出口商品结构、贸易方式结构等日趋完善。

实际利用外商直接投资规模连续翻番。随着对外开放力度的不断加大，大量外资不断涌入云南，为全省经济建设和提升企业管理水平起到了积极的推动作用。到 2007 年末，全省累计批准创办外商投资企业 3 134 户，累计利用外商投资合同协议金额 61.7 亿美元，累计实际利用外商直接投资额达 23.3 亿美元。实际利用外商直接投资规模由 1985 年的 156 万美元增加到 2007 年的 3.95 亿美元，增长 252.2 倍。云南已由改革开放的末端走向对外开放的前沿，成为中国面向南亚、东南亚开放的重要前沿阵地。

（四）城乡居民生活实现从温饱到总体小康的历史性跨越，衣食住行发生翻天覆地的变化

城乡居民收入大幅增长。2007 年全省城镇居民的人均可支配收入突破万元大关，达 11 496.11 元，比 1978 年的 327.70 元增长 31.1 倍，年均增长 13.1%；农民人均纯收入由 1978 年的 130.6 元增加到 2007 年的 2 634.09 元，增长 19.2 倍，年均增长 10.9%；全省城镇单位职工年平均货币工资由 1978 年的 608 元，增加到 2007 年的 20 481 元，增长 32.7 倍，年均增长 12.9%。城乡居民的收入平均增幅分别比全省 GDP 平均增幅高 3.4 和 1.2 个百分点，真正体现了改革开放的成果惠及全体人民。特别是党的十六大以来，省委坚持以人为本，鼓励人们自主创业，居民财产性收入成倍增长。2007 年，全省城镇居民家庭人均财产性收入 476.78 元，比 2002 年增长 5.7 倍。财产性收入占家庭总收入的比重由 2002 年的 0.9% 上升到 2007 年的 3.9%。全省城乡居民的储蓄存款年末余额由 1978 年的 4.2 亿元，增加到 2007 年的 3 046.40 亿元，增长 724.3 倍，人均储蓄由 13.6 元增加到 6 749 元，增长 495.3 倍。全省绝对贫困人口从 1978 年的 2 000 多万人下降到 2007 年底的 196.5 万人，累计减少绝对贫困人口 1 800 多万人，绝对贫困发生率由 50% 左右下降到 17%；低收入人口从 2000 年的 684.6 万人，减少到 2007 年底的 400.5 万人，累计减少 284.1 万人。

消费水平不断提高。经过改革开放 30 年的快速发展，全省商品和服务供给实现了由短缺向总体基本平衡或略有结余的根本性转变。1978 年，全省城乡居民年人均生活消费支出 157 元，2007 年城、乡分别上升到 7 922 元和 2 637 元。2007 年，全省城乡居民年人均社会消费品零售总额达 3 100 元，比 1978 年增长 32.4 倍。

消费结构发生根本性变化。城乡居民的生活支出改变了过去以吃、穿等生存资料为主的单一格局，精神文化生活和人的素质发展方面的消费支出明显提高。2007 年，城乡恩格尔系数分别为 45.0% 和 46.5%，分别比 1978 年的 62.99% 和 74.07% 下降 17.99 和 27.57 个百分点，反映了我省城乡居民生活从贫困到温饱，从温饱到小康的历史进程，特别是农村居民生活水平和生活质量有了很大提高。

耐用消费品向城乡家庭迅速普及。彩电、冰箱、洗衣机、微波炉、电话成为百姓生活必需的普通用具，照相机、摄像机、影碟机、组合音响、电脑等高档消费品也已成为生活富裕起来的人们的必需品，在过去想都不敢想的家用汽车大量涌入普通人家。2007 年末，全省城镇居民每百户拥有电视机 121.93 台、电冰箱 78.09 台、洗衣机 89.50 台、微波炉 39.83 台、照相机 40.38 台、摄像机 3.87 台、组合音响 35.64 台、电脑 35.69 台、普通电话 72.62 部、移动电话 167.98 部、家用汽车 8.85 辆；农村居民每百户拥有电视机 91.76 台、洗衣机 30.29 台、电冰箱 8.38 台、影碟机 49.00 台、普通电话 30.88 部、移动电话 69.83 部、电脑 0.63 台、摩托车 27.29 辆、家用汽车 0.71 辆，真切地反映了改革开放 30 年来，云南各族人民的生活水平和生活质量得到了极大的提升。

（五）民生不断改善，社会事业全面发展

教育事业成就辉煌。投入不断增加，2007 年，全省国家财政性教育经费支出占 GDP 的比例达 4.66%，预算内教育经费支出（含教育费附加）占财政支出的比重达 19.17%。高等学校由 1978 年的 15 所增加到 2007 年的 51 所；普通高等学校在校学生达到 30.21 万人，比 1978 年增长 18 倍；普通中等专业学校、普通高中、职业中学和普通初中在校学生分别比 1978 年增长 6 倍、1.4 倍、49.4 倍和 85.3%，每万人口中在校大学生人数达 69.16 人。全省 121 个县市区普及了九年制义务教育，“普九”人口覆盖率达 91.5%，人们受教育平均年限达 6.85 年，农村青壮年文盲率降至 5% 以下，人口素质不断提高。

卫生事业迅速发展。2007 年，全省地方财政卫生事业专项投入达到 77.11 亿元，是 1978 年的 125 倍，覆盖城乡的公共医疗卫生、疾病和传染病防治、药品管理等体系基本形成。全省卫生机构 9 693 个，比 1978 年增长 75.3%。到 2006 年，99.92% 的乡镇有医院、卫生院，92.6% 的村有卫生室；新型农村合作医疗制度覆盖全省 129 个县市区，参加人数 3 100.65 万人，参合率 86.14%，有效地缓解了农民“看病难”、“看病贵”、“因病致贫”、“因病返贫”的问题。

文化事业硕果累累。地方财政用于文化事业的支出不断增加，2007 年达 9.19 亿元，是 1978 年的 80 倍。千里边疆文化长廊工程、百县千乡宣传文化工程、“两馆一站”工程、广播电视“村村通”工程等重点公益文化建设取得明显成效，文化基础设施大为改善，文艺创作持续繁荣，《云南映象》、《丽水金沙》等反映云南民族文化特色的精品力作不断涌现。特别是文化产业异军突起，增加值占全省 GDP 的比重达 5.55%，比 2001 年提高 2.2 个百分点，为优化全省产业结构、促进经济社会又好又快发展、提升云南文化在全国的影响力，起到了巨大的推动作用。“十五”以来，全省共有 60 余个剧节目（作品）分获国家级大奖 140 多个。全省拥有公共图书馆 149 个，博物馆 36 个，分别比 1978 年增加 133

个和32个；广播、电视人口覆盖率达92.65%和94.02%，分别比1978年提高62.65和77.02个百分点，群众的精神文化生活日益丰富。

科技事业日新月异。科研事业经费支出不断增加，投资渠道越来越广，科技投入在GDP中的比重不断提高。2007年地方财政用于科学事业费的支出达13.06亿元，是1978年的321倍。科研和技术开发机构较快发展，科技队伍稳步壮大，基本形成了产学研为一体的门类较齐全的科研体系，特别是企业的技术研发机构得到了较快的发展。截至2007年末，全省已拥有科技活动单位1 184个，从事科技活动人员6.72万人，分别比1979年的130个和4 742人增长8.1倍和13.2倍。科研活动成果丰硕。1978～2007年，获省科技进步奖5 014项，从1986年以来获批自主知识产权的科技和设计成果专利17 860件。

体育事业蒸蒸日上。1978年以来，体育事业的专项支出不断增加，运动员队伍不断扩大，竞技体育成绩显著。竞技体育在马拉松、中长跑著称全国并为国家输送了大量人才，民族体育运动和群众体育运动繁花似锦，蓬勃发展。2007年，地方财政用于体育事业的经费支出达3.88亿元，是1978年的57倍。1978～2007年，在国际国内各项比赛中，共获金牌858枚，银牌787枚，铜牌868枚。

社会保障体系不断完善。城镇基本养老保险制度、失业保险制度、工伤保险制度和医疗保险制度、最低收入保障制度等社会保障制度相继建立并逐步完善，覆盖面不断扩大；住房制度改革、经济适用住房制度等的建立和不断完善。2007年末，全省参加基本养老保险人数达279.35万人，参加失业保险人数190万人，参加基本医疗保险人数345.81万人，参加农村养老保险人数为139.66万人，参加新型农村合作医疗保险人数为3 100.65万人。城镇就业总量持续较快增长，城乡统筹就业步伐加快，2007年末全省城乡就业人员2 573.81万人。

在物质文明全面进步的同时，精神文明建设深入推进。改革开放从根本上打破了长期束缚干部群众手脚的思想桎梏和体制弊端，极大地调动了4 500万各族人民的积极性和创造性，干部群众思想观念发生了前所未有的变化，对党和政府的信任极大提高，全面建设小康社会的信心极大增强，中国特色社会主义事业在云南这块红土高原上展现出了突飞猛进的生动局面和光辉灿烂的诱人前景。

三、宝贵经验

改革开放以来的30年，是云南克服重重困难和挑战，沿着建设中国特色社会主义道路阔步前进的30年，也是全省各族人民同心同德，艰苦奋斗，不断谱写富民强省新篇章的30年。30年的改革实践就是一个与时俱进的历史进程。波澜壮阔的改革实践，使我们积累了十分宝贵的经验。

（一）始终坚持解放思想、与时俱进，为经济社会跨越式发展提供强大的精神动力

解放思想是党的思想路线的本质要求，是改革开放的第一推动力。思想解放的程度，决定了改革的力度、开放的深度和发展的速度。没有思想的全面解放，就不可能有改革开放的具体实践，更不可能有经济社会的跨越式发展。云南30年来改革开放的历程，就是一个不断解放思想、更新观念的过程。特别是在历史的转折关头，省委、省政府始终把解放思想作为工作方针的第一条加以强调，大力推动干部群众的思想解放。

“文化大革命”结束后，云南面临着社会主义道路如何走的历史性选择。在省委的统

一领导下，1979 年，全省轰轰烈烈地开展了学习贯彻十一届三中全会精神、进行真理标准大讨论补课活动，冲破了“两个凡是”给干部群众造成的思想束缚，全省迅速实现了政治上的拨乱反正和工作重点的战略转移，走上了改革开放的康庄大道。1992 年邓小平南方谈话发表后，面对姓“社”姓“资”、“计划”还是“市场”的争论，省委及时作出部署，在全省广泛开展以“解放思想奔小康”为主题的大讨论活动，全省各级领导干部、各民主党派人士、广大理论工作者、实际工作者和基层干部群众踊跃参加讨论，一些长期制约我省经济社会发展的旧思想、旧观念受到进一步冲击，明确了以“三个有利于”作为评判工作是非得失的重要标准，为建立社会主义市场经济体制扫清了思想上的障碍。党的十七大召开以后，全省面临着更新发展理念，转变发展方式，实现又好又快发展的紧迫任务。省委审时度势，在全省部署开展了“解放思想、深化改革、扩大开放、科学发展”大讨论活动，各级各部门紧紧围绕事关云南改革发展全局的重大问题，认真查找不适应科学发展观要求、不适应市场化取向改革的思想观念障碍、体制机制障碍和工作作风障碍，解决了一大批长期想解决而未能解决的深层次矛盾和问题，推动全省改革发展进入了新的时期。

解放思想是一个随着形势的发展、实践的推进不断深化的过程，既不能一蹴而就，也不会一劳永逸。越是处于改革发展的关键时期，越需要在思想上领先一步，在观念上超前一步。由于历史和自然等原因，云南历史上商品经济不发达，落后观念的束缚较多，思想的先导作用在云南特别重要，解放思想的任务也更为繁重。在今后的发展中，只有正确运用好解放思想这个重要法宝，充分尊重群众的首创精神，坚决破除计划经济体制下形成的思维定式，做到思想永不僵化，永不停滞，才能以思想的大解放，促进经济社会的大发展。

（二）始终坚持一切从实际出发，充分发挥自身比较优势，走有云南特色的发展道路

云南集边疆、民族、山区、贫困于一体，经济社会发展有自己的特点和规律。在云南进行现代化建设，必须正确处理好普遍性与特殊性的关系，把中央精神与云南省情结合起来，制定切合实际的发展思路，而不能照搬照抄其他地方的经验。有特色才有优势，有优势才有竞争力。30 年来，云南这样一个基础十分脆弱的欠发达省份之所以能实现经济社会持续快速发展，就是坚决贯彻了“扬长避短抓优势，集中力量建支柱”的方针，使资源优势迅速转变成了经济优势。

20 世纪 80 年代中期，省委、省政府在全面落实家庭联产承包责任制的基础上，充分发挥云南的光热条件，提出了“以农业为基础，发展农业促轻工，依靠轻工积累资金，集中财力保重点建设”的思路。这个思路的核心，就是发挥比较优势，选择最具资源优势、最有市场前景，既能富省、又能富民的产业，集中突破，形成规模，发展特色经济。省委、省政府不失时机地果断决策，因地制宜地对产业结构进行重大调整，用 10 年左右的时间，先后培育起了有一定规模的烟、糖、茶、胶等轻工原料基地，围绕原料发展轻工生产，奠定了云南经济快速发展的产业基础。特别是烟草业迅猛崛起，大幅度增强了全省的经济实力，增加了财政收入和农民收入，成为支撑全省经济发展的主要支柱。20 世纪 90 年代中期，随着社会主义市场经济的快速发展，国内大部分传统产业和传统产品逐步由卖方市场转为买方市场，云南支柱产业单一、抗风险能力薄弱的问题日益突出。在总结历史经验的基础上，省第六次党代会确定了“以经济建设为中心，打基础，兴科教，调结构，建支柱，促进经济社会协调发展”的 30 字思路。按照这个思路，省委、省政府举全省之力加强基础设施建设，着力培植烟草、矿产、旅游、电力、生物资源开发创新五大支柱产业。特别是文化产业异军突起，与旅游业相互促进、共同发展，成为继“两烟”之后，云南最具资源优势、最有竞争能力的支柱产业和新的经济增长点。国家实施西部大开发战略后，省委、省政府进一步深化省情认识，提出了建设绿色经济强省、民族文化大省、中国连接东南亚南亚国际大通道三大目标，从更广的视野、更高的层次上，对我省的比较优势和特色发展道路进行了新的、更全面的总结和概括，构建了新世纪云南不断创造优势、形成特色、加快发展的战略重点。围绕三大目标、五大支柱建设，省第七次党代会和省第八次党代会根据新形势发展的需要，提出了“扎扎实实打基础、突出重点抓生态、调整结构创特色、依靠科技增效益、改革开放促发展、统筹兼顾谋协调、齐心协力建和谐”的总体要求，全省经济社会发展逐步从资源开发导向型战略转变到依托资源、面向市场、依靠科技、提高效益的轨道上来，为长远发展打下了良好基础。

30 年改革发展的实践证明，坚持从实际出发，走有云南特色的发展道路，是云南改革发展的重要前提。什么时候坚持这一条，云南的改革发展就顺利推进，反之就遭受挫折。面对建设富裕、民主、文明、开放、和谐云南的繁重任务，只有准确把握云南发展的阶段性特征，及时总结群众创造的实践经验，才能真正走出一条在新的历史条件下推进云南改革开放的有效路子。

（三）始终坚持用改革的办法解决前进中的困难和问题，破除制约经济社会发展的体制机制障碍，释放全社会的创造活力

改革是30 年来云南经济社会发展的主旋律。改革不仅是从根本上解决云南经济社会发展中深层次矛盾的关键环节，也是推进云南现代化建设的重要条件。30 年来，云南的改革经历了一个从农村到城市、从内地到边疆、从国有企业到集体企业、从经济领域到政治、文化、社会领域全面推进的历史进程。在波澜壮阔的改革浪潮中，全省破除了高度集中的计划经济体制，建立起了充满生机和活力的社会主义市场经济体制；废除了政社合一的人民公社体制，建立起了人民当家做主的村民自治制度；取消了长期实行的商品统购统销制度，建立起了统一开放、竞争有序的现代市场体系和市场调节机制。市场配置资源的基础性作用充分发挥，社会各方面的积极性、主动性、创造性极大迸发，中国特色社会主义在云岭大地显现出勃勃生机，城乡面貌发生了根本性变化。

改革是一场新的革命，不可能一帆风顺，也不可能万无一失。尤其是当改革触动利益格局时，就会出现这样那样的阻力，甚至出现挫折。30 年来，云南历届省委、省政府对改革始终坚定不移。在发展的每一个阶段，或改革遇到阻力时，省委、省政府反复强调，我省经济社会生活中存在的一切问题都与改革力度不够有关，不管遇到多大的困难和风险，都必须坚定不移地坚持改革方向不动摇，决不能走实践已经证明不利于发展生产力的老路。我省经济社会发展中遇到的困难和问题，制约经济社会发展的体制机制障碍，归根到底要用改革的办法来解决。停止和倒退没有出路，深化改革才有希望。在坚定不移地推进改革的同时，省委、省政府切实加强对改革的总体指导、统筹规划和综合配套，促进经济、政治、文化、社会各方面改革有机衔接、协调推进，提高改革政策的科学性、改革措施的协调性和改革成果的普惠性。凡是涉及广大人民群众根本利益的改革和政治、文化、社会领域的改革，都广泛征求社会各方面的意见，做到先调研、后决策，先试点、后铺开，先宣传、后实施，努力争取广大干部群众的理解、支持和广泛参与，降低了改革代价，提高了改革效率，形成了改革合力。

云南30年经济社会发展的巨大成就，是通过不断深化改革实现的；社会和谐稳定的良好局面，也是通过改革来调整各方面的利益关系不断巩固和发展的。现在，我省改革正进入攻坚阶段，发展正处于关键时期，面临一系列突出的矛盾和问题。这些矛盾和问题，有的是长期存在但尚未得到根本性解决的难题，有的是进入新阶段出现的新课题，有的是发展不充分带来的，有的是由于体制机制不完善带来的，涉及的关系更为复杂，改革的任务更为艰巨。只有坚定改革的信心和决心不动摇，以更大的气魄、更大的决心，找准突破点，寻求新举措，努力在重要领域和关键环节的改革上闯出一条路子来，形成新的体制机制优势，才能为建设富裕、民主、文明、开放、和谐云南提供充满活力、富有效率、更加开放、有利于科学发展的体制机制保障。

（四）始终坚持以东南亚南亚为重点的对外开放战略，充分利用国际国内两个市场、两种资源，不断拓展云南发展的领域和空间

对外开放是建设中国特色社会主义的内在要求和必由之路。大开放大发展，不开放不发展，这是人类社会发展的客观规律，也是总结我国近现代历史发展的经验教训得出的重要结论。云南地处边疆，连接太平洋、印度洋两个大洋和中国国内、东南亚、南亚三大市场，发展的最大潜力是沿边，最大的优势也是沿边。

早在改革开放初期，省委、省政府就提出了“打开南门、走向亚太”的战略构想，但囿于当时的历史条件和国际环境的限制，没有形成完整的对东南亚南亚开放格局。随着20世纪90年代周边国际环境的改善以及国家沿边开放战略的实施，省委、省政府明确了“加强港澳台，巩固东南亚，拓展欧美日”的对外开放重点。进入21世纪，全球经济一体化、区域化不断加深，特别是中国—东盟自由贸易区建设的启动，云南的区位优势更加凸显。省委、省政府抓住这一机遇，在全国率先提出了“服务东盟、服务次区域、服务全国”的应对战略，及时把对外开放的重点转移到东南亚和南亚，制定了“打造平台、产业合作”的战略合作规划，力争在建设中国—东盟自由贸易区中融入最深，获利最多，积蓄更大的发展后劲，开始大踏步走向东南亚南亚。围绕对外开放的战略思路，近10年来，省委、省政府致力于中国连接东南亚南亚国际大通道建设，打通了面向东南亚南亚、通江达海、连接周边的公路通道，航运、铁运、水运、通信建设也取得突破性进展。在不断改善基础设施的同时，认真落实国家新时期“以邻为善、与邻为伴”的周边外交方针，务实推进与周边国家和地区的交往，提升了孟中缅印地区合作的层次，建立了与老北、越北、泰北的合作机制。充分利用澜沧江—湄公河次区域合作机制，以项目为主导，在交通、能源、农业、通信、贸易、投资、旅游、生态环境、科技教育、人力资源开发等诸多领域，加强与东盟和大湄公河次区域经济合作组织的合作，积极参与湄公河开发计划，推动云南的对外贸易实现了跨越式发展。纵观改革开放以来我省对外开放的战略思路，不同阶段，战略重点各有侧重，但以东南亚、南亚为重点的基本思路贯穿了云南对外开放的各个阶段，也促进了云南外向型经济的快速发展。“十五”以来，全省进出口总额连续突破20亿、30亿、40亿、60亿、80亿美元的台阶。尽管总量不大，但增速位居全国前列，成为拉动云南经济发展的重要力量。

确立以东南亚南亚为重点的对外开放战略，加强与全国各省区市的经济技术协作交流，不仅符合中央对外开放方针，也符合我省经济发展的实际需要。云南自身经济社会发展水平低，只有牢固树立开放意识，积极主动地融入国际国内市场更大范围的分工合作体系，提升经济外向度，才不至于在市场经济的深入发展中被边缘化。十七大后，全国各地兴起了新一轮对外开放热潮。与此同时，我国经济的强势增长和国际影响力的增强，也吸引了越来越多的国家和地区与我国开展合作与交流。在全球化时代，只有开放才能获得发展所需要的资源、资本、技术和市场，赢得国际经济技术合作与竞争中的主动权。经济全球化不仅使资源配置范围方式全球化，而且使政府管理体制也趋于全球化，许多先进的管理制度安排和体制设计已经逐步变成国际惯例。面对“国际竞争国内化，国内竞争国际化”的复杂竞争局面，必须按照省第八次党代会提出的建设开放云南的目标要求，坚定不移地以大开放带动大发展，不断扩大对外开放的水平，提高对外开放的质量，努力使云南成为西部最具发展活力和投资吸引力的省份之一。

（五）始终坚持统筹兼顾，切实加强薄弱环节和重点领域建设，促进经济社会全面协调可持续发展

云南发展的不平衡程度相对较高，城乡之间、山区与坝区之间、边疆与内地之间、不同民族之间，生产力发展水平和群众生活水平的差异较大。这一省情特征，决定了云南的发展必须从战略和全局上来谋划工作，着力推进重点领域、薄弱环节的建设，实现速度与质量相统一、经济建设与社会进步相适应、城乡区域发展相推进、经济发展与人口资源环境相协调，而不能顾此失彼，因局部的发展影响全局的发展，因一时的发展损害长远的发展。

改革开放以来，云南经济建设取得了历史性成就，但社会发展滞后问题日益突出。特别是农村社会事业欠账较多，与群众日益增长的精神文化需求极不适应。近几年来，省委、省政府认真汲取省内外、国内外在推进现代化过程中的经验教训，把经济社会又好又快发展作为最重要的目标追求，加大经济社会建设的统筹力度，在紧紧扭住经济建设中心不动摇，千方百计巩固经济发展成果的同时，把社会建设摆在突出的位置，在全国率先实行计划生育奖、优、免、补政策，制定实施云南省振兴基础教育行动计划，加强农村和社区公共卫生基础设施建设，着力推进民族文化大省向民族文化强省迈进，丰富群众的精神文化生活。加大城乡统筹力度，把公共财政更多地向农村和贫困地区转移，加快建设以小康村、文明村、生态村、和谐村为重点的社会主义新农村，每年投入 30 多亿元专项资金实施整村推进扶贫开发。加大区域统筹力度，在 25 个边境县实施“兴边富民”工程和边疆“解五难”惠民工程，对民族“直过区”和 7 个人口较少民族，实行“一山一策”、“一族一策”的特殊扶持措施，使边境民族贫困地区的生产生活条件得到较大改善，民族自治地方的经济增长速度、地方财政增收速度长期高于全省平均水平，形成了各民族群众共同团结奋斗、共同繁荣发展的良好局面。随着经济的快速发展，生态环境的压力也越来越大，被誉为高原明珠的滇池成为全国污染最严重的湖泊之一。如果不注意保护生态环境，造成的不仅仅是资源的浪费，整个社会都将失去赖以生存和发展的基础。省委、省政府在千方百计加快经济发展的同时，把发展经济与节约资源、保护环境结合起来，确立了“生态立省、环境优先”的可持续发展理念，制定了“七彩云南保护行动”计划，实施天然林保护、退耕还林还草等六大生态工程，对不同区域实行限制开发、有序开发、有偿开发，推进产业发展生态化、生态建设产业化，构建长江珠江上游生态屏障。先后制定了 14 个节能减排政策性文件，以壮士断腕的决心，关闭了一批能耗高、效益低、污染重的工矿企业。这些过硬措施，虽然对局部发展造成了一些暂时的困难，但有效地避免了对环境的破坏和资源的掠夺式开发，促进了生态建设产业化和产业建设生态化。

统筹兼顾是在新的历史条件下实现经济社会全面协调可持续发展的根本方法。在未来一个时期，云南的发展机遇与挑战并存，必须更加自觉地把统筹兼顾的思想贯穿于现代化建设的全过程，用唯物辩证法的观点观察问题、分析问题，既总揽全局，注重各项工作之间的有机联系，又从众多的工作任务中分清主次，区别轻重缓急，紧紧抓住影响全局的问题集中力量突破，推动全面工作的开展。

（六）始终坚持以人为本，高度重视民生、切实改善民生，着力构建社会主义和谐社会，为改革发展营造良好的社会环境

社会和谐稳定是各族人民的根本利益，是改革发展的基本前提。只有社会和谐稳定，才能调动一切积极因素，聚精会神搞建设、一心一意谋发展。发展是政绩，和谐稳定也是政绩。发展是硬道理，和谐稳定是硬任务。没有和谐稳定的社会环境，什么事情都干不了，一切良好的愿望、正确的决策和宏伟的目标都难以实现。云南地处边疆，民族众多，宗教齐全，历来是境外敌对势力进行渗透破坏的重点地区，维护社会和谐稳定具有关系全局的重要意义。

新中国成立初期，中央对云南提出了“团结第一、工作第二”的方针，全省长期保持了民族团结、边疆稳定、社会和谐的政治局面。没有这一条作保证，边疆民主改革就不可能顺利完成，十年“文化大革命”对云南造成的损失就不可能降到最低程度。改革开放以来，省委、省政府牢固树立“发展是目标，改革是动力，稳定是前提”的思想，把实现社会和谐稳定作为压倒一切的任务，努力在维护社会和谐稳定中推进改革发展，通过改革发展促进社会和谐稳定。一是高度重视民族宗教工作，依法加强对宗教事务的管理，严格执行和不断完善民族区域自治制度，坚持开展民族团结进步活动，实现各民族共同团结奋斗、共同繁荣发展。二是建立健全维稳工作机制，加大对国企改革、建设领域拖欠工程款和农民工工资、征地拆迁、移民安置、涉法涉诉、村务公开等引发的矛盾纠纷排查化解力度，积极稳妥地处理群体性突发事件。近年来，又在全省统一开展领导干部大接访、大下访活动，努力把矛盾化解在基层、处理在萌芽状态。三是切实加强新形势下的对敌斗争，保持对境外敌对势力渗透破坏活动的高度警觉、严密防范和严厉打击，加强对进入我省活动的境外非政府组织的管理，防止敌对势力的反动宣传及渗透。四是扎实开展“平安云南”创建活动，积极推进治安防控体系建设，深入进行“严打”整治专项斗争，增强城乡居民的安全感。五是全面推进禁毒防艾人民战争，积极帮助境外发展替代种植，严厉打击境内毒品犯罪，坚决遏制毒品和艾滋病蔓延的势头，维护全省人民的健康安全，为维护全国人民的健康安全作出应有的贡献。六是着力改善民生，不断完善社会保障体系，深入推进民心工程建设，解决关系群众切身利益的居住、行路、饮水、用电、就医、上学、就业等老大难问题，保障困难群体的基本生活，维护民心稳定。这一系列措施，有效地化解了社会矛盾，维护了社会和谐稳定。

回顾总结改革开放 30 年来的基本经验，最根本的就是必须牢牢抓住发展第一要务，认真贯彻落实科学发展观。云南虽然总体上实现了由温饱向小康的历史性跨越，但由于基础差，底子薄，目前仍然是一个处于社会主义初级阶段的欠发达省份，人民群众日益增长的物质文化需要同落后的社会生产之间的矛盾，仍然是现阶段的主要矛盾。因此，加快发展始终是各级党委、政府面临的首要任务。但发展必须是科学发展。如果忽视发展的质量和效益，忽视发展的全面协调可持续性，忽视民生福利，即使求得一时的快速增长，最终也难以为继。30 年改革开放的实践告诉我们，既要高度重视保持 GDP 平稳较快增长，不断扩大经济总量，又要加快转变发展方式，在坚持以经济建设为中心的同时，更加重视科技进步对经济增长的重要作用，更加重视城乡、区域、经济社会的良性互动，更加重视资源节约和环境保护，更加重视促进人的全面发展，多做打基础、利长远、富百姓的实事，把发展的成果真正落实到满足群众需要、不断改善民生上，推动全省经济社会发展切实转入以人为本、全面协调可持续发展的轨道。党的十六大以来，正是坚持科学发展观，云南才成功地迈出了经济增速止跌、回升、加快发展三大步，巩固了经济发展、社会进步、文化繁荣、民族团结、边疆安宁、人民生活水平不断提高的良好局面，只有坚持科学发展观，云南发展的空间才会越来越大，发展的步伐才会越来越快，发展的质量才会越来越好。

四、美好前景

放眼 30 年改革开放的全过程，回眸 30 年风雨兼程不凡路，云南发生了翻天覆地的巨大变化。改革开放是强省之路，改革开放 30 年来，我省经济保持了持续快速增长，发展的质量不断提高，发展的协调性不断增强，发展活力相继迸发。改革开放是富民之路，云南实现了从温饱不足到总体小康的历史性跨越，人民生活水平显著提高。改革开放是文明之路，我省教育、科技、文化等社会事业蓬勃发展，人们的思想极大解放，云南从未像今天这样充满发展的朝气与活力。30 年的实践充分说明，改革开放符合党心民心，顺应时代潮流，方向和道路完全正确，停顿和倒退没有出路。

30 年的成就巨大辉煌，未来任务仍相当艰巨。必须清醒地看到，进入新世纪新阶段，我省经济社会发展中还存在不少矛盾和问题，如自主创新能力还不强，长期形成的结构性矛盾和粗放型增长方式尚未根本转变；收入分配差距拉大趋势还未根本扭转，城乡贫困人口和低收入人口还有相当数量；农业基础薄弱、农村发展滞后的局面尚未改变，缩小城乡、区域发展差距和促进经济社会协调发展任务艰巨；政府职能转变和行政管理体制改革不到位，公共服务和社会管理职能还有待加强；民主法制建设与扩大人民民主和经济社会发展的要求还不完全适应；社会结构、社会组织形式、社会利益格局发生深刻变化，社会建设和管理面临诸多新课题，可以预见和难以预见的风险增多，等等。上述这些问题的存在，一定程度上制约着促进经济社会全面协调可持续发展的体制机制的建立，制约着科学发展和社会和谐目标的实现，我省深化改革、完善新体制的任务仍很艰巨。

解决这些前进中的矛盾和问题，要靠改革，要靠开放，要靠发展；巩固改革开放 30 年来的成就，建设富裕、民主、文明、开放、和谐云南，要靠改革，要靠开放，要靠发展。改革开放是强大动力，更是体制保障。推进科学发展，迫切需要通过深化改革来提供体制机制保障，迫切需要通过扩大开放来激发发展活力。当前，我省已进入全面建设小康社会、加快推进社会主义现代化建设新的发展阶段。这个阶段是完善社会主义市场经济体制和扩大对外开放的关键阶段。改革越进入“深水区”，越需要勇气和智慧。建立和完善社会主义市场经济体制，是一场深刻的社会变革，也是非常复杂的系统工程，有许多观念需要更新、许多规律需要把握、许多困难需要克服、许多矛盾需要解决。在新的形势和任务下，必须不断增强改革开放的使命感和紧迫感，坚定改革开放的信心和决心，勇于探索、敢于攻坚、善于创新，以与时俱进的精神不断推进改革开放。“逆水行舟，不进则退”。不推进改革开放，不仅不能取得新的成就，而且云南已经取得的成就也难以保持，更谈不上继续推进科学发展。只有坚持以思想的大解放，观念的大更新，促进改革的大深化，推动开放的大突破，才能进一步解放和发展生产力，才能实现经济社会的大发展。

在新的历史起点上深化改革开放，必须按照十七大、十七届三中全会和省第八次党代会的要求继续把改革开放引向深入，以更大的决心、更大的魄力攻坚克难，努力促进科学发展、和谐发展。要认真解决思想观念上不适应中国特色社会主义理论体系的问题，破除影响科学发展的体制机制障碍，为经济社会又好又快发展营造良好环境。必须深刻把握工业化、信息化、城镇化、市场化、国际化深入发展的新形势新任务，始终高举中国特色社会主义伟大旗帜，以邓小平理论和“三个代表”重要思想为指导，按照落实科学发展观和完善社会主义市场经济体制的总要求，围绕影响云南经济社会发展的深层次矛盾和突出问题，加快重要领域和关键环节的改革步伐，坚持统筹城乡发展、区域发展、经济社会发展、人与自然和谐发展，以改革促发展，以开放促改革，着力构建充满活力、富有效率、更加开放、有利于科学发展的体制机制，为建设富裕、民主、文明、开放、和谐云南提供强大动力和体制保障。

（一）加快推进以市场化为取向的经济体制改革，促进经济社会又好又快发展

有什么样的经济体制就有什么样的发展方式，体制转轨对发展方式转变具有决定性作用。只有进一步深化改革，加快以市场化为取向的经济体制改革，建立和完善落实科学发展观的体制机制保障，才能形成有利于优化经济结构和转变经济发展方式的体制机制，实现经济社会又好又快发展。要建立健全贯彻落实科学发展观的制度、体制和机制，建立符合科学发展观要求的经济社会发展综合评价体系，形成正确的评价导向，引导干部树立正确的政绩观，把各方面发展的愿望和动力引导到科学发展的方向上来。要优化国有经济布局和结构调整，加大重组调整力度，进一步增强国有经济的活力、控制力和影响力。按照现代企业制度的要求，积极推进国有企业产权制度改革。进一步完善公司法人治理结构，形成权力机构、决策机构、监督机构和经营管理者之间的制衡机制，继续深化企业劳动用工、人事和收入分配制度改革。深化国有资产管理体制改革，完善国有资产监管体制，健全国有资本经营预算制度、经营业绩考核体系和国有资产重大损失责任追究制度。加快推进垄断行业改革，积极推进集体企业改革。加强中小企业服务体系建设，促进中小企业和个体、非公有制经济发展，加快信用担保体系建设，进一步消除影响非公有制经济发展的体制性障碍。通过深化改革，加快形成统一开放、竞争有序的现代市场体系，推进我省产业优化升级和经济发展方式转变步伐，努力促进发展的速度与结构、质量、效益相协调。

（二）深化农村经济体制改革，加快推进社会主义新农村建设

破除影响农村发展的各种体制性障碍、统筹城乡发展，是社会稳定和谐和整个国民经济全面协调可持续发展的基础。要按照十七届三中全会的要求，把加快形成城乡经济社会发展一体化新格局作为根本要求，坚持工业反哺农业、城市支持农村和多予少取放活方针，创新体制机制，加强农业基础，增加农民收入，保障农民权益，促进农村和谐，充分调动广大农民的积极性、主动性、创造性，推动农村经济社会又好又快发展。稳定和完善农村基本经营制度，赋予农民更加充分而有保障的土地承包经营权。按照依法自愿有偿原则，探索建立健全农村土地流转机制，健全土地承包经营权流转市场，促进多种形式的土地适度规模经营健康发展。推进农业经营体制机制创新，加快农业经营方式转变。探索集体经济有效实现形式，培育农民新型合作组织，扶持农民专业合作社加快发展，支持农业产业化经营和龙头企业发展。完善农业支持保护制度，健全农业投入保障制度，拓宽农业投入来源渠道，加大支农资金整合力度，完善强农惠农投入机制，加大农业补贴力度。推进农村金融体制改革和创新，放宽农村金融准入政策，加快建立健全农村金融体系。加快建立政府扶持、多方参与、市场运作的农村信贷担保机制，发展农村保险事业。大力推进县乡财政管理体制改革，探索化解乡村债务的有效途径。推进和完善政府公共服务、居民自我服务、市场有偿服务相衔接的农村社区服务体系。深化农村流通体制改革，加快农村市场体系建设。发展各种农业社会化服务组织，建立健全农业科技、社会化服务体系和农业的支持保护体系。全面推进集体林权制度改革，推进国有农场体制改革。把基础设施建设和公共服务的重点转向农村，建立健全既体现城乡一体、又反映农村特点的农村社会保障制度，合理配置城乡教育、科技、文化、卫生等资源，建立促进城乡经济社会发展一体化制度。始终坚持把解决“三农”问题作为全省工作的重中之重，把发展现代农业、繁荣农村经济放在首位，集中力量围绕农民增收这个核心，加快推进社会主义新农村建设。

（三）建立完善统筹区域协调发展的体制机制，努力实现互赢共进、共同富裕

由于资源环境禀赋和发展基础不同，边疆与内地、滇中与滇西北滇东北的发展差距呈现逐渐拉大的趋势。这种趋势若长期得不到改变，就不仅仅是一个经济问题，而且是一个政治问题。必须采取有效措施，加快建立完善促进区域协调发展的机制，充分发挥各个地区的自身优势和发展积极性，发掘各个地区的发展潜力，突破行政区划界限，尽快形成发达地区带动欠发达地区的良性互动发展局面，努力缩小区域差距。要继续鼓励滇中较发达地区率先发展，支持中等发达地区赶超发展，扶持欠发达地区跨越发展。把推进新三年“兴边富民工程”作为统筹我省区域协调发展的重大举措，促进边疆民族欠发达地区加快发展，坚持有所为、有所不为，集中力量培育一批带动力强、优势突出、支撑力强的优势和特色产业，提高边境地区造血能力，增强自我发展能力。加快发展县域经济，完善发达地区对口帮扶机制，加快金沙江、澜沧江、怒江两岸及边境一线少数民族聚居区经济社会发展。深入实施扶贫开发战略，采取切实有效的措施加快七个人口较少民族、跨境民族脱贫致富步伐。制定并实施区域规划和区域政策，分类指导和调控各地区发展，完善公共财政转移支付机制，进一步促进区域间的合理分工，加快生产要素在区域之间的合理流动，提供相对均等的公共服务和社会福利，形成全省各地区相互促进、优势互补、共同发展的新格局。

（四）推进资源要素价格改革，切实增强可持续发展能力

深化资源要素价格改革，建立能够充分反映市场供求关系、资源稀缺程度、环境损害成本的资源要素价格形成机制，是推动可科学发展的重要抓手。随着我省进入工业化、城镇化加快发展的阶段，资源环境矛盾日益凸显。要按照生态立省的要求，全面推进“七彩云南保护行动”，正确处理好产业发展与资源合理开发利用的关系，建立健全资源节约和环境保护体制机制，加快推进煤炭、电力、水、土地、矿产、林木等资源性产品价格改革，进一步完善公共产品、公共服务和资源要素的价格形成机制。制定有利于资源节约和环境保护的价格、财税政策，建立健全资源有偿使用制度和生态环境补偿机制。完善环境保护的经济调节机制，严格环境影响评价制度，实施排放总量控制和排放许可，建立完善促进节能减排的财政税收政策体系，形成促进企业节能减排的长效机制。完善并严格落实工业和经营性用地招拍挂出让制度，积极盘活存量建设用地，探索建立闲置土地退出机制，逐步完善有利于节约集约用地的激励机制。推动矿产资源开发整合，深化矿业权有偿取得和矿产资源有偿使用制度改革，建立完善矿业环境治理的生态恢复责任制。落实和完善科技创新促进政策，实施建设创新型云南行动计划，完善提高自主创新能力的体制机制。要把建设资源节约型和环境友好型社会摆在更加突出的位置，坚持生态建设产业化、产业发展生态化，积极探索生态文明建设综合配套改革的有效途径，促进经济社会全面协调可持续发展。

（五）加快推进行政管理体制改革，大力营造良好的发展环境

着力推进行政管理体制改革，是完善社会主义市场经济体制的关键环节。随着改革不断向纵深推进，行政管理体制改革对其他改革的牵制作用日益明显地体现出来，加快行政管理体制改革已成为全面深化改革的关键。要加快转变政府职能，创新政府管理体制，强化社会管理和公共服务职能，优化政府机构设置，探索实行职能有机统一的大部门体制，理顺部门职责关系，健全部门间的协调配合机制，大力建设服务型政府。全面推进依法行政，进一步明确行政执法权限，完善行政执法程序，规范行政执法行为。进一步深化财政体制改革，按照建立公共财政体系的要求，完善预算制度，优化财政支出结构。改革政府投资管理方式，完善政府投资项目决策机制和审批管理制度。放宽市场准入，规范市场退出机制，拓宽投融资渠道，建立社会资本广泛参与投资的新机制。加快推进地方商业银行改革，创新农村金融服务，引导和规范民间金融健康发展。大力营造干事创业的良好环境，最充分地激发社会活力，最大限度地凝聚全社会力量。

（六）更加注重民生领域的体制机制建设，推动和谐云南建设

长期以来，我省社会发展严重滞后于经济发展，许多社会问题日益凸显。解决这些社会矛盾和问题，必须更加重视社会领域的改革，从制度上保障社会公平正义，使发展改革成果最大限度地惠及全省人民。要进一步完善社会保障制度，逐步建立覆盖全省城乡居民的社会保障体系，完善基本养老保险和医疗、失业、工伤、生育保险制度，健全城乡低保和社会救助制度，实现贫困居民应保尽保。要坚持教育、卫生的公益性质，积极推进教育、医疗卫生体制改革，建立促进城乡义务教育均衡发展的机制和覆盖城乡居民的公共卫生服务体系，保证为群众提供公平的教育条件和为群众提供安全、有效、方便、价廉的医疗卫生服务，切实解决好群众上学难、上学贵、看病难、看病贵等问题。要实施积极的就业政策，创新思路和办法，广开门路，切实解决好我省的就业问题。深入推进收入分配制度改革，建立与经济增长相适应的城乡居民收入增长长效机制。健全城镇住房建设体制和供应结构，切实解决低收入家庭住房困难。按照公益性文化事业和经营性文化产业两手抓、两加强，促进民族文化大省向民族文化强省迈进的要求，推动文化体制改革在面上展开、向纵深发展。稳步推进事业单位分类改革，完善事业单位养老保险制度。推进社会管理体制改革创新，加强社会管理和公共服务，健全公共服务体系。继续深入推进民心工程，扎实推进边疆解“五难”工程建设。把发展的成果真正落实到满足群众需要、不断改善民生上，在切实解决民生问题过程中促进社会和谐。

（七）加快推进涉外经济体制改革，不断提高我省开放型经济水平

当前国际环境对我省经济的影响越来越明显，世界经济的波动、重要商品价格的变化、主要经济体政策的调整、汇率利率变动趋势等因素，都会不同程度地对我省经济产生影响。要深化涉外经济体制改革，加快外贸管理体制改革，完善外商投资管理体制，深化口岸体制改革，加快建立与泛珠三角、长三角区域多层次、多形式对接机制，推进与西南六省区的合作交流，深化与大湄公河次区域和中印缅孟地区合作机制，积极发挥云南在中国—东盟自由贸易区建设中的作用，认真抓好与周边国家通路、通商、通电、通关的各项工作，不断拓展云南发展空间。要统筹利用好国内国外两个市场、两种资源，统筹发展好省内产业与外向型经济，加快建立健全内外联动、互利共赢、安全高效的开放型经济体系。要抢抓新一轮国际产业调整转移的机遇，提高利用外资质量，优化利用外资结构，促进省内产业优化发展。加快转变外贸增长方式，优化进出口商品结构，增强应对国际市场波动的能力。大力实施“引进来”和“走出去”战略，创新对外投资和合作方式。加大招商引资力度，着力引进国内外拥有强大产业背景和雄厚产业实力的大公司、大财团，促进外来投资持续增长，努力形成多元化的投资格局。着力完善政策，加强服务，坚持不懈地抓好发展环境优化工作。

（八）加强改革工作机制建设，再创体制机制新优势

改革是一项庞大的系统工程。特别是随着中国特色社会主义事业四位一体总体布局的形成，改革已经从个别突破发展到整体推进的新阶段，多数改革都涉及深层次的利益格局调整。改革的关联性、综合性、配套性显著增强，每一项改革都会对其他改革产生重要影响，每一项改革都需要其他改革协同配合才能进行。构建有效的利益协调机制，重构利益关系格局，统筹协调好各方面的利益关系已成为顺利推进改革的重要前提。必须加强对改革的总体指导和统筹协调，建立主要领导亲自抓的工作制度，进一步完善统筹协调推进改革的工作机制，形成上下之间、部门之间的协作配合机制，健全改革工作的督查考核机制，认真制订改革方案和相关配套政策，统筹好经济体制改革和其他方面的体制改革，统筹好改革涉及的各项工作，形成共同推进改革的整体合力。

回顾云南改革开放30年，成就令人鼓舞；展望改革开放未来，前景催人奋进。实践永无止境，创新永无止境。我们要高举中国特色社会主义伟大旗帜，深入贯彻落实科学发展观，坚持解放思想、实事求是、与时俱进，勇于变革、勇于创新，不为任何风险所惧，不被任何干扰所惑，坚定不移地把富裕、民主、文明、开放、和谐云南建设不断推向前进。完全可以相信，广袤的云岭大地必将取得更加宏伟的发展，4 500万各族人民必将迎来更美好的明天。

（《云南改革报告》2008年第5期）

云南省专业投资公司改革发展有突破

投融资体制改革滞后，是云南省投资增长缓慢的主要原因之一。我省投资长期以来形成了“投资靠政府、项目靠审批”这样一种单纯依靠政府投资的增加带动全省投资增长，与市场经济体制不相适应的局面。政府资金的导向不强，投资的市场主体（企业和社会）活力不足，民间投资和社会投资乏力，投资严重滞后于经济社会发展的需要，云南投融资体制已到了非改不可的地步。为深入推进云南省投融资体制改革，进一步拓宽我省的融资渠道，云南省发展和改革委员会按照省委、省政府的部署，从2004年以来，加快了推进专业投资公司组建的步伐，在发挥云南省投资开发公司作用基础上新组建了云南省电力、铁路、城市建设、旅游、农业、公路、水利水电、铁投新兴、科技创新、工业、城乡建设等11个专业投资公司。到目前，加上原有的省投资控股集团公司，我省专业投资公司已累计达到了12家。

一、基本情况

一是电力投资有限公司，其注册资本10.08亿元，2005年完成总投资5.9亿元，当年实现利润3 000万元，合并会计报表后总资产已增值到18亿元，当年公司资产增加了8亿多元。二是铁路投资有限公司，其注册资本金17.73亿元。公司组建以来，积极研究发展思路，确立了公司的发展战略，密切配合有关部门完成了滇南铁路有限责任公司的组建工作和玉蒙铁路的开工审批及前期准备工作，保障了大理至丽江、玉溪至蒙自铁路的顺利推进，获得了开发银行63.4亿元的信用额度。三是城市建设投资有限公司，其注册资本11.388亿元，启动了北京新云南大厦、高科技主题公园、滇池半岛未来城、呈贡高校新校区、西双版纳避寒山庄等几个重点项目，并取得了国家开发银行的政策性贷款融资平台的资质，获得贷款额度30亿元。四是旅游投资有限公司，其注册资本5亿元人民币，公司“十一五”期间规划投资120亿元。开展了西双版纳勐仑旅游小镇建设等旅游项目开发。五是农业开发投资有限公司，其公司注册资本4 700万元，由省农业厅与昆明市农垦总公司、云南神农农业产业集团、昆明华曦牧业公司共同出资组建。六是公路投资公司，其注册资本800亿元以上，公司所属的高等级公路达3 418公里，其中高速公路1 240公里，到2010年，云南的公路建设还将完成近千亿元的投资，新建高等级公路1 900公里，其中高速公路1 500公里以上。七是水利水电开发投资有限公司，2006年3月份挂牌成立，其注册资本4亿元人民币，其中省水利厅出资3.9亿元，新华水利水电投资公司出资0.1亿元。八是云南铁投新兴发展有限公司，注册资本1亿元人民币。到2010年，公司总资产达到30亿元，净资产8亿元，确保国有资产保值增值。到2010年，经营收入20亿元，净利润8 000万元，净资产收益率达到10%。九是2007年8月成立了云南省科技创新投资有限公司，注册资本6 000万元人民币。十是2008年2月，以省国有资产经营有限公司为基础，由省国资委联合云天化集团有限责任公司、昆明钢铁控股有限公司、云南铜业（集团）有限公司、云南冶金集团总公司、云南锡业集团（控股）有限公司共同发起，组建了云南省工业投资控股集团公司，注册资本46亿元人民币。是我省工业领域资源优化配置和战略性调整的龙头企业，是引导全省工业经济实现产业结构优化和升级的驱动器，是产业和资本结合的重要平台，是国有资本有进有退和国有资产价值化经营的主体。十一是2008年6月成立了云南省城乡建设投资公司，注册资本5亿元人民币。由云南建工集团总公司作为发起人，是云南省城乡基础设施建设投融资及运营主体，主要参与全省中小城市基础设施建设及相关产业经营。

二、主要做法

在组建过程中，我们坚持六项原则和把握处理好四个关系。

坚持六项原则：一是坚持政府引导、市场运作、社会资本参与的原则。通过政府的引导性投入，运用市场手段，引导社会资本参与投融资，千方百计引导和保护好各方参与经济建设的积极性和主动性。二是坚持与全省经济社会重大发展战略相结合的原则。这是新建专业投资公司在投资领域、经营战略和未来发展方向的前提和基础。三是坚持有限目标、重点突破的原则。新公司的组建重点应集中于我省重大基础设施、支柱产业和基础产业领域，不搞全面“开花”，不一哄而上，成熟一个组建一个，组建一个规范一个。四是坚持按现代企业制度运行的原则。按《公司法》规定组建新企业，其组织模式以多元持股的股份制（股份有限公司或有限责任公司）为主要形式的国有控股投资公司，不再新设传统的国有独资公司。五是坚持多渠道筹集资本金的原则。专业投资公司资本金来源主要采取“盘活存量和注入增量”相结合的方式筹集。尽量划拨优良存量资产，积极争取注入财政流量资本（包括国债资金）和政府信用贷款有偿资本金，努力吸引社会资本。六是坚持政府投资主要集中于非竞争性的基础设施和公益类项目的原则。政府投资要逐步退出一般竞争性领域和有稳定收益的基础设施项目。

处理好四个关系。一是专业投资公司与各厅局的关系。它们是企业与政府的关系，是企业与股东的关系。相关厅局要严格按照《公司法》的要求，主要通过股权和资本管理方式，运用经济和法律手段对投资公司实施宏观调控和管理，体现政府的意志。二是专业投资公司与州市的关系。各州市不与省对口，原则上不宜新组建州市级专业投资公司，但可以股东身份进入省各专业投资公司。已纳入省区域中心城市建设规划的曲靖、玉溪、红河、大理等州市，可在条件具备时，组建类似于昆明市城建投资开发有限责任公司，但须报经省政府有关部门批准。三是各专业投资公司与现有省级综合性投资公司的关系。所有公司都是平等竞争的市场主体，都应围绕全省经济社会发展战略目标，合理分工，公平竞争，发挥自身优势，实现共同发展。四是各专业投资公司与社会的关系。各公司都要进一步拓宽融资渠道，广泛吸引包括外资在内的社会资本，促进投资主体的多元化。同时，要把融资以资本金等形式投入项目开发，实现资本的多极放大。

三、初步成效

我省通过加快专业投资公司组建步伐和发挥省开发投资公司的职能作用，深化了投资体制改革，通过省开发投资公司和专业投资公司的投融资拉动，为全省固定资产投资连续上台阶作出了积极的贡献。

一是推动了投资体制改革。组建和发展专业投资公司是一项带动全局性的重要改革措施，通过省开发投资公司和各个专业投资公司的进一步发展壮大，不仅仅是组建几个企业的问题，而是发挥政府投资“四两拨千斤”的一个重大体制机制创新。

二是搭建了强大的投融资平台。据初步匡算，全省各类专业投资公司到2010年总资产规模达到1 500亿元以上，总投资规模达到2 000亿元以上，直接带动投资5 000亿元以上。其中省开发投资公司及其控股的专业投资公司总资产规模达到560亿元以上，总投资规模达到700亿元以上，直接带动投资2 300亿元以上。电力投资公司以10.08亿元的注册资本拉动了73.88亿元的融资规模。电力投资公司取得了国家开发银行的政策性贷款融资平台的资质，获得了用于资本金投入的政策性贷款28.88亿元，得到各商业银行综合授信总额45亿元。铁路投资公司以17.17亿元的注册资本拉动了63.4亿元的融资规模。获准成为国家开发银行云南省分行独立政府信用融资平台，取得国家开发银行政府信用贷款专项用于铁路项目建设。城投公司以11.388亿元的注册资本拉动了30多亿元的融资规模。取得了国家开发银行的政策性贷款融资平台资质，获得贷款额度30亿元，从2005年起的10年内，每年获得农行4亿元信用额度。

三是促进了区域经济发展。2006年，省铁路投资公司与玉溪市政府，就玉溪市区域经济发展问题进行了深层次的合作，专门成立了云南铁路新兴投资公司。公司成立后，将依托企业优势在玉溪市政府的领导下参与玉溪市新区综合发展规划、行政中心搬迁、研和工业园区建设、研和物流园区和仓储基地建设、地产开发、城市公共基础设施建设管理等一系列基础性、经营性重大项目，可以实现专业投资公司与区域经济的互动发展。公司在“十一五”期间总投资将达30亿元，带动投资60亿元，投资玉溪市有关重点项目10个。

四是形成了多种投入。这些投资公司的组建，对我省重要发展领域和其他专业投资领域进行了全方位投入：第一通过资本投入实现了新机制新体制的投入；第二进行人力资源和管理经验的投入；第三进行信誉和信用的投入；第四资金和项目的投入；第五省级各专业投资公司加大了与省内州市县各投资公司的横向联系力度，促进了州市县的一些大项目建设进度和部分领域的业务拓展。

五是投资规模进一步扩大，参与了省内重大项目重点工程的建设。我省专业投资公司优化投资结构，提高资产质量，增强投资实力，抓好基础设施建设，培育基础产业，参与产业结构调整，发展高新技术产业，实力不断增强，社会形象和信誉不断提高，为国有资产保值增值和我省经济社会发展作出了贡献，较好发挥了市场经济条件下政府投资主体的作用。如省投资控股集团公司对制约云南经济发展的能源、交通、原材料工业等“瓶颈”进行投资，投资建设了漫湾、小湾、大朝山电站、宣威、曲靖、阳宗海电厂，云景林纸，大丽、玉蒙铁路，昆明新机场，昆钢板带，国家磷复肥基地，中寮钾盐，昆明光电子基地等一大批在全省国民经济发展中举足轻重的大中型骨干企业和重点项目。电力投资公司对我省保山苏帕河水电开发公司上市进行了各项准备工作，稳步推进威信煤电联营、宣威电化一体化等项目。铁路投资公司积极筹措铁路建设资本金，保障了大理至丽江、玉溪至蒙自铁路的顺利推进。城投公司在城市开发、教育、城市水务、医疗和城市交通等方面推进公司的产业发展，全面推动了新云南大厦、高科技主题公园、滇池半岛未来城、呈贡高校新校区、西双版纳避寒山庄等几个重点项目的启动和实施。旅游投资公司按照云南旅游二次创业的要求，开展了西双版纳勐仑旅游小镇建设项目，迪庆州香格里拉县碧塔海、硕都湖景区旅游资源整体开发项目，大理苍山索道等旅游项目开发。出资2.98亿元获得大理旅游集团49%的股份，将开发建设大理旅游精品。公路投资公司的在建项目为水富至麻柳湾、平远街至锁龙寺、昭通至待补、昆明至安宁、永仁至元谋、蒙自至武定、蒙自至新街、罗村口至富宁、小勐养至磨憨、新街至河口、保山至龙陵、祥云至澜沧江，建设总里程1 108.221公里，总投资累计550.847 9亿元。

总体上来讲，云南省专业投资公司改革发展经历了起步到加快发展、由少到多、领域由窄到宽的过程，实现了历史性的突破，取得了较好的成绩，有了长足的发展，为云南省经济社会加快发展奠定了一定基础。我省的专业投资公司不断发挥“四两拨千斤”的作用，为全省固定资产投资连续上台阶作出了积极的贡献。各专业投资公司的发展进度不一，主要处于以下三个阶段。一是快速发展阶段。省投资控股集团公司、电力、旅游、城市建设投资公司发展较快，找到了切合实际的发展路径，发展模式较好，具备投资公司良性循环发展的基础和条件，已进行快速发展的阶段。二是过渡发展阶段。铁路、公路投资公司承担的项目大多属于社会公益性的基础性工程，且受我省的地形特点等客观因素制约，项目投资大、周期长、资金回笼慢，发展困难较多，财务负担沉重，急需探索出创新式发展的路径。三是起步发展阶段。农业、水利水电、铁投新兴、工业、城乡建设、科技创新公司因组建时间不长，现处于起步阶段。

我省各专业投资公司的发展与兄弟省市相比，还有较大差距，发展还不平衡，存在的主要问题有：一是多数公司股本规模总量偏小；二是公司融资功能平台和承接信用贷款没有完全衔接到位；三是公司赢利模式与资源配置有待协调；四是公司运行中的财务成本和利息支出过大；五是公司缺乏人才储备，特别是融资和投资银行方面的人才匮乏。总之，公司融资功能的发挥在预期和实现融资之间还有较大差距，需进一步加大支持力度，做大做强。下一步工作重点：一是加强领导，将分类推进专业投资公司的壮大发展，发挥专业投资公司拉动投资的多级放大作用；二是进一步理顺体制，建立符合投资业发展的考核评价指标；三是建立贷款偿债机制，开展投资银行业务；四是加大存量资产的划转力度，增强投资公司资本实力；五是加大资金扶持力度，充实投资公司资本金；六是加大土地资源整合力度，增强投资公司“造血”功能；七是采取资本金注入和整合土地资源开发相结合的方式，在扶持铁路、公路等专业投资公司的长效发展等方面进行积极的探索和实践。

（《云南改革报告》2008年第6期）

抓住新一轮扩大内需的机遇 进一步促进我省非公有制经济做多做大做强

——我省加快非公有制经济发展调研报告

一、我省非公有制经济已站在一个新的发展平台

改革开放以来，为解决非公有制经济发展中的突出问题，实现非公经济的大提高、大跨越、大发展，省委、省政府高度重视全省非公有制经济发展工作，从法律法规、政策措施等方面为非公企业发展创造了条件。1998 年至 2006 年，省委、省政府先后召开了 4 次加快非公经济发展的重要会议，出台了一系列配套政策，把加快非公经济的发展作为关系云南能否与全国同步实现小康社会的大事来抓，全省上下逐步形成了大力培育、扶持非公有制经济发展的良好氛围。省委、省政府先后出台了《贯彻〈国务院关于鼓励支持和引导个体私营等非公有制经济发展的若干意见〉的实施意见》、《关于大力发展个体私营经济的决定》，省人大通过颁布了《云南省个体工商户条例》、《云南省私营企业条例》和《云南省个体工商户和私营企业权益保护条例》等三个地方性法规，非公有制经济发展的法规政策体系不断完善；制定了《云南省中小企业和非公有制经济"十一五"发展规划纲要》，不断加强政策指导和扶持；放宽市场准入和投资领域，积极实施财政、税收扶持政策，加大资金扶持力度；着力营造良好的非公有制经济发展的行政服务环境，简化了审批程序，规范了审批环节，建立了行政审批事项"六公开"制度；改善对非公、中小企业的金融服务，鼓励商业银行积极创新金融产品和服务手段，鼓励发展信用担保体系及中介服务组织，为中小企业提供创业投资和风险投资；随着国有企业改革的深入，省委、省政府还出台一系列的优惠政策鼓励非公经济参与国有企业的改革，从政策上为非公经济的发展提供了良好的体制环境。

近年来，全省非公有制经济保持稳步增长的良好势头。非公有制经济连续几年保持 2 个百分点的增长速度，发展环境不断优化和改善，经营领域进一步拓宽，综合实力不断增强，地位不断提高。非公有制经济成为就业和再就业的主渠道、财政收入的重要来源、支撑我省县域经济的主体、深化国有企业改革的推动力、对外贸易和固定资产投资的生力军，实现了"三分天下有其一"的格局，成为我省国民经济的重要组成部分。

一是非公有制经济地位不断提高。我省非公有制经济实现增加值占全省 GDP 的比重不断提高。2007 年全省非公有制经济创造增加值 1 773 亿元，对全省经济增长贡献率达到 43.9%，拉动经济增长 5.4 个百分点，占全省 GDP 的比重由 1997 年的 17.3% 上升到 2007 年 37.4%，分别比 1996 年、2006 年提高 21.1 个百分点、0.9 个百分点。完成社会消费品零售总额 1 150.5 亿元，比上年增长 18.1%；上缴税金 200.1 亿元，比上年增长 35.6%；完成固定资产投资 1 570.18 亿元，比上年增长 37.5%。

二是非公经济的实力明显增强。截至 2007 年年底，全省个体工商户、私营企业 93.9

万户，从业人员 315 万人，我省非公企业注册资本金在 500 万元 ~1 000 万元的企业 4 760 户，比上年同期增加 1 052 户；1 000 万元 ~1 亿元的企业 4 194 户，比上年同期增加 1 292 户；1 亿元以上的企业 107 户，比上年增加 61 户。规模以上非公工业企业实现增加值 603 万元，同比增长 24.1%，比上年提高近 3 个百分点。2007 年上半年，全省非公经济进出口额 14.9 亿美元，比上年同期增长 43.7%，增速高于全省 1.2 个百分点，占全省进出口总额的 36.5%。

三是非公经济结构不断优化。我省非公企业由少到多、由弱到强逐步发展，优势产业逐步凸现。随着产业结构调整步伐的不断加快，云南省非公有制经济近年来已逐步由传统产业向有一定科技含量的支柱产业、特色产业和高新技术产业等新兴产业方向拓展，涌现出如山灞图像传输科技有限公司、云南爱迪科技有限公司等一批具有一定规模的民营科技型企业，非公企业逐步实现从量向质发展的转变。同时，非公企业规模不断扩大，竞争力明显增强，部分企业已逐步走上了联合发展、规模经营、组建集团的发展路子，经营范围由省内向省外甚至向国外发展。如楚雄德胜钢铁、祥云飞龙、立帆骏马等企业呈现出强劲发展势头。

四是非公经济的社会效益日益显现。非公有制经济的发展为增加财政收入、缓解社会就业压力、增加人民收入和维护社会稳定起到了十分重要的作用。非公经济成为各类经济成分中最具活力的部分，吸纳就业越来越多，非公经济从业人员占全省企业从业人员的 89%，成为全省吸纳就业和再就业的重要渠道。截至 2007 年年底，非公经济从业人员达到 315 万人，比上年同期增长 14.6%，新增就业 40 万人。

五是非公经济对固定资产的投资拉动逐步增强。我省是典型的投资拉动型经济，非公有制经济作为日益壮大的社会经济群体力量，其投资力度逐步加大，已成为社会投入的重要组成部分，对社会的投入增加，对调整产业结构和所有制结构，推动国民经济增长起到了重要作用，有力地拉动了国民经济的增长。2007 年推动全省完成民间投资 1 570.18 亿元，比上年同期增长 37.5%，占全省固定资产投资的 56.1%。国有经济投资与民间投资在全省的比重由上年的 48:52 调整为 44:56。

六是非公经济在推动我省国有企业改革、经济结构调整进程中发挥了积极的作用。非公经济广泛地参与我省国企改革，2003 ~2005 年，非公经济收购、兼并和实行民有民营的国企达 1 553 户，占改制企业的 66%。2005 年，开始新一轮国企改革后，非公经济收购、兼并和实行民有民营的国企又达 253 户。非公企业通过参与国企改革，有力地推动了国有企业深化改革，有效促进了多种经济成分的融合和所有制结构的调整。

二、我省非公有制经济正处在一个发展的关键时期

经过多年的发展，我省的非公有制经济增长较快，为国民经济稳步增长和社会进步作出了积极贡献。但与东部发达地区相比，我省的非公经济仍然处于低水平的资本初始积累阶段，尚未彻底摆脱观念、资金、技术、人才等瓶颈制约，呈现出规模小、总量少、比重低、融资难、发展不平衡等问题。特别是我省非公经济发展的内力不足，参与市场竞争能力弱；发展助力不够，企业融资能力弱，中介组织体系不健全；一些政府部门对中小企业、小项目重视和支持不够。总的看，非公经济发展软环境有待进一步优化等多年来存在的问题仍然没有得到根本改变。

一是客观看待我省非公有制经济发展面临的较大困难。近年，受国际国内经济形势以及国家“双控政策”等影响，融资难、用地难、生产经营难等问题更加突出。尤其是国家加强优化产业结构的宏观调控，推行“节能减排”，对“两高一资”（高耗能、高污染、资源型）产品出口退税从8%～13%削减为零，部分企业面临技术升级、淘汰落后产能的压力更大，非公有制经济总体呈缓慢增长态势。由于我省很多非公企业直接或间接从事资源类产品生产与开发，随着国家宏观调控政策的进一步发展，对落后的小钢铁、小煤矿、小水泥厂实行无条件关停，直接影响我省有色金属、磷化工产业的发展，给我省非公经济发展带来不小的压力。非公企业面临更多的市场准入门槛限制，许多中小企业面临退出的命运，发展空间进一步缩小。突出的表现就是我省非公经济增长的速度趋缓。2007年，非公经济增长速度首次出现了下滑，其增加值比上年仅提高了0.9个百分点，较我省非公有制经济近几年保持的年均2个百分点的增长速度有较大的回落，较1998年非公经济发展增速减慢。从我省经济运行稳定性较全国平均水平差，受外部冲击时更容易大起大落，受冲击后复苏能力和抗衰退能力弱等特点看，今后1～2年非公经济发展形势依然严峻，增长难度较大。2009年，非公经济发展的外部环境不断变化，受2008年以来经济形势和金融政策等影响以及国际金融危机使发展的不确定因素不断增加，上半年煤电运紧张、物价上涨，使企业生产成本增加；下半年经济发展下滑，内需不足，资源价格下跌，企业生产受到更大的冲击。我省非公企业面临的困难进一步加大，从初创型企业到快速扩张期企业、产业升级企业普遍遇到资金短缺生产经营难的问题。这次世界金融动荡对我省影响，还没有完全显现出来，估计它给我们带来的影响会大于全国的平均水平，我省经济发展面临的挑战和冲击可能前所未有，我省非公经济发展形势不容乐观。

二是认真分析促进发展的有利机遇和条件。在看到困难和挑战的同时，我们也要看到非公经济发展也面临着新的转机。为应对国际金融危机对我国经济带来的不利影响，中央见事早、出手快、抓得准、力度大，果断采取积极的财政政策和适度宽松的货币政策，及时出台了扩大内需、促进经济增长等十年来扶持力度最大的10项有力措施。国家同时出台了许多利好中小企业和非公经济发展的政策：第一，国家政策措施和资金向中小企业倾斜，困扰非公经济发展的融资难的问题有望得到化解；第二，在国家强有力的支持下，非公经济参与大项目建设，以大企业配套发展的机遇必将增多；第三，我国东部地区受此次世界金融形势动荡的影响，可能出现新的一轮产业转移，我省做好承接的准备，可吸引和争取更多非公经济进入，参与我省经济建设；第四，社会资金投向受限，有可能转向中小企业；第五，近期省政府在部署扩大内需20项相关工作中，也明确提出要加大对中小企业的扶持力度。这对我省推动非公经济发展是极好的机遇。

非公经济显著的优势表现为“活、快”，对市场反应灵敏。因为追求利润的最大化和滚雪球的发展是资本天生的萌动和自我发展的内在要求，非公经济的资本流动效率远远高于其他资本。只要存在商机，无论是集团公司还是个体私营企业，非公经济资本可以在最短时间内压缩管理层级和简化审批手续来捕捉商机和迅速实现资金流向，以求利益的快速实现。同时，非公资本在寻求市场需求方面无孔不入。其他经济成分没有捕捉到或因利小不愿涉足的领域，为各种各类非公经济提供了广阔的获利空间，整个市场由于非公经济的存在和活跃而更完善、健全和丰富，更好地满足了需求的多样化和服务的人性化。因此，在当前我省有色金属、钢铁等资源类产品价格大幅回落，工业经济增速减缓、效益下滑，中小企业发展困难，消费需求减弱，外出务工农民开始返乡等困难的经济形势面前，采取放水养鱼的办法，放手发展非公经济，激发云南经济的发展活力和创造力，这是促进全省经济平稳较快增长，为实现更长时间、更高水平的发展打下坚实基础的根本之策。

历史经验表明，宏观经济环境发生重大变化的时候，往往就是资源要素重新配置的时机，就是区域竞争优势与劣势发生转变的时机，就是相对落后地区加快非公经济发展奋起直追、缩小差距的时机。当前，正是我们因势利导，趋利避害，转“危”为“机”，做多做大做强中小企业和非公有制经济一个不可或缺的有利时机。云南正面临着一个难逢的发展机遇，抓住了这一机遇，坚持把发展非公经济作为扩大内需的重要举措，我省中小企业和非公经济发展就能再上一个新台阶，就能闯出一个新天地。

三、进一步促进我省非公有制经济做多做大做强的建议

我省非公经济发展正处于加快发展的关键时期，抓住机遇，及时应对和解决非公经济发展中的困难，做多做大做强非公经济是我省扩大内需的有效途径，对保持我省经济平稳较快发展至关重要。我们要紧紧抓住新一轮扩大内需的机遇，认真贯彻落实科学发展观，以克服和解决非公经济发展中的困难和问题为突破口，采取有效措施，消除阻碍非公有制经济发展的体制机制障碍，积极改善政策环境，拓宽融资渠道，坚持数量与质量并重，速度与效益并举的原则，进一步促进我省非公有制经济做多做大做强。

一是以行政审批制度改革为着力点，构建良好的政策环境。进一步深化行政审批制度改革，按照流程最短、效率最高、收费最少、标准最低的原则，加大精简和规范行政审批事项的力度，最大限度减少审批事项，简化审批程序。在我省昆明、红河等综合改革试点和旅游业发展综合改革试点地区进行探索，赋予试点地区更大的审批权限，鼓励试点地区大胆探索，寻找用改革的办法促进非公有制经济发展的新途径，新办法和新手段。继续修订限制非公有制经济发展的法规、规章和规范性文件，重点在市场准入、财税金融支持、社会服务、权益保护和政府监管等方面消除限制非公有制经济发展的体制性障碍，为非公有制经济营造公平竞争的法制环境，切实保护非公有制经济的合法权益。在优化政策环境的同时，要高度重视在具体操作过程中的“玻璃门”现象，尽快明确准入条件，公开准入程序，实现公平准入，非禁即入，非限即放，扩大非公有制经济的发展领域。

二是以创新发展模式为着力点，促进集群发展。要抓住我省大力推进新型工业化的契机，结合当地的优势资源，坚持政府扶持引导和企业自主发展相结合，落实加快劳动密集型产业发展、培育县域特色经济、鼓励产业合理集聚和企业集群发展的相关政策措施，加强科学规划引导，以省级重点工业园区为依托，以具有发展潜力的优势产业为基础，优化生产要素和资源配置，创新发展模式，把非公经济的发展与支柱产业培育相结合，探索适合各州市县区域特色和产业特点的非公经济发展模式，优化非公经济结构，促进集群发展。各级政府部门要及时发布有关产业政策、发展规划、投资重点和市场需求等信息，结合实际积极培育非公资本参与当地优势资源延伸产业的建设，立足县域比较优势，以特色优势资源为依托，引导非公有制经济向机械制造、生物资源开发、农产品加工和现代服务业方向发展，突出发展农产品加工业、劳动密集型产业、为大企业配套业、农村服务业等重点领域，充分发挥非公有制经济在发展县域支柱产业上的主导作用。

三是以转变政府职能为着力点，优化政务环境。以贯彻实施“四项制度”为契机，切

实转变政府职能，推行阳光政务，建立最严厉的问责制度、最严格的限时办结制度和最严肃的服务承诺制度，进一步提高办事效率，优化非公经济发展的软环境。加快电子政务建设，提高政府服务非公有制经济的水平，进一步加强指导服务，及时公布有关扶持政策、产业政策、发展规划、投资重点和市场需求等信息。进一步规范行政执法行为，加强监管队伍建设，提高监管人员素质，改进监管方式，公开监管制度，规范监管行为，提高监管水平，坚持依法行政，引导和监督企业依法经营，诚实守信，认真履行社会责任，加强对企业安全生产、环保卫生、资源开采、土地使用等方面的监管，深入整顿和规范市场经济秩序，引导企业自觉维护劳动者权益，加强安全保护，改善生产条件，促进社会稳定和谐。切实把各级政府部门的精力放在转变职能、改进服务上，落实各项优惠政策，加强引导。建立非公有制企业的投诉机制，使非公企业经营者能充分表达利益诉求，监督政府部门切实落实各项优惠政策。充分发挥非公有制经济发展专项扶持资金的导向作用，加大优势骨干企业在新产品开发、技术创新、技术改造、争创名牌产品等方面的扶持力度，促进非公企业的发展。

四是以创新金融服务体系为着力点，拓宽融资渠道。要大力发展全省融资担保机构，扩大服务领域，坚持政府引导与市场运作、融资担保与防范风险相结合的原则，建立以信用为基础，政府、银行、企业和担保机构四方合作的融资机制，搭建融资担保服务平台，鼓励担保机构投资主体多元化，建立为非公有制和中小企业提供融资服务和促进担保机构可持续发展的长效机制。鼓励现有的担保公司扩大规模，拓展担保业务。要鼓励和支持符合条件的企业成立商业担保机构和互助性担保机构，建立担保行业准入、风险控制、补偿机制和再担保机制。加快建立和完善信用担保制度，制定促进信用担保业务发展的政策措施，加强对担保机构的扶持、指导和监管。加强企业信用制度建设，积极推进企业信用征集体系、评级发布制度以及失信惩戒机制的建立。各金融机构要把中小企业作为重要服务对象，引导和鼓励各银行性金融机构开展金融产品创新，完善金融服务，在金融监管方式、方法上创新，切实为中小企业提供信贷支持，提高全民创业和非公有制企业的贷款比重。要鼓励和引导社会资金投资发展金融业，创立以民营资本为主的中小金融企业和社区银行、科技银行，拓宽融资渠道。要积极推进银政、银企合作，拓宽非公企业直接融资渠道，积极扶持非公企业上市融资，推进“集合债券”发行工作。

五是以创新制度为着力点，增强发展活力。在改革开放的初期，非公有制经济的强大生命力来源于其体制和机制的优势，随着社会主义市场经济体制的逐步建立，国有企业、集体企业改革的进一步深入，非公有制经济的体制和机制优势有所弱化，尤其是非公有制企业发展到一定规模后，更需要进行体制机制的创新，增强其内在的活力。我省要积极引导非公有制企业深化改革，探索适合于非公有制企业的科学治理结构，鼓励有条件的非公有制企业建立现代企业制度，完善法人治理结构，形成科学的决策机制。大力促进非公有制企业加强科学管理、引进现代经营管理理念，采取先进的管理技术，提高经营管理水平。向管理要效益，不断学习和采用国内外先进的管理理念、方法和手段，推进管理创新。还要积极帮助非公有制企业经营者提高素质，我省要结合实际，建立健全培训制度，整合社会资源，创新培训方式，建立政府引导、社会支持和企业自主结合的培训机制，把非公有制经济的人才培养纳入省院、省校合作范畴，选送非公有制企业管理人员到省内、省外高校培训深造，并动员省内各高等院校为非公有制经济经营者开展不同专题的培训活动，聘请一些有经验的企业精英对非公有制经营者进行培训，组织非公有制企业经营者到省外经济发达的地区以及国外考察学习，开阔视野。为非公有制经营者创造各种机会和途径进行学习，学习先进的专业技术、管理经验和理论、法律知识，提高自身的管理水平、决策水平和法制意识，引导非公企业加强内部管理和制度创新，实现企业管理体系、方式和手段的科学化、现代化，提高企业整体的管理水平，增强企业凝聚力。

六是以建立健全退出机制为着力点，增强政府公信力。要从根本上改变我省非公经济总量小、层次低、质量差的问题，切实做强、做大、做长久非公有制企业，就必须要按科学发展观的要求，切实转变发展方式，走资源节约型、环境友好型、质量效益型路子，我省要引导非公有制经济调整和优化产业结构，转变经济发展方式，通过行政、法律和市场调节等多种方式引导企业退出高消耗、高污染行业。要研究制定政策，加快淘汰落后产能，为产业结构调整升级腾出发展空间，研究建立衰退产业退出机制，建立云南省淘汰落后生产能力的政策补偿机制，增强政府公信力，促进非公有制经济转型。要准确把握和认真落实国家实施宏观调控、节能减排和淘汰落后产能的各项措施，正确引导中小企业和非公经济调整、优化产业结构、产品结构，引导非公有制企业进行技术改造、设备换代和产品升级，鼓励非公有制企业进行技术研究、新产品开发和新科技应用，促进非公产业结构优化和升级。大力发展生物产业、装备制造、高新技术和新兴服务业，严格控制“两高一资”（高耗能、高污染、资源消耗型）项目，对小钢铁、小水泥、小煤矿等落后产能适时关停淘汰，发展循环经济，走新型工业化道路。

七是以创新服务体系为着力点，大力培育中介组织。坚持社会化、市场化的原则，建立健全服务体系，鼓励和支持为非公有制提供创业指导、投资、融资、人才引进、技术支持、产权交易等服务的机构发展，建立完善的、全方位的服务体系。大力发展中介服务机构，充分发挥行业协会和商会在非公经济发展中的协调服务、行业自律、桥梁纽带作用。积极支持面向非公有制经济的中介服务组织的建设，发展为非公有制经济提供政策、法律、财会、技术、管理和市场信息等社会服务的中介组织，完善其社会化服务体系。要督促民间中介组织真正成为产权清晰、权责明确、自主经营、自负盈亏、自我发展、自我约束的独立法人实体，开展信息咨询、技术创新、人才培训、市场开拓和经营管理等中介服务，并规范各类中介机构的服务质量和收费标准。

八是以继续营造良好氛围为着力点，尽快召开全省第五次发展中小企业暨非公有制经济大会。党委政府强势推动，营造良好氛围，是我省促进非公经济健康发展的重要举措。1998 年以来，省委、省政府召开了 4 次全省发展非公经济大会，省委、省政府主要领导均作了重要讲话，并出台了一系列促进非公经济及中小企业发展的政策文件。每次会议的召开都给非公经济和中小企业发展带来强劲的推动力，促进其发展和繁荣。建议年内或 2010 年初，在相关部门进一步完善有关扶持政策和措施（特别是整合资源，加大政府资金投入）的基础上，尽快召开原拟议的全省发展中小企业暨非公有制经济大会。

（《云南改革报告》2009 年第 1 期）

加强领导　统筹协调　先行先试
进一步将昆明、红河省级综合改革试点推向深入

2008 年，省委、省政府出台了《关于进一步深化改革的决定》，把昆明市和红河州作为全省综合改革的试点，要求先行一步，为全省深化改革起好带头示范作用。最近，省发展和改革委员会体改处对昆明和红河两个省级综合试点进展情况进行了跟踪调研，现将有关情况汇总报告如下：

一、昆明市综合改革试点迈出新步伐

昆明市以列为全省综合改革试点为契机，按照“打时间差——改革，打空间差——开放，打信息差——创新，打制度差——治理”的新思路，全面推进综合配套改革，市委、市政府出台了《昆明市深入推进综合改革纲要》，力争在行政管理体制、投资体制、国有资产管理体制和国有企业以及社会事业等方面开创了一条追赶型、跨越式、超常规发展的改革新路径。

（一）着力推进行政管理体制改革

以软环境建设为推进行政管理体制改革的突破口，昆明市围绕打造服务型政府，在行政审批方面大力推行制度创新。先后出台了《昆明市行政审批制度改革若干规定》、《昆明市关于进一步精简行政审批项目压缩行政审批时限的通知》、《昆明市关于下放部分市级行政审批项目的通知》等文件，对全市行政事项进行全面清理，将市级 506 项行政审批项目精简为 141 项，172 项行政事业性收费项目清理后保留 95 项，使昆明市成为全国在行政审批项目设置最少方面仅次于沈阳的省会城市。通过对行政审批进行“流程再造”，行政审批项目的审批时限平均压缩了 50% 以上。在对行政审批部门进行的“两集中、两到位”改革中，昆明市把所有审批服务职能向一个处室集中，该处室向便民服务中心集中，做到了所有行政审批服务项目进中心到位、审批权限进中心到位，行政审批服务中心成为行政审批的唯一窗口。同时，加强机关作风建设，在市级机关推行“一线工作法”，做到决策在一线落实、问题在一线解决、创新在一线体现、成效在一线检验。为了提高行政效率，实施“工作结果倒逼法”，建立最严厉的问责制度、最严格的限时办结制、最严肃的服务承诺制，完善各类公开办事制度。

（二）着力推进市场化取向改革

国企改革和招商引资相结合，加大国有资产从竞争性领域退出的力度，着力推进市场化取向改革。一是深化国有企业和国有资产管理体制改革。从 2008 年开始全面启动 70 户尚未改革或改革不彻底的国有、国有控股、国有参股企业的深化改革，力争年底前实现竞争性领域国有资产 95% 以上退出，2009 年上半年全面完成。二是着力推进投融资体制改革。鼓励采取 BOT、BT、TOT 等方式，拓宽融资渠道。东南二环快速系统建设的 60 亿元

BT项目正式签订协议，债券融资等直接融资方式在昆明已有突破。三是积极推进园区体制创新。对三个国家级开发（度假）区进行实体化改革，在内部管理模式、管理方式、运行机制、劳动用工、干部聘用、工资分配、机构精简等方面的体制机制改革进行大胆尝试，市级审批权限和管理事权全部下放到三个开发区，园区建设迈入新发展阶段。四是积极创新招商引资方式。组成36个招商分局，以主动“走出去”的方式上门招商。以积极的姿态热情“请进来”，邀请国内500强企业和500强民营企业来昆参观、考察、投资。五是继续改善非公经济发展的体制环境。选定42户民营企业作为上市公司预备库，召开银企座谈会，促成了银行对19户企业的贷款协议，筛选、评定50户重点非公企业实施政府挂牌保护。

（三）着力推进社会事业改革

一是深化教育体制改革。制定出台了《昆明市关于加快教育改革与发展建设教育强市的决定》，以大力发展职业教育、突破性发展民办教育、均衡发展义务教育为改革重点。强化政府发展教育的职责，完善贫困学生救助制度，农村义务教育阶段学生全面实行“两免一补”。推行校长公开选拔任用制度，对全市中小学教师实行全员人事代理，推行岗位聘用制。积极引进中瑞财团等外资投资，与昆明市中等职业教育集团合作办学。二是深化医药卫生体制改革。制定出台《关于加快推进医疗卫生事业改革与发展的意见》、《关于进一步加快民营医院发展的实施意见》、《关于加强公共卫生服务体系建设的实施意见》，完善政府卫生投入机制，鼓励和引导社会资本进入医疗卫生领域，盘活存量，放开增量，扩大总量，提高质量。积极推进公立医院改革，推行院长公开选聘，实行院长负责制、全员聘用制、岗位绩效工资制和高级专家年薪制。引导社会资金以多种方式参与公立医院重组整合。大力发展民营医院，鼓励和支持社会力量兴办民营医院，医疗服务市场向民营医院平等开放，民营医院从业人员在职称评定、学习培训等方面与公立医院享有平等待遇。加强公共卫生服务体系建设，继续加大投入，提高公共卫生服务能力和应急处置能力。三是深化文化体制改革。对公益性文化事业单位实施劳动人事、收入分配、公开招聘领导等改革，建立“养事不养人”的机制。对经营性文化事业单位，按照全部转制为企业的要求建立现代企业制度。研究制定了《关于进一步开放文化市场大力发展文化产业的实施意见》，不断探索利用社会资源投入和参与公共文化服务的新模式，进一步放开文化市场，破除文化市场壁垒，采取奖励、贴息、补助、政府采购等方式，鼓励、吸引更多的民营资本、外来资本进入文化产业，做大做强一批文化企业和产业集团，促进文化产业大发展，增强昆明城市文化软实力。

（四）着力推进干部人事制度改革

一是深化干部制度改革。制定了《关于深化干部人事制度改革的意见》，健全干部提名、决策等关键环节的民主机制。改革和完善干部选拔任用的初始提名权，建立和完善领导干部人选的推荐、自荐、招聘及公推公选制度，拓宽干部选拔范围和渠道。以公开差额推荐的方式，将缺额的11个正县职位作为推荐的岗位，实现了构建开放式选人、用人机制的新突破。面向全国公选了100名县（处）级后备干部，有100名30岁以下年轻的高学历干部通过公选走上县（市）区、市级部门助理的领导岗位。对于选拔任用县（市）区、乡镇（街道）党政正职领导干部的建议人选，同级党委、政府工作部门正职领导干部的建议人选，建立由地方党委全委会成员推荐提名制度，选拔任用推行差额推荐、差额考察、差额酝酿、差额票决。探索公推公选、公推直选，确立竞争择优的用人导向，实现了构建开放式选人用人机制的新突破。二是深化人事制度改革。深入贯彻《公务员法》及相关配套法规，建立能上能下、能进能出、促进优秀人才脱颖而出的选人用人机制。市级机关从2008年起，招录具有基层工作经历2年以上考生的比重增加到60%以上。

二、红河州综合改革试点寻求新突破

红河州经济社会综合改革和城乡综合改革试点工作于2008年5月揭开序幕，准备用2年至3年时间，围绕全州经济社会发展深层次矛盾和突出问题，先行试验一些重大改革开放措施，加快重要领域和关键环节的综合配套改革。

（一）加强领导，明确要求

一是通过强化领导，健全工作机制。红河州及所属13个县市都成立了相应的领导小组和工作机构，指导推进本区域的综合改革试点工作。二是宣传发动，努力营造综合改革良好氛围。州委、州政府于5月初专门召开了红河州推进经济社会和城乡综合改革试点动员大会，通过宣传发动，全州上下思考改革、支持改革、参与改革的良好局面初步形成。三是深入调研，科学制定综合改革方案。在深入调查研究、科学评估论证、广泛听取和征求各方意见的基础上，制定出台了《红河州经济社会和城乡综合改革试点工作方案（试行)》，为推进试点工作提供了工作指导。

（二）全面推进综合改革整体工作

为保证综合改革试点方案的可操作性和改革措施的协调性，红河州对改革总方案提出的6个方面30项重点改革内容进行了目标责任分解，制定了60多个具体的实施方案。目前，已经有28项改革子方案正式下发实施，标志着综合改革进入了实质性推进阶段。

一是城乡综合改革。制定出台了《中共红河州委红河州人民政府关于推进统筹城乡发展的意见》，提出了将从统筹城乡规划、统筹城乡产业发展、统筹城乡基础设施、统筹城乡社会事业、统筹城乡社会保障体系、统筹城乡分配等六大方面加快推进城乡综合改革的任务和要求。蒙自、建水等县在解决征地农民、失地农民的劳动、就业和社会保障方面率先迈出一步，开远市在统筹推进城乡医疗保障一体化进行了大胆的探索，积累了不少有益的做法和经验。

二是经济管理体制改革。红河州重点加快企业布局、调整和重组步伐，消除阻碍非公经济发展的思想障碍、体制弊端和政策限制。个旧市6户国有企业已全部完成了破产程序的上报工作；个旧全国资源型城市经济转型与可持续发展改革试点工作有序开展，开远全省发展循环经济试点工作稳步推进；坚持政府主导与市场主体有机结合，进一步完善了有利于调动各县市参与红河工业园区建设的管理机制，把建水、泸西工业园纳入州级工业园区，由州里统筹安排资金扶持建设红河工业园区“园中园”；着力打造一流的招商引资软环境，制定完善了招商引资政策，与世博集团签订了参与红河旅游开发、打造元阳哈尼梯田、建水历史文化名城、蒙自长桥海休闲旅游景观的开发合作协议。

三是金融管理体制改革。重点加快建立健全多渠道的投融资保障机制，加快股份制银行的引进和地方性银行的组建步伐，做大做强“红河板块”，力争在资本化运作方面不断取得新突破。全州已完成邮政储蓄改制为邮政银行工作，组建红河村镇银行工作已在加快制定方案，与富滇银行达成了在红河设立分支机构的协议，金平恒昊公司上市的准备工作已基本就绪。

四是社会管理体制改革。本着完善、巩固、提升的原则，严格区分公益与经营、事业与产业性质，加强了分类指导，寻求重点突破。红河学院建设稳步推进，红河卫校升专得到省级支持，全州高中阶段每县市新建1所高级中学的任务已经完成，教育综合改革后续配套工作有序展开；新组建的滇南中心医院、红河新闻传媒、红河演艺、红河影视等文化产业集团的管理机制正在进一步理顺和完善；新型农村合作医疗参合面进一步扩大，参合率达82.4%，标准得到提高，每个村委会建一所村民卫生室任务已经完成；农村低保工作全面展开。

五是外向型经济体制改革。红河州以加快建立符合市场经济和国际经济合作的涉外经济管理体制和运行机制为突破口，坚持把加强与东南亚、南亚特别是越南的国际经济技术合作，共同打造昆河经济走廊，作为全州发展外向型经济的主攻方向。目前，河口国际口岸北山片区功能配套建设全面加快推进，中越红河公路大桥、蒙河高速公路已进入竣工扫尾阶段。与川渝、泛珠三角地区的区域经济合作深入推进，引进广东水电二局投资60余亿元开发红河干流的首级电站——元阳南沙电站已建成投产，马堵山电站年内将实现大江截流。

六是政治体制和行政管理体制改革。在全省率先推行了州县两级党代会常任制工作；启动了“平衡计分法”、“工作成果倒逼法”等机关考核机制探索；纪检监察派驻机构统一管理改革已经完成并实施；改革完善舆论监督体系，制定出台了《红河州新闻舆论监督办法》，畅通了干部群众、新闻媒介的舆论监督渠道；认真贯彻执行行政问责等“四项制度”，增强了党政机关工作的透明度和责任感，提高了工作质量和效益；搭建了红河州网上信访平台，开通了书记、州长网上信访信箱，畅通了人民群众合理利益诉求和维权的渠道；加快实施了州、县行政审批服务中心建设，新清理和调整了285项行政审批事项，减少了办事程序，缩短了办事时限，提高了办事效率。

（三）部分重点领域改革初显成效

在推进试点过程中，一些县市和部门在改革中探索出了不少有益的经验和做法，取得了初步成效。

一是在土地征用管理方面。蒙自县对被征地农民实施了给农民留预留地征用的实践探索，对失地农民生活保障采取统一纳入城镇低保统筹解决的办法，得到了被征地农民和失地农民的好评；州国土资源局、州民政局正在抓紧探索“双放弃换社保”模式（对自愿放弃宅基地使用权和土地承包经营权的农民，由政府按规定给予补偿，并解决社会保障问题）在个开蒙滇南中心城市推广实施的可行性研究。

二是在农村土地流转方面。开远、蒙自、建水等县市实施了农村土地由分散经营向集中规模经营的尝试性探索，取得了较好的农业规模种植效益，充分调动了周边农户发展现代农业的积极性。

三是在土地的有效利用方面。红河州正在总结和推广蒙自矿业公司的建厂模式，即探索以不占耕地或者少占耕地的办法，出台鼓励政策引导企业、行政机关、农村社区、城镇小区建造在荒坡、荒地、荒山上，这样既有效地解决了城镇建设用地供应难的问题，又较好地保护了耕地资源，更合理利用了闲置的非耕地资源。

四是在矿产资源管理方面。红河州积极探索资源优势向经济优势加速转化的实现途径，打破传统的“资源圈占”模式，制定出台了《红河州矿产资源管理若干规定》，采取以“资源换项目”方式，引进大唐、国电投资近500亿元在红河州建设煤提质、煤基烯烃等高端煤化工项目，实现了优势资源向优势企业的聚集。

五是在城乡医疗一体化改革方面。开远市率先在全省实现了农村和城市居民享受医保同等待遇，新农合参合率高达97.13%，报销封顶线由6 000元提高到15万元，二者比例均居全省之最。另外，开远市还创新了新农村建设投融资载体，成立了新农村建设投资有限公司，目前已融资近亿元，为新农村建设注入了强大推动力。

六是在深化户籍制度改革方面。红河州城镇和农村“二元户籍”体制正在被全面打破，红河州户籍制度改革的做法和经验目前引起了中央政策研究室领导的关注。

七是其他方面。根据省委白恩培书记2008年11月4日至7日在红河调研时的指示精神，红河州委、州政府决定把个旧、开远、蒙自作为全州统筹城乡发展综合配套改革试点中的试点，加快推进统筹城乡发展综合配套改革，率先建立城乡经济社会发展一体化的体制机制，为全州和全省积累经验。

三、继续推进我省省级综合改革试点的几点建议

多年来，昆明市和红河州一直是我省改革开放的排头兵，为全省改革和发展作出了积极贡献。在近一年的综合改革试点中，两地也取得了积极进展，但也存在组织和领导机构不完全落实，一些同志畏难情绪和信心不足；改革成本压力增大，财政支持乏力；改革空间进一步缩小，一些政策限制使改革难以突破；省级一些部门对综合改革试点的支持和重视有待进一步增强等困难和问题。

综合改革是一项复杂的系统工程，也是一项十分艰巨的任务，尽管我省综合改革试点面临着各种各样的困难和挑战，但改革开放是推动我省经济社会发展的强大动力毋庸置疑。当前改革已进入深化和攻坚阶段，要解决发展不够、发展不平衡、发展不充分的突出问题，必须以更大的决心、更大的魄力深化改革、扩大开放，用改革的办法解决前进中的困难和问题，用创新的举措突破影响发展的体制机制障碍，才能促进全省经济社会又好又快发展。我们建议：

一是加强组织领导，健全组织机构。将昆明市和红河州作为全省综合改革试点，是省委、省政府在我省加快发展、深化改革的关键时期作出的重大部署。两个试点地区都相应成立了深化综合改革的领导机构，但目前缺乏省级层面的组织领导机构。建议省委、省政府成立我省推进改革试点领导小组或联席会议制度，并明确一个综合部门设立相应办公室，以协调和推进我省各个层面的改革试点工作。

二是加强统筹协调，精心组织实施。要做到坚持深化改革不争论、不折腾、不懈怠，加快构建有利于科学发展的体制机制。建议省政府在2009年择时召开昆明、红河省级综合改革协调现场办公会，专题研究加快推进综合改革试点中的问题，积极寻找用改革的办法推进省级综合改革试点的新途径和新办法，帮助解决两地试点中需要解决的困难和问题。

三是落实职能职责，加强协调配合。建议省政府责成省级各有关部门高度重视综合改革试点工作，全力落实省委、省政府各项部署，积极研究并努力争取下放昆明市和红河州提出的有关管理权限。细化责任分工，强化监督机制，完善各项手段，加强协作沟通，形

成整体合力，协调推进各项改革，确保综合改革试点的政策措施尽快到位。

四是不断完善措施，提供示范借鉴。建议昆明市和红河州在继续推进综合改革试点的进程中，多方听取并征求国家、省级有关领导和专家的意见建议，继续修改改革试点方案，不断完善各项改革措施；同时，加强与国家、省级有关部门的沟通和衔接，积极争取上级有关部门的政策指导和资金支持。

（《云南改革报告》2009年第2期）

云南省2008年经济体制改革取得积极成效

2008年是我国改革开放30周年，也是我省全面贯彻落实党的十七大精神的第一年。在省委、省政府正确领导下，全省上下认真贯彻落实科学发展观，不断解放思想，按照党中央、国务院和省委、省政府关于深化改革的总体部署和要求，结合我省实际，积极推进经济体制改革工作，各项改革取得了明显成效。

一、各项改革取得积极成效

（一）改革总体指导力度加大

一是制定出台改革意见，加强对改革工作的总体指导。为深入贯彻党的十七大精神，落实科学发展观，着力破解制约经济社会发展的体制机制问题，省委、省政府高度重视改革工作，年初，出台了《中共云南省委、云南省人民政府关于进一步深化改革的决定》（云发〔2008〕6号），为全省新时期的改革指明了方向，确定了深化改革的重大意义、指导思想和目标任务，对涉及本省经济、社会、政治、文化等领域的改革提出了具体要求。为切实加强对全省改革工作的总体指导和统筹协调，省政府办公厅以云政办发〔2008〕93号文转发了省发改委制定的《云南省2008年深化改革意见及任务分解》，进一步明确了各有关部门、单位的改革任务，对指导全省各项改革起到积极作用。

二是积极开展纪念改革开放30周年系列活动。由省发改委牵头编撰的《云南省改革开放30周年回顾与展望》大型综合文献，涉及包括州市发改委、省级相关部门、大型企业约100余单位参加，已完成编撰即将于3月中下旬出版。与省委宣传部共同组织召开了“云南省纪念改革开放30周年研讨会”。会议总结了我省改革开放30年来所取得的巨大成就，展望了我省经济社会发展的前景，更加坚定了全省人民继续深化改革扩大开放的信心与决心。此外，由我委组织撰写我省纪念改革开放30周年成就与展望的重要文稿《云岭大地创新实践的壮丽诗篇——云南改革开放30周年回顾与展望》，已由国家发改委编入全国改革开放30周年文献地方篇。

三是指导全省推进改革发展综合试点。省发改委发布了《关于进一步推进我省改革试点工作意见》（云发改体改〔2008〕1732号），进一步加强对我省改革试点工作的指导，充分调动全省参与改革的积极性，促进我省改革试点的规范有序推进。同时，积极跟踪昆明、红河两地省级综合改革试点，及时发现问题，总结经验，以最大限度减少改革的风险，为我省进一步推进综合改革提供借鉴和示范。根据省政府的指示，组织开展了全省水务改革调研，研究并提出了我省水务改革的思路和对策建议上报省政府。

四是以会代训，深入推动改革工作。2008年9月，省发改委积极争取国家发展改革委在昆明召开了全国部分省区市经济体制改革工作座谈会。会议全面总结了我国30年经济体制改革的历程、成就和经验，并对进一步做好“十二五”深化经济体制改革提出了具体要求。通过召开改革工作会议，促进了我省体改干部进一步加强学习，总结经验，提高认识。

（二）行政管理体制改革取得明显成效

一是行政问责等四项制度全面实施。我省制定并实施的四项制度，进一步强化了行政责任，规范了执政行为和公务员职业操守，提高了政府的执行和公信力。对进一步深化行政管理体制改革，促进机关工作作风的转变，优化政务环境，加强政府自身建设，促进政府职能转变起到了很大的促进作用。其顺利实施对社会产生了积极的影响。

二是完成第三轮、第四轮行政审批制度改革。2008 年 1 月，云南省政府以第 144 号令向社会公布了第三轮行政审批制度结果，列入清理范围的行政审批项目共 1 268 项，经过严格审核和论证，省政府决定取消和调整 229 项行政审批项目。其中，取消行政许可项目 165 项，取消非行政许可审批项目 42 项；调整行政许可项目 17 项，调整非行政许可审批项目 5 项。6 月，又启动了第四轮行政审批制度改革。列入清理范围的行政审批项目共 1 107 项，拟取消和调整 392 项，精简率为 27%。

三是干部人事制度改革积极推进。试行公务员公开选调制度，研究制定了《云南省州市以上机关公开选调公务员实行办法》、《云南省州市以上机关从基层考试录用公务员实行办法》，以加强公务员队伍的建设和管理。结合省情特点研究起草了全省新一轮政府机构改革方案，我省新一轮机构改革正式展开。同时，《云南省事业单位机构编制管理暂行办法》正在修改完善。

（三）国企改革取得新成果

一是进一步建立健全国资监管体系。我省积极探索国有资产有效的监管方式和途径，出台了《中共云南省委云南省人民政府关于加强国有资产监督管理工作的意见》（云发〔2008〕10 号），明确了加强国有资产监督管理工作的指导思想、基本原则、目标和工作重点，健全了国有资产监管的法规体系、保值增值体系、责任体系和安全防控体系。

二是积极推进省属企业整合重组。云南省国有资产经营公司整体改制为云南省工业投资控股集团公司，打造了云南省工业投资平台。十四冶整体改制为集团有限公司。旅游企业整合重组。按照全省旅游行业整合的总体部署，整合云南旅游产业开发（集团）有限公司、云南旅游（集团）有限公司，组建新的云南旅游产业集团有限公司。通过整合重组，促进旅游资源的优化配置，打造旅行社、宾馆饭店、旅游运输、景区景点等业务板块。

三是加快省属大中型企业股份制改造。云南煤化工集团拟引进三峡总公司 40 亿资金，力争集团整体上市。云南机场集团通过增资控股方式引进海航集团，将云南祥鹏航空公司更名为云南航空股份有限公司，打造云南航空板块。省投资控股集团公司下属专业投资公司进行资产重组。省工投集团从国内大型保险公司、社保基金、投资型央企、有实力的民营企业中选择合作者，年内将实现工投集团注册资本增加到 100 亿元。云南旅游产业集团、世博集团引进国内外在旅游产业领域有较高知名度的战略合作伙伴，发展壮大旅游产业。拟在年内完成战略合作，组建新公司。

四是进一步完善国企改革。积极推进前三年深化国企改革的完善、国有劣势企业退出、企业上市融资等工作，并积极探索企业管理创新和科技创新。截至目前，州市国企改革面已达 99.28%，省属国有企业改革面为 98.6%。

五是大力推进上市融资工作。一批上市公司加快了再融资工作。云维股份分离式定向增发已完成，云南白药集团和南天股份分别定向增发5 000万股，解决了企业加快发展所需的资金问题。城投公司借壳S红河上市的工作已经中国证监会重组委通过，已经上市流通。

（四）农村改革稳步推进

一是推进乡镇机构、农村义务教育和县乡财政管理体制改革。制定出台了关于深化乡镇机构改革的指导意见；切实抓好农村义务教育保障机制政策的落实，进一步提高农村中小学公用经费补助标准；建立县乡最低财政支出保障机制，加强乡镇财政所建设，健全乡镇财政管理体制，积极探索建立确保农村税费改革后村级组织正常运转的长效保障机制。

二是积极开展村级公益事业建设一事一议财政奖补试点工作。云南省被列为全国首批开展村级公益事业建设一事一议财政奖补三个试点省之一。省政府高度重视此项工作，及时制定并下发了《云南省人民政府关于印发云南省村级公益事业建设一事一议财政奖补试点实施意见的通知》（云政发〔2008〕114号），召开了全省试点现场会议，对一事一议财政奖补试点工作进行了全面部署。目前，试点工作在全省全面推开。

三是大力扶持发展农民专业合作组织。2008年共安排700万元专项资金，扶持了100个农民专业合作组织。下发了《关于加快发展农民专业合作社的通知》（云政办发〔2008〕25号）。举办了全省农民专业合作社财务会计制度培训班，重点对各级业务指导部门负责人和合作组织财务负责人共500多人进行了培训。并将《云南省农民专业合作社条例》纳入2008年立法计划。据不完全统计，目前全省共有各种类型的农民专业合作组织4 000多个，成员总数72.7万户，带动农户142万户。

四是积极推进农垦管理体制及运营机制改革。制定关于贯彻《中共云南省委　云南省人民政府关于深化改革加快农垦发展的若干意见》的实施办法和工作分解意见。挂牌成立了省国土资源厅农垦国土资源管理局，并在相关农场等设置农场土地管理所。研究拟定了《云南天然橡胶产业股份有限公司上市框架方案》。挂牌成立农垦工业公司。组建成立了云南农垦物流有限公司；启动了“云南暨东南亚天然橡胶、化工物资批发市场及物流储运中心”项目建设。

五是集体林权制度改革有效推进。截至2008年11月30日，全省摸底调查工作完成的村民小组数为15.63万个，占全省村民小组数的97.75%。制定林改方案的村民小组数为15.28万个，占全省村民小组数的95.56%。全省落实权属的村民小组数为14.03万个，确权到户数为534.89万户，确权面积为22 567.56万亩，占全省集体林面积的82.2%。发证户数289.49万户，发证面积为15 581.58万亩，占全省集体林面积的56.77%。其中普洱、大理、文山、楚雄、红河、保山等6个州市已基本完成林地确权勘察工作，全省已有70个县基本完成主体改革。9个省级试点县和主体改革基本完成的州市县启动了配套改革试点工作。

（五）财税、金融和投资体制改革进一步深化

一是不断完善公共财政体系。进一步推进部门预算管理制度改革，下发了关于推进预算公开透明工作的指导意见，在全省推行预算收支全面公开，强化预算管理和监督。积极探索省以下政府间财力与事权相匹配的体制，加大公共服务领域投入。实施新的企业所得税法，切实解决了跨区域经营企业所得税的征缴和分配问题。不断推进出口退税负担机制改革、非税收入管理改革。

二是金融改革不断深化。各大银行通过深化改革全面改进金融服务。农行股份制改革有序推进。农村金融机构改革取得成效，文山民丰、玉溪兴和、昭通昭阳富滇三家村镇银行挂牌成立。富滇银行继续推进集约化改革，整体经营管理水平迈上了新的台阶。农村信用社基本完成了产权制度改革。

三是改革投资审批制度，改善投资环境。严格按照《云南省重大投资项目审批和核准制度》等深化投资体制改革的11项配套制度，进一步加强全省重大投资项目审批环节、办理时限和办理程序等方面的管理，提高了重大投资项目审批、核准效率。进一步加快专业投资公司的组建步伐。年初成立了云南省工业投资控股集团公司，6月又成立了云南省城乡建设投资公司。截至目前全省各投资公司组织架构和内部管理制度进一步完善，运营平稳，投资规模进一步扩大。

（六）社会事业体制改革积极推进

一是积极推进科技体制改革。省属科研机构改革取得新的进展。进一步推动有条件的转制院所加快产权制度改革步伐，积极探索公益类科研院所科技创新能力评价方式，深化内部改革，推动建立现代科研院所制度。对省属公益类科研机构开展综合绩效评价，探索各类公益性科研机构持续发展的体制机制。积极推进构建科技投融资平台，省科技厅研究提出了《开发性金融合作协议》，拟定了科技融资担保平台组建工作方案，提出了科技型中小企业融资担保公司组建计划。积极培育高新技术企业上市，确定了两批共25家上市培育高新技术企业名单。

二是积极推进教育体制改革。“两基”攻坚工作顺利推进。4个规划“普九”县各项工作进展有序，秋季学期共免学杂费2 489万元，补助中小学生363 546人。发放免费教科书投入资金65 639万元，享受免费教科书学生达610万名。同时，农村义务教育经费保障机制工作有序推进。义务教育免费教科书循环使用制度启动实施。大力发展职业教育。认真实施“云南省加快中等职业教育发展行动计划”，采取校企结合，校校联合的方式，走集团化办学的路子，扩大办学规模。目前全省国家级重点中等职业学校已达50所，省部级重点中等职业学校达56所。大力推进高校改革，下发了《关于深化改革大力发展高等教育的决定》，明确了高校改革发展的四大改革和五大建设。积极扩大云南教育对外开放与交流。邀请泰国、越南、缅甸、柬埔寨、马来西亚、新加坡、巴基斯坦、韩国、俄罗斯、英国、加拿大11国总领事，就云南与11国加强教育合作与交流进行了深入探讨，推进了云南与上述国家的教育合作与交流。

三是积极推进文化体制改革。我省采取了一系列具体措施，全面推动新一轮文化体制改革。启动了《云南省近中期2009~2015年文化产业发展规划》的研究制定。推动文化产业与旅游产业实现深度结合、互动发展。发布了《关于做好省属宣传文化部门文化体制改革实施方案的通知》和《关于在文化体制改革中做好有关文化资源整合实施方案的通知》，指导各直属单位积极探索改革的新模式。完成了《云南文化产业与旅游产业互动发展》、《云南文化产业中介组织的培育和完善》等课题的研究。根据文化单位的功能和性质，分公益性文化事业单位、艺术院团和经营性文化事业单位三个类别推进省直文化事业单位改革。

四是积极推进医药卫生体制改革。我省医疗卫生体制改革进展顺利。新型农村合作医疗试点稳步推进。截至2008年底，新农合已覆盖全省129个县市区，参合人员达3 222万人，参合率为89.77%。社区卫生服务不断发展，已建社区卫生服务444所（其中，服务中心170所，服务站274个），州市所在地城市和县级市所在地城镇大部分开展了社区卫生服务。覆盖城乡的疾病预防控制和应急医疗救治体系基本建成。积极引入社会资金参与公立医药机构的改制。出台了发展民营医疗机构的有关政策，促进了民营医疗机构的发展。药品集中采购招标工作深入开展。网上竞价（限价采购）品种达15 000余种。在全省范围内全面推进“药品统一采购、统一配送”的宣威模式，目前已在128个县市区全面开展。在五个省州市三级医院开展了药房托管试点。拟定了公立医疗机构开展“院长公选制、职工聘用制及绩效工资制”的意见和“引入社会资本、发展医疗卫生事业的意见”。

五是社会保障制度改革有序推进。以改善民生为重点，加快建立覆盖城乡居民的社会保障体系。企业职工基本养老保险参保人数达到292万人，完成参保达286万人的目标任务；全省企业退休人员社会化管理服务的人数达83.15万人，社会化管理服务率达到100%；城镇职工基本医疗保险参保人数达到356.3万人，完成参保达356万人的目标任务；城镇居民医疗保险试点城市从3个州市扩大到10个州市；出台《云南省企业老工伤人员工伤保险统筹试行办法》、《云南省被征地农民养老保障办法》，截至10月底，全省参加被征地农民社会保障人员达6.9万人。

（七）非公有制经济发展环境进一步改善

一是贯彻平等准入，形成公平竞争的发展环境。研究制定了《云南省2008年中小企业暨非公经济发展工作指导意见》。出台了《云南省人民政府关于加快中小企业发展的若干意见》（云政发〔2008〕253号），并将配套实施2008～2012年全民创业和非公经济发展两个行动计划。积极促进非公经济优化产业结构和发展方式有效转变，并在数量、规模、结构和效益方面迈上新台阶。

二是加强服务指导，促进非公经济持续发展。相关部门加大了对非公经济产业结构、产品结构调整的指导工作力度，正确引导非公经济投资方向，及时向非公经济传递国家及省有关宏观调控政策、产业政策、行业规划等信息，积极帮助协调非公企业生产经营中的重大问题，非公经济发展加快。2008年非公经济创造的增加值达到2 194.5亿元，占全省GDP的比重达38.5%。

三是推动自主创新，提升非公企业核心竞争力。积极鼓励有条件的非公企业加大研发资金投入，开展技术创新工作，自主建立企业技术中心。引导和帮助非公企业采用高新技术和先进适用技术，加快技术改造步伐。对符合国家国债技改专项资金要求及相关产业政策要求的非公企业技改项目和符合国家中小企业发展专项资金支持的项目，协助申报争取国债技改贴息支持和国家中小企业发展专项资金补助或贴息支持。

四是加快信用担保体系建设。制定和修改完善了中小企业融资相关政策。如《云南省中小企业促进条例》、《云南省人民政府贯彻落实国务院办公厅关于加强中小企业信用担保体系建设的意见（国办发〔2006〕90号文件）的实施意见》、《云南省银行业中小企业贷款奖励办法》等；探索建立初创型小企业贷款风险补偿机制，实施小企业贷款风险补偿政策。

五是加强中小企业信息网络服务平台建设。全省以中小企业市场、信息、技术、人才、资金、生产、经营、管理等实际需求为导向，不断完善中小企业公共服务平台及相关网络体系建设，形成了15个子系统、30多个服务栏目，为云南省中小企业提供全方位服务。组建了“电子商务创新中心”和“云南中小企业技术创新平台”，充分发挥“产—学—研”的联合优势。

六是建立创业及中小企业服务平台。举办各类公益性创业辅导、创业培训、创业服务活动，对创业者开展创业技能培训、创业辅导，对创业者实施个性化的创业指导，以培养、提高创业者的心理、管理、经营素质，建设创业促就业、创业促和谐、创业促发展的良好社会环境。培育一批成功的微型企业和中小企业，达到新增就业岗位、促进社会和谐、构建中小企业服务平台的目的，并将此活动作为推动全民创业的长效机制。

（八）旅游产业发展和改革取得新进展

一是编制并上报了《云南省旅游产业发展和改革规划纲要》。根据云南省委、省政府提出的“十一五”期间要全面推进云南旅游“二次创业”的要求，为实现旅游大省向旅游经济强省的跨越，按照省政府的部署，省发改委和省旅游局专门成立了工作组，在国家发改委体改所的协助下，编制完成了《云南省旅游产业发展和改革规划纲要》（以下简称《规划纲要》），并由省政府正式上报国家发改委审批，积极争取国家对云南省旅游产业改革发展试点给予支持。《规划纲要》的实施将为云南积极探索新时期特色旅游产业体制机制创新，推动旅游产业结构转型升级，进一步做大做强旅游产业，充分发挥旅游产业关联带动效应的优势，推进云南建设旅游经济强省提供指导。

二是启动了旅游改革试点。按照统一规划和试点先行的原则，根据旅游业改革的目标和任务，依托于全省“十一五”旅游发展规划确立的六大旅游区的发展格局，2008年上半年，已经正式启动了昆明、玉溪、保山等三个州市的旅游产业综合改革试点工作。选择了保山市腾冲县、玉溪市抚仙湖—星云湖、大理苍洱地区为云南旅游产业发展和改革的综合试点地区，世博集团作为企业综合改革试点单位，先行先试，为全面推进旅游产业发展和改革积累经验。目前几项试点推进顺利并取得了初步成效。

二、各州市改革亮点纷呈

（一）改革试点积极推进

昆明市与红河州对综合改革试点工作高度重视，精心组织，周密部署，着力推进综合配套改革。昆明市委、市政府已出台了《昆明市深入推进综合改革纲要》，力争在行政管理体制、投资体制、国有资产管理体制和国有企业以及社会事业等方面改革取得新的进展。保山市积极推进旅游业发展改革试点。引入社会资本参与旅游开发，初步形成了以多元化投融资体制做大做强旅游产业的模式；同时积极探索“以旅促农、统筹城乡发展”的路子，促进旅游管理由分散型向集中型转变。迪庆州在探索旅游发展体制机制上有突破，实行了旅游“一卡通”。

（二）各专项改革取得新突破

昆明市着力推进行政管理体制改革，将市级506项行政审批项目精简为141项，172项行政事业性收费项目清理后只保留95项；同时，大力推进干部人事制度改革，建立和完善领导干部人选的推荐、自荐、招聘及公推公选制度，面向全国公选了100名县（处）级后备干部，实现了构建开放式选人、用人机制的新突破。

红河州行政管理体制改革取得明显成效，“红河州行政审批服务中心”于8月份建成运行。

大理州着力加强政府重大事项决策机制建设，完善了重大事项决策的规则和程序，推进了政府决策的科学化和民主化。

曲靖市深化投资体制改革，出台了《曲靖市市级政府投资管理办法》、《曲靖市重点建设项目管理办法》、《曲靖市政府投资项目效益评审办法》、《政府投资效益评审指标体系》、《政府投资咨询专家管理办法》、《曲靖市重大投资项目推进工作制度》等一系列投资体制改革政策和重大项目集中办公审批制、投资审批网上公开制等配套措施，并对项目全过程管理进行了积极探索。

普洱市集体林权制度改革成效显著，截至2008年底，已有13 924个村民小组45.2万农户的175.3万公顷林地完成了外业勘察确权任务，确权率达98.8%；累计发放林权证41.78万本，占已确权应发放林权证数的99.5%；经入户抽查访问，群众对林改的满意率在98%以上。

玉溪市围绕经济社会发展的战略目标大力发展职业教育，不断扩大职业院校的办学和招生规模，使普通高中在校生与职校在校生比基本达到1∶1，并加强骨干专业、特色专业的培植和建设。

临沧市大力推进农村综合改革，制定下发了《临沧市开展村级公益事业一事一议财政奖补试点工作实施意见》，撤并了14个乡镇，建立了以县管为主的教育管理体制，并全面启动县乡财政管理体制改革。文山州农村金融体制改革试点取得较大进展，已挂牌成立23家二级支行，为农村金融服务提供了全新的机制和平台，增强了服务“三农”的力量。

西双版纳州加快社会保障体系建设，拟定了《西双版纳州农民工工伤保险暂行办法》、《西双版纳州被征地农民基本养老保障暂行办法》和《西双版纳州城镇居民基本医疗保险试点实施办法》，近期即将出台。

昭通市大力培育人力资源市场，开发农村人力资源成效显著，全年转移输出农村劳动力110.44万人，实现务工净收入44.25亿元。

三、进一步深化改革的几点建议

总的看，2008年我省的经济体制改革取得了明显成效，促进了社会主义市场经济体制的建立和完善，但目前仍然存在一些地方和部门对改革工作重视不够、改革的总体指导和统筹协调机制不完善、改革缺乏整体设计和综合配套、改革成本难以支付等一系列亟待解决的困难和问题。为全面贯彻落实科学发展观，认真应对新的一年我省加快发展面临的挑战和机遇，努力保持全省经济社会平稳较快发展的良好势头，推进各项改革，我们建议：

（一）进一步加强对改革工作的领导

各级各部门要认真贯彻落实《中共云南省委、省人民政府关于进一步深化改革的决定》，加强领导，强化改革意识，大力推进体制创新和制度创新，主要领导应关心过问改革工作，增强改革动力，为全省经济加速发展注入新的生机和活力。

（二）建立健全组织机构

建立必要的组织机制是推进改革的重要前提。建议成立以省政府分管领导挂帅的云南省经济体制改革联席会议制度，对全省改革实行统筹协调，形成改革的合力和快速协调决策机制，及时协调解决改革中的各类矛盾和问题，保证各项改革工作顺利推进。

（三）增加对改革试点工作的投入

着力推进昆明市、红河州综合改革试点及全省旅游业发展改革试点工作，加快研究部署开展省级其他重点领域和关键环节改革试点工作是新形势下国家和省推进改革的重要措施。由于试点工作刚刚启动，需要统筹规划，分步实施，更需要政策和必要的资金支持，建议省财政安排一定的经费，支持我省改革试点工作。

（四）组织召开一次全省体改工作会议

2002 年原省政府体改办撤并以来，全省未召开过省级层面的体改工作会议。为适应新形势，为全省经济社会持续快速健康发展提供强大动力，建议省政府 2009 年适时召开一次全省经济体制改革工作会议，研究部署改革工作，促进全省快速发展、科学发展。

（《云南改革报告》2009 年第 3 期）

全省“一张网覆盖”电力管理体制改革平稳顺利推进

根据国家有关电力体制改革的系列要求和统一部署，为加快农网改造、无电人口通电工程的实施，切实解决我省农村电网建设与改造工程中存在的突出问题，尽快形成全省电网“一张网覆盖”，促进我省以水电为主的电力支柱产业健康发展。按照省政府的部署，2008 年 3 月，由省发展和改革委员会牵头，省财政厅、省水利厅、省水利水电公司、云南电网公司等单位参加，组成两个专题调研组，对曲靖、玉溪、保山、大理、德宏和迪庆六个州市的电网现状、电力企业资产经营管理情况、电力生产消费情况、现行电力体制以及对实现全省“一张网覆盖”的意见和建议等问题进行了专题调研。

调研组通过广泛收集资料，学习相关政策法规，在深入调研，反复征求各州市政府、有关部门和相关企业意见的基础上，数易其稿，形成了《关于实现全省“一张网覆盖”目标　理顺地方电力管理体制的调研报告》和《云南省电力管理体制改革实施方案》，并于 2008 年 6 月上旬上报省政府。省政府于 2008 年 11 月 24 日正式批复了《云南省电力管理体制改革实施方案》。我省新一轮电力管理体制改革由此拉开序幕。

一、工作进展情况

2008 年 12 月 11 日，省人民政府在连云宾馆召开了全省电力体制改革暨电网建设工作会议，和段琪副省长出席会议并作重要讲话。会议全面部署了电力体制改革和电网建设工作，明确要求 2008 年 12 月 31 日以前基本完成地方电力体制改革工作。

《云南省电力管理体制改革实施方案》是全省“一张网覆盖”电力管理体制改革的主要政策依据，其主要精神是坚持四项原则、实行三种改革模式。四项原则：即电力管理体制改革必须坚持平等协商、互利多赢的原则，坚持统筹安排、因地制宜的原则，坚持安全运行、突出效益的原则，坚持现实可行、兼顾预期的原则。三种改革模式：云南电网全资子公司模式、股份制公司模式、地方全资公司模式。

全省“一张网覆盖”电力管理体制改革的重点是由地方管理的滇西六个州市的电网资产的改革重组，其次是由云南电网公司管辖的其他州市的电网资产的改革重组。按照改革实施方案的要求，结合全省电力体制改革暨电网建设工作会议精神，德宏州、怒江州、迪庆州、丽江市、临沧市政府通过与云南电网公司的友好协商，在 2008 年 12 月 31 日前基本完成了地方电网资产重组协议的签订，现正在为履行资产重组协议作相关准备；保山市政府按照要求，启动了相应改革工作。具体情况如下：

德宏州：2008 年 10 月 24 日，德宏州政府与云南电网公司签订了《云南德宏电力股份有限公司重组协议书》，在剥离户宋河电站资产和相关州市县财政借款后，云南德宏电力股份有限公司全部国有产权整体划转云南电网公司。目前，云南德宏电力股份有限公司资产清理工作已经结束，准备签订资产划转协议。

临沧市：2008 年 12 月 12 日，临沧市政府与云南电网公司签订了《临沧市地方电网公司股权划转协议书》。临沧市政府将其在临沧市地方电网公司所拥有的 45% 股权无偿划转云南电网公司（55% 股权为云南水利水电公司持有，目前云南电网公司与云南水利水电公司正在协商此股权转让事宜）。目前正在进行资产清理，为国有股权无偿划转作准备。

丽江市：2008 年 12 月 31 日，丽江市政府与云南电网公司签订了《丽江市电网股份有限公司重组协议书》，丽江市电网股份有限公司全部国有产权整体划转云南电网公司。目前正在进行资产清理和财务审计，为国有产权整体划转作准备。

迪庆州：2008 年 12 月 31 日，迪庆州政府与云南电网公司签订了《迪庆州电网供电有限公司重组合同书》，迪庆州电网供电有限公司现有实收资本（以中介机构清产核资审计结果为准）的 40% 退还给迪庆州政府，其余全部国有产权整体划转云南电网公司。目前正在进行资产评估，为国有产权整体划转作准备。

怒江州：2009 年 1 月 8 日，怒江州政府与云南电网公司签订了《云南怒江电网有限责任公司重组协议书》，云南怒江电网有限公司在剥离非电资产和回购云南金鼎锌业有限公司和怒江鼎业房地产开发公司所持有的民营股权后，全部国有产权整体划转云南电网公司。目前正在进行资产评估，为下一步民营资本退出和国有产权整体划转奠定基础。

保山市：根据《云南省电力管理体制改革实施方案》的规定，保山电力股份有限公司实行地方全资公司改革模式。目前保山市正在对保山电力股份有限公司“实现厂网分开，保证统一规划和统一调度，有效推进农网改造任务完成”三项改革任务制订工作方案。

二、初步成效及主要经验

（一）初步成效

1. 整合现有电网资源，互利共赢，为农网改造和无电人口建设工程顺利实施创造条件。云南省“一张网覆盖”电力管理体制改革工作的稳步推进，实现了农网改造建设工程“一省一贷”目标，为下一步农网改造和无电人口建设工程顺利实施创造了条件；从推进的进程来看，基本做到多方满意，互利共赢，一定程度上调整理顺了电力结构性矛盾，解决了州市电网规划和建设的难题，为实现区域经济社会又好又快发展奠定了坚实基础。

2. 初步形成了全省电网“一张网覆盖”，实现了电网建设“四统一”。随着全省“一张网覆盖”电力管理体制改革工作的推进，我省部分地区大小电网并存、条块分割、各自为政的局面将不复存在。改革不仅整合了现有电网资源，实现了电网规划和建设的一体化，还强化了电力枢纽和电网功能，实现了电网建设统一规划、统一建设、统一管理和统一调度。

3. 为把云南打造成国家重要的西电东送清洁能源基地和境内外电力调配枢纽奠定了坚实的基础。培育以水电为主的电力支柱产业是省委、省政府作出的战略性重大决定，也是我省重点培育的五大支柱产业之一。云南省“一张网覆盖”电力管理体制改革工作的稳步推进，初步理顺了云南省电力管理体制，为实现省委、省政府培育以水电为主的电力支柱产业，将我省打造成为国家重要的西电东送清洁能源基地和境内外电力调配枢纽，为电力产业发展奠定了坚实基础。

（二）主要经验

1. 领导重视，统一思想是前提。省委、省政府领导对云南省“一张网覆盖”电力管理体制改革工作高度重视，多次作出重要指示，召开协调会议，为全省统一思想，迅速推进改革工作奠定了思想基础。

2. 结合实际、顾全大局，选取不同改革模式是关键。相关州市情况千差万别，但各州市皆按照省委、省政府领导的指示精神和《云南省电力管理体制改革实施方案》的要求，结合本地实际，服从大局，创新思路，采取不同改革模式，有序推进改革工作。

3. 省直相关部门和企业密切配合，发挥合力是基础。省水利厅、云南电网公司、云南水利电力有限公司等省直相关部门和企业密切配合，大力支持改革工作，这是云南省“一张网覆盖”电力管理体制改革工作顺利推进的重要基础。

4. 牵头部门统筹协调，加强指导是保障。省发展和改革委员会党组高度重视，分管领导亲自抓。调动各方积极性，充分发挥职能作用，多方协调，有力指导，加强督促，正确处理好政府、发电企业、电网企业和电力用户之间的利益关系，统筹兼顾局部利益和全局利益，当前利益和长远利益，构建互利共赢格局，积极稳妥地推进电力管理体制改革。

三、存在的主要问题及下一步工作建议

（一）存在的主要问题

1. 民族地方的特殊性在一定程度上制约着电力管理体制改革的深化。迪庆州的藏区稳定问题是一切工作的前提。电力管理体制改革涉及多个环节，对电力电量调度权、保持现行电价管理体制、加大电网规划建设力度、地方注册完税、公司干部职工政治经济待遇不变等改革前提条件需反复斟酌，力图避免后遗症。怒江州的怒江开发与保护问题，长期困扰怒江经济社会发展的余电外送通道不畅问题，对电力管理体制改革特别敏感，实施云南怒江电网有限公司重组协议有一定困难。特别是怒江三条220KV骨干电力输送通道建设，工业园区项目享受优惠电价，云南怒江电网有限公司引进的民营资本——云南金鼎锌业有限公司（持股39%）和怒江鼎业房地产开发有限责任公司（持股10%）的股权回购，实施中有一定难度。

2. 对特殊情况分析研究不深，改革思路和办法不多，灵活度不够。对非国有股权（产权）改革思路和办法不多，灵活度不够。如红河州泸西县电力公司、昆明辰华供电公司涉及的非国有股权，改革的思路和办法不多，改革进展缓慢。昭通市所属6个县、涉及31个乡镇农电管理体制目前尚未理顺，也主要是由于非国有股权（产权）问题困扰，直接影响农网改造进程，昭通全市农网改造户表覆盖率仅达40%。

3. 深化电力体制改革的前瞻性思考和研究不足。电力体制改革是一项长期而艰巨的系统工程。“一张网覆盖”电力管理体制改革仅仅是电力体制改革进程中的一项阶段性工作。由于在改革过程中，许多部门和企业缺乏专门机构、专人负责，且工作中更多着眼于解决当前实际问题，对下一步电力体制改革结合度不够紧密，缺乏前瞻性思考和研究。

（二）下一步工作建议

1. 因地制宜、分类指导，以创新的思路灵活解决各类问题。改革面临许多特殊情况和特殊问题，州市政府应立足州市实际，为改革创造良好氛围，全力支持并服务改革；云南电网公司应着眼于解决州市实际困难，灵活机动，以上划和股改两种模式推动改革，且

上划应无偿上划和有偿上划相结合。如泸西县电力公司，建议采取股改的办法推进改革，这是双方现阶段都能接受的最佳解决办法；昆明辰华供电公司，建议采取有偿收购股权的办法加以解决。对昭通市尚未全面理顺农电管理体制问题，昭通市及相关县政府应高度重视，加强领导和协调；昭通供电局及相关县供电公司应主动承担社会责任，密切配合市县政府，理顺改革思路，采取多种办法和措施，尽快完成乡镇电力管理体制改革工作，进而推动农网改造工程顺利实施。对西双版纳州农垦电力公司，云南电网公司应就改革事宜与省农垦总局充分协商，尊重历史，尽量满足其合理要求，力争纳入全省“一张网全覆盖”改革，进而实现“一县一公司”经营目标。

2. 切实履行职责，加大督促和协调，确保改革有序平稳推进。虽然相关州市政府与云南电网公司的重组协议已经全部签订，但实施重组协议过程中还存在许多问题，特别是怒江州、迪庆州、德宏州、丽江市、临沧市的重组协议的实施过程中还有许多具体问题需要解决。省发展改革委等部门要进一步加强情况跟踪和督促协调，妥善协调解决重组过程中涉及的特殊问题，确保改革有序平稳推进。

3. 前瞻研究，积极应对，超前谋划下一步电力体制改革。全省“一张网覆盖”电力管理体制改革仅仅是电力体制改革进程中的一项阶段性工作，2009 年国家将加快推进电网企业主辅分离，研究制定输配电分开方案等电力体制改革工作。我省需要超前思考，加强前瞻研究，积极谋划，深化电力体制改革。建议省有关部门、各州市政府和云南电网公司成立工作班子，保障工作条件，做好前瞻性研究，积极主动应对下一步电力体制改革。执行地方全资子公司运作模式的保山市，更需要在怎样确保统一规划、统一调度，有效推进农网改造工程的完成，实现厂网分开，培育区域电力市场等方面，结合国家的改革方向，研究并提出改革思路和措施。

（《云南改革报告》2009 年第 4 期）

云南盐业体制改革调研报告

一、盐业发展总体情况

云南盐业的历史悠久，盐产业曾经在全省国民经济中发挥举足轻重的作用。随着经济社会的不断发展，盐产业在经济贡献中的主导地位在逐步发生转变。目前，云南盐业以贯彻落实国家食盐专营政策并通过食盐加碘持续消除碘缺乏危害的发展模式已基本定型。

（一）盐资源大省，产业小省

云南省是全国现有8个井矿盐产区之一。全省岩盐资源丰富，资源保证度高，大部分岩盐矿的氯化钠品位为60%左右，最高达80%以上。2006年，我省有盐资源矿区14个，查明资源量142.73亿吨，基础储量52.81亿吨，居全国井矿盐产区第2位，仅次于江西省。原盐产能居第7位，产量居第6位，分别占全国的1.5%、1.3%。多品种盐占全国的0.3%，纯碱产量居全国20位，占全国产量的1.1%，烧碱产量居26位，占全国的0.5%。全省盐产业的销售收入、工业增加值，分别占全国的6.2%、6.5%。

云南省委、省政府已将盐化工列为重点发展的支柱化工产业之一，鼓励云南盐业依托云南的资源优势大力发展盐和盐化工产业，并通过实施集团化、产业化、规模化战略，实现云南盐和盐化工的质量效益型增长。根据《云南省盐业“十一五”发展规划》，到2012年，云南省将形成制盐总能力250万吨/年，其中食盐50万吨、工业盐200万吨，烧碱100万吨，纯碱和氯化铵各50万吨，聚氯乙烯100万吨/年的产能。

（二）全面贯彻国家食盐专营政策，“三率”稳步提高

食盐专营是国务院为实现消除碘缺乏危害，保护人民身体健康、提高人口素质而采取的国策。为了全面贯彻国家食盐专营政策，保障食盐加碘工作的有效实施，不断强化和规范盐业管理，2005年云南省出台了《云南省盐务管理局实施行政许可事项管理规定》，对盐资源开发、制盐企业扩大生产规模、食盐定点生产、食盐批发、零售和准运等5项事项实施行政许可，加强了食盐专营管理，构建了全省统一的盐业市场，促进食盐专营水平不断提高。2009年，云南省将2000年出台的《云南省盐业管理条例》列入了当年的立法计划，开展《条例》的修订工作，进一步为食盐专营提供法律保障。

目前，云南加碘食盐供应覆盖全省16个州市，部分产品面向贵州、广西，少量销往周边国家。2008年，全省碘盐覆盖率为97.29%，合格碘盐食用率为93.94%，碘盐合格率为96.50%，食盐生产计划完成率100.82%，销售计划完成率96.1%。据省卫生厅检测数据显示，全省14个州市（除昭通市、怒江州外）碘盐覆盖率在95%以上，116个县（市、区）碘盐覆盖率达到95%以上，占全省129个县（市、区）的89.9%。15个州市（除昭通市外）合格碘盐食用率均在90%以上，129个县（市、区）中，合格碘盐食用率在90%以上的共有109个县（市）。

（三）盐务管理政企逐步分开，行政管理职能进一步强化

2006年10月，根据《云南省人民政府办公厅关于进一步理顺云南省盐业管理体制的通知》（云政办发〔2004〕188号）及《云南省机构编制委员会办公室关于进一步理顺我省盐业管理体制的批复》（云编办〔2006〕142号）精神，盐业行政管理职能正式划转云南省经委，由经委一位副主任担任云南省盐务管理局局长，省一级的盐业行政管理职能职责与经营正式分开。现阶段，云南省州市一级盐业主管部门大部分归口各州市经委，但盐务管理局和盐业公司（除曲靖市外）仍合署办公。县级以上盐务管理机构有116个，其中，盐务主管部门设在经济局的有81个，设在发改局的2个，设在商务局的12个，设在供销社的21个。

（四）盐行业实现产销联合，管理一体化

云南省现有制盐企业3家（1家待关闭，1家为副产工业盐的化肥企业），氯碱生产企业6家，纯碱企业1家。其中，云南盐化股份有限公司经过整合成为云南省唯一政府授权的食盐专营的经营主体。为满足不同人群的消费需求，云南省在保证基本规格品种碘盐供应的基础上，又推出不同规格的多品种营养盐、食品加工用盐、畜牧用盐及日化盐，可以生产12个品种、6个包装规格的食盐产品，4个品种的日化盐产品。2007年，为配合云南省卫生厅执行的中央补助地方公共卫生专项资金克山病防治预防性补硒项目，云南盐化股份公司生产了硒碘盐，在云南克山病历史重病区之一的大理州洱源县全面推广，取得了显著成效。

据5年来的调查统计，云南盐化股份公司盐产品在云南省市场的平均占有率为：食盐96.9%，工业盐80.7%。2008年，云南盐化精制盐产量91.8万吨，其中食盐33.3万吨，完成全年计划33万吨的100.82%；工业盐58.56万吨，比上年同期增长43.82%。当年调出食盐4.4万吨，调出工业盐12.2万吨。全省盐业工业总产值达12.67亿元，工业增加值3.38亿元，产品销售收入13.44亿元。

二、盐业体制改革成效

云南盐业体制经历了一系列的改革探索和机制创新，取得显著成效。

（一）盐业管理体制不断完善

1991年经云南省人民政府批准成立云南省盐务管理办公室，由省轻工厅分管。1994年云南省盐务管理办公室更名为云南省盐务管理局，不增加经费和人员编制，与云南省盐业总公司合署办公。1996年云南省人民政府确立云南省盐务管理局为盐业主管机构，负责全省食盐专营工作。

2002年6月前，云南省盐务管理局与云南省盐业总公司实行"两块牌子，一套班子"的管理模式，2002年6月，省盐务管理局机构单列，由省轻纺集团管理。2003年5月，省政府委托云天化集团代管省盐务管理局。2006年10月，省盐务管理局划转云南省经济委员会（现为云南省工业和信息化委员会）管理，省工信委下设盐务处负责省盐务管理局日常工作，至此，省级盐务管理行政机构实现了政企分开，行政归口管理。

（二）盐业企业成功上市

云南省盐业总公司于2002年7月实施以整合优质资产为手段、以改制上市为目标的剥离式整体改制，分别组建了云南盐化股份有限公司和云南博源实业有限责任公司，对资产和人员进行剥离，将主营资产及人员纳入了云南盐化。云南盐化股份公司联合6家股东（云南有色地质矿业有限公司、云南创立投资管理有限公司、云南省国有资产经营有限责任公司、云南省开发投资有限公司、中国盐业总公司、安宁市工业总公司）共同注册成立。建立所有权和经营权分离的、完善的法人治理结构和运行体系，公司成为权责分明、自主经营、自负盈亏、自我约束、自我发展的市场主体。

2003年6月，由于云南轻纺集团有限公司整体划入云天化集团有限责任公司，云天化集团成为云南盐化的实际控制人。2006年6月，云南盐化7 000万A股股票在深圳证券交易所上市，成为云天化控股的第三家上市公司，国内唯一的食盐专营上市公司，建立了产销一体化的盐业经营模式和融资平台。

（三）实现了资源的合理配置和产业聚集发展

2003年4月，云南省政府实施优质资产向优势企业集中的化工行业整合。一是对产能在5万吨/年以下的凤岗、黑井、石羊、富民、磨歇等小盐矿实行了政策性关闭。二是由云南盐化先后出资收购大理州乔后盐矿、普洱县磨黑盐矿，对全省的盐和盐化工进行整合重组，优化了全省盐行业的产业结构和布局，实现了资源的合理配置，改变了云南盐业“多、小、散、弱”的局面，为云南盐业的发展壮大奠定了基础。

2002年7月至2007年12月，云南盐化的销售收入由1.59亿元增至15.55亿元，增长了8.78倍；利润总额由4 041万元增至1.16亿元，增长了1.87倍；上缴税金由2 024万元增至1.4亿元，增长了5.92倍；总资产由3.9亿元增至23.42亿元，增长了5.01倍；净资产由2.1亿元增至11.48亿元，增长了4.47倍；员工人数由1 869人增至4 167人，增长了1.2倍。

（四）形成了产供销一体化管理优势

云南在全省范围内建立起了统一的产供销一体化的盐业体制，实现了生产、经营高度集中，缓解了盐业的产销矛盾，构建了盐资源开发、原盐生产加工、盐多品种开发和盐化工共同发展格局，管理优势凸显。

目前，以云南盐化为销售主体，4个制盐企业、4个物流中心库、17个营销分公司（批发企业）、22个碘盐配送中心、99个代转批企业的省、州（市）、县三级生产营销网络运转良好。一体化后，制盐企业生产技术和能力均得到了提升，原由食盐出厂价定价低引发的矛盾和问题得到缓解，食盐生产包装一次完成，直接从厂到营销公司，减少了分包环节，食盐品质进一步得到保证。食盐营销实行专营条件下的市场化管理，权责分明，激励及约束与食盐营销目标挂钩，营销和市场监管协同推进。云南盐化年均支付约980万元运费补贴给代转批企业，特别是边远地区的代转批企业销售食盐可获得最高250元/吨的运费补贴。食盐专营统一计划、统一核算，有了合理的产业组织和管理机制，形成食盐专营共赢局面，保证碘盐生产质量及边远地区和广大的农村碘盐供应，有效扭转计划经济体制下形成的“坐商”、“官商”作风。

（五）盐业发展环境进一步优化

随着全省政府盐务管理主体地位逐步明确，行政部门盐政管理和市场监管职能职责进一步强化，盐务管理逐步受到各级政府的重视，盐业发展规划、政策指导和行政许可管理明显增强，政府服务效能进一步提高，盐业的发展条件及政策环境进一步优化。

自推行盐业体制政企分开以来，各级政府不断完善食盐专营政策措施，积极转变职能职责，优化服务，不断为食盐专营和盐业发展创造条件。如，曲靖市经委正式挂牌成立了曲靖市盐务管理局，对市县盐业体制进行调整，初步实现了市县对口管理；红河州经委实现盐务对口管理，建立一支务实工作的盐政稽查大队，并将其工作经费纳入同级财政预算；昭通市政府与各县政府、部分县政府与乡政府签订了提高碘盐覆盖率达标率的目标责任书。政府强化管理职能职责，使盐业发展的外部环境得到明显的改善，企业发展中的一些外部困难和问题得以解决，食盐专营管理水平得以提升。

三、存在的矛盾和问题

随着盐业体制改革的不断深入，盐务管理的一些薄弱环节逐渐显现，盐业体制改革有待进一步深化。

（一）盐务管理任务十分繁重

云南省是全国碘缺乏的八个地区之一，消除碘缺乏病、保证碘盐供应、确保到2010年95%以上的县实现消除碘缺乏病目标，仍是一项持续和长期的任务。云南省部分地区，特别是一些少数民族地区和边远贫困山区，由于受自然环境、经济、文化及生活习俗等因素影响，巩固和提高“三率”工作的难度较大。目前，我省计划完成率在70%以下的有24个县（市、区），占全省的18.60%；碘盐覆盖率低于95%的有13个县（市、区），合格碘盐食用率低于90%的有20个县（市、区）。

（二）食盐市场有待进一步规范

目前，由于食盐和工业盐之间存在较大的价格空间，云南省不少的消费者对碘缺乏危害的认识不足，也不具备识别假冒不合格盐、非碘盐伪劣盐的能力和相关知识，一些非食盐定点生产企业及不法商贩无视国家食盐专营法规，私自生产、贩运私盐、假盐、劣质盐，以低价、送货上门等手段冲销市场，整顿和规范盐业市场秩序，净化食盐市场、加强市场监管的任务艰巨。

（三）盐业管理法律法规有待进一步完善

随着云南盐业改革的深化，《云南省盐业管理条例》的一些规定已经不适应发展需要，使盐业改革后出现的新矛盾、新问题得不到法律法规支撑。比较突出的是由于缺少对工业盐的管理和处罚规定，使工业盐冲销食盐市场的问题难以解决。

四、意见和建议

盐是关系国计民生的重要商品，也是人民生活日不可缺、无可替代的特殊商品，食盐加碘对人民群众的身体健康和民族素质的提高意义重大。实施食盐专营14年来，云南合格碘盐食用率保持较高水平，边远地区碘盐供应得到很好的保障。针对上述问题，我们建议：

（一）继续实施食盐专营政策

把食盐专营，消除碘缺乏危害作为盐业管理的首要任务。目前，专营条件下私盐工业盐、假冒伪劣盐冲销市场无序竞争现象还难以杜绝，部分消费者的健康意识和自我保护意识薄弱，难以自觉选择食用碘盐，实施食盐专营应是当前保护消费者利益和人民健康的最佳选择。云南省属于内陆边疆省份，也是我国严重的碘缺乏省份之一。长期以来，由于地处西南边疆，经济文化相对落后，人民生活水平相对较低，特别是大部分边远地区和少数民族地区群众能吃上合格碘盐对于边疆稳定、民族团结具有非常重要的政治意义的认识还不足，需要将食盐专营政策这一项实实在在的惠民工程和民心工程抓紧抓好。

（二）积极探索市场经济体制下的食盐专营管理模式

建议坚持政府定价管理，确保城乡同价，以防止因运输费用高昂，使交通不便、购买力低下的山区农村和边远地区食盐价格过高。继续实施生产许可证制度、经营许可证制度、运输许可证制度。加强对工业盐生产、销售、运输各个环节的管理，对不按规定生产和销售工业用盐的企业进行整顿、清理、取缔，从源头上加以控制，防止工业盐流入食盐市场。

（三）坚持走集团化之路，促进产销联合，消除产销矛盾

云南省盐业的改革与云南现阶段发展相适应，其模式在全国有一定的借鉴意义。促进产销联合，建立良好的产业组织和企业组织，培育成熟的经营主体，有利于解决困扰盐业行业发展产销矛盾难协调的问题，有利于建立现代流通模式，形成大市场、大流通的格局，加快盐业流通现代化进程，提高营销水平和服务能力。

（四）建立行业管理、食盐专营、盐政执法各司其职、相互协调的盐业管理体制机制

建议国家有关部门设置盐政管理的专门机构对全行业进行全面的管理和协调，进一步理顺盐业管理体制。建立行业管理、食盐专营、盐政执法各司其职、相互协调的盐业管理体制。加强对盐业市场的监管，为维护盐业市场提供组织保障。研究制定使执法主体和经营主体有效分离，相互配合的工作机制。重点是科学设计构架食盐与工业盐的二元管理体系，积极探索市场经济体制下的食盐专营模式、政策，实现工业盐放开与食盐专营两种不同经营模式的有机统一，有效防止工业盐冲销食盐市场秩序，真正使盐业经营监管与消除碘缺乏病的目标同时实现。

（五）进一步建立健全盐业法规体系

随着我国社会主义市场经济的不断深入，现有的盐业管理法规已不适应于当前食盐专营管理的需要。建议尽快修订和完善国家出台的《盐业管理条例》、《食盐专营管理办法》等相关法规政策，为省级完善相应管理办法提供法律依据和政策支撑。

（六）请求国家盐业发展政策进一步向云南倾斜

一是请求国家将云南列入“西部省区重点缺碘地区”之一，并对贫困人口实行碘盐价格补贴的扶持政策，以解决云南省边远贫困山区老百姓的碘盐供应问题，帮助云南早日实现消除碘缺乏病的目标。

二是请求国家加大中央财政转移支付力度，补助云南扩大硒碘盐推广范围。云南除大理市洱源县外，还有楚雄、丽江等一些州、市、县属于缺硒地区，应该尽快推广食用硒碘盐，减少硒缺乏对人民群众身体健康的危害。

三是请求安排一定的“食盐专营补助专项资金”，支持云南等边疆地区开展科学补碘知识宣传普及项目。

（《云南改革报告》2009 年第 5 期）

抓住机遇　提振信心　奋力开拓
全面推进云南旅游发展改革试验区建设

——赴重庆、湖北、海南改革试验区考察调研报告

一、基本情况

（一）重庆市统筹城乡综合配套改革试验区快速推进

2007年6月，经国务院同意，国家发改委批准重庆和成都为全国统筹城乡综合配套改革试验区；2009年元月，国务院下发《关于推进重庆市统筹城乡改革与发展的若干意见》（国发〔2009〕3号），重庆发展正式上升为国家战略；4月，国务院正式批准重庆市统筹城乡综合配套改革试验总体方案。重庆统筹城乡综合配套改革的总体思路是构建“一圈两翼”区域发展平台。“一圈”以主城为核心、一小时车程为半径的经济圈；“两翼”渝东北地区和渝东南贫困山区。建立产业合理布局与有序发展的导向机制，政府财力向公共服务特别是农村基本公共服务倾斜的投入机制，构建对口帮扶、互动发展机制。使财政向“两翼”倾斜，形成“一圈两翼”对口帮扶机制，引导企业到“两翼”实施特色产业项目。试验区批准两年多以来，重庆市全面深化综合改革，经济社会呈现快速发展的势头。重庆市生产总值同比增长14.3%，跃上5 000亿元大关，地方财政一般预算收入增长30.4%，达到577亿元，全社会固定资产投资增长28%，社会消费品零售总额、外贸出口分别增长24.3%和26.4%。

旅游业作为重庆市的支柱产业，近年来发展迅速，改革与发展取得显著成效。2008年，全市全年接待国内外游客超过1亿人次，同比增长24.77%；旅游总收入560亿元，同比增长26%；截至2008年底，全市共有323家旅行社，五星、四星、三星级酒店分别达到9家、43家和107家；直接和间接从业人员分别达到26万人和130多万人。2009年国务院3号文件明确了重庆市旅游业发展“一心两带”思路，即依托城市中心旅游区，积极构建长江三峡国际黄金旅游带和渝东南民俗生态旅游带。

（二）武汉城市圈“两型”社会建设综合配套改革进展顺利

2007年12月，国务院批准湖北武汉城市圈及湖南长株潭城市群为全国资源节约型和环境友好型社会（简称“两型”社会）建设综合配套改革试验区，标志着武汉城市圈的改革发展上升为国家战略层面。武汉城市圈综改试验区由武汉及周边100公里范围内的9市构成，面积、人口和GDP分别占到湖北省的31.2%、52.5%和61.5%，是湖北产业和生产要素最为密集、最具活力的地区。湖北省在推进试点的进程中，遵循分阶段、突出重点领域，分层次、寻求创新突破的原则，确保每一项改革任务的推进。一是超前谋划。早在2002年，湖北省委就在党代会报告中提出“建设武汉城市圈，带动湖北在中部地区崛起的重大决策”，2004年中央正式提出并开始实施促进中部地区崛起战略；2007年武汉城市圈“两型”社会试点获得国家批准。二是有序推进。湖北省按照试点方案统筹安排，分

步推进，制定三年行动计划，明确提出突破九大体制机制障碍、38 项改革试验任务。同时，每年都制定改革年度意见，分解改革任务，落实到每个相关部门。三是实施改革项目化管理。完善项目管理程序，提高改革试验的科学性、可行性，防范和减少风险。一年多来，湖北省紧紧围绕试验区的基本定位，在抓紧编制、报批改革试验总体方案的同时，初步形成了试验区建设的实施框架体系，各项改革试验工作有序展开，试验区建设取得又好又快发展。2008 年，武汉城市圈综改试验区的生产总值、固定资产投资、社会消费品零售总额分别达到 6 972.11 亿元、3 707.97 亿元和 3 150.42 亿元，同比分别增长 14.8%（高出全省 1.4 个百分点）、32.3% 和 23.2%，分别占全省比重 61.5%、63.9% 和 63.4%。

湖北省结合自身丰富的旅游资源，提出了构建鄂西生态文化旅游圈、创建旅游名镇、创建旅游名村、建设旅游经济强省的目标。2009 年湖北省委 1 号文件，进一步提出旅游业发展的“121”建设工程（即 10 个旅游强县、20 个旅游名镇、100 个旅游名村）。尽管受到全球金融危机的冲击，全省的旅游业发展仍然呈逆势飘红的良好势头。2008 年，湖北省接待海内外游客 1.18 亿人次，旅游总收入达 744.19 亿元，同比分别增长 14.9% 和 19.2%，2009 年 1~5 月，接待游客和旅游收入的增长均在 20% 以上。

（三）海南国际旅游岛建设得到国家高度关注和大力支持

2000 年以来，国家为扶持海南旅游产业发展，率先赋予海南航权开放、落地签证等特殊优惠政策，批准海南执行“21 国旅游团来琼免签”政策，使海南旅游产业逐步走上旅游投资国际化、客源市场国际化、旅游企业管理国际化的发展轨道。2007 年，海南首次提出建设“国际旅游岛”。2008 年 3 月，国务院原则同意海南进一步发挥经济特区优势，在旅游业对外开放和体制机制改革等方面积极探索，先行试验；4 月，海南省政府对外公布了《海南国际旅游岛建设行动计划》；9 月，全国政协副主席孙家正率团对海南国际旅游岛建设进行专题调研考察，建议国务院批准将海南“国际旅游岛”建设纳入国家战略。2009 年 4 月，温家宝总理在海南调研时正式提出，海南要把旅游业发展成为支柱产业，“要把建设国际旅游岛作为海南深化改革开放、促进经济增长的制高点和突破口，努力达到国际化程度高、生态环境优美、文化魅力独特、社会文化祥和的海岛型国际旅游目的地”，并要求国务院有关部门对海南发展旅游业给予大力支持和帮助。为落实国家的总体部署和发展战略，海南省加速推进“国际旅游岛”建设。一是以改革促发展，为建设国际旅游岛汇聚发展要素。实施农垦管理体制改革，收回了农垦部门的管理权，整合了土地资源；深化行政管理体制改革，实现省直管县，把权力下放到了县级。争取航权和免税区政策等。二是定位明确，执行有力。海南对需开发的景区景点有较为明确的定位，在开发过程中，以招商选资的模式进行，确保引进的项目与景区的品牌定位相匹配，宁可不开发但决不乱开发。文昌依托在建卫星发射中心，拟建航天主题公园，并引入迪斯尼；浅水湾通过旅游、房地产拉动，拟建东方迈阿密；亚龙湾的定位是高品质、高档次的旅游休闲度假区，选择的硬件是具有国际水准的知名酒店。

经过多年的培育和发展，旅游业现已成为海南省的第一产业。2008 年，旅游总收入相当于海南省生产总值的 13%，形成了具有相当规模的“吃、住、行、游、购、娱”六大要素功能齐全、协调配套的产业体系，以观光为主，度假、会议为辅的海南旅游产业发展格局粗具规模。目前海南省已有 211 家旅行社，五星、四星级酒店分别达 43 家和 54 家，入驻 13 家国际著名酒店管理集团；开辟国际航线达 44 条，俄罗斯、韩国、英国等 20 多个国家开通了往返三亚、海口机场的航班，直飞海南国际航班的国内外航空公司达 25 家。2008 年，海南省全年接待旅游过夜人数 2 060 万人次、增长 10%，旅游总收入 185 亿元、增长 8%。海口、三亚等五个城市先后获得“全国优秀旅游城市”称号。

二、三地改革试验区的基本经验和启示

纵观重庆、湖北和海南推进改革试验区的主要做法和工作历程，尽管起步的时间各有不同，工作重点各有侧重，但一些基本做法和经验异曲同工，主要有：

（一）加强领导，健全机构是做好改革试验区的重要基础

三省市在改革试验区获批后，都建立了强有力的领导和工作机制，为改革实验工作的顺利推进提供了组织保障。重庆市成立了由王鸿举市长担任组长的统筹城乡综合配套改革领导小组和正厅级专门的工作机构——重庆市统筹城乡综合配套改革办公室，增设了 4 个处室，增加了 20 人的编制，各区县、各部门也明确了承担统筹城乡改革工作的机构和人员，形成了相关的工作机制。同时还成立了由市长担任组长的旅游发展领导小组，分管旅游和发改的副市长为副组长，每年召开一次针对旅游改革与发展的部门联席会议。湖北省成立推进武汉城市圈“两型”社会建设综合配套改革领导小组，组长由李鸿忠省长担任，领导小组下设办公室，由常务副省长兼任办公室主任，省政府分管副秘书长、武汉市分管副市长、省发展改革委分管副主任兼任办公室副主任，增设了一名专职副主任（副厅级）和 3 个处室，增加了 20 人的编制。领导小组办公室设在省发展改革委，具体承办日常工作。海南省的领导工作力度更大，2009 年 4 月成立了推进国际旅游岛建设领导小组，由省委卫留成书记任组长，罗保铭省长和省委于迅副书记为副组长；领导小组办公室设在省旅游发展委员会，办公室主任由省长助理兼旅发委主任担任；将原省旅游局更名为省旅游发展委员会并列入政府组成部门，增加了 20 个公务员编制和 4 个处室。领导小组成立以来，省委、省政府平均每周召开三次以上会议，研究国际旅游岛的有关推进工作。

（二）完善政策，强化措施是推进改革试验区建设的必要前提

在改革试验区获批后，三省市相继推出了一系列配套政策，采取了强有力的措施，确保试验区建设的顺利推进。重庆市出台了《关于加快农村土地流转，促进规模经营发展的意见》、《农村土地流转管理办法》等文件，在土地和林权、社会保障、劳动力转移、圈翼帮扶、城乡规划、公共服务、新农村建设、行政及社会管理等八个方面，都提出了相应的政策措施。促成国家下发了《国务院关于推进重庆市统筹城乡改革与发展的若干意见》（国发〔2009〕3 号），重庆试验区的政策得到国家的大力支持。湖北省经认真探索研究，形成推进改革试验区建设的“56531”实施框架，即制定 5 个专项规划（空间、产业发展、综合交通、社会事业和生态环境）、配套 6 个政策性文件（投资、财税、土地、环保、金融、人才支撑）、提出 5 个重点工作方案、3 年行动计划（2008～2010 年）、1 个重大项目清单。海南省委、省政府在《关于加快推进国际旅游岛建设的意见》出台后，2009 年 6 月 20 日国家发改委组织 26 个部委来琼调研，其目的是提出海南国际旅游岛有关规划，及购物退免税、基础设施建设、景区建设、免签证、高尔夫产业发展、旅游开放等方面的政策，以得到国家大力支持，通过政策支持使改革试验区工作向纵深推进。

（三）先行先试，大胆突破是确保推进改革的有效途径

针对我国现有的改革试验区建设，国家并不是单纯以资金、项目和具体政策来支持，

而是更多赋予这些区域积极探索、先行试验的政策，甚至是试错权。正如2009年全国两会上，中央政治局常委、中纪委书记贺国强对海南代表团所说的，“有些政策可以在海南先行先试，就是失败了也不要紧”。国家就是希望通过完善体制、创新机制，先行试验一些重大改革措施，以发挥这些地区在改革开放中的排头兵作用，为全国的改革与发展提供经验和借鉴。

三省市都从不同角度对已有体制机制进行大胆创新，在一些领域取得突破。如重庆市紧紧围绕城乡一体化目标，积极探索农村土地流转和征地补偿新机制，建立招投标方式配置扶农资源的新机制，开展了城乡建设用地增减挂钩、农村土地交易所等改革试点；在6县区开展国民经济和社会发展、城乡建设、土地利用、环境保护四种规划统一编制、“四图叠合”，提高规划的可行性和可操作性。湖北省在制定武汉城市圈综合改革配套试验总体方案基础上，提出了近三年的改革集中在资源节约、环境保护、科技创新、产业结构优化升级、统筹城乡发展、节约集约用地、财政金融、对内对外开放和行政管理等九大重点领域和关键环节，并明确了38项改革试验任务。海南省积极探索适应国际旅游岛建设的科学管理体制和经营机制。在实行更加开放便利的出入境政策、实行优惠的旅游购物政策、实行更加开放的航权政策、实行更加开放的海洋旅游政策等方面得到国家的支持；加快推进海南新型市内免税店建设，争取离岛旅客购物免税业务的单项政策突破；争取国家把建设海南国际旅游岛纳入国家开放战略和旅游发展战略。针对改革对部分社会群体带来的负面影响，三地都按照“以改革成果来支付改革成本”的思路，将一部分改革成果用来支付改革成本，在改革中解决发展中遇到的问题。

（四）项目投入，宣传营销是带动改革试验区大发展的重要抓手

三省市在推动改革试验区发展的过程中，始终坚持高起点规划、高标准定位，明确改革必须要在增量上做文章，而不能只在存量上调整。形成了“大项目引进、大规模投入、大市场营销、带动大发展”的思路和格局。重庆市“十一五”期间每年确定一个旅游主题，并根据不同主题确定一批重点项目，开展一系列重大营销活动，在土地出让金和配套建设等方面给予优惠。围绕打造“中国温泉之都”，推出了预计投资113亿元的“五方十泉”及投资485亿元的“一圈百泉”项目。为向国内外推广，以“激情重庆大营销”为主题，推出了“一个标识、一句口号、一幅地图、一本画册、一首歌曲、一张光碟、一台演出、一份报刊、一套丛书、一家网站”的“十个一”宣传营销工程。湖北省按照项目化、资金化、政策化的要求，编制了武汉城市圈试验区建设的项目清单，共列入启动项目177项，投资总规模12 874亿元，其中亿元以上的旅游项目就达到128个。海南省除了大规模引进世界顶级酒店投资建店外，旅游促销也很有特点，省财政每年拿出1 600多万元专门用来帮助岛内企业进行促销活动，如开展“阳光海南欧洲行”，在俄罗斯、韩国、日本等国外主要客源地设立联络处。

（五）全面开放，战略谋划是加快改革试验区建设的重要支撑

三省市在谋划发展战略、选择试点突破口时，得益于超前发展的宽广视野，得益于与时俱进、敢于突破传统思维定位，以开放思维推试点，以开拓精神求创新。重庆市以开放包容的姿态，整合最广泛的资源，与全世界共同研讨试验区建设的重大课题。委托国内、市内5家政策研究和决策咨询机构并行研究改革总体方案，招标确定6个单位对5项课题进行专题研究，在5份不同研究成果的基础上，取其精华，形成《重庆市统筹城乡综合配套改革试验总体方案》。市领导向全世界发出公开信，为重庆统筹城乡发展建言献策，集思广益征集发展思路。湖北省立足于中国大区域来定位武汉城市圈，将其视作中国经济发展格局中"中国弓"的发力点。武汉城市圈地处中国东西、南北两大发展轴线——长江经济带及由京广铁路、京珠高速组成的"十"字形一级发展轴线的交汇处，武汉城市圈正处于箭和弓的交点，是"中国弓"的搭箭点和发力点。武汉城市圈正努力成为长江经济带为主轴的东中西部互动发展的关键接力点与加速器，内陆地区的先进制造业高地和现代服务中心，中部崛起的重要战略支点，形成了融入京津冀、长三角和珠三角经济区的大开放格局。海南省用世界眼光谋划旅游业，选择建设国际旅游岛的发展战略，其本质是更大程度的开放，发展目标是成为亚洲区域经济合作的桥梁和枢纽。大力引进国际知名酒店投资和管理集团，带来了巨大的品牌、市场和人才效应。以三亚市为例，截至2008年底，已引来200多家外资企业，投资酒店、餐饮、旅游房地产企业等行业，建成开业或在建的五星级酒店超过20家，密集程度高于北京、上海、广州等大城市，喜达屋、万豪、洲际、希尔顿、凯宾斯基等20多家国际品牌酒店陆续入驻三亚，使三亚跻身于世界上知名饭店管理集团最集中的地区之一。保守估计，未来三年内，海南东海岸将有30多家高档次休闲度假酒店产生，仅亚龙湾国家旅游度假区内就将会新增10家五星级酒店。

（六）国家支持，部省合作是推进改革试验区建设的有力保障

目前，国家级的综合改革配套试验区主要有天津滨海新区、上海浦东新区、武汉城市圈、成渝城乡试验区、长株潭城市群、深圳经济特区以及得到认可的海南"国际旅游岛"建设区。这些区域在申请试验区前，当地省委、省政府和研究机构都开展了大量工作，已形成了明确的战略意图和亟待争取的政策突破口，在得到国务院批准后，都迅速展开工作，积极向国家争取政策和项目支持。同时，主动与国家相关部委采取多种形式的方式进行全面合作，努力将中央各相关部委的力量一齐整合到试验区，最大限度地争取各部委的支持。目前，重庆市和湖北省都已与国家40多个部委签订了合作协议，海南也与国家18个部委实现了大对接，合作协议正处于最后的完善阶段。

三、加快推进我省旅游产业发展改革的几点建议

（一）进一步深化对云南旅游二次创业和旅游综合改革重要性的认识

旅游业是关联度广、渗透性强、带动力大的先导产业。当前，在国际金融危机尚未见底，我省第一产业和第二产业发展面临较大困难的新时期，大力发展以旅游业为龙头的第三产业，推动旅游"二次创业"和转型升级，对我省应对金融危机保持经济较快发展至关重要。国家明确我省作为旅游业综合改革试验省份，给我省的旅游业发展带来了前所未有的重大机遇。我省应紧紧抓住这一历史契机，全省上下思想要解放，认识要提高，机制要创新，宣传要得力，合力要增强。继续加大宣传贯彻《云南省旅游产业发展和改革规划纲要》力度，从思想上和工作上进一步认识到旅游综合改革的重要性和必要性，明确旅游综合改革的主要任务和举措，进一步推动旅游"二次创业"和转型升级，推动旅游业实现新跨越、新发展，继续为全国旅游业发展提供经验和借鉴。

（二）构建强有力推进全省旅游产业发展的组织领导机构

我省虽然已成立了旅游产业领导小组，办公室设在省旅游局，但是与海南等实验区省份相比，我省旅游产业领导小组的综合协调力度较小，在处理具体事务中难以很好发挥职

能。鉴于全省旅游综合改革是一项涉及面广、任务重、难度大的系统工程，需要强有力的组织机构来保障各项工作的顺利推进。因此，建议借鉴省外的有关经验，成立以省政府主要领导挂帅，分管领导具体负责，省级相关部门为成员的“云南省旅游改革发展协调领导小组”，负责旅游改革发展的整体推进和重大问题的协调解决。领导小组下设办公室工作机构，可与省旅游局合署办公，适当增加编制和人员。也可考虑借鉴海南省的做法，由省政府指定有关部门专题研究组建云南省旅游发展委员会的可能性。

（三）努力构建和完善有利于云南旅游发展改革的体制机制

建议借助全省旅游发展大会的召开时机，由省发改委具体牵头，邀请国家相关部门指导，联合省委政研室、省政府研究室、省旅游局等多个部门参与，对我省旅游业发展面临的体制机制障碍进行系统分析和研究，进一步细化相关措施，大胆探索创新云南旅游产业发展的管理体制、投融资机制、旅游促进统筹发展、对外开放、生态环境保护互动机制，着力消除云南旅游发展的体制机制性障碍。

（四）在建设一批国际品牌的休闲度假酒店和旅游景区上取得新突破

2009 年省政府《政府工作报告》就已提出，要把“引进并建设一批具有国际品牌的休闲度假酒店和旅游景区”作为 2009 年全省重点督查的 20 项重要工作之一，但是目前这一工作进展缓慢。因此，应结合我省实际，落实工作责任，强化工作措施，一方面对核心景区景点进行高起点规划、高标准定位，树立“选资”意识，吸引世界顶级的国际品牌酒店投资和管理集团入驻，打造我省国际顶级休闲度假区，以提高我省休闲度假基础设施的层次和水平，为我省发展高端旅游消费、促进产业结构提升奠定基础。另一方面，要进一步改善投资环境，加大整治现有酒店等旅游服务设施的力度，营造公平竞争环境，树立招好商、招大商和服务好投资商的意识，为企业特别是外资企业的健康发展创造必要的条件。

（五）精心打造我省面向东南亚、南亚国际旅游通道和沿边开放旅游区

充分发挥我省毗邻东南亚、南亚的国际区位和国际大通道优势，建设沿边开放旅游区，把我省打造成一个面向东南亚、南亚国际化的旅游通道。一是参照海南的经验，向国家申请在云南实施“落地签证”、“异地签证”、部分国家“免签证”、港澳居民无须申请签证等政策。二是建议有关部门牵头，努力加强与国家部委的沟通，在航权、边境出入境游、旅游购物等方面争取特殊政策，为我省旅游业发展与改革提供良好的外部环境。三是开辟更多面向东南亚、南亚的空中航线，拓展连接西亚（如阿联酋迪拜等）的国际直飞航线。四是充分发挥大通道优势，通过发展现代物流，促进资金流和人流的快速递增，为我省吸引更多的境内外旅游者。五是在昆明择地建设东南亚、南亚国际商品一条街，打造一批国际商品、旅游精品店，形成新的有特色、有竞争优势的旅游产品。

（六）积极争取国家有关部委的支持和帮助

我省的旅游产业发展和改革规划纲要已经得到国家发改委的批准，在实施过程中，需要国家层面帮助和解决的事项，建议省政府明确任务，责成省级各相关部门，学习借鉴渝、鄂、琼经验，认真研究对接纲要，找准切入点和政策突破口，积极与国家相关部委衔接，争取签订一批省部合作协议，获得国家层面更多的政策支持。省旅游局牵头，要尽快梳理拿出争取国家有关部委的政策清单，研究制订《配套政策制订工作方案及任务分解》，把任务分解到有关单位，为云南旅游产业综合改革政策突破提供有力支撑。

（七）认真做好全省旅游产业发展大会筹备工作

鉴于省政府近期拟在腾冲召开全省旅游产业发展大会，推进我省旅游业发展改革和“二次创业”各项工作。为确保会议顺利召开，建议省政府指定省旅游局和省发改委牵头，相关部门配合，在充分学习借鉴改革先行试验区省市的先进经验和成功做法的基础上，结合我省实际，认真准备工作意见、实施方案，以及省委省政府主要领导讲话等各项会务筹备工作，为会议的圆满成功做好准备。

（《云南改革报告》2009 年第 6 期）

2009 年上半年经济体制改革进展情况报告

一、2009 年上半年全国经济体制改革的主要进展情况

2009 年以来，党中央、国务院果断出台“保增长、扩内需、调结构、惠民生”的有关政策措施，加大重点领域和关键环节改革力度，上半年全国经济体制改革成效显著。

一是所有制结构调整继续推进。经过重组，中央企业数量由 2008 年底的 142 家减至目前的 136 家。电信体制改革加快推进，中小企业的融资环境得到改善，5 家大型国有商业银行、股份制商业银行和部分符合条件的城市商业银行都在总行设立了中小企业金融服务专营机构。

二是金融体制改革取得新进展。中国农业银行股份有限公司挂牌成立。新型农村金融机构试点扩大到全国 31 个省（区、市），已设立新型农村金融机构 118 家。《关于进一步改革和完善新股发行体制的指导意见》发布实施，新股发行体制得到改革和完善。《首次公开发行并在创业板上市管理暂行办法》发布，创业板市场主要制度基本确立。

三是资源性产品价格改革深入推进。成品油价格和税费改革深入推进，公路养路费等六项收费彻底取消，12 个省份分两批停止了政府还贷二级公路收费。节能环保项目企业所得税减免政策得到落实，部分地区率先开展了二氧化硫和化学需氧量排污权有偿使用和交易试点。

四是农村体制改革取得积极进展。土地承包经营权证书发放工作步伐加快。集体林权制度改革全面推进，部分地区启动了森林采伐管理改革试点。有关部门发布《关于促进农业稳定发展农民持续增收推动城乡统筹发展的若干意见》，从土地管理体制改革入手提出了促进城乡统筹发展的若干具体措施。

五是社会体制改革取得新突破。《中共中央国务院关于深化医药卫生体制改革的意见》和《医药卫生体制改革近期重点实施方案（2009～2011 年）》颁布，明确了深化医药卫生体制改革的长远目标和近期措施。农村义务教育阶段生均公用经费定额标准有所提高，农村中等职业教育免费工作开始启动。养老保险省级统筹积极推进，25 个省份建立了基本养老保险省级统筹制度。新型农村社会养老保险试点的指导意见已经国务院审议通过，即将在全国 10% 的县（市、区）启动试点。国务院下发《关于做好当前经济形势下就业工作的通知》，促进就业的体制机制不断健全。

六是涉外经济体制改革继续深化。上半年，国家三次提高了轻纺、机电等产品出口退税率。国务院批准上海等五市开展跨境贸易人民币结算试点。北京等 20 个城市被批准为中国服务外包示范城市。进一步完善贸易摩擦应对机制，有关部门发布了《关于加强反补贴应对工作的指导意见》。

七是全国综合配套改革试点步入新阶段。到 2009 年 5 月，七个国家综合配套改革试验区的改革试验总体方案已经全部获得国务院批准。上海浦东新区继续实施第二个改革试

验三年行动计划，天津滨海新区制定报批了综合配套改革试验金融创新专项方案，重庆市认真贯彻实施《国务院关于推进重庆市统筹城乡改革和发展的若干意见》，成都市继续围绕农村产权制度改革推进各项改革试验，武汉城市圈启动实施改革试验三年行动计划，长株潭城市群深入实施改革试验总体方案和城市群区域规划，深圳经济特区继续发挥全国改革开放的窗口作用，继续深化行政管理体制和社会领域改革，改革试验在不同方面、不同领域取得了新的突破。

二、我省重点领域改革取得新突破

2009 年以来，全省上下认真贯彻落实党中央、国务院和省委、省政府出台的一系列扩大内需、保持经济平稳较快增长的政策措施，有效应对国际金融危机冲击，积极推进各项改革，一些重要领域改革取得了较大突破。

（一）医疗卫生体制改革全面启动

一是省政府及时成立医改领导小组及其办公室。国家医改会议后，省政府办公厅 4 月 18 日下发了《云南省人民政府办公厅关于成立云南省深化医药卫生体制改革领导小组的通知》（云政办发〔2009〕72 号），由常务副省长罗正富同志任组长，高峰副省长任常务副组长，省委宣传部、省发展改革委、省教育厅、省民政厅、省财政厅、省人力资源和社会保障厅、省卫生厅等 17 个部门的领导作为领导小组的成员，按照职责开展工作。领导小组下设办公室（医改办）放在省发展和改革委员会，并明确了办公室的主要工作职责。二是完成了《云南省医药卫生体制改革实施意见（征求意见稿）》网上征求意见后的修改工作。三是对医改资金进行了认真测算。经省卫生厅与省财政厅多次协商，形成《云南省 2009 ~ 2011 年医改重点工作投入测算明细表》，预计三年投入医改资金约 420 亿元。

（二）旅游产业改革试点取得重大突破

一是国家已批准将我省列为旅游产业发展改革试点。4 月 27 日，国家批复同意我省旅游产业发展和改革规划纲要，并将我省旅游改革列为国家专项改革试点。为努力营造旅游业改革的良好氛围，秦光荣省长亲自率有关部门赴京召开新闻发布会，并与国家旅游局签订部省合作推进旅游发展改革的合作协议。在全国引起了强烈反响，取得了良好的宣传效果，为旅游规划纲要的实施奠定了良好的基础。近日，秦省长、刘平副省长又到省旅游局进行实地调研，对加快推进旅游业发展改革做了一系列重要指示。二是积极开展学习调研。6 月，为贯彻落实国家发展改革委对我省旅游规划纲要的批复精神，加快推进纲要的实施，由省发展改革委、省旅游局等有关部门组成调研组，赴重庆、湖北和海南三省市进行调研，实地考察学习了三省市在推进改革实验区工作及旅游业发展方面的具体做法和经验，提出了加快我省旅游产业发展改革的措施建议。三是制定加快旅游产业发展和改革的政策措施。为保证旅游改革的顺利推进，研究制定了《云南省关于推进旅游产业发展和改革的若干政策》、《云南省人民政府关于进一步推进旅游重大（重点）项目建设的指导意见》、《云南省人民政府关于进一步加快全省旅游公共服务设施建设的意见》、《云南省人民政府关于引进国际知名品牌加快我省度假酒店建设的意见》等一系列旅游改革试点的政策、意见，目前正广泛征求意见，为全省旅游发展大会做准备。四是省级改革试点取得初步成效。为确保有效推进全国旅游产业发展改革试点工作，我省选取了保山市腾冲县、玉溪市抚仙湖—星云湖、大理苍洱地区、世博新区先期开展旅游产业发展改革试点，试点工作进展顺利。试点地区在创新旅游管理体制和工作机制、推进旅游大项目建设、建立旅游资源保护、开发、管理的长效机制、构建旅游投融资平台等方面进行了积极探索。

（三）文化体制改革大力推进

一是出台进一步深化改革的政策性文件。2009 年 1 月，省委常委会对深化文化体制改革工作进行了专门研究，提出尽快出台《中共云南省委、云南省人民政府关于进一步深化文化体制改革　推进经营性文化事业单位转企改制的若干意见》。目前，已经省政府常务会、省委常委会讨论通过，正在按办文程序报批后下发。《意见》在人员分流安置、社会保障、改革成本支付、文化国有资产管理、支持文化企业发展等方面进行了新的规定，有了较大突破。二是分块分步推进省级各项改革。新组建云南文化产业投资集团有限责任公司，以昆明国际会展中心为主体，以在建的云南大剧院、云南艺术家园区等为基础，剥离省级文艺院团中的经营资产，整合文物、艺术品拍卖和其他相关文化资源，实现公益性与经营性分开。该公司的组建工作进展顺利，将于 2009 年国庆前挂牌。电影行政管理体制的调整归并工作即将完成，云南广电网络传输股份有限公司的改革正在完善，即将启动电视台制播分离的改革。云南出版集团公司的整体改制方案正在报批之中，下一步将组织相关部门对云南出版集团公司、云南日报报业集团、云南大学出版社的改革和转制方案进行研究，待审批后实施。三是各州市文化体制改革工作进一步加强。昆明、曲靖、保山、楚雄、红河、大理、丽江、迪庆等 8 个文化体制改革试点州、市正强力推进改革，确保 2009 年改革任务基本完成。其他 8 个非试点州、市 2009 年内将全面启动文化体制改革工作，确保 2010 年基本完成改革任务。全省 16 个州、市都将在 2009 年内完成文化市场综合行政执法队伍的整合和组建任务。四是文化产业发展频出精品。通过改革走向市场的文艺团队，2009 年创意演出的大型原生态打击乐舞《云南的响声》、聂耳音乐周等活动，在全国引起轰动，成为文化体制改革的奇葩，取得了较好的经济和社会效益。

（四）综合改革试点顺利推进

昆明市按照“彻底放开、依靠民力，全面放开、借助外力，深化改革、增强活力，加快发展、壮大实力”的要求，全面推进综合改革。先后出台了《昆明市深入推进综合改革纲要》、《昆明市行政审批制度改革若干规定》和《昆明市关于进一步精简行政审批项目压缩行政审批时限的通知》等文件。行政审批制度改革成效显著，最大限度地精简审批项目、减少审批环节、简化办事程序、压缩审批时限、免收收费事项，市级审批项目由 506 项精简为 96 项，审批时限压缩三分之二以上，行政事业性收费项目由 172 减至 95 项，成为全国行政审批项目和收费事项最少的省会城市。制定了《昆明市人民政府关于认真贯彻落实省政府进一步支持现代新昆明建设若干政策的实施意见》、《关于进一步下放经济社会管理权限促进县域经济发展的实施意见》，积极做好省级相关经济社会管理权限下放该市后的具体承接、运转和落实工作。同时，干部人事制度改革、国企改革、投融资体制改革、社会领域改革等方面取得较大成效。在优化非公经济发展的体制环境方面进行了积极探索。

红河州综合改革试点工作已在部分领域取得了初步成效和积极进展。在统筹城乡改革方面，加大了解决征地农民、失地农民劳动就业和社会保障的探索力度，在统筹推进城乡医疗保障一体化方面进行了大胆尝试。在经济管理体制改革方面，完成了红河州剩余的 6 户国有企业政策性关闭破产，启动了个旧市全国资源型城市经济转型与可持续发展的改革试点。在对外开放方面，健全完善了招商引资政策，初步建立了扩大对外开放、加强对外经济技术合作交流的体制机制。在社会事业改革方面，实施了教育综合改革后续配套完善工作；进一步理顺了州内文化产业集团的管理机制；完善了社会保障体系的各项改革。行政管理体制改革方面，在全省率先推行了州县两级党代会常任制，建立了州级行政审批服务中心。

（五）国企改革进展顺利

一是进一步推进省属企业整合重组工作。云南世博集团、云旅产业集团正式整合重组为云南世博旅游控股集团有限公司，成为我省旅游产业链最为完整、具有较强投融资能力和可持续发展能力的综合性旅游产业集团。我省与东航集团签署战略合作协议，成立双方共同投资的有限责任公司，我省持35%的股权；同时，与海航集团下属大新华航空签署《云南祥鹏航空有限责任公司增资协议》，我省出资2.99亿元持有祥鹏航空32%的股权。我省煤化集团与三峡总公司合作组建新能源公司，煤化投资15亿元、占60%，三峡投资10亿元，占40%，7月18日，新能源公司在我省开远挂牌运营。二是又组建了一批专业投资公司。2009年以来，我省加大专业投资公司组建力度。5月31日，云南省林业投资有限公司正式挂牌成立；4月6日，省政府正式批复组建云南水务产业投资公司，新公司已挂牌运营。三是继续深化国资监管体制改革。在对全省国资监管和国企改革进行督导的基础上，提出完善州市国资监管机构建设的建议，着力解决州市国资监管机构不健全的问题，进一步增强国资监管。

（六）农村改革有序推进

一是农村综合改革继续推进。进一步深化乡镇机构改革，研究起草《云南省深化乡镇机构改革转变乡镇政府职能的指导性意见》。继续完善农村义务教育经费保障机制，以促进教育公平为着力点，巩固和发展农村税费改革以来农村义务教育改革成果，进一步健全和完善农村义务教育经费保障机制，加快农村义务教育综合改革，促进义务教育均衡发展，推进农村义务教育管理体制改革制度化、法制化。加快推进乡镇财政预算管理方式改革试点工作，加强对全省乡镇财政预算管理方式改革的具体指导，督促各地细化措施，确保乡镇财政预算管理方式改革扎实、有效推进。继续开展一事一议财政奖补试点，进一步完善村民筹资筹劳办法和财政奖补制度，充分发挥农民主体地位，以一事一议筹资筹劳为平台，有效整合进村入户财政资金，引导社会资金更多地投向农村，稳固建立筹补结合、多方投入的村级公益事业建设长效机制，加大投入，加快村级公益事业建设，着力改善农村民生、拉动内需。二是进一步深化征地制度改革。制定实施了我省的《统一年产值标准和区片综合地价》，解决征地工作中存在的补偿标准偏低、同地不同价、随意性较大等突出问题；同时，制定了《云南省被征地农民基本养老保障试行办法》，切实维护被征地农民合法权益。三是对农业专业合作组织的扶持力度不断加大。2009年以来，我省采取积极措施，通过政策引导、项目扶持、典型示范和规范化建设等一系列措施，推动农业专业合作组织快速发展，农业专业合作组织比上年增加了543个，增长16%。

（七）集体林权制度改革取得新突破

一是主体改革进入收尾阶段。我省昭通、曲靖、文山、大理、保山、德宏、丽江、西双版纳、怒江、临沧等10个州市确权工作基本结束，昆明、红河、普洱、楚雄、玉溪5个州市的主体改革省级验收已经结束。截至2009年6月30日，全省完成确权面积

25 587.03 万亩、占全省集体林面积的 93.0%；发证面积 22 211.10 万亩、占全省集体林面积的 80.7%，占完成确权面积的 86.8%。二是稳步推进配套改革。积极开展林权抵押贷款工作，2009 年 1~6 月累计发放林业贷款 27 559 万元，其中林权抵押贷款 18 719 万元。林权流转服务中心建设不断推进，普洱市除宁洱县外的 9 个县（区），红河州屏边县、石屏县、建水县，楚雄州双柏县，大理州弥渡县，保山市腾冲县，德宏州潞西市，临沧市云县等建成了林权流转服务中心。目前，全省已建成林权流转服务中心 31 个。

（八）投融资体制改革成效显著

一是进一步深化行政审批制度改革。为建立有利于项目加快审批核准的长效机制，省发展和改革委员会研究起草了《云南省省级重点项目并联并行审批或核准办法》、《云南省重大投资项目审批核准限时办结规定》和《云南省重大投资项目审批核准通报规定》。目前三项制度已报经省人民政府同意，以省政府办公厅文件下发执行。二是拓宽投融资渠道。为进一步开放投资市场，多渠道筹措资金，努力扩大投资规模，省发展和改革委员会研究起草了《云南省人民政府关于进一步开放投资市场扩大投资规模的若干意见》（云政发〔2009〕45 号）已颁布全省执行。三是加强投资项目的管理。为建立和完善政府投资项目后评价制度，规范项目后评价工作，提高政府投资决策水平和投资效益，省发展和改革委员会根据《国家发展改革委关于印发中央政府投资项目后评价管理办法（试行）的通知》（发改投资〔2008〕2959 号）规定，起草了《云南省政府投资项目后评价实施办法》并报经省政府同意，由省发展和改革委印发全省执行。四是加快金融机构改革。中国银行、中国建设银行、中国工商银行在滇分支机构通过促进组织架构和业务流程的整合、再造，建立完善合理的绩效考核激励机制，促进各项业务协调健康发展；农业银行云南省分支机构全面启动股份制改革准备工作；富滇银行通过全面加强公司治理，深入推进集约化改革，积极转变增长方式和经营模式，支持地方经济的实力不断增强。农村信用社改革不断推进。6 月末，农业贷款新增 156.5 亿元，发放林权抵押贷款 7.56 亿元，创业贷款 7 633 万元，加大了支农力度，促进了就业创业。村镇银行、小额贷款公司等新型农村金融机构得到发展。截至 2009 年上半年，已正式运营的 28 家小额贷款公司累计发放贷款 4.6 亿元，服务“三农”和小企业的活力初步显现。

（九）非公经济发展环境不断改善

一是深入贯彻省委、省政府相关政策，鼓励和支持非公经济实施并购重组。按《中共云南省委、云南省人民政府关于加快非公有制经济发展的决定》关于“放开准入领域，实行平等待遇”等相关政策措施，鼓励和支持非公有资本进入法律法规未禁止的行业和领域。对符合我省产业发展方向的非公企业投资项目，实行“非禁即入”，并予贷款贴息支持，提振了非公企业发展信心，促进非公企业加大升级改造的投入。二是帮难解困抓好企业服务，搭建优质服务平台。在融资担保体系和全省非公企业信息网络平台建立已初见成效的基础上，进一步加快推进创业培训、技术创新、维护权益服务平台建设，采取政府支持中介、中介服务企业的发展方式，积极支持为非公经济提供法律、财会、技术、管理咨询和市场信息等社会服务的中介机构的发展，为广大非公经济组织提供多层次、多功能、全方位的公共服务。三是推动非公企业融资模式创新，有效缓解融资难题。鼓励和支持金融机构放宽对中小企业的贷款条件，不断开发适合非公经济和中小企业发展特点的金融产品。2009 年上半年省工行等 14 家银行业金融机构与 20 家中小企业签订了贷款协议，签约金额达 5.5 亿元。推动建立和完善担保机构风险补偿机制，对符合条件的担保机构实行营业税减免优惠政策，促进担保机构与金融机构加强合作，加强对担保机构的监测和管理，完善再担保机制，进一步推动中小企业信用担保体系建设。探索开展中小企业短期融资券和资产证券化融资试点，推动中小企业集合债券发行和上市培育工作，支持符合条件的中小企业上市融资，多渠道缓解非公企业融资困难。四是推进企业服务体系建设，提升企业发展能力。进一步加大中介服务机构扶持力度，按照“先做后补”、“择优扶持”的原则，努力创造条件，争取国家、省级服务体系专项资金的支持，提高中介服务机构的积极性。积极争取、协调和落实融资担保机构新增贷款担保风险补偿资金 7 000 万元，创业带动就业专项资金 1 亿元，中小企业信息化专项扶持资金 2 000 万元，以及其他各类服务补助资金 1 500 万元，切实体现“公共财政购买公共服务”，为中小企业营造良好发展环境。

（十）各州市呈现改革亮点

昭通市加快行政管理体制改革步伐。2009 年，昭通市制定下发了《昭通市人民政府贯彻国务院关于加强市县政府依法行政决定的实施意见》，进一步强化各级政府的社会管理职能和公共服务意识，树立以人为本的管理理念，增强主动服务意识，健全政府职责体系，完善服务体系。

曲靖市进一步转变政府职能取得新突破。曲靖市按照“硬环境建设年年有新项目、软环境年年有新内容”的要求，制定了《重大项目集中审批制度》，实行重大项目由各级政府月中、月尾集中审批，做到即接即办、即报即批；制定了《关于加强和改进督查工作的规定》，对重大决策、重大部署、重大事项、重大项目实行决策督查和专项督办，着力构建“大交办、大督办、大催办、大查办”的督查体系，推进了督查工作的制度化、规范化和科学化建设。

大理州金融改革成效明显。成立了农业发展银行洱源县支行，拓宽了政策性金融服务的覆盖面；成立了大理兴州小额贷款公司；近期又将挂牌成立富滇银行大理分行。

楚雄州稳步推进投融资体制改革。楚雄州委州政府成立了由州长任组长的深化投融资体制改革专题工作领导小组，制定下发了《楚雄州深化投融资体制改革的指导意见》，积极开展楚雄州开发投资公司城投债券发行工作。

保山市进一步扩大对外开放。保山市完成招商引资 48.84 亿元，增长 10%；实施招商引资目标责任制和重大项目联系推进责任制；2009 年上半年实际引进市外到位资金 31.39 亿元，占全年目标任务的 64.3%。

文山州启动事业单位改革。制定了《文山州事业单位岗位设置管理实施意见》，按照“按需设岗，精简高效，合理设置，科学管理，兼顾现状，注重发展”的岗位设置原则进行事业单位人事制度改革试点，目前已在州人民医院、州图书馆、州农科所、文山三七研究院、州民族职业技术学校、州动物疫病预防控制中心、文山人民广播电台、州林业调查规划设计队等单位开展了试点。

普洱市全面深化集体林权制度改革。2009 年 3 月，普洱市集体林权制度主体改革通过省级检查验收，并稳步推进配套改革，制定了《关于深化集体林权制度改革配套改革实施意见》、《普洱市商品林采伐管理和木材生产计划分配办法（试行）》、《普洱市木材经营加工管理办法（试行）》、《普洱市集体经济林确权、流转问题的若干意见》、《普洱市集体林地使用权、非国有林木所有权流转管理办法（试行）》，成立了市林业产业协会和县（区）

级分会及林化专业委员会，开展编制乡（镇）森林经营方案试点工作，建成5个县（区）级木材及林产品交易市场，入住生产加工经营企业160户，进一步规范流转行为。

迪庆州推进旅游业管理体制和运行机制建设。制定出台了《迪庆州人民政府促进航空市场开发培育办法》和《迪庆州旅游景区（品）减免门票有关规定》，培育市场，促进消费，并加大改革力度，建立"统一规划、统一开放、统一管理、统一建设"的管理体制和"统一经营、统一销售、统一接待、统一结算"的经营机制，多措并举推动迪庆旅游业快速发展。

怒江教育体制改革不断迈出新步伐。怒江州按照政府主导、企业捐助、融资贷款的方式筹措资金，把新农村建设、危改项目、社会投资办学的资金捆绑整体整合，按试点先行、分步实施、全面推开的方式整合城乡教育资源。2009年上半年，全州完成了新建中小学校舍建设12 966平方米，资金总投入1 557万元；在建或即将启动建设的校舍项目建设面积40 600平方米，预算投入5 100万元。

丽江市进一步加大文化体制改革力度。以创新运行机制为重点，不断推动文化体制改革向纵深发展。充分发挥《丽水金沙》、《纳西古乐》等项目品牌的示范作用，形成了以旅游工艺品加工销售、歌舞表演为主的古城文化圈，以东巴文化展示及民族文化体验休闲为主的白沙文化圈，以民俗生态旅游为主的玉龙县黄山文化圈和以摩梭互动歌舞为主的宁蒗泸沽湖摩梭文化圈，辐射带动全市文化产业蓬勃健康发展。全市已形成了投资多元化、经营多样化、项目品牌化、产业互动化，以文化促发展，以文化支撑城市品牌的良好发展态势，涌现了一大批自主经营、自负盈亏、自我约束、自我发展的现代文化企业。全市文化经营户达3 100多家，涉及12个门类，共有从业人员16 000多人。目前，正以《印象·雪山》为突破口，推动文化与旅游在更高层次、更大范围的结合，延伸文化产业链，打造文化产业发展的新航母。

临沧市加大行业整合力度。通过政府引导和市场化运作，鼓励和支持企业采取并购、联合、重组等形式，进行以优化资源配置为重点的行业整合，使糖业整合进一步深化，在市内形成了南华晶莹糖业、凤庆糖业、永德糖业和大雪山糖业企业集团共同发展的格局；地方水电资源、矿产资源、酒饮料、建材、茶叶、橡胶等行业整合也逐步展开，初步形成了一批带动地方经济发展的企业集团。

德宏州创新供销社体制改革。在转变职能的前提下，坚持开放办社原则，广泛吸纳农民社员和发展团体成员，不断引进新的机制，创新经营体制和经营业态，构建新型乡村流通服务体系。大力发展"两社一会"（专业合作社、综合服务社、专业协会），开展"乡村流通工程"人才培训，建立健全农资经营服务网络。

三、进一步做好2009年下半年改革工作的建议

2009年下半年，要按照国务院批转的国家发展和改革委关于2009年深化经济体制改革工作的意见和省政府办公厅转发省发展和改革委制定的《云南省2009年深化经济体制改革工作的意见》有关要求，紧紧围绕保增长、保民生、保稳定的全省工作大局，扎扎实实做好以下工作。

（一）认真贯彻落实《云南省2009年深化经济体制改革工作的意见》

各州市、各部门单位要结合各自实际，按照《云南省2009年深化经济体制改革工作

的意见》的要求，细化任务，突出重点，扎实有效地推进本地、本部门的各项改革。各责任部门要按照任务分解，会同相关部门科学制订方案，明确实施改革步骤和时限要求，落实工作责任，完成改革任务。

（二）进一步推进改革试点工作

一是各地、各部门要结合实际，深入贯彻落实省委、省政府深化改革的决定，有步骤、有选择地推进改革试点，努力在一些重点领域和关键环节实现突破，为全省改革发展探索方法、积累经验。二是昆明市和红河州要按照省委、省政府的要求，进一步完善综合改革试点实施方案，切实加快推进试点工作，争取为我省推进综合改革早日提供借鉴和示范。三是旅游产业发展改革试点，要按国家发展改革委批复要求，围绕规划纲要，尽快出台具体实施方案和政策保障措施，健全工作机制，落实工作责任，加快推进步伐。四是怒江州兰坪县的工业反哺农业试点、曲靖市麒麟区的统筹城乡等专项改革试点要加快推进。五是加快推进扩权强县，进一步探索人口大县省直管县改革试点。要按照2009年6月省政府正式下发的云南省开展扩权强县试点实施意见等4个文件抓紧落实各项工作。

（三）积极推进医药卫生体制改革

尽快出台《云南省深化医药卫生体制改革实施意见》。进一步巩固和完善新型农村合作医疗制度。认真贯彻执行国家基本药物制度。健全基层医疗卫生服务体系。加快促进基本公共卫生服务逐步均等化。同时，要积极稳妥地推进公立医院改革试点。全面完成国家要求的各项改革任务。

（四）切实推进价格改革

抓住当前经济形势回好的有利条件，不失时机地推进水电气等资源性产品价格改革。一是争取国家有力的价格政策支持，促进中小水电就近上网，就地平衡县域经济发展。二是继续推进以州市中心城市、“九湖”流域、县域经济试点县为重点的水价改革，强化和规范水资源费征收。三是加大排污、污水处理和垃圾处理等环保收费价格改革力度，逐步提高到能补偿投资和运营成本并有合理回报的价格水平。

（五）加快推进电力体制改革

要按照省政府办公厅《关于印发云南电力管理体制改革实施方案的通知》（云政办发〔2008〕201号）及全省电力体制改革暨电网建设工作会议的精神，进一步加大工作力度，推进国有产权无偿划转协议顺利履行，积极协调解决遗留问题，确保年内全面完成“一张网覆盖”电力管理体制改革。

（六）进一步加强对改革工作的总体指导

一是各级发改部门要切实履行好职责，进一步加强对经济体制改革工作的总体指导和统筹协调，全面推进2009年的各项改革工作，力争在重点领域和关键环节上取得新突破。二是省级各相关部门要积极支持发展和改革委进一步完善改革联络员工作制度。在跟踪分析改革形势、检查落实改革任务、沟通交流改革信息等方面，发挥好改革联络员的重要作用。三是进一步加强州市之间、省直部门之间的沟通协作，确保顺利完成各项改革任务。

（《云南改革报告》2009年第7期）

2009 年第 67 次中国改革国际论坛有关情况的报告

一、会议背景及基本情况

进入 21 世纪尤其是国际金融危机以来，新兴经济体已成为全球关注的焦点。但是，到目前为止关于新兴经济体还没有一致的定义。一般意义上讲新兴经济体特指经济发展速度较快、市场发展潜力大、正力图通过加快改革与发展逐渐融入全球经济体系的有潜力、有活力的发展中国家。英国《经济学家》将新兴经济体分成两个梯队：第一梯队为中国、巴西、印度和俄罗斯，也称“金砖四国”，第二梯队包括墨西哥、韩国、南非、波兰、土耳其、埃及等。根据国际货币基金组织（IMF）公布的数据，2007 年发达经济体经济仅增长 2.7%，新兴和发展中经济体经济增长 8%。2008 年中国经济增长 9%，2009 年“保八”可期。2008 年“金砖四国”对世界经济增长的贡献率已超过 50%，有专家预测，到 2050 年“金砖四国”的经济总量要超过现在的 G7（包括美国、英国、法国、德国、加拿大、日本、意大利）总量，将在世界舞台上发挥更为重要的作用。新兴经济体在应对由 2007 年次贷危机引发的这次金融危机中的表现，引起了全世界人们的高度关注。可预见，在新一轮全球化进程中，新兴经济体的发展将带来世界经济格局的重大变化。但是，新兴经济体也面临着深层次的矛盾与挑战。全球贸易保护主义的加剧、应对气候变化带来的减排压力、全球经济再平衡等诸多全球性问题，与新兴经济体自身发展方式转型和低碳经济发展等问题结合在一起，加大了后危机时代新兴经济体发展的复杂性。

本次论坛主要围绕后危机时代新兴经济体发展方式转型与变革从多学科、多视角展开深入研讨。参加本次会议的有中央相关部委、研究机构、高等院校和 25 个省市自治区，以及来自德国、俄罗斯、印度、巴西、越南、马来西亚、新加坡、美国、英国等国家的官员和学者 300 多人。论坛设有主题会议和分会场专题讨论。在主题会议单元，海南省副省长姜斯宪作了开幕致辞，中改院董事局主席高尚全、德国技术合作公司（GTZ）总裁艾森布莱特博士、中国国际经济交流中心秘书长魏建国、中改院院长迟福林等作了主题发言。在专题讨论单元，来自新兴经济体国家的专家介绍了本国经济发展模式中的问题。各国专家学者主要就世界经济新格局下新兴经济体国家共同面临的重大挑战及如何有效转型等展开讨论。

二、主题发言讲话及专题会议简况

（一）主题发言简况

1. 姜斯宪（海南省人民政府副省长）：在开幕式致辞中指出，作为全国唯一的省级经济特区，在中央的统一部署下，海南在过去一年左右的时间中化危为机，总体表现良好。2009 年前 9 个月，全省国内生产总值增长 9.8%，地方财政收入增长 14.6%，固定资产投资增长 36.3%，社会消费品零售总额增长 18.8%。姜副省长同时指出，当前制约海南经济持续快速发展的矛盾还不少。比如，工业经济增长乏力，外贸出口下降等。下一阶段，海南将围绕国际旅游岛建设，以发展方式转型为目标，抓好各项重点改革。

2. 高尚全（中改院董事局主席）：在会议中指出，当前我国宏观经济形势比较明朗，在政策刺激下，经济进一步回升已成定局。但发展方式中存在的矛盾和问题进一步凸显。下一步要重点推进三个领域的改革。一是以发展方式转型为主线的经济体制改革；二是适应社会公共需求转型为主线的社会体制改革；三是以政府转型为主线的行政管理体制改革。高尚全教授同时指出，进入后危机时代，我国改革面临的环境更为复杂，改革的推进动力也有明显变化。着眼于发展方式转型的改革，需要有大的魄力，要在一些基础层面有大动作。一是要坚持改革不动摇；二是后危机时代深化改革要有新的思想解放；三是消除不利于改革的各种认识和判断，形成全社会共促改革的合力。

3. 艾森布莱特博士（德国技术合作公司总裁）：中国的国民经济正在由出口导向型向内需拉动型经济增长模式转变。国家承诺的基本社会福利不仅是扩大内需的重要条件，也是形成能够抵御危机的经济社会结构、构建和谐社会体制机制的基本前提。

4. 魏建国（中国国际经济交流中心秘书长）：为应对国际市场变化和世界经济结构的调整，我国应积极扩大国内消费需求，增加居民的持久性收入和财产，培育新的发展优势和经济增长点，调整自身的经济结构。第一，积极转变依赖出口的经济增长模式，重点扩大国内消费需求；第二，全力探索新的发展优势，培育新的经济增长点；第三，保持当前稳定外需的政策，加大出口结构的调整力度。

5. 迟福林（中改院院长）：在会议中指出，在我国国内发展阶段变化和国际金融危机冲击的共同作用下，支撑我国经济快速增长的内在因素和外部条件发生了重要变化，走向消费大国是不可避免的大趋势。他认为，后危机时代我国应加快推进“五个时代性”特征的转型与改革（详见第三部分）。

（二）专题讨论会议简况

尽管新兴经济体在拉动世界经济复苏中的作用巨大。但随着欧美过度消费经济发展模式的终结，大多数新兴经济体都将面临经济发展模式转型的问题。以美国为例，私人部门储蓄率已由2年前的负值上升为7%，按此上升势头，2010年将达到8%以上。而储蓄率每上升一个百分点，消费将减少600亿~800亿美元。这将打破原有国际经济循环，由此加大了新兴经济体发展模式转变的紧迫性。

会上，来自各新兴经济体国家的专家都从不同的侧面讨论本国发展模式中的问题。如俄罗斯经济增长是建立在高油价的基础上，如果石油价格达到每桶70美元以上财政就盈余，70美元以下就亏损；巴西的储蓄率比较低，投资能力比较弱，经济持续增长的动力不足；印度的基础设施条件相当落后，且内部管理制度有待完善，这使得吸引外国投资，特别是机构投资者相当困难，下一步印度需要重点优化投资环境，大力发展制造业；越南经济的60%都依赖出口和外国投资。虽然危机中政府政策由控制通货膨胀迅速调整为防止经济下滑，并取得一定成效，但其持续增长仍然面临困境，比如，越南97%的企业是小企业，农业人口占较大比重。

与会专家认为，虽然在这次危机中，新兴经济体迅速作出了政策调整，普遍采取了扩大内需和积极的财政货币政策刺激经济增长，取得积极成效，但后危机时代新兴经济体不能单纯依靠经济刺激政策来应对内外需求的变化，要坚持积极的政策调整和制度变革，建立可持续发展的体制机制。有专家认为，单纯的财政货币政策治标不治本，应当在多个领域全方位建立发展模式转变的制度安排。在经济领域，应使经济增长由政府主导平稳过渡到市场主导，强化市场在资源配置中的基础性作用；在社会领域，着力解决经济社会发展不平衡的矛盾，改革收入分配体制，全面调整国民收入分配格局；在政治领域，建立合理的权利结构，改善民主政治与公共治理机制；在生态环境领域，要重点推进碳交易体制机制建设，为低碳经济发展创造条件；在文化领域，促进东西方文明的融合，促进发达国家和新兴经济体文明的融合，建立开放兼容的文化体制。特别要注重解决政府与市场的边界问题。有专家指出，大多数新兴经济体国家还没有建立起完善的市场经济体系，政府在拉动经济增长上仍然具有强大的作用，这既是多年来经济快速增长的原因，也是结构性缺陷产生的根源。要通过建设有限政府和有效政府实现经济市场化和社会公正的双线均衡，改变强政府弱社会、强国弱民、强权力弱资本的公共治理结构。

同时也有专家提出要合理借鉴发达国家经验。如从可持续发展的角度考证，德国的社会和生态市场经济模式，兼顾了市场、社会、生态等多重目标，是一种具有很强生命力的模式，值得新兴经济体借鉴。

三、迟福林“五个时代性”特征的转型与改革主要论点

迟福林指出，中国作为最大的新兴经济体，在经历了改革开放 30 年的持续快速增长后，开始由生存型阶段进入到发展型新阶段，并带来需求结构的战略性升级。在发展阶段变化和国际金融危机冲击的共同作用下，支撑中国经济快速增长的内在因素和外部条件发生了重要变化。走向消费大国的转型与改革是不可避免的大趋势。正是在这个特定背景下，后危机时代我国应加快推进“五个时代性”特征的转型与改革。

（一）消费主导时代的转型与改革

随着中国内部需求结构的变化和外部需求的萎缩，促进消费结构升级和消费增长是必然选择，并有可能在未来五年左右将居民消费率提高 5～10 个百分点。需要加快推进相关领域的改革：一是改革收入分配体制，全面调整国民收入分配格局，大幅提高居民在整个国民收入中的比重；二是加快社会保障体制改革，尽快实现城乡基本公共服务均等化，由此引导居民消费倾向；三是加快财税和金融体制转型，推进公共财政体制改革和消费型金融体制的建立；四是推进投资体制改革，实现投资结构重点由生产性投资向消费性投资的转变。

（二）城市化时代的转型与改革

从国际经验看，当一个国家处在人均 GDP 3 000 美元的时候，城市化率大概在 55%～60% 左右。2008 年中国人均 GDP 达到 3 266.8 美元，但城市化水平只有 45.68%，远低于工业化中后期 60% 的均值，这在很大程度上抑制了国内消费需求的释放与升级。我国在后危机时代应加快打破城乡二元结构，实质性地推进行政管理体制改革，努力争取 5～10 年内把城市化率提高 10 个百分点。

（三）公共产品短缺时代的转型与改革

从生存型阶段进入发展型阶段，伴随着从私人产品短缺时代进入公共产品短缺时代。进入公共产品短缺时代不仅表明居民消费倾向的改变，也突出了政府缩小收入差距和加强公共投入的职责，更是经济社会发展和人的自身发展的内在需求。一是需要加快社会体制的转型与改革，二是要加大基本公共服务投入。初步测算，实现中共十七届三中全会提出

的城乡基本公共服务均等化水平明显提高的目标，加大基本公共服务投入，未来10年，基本公共服务支出年均增长率至少要达到5%左右，投入15万亿~20万亿元。

（四）低碳经济时代的转型与改革

低碳经济是一种新型发展模式。它不仅是21世纪人类最大规模的环境革命，而且也是一场深刻的经济社会革命。后危机时代，低碳经济将成为全球结构调整的重要驱动力。世界进入低碳经济时代，中国的大国作用和大国责任不断凸显。我们既要看到国际上的某些复杂因素，更要看到中国作为一个大国在低碳经济时代的责任和作用。主动应对减排挑战、发展低碳经济，重要的是结构调整和改革的选择问题：一是推进资源价格形成机制改革；二是推进能源价格形成机制改革；三是推进环境产权制度改革；四是推进碳交易体制机制建设。加快推进这些改革，将大大加快中国低碳经济发展的进程。

（五）政府转型时代的改革

中国发展方式转型与改革的关键在于政府转型的突破：一是加快经济发展方式转型的关键在于实现经济运行机制由政府主导向市场主导转变；二是适应社会公共需求转型的关键在于确立政府在公共服务中的主体地位和主导作用；三是政府自身建设与改革的突破，关键在于通过政府转型形成规范的公共权力行使的制度框架。尤其要尽快转变“以追求GDP为主要目标、以扩大投资规模为主要任务、以上重化工业项目和热衷批租土地为主要途径、以行政推动和行政干预为主要手段”为特征的政府主导型经济增长方式。

迟福林强调，这五个具有时代性特征的改革，相对于改革开放前30年我国从计划经济体制向市场经济体制的第一次转型和改革，构成我国以发展方式转型为主线、推进从生产大国向消费大国转型的第二次改革。

四、三点建议

1. 近年来，偏居海南岛的改革发展研究院以它触及改革问题的敏锐性，及分析把握改革问题的高度、广度、深度，加上丰硕的研究成果引起了很多媒体的广泛关注，如《光明日报》盛赞“中改院已经在国内外经济界产生了巨大影响”。建议我省相关部门、领导结合工作实际，对中改院有关研究成果给予关注，及时学习、借鉴，指导相关工作。

2. 迟福林院长的报告指出当前我国已由生存型阶段进入了发展型阶段，面临“五个时代性”特征的转型与改革。他的观点得到了有关领导和专家的肯定，对指导新时期我国发展改革有重要参考价值。建议有关单位结合省情，认真思索我省的发展阶段，对即将着手研制的“十二五”规划，特别是改革专项规划，要通过进一步学习、领会和借鉴，增强规划编制的战略性、宏观性、针对性和可操作性。

3. 2009年11月9日，中改院迟福林院长受邀到昆与昆明市商建中改院昆明分院事宜。省委常委、昆明市委书记仇和在接见迟福林时希望尽快把昆明分院建成、建好，结合昆明实际争取在决策、咨询方面高起点出成果。并通过建立可持续的泛亚论坛机制，作为引进智力支持的平台，逐步形成精干的专家队伍。因此，我们建议省有关部门要关注、支持综合改革试点工作，关注、支持昆明分院的建设，并借助分院的力量，为我省发展改革多出主意、多想办法。

（《云南改革报告》2009年第8期）

全国各省区市2009年改革亮点有关情况的报告

2009年，在国务院《关于2009年深化经济体制改革工作意见》（国发〔2009〕26号）的指导下，全国各省区市积极探索，大胆突破，改革工作亮点纷呈、成效显著。

一、提高认识，加强组织领导

辽宁省成立了省级经济体制改革工作领导小组，由主管省长担任领导小组组长，有关厅局领导任成员，从组织制度上确保各项改革任务的贯彻落实。到目前，全国各省区市自成立发展和改革委员会以来，已有8个省区市成立了省级的改革工作领导小组，17个省区市成立了省级的联席会议制度。其中，浙江、青海和深圳同时设立了改革工作领导小组和联席会议制度，建立和完善了统筹协调机制，进一步加强了综合改革工作。

二、重点突破，健全可持续发展的体制机制

（一）资源型产品价格改革

内蒙古制定了自治区煤炭价格调节基金征收使用办法，完善了水资源费征收使用管理办法，改革了化肥价格形成机制，放开了尿素、碳酸氢铵、磷酸二铵的出厂价格，取消了化肥流通环节的差率控制措施。

四川深化化肥价格形成机制改革，将国产化肥出厂价格和除钾肥外的进口化肥的港口交货价格由政府指导价改为市场调节价格，取消临时价格干预措施，全省尿素平均零售价格下降320元/吨，降幅达14%。加快推进农业水价综合改革，在武都引水灌区、龙泉山三岔水库开展以农业末级渠系出水口为计量点的水价改革试点。

（二）环保体制改革

江苏推进太湖流域环境资源区域补偿工作，出台《江苏省太湖流域环境资源区域补偿方案》，将补偿范围从9个断面扩大到30个断面，涉及21条河流，包括太湖的主要入湖河流、苏南运河、重要的清水廊道以及主要出省跨界河流，实现全覆盖。继续推进太湖流域排污权有偿使用和交易试点。出台《江苏省太湖流域主要水污染物排放指标有偿使用收费管理办法》、《太湖流域主要水污染排污权有偿使用和交易试点方案细则》等文件的基础上，制订了试点实施方案以及排污指标核定和申购等配套办法，加快推进试点工作。目前，无锡等地已有600多家企业完成排污指标申购，金额达1 386.7万元。

浙江全面启动排污权有偿使用和交易试点工作，目前已经有9个设区市和17个县（市、区）开展排污权交易改革试点。积极推进生态文明试点，安吉县、杭州市、丽水市都已编发生态文明建设纲要并组织实施。进一步加强环保制度建设，制定水污染防治条例相关实施细则，出台关于进一步规范环保行政处罚自由裁量权指导意见，起草辐射环境监

督和建设项目环境保护的管理办法，进一步完善污染减排的统计、监测、核查、预警、考核、约谈和公告等各项制度。积极推进长三角区域环境保护合作，加快推进行政区域间跨界污染纠纷处置机制建设，目前已有杭湖嘉绍、温州—丽水、丽水—衢州、金华—台州、金华—绍兴建立起了相应机制。

上海制定了《关于本市建立健全生态补偿机制的若干意见》和《生态补偿转移支付办法》，通过建立和完善生态补偿转移支付办法，形成导向明确、公平合理的激励机制，提高区县进一步开展生态建设和保护工作的积极性。从建立基本农田、公益林、水源地的生态补偿机制入手，逐步扩大范围、完善方式、健全机制，从公共财政投入、扶持产业发展、市场运作和建立健全保障制度来完善生态补偿机制，并注重体现区县贡献和政策导向，注重发挥主管部门作用和转移支付整体效用。

西藏推进高原生态安全屏障建设工作，启动了西藏自治区草原生态保护奖励机制试点工作，以草场承包经营责任制为基础，实行以草定畜奖励、薪柴替代补贴、牲畜电子耳标免费标识制度。并建立了草原生态检测制度，促进牧区经济社会和生态环境协调发展。

武汉以构建大东湖生态水网为重点，积极推进水生态系统保护与修复的试点工作，进一步完善水生态环境保护和治理机制，成为全国10个水生态试点城市中第一个通过验收的城市。并开展了环境经济政策试点，环境污染责任险试点规模居全国前列，在青山区开展了企业环境行为评价试点；推进了环境问题防范机制、污染源监督机制和农村环保工作机制改革；排污费征收管理体制改革顺利实施。

三、有序推进，完善宏观调控手段

（一）行政审批制度改革

福建顺利完成新一轮省级行政审批项目清理工作，审批项目大幅度削减为724项，精简幅度达30%，成为全国省级行政审批项目最少的省份之一。进一步规范行政审批行为，对保留的省级行政审批项目原则上一律按照统一设定的规范化流程和设定的时限实施网上审批和电子监察，审批时限总体上比法定时限缩短40%以上。探索建立了省、市、县三级联通的网上行政审批系统。

厦门出台了全国第一部规范建设行政审批行为的地方规章《厦门市建设项目行政审批集中办理办法》，全面推行网上审批和电子监察工作，网上审批办公系统覆盖至全市各部门的所有行政审批事项以及各区的行政审批事项，部分审批事项实现全程网上审批和并联审批，启用建设项目网上审批电子印章，基本实现了网上年检年审。实行“一个机关一个窗口对外”，全市大部分行政审批实施机关都已设立了行政审批统一受理和送达窗口。

（二）金融体制改革

上海加快推进国际金融中心核心功能区建设，出台并实施浦东新区推进国际金融中心核心功能区建设的实施意见，明确了浦东新区加快国际金融中心核心功能区建设的目标、思路和41项重点工作任务；在国家金融监管部门的支持下，上海率先实施人民币国际贸易结算试点，启动消费金融公司试点，有序推进房地产信托投资基金；鼓励外商设立投资股权管理企业，出台《上海市浦东新区设立外商投资股权投资管理企业试行办法》，促进资产管理机构集聚和资产管理中心建设；加快培育融资租赁市场，积极推进企业跨境并购，推进上海信托登记中心改制。

（三）投资体制改革

宁夏规范招投标行为，全面推行经营性政府投资项目代建制，提高项目建设管理水平和投资效益，全面推进和规范政府投资项目代建制工作，实现了从试点探索阶段，向法制化、规范化代建转变；从个别项目的代建，向全面推广转变。全区有38个开工项目实行了代建制，资金达43亿元，取得了良好的经济效益和社会效益。

（四）土地制度改革

浙江出台节约集约用地目标责任制考核办法，建立节约集约用地激励约束机制。农村土地承包经营权流转改革加快推进，出台了土地流转政策，积极探索农村土地承包经营权作价出资农民专业合作社、推进农村土地流转的新机制，制订全国首份《农村土地承包经营权流转合同示范文本》，截至2009年上半年，浙江省土地流转新增面积55万亩，总面积达601.66万亩，占总承包耕地面积的30.4%，涉及流出土地农户309.9万户，占全省家庭承包经营总农户的33.3%。农村宅基地使用制度改革不断深化，涌现出宅基地性质转换、异地安置、复垦增量等3种改革模式，将宅基地与承包地分开，搬迁与土地流转分开；以承包地换股、换租、换保障，推进集约经营，转移生产方式；以宅基地换钱、换房、换地方，推进集中居住，转换生活方式的“两分两换”改革成效显著，全省新开展宅基地整理的行政村682个，净增耕地4 416.49亩。

四、创新模式，促进统筹协调发展

（一）统筹城乡资源改革

重庆引导城市资源下乡，鼓励城市资源到农村发展，为农村带动资金、技术、人才等要素资源，通过产业延伸、产业创新、产业复合、公共服务商业型供给、公共服务志愿型供给五种模式，引导城市资源下乡建立高效、现代产业基地和完善的公共服务体系。以十大城市资源下乡示范项目为例，参与流转农用地4.1万亩，吸引当地农民就业6 320万人，两年平均带动农民增收67.2%，通过“政府搭台、企业唱戏、农民参与”，达到了促进农民增收、农业现代化、新农村建设及小城镇综合开发等多赢效果。

（二）省直管县改革

安徽全面推开省直管县体制改革，2009年6月省政府下发了《关于全面推开扩大县级经济社会管理权限工作的通知》，在全省61个县（市）全面推开扩大县级经济社会管理权限工作，总的要求是“对该放的坚决放，对该管的切实负责管好”。除国家法律、法规有明确规定的以外，原由市审批或者管理的经济社会管理事项，均由县（市）自行审批、管理，报所在市备案；需经市审核、报省审批的，均由县（市）直接报省审批，报所在市备案。对国务院及国家有关部门规定须经市审核、审批的事项，采取省、市政府委托或授权等方式予以下放。

（三）涉外经济体制改革

广东大力推动开放型经济体制建设，通过体制创新，加快开放步伐，进一步拓展开放合作的广度和深度，建立外商投资重大项目用地保障机制，为吸引跨国企业来投资发展创造良好环境。研究制定了推进与港澳更紧密合作的决定和粤港合作框架协议，全面落实CEPA项下国家批准34项对港、28项对澳服务业开放与在广东先行先试的政策措施，吸引港澳服务业来粤投资发展。积极完善与东盟经贸合作机制，与印尼、马来西亚、越南、新加坡、泰国等5国建立经贸合作对话协调机制，促进与东盟的合作向纵深发展。

（四）事业单位改革

深圳率先推进事业单位体制改革，制定了《深化事业单位体制分类改革方案》，构建现代社会事业和社会管理新体制，基本完成124家事业单位转企和党政机关事业单位所办270家企业的划转工作。全面深化事业单位管理体制和内部运作机制改革，努力探索与国际接轨的现代公共事业内部管理体制和运行机制，继续完善和实施《关于完善事业单位法人治理结构的改革方案》、《关于推行法定机构试点的意见》等7个专项方案，积极开展法定机构的试点工作。

（五）集体林权制度改革

福建全面深化集体林权制度改革，生态公益林管扩机制改革稳步推进，通过强化督察、通报进度、开展验收等措施有力推进改革，据各地上报数据统计全省已完成改革面积4 060万亩，占应改革面积的96.1%。森林采伐管理制度改革试点扎实推进，制定《福建省森林采伐管理改革试点方案》，12个县（单位）被列入全国采伐改革试点，6个县（单位）列为全国森林可持续经营试点。林业金融服务进一步完善，2009年上半年全省新增各类林业贷款14.49亿元。森林保险覆盖面进一步扩大，由省级财政投入5 000万元，实现了森林火灾保险覆盖全省。被列入全国森林保险试点省份之一，在省级财政保费补贴25%的基础上，可享受中央财政给予30%的保费补贴。

（六）农村住房制度改革

宁波全面推进农村住房制度改革和集中改造。出台了《关于推进农村住房制度改革和住房集中改建的意见》，坚持政府统筹引导、市场运作、农民自愿原则，完善农民集中居住布点规划，促进农村建房向小城市、中心镇、中心村集聚。建立完善农村宅基地置换、流转和退出机制，切实推进农村住房制度和住房集中改建工作。2009年在建农村住房集中建设项目达92个，计划改造建设农房2.9万户。并积极探索创新符合城市化发展趋势的合作共建（BT）融资模式，由浙建二公司代建农房集中改造，有力促进了农村住房制度改革。

五、不断创新，加大试点改革力度

浙江围绕重点领域和关键环节推进综合配套改革试点。杭州、温州、嘉兴、台州、义乌继续深入推进三大省级综合配套改革试点，杭州市围绕“三个率先”，加大金融支持力度，设立“天使基金”和工业债权基金、组建科技支行，着力强化创业创新的要素保障；打破行政区划限制，加快建立交通、旅游、生态环保、公交、异地就医等区域经济一体化的体制。嘉兴、义乌围绕打破城乡二元体制，进一步扩大农村宅基地换住房改革试点，推进村庄布局科学化、农房产权合法化、土地利用集约化、农村居民城镇化。温州和台州围绕民营经营创新发展，放宽市场准入，推动民营经济从制造业为主向多业并举转变，加强产权改革，推动民营经济从家族式管理向建立现代企业制度转变。启动转变经济发展方式综合配套改革试点，在宁波、湖州、绍兴、金华、衢州、舟山分别开展扩大对外开放、社会主义新农村建设、工业转型升级、现代服务业发展、产业集聚发展、海洋开发、生态经济创新发展综合配套改革试点。

上海积极推进城乡一体化制度建设。形成南汇并入浦东后的城乡一体化发展实施方案，在合庆镇益民村开展集体建设用地有偿使用试点，在集体建设用地所有权实现形式、显化资产价值、拓宽有偿使用方式等方面开展探索。启动曹路镇农村承包土地经营权统一流转试点，保险农民土地权益，促进农业适度规模经营，发展现代农业。

陕西打造关中现代市场经济体制建设先行区。高起点谋划，与甘肃省共同积极培育“大关中”增长极，2009 年 6 月，国务院正式批准了《关中—天水经济区发展规划》，这标志着继上海浦东新区、天津滨海新区、武汉长沙城市群之后，关中—天水经济区与北部湾经济区、成渝经济区一起成为国家新的经济区，经济区含陕西省西安、铜川、宝鸡、咸阳、渭南、杨凌、商洛部分县和甘肃省天水所辖行政区域，《规划》提出将把关中—天水经济区打造成为“全国内陆型经济开发的战略高地”。同时，陕西省还积极推进神木、府谷等县统筹城乡改革省级试验示范区建设。

湖南加大试验区改革力度并构建开放型经济体系。长株潭综合配套改革试验区成立省长挂帅的试验区领导协调委员会，设正厅级办公室，统筹推进试验区全局工作。大力推进行政流程再造、大部制运行等改革试点，在示范区推行“接审分离、网上审批、并联审批、刚性审批”等试点，在云龙示范区探索新型管理体制，变“三级政府四级管理”为“一级政府三级管理”。构建开放型经济体系。制定了全省承接产业转移规划纲要，开展了申报长沙、岳阳出口加工区的工作。在承接国际服务业产业转移、发展服务外包方面，建立了部、省、市三级共建长沙服务外包示范城市的工作机制。出台了支持郴州承接产业转移先行先试有关改革政策，实施招商引资项目行政审批代理制，进一步优化投资环境。

江苏综合配套改革试点逐步推进。积极开展南京市综合配套改革试点、苏州市城乡一体化发展综合配套改革试点、无锡市资源节约型和环境友好型社会建设综合配套改革试点、宿迁市区域协调发展综合配套改革试点。南京市开展综合配套改革试点，大力推进科技体制改革。获批建设国家科技体制综合改革试点城市，以科技体制机制改革为核心，着力在资源整合、研究开发、技术转移、多元投入、人才激励和成果评价等方面取得新突破，为全国的科技体制综合改革提供经验和有益借鉴。苏州市坚持以破除城乡二元结构为重点，以构建政策制度框架为关键，以优化资源配置为抓手，以加强基层组织建设为保障，突出富民优先、规划引领、政策创新、典型示范，着力建立健全城乡一体化发展的体制机制，综合配套改革试点工作取得较大进展。

海南不断深化旅游管理体制改革。组建全国唯一的省旅游发展委员会，大力推进国际旅游岛建设，新增规划和保护旅游资源、统筹旅游要素国际化改造、管理旅游行业标准化工作、综合协调旅游安全等 5 项职能。以改革促发展，为建设国际旅游岛汇聚发展要素，海南实施农垦管理体制改革，收回了农垦部门的管理权，整合了土地资源；深化行政管理体制改革，实现省直管县，把权力下放到了县级。争取航权和免税区政策等。并对需开发的景区景点准确定位，在开发过程中，以招商选资的模式进行，确保引进的项目与景区的品牌定位相匹配，宁可不开发但决不乱开发。文昌依托在建卫星发射中心，拟建航天主题公园，并引入迪斯尼；浅水湾通过旅游、房地产拉动，拟建东方迈阿密；亚龙湾的定位是高品质、高档次的旅游休闲度假区，选择的硬件是具有国际水准的知名酒店。旅游机构评审复核和年检等行政管理权限下放市县，在各市县构建旅游企业区域合作机制。出台《关于积极应对金融危机促进旅游经济平稳增长的十项措施》，支持旅游业渡过金融危机。

天津调整滨海新区行政区划。国务院日前批复天津市政府报送的《关于调整天津市部分行政区划的请示》，撤销天津市塘沽区、汉沽区、大港区，设立天津市滨海新区，以原塘沽区、汉沽区、大港区的行政区域为滨海新区的行政区域。通过行政区划调整，进一步加大区域资源整合力度，优化总体布局，促进区域经济社会协调健康发展。

六、积极探索，推进医改车改

（一）医药卫生体制改革

各地积极贯彻落实国家“新医改”方案，围绕加快推进基本医疗保障制度建设、初步建立国家基本药物制度、健全基层医疗卫生服务体系、促进基本公共卫生服务均等化、推进公立医院改革试点等五项改革重点，突出地方特色，不断彰显亮点。

江西逐步提高医保基金使用效率，在省、市、县、乡所有定点医院全面实行新农合“直补”，参合农民“在哪住院，在哪报账，当天出院、当天报账”。

四川积极探索新农合异地（省外）结算方式，加快建设新农合省级平台，开展市、县级新农合门诊统筹和市级统筹试点，全面推行医疗救助与新农合“一站式”无缝对接，实行同步结算。

福建加快农村医疗卫生服务体系建设，出台了《进一步加快乡镇卫生院改革与发展意见》等一系列文件，将全省866所卫生院分为甲、乙、丙三类进行管理。

厦门加快农村公共卫生服务体系建设，推行区级医院和镇卫生院由市属综合性三级医院“托管”的管理模式，迅速提升了区级医疗技术水平。

浙江深化药品集中采购制度改革，加快推进采购平台建设，实现启动廉价药物网上集中采购。

宁波实施公立医院使用廉价药物经济补助制度，减少患者费用2.22亿元，积极推进公立医疗机构改革试点，完成了市第二医院集团化建设。

广州促进城乡卫生服务均等化，积极推动农村卫生机构向社区卫生服务机构转型。

（二）公务用车改革

杭州稳步推进公车改革。出台《杭州市市级机关公务用车制度改革的实施意见》，并制订了《杭州市市级机关公务用车制度改革纪律规定》、《杭州市市级机关公务用车改革驾驶员安置分流实施办法》等6个专项配套制度，确定21个试点单位，分批试点，稳步推进公车改革。杭州公车改革实行单轨制，推行公车改革的单位取消所有公务用车，实行货币化补贴制度，依照实际工作职务层级，划分九个车贴档级，上限和下限分别为每月2 600元和300元。个人从事公务活动领取用车补贴，节约归己，超额不补。凡涉及人员分流安置、公务车辆处置、车贴区域设定、公务用车安排、公共经费使用、个人额外补助等，一律遵循市场化原则实施。2009年5月1日第一批市级机关正式实施车改，从半年试点情况看，基本达到预期目标。

（《云南改革报告》2009年第9期）

烟台现代农业经营模式创新亮点

——以南山为例

山东省烟台市辖4区、1县、7个县级市、1个国家级经济技术开发区，陆域面积1.37万平方公里，海域总面积2.6万平方公里，总人口651.5万人，其中市区人口180万人。目前，烟台人在这片土地上不断地探索创新着发展模式，成就辉煌。

一、烟台经济发展概况

（一）烟台经济总量位居山东第二、全国首批沿海开放城市的第七位，是全国经济总量过3 000亿元的23个城市之一

2008年，烟台全市生产总值达到3 434亿元，财政收入达到348.6亿元，其中地方财政收入166.2亿元，城市居民人均可支配收入达到19 350元，农民人均纯收入7 935元，实现进出口总额350亿美元，其中出口201亿美元。

（二）烟台现代农业发展步入新阶段，农业产业化经营取得明显成效

烟台全面实施农业产业化经营，发展和完善农业产业化体系，较好地解决了农村人多地少，千家万户小规模经营与大市场的矛盾，克服了生产、加工、销售等环节被不同部门分割、垄断、盘剥的体制弊端，农业进入规模化、标准化、国际化和企业化进程。目前，全市建成具有产业特色的专业镇28个，专业村640个，基本形成了果品、蔬菜、食用菌、粉丝、海珍品、畜牧养殖和加工等六大农产品生产、加工、出口产业区和产业带。全市有12个农产品被认定为中国名牌产品，50个被评为山东名牌产品；农产品有效注册商品达到1 975件，全市农业产业化龙头企业已发展到2 166家，年销售收入976亿元。其中年销售收入过亿元的农业龙头企业达108家。被列入国家级农业产业化龙头企业11家，列全国地级市之首；省级农业产业化龙头企业46家。烟台农村传统格局正在被打破。土地经营方式发生变化，农民身份正在转型，农业产业化经营模式不断创新，农业产业化与农村城市化联动协调发展，农村经济社会一体化体制机制正在建立，“三农”发展中的许多矛盾和问题得到化解，现代农业步入健康发展的轨道。

（三）烟台产业集群粗具规模，一批“旗舰型”企业辐射带动作用强劲

2008年，烟台三次产业比8∶60.9∶31.1，二产比全国高12.3个百分点，全市主营业务收入过100亿元的企业有9家，利税超过亿元的企业达到97家。目前，烟台的汽车、食品、黄金三大产业集群已经具有较大规模和完善的配套体系；电脑、手机和船舶产业集群正在拓展；核电、石化和特种化纤产业集群也已起步。一批领引产业集群发展的“旗舰型”企业发挥了很强的辐射带动作用，全市产业集群形成了明显的规模优势、市场优势和竞争优势。

（四）对外开放成就了烟台的今天，烟台的外向型经济位居首批沿海开放城市前列

截至2008年，烟台累计引进外资项目1.2万个，累计实际使用外资198亿美元，有40多家世界500强企业及1 400多家农业外资企业进驻烟台，涉外企业税收占全部税收总额的50%。目前，烟台农业外向度达到85%，农产品出口到日本、韩国、东南亚以及欧美市场。全市现有80多家企业在20多个国家和地区开设了窗口和办事处，农产品出口到70多个国家和地区，品种100多个，年出口各类农产品100多万吨。2008年烟台进出口总额增长46.5%，增幅居首批沿海开放城市首位。

二、烟台现代农业经营模式的创新实践

（一）烟台通过多元化的农业组织模式，整合资源、提升农业经营水平，搭建了村企合作新平台，为烟台农业、农村、农民发展开辟了新的路子

烟台为了推行农业规模化、标准化、产业化，先后推行了“公司+农户”、“公司+中介组织+农户”、“公司+农场”等多元化组织模式，将分散的土地使用权流转到公司，把分散的农民组织起来，提供信息、储藏保鲜、销售等服务，调剂资金、协调生产，推行产、销一体化经营，统一提供化肥、农药、种子，统一技术培训，统一防治病虫害，统一销售农产品，建立了以权益为纽带的比较稳定利益与风险共同分摊机制，极大地提高农业生产效益，使农户与企业双赢。近年来，烟台市以创新农村经营机制、增加农民收入的突破口，积极探索、重点实施，形成了以莱阳市发展合作社、莱州市发展农产品行业协会为代表的典型，较好地解决了农民生产经营中的服务问题，推动了农业产业化经营向高层次发展。目前，全市共有各类农民专业合作经济组织、农产品行业协会2 000多个。其中较规范的308个，会员数量8.2万户，拥有固定资产2.6亿元，年经营收入8.4亿元。

烟台中粮葡萄酿酒有限公司的种植分公司牵头建立烟台（蓬莱）长城葡萄生产股份合作社，将其下设的3个基地改造成了3个合作社，连接13个村，分别成立分社，以土地承包入股的形式，吸收了1 100户农民作为社员，集中了6 000亩地作为基地，每个社员承包管理5亩葡萄园，葡萄种植标准全部统一，由合作社组织专家进行技术指导。葡萄收获后由公司按规定质量统一收购，农民获得固定劳务费，超产超质者，企业给予奖励。农民每亩地可获得1 450元的固定收入，人均年收入达到8 025元。这种运作模式确保了一体化经营，标准化生产，规范化管理，生产高质量产品，农民获得较高收益。

莱阳龙大食品集团建立标准化生产基地2万亩，实行先进的农场管理模式，从源头上控制农产品质量，有机蔬菜种植和加工通过了日本、欧盟等国际组织注册。

蓬莱君顶酒庄以产业化为纽带，在南王山谷整合12平方公里、18个行政村的土地，集中规划建设葡萄标准化种植园、高端葡萄酒庄、旅游观光园和新型农民社区，实行企业、农民、土地一体化经营，产业链条拓展到产、加、销、游各个环节，实现了村企互动，工农双赢。目前，1 980户农民带地入股葡萄生产合作社，2 000名农民变成基地工人。公司出资建设的新农村一期工程已经完工，部分社员已搬迁入住。公司高端酒庄葡萄酒年产量达1 000多吨，成为国内葡萄酒酿造巨头和烟台市骨干龙头企业。

龙口复发中记冷藏有限公司，目前是亚洲最大的水果生产、加工销售企业，年出口水果3万吨，出口创汇2 000多万美元。该公司建有3万亩水果品基地，基地实行企业化经营和标准化生产，国际先进生产技术管理，产品达到绿色食品标准，全部出口国际市场。

目前，该基地已通过欧盟等国际组织注册。

（二）烟台通过一系列的产业化经营机制创新，创造有利的外部环境，为农业经营带来了新理念，为农村发展注入了新活力

第一，建立健全利益调节机制。一是发展订单农业，签订合同契约解决农民销售上的后顾之忧，稳定企业的货源。二是实行股份合作。龙头企业通过吸收农民入股，使企业与农户形成较为紧密的利益共同体。三是建立风险补偿制度。当农户遇到自然灾害和市场波动受到损失时，企业给予农户一定的经济补偿。如，莱阳宏富食品有限公司是 1995 年由 78 户农民入股筹资 200 万元兴建的一个蔬菜加工企业，到目前，入股农民已达到 120 多户，公司总资产增加到 2 000 多万元，农民每年得到的红利一直保持在 15% 以上。烟台中粮葡萄酿酒有限公司拿出销售收入的 0.5% 作为风险基金，主要用于基地农民灾年和市场风险带来的损失补偿，企业与农民真正做到了利益共享，风险共担。

第二，建立健全科技推动机制。一是组织实施农业新品种研究开发工程。自 1996 以来，市里投资 3 000 万元专门用于农业新品种的引进开发，全市累计引进培育农业新品种 300 多个，并选育出一批在全国领先的优良品种，使烟台成为全国重要的良种培育基地。二是加强农业科技示范园区建设。市里重点抓好烟台农业高新技术开发区建设，每个县市区抓好 10 个县级农业科技示范园，每个乡镇抓好 1 个乡镇级农业科技示范园，将最优良的品种、最先进的栽培技术、节水设施、管理手段在示范园内综合应用，干给农民看，带着农民干，加快农业科技成果的转化应用。全市已建成具有一定规模和示范带动作用的科技示范园 320 个。三是推广实用技术。近年来，结合农业产业化实施，各级农技推广体系和龙头企业大力推广果品套袋、节水灌溉、平衡施肥、设施栽培、病虫综合防治、标准化生产等 50 多项农业技术，为提高农产品质量提供系列化服务。

第三，建立健全多元投入机制。采取多种形式，扩大融资渠道，加大对农业产业化的投入。一是龙头企业每年从所得利润中提取一部分资金用于扩大再生产，依靠自身力量，自我积累，滚动发展。二是引导支持工商企业、个体私营企业投资农业产业化，发展龙头企业，从事农产品基地开发。三是市财政每年安排 500 万元资金用于重点龙头企业贷款贴息，支持龙头企业发展、名优农产品生产。四是招商引资。充分利用烟台的开放优势，采取会展招商、网上招商、上门招商、以商招商等多种形式，广泛吸引和利用外资，开发烟台农业。

第四，建立健全土地流转机制。探索实践了转包、转让、互换、入股、出租等土地流转形式，积极推进大规模的产业化基地建设。

第五，建立农业产业化与农村城市化联动发展机制。近年来，烟台市实施中等城市集群发展战略。促进园区向县城集中、企业向园区集中、农民向企业集中，加速了城乡产业融合，形成产业联盟和企业群体，拓宽了农民增收的渠道。如，莱阳市将老城区和开发区外向型工业园、食品工业园一体规划，统筹安排，形成了 30 多平方公里的中等城市发展框架，城市人口由 15 万人猛增至 30 万人。吸引了国内外许多知名食品加工企业进区、进园发展；同时吸引农民进厂、进城就业，形成城乡一体化同步发展的良好态势。鲁花集团和天府集团原来都坐落在乡镇，前几年将厂房迁至县城园区后，人流、物流、信息流大大增强，生产规模不断扩大，经济效益显著增长。2008 年两企业的销售收入分别达到 30 亿元和 15 亿元，比 3 年前增长 3 倍和 2.5 倍。

通过城乡联动发展，全市农产品加工企业吸纳农村劳动力35万人，而且每年新增加4万~5万人。2007年，全市从事二、三产业劳动力的比重达到48%，农民人均纯收入中51.2%来自非农产业，其中工资性收入占到40.4%。

三、南山新农村建设成效

（一）烟台有一个南山村，是村又是一个大型企业集团——村企合一。南山村跻身于全国名村之列，南山集团跻身于全国企业500强，堪称当今时代中国新农村

南山是在烟台龙口市东江镇前宋村的基础上发展成立的一个村，一个村落重建中推行村企合一、集团式城乡一体化的新农村、大企业集团。2008年，南山拥有4万工人，产值316亿元，销售收入近320亿元、创造利税48亿元；排2008年中国经济十强村的第二，排中国企业500强居178位（2007年为282位），排《福布斯》2008中国顶尖企业榜第24位。2009年6月南山连续5年在中国500最具价值品牌发布榜上有名，居267位，品牌价值31.18亿元。目前建成86平方公里的农民新城，总人口10万，其中有36个村落、7 800户、23 000个南山居民；拥有40多个企业，涉及精纺、服装、铝型材、电力、木业、酿酒、绿色农业、旅游、教育、医疗等十几个产业、上千个产品。目前，南山已经崛起为一座现代化“农民新城”，发展起了现代化高水平的工业区、教育区、生活区、商贸区、旅游区。建起了烟台市一流水平的“南山大剧院”、两万座位的现代化“南山体育场”、亚洲一流水平的高尔夫球场等高标准的文化体育娱乐设施；建起了高标准现代化的医院和学校；建起了高档次的星级宾馆和国际会展馆；建起了绿树环抱的人工湖、30平方公里绿地。南山完成了由“小农”到“小康”的转型，南山人完成了由农到工的转变，实现了劳有所得、能有所尽、利有所图、财有所占、成有所就、老有所养，和谐发展。

（二）南山从前宋村第三生产队起步，以工补农，在集体致富的创业路上越走越宽

南山集团的前身是龙口市的前宋村，该村共有4个生产队，260户，800多人，占地不足2平方公里，地处山区，既没有资源优势，也没有区域优势，是一个出了名的穷山村。1978年，时任前宋村第三生产队队长的宋作文，从带几个人做豆腐的买卖，组织社员复新旧水泥袋起步，率领第三生产队56户人家走上了勤劳致富的创业路。1979年春天，前宋村三小队上马了第一个颇具规模的项目——玻璃拔丝厂。从1981年到1987年，在短短的6年中，宋作文（1983年，前宋村全面实行家庭联产承包制，宋作文为承包人）带领的三小队的乡亲们，先后成立了水泥袋厂、玻璃纤维厂、石棉瓦厂、毛纺厂、棉纺厂，几乎每年上一个项目，越上规模越大，组建了山东龙口新华毛纺织总厂。1993年，南山集团上马了1.35万千瓦热电厂，之后，又陆续投资建设了两处热电厂，总装机容量达到100多万千瓦。1996年，南山集团引进英国、法国、德国、意大利等7个国家17个厂家的一流生产设备投资新上了精纺呢绒项目，2000年引进国外先进设备，对精纺生产线进行改造升级，使年生产能力突破1 500万米，成为国内第一大精纺生产厂家，为杉杉、红领、雅戈尔等国内著名服装厂家供货，还有50%的产品销往日本、欧美、中国香港等国家和地区。2000年，对精纺生产线进行改造升级，成为国内第一大精纺生产厂家之后，南山集团建立了年产140万套高档西服的服装厂，投资上了15.6万吨的电解铝厂和12万吨的碳素厂项目，建成了日处理污水3万立方米的污水处理厂。2004年，南山大学园区奠基。2005年，南山学院升格为普通本科高校，烟台市首家五星级酒店南山国际会议中心揭牌。2008

年，南山成立国家级企业技术中心。

1996年开始，南山集团利用自有资金开始加大投入，从最初每年投入2亿～3亿元，到后来5亿～6亿元，再到2001年10亿元，2002年15亿元，2003年达到30亿元。目前，南山集团又进入了资本运营的快车道。1999年12月，南山铝业A股股票在上海证券交易所成功上市，累计已融资15亿元；2007年12月，南山纺织服装的Natsun Hold－cra-liaLTD股票在英国伦敦证券交易所挂牌上市。

（三）南山靠融合资源、城乡统筹，开创了一条城乡一体化的新路子

1987年，前宋村第三生产小队富了。第三生产小队固定资产达到5 500万元，全队56户人家，户均资产100万元，家家住进166平方米的别墅式小楼，家家充分就业，适龄儿童充分上学，全体社员不再种庄稼，全部领工资、吃供粮，亦农亦工，身份发生了大转变，但是发展与人地等资源约束的矛盾日益突出。而其他生产队有人地资源，又发展不起来，204户村民还没有走上富裕道路，背负20万元的债务。此时，前宋村推选了宋作文担任村党支部书记，宋作文开始了前宋村的共享共建。1989年，南山集团成立，宋作文出任集团公司董事长兼总经理。其时，南山集团已进入了投入、发展，再投入、再发展，大投入、大发展的良性循环。至1992年前宋村第三小队融合了其他生产队，完成了发展中的第一次融合，实现了全村2平方公里土地资源的统一配置，村子变大了，资产变厚了，产品链更长了，使全村260户村民户均资产200万元。1994年，前宋村的全体村民告别了传统的农民生涯，过上了崭新的都市生活；往日泥墙灰瓦、泥土山路、荒凉寒碜的前宋村消失了，一座现代化的城区在龙口市的东南山区拔地而起。1994～2000年，前宋村又融合了周边8个村，占地面积达到20平方公里，村民壮大到1 500户，户均资产达到300万元。2001年前宋村正式更名为南山村。2004年，又有5个村被融合进来，村规模达到1 800户，占地45平方公里，户均资产580万元。2007年，再有22个村被融合，村达到今天的规模。至此，宋作文引领的团队由一个生产队到一个村再到36个村合一及集团公司与村委会合一的大集体，使7 800户南山村民走上共同富裕的道路，较快地完成了从种地到发展工副业，从少数人富到多数人富，从初级工业到现代工业，从新农村到新城镇，从城镇经济向区域经济发展的五次大跨越，把一个村庄建成了一个友好型、节约型、人与自然和谐的现代农民新城。

四、启示和体会

（一）烟台农业产业化经营的基本做法和经验值得借鉴

烟台实施农业产业化经营，依托各类龙头企业，带动农户，推行生产、加工、销售有机结合的专业化经营，建立了农业向专业化、市场化和现代化转变的一种新的生产经营体系，扩大了产业规模，提升了产品质量，提高了农业经济效益，增加了农民收入，改变了农村格局，使“三农”问题迎刃而解。我省在发展现代农业进程中，要发挥特色、优质农业的比较优势，提高农业竞争力，势必要加快推行产业化经营的进程，促进我省农业向规模化、标准化发展。

（二）南山集团公司式城乡一体化模式的内在机制值得研究和学习

近年来，南山现象引起社会各界的高度关注。胡总书记两次视察南山，曾对南山人舍得投资办教育给予了“具有战略眼光”的评价。2003年，中国社会科学院专家会聚南山研讨南山经验与发展方向，一致认为南山走出了小城镇发展和区域经济一体化紧密联系的一种城市化发展模式，它是城市化道路尤其是小城镇化的首选模式。2009 年中国社会科学院专家再聚南山研讨龙口市的城乡一体化，认为以集团公司城乡一体化为样板的龙口模式具有很强的指导作用、借鉴作用和启示作用。我们看南山，有几方面值得关注：

一是南山有一个具有很强公益事业心的能人引领的极具竞争力的集体经济体制。现在这个集体所有体制行政级别低，但发展起点高、平台宽、发展目标远大，且开放、自我拓展能力强，富有生命力和凝聚力。这样的体制有充足的集体用地、雄厚的滚动资金、齐心协力进取的村民三大支撑，开发建设成本低、程序简单、效率高，持续发展能力强。

二是南山有多元化的链式运作产业链及一支高效运转的队伍。南山总是把集团的主导产业向后拉长、向前延伸，不断培育完整产业链条。目前，南山集团建成一系列关联产业：毛纺、精纺与服装；电厂与电解铝厂、氧化铝、碳素厂、铝材厂；木业与建筑、家具等等，包括正在建设中的东海经济园区各企业与南山工业园各企业之间，都有关联。就是靠这种产业链式的滚动，“滚”出了南山今天的规模和实力。南山这支队伍高效运转，不断创造“南山速度”。在南山不管项目多大，项目建设投产周期很少超过一年：烟台南山学院，9 个月；年产 3 万吨的南山庄园葡萄酒项目，6 个月；高级呢绒项目正常建设周期需用 3 年时间，而南山集团只用了不到一年；12 万吨电解铝二期工程，建筑面积 20 万平方米，从规划论证到设备安装按常规需要 3 ~ 5 年，而南山集团只用了一年多一点的时间；规划 6 平方公里的旅游二期工程——中华历史文化园，只用了一年半，而在别的地方，至少需要 10 年以上。铝业股票从 1998 年开始运作，到 1999 年 12 月便在上海证券交易所成功上市。就是靠一流的速度，南山人赢得了时间，赢得了市场，赢得了效益，赢得了经济的快速增长。

三是南山有一套独特的运行机制。第一，南山实施村企合一的集团制。这个制度建立在劳动承包制之上，以村民劳动股份合作为基础，以村企资源一体配置、产业一体发展、利益一体共享、空间一体布局、社会一体发展、生态一体建设为内容，以工业化、城市化为路径的集团集公司式的城乡一体化设计、统筹发展，为村落城市化建设创造了极好的条件。第二，南山建立的“加成分配”制度具有加强的激励和约束作用。南山实施六次分配法，第一、二次分配为岗位工资和奖金，第三到第六次分配分别为加成（工资和奖金为基础，加同等数额报酬，记入个人“加成手册”，不发现金，每年计利息）、劳动股金（以加成报酬为基础，扩增 5 ~ 10 倍货币性资产，记入“股份手册”，可继承，按累计金额的 0.5% ~2% 分红）、股金红利（35 ~ 42 岁每年 5 万元，43 ~ 50 岁每年 7 万元，51 岁以上每年 10 万元，年底按 1% ~2% 比例发放）、劳保基金（男 56 ~ 75 岁、女 52 ~ 75 岁 3 600 元/年，76 ~ 85 岁 4 200 元/年，86 岁以上 4 800 元/年）。这个分配制度很好地处理了积累与分配的关系，达到“多积累，少分配，立足长远，滚动发展”的目的，明确员工对集体资产具有实际的占有权和受益权，将员工个人利益与集团整体利益紧紧捆在一起，鼓励劳动致富，有效地凝聚了人心，也解决了积累与分配的矛盾，极大地增强了集团公司开发投资实力。第三，南山建立了吸纳人才、培养人力资源的系列制度和措施。现在，有相当一批高层次的专家、教授为企业发展出谋划策，并有 65% 以上的中层干部和负责人都是外来人员。其中，400 多名外来打工人员担任了副主任以上领导职务。南山集团制定了一系列的用人特殊优惠政策，为各类聘用人才提供优越的工作、生活环境，给予专家、教授高额报酬，奖金不封顶；让作出重大贡献的专业技术人员参与技术入股、分红。从1991年开始，南山先后投资二十多亿元，建立了从幼儿园、小学、中学、职业中专、职业技术学院、南山大学一整套教育体系，设立了入学奖学金、南山奖学金、学院奖学金，奖励面达60%。学生在南山集团实习，每月可获得600～1 000元的实习费。目前，南山集团自己的人才培育机制，不仅满足了内需，而且为社会培养了大批人才。

（三）学习借鉴烟台、南山的经验，用改革创新的思路和办法推进我省新农村建设

用改革发展的理念来看南山，没有改革，就没有发展；没有发展，改革就不深入。南山发展进程就是改革、创新、发展的过程。是一体化发展模式缩短了南山历史发展的进程，是体制机制的创新使他们快速实现从农到工、从农村到城市等一系列跨越，远远地走在全国的前面。南山给我们的最大启示是改革创新在任何领域、任何地区都能有大作为。我们应该结合我省实际进一步深化农村综合改革，挖潜和发挥创新体制机制作用，积极培育农村能人，进一步加大对龙头企业的扶持力度，创造条件推进农村经济合作组织发展，支持鼓励滇中部分有条件的地区探索村企发展的路子，努力拓展“三农”发展空间，增强发展的推动力和竞争力，为我省实现经济社会又好又快发展作出积极贡献。

（《云南改革报告》2009年第10期）

加强沟通协调　发展整体合力　进一步做好改革联络员工作

——在省级部门改革联络员座谈会上的讲话

省发改委党组副书记、副主任　刁殿伟

同志们：

大家上午好！今天召开的省级相关部门改革联络员座谈会，主要任务是：总结交流2009年的改革工作，通报2010年改革工作的初步设想，征求大家对做好2010年经济体制改革工作的意见。同时，对各部门推进改革所做的工作和各位联络员的大力支持表示感谢。下面，我讲三点意见：

一、2009年经济体制改革主要进展情况

2009年以来，在省委、省政府的正确领导下，我省全面贯彻落实科学发展观，以国务院《关于2009年深化经济体制改革工作意见的通知》（国发〔2009〕26号）为指导，围绕解决制约我省经济社会发展的深层次矛盾和体制机制问题，结合实际，积极推进各项改革取得新进展，一些重要领域改革取得了新的突破。主要体现在以下九个方面。

（一）医疗卫生体制改革全面启动

一是及时成立医改领导小组及其办公室，强化医改实施的组织保障。二是结合我省实际，研究出台了我省《关于深化医疗卫生体制改革的意见》和《三年实施方案》。三是稳步启动基本医疗保障、实施国家基本药物制度、基层医疗卫生服务体系建设、公共卫生服务逐步均等化、公立医院改革试点等五项重点改革，及时出台了一批医改配套文件。

（二）旅游产业改革试点取得重大突破

一是在国家有关部门的大力支持下，国家发改委于2008年4月批准了《云南省旅游产业发展和改革规划纲要》，将我省列为国家发改委推进改革试验工作联系点，国家旅游局也将我省列为旅游产业改革发展试点省份。2009年5月下旬，我省与国家发改委、国家旅游局在北京共同召开了高规格的新闻发布会，我省旅游产业改革发展迎来了重大契机。二是及时制定出台了《云南省人民政府关于云南省旅游产业发展和改革规划纲要的实施意见》（云政发〔2009〕150号）等一系列促进旅游业改革发展的政策措施。三是腾冲等四个省级改革试点取得初步成效。

（三）文化体制改革大力推进

一是出台了《中共云南省委、云南省人民政府关于进一步深化文化体制改革　推进经营性文化事业单位转企改制的若干意见》。二是分类分步推进省级各项改革。云南出版集团公司整体转制为云南出版集团有限责任公司，云南日报报业集团通过管理业务和经营业务“两分开”的改革，组建了云南日报报业集团传媒有限公司。通过改革，新组建了云南文化产业投资集团有限责任公司。三是《云南的响声》、《金凤花开》等文化精品在全国

引起极大反响。

（四）综合改革试点进展顺利

一是昆明市的综合改革试点。昆明市先后出台了《昆明市深入推进综合改革纲要》、《昆明市行政审批制度改革若干规定》和《昆明市关于进一步精简行政审批项目压缩行政审批时限的通知》等文件。行政审批制度改革成效显著，市级审批项目由506项精简为96项，审批时限压缩三分之二以上，行政事业性收费项目由172项减至95项，成为全国行政审批项目和收费事项最少的省会城市。同时，在干部人事制度改革、国企改革、投融资体制改革、社会领域改革等方面取得较大成效。

二是红河州的综合改革试点。在统筹城乡改革方面，加大了解决被征地农民、失地农民劳动就业和社会保障的探索力度，在统筹推进城乡医疗保障一体化方面进行了大胆尝试。完成了红河州剩余6户国有企业的政策性关闭破产，启动了个旧市全国资源型城市经济转型与可持续发展的改革试点。初步建立了扩大对外开放、加强对外经济技术合作交流的体制机制。进一步完善社会保障体系。

（五）国企改革继续深化

一是进一步推进省属企业整合重组工作。云南世博集团、云旅产业集团正式整合重组为云南世博旅游控股集团有限公司。我省与东航集团签署战略合作协议共同投资成立公司，我省持35%的股权；与海航集团下属大新华航空签署《云南祥鹏航空有限责任公司增资协议》，我省持有32%的股权。省煤化集团与三峡总公司合作组建新能源公司，我省持有60%股权。二是继续深化国资监管体制改革，州市国资监管机构初步建立。

（六）农村改革向纵深发展

一是农村综合改革继续推进。进一步深化乡镇机构改革，研究起草了《云南省深化乡镇机构改革转变乡镇政府职能的指导性意见》。以促进教育公平为着力点，进一步健全和完善农村义务教育经费保障机制，加快农村义务教育综合改革。加快推进乡镇财政预算管理方式改革试点工作。二是进一步深化征地制度改革。制定实施了我省的《统一年产值标准和区片综合地价》，解决征地工作中存在的补偿标准偏低、同地不同价、随意性较大等突出问题。同时，制定了《云南省被征地农民基本养老保障试行办法》。三是对农业专业合作组织的扶持力度不断加大。2009年，我省农业专业合作组织比上年增加543个，增长了16%。

（七）集体林权制度改革取得新突破

一是主体改革进入收尾阶段。昭通、曲靖、文山、大理、保山、德宏、丽江、西双版纳、怒江、临沧等10个州市确权工作基本结束，昆明、红河、普洱、楚雄、玉溪五个州市的主体改革省级验收已经结束。二是稳步推进配套改革。积极开展林权抵押贷款工作，林权流转服务中心建设不断推进，目前，全省已建成林权流转服务中心31个。

（八）投融资体制改革成效显著

一是专业投资公司加快发展。2008年4月6日，省政府正式批复组建成立了云南水务产业投资公司。2009年5月31日，云南省林业投资有限公司正式挂牌成立。10月22日，云南省海外投资公司挂牌成立，标志着我省专业投资公司开始走向海外市场，是我省投融资体制改革的重要突破。二是进一步健全项目审批的长效机制。出台了《云南省省级重点项目并联并行审批或核准办法》、《云南省重大投资项目审批核准限时办结规定》和《云南省重大投资项目审批核准通报规定》。三是拓宽投融资渠道。下发了《云南省人民政府关于进一步开放投资市场扩大投资规模的若干意见》。四是加强投资项目管理。出台了《云南省政府投资项目后评价实施办法》。五是加快金融机构改革。中国银行、中国建设银行、中国工商银行在滇分支机构完成了组织架构和业务流程的整合、再造，完善了绩效考核激励机制；农村信用社改革不断推进。

（九）改革的总体指导和统筹协调进一步加强

省发改委认真履行改革的总体指导和统筹协调职责。一是及时制定年度改革意见，加强对全省改革的总体指导。二是积极争取国家有关部门批准我省为旅游产业发展改革试点。三是不断加强对改革试点的指导。直接参与昆明市、红河州改革试点方案的制订，参与研制《云南省人民政府关于进一步推进红河州综合改革试点，促进经济社会又好又快发展的意见》。与怒江州、兰坪县共同策划并上报的兰坪县开展工业反哺农业改革试点方案已获省政府批准，兰坪县被省政府正式确定为全省工业反哺农业改革试点。四是圆满完成建国60年成就展组织参展工作。

2009年改革工作取得如此显著的成绩，离不开各有关部门的扎实工作和大力支持，也离不开在座各位改革联络员的努力和配合，我委体改处的同志也做了大量工作，值得充分肯定。

二、做好2010年改革工作的初步考虑

2010年是全面完成“十一五”规划改革发展目标任务十分关键的一年。做好2010年的经济体制改革工作，对“十二五”开好局、起好步，也具有十分重要的意义。中央经济工作会议和全国发展改革工作会议对做好2010年的改革工作提出了明确要求，省委八届八次全会对我省2010年的改革工作也做出了全面部署。我省2010年的经济体制改革工作要按照国家的有关要求，认真贯彻落实省委八届八次全会精神，紧紧围绕建设绿色经济强省、民族文化强省和面向西南开放的桥头堡三大发展目标，统筹兼顾，突出重点，着力抓好以下九项改革工作。

（一）继续做好总体指导和统筹协调，推进综合经济体制改革

结合我省实际，拟定《云南省2010年改革工作意见》，力求在重点领域和关键环节取得突破。借鉴先进省区市经验，抓紧建立推进综合经济体制改革联席会议制度。

（二）全力推进要素市场、资源价格、财税、金融等方面改革，促进经济发展方式转变

加快发展各类生产要素市场，积极培育资本市场、规范发展土地市场，健全统一开放、竞争有序的现代市场体系。完善反映市场供求关系、资源稀缺程度、环境损害成本的生产要素和资源的价格形成机制，推进煤炭、电力、水、土地、矿产、林木等资源性产品价格改革。围绕推进基本公共服务均等化和主体功能区建设，完善公共财政体系，加快形成统一规范透明的财政转移支付制度。建立健全资源有偿使用制度和生态环境补偿机制。加快金融体制改革，推进地方商业银行管理体制和经营机制创新。改革企业融资机制，推动优质企业改制上市，提高直接融资比重。

（三）推进国有经济战略性调整，大力发展非公有制经济

加大国有经济布局和结构调整力度，明确省属国有资本进退领域和发展方向。实现国

有竞争性大中型企业产权主体多元化，建立现代企业制度。加快推进垄断行业改革。继续大力发展非公有制经济，消除制约非公有制经济发展的体制机制障碍，促进我省非公有制经济做多、做大、做强。

（四）继续推进农村经济体制改革，统筹城乡、区域发展

深化集体林权制度改革，在完成主体改革任务的基础上，加大配套改革的力度，促进农民增收。加快推进扩权强县改革试点，增强县域经济发展的活力和能力，加快形成城乡一体化发展格局。加强农村制度建设，稳定和完善农村基本经营制度，赋予农民更加充分而有保障的土地承包经营权，继续深化农村综合改革，加快推进农村金融改革。

（五）加快推进行政管理体制改革，构建服务型政府

进一步转变职能，强化社会管理和公共服务职能。创新政府管理体制，深化政府机构改革，优化政府机构设置，理顺部门职能职责，健全部门间的协调配合机制。完成州市县级政府机构改革。推进效能政府四项制度建设，大力建设服务型政府。

（六）继续深化以医药卫生体制改革为重点的社会领域体制改革，促进社会和谐

进一步深化医药卫生体制改革，巩固和完善新型农村合作医疗制度，认真贯彻执行国家基本药物制度，健全基层医疗卫生服务体系，加快促进基本公共卫生服务逐步均等化。同时，要积极稳妥地推进公立医院改革试点。实施积极的就业政策，建立以创业带动就业、劳动者自主择业、市场调节就业和政府促进就业相结合的就业机制。坚持和完善按劳分配为主体、多种分配方式并存、各种生产要素按贡献参与分配的收入分配制度。以社会保险、社会救助、社会福利为基础，以基本养老、基本医疗、最低生活保障制度为重点，以慈善事业、商业保险为补充，加快完善社会保障体系。

（七）加快推进改革试点，充分发挥示范带动作用

一是旅游产业发展改革试点，要围绕规划纲要的目标任务，及时健全工作机制，落实工作责任，加快推进步伐。二是昆明市和红河州要按照省委、省政府的要求，选准改革突破口和重点领域，切实加快试点的推进工作。按省政府的有关要求，进一步做好曲靖市麒麟区统筹城乡经济社会发展改革试点和怒江州兰坪县工业反哺农业改革试点。三是积极争取国家在我省开展电价改革试点工作。

（八）加大涉外经济体制改革，发展开放型经济

顺应经济全球化和区域经济一体化的发展趋势，围绕云南面向西南的“桥头堡”建设目标，创新开放型经济的体制和机制。要加快“引进来”和“走出去”步伐，通过创新体制和机制，建立和完善利用两种资源、开拓两个市场的政策体系和支撑体系，在进一步扩大开放方面迈出新步伐。

（九）做好“十二五”规划改革专项研究和改革专项规划相关工作

按照统一部署，圆满完成“十二五”改革思路的研究，启动并完成我省“十二五”改革专项规划，真正做到发展出题目，改革做文章，为我省经济实现科学发展提供强有力的体制保障和政策支撑。

三、进一步做好改革工作的四点意见

一是要进一步完善改革联络员制度。做好改革联络员工作是健全改革工作统筹协调机制的重要基础，是加强改革信息交流的重要渠道，是凝聚改革共识形成改革合力的重要平台。今后每年要召开两次联络员座谈会，一次在年中，一次在年尾，提供沟通交流平台，做到多交流、多沟通。

二是要进一步发挥整体合力。这是全面完成年度改革重点任务的重要保证。改革工作靠大家、靠各部门支持，每位改革联络员责任重大。希望大家进一步增强大局意识和整体观念，进一步认识改革联络员工作的重要性，妥善处理好日常工作和改革联络员工作的关系，以高度的责任感，加强对改革进展的跟踪和研究分析，及时将本部门、本领域的改革进展情况向我委（体改处）通报，以便我们汇总上报国家有关部门及省委、省政府。

三是要进一步改进工作联系方式。这是提高改革信息交流和改革推进效率的有效途径。各部门编撰的刊物，刊有改革内容的希望及时交流。各部门出台的改革政策、方案、工作总结等，请各位改革联络员及时通过传真、交换、电子邮件等方式进行交流。我委办的《改革报告》专报国家发改委和省委省政府领导，我们也愿刊载各部门的改革动态和大家的研究成果。

四是要准确把握改革走势。当前，改革已进入深层次的攻坚克难阶段，改革与发展之间，不同领域改革之间的互动影响更加明显。在这种形势下，希望各位改革联络员更加关注相关改革进展和动向，及时沟通信息，交流探讨经验。力争通过大家的共同努力，我省的改革工作能够跨上新台阶，打开新局面。

同志们，大家多年来为我省改革发展事业做了大量工作，对我委的各项工作特别是改革工作给予了诸多关心和大力支持。在新春佳节即将来临之际，我代表省发改委对同志们表示衷心的感谢！并致以诚挚的问候！祝各位身体健康！工作顺利！阖家欢乐！

谢谢大家！

（《云南改革报告》2010 年第 1 期）

云南省“十一五”经济体制改革进展情况评估

一、“十一五”我省经济体制改革工作的主要任务

根据省人大十届四次会议通过的我省“十一五”国民经济和社会发展规划的安排部署，我省“十一五”经济体制改革工作分6大领域30多个方面的工作。主要内容有：

在行政管理体制改革方面：建立健全各种预警和应急机制；建立行政审批、许可事项的监督管理机制；启动省直管县试点；根据区域主体功能不同，建立不同的政绩评价体系、分类推进事业单位改革；建立决策科学、执行顺畅、监督有力的行政管理体系。

在所有制结构调整方面：建立健全国有资产授权经营、国有资本经营预算、企业业绩考核以及企业重大决策失误追究等制度；规范国有资本流动机制；完善促进非公经济发展的政策法规；完成公路、水利等垄断行业改革；建立和完善有效的国有资产监管体系。

在财政、金融、投资体制改革方面：完善省以下财政管理体制；建立政府投资决策责任追究制度；推行非经营性投资项目代建制；开展非税收入管理改革；建立规范的转移支付制度；建立财政绩效预算管理体系；建立新型投资体制。

在市场体系建设方面：完善土地市场及价格形成机制；完善水价形成机制；建立劳动力和人才市场化流动机制；规范发展资本、土地、劳动力等要素市场。

在社会事业管理体制改革方面：整合职业教育资源，深化高等教育管理体制改革；深化文化体制改革；扩大新型农村合作医疗制度试点；完善新型农村合作医疗管理制度；建立和完善政府对民间资本投入教育的鼓励机制；建立促进产学研结合的现代科研院所制度。

在农村改革方面：全面推进农村综合改革，基本完成乡镇机构、农村义务教育和县乡财政管理体制改革；深化农村金融体制改革，推进农村信用社改革；加快以集体林权为核心的林业产权制度改革；不断深化农垦体制改革等。

二、“十一五”前四年经济体制改革进展情况

我省“十一五”前四年经济体制改革工作取得了很大进展，各项改革顺利推进，初步完成了“十一五”规划部署的各项任务和目标。以农村改革、行政管理体制改革、财政金融投资体制改革、要素市场体系建设为重点，统筹经济和社会事业改革，加快形成促进发展方式转变、实现协调可持续发展的体制机制。具体表现在：

（一）农村改革向纵深发展

1. 积极推进乡镇机构、加快农村义务教育和深化县乡财政管理体制改革，落实各项支农惠农政策，建立健全减轻农民负担的有效机制。制定出台了关于深化乡镇机构改革的指导意见；切实抓好农村义务教育保障机制政策的落实，进一步提高农村中小学公用经费补助标准；建立县乡最低财政支出保障机制，加强乡镇财政所建设，健全乡镇财政管理体

制，积极探索建立确保农村税费改革后村级组织正常运转的长效保障机制。

2. 积极开展村级公益事业建设一事一议财政奖补试点改革。云南省被列为全国首批开展村级公益事业建设一事一议财政奖补三个改革试点省之一。省政府高度重视此项工作，及时制定并下发了《云南省人民政府关于印发云南省村级公益事业建设一事一议财政奖补试点实施意见的通知》（云政发〔2008〕114 号），召开了全省试点现场会议，对一事一议财政奖补试点改革工作进行了全面部署。目前，试点工作已在全省全面推开。

3. 积极推进农垦管理体制及运营机制改革。通过建立新型农垦管理体制，充分发挥农垦资源、产业、规模、科技和组织等优势，进一步加快农垦经济发展，全面推动云南农垦“二次创业”。制定了关于贯彻《中共云南省委、云南省人民政府关于深化改革加快农垦发展的若干意见》的实施办法，对工作任务进行了分解。挂牌成立了省国土资源厅农垦国土资源管理局，并在相关农场等设置农场土地管理所。研究拟定了《云南天然橡胶产业股份有限公司上市框架方案》。挂牌成立农垦工业公司。组建成立了云南农垦物流有限公司。启动了“云南暨东南亚天然橡胶、化工物资批发市场及物流储运中心”项目建设。2009 年 12 月 30 日印发了《中共云南省委、云南省人民政府关于推进农垦改革发展维护垦区稳定的若干意见》，对下一步工作作出全面部署。

4. 集体林权制度改革有效推进。加大以明晰产权为主的集体林权制度改革力度，稳步推进林业经营体系、服务体系、森林资源流转体系和森林管护体系建设的配套改革，深化林业管理体制改革。我省从 2006 年开始，采取先行试点、逐步推开和主体先行、配套跟进的方式，逐步推进集体林权制度改革。制定下发了《云南省林业厅关于贯彻落实省委、省政府深化集体林权制度改革决定的意见》等相关的林改指导性文件、操作细则和管理制度。进行了森林采伐管理制度的改革尝试，把林木采伐限额落实到山头地块，采伐指标落实到林权所有者手中，调动了群众林改的积极性。组织开展了天保工程区人工商品林采伐试点，启动了生态公益林区的抚育间伐和更新采伐试点。截至 2008 年底，全省落实权属的村民小组数为 14.03 万个，确权到户数为 534.89 万户，确权面积为 22 567.56 万亩，占全省集体林面积的 82.2%。发证户数 289.49 万户，发证面积为 15 581.58 万亩，占全省集体林面积的 56.77%。其中普洱、大理、文山、楚雄、红河、保山等 6 个州市已基本完成林地确权勘察工作，全省已有 70 个县基本完成主体改革。9 个省级试点县和主体改革基本完成的州市县启动了配套改革试点工作。

（二）行政管理体制改革逐步推进

1. 全力推行重大决策听证工作，提高了各级决策水平。2007 年至 2009 年，我省紧紧围绕加强县级以上行政机关自身建设，打造法治政府、责任政府和阳光政府的目标，切实抓好全省重大决策听证工作，提高各级科学民主决策水平，全省重大决策听证工作取得明显成效。截至目前，全省共组织各类听证 519 次，其中以省政府名义组织听证 5 次，以省政府部门名义组织听证 13 次；16 个州市以政府或政府所属部门名义组织听证 79 次，129 个县（市、区）以政府或政府所属部门名义组织听证 422 次。

2. 理顺行政执法体制，行政执法行为日益规范。一是梳理和公告执法依据与执法职权职责。全省各级政府法制机构对本级政府部门的执法依据与执法职权职责进行了梳理，并通过云南日报、云南省政府电子政务网等媒体向社会公布。二是抓制度建设，建立长效机制。先后制定下发了《云南省行政执法责任追究办法》、《云南省人民政府行政执法评议考核办法》、《云南省人民政府对州、市人民政府行政执法评议考核标准》和《云南省人民政府对省直机关行政执法评议考核标准》等规定，全省行政执法单位基本建立了行政执法责任制、执法过错和错案追究制、依法赔偿制、评议考核制等四项制度。三是改革行政执法体制，积极推进相对集中行政处罚权和实行综合行政执法工作。全省16个州市政府以及滇池管理局、渔洞水库等都已先后开展了综合行政执法工作。目前，经省政府批准成立了昆明市综合行政执法局、潞西市城市管理综合行政执法局等综合行政执法机构，较好地解决了多头执法、重复执法、交叉执法等问题。

3. 深化行政管理体制改革，积极转变政府职能。一是认真组织实施行政审批制度改革。按照《行政许可法》的相关规定和国务院、省政府关于行政审批制度改革的要求，2008年开展了第四轮行政审批项目的清理工作，对58个省级部门1 107项行政审批项目进行了清理，取消和调整392项，精简率为27%，对保留和下放的审批项目，压缩审批时限1/3以上的占95%。对保留实施的810项行政审批项目，首次向社会公布了目录及审批时限。二是积极推进政务服务中心建设。通过加快全省政务服务中心体系建设，推动政府管理方式向以人为本、便民高效、程序规范、公正透明转变，保障人民群众的民主权利，提高依法行政水平，加强对行政权力的监督，进一步提高了人民群众对政府建设的满意度。三是开展扩权强县试点。推行扩权强县试点有利于理顺县级政府事权与财权关系，提高行政效率，统筹城乡发展，解决“三农”问题。2008年底，省政府出台了《关于开展扩权强县试点的实施意见》，在保持现有行政区划不变的前提下赋予试点县（市、区）与地级市相同的部分经济管理权限。首批选择了8个县市区开展试点，目的是通过扩权强县试点，构建事权与财权对等、权责利一致的县域经济管理体制和机制，发展壮大县域经济。

4. 逐步完善监督机制，不断强化行政行为监督。一是创新层级监督新机制，不断规范行政复议工作。制定了《云南省行政复议规定》、《云南省行政复议证据规则》、《云南省行政复议听证规则》和《云南省行政复议基础工作和案件办理质量责任办法》等制度规定。加强实地调查取证，推行公开听证制度，引入专家咨询机制，强化行政复议监督，切实发挥行政复议化解行政争议的作用。2008年至2009年6月，全省各级行政机关共收到行政复议申请1 624件，其中受理1 380件，占84.9%，审结1 199件，占86.8%。二是建立行政复议与行政诉讼、信访工作联系机制。根据行政复议工作与行政诉讼、信访工作关系密切的特点，州、市、县（市、区）人民政府积极探索行政复议与行政诉讼、信访工作联动机制，使之形成合力，对依法可以通过行政复议或者行政诉讼解决的投诉、请求，由信访工作机构告知当事人可以选择行政复议或者行政诉讼途径；对依法属于复议前置的行政争议案件，积极引导当事人先行复议，降低了群众的上访率。

5. 加强制度建设，积极促进政府职能转变。2007年初省政府制定了《云南省省属企业国有资产处置审批制度》、《云南省重大资源开发利用项目审批制度》等八项工作制度，并于2007年5月1日正式实施。这八项制度的制定和实施，对加快我省政府职能转变具有积极的促进作用。2008年我省出台了《行政问责制》等四项制度，进一步强化了行政责任，规范了行政行为和公务员职业操守，提高了政府的执行和公信力，对进一步深化行政管理体制改革，促进机关工作作风的转变，优化政务环境，加强政府自身建设，促进政府职能转变起到了很大的促进作用，其顺利实施对社会产生了积极的影响。

6. 干部人事制度改革积极推进。试行公务员公开选调制度，研究制定了《云南省州市以上机关公开选调公务员试行办法》、《云南省州市以上机关从基层考试录用公务员试行办法》，以加强公务员队伍的建设和管理。结合省情特点研究起草了全省新一轮政府机构改革方案，我省省级新一轮机构改革已经完成，州市、县级机构改革全面展开。同时，《云南省事业单位机构编制管理暂行办法》正在修改完善。

7. 分类推进事业单位改革取得初步进展。推进事业单位分类改革，按照政事分开、事企分开和管办分离的原则，对现有事业单位分类进行改革。主要承担行政职能的，逐步转为行政机构或行政职能划归行政机构；主要从事公益服务的，强化公益属性，整合资源，完善法人治理结构，加强政府监管。推进事业单位养老保险制度和人事制度改革，完善相关财政政策。按照中央编办“事业单位分类改革，条件成熟一家改革一家，时机成熟一个行业推进一个行业改革”的精神，结合我省不同类别的事业单位，加强调研，认真研究。同时，开展了政府购买服务试点。

（三）国企改革不断深化，国有资产监管体制逐步完善

1. 国有资本经营预算、企业业绩考核以及企业重大决策失误追究等制度建设方面有较大进展。制定了《云南省省属企业国有资本收益收取管理暂行办法》及《云南省省本级国有资本经营预算编报试行办法》，我省新的国有资本经营预算制度即将施行；制定了《云南省国有企业重大事项决策失误造成国有资产重大损失责任追究暂行办法》，填补了我省国有企业领导人决策失误责任追究制度的空白，得到了国务院国资委的充分肯定。

2. 规范国有资本流动机制工作成效明显。按照建立完善的现代产权制度的要求，推进国有资本有序流转。努力实现国资监管工作的“四个转变”：即着力推进省属企业从生产经营型向资本运作型转变，着力推进企业发展从资源依赖型向创新推动型转变，着力推进党组织的政治优势向竞争优势转变，着力推进国资监管从管资产向管资本转变。大力引进了国内外有实力的战略投资者，采取增资扩股、产（股）权转让等方式，对省属企业集团公司实施股份制改造。产权交易市场在促进国有产权交易有序流转的同时，将功能延伸至促进各种所有制和多种类型的产权流转。

3. 不断深化以产权制度改革为核心的国有企业改革。截至2008年底，全省16个州市列入前三年深化国企改革考核范围的2 351户企业，改革面达到92%以上。德宏州、红河州、个旧市、西双版纳州、丽江市、怒江州、迪庆州、大理市、保山市等9个州市改制任务全部完成。积极稳妥推进政策性关闭破产工作，完成了省政府提出的工作目标。继续推进主辅分离，党政机关与所属136户企业的脱钩工作如期完成；433所企业办普通中小学全部移交地方政府，并一次性解决了国企所办普通中小学分离经费和退休教师待遇等问题，成为全国做得比较好的省份之一。

4. 以资产重组和资源整合为主要手段，着力调整优化全省国有经济布局和结构。按照省委、省政府提出的“重组、改造、培育壮大一批”的要求，实施大企业大集团战略，大力推进行业整合重组。实施资源整合，使优质资源向优势行业和企业聚集。积极推进企业股份制改革，企业资本运作成效明显。省国资委履行出资人职责的企业减为20户。以云锡公司为主的锡资源整合取得历史性的突破，成为国土资源部推广的模式；以云铜集团为主的铜资源整合、以云天化集团为主的磷资源整合、以昆钢集团为主的铁资源整合、以冶金集团为主的铅锌资源整合、以农垦集团为主的天然橡胶资源整合、以东源集团为主的煤炭资源整合等，都取得明显成效。

5. 建立和完善有效的国有资产监管体系。2008年5月出台了《关于加强国有资产监督管理工作的意见》（云发〔2008〕10号），提出在省一级要逐步将经营性国有资产纳入监管范围；在州（市）一级，选择昆明、大理、曲靖、文山等州（市），进行国有资产监督管理全覆盖试点，取得经验后在全省范围内逐步推开。加快建立健全州（市）国有资产监督管理机构，确保国资监管工作机构到位、人员到位和职责到位。省政府分别与省国资委及全省16个州（市）人民政府签订了加强国资监管工作年度考核责任书。目前，省级企业国有资产监管体系基本建立。省国资委直接监管的省属企业年均国有资本保值增值率为107.7%、净资产收益率为6.1%、总资产报酬率为5.14%，经济效益指标均达到全国国有企业良好水平。在州（市）一级，初步建立了企业国有资产监管机构。

（四）贯彻平等准入，形成公平竞争的发展环境，非公有制经济不断发展

近几年我省始终坚持以完善政策法规、营造发展环境、促进加快发展为主线，使全省非公经济总量持续扩大，民间投资平稳增长，已成为我省经济社会，尤其是县域经济发展的重要力量。研究制定了《云南省2008年中小企业暨非公经济发展工作指导意见》。出台了《云南省人民政府关于加快中小企业发展的若干意见》（云政发〔2008〕253号），并配套实施2008～2012年全民创业和非公经济发展两个行动计划。制定和修改完善了中小企业融资相关政策。如《云南省中小企业促进条例》、《云南省人民政府贯彻落实国务院办公厅关于加强中小企业信用担保体系建设的意见（国办发〔2006〕90号文件）的实施意见》、《云南省银行业中小企业贷款奖励办法》等；探索建立初创型小企业贷款风险补偿机制，实施小企业贷款风险补偿政策。2009年非公经济创造的增加值达到2 411.8亿元，占全省GDP的比重达39.1%。

（五）财税体制、金融改革、投资体制改革稳步推进

1. 推进财税体制改革。“十一五”期间，我省的财税体制改革主要在完善省以下财政管理体制、建立规范的转移支付制度、非税收入管理改革及建立财政绩效预算管理体制等四个方面取得了进展。

一是理顺省以下财政管理体制。围绕“十一五”规划中提出的目标任务，省财政确立了“保机构运转、保收支平衡、保社会稳定；促财源培养、促结构调整、促财力均衡”的指导思想和“省规划、州市调整、县区努力、乡镇改革”的总体思路。加快公共财政体系建设，在理顺省以下财政管理体制方面取得了一些新进展。2006年制定并实施云南省省对州市“十一五”财政管理体制方案。该体制进一步规范了省与州市的收支划分，敦促州市财政调整对其所属县区的财政管理体制，积极向下转移财力；加快县区财源建设步伐，强化县区预算管理，通过县区的自身努力解决其财政困难；加大对乡镇财政监管力度，积极推进乡镇财政“乡财县管乡用”改革。全省地方财政收入占GDP的比重由1994年的7.9%提高到2007年的10.3%，上升了2.4个百分点。

二是完善转移支付制度。截至目前，省财政建立了较为完善的转移支付制度，主要包括完善专项转移支付、民族地区转移支付和一般性转移支付制度，使之成为省对县市财政管理体制的基本内容和省政府的宏观调控手段。

三是规范非税收入管理改革。2007年4月正式成立了非税收入管理局，为规范非税收入管理提供了组织保障。开辟了云南省矿产资源有偿使用费新的增收项目，印发了《云南省矿产资源有偿使用费征收管理实施细则》（云财建〔2006〕659 号），规定于 2007 年 4 月开始征收，当年组织收入 41 483.95 万元。

四是建立财政绩效预算管理体系。制定了《云南省财政绩效评价暂行管理办法》，明确了财政绩效评价的范围、对象、主体、工作程序、结果应用等，对全省绩效评价工作提出了新的要求，以制度指导和规范全省财政绩效评价工作。目前全省 16 个州市财政局都已成立了绩效评价机构。

2. 金融体制改革全面推进，金融与经济发展良性互动。一是坚持不懈深化银行业改革，不断完善银行机构体系。成功组建富滇银行，积极支持工行、建行、中行和农业银行的股份制改革、邮政储蓄银行分支机构组建；积极引进香港恒生银行在我省设立分支机构；引进深圳发展银行、民生银行、兴业银行等股份制银行设立昆明分行；大力推进云南信托公司成为全国第一批变更公司名称、实施新办法管理的信托机构，稳步实现业务转型，昆明信托公司重组登记及复牌工作也取得突破性进展。目前，全省共有银行类金融机构 19 家，各类机构网点 5 033 个。各大银行通过深化改革全面改进金融服务。农行股份制改革有序推进。农村金融机构改革取得成效，文山民丰、玉溪兴和、昭通昭阳富滇三家村镇银行挂牌成立。富滇银行继续推进集约化改革，整体经营管理水平迈上了新的台阶。农村信用社基本完成了产权制度改革。二是坚持推进保险业改革，提高服务保障能力。保险市场体系不断健全，全省保险公司达 25 家（财产险 15 家、人身险 9 家、政策性 1 家），较 2002 年增加了 13 家；分支机构 1 914 家，专业中介机构从无到有，发展到了 41 家法人机构，51 家分支机构。农业保险实现新突破，2007 年全省农业保险实现保费收入 1.67 亿元，同比增长 2.1 倍。烤烟、农房、林业等保险业务实现稳定增长，奶牛、甘蔗等保险业务正积极推动。探索了农村计划生育保险，积极引导保险公司参与新型农村合作医疗业务。围绕城镇郊区失地农民、外出务工农民和水电工程移民等群体的需求，积极发展商业养老、健康和人身意外伤害保险等业务。三是全面推进农村金融体系建设。全省农村金融机构 2007 年末存款超过 1 000 亿元，贷款超过 800 亿元，均比 2004 年组建时翻了一番，存贷款规模居全省银行业机构第二位，利润 7.7 亿元，增长 10 倍。全省农信社农业贷款余额和增量占全省金融机构 80% 以上，农户小额贷款达到 610 万户，贷款面达 70%，是农村金融的主力军。新增额的比重达 36%，超额完成省政府确定的新增 200 亿元的目标，有效支持了农业生产和冰雪灾害恢复重建工作，成为金融支持“三农”的亮点；两家农村新型金融机构挂牌成立。同时，鼓励各类金融企业到农村设立机构和网点，增强邮政储蓄银行为“三农”服务的功能，努力增加支农信贷投入。

3. 投资体制改革稳步推进。一是组建专业投资公司，搭建投融资平台。坚持按照现代企业制度运作、多渠道筹集资本金、政府投资主要集中于非竞争性基础设施和公益项目的原则，先后组建了电力、铁路、城投、旅游、农业、公路、水利水电、工业、科技、城乡建设、水务等专业投资公司，至今，全省共有 14 家专业投资公司。各专业投资公司紧紧围绕我省的投资需求，参与了许多重大项目及重点工程的建设，为我省经济社会又好又快发展作出了贡献。二是完善配套政策体系，进一步深化行政审批制度改革。为建立有利于加快项目审批核准的长效机制，省发展和改革委员会研究起草了《云南省省级重点项目并联并行审批或核准办法》、《云南省重大投资项目审批核准限时办结规定》和《云南省重大投资项目审批核准通报规定》，目前三项制度已报经省人民政府同意，以省政府办公厅文件下发执行。积极拓宽投融资渠道。为进一步开放投资市场，多渠道筹措资金，努力扩大投资规模，省发展和改革委员会研究起草并由省政府下发了《云南省人民政府关于进一步开放投资市场扩大投资规模的若干意见》（云政发〔2009〕45 号）。为建立和完善政府投资项目后评价制度，规范项目后评价工作，提高政府投资决策水平和投资效益，省发展改革委根据《国家发展改革委关于印发中央政府投资项目后评价管理办法（试行）的通知》（发改投资〔2008〕2959 号）规定，起草了《云南省政府投资项目后评价实施办法》并报经省政府同意，由省发展和改革委印发全省执行。

（六）市场体系建设不断完善

1. 进一步完善土地市场及价格形成机制。目前，全省有 108 个县（市）成立了土地收购储备交易机构，110 个县（市）实行了建设用地信息发布制度，建立土地有形市场 70 个，已经形成了相对完善、规范、有效的市场体系和运行机制，土地市场土地有偿使用比例连年提高，“十五”期末为 52.85%，2007 年已达 62.70%，招标、拍卖、挂牌出让土地面积从 2000 年的 167 公顷，到 2007 年已达到 3 073 公顷，增长 1 740%；土地收益不断增加，2007 年，全省土地收益跃升至 160.4 亿元，相比 2000 年土地收益 4.46 亿元，增长近 40 倍。土地市场规范运行制度基本建立，市场配置土地资源的进程明显加快，土地有偿使用的比例大幅提高。

2. 技术市场健康发展。近年来，云南省修订了技术市场发展相关政策，技术市场得到了健康发展。一是技术市场规模不断扩大，技术合同成交金额逐年增加，据统计，从 1996 年至 2007 年，云南省技术合同成交金额从 5.5 亿元增加到 14.3 亿元，年均增长 9%，其中技术交易额从 1.8 亿元增加到 12 亿元，年均增长 19%；二是技术市场服务体系不断完善，培育了一批专门从事技术市场中介服务的专业机构，到 2007 年，云南省常设的技术产权交易机构 4 个，技术合同认定登记机构 17 个；三是技术市场服务手段和方法不断提高，从 2006 年起实施了技术合同的网上登记，实现了国家、省、州（市）技术合同登记三级联网；四是按照科技部《关于加快发展技术市场的意见》文件精神和总体部署，结合云南实际，采取有效措施，引导各创新主体积极开展创新活动和技术转移、转化，使技术开发活动成为技术市场主体，政府科技计划外项目首次成为技术交易主流，企业成为技术市场交易活动主体，高新技术产业引领了技术市场发展。

3. 人力资源市场规范发展。到 2008 年，劳动保障部门开办的职业介绍机构完全覆盖了全省县以上行政区域，乡镇职业介绍机构已覆盖了全省乡镇的 75%，工作覆盖面达到 90% 以上。通过推进劳动力市场科学化、规范化、现代化建设，全省劳动力市场载体建设形成了以省级劳动力中心市场为龙头，以 16 个州、市为劳动力分市场，128 个（不含丽江市古城区）县级公共介绍机构为骨干、其他民办职业介绍机构为补充的劳动力市场体系。全省统一对劳动力市场的职业介绍服务规则进行了规范、同时对职业介绍机构的求职登记、职业指导、职业介绍、培训申请、鉴定申报、档案管理、社会保险关系接续等服务流程也进行了整顿，实行“一站式”就业服务；推行职业指导员资格制度和就业准入制度，促进职业指导工作和劳动预备制的开展；设立并公布举报信箱和电话，使用人单位和求职者合法权益得到有效及时保护。

4. 资本市场粗具规模。我省资本市场经历了从无到有、从小到大的发展历程，目前整体上向着更加健康、更加规范、更加高效的方向发展。截至 2008 年底，全省共有 27 家上市公司，60 家证券经营机构，2 家期货公司，1 家证券投资咨询机构。全省累计开户股东数达 133 万户，累计直接募集资金 267.5 亿元，较为有力地支持和服务了云南地方经济的发展。

近几年来，我省紧密结合云南资本市场实际，完成了一系列成效显著的有利于促进我省资本市场健康发展的重大改革和举措：完成我省信、证分业，并在此基础上组建综合类券商红塔证券；稳妥处置恒丰期货公司违规挪用客户保证金风险；平稳处置云南证券风险；清理大股东占用上市公司资金；证券公司综合治理；全面完成上市公司股权分置改革工作；推动一些绩差公司更换主业借壳重生；开展上市公司治理专项活动；严厉打击我省各种非法证券活动。以上改革和举措，夯实我省资本市场基础建设，有效化解了社会风险和金融风险，促进了我省上市公司和证券期货公司规范运作，为提高我省上市公司质量和促进证券期货经营机构规范运作奠定了基础。

（七）社会事业改革领域进一步拓宽

1. 积极推进科技体制改革，建立促进产学研结合的现代科研院所制度。省属科研机构改革取得新的进展。2000 年 7 月和 2003 年 7 月，分两批启动了省属应用开发类科研机构的企业化转制改革（其中撤销 1 家）。2005 年 9 月，按照科技部等四部门的部署，国家体育总局所属昆明体育电子设备研究所转为科技型企业，划归我省管理。截至 2008 年底，全省有技术开发类转制科研机构 22 家（包括 4 家中央下放地方管理转制科研机构）。进一步推动有条件的转制院所加快产权制度改革步伐，积极探索公益类科研院所科技创新能力评价方式，深化内部改革，推动建立现代科研院所制度。对省属公益类科研机构开展综合绩效评价，探索各类公益性科研机构持续发展的体制机制。积极推进构建科技投融资平台，省科技厅研究提出了《开发性金融合作协议》，拟定了科技融资担保平台组建工作方案，提出了科技型中小企业融资担保公司组建计划。积极培育高新技术企业上市，确定了两批共 25 家上市培育高新技术企业名单。

对 22 家转制科研机构努力提供发展的良好政策环境，加大税收等方面优惠政策落实力度，坚持转制与改制相结合，对应用开发类科研机构按照“产权明晰、权责分明、政企分开、管理科学”的要求，推进了以股份制为核心的现代企业制度的建设，大力推进用人制度和分配制度改革，使资本、管理、技术等生产要素参与收益分配，建立有效的激励机制和约束机制，“开放、流动、竞争、协作”的新机制正在建立。省橡胶所、省轻工所、省机电所等转制院所，按照“积极进行公司制改革，推进体制和机制创新，通过改革实现产权结构的合理配置”的改革方向开展了产权制度改革试点工作，在现代企业制度建设方面迈出了实质性的步伐。2007 年 2 月，省机电所整体进入民营企业——云立集团，成为我省转制科研机构“国退民进”第一家。省政府批准成立的两家由我省转制院所为主发起成立的高科技股份有限公司——贵研铂业股份有限公司、昆明冶研新材料股份有限公司运转情况良好。通过转制，省属转制院所产学研结合的自觉性主动性明显增强，依托转制院所构建的一批区域（行业）创新平台逐步建立，为增强我省创新能力进一步奠定了基础，省属转制院所自主创新能力进一步增强，省属公益类科研院所建设现代科研院所制度进程明显加快。

2. 积极推进教育体制改革。九年义务教育实现基本普及。2005 年以来，全省“两基”工作进展顺利，成效显著，“普九”水平不断提高。2008 年全省通过“普九”验收的县

（市、区）从2005年的112个增加到126个，“两基”人口覆盖率从86.0%提高到94.7%。全省可望在“十一五”末实现基本普及九年义务教育、基本扫除青壮年文盲的历史性任务，如期实现规划确定目标。同时，农村义务教育经费保障机制工作有序推进。义务教育免费教科书循环使用制度启动实施。大力发展职业教育。认真实施“云南省加快中等职业教育发展行动计划”，采取校企结合，校校联合的方式，走集团化办学的路子，扩大办学规模。目前全省国家级重点中等职业学校已达50所，省部级重点中等职业学校达56所。大力推进高校改革，下发了《关于深化改革大力发展高等教育的决定》，明确了高校改革发展的四大改革和五大建设任务。

积极探索职业教育集团办学模式，充分发挥集中建设的职教园区的作用，创新管理体制、运行机制和人才培养模式。现已建成轻工业、旅游、交通、冶金、农业、文化、经管等8个省级职教集团。2008年，全省中等职业教育招生人数和在校生规模均达到历史最高水平，招生数从2005年的12.87万人增加到2008年的16.71万人，增长29.8%；在校生数从32.52万人增加到41.39万人，增长27.3%，接近规划确定目标。

积极探索建立和完善政府对民间资本投入教育的鼓励机制，加大引资办教和银校合作的力度，吸引国内外各个领域的资本向云南教育领域聚集，千方百计吸引社会资本支持教育发展。2009年3月，成功举办了云南省引资办教论坛暨项目推介会，现场签订引资办教项目合同41项，引资总金额35.7亿元。为社会各界投资教育搭建了良好的平台，创造了良好的环境，有效地促进教育投资多元化，极大地促进了政府对民间资本投入教育的激励机制的建立和完善。

3. 大力推进文化体制改革。制定下发了《中共云南省委、云南省人民政府关于建设民族文化强省的实施意见》（云发〔2008〕7号），提出了推动云南民族文化大省向民族文化强省转化的目标任务，提出了艺术表演团体、出版、发行、电影等经营性文化单位改革和新闻媒体、文化市场等分类改革的思路和要求，提出要推进体制机制创新、艺术创新、运作方式创新，推进文化与旅游、文化与科技、文化与企业的结合，提高文化产业的规模化、集约化、专业化水平，形成一批富有活力的优势产业群。制定实施了《中共云南省委、云南省人民政府关于进一步深化文化体制改革推进经营性文化事业单位转企改制的若干意见》（云发〔2009〕12号），明确了文化体制改革的“时间表”和“路线图”，并对改革中人员分流安置、社会保障、改革成本、文化国有资产管理、经济扶持等方面的具体政策进行了明确。到2009年底，省级宣传文化单位体制改革取得了实质性进展，云南民族电影制片厂、云南民族文化音像出版社、云南音像出版社、云南大学出版社、云南省歌舞剧院、云南省杂技团等文化事业单位相继实现转企改制，成为完全市场化运作的文化企业；云南出版集团及所属7家经营性文化事业单位全部注销事业法人资格，公司更名为“云南出版集团有限责任公司”；云南日报报业集团推进宣传业务和经营业务的分离，成立了云南报业传媒（集团）有限责任公司；云南广播电视信息传输网络股份有限公司通过资产重组，按照“全省一张网”的目标，经整合后成为广电网络集团公司；云南文化产业投资控股集团有限责任公司在大胆整合资源和得到省财政资金专项扶持的基础上挂牌运营。另外，省歌舞剧院交响乐团和昆明市交响乐团整合重组为昆明聂耳交响乐团；省级电影职能划转工作圆满完成，省文化厅的电影管理职能全部划转省广电局；省级文化、出版、广电部门整合文化市场执法力量，成立了省文化市场综合执法总队，云南电视台、云南人民广播电台制播分离改革工作取得明显进展。同时，丽江、保山、昆明等地整合文化、广播电视、新闻出版工作机构和职能，实现了“三局合一”，西双版纳、楚雄整合文化产业和旅游产业工作职能，组建了文化旅游产业办公室，为文化宏观管理体制改革进行了成功实践；昆明市整合相关的5家演艺单位资源，组建了昆明市歌舞剧院，成立了昆明广播电视台（集团）、昆明报业传媒集团、昆明演艺集团有限责任公司、昆明文体旅游产业开发投资有限责任公司等文化产业集团；其余州市也分别从新闻媒体、演艺院团、公共文化产品采购、文化的财政投入等不同方面进行了不同程度的探索和改革。

4. 积极推进医药卫生体制改革。我省医疗卫生体制改革进展顺利。新型农村合作医疗试点稳步推进。截至2008年底，新农合已覆盖全省129个县市区，参合人员达3 222万人，参合率为89.77%。社区卫生服务不断发展，已建社区卫生服务444所（其中，服务中心170所，服务站274个），州市所在地城市和县级市所在地城镇大部分开展了社区卫生服务。覆盖城乡的疾病预防控制和应急医疗救治体系基本建成。积极引入社会资金参与公立医药机构的改制。出台了发展民营医疗机构的有关政策，促进了民营医疗机构的发展。药品集中采购招标工作深入开展。网上竞价（限价采购）品种达15 000余种。在全省范围内全面推进“药品统一采购、统一配送”的宣威模式，目前已在128个县市区全面开展。在五个省州市三级医院开展了药房托管试点。拟定了公立医疗机构开展“院长公选制、职工聘用制及绩效工资制”的意见和“引入社会资本、发展医疗卫生事业的意见”。2009年4月成立医改领导小组及其办公室，医疗卫生体制改革全面启动。按照国家统一部署和我省实际，省委、省政府出台了《关于深化医药卫生体制改革的意见》和《三年实施方案》。经省卫生厅与省财政厅多次协商，形成《云南省2009～2011年医改重点工作投入测算明细表》，预计三年投入医改资金约420亿元。并稳步启动了医保制度、国家基本药物制度、基层医疗卫生服务体系、公共卫生服务均等化和公立医院改革试点五项重点改革。

5. 就业和分配体制改革不断推进，社会保障体系建设力度加大。继续深化收入分配制度改革，规范个人收入分配秩序，着力提高低收入者收入，逐步提高扶贫标准和最低工资标准，建立企业职工工资正常增长机制和支付机制；加强政府调节职能，扩大转移支付，强化税收调节，打破经营垄断，创造机会公平。促进企业、机关、事业单位基本养老保险制度改革，探索建立农村新型社会养老保险制度试点正在16个州市展开；全面推进城镇职工基本医疗保险、城镇居民基本医疗保险、新型农村合作医疗保险制度；完善城乡居民最低生活保障制度，健全社会救助体系。健全廉租住房制度，加快解决城市低收入家庭住房困难。企业职工基本养老保险参保人数达到292万人，完成参保达286万人的目标任务；全省企业退休人员社会化管理服务率达到100%；城镇职工基本医疗保险参保人数达到356.3万人，完成参保达356万人的目标任务；城镇居民医疗保险试点城市从3个州市扩大到10个州市。以养老、医疗、失业、工伤、生育保险、城市居民最低生活保障和农村养老保险构成的社会保障体系框架初步形成，社会保障工作稳步发展，基本实现“十一五”计划确定的目标。

三、突出亮点和主要经验

（一）突出亮点

从总体上看，到2009年，我省已经初步完成了“十一五”规划纲要提出的各项改革任务。政治、经济、社会、文化等各项改革顺利推进，加快形成了促进发展方式转变、实现协调可持续发展的体制机制，对全省持续快速健康发展提供了动力。

从各项改革来看，“十一五”期间我省经济体制改革从纵向横向比，凸显很多亮点：

一是国企改革和国有资产监管体系建设有突出成绩。我省在国有资本经营预算、企业业绩考核以及企业重大决策管理等制度建设取得了较大进展，实施了大企业大集团战略，大力推进行业整合重组，实施资源整合，使优质资源向优势行业和企业聚集；创新监管思路，转变监管方式，多项改革工作走在了全国地方国资委的前列。

二是集体林权制度改革有较大进展。我省昭通、曲靖、文山、大理、保山、德宏、丽江、西双版纳、怒江、临沧等10个州市确权工作基本结束，稳步推进了配套改革。随着林改的深入推进，将促使我省“大资源、小产业、穷林农”的尴尬局面尽快改变。

三是文化产业以改革促发展，成效斐然。积极推进“三创新”、“三结合”，再创云南文化产业发展新优势。大型原生态打击乐舞《云南的响声》、聂耳音乐节活动等，在全国引起巨大反响，取得了较好的经济和社会效益。文化体制改革工作按照中央和省委、省政府的要求，基本完成了预定的主要任务，结束了多年徘徊的局面，走到了全国的前列。

四是行政管理体制改革有突破。特别是近几年来，我省在推进行政管理体制改革和政府自身建设方面更是迈出了重要步伐。2007年，我省出台了《云南省省属企业国有资产处置审批制度》等八项工作制度，努力规范政府行为，着力打造“法治政府”。2008年，我省出台了行政负责人问责办法等四项制度，努力提高政府的服务水平和行政效率，着力打造“责任政府”。2009年，在全省县级以上行政机关全面推行重大决策听证、重要事项公示、重点工作通报、政务信息查询等四项制度，着力打造“阳光政府”。

五是狠抓改革试点，成为推进改革工作的新抓手。省委、省政府审时度势，2008年明确了昆明、红河作为我省统筹城乡综合配套改革试点地区，通过试点的示范和创新，有力地带动了全省改革工作的深入推进。2009年4月，国家发改委批准了《云南省旅游产业发展和改革规划纲要》，将我省列为国家发改委推进改革试验工作联系点，国家旅游局也将我省列为旅游产业改革发展试点省份。印发了《关于云南省旅游产业发展和改革规划纲要的实施意见》（云政发〔2009〕150号）；四个试点地区在创新旅游管理体制和工作机制、推进旅游大项目建设、建立旅游资源保护、开发、管理的长效机制、构建旅游投融资平台等方面进行了积极探索。2009年，我省确定了昆明市石林县、东川区，曲靖市马龙县，玉溪市新平县、易门县，普洱市宁洱县，丽江市永胜县，临沧市云县等8个县（市、区）开展扩权强县试点，又选择了3个县开展了财政直管试点，此举标志着我省探索省直管县、推进县域经济发展改革有重大进展。此外，曲靖市麒麟区开展了统筹城乡发展综合改革试点，怒江州兰坪县开展了工业反哺农业试点。

六是昆明市改革发展成就引人注目。昆明市先后出台了《昆明市深入推进综合改革纲要》、《昆明市行政审批制度改革若干规定》和《昆明市关于进一步精简行政审批项目压缩行政审批时限的通知》等文件。最大限度地精简审批项目、环节、办事程序、审批时限等，市级审批项目由506项精简为96项，行政事业性收费项目由172减至95项，成为全国行政审批项目和收费事项最少的省会城市。同时，在干部任用、选聘、考核、问责等方面，在政府职能转变、建设效能政府，在投融资体制改革等方面都进行了大胆探索和实践，在全国引起很大反响。

七是形成了由以改革促开放转变为以开放促改革的新局面。近年来，我省抓住加入WTO、国家实施西部大开发、中国—东盟自由贸易区建设、泛珠三角“9+2”区域合作机遇，加大对外开放力度。对外开放不仅促进了我省经济活动与国外市场高效率的经济管理体制和运作机制的对接，也使建设中的新体制接纳了国内外的先进管理体制的优点，科学吸收和利用世界资源条件和先进文明成果，继而推进了改革的步伐，形成了开放倒逼改革的局面。当前我省正在紧紧抓住把云南建成我国向西南开放重要桥头堡的历史机遇，进一步扩大开放，以开放促改革，以改革促开放的良好局面正在形成。

（二）主要经验

一是省委、省政府和各级领导高度重视改革工作是推进改革的有力保证。2008年，省委、省政府出台了进一步深化我省经济体制改革的意见，并确定在昆明、红河开展综合改革试点；省政府也出台了一系列专项改革决定和意见。这些政策的出台，有力地推动了我省改革步伐。我省“十一五”前四年改革工作中的多个亮点，与各级领导高度重视改革是密不可分的。

二是在改革推进方式上，采取了先易后难、循序渐进，实行重点突破与整体推进的有机结合。改革是具有开创性、探索性的工作，选择一些具有代表性的地方、行业、企业进行相关改革试验，有利于防止改革出现大的曲折和失误。同时改革的复杂性，使得必须采取从实际出发、先易后难、由浅入深、循序渐进的渐进式总体改革战略。同时还要抓住一些关键的环节进行重点突破，以此来带动全面改革。循序渐进的改革战略和整体推进、重点突破的改革方式，既使改革保持了必要的力度、速度和连续性，又使改革措施和成效逐步为社会所认识，并获得支持。我省的集体林权制度改革、红河州的户籍制度改革、文化体制改革等都是通过以点到面的改革方式逐步推开的，取得了显著的成效，促进了我省经济社会的健康发展。

三是改革促经济发展的良性互动局面逐步形成，改革为经济社会发展提供了有力支撑。近年来我省经济体制改革工作取得了显著成效，为经济社会发展注入了强大的动力和活力，极大地促进了社会生产力发展，为实现全省经济又好又快发展创造了良好的体制机制环境。2002年全省经济增速实现止跌回升；2006年全省生产总值一举突破4 000亿元大关，比上年增长11.9%，与2000年相比，经济总量翻了一番；2007年GDP增速达到了12.5%，是1989年以来的最高水平；2008年虽受国际金融危机的影响，但GDP增速仍达11.0%；2009年全省生产总值完成6 168亿元，增长12.1%。总体上看“十一五”期间，全省国民经济呈现出发展快、运行稳、成效显的特点，经济发展处于近十多年来表现最好的时期。

四是改革举措与科学发展观及构建社会主义和谐社会理念相结合。纵观近年来我省的改革举措，无不体现着科学发展和构建和谐社会的理念。为寻求破解长期以来困扰我省经济社会发展的城乡二元经济结构等体制机制障碍问题，我省确定了昆明、红河开展以城乡统筹为主要内容的综合改革试点；为发挥我省的旅游资源优势，促进旅游业“二次创业”，争取成为全国的旅游产业发展改革试点省份；先在红河，继而在全省推开的户籍管理制度改革为解决农民进城由于身份尴尬而带来的诸多问题提供了制度保障；通过深入挖掘、发挥我省的民族文化特色优势，以建设民族文化大省为目标的文化体制改革成效显著；为发挥我省面向东南亚、南亚的区位优势，我省不断加大了改革开放力度，及时将“大通道”调整为“桥头堡”战略。

五是以推动改革工作的体制机制建设为重要抓手，不断加强了改革工作的统筹协调和总体指导。近年来在省委、省政府领导下，我省不断加强推动改革工作的体制机制建设。自 2005 年起，通过制定出台年度改革指导文件，加强了对改革工作的总体指导。在每年一次的全省发展和改革工作会议期间及其他合适时机，组织召开了全省经济体制改革工作专题会议，总结当年的经济体制改革工作情况，部署下一年的改革工作任务。为切实履行总体指导和综合协调推进我省总体经济体制改革工作的职能职责，通过积极努力，“十一五”期间我省初步构建了跨地区、跨部门的改革工作统筹协调机制，2006 年建立了云南省改革联络员制度，每年召开 1 ~ 2 次改革联络员座谈会，2009 年又重新确定了改革联络员名单，增进了各地、各部门在推进改革工作中的相互支持协作与配合。

四、存在的主要问题

经过多年的努力，我省的经济体制改革取得了明显成效，但按照建立完善的社会主义市场经济体制的要求，我省在推进改革过程中一些深层次的问题亟待解决。

一是思想认识有待进一步提高。回顾我省“十一五”改革历程，从改革内容来看，经济体制改革本身的进一步深化，已与政治、文化、社会等方面的改革连在一起，关联度增大；从改革的动力来看，涉及深层次的利益调整，改革推动难度加大；从改革方式来看，政府通过行政手段主导改革受到了市场化的严重挑战。同时人们对改革成果分享的要求明显增强。然而，有些领导干部对改革所处阶段、特点的分析研究还不充分，对改革促发展的关系认识不到位，在工作中，重发展轻改革的思想还不同程度地存在。特别是没有就发展中存在的体制和机制问题进行深入分析研究，使得改革与发展的关联度还不够强，改革对经济发展的整体促进作用和带动作用仍然不够，改革还没完全成为经济发展的根本动力。

二是改革的总体指导和统筹协调机制有待完善。改革进入攻坚阶段，改革从局部扩展到全面，从单项深入到综合，改革触及了深层次的利益调整，尽管目前已建立了云南省改革联络员制度，每年由省发改委牵头制定改革要点并将任务分解到各相关部门。但由于现阶段改革职能分散在相关部门，并且每个职能部门改革的视角和方式存在差异，改革合力难以形成，存在着各改革职能部门相互沟通不够，协调和组织不力，未形成自上而下的参与、协调机制，总体指导和综合协调全省改革工作的机制不完善等问题。致使改革的透明度不高，改革的进度和实施成效难以监督，改革的阶段性目标不明确，考核难度较大。从整体上看，加强改革的总体指导、统筹协调和重点突破，还有待形成更稳定的工作机制，探索更有力的组织保障和工作措施。

三是改革进展不平衡。纵观“十一五”前四年我省经济体制改革，初步完成了“十一五”规划提出的各项改革任务，国有企业改革、行业整合等改革已有明显成效，但改革仍存在着一些薄弱环节和领域，还没有真正触及深层，滞后的改革越来越制约着其他领域改革的进程，改革在部分行业间、领域间、地区间进展不平衡。比较突出的是，垄断行业改革、分配体制改革、要素市场建设、资源环境体制、事业单位改革、行政管理体制改革、政治体制改革等滞后。如收入分配体制改革由于涉及现有利益关系和分配格局的调整，推进难度较大；市场主体发育缓慢，生产要素市场培育滞后；非公有制经济发展规模、比重还需进一步提高。我省是资源大省，但资源优势并没有转化为经济优势，资源大开发并未完全促进经济大发展，重要矿产、水和能源等重大资源的价格形成机制不健全，使得云南省的资源开发利用水平仍较低，资源的产出率、回收率和综合利用率等资源浪费问题突出；环境保护形势严峻，目前的资源开发利用管理体制未能反映资源节约、环境保护的要求，未能体现资源要素的稀缺程度。

四是改革对促进经济发展方式转变、战略性结构调整作用有待强化。尽管我省经济体制改革取得了明显成效，但改革与促进经济发展方式转变、战略性结构调整效果并不理想。经济结构性矛盾突出、产业结构不完善、自主创新水平不高等问题依然存在，致使全省经济竞争力不强、可持续发展能力不高。特别是“十二五”或未来更长一段时期，投资与消费、资源环境约束与经济发展的矛盾将更加突出，迫切需要从经济、政治、社会、文化、生态等各个方面加大改革力度，为促进经济发展方式转变、战略性结构调整提供强大的动力。

五是从事改革工作的组织机构有待加强，人员素质有待提高。机构改革后，统筹协调经济体制改革职能并入发改委，但目前仍有一些地方没有专门的体改科室，人员配备亦不到位。另外，原长期从事体改工作的绝大部分同志分散到有关部门，脱离了改革工作岗位，加之编制锐减，形成了从事体改工作的人员断层，人员素质与当前的改革形势和任务不相匹配，亟须提高。

（《云南改革报告》2010 年第 2 期）

重庆市黄奇帆市长纵论改革

2010 年 3 月 25 日

尊敬的国家发改委彭森副主任，全国各地发改委、中央各部委主管改革的同志们，我首先要代表重庆市委、市政府对全国各地改革方面的专家和领导同志到重庆商讨改革发展的大计，推动中国经济社会民生更好发展，转变经济发展方式，表示欢迎，也表示感谢。

借此机会，我也想跟大家谈一下重庆最近几年，在改革方面做的几项工作。通过几个案例来互相交流，推动重庆包括各地改革的深入推进。

一、为什么要改革，什么情况下要改革

实际工作中并不是什么事情都要改革，大体上 70% ~80% 的行政工作、政府工作、包括企业运行，可能都是按常规、按制度、按原有的办法在推进。但是，遇到以下五种情况，做领导的可能就要启动改革的思路，用改革的动力、改革的措施来解决问题。

一是遇上危机，想摆脱危机。比如说企业要倒闭了，或者一个地区发生经济危机了，或者整个国家发生了危机，对这种危机的处理，一般用常规的办法解决不了，就要通过改革，或者资源重组、体制创新。不管是经济学里的重组，还是我们精神意识上的创新，还是体制性的改革，差不多都是同义词。摆脱危机的时候要考虑改革、重组、创新，才能得到发展。

二是遇到广泛存在的社会问题。一个城市，或一个省广泛存在的，或者大面积存在的问题，一般都是体制机制性、政策性的问题。如果你觉得这个问题必须解决，那么就要从体制改革、机制创新入手。

三是遇到历史性长期存在的问题。如十年、二十年一直存在的问题，比如说上访。十年来，年年有人为这个事上访都没有解决，那你要考虑创新。如果用常规办法能解决的话，你的前任、或者前任的前任早就把它解决了。大家都没有解决的问题，就要通过改革创新才能解决。

四是遇到某些你难以克服的问题。如你在工作中遇上了某个问题，这个问题别人能解决，但对你有不可逾越的障碍，而你又想要推进，这个时候你必须考虑模式创新。也就是说解决这件事所用的模式，在某些地区可用，但你用不了，那你此时不能硬搬硬套，要创新才能把事情解决。

五是遇到了在新时代、新挑战和新环境下的新问题。这些问题用老方法、老政策解决不了，老的体制也适应不了，必须要改革，要创新。

所以，一个人特别是一个领导，在工作中，70% ~80% 的工作应该是用传统的办法、惯性的思维来考虑问题，不一定老想着创新，也就是按常规办事。但是，一个领导如果没有改革意识，没有创新能力，肯定也不是好领导。关键是什么时候要启动改革和创新。如

果是面临上述五种情况，我们就要去创新、去改革，绝不是为改革而改革。成功的改革是围绕着问题，寻找解决问题的办法，打破常规。当你打破常规，把问题解决之后，实际上你就是进行了一场重大、成功的改革。

二、如何改革，用什么方法去推进改革

要解决问题，要进行改革，要重组创新，大体上也有五种方法。

一是优化配置资源。也就是说，通过资源优化配置把整个局面改变，把问题解决，这是一种普遍、通行的方法，原来那么配置，现在这么配置，一加一大于二，蛋糕做大了，问题解决起来就容易了。

二是改变边界条件。这是毛主席说的哲学性问题，一定事物都是在一定边界条件下运动的，当边界条件改变后，事物运动的趋势就会发生变化。我们许多工作存在问题，是其边界条件决定了它的状态。当你对各种边界条件进行调整，就会产生解决问题的内生动力。

三是体制机制性的调整。就是把管理体制、政策及运行机制进行调整。比如国有企业重组上市，这种上市是从国有企业改为上市公司，这就是体制机制上的调整。

四是利益调整和重新组合。根据利益格局进行合理调整，这时候是需要动用一定的行政权力。某些时候，为了公平公正，需要改变原来的分配方式，这也是一种很重要的模式。

五是调整管理政策和管理方法。原来的政策带来了源头性的、大的问题，这时需要你就要调整政策，调整管理方法，这也是最简单便捷的措施。

大体上，经济工作、政府工作中改革采取的措施，寻根究源，分析解决问题的办法，一般都可以归结到这五类方法中。你如果能够适时用改革创新的思维去解决问题，适时用边界调节、利益重新分配、资源优化配置、体制机制创新及政策管理方法的调整等方法解决问题，当领导一般就会比较主动。

三、近年来重庆推进改革创新的三个案例

介绍一下重庆近年来推进改革创新的三个案例，我想通过案例来说明方法论，这也是我最希望与各位讨论的事情。最近七八年，我们在发展中有许多改革创新的举措，今天要讲的三件事是我们许多案例中的典型，有一定的借鉴或启发意义。

（一）第一个案例，是重庆的国有企业改革

重庆国有企业在2000年前后还十分落后，整个国有企业是全面的亏损。那时候的资产总量是1 600多亿元，资产负债率高达80%多，银行坏账率高达40%，也就是说80%多负债的一半是坏账，意味着这些国企20%不到的净资产全部冲销，还要负债20%。而同期，整个国家国企改革攻坚战初步取得胜利，从总的净亏到有1 000多亿元利润，国企改革初步取得战略性、全局性的胜利。经过最近六七年的改革重组，重庆的国企总资产从1 600亿元增长到现在的10 500亿元，增长了6倍。我也问了国资委，全国31个省，没有哪个省同期国有资产能够增长6倍的。我离开上海的时候，上海的国有资产是5 500亿元。这六七年下来，国资翻番是很好的了，一般保值增值，但重庆增长了6倍。国家国资委2003年初成立，排了一下2002年各省市的国资总量，重庆排在20位；到2009年，地区

的经营性国资，重庆排在31个省的第4位，是非常大幅度的增长。另外一方面，负债率降到了60%以内，坏账率只有20%，净资产已从200亿元、300亿元增长到了2 900亿元，增长10倍。原来是6个集团，每个集团下有十几个公司，处级二级公司几百个，还有三级四级企业，共有2 000多个，占有全部1 600多亿元资产。现在是30多个企业集团，但二级、三级企业减少了3/4，所以现在全市1万亿的资产，实际控制在大小500个法人中，资源向优秀企业家集中，资产向优势企业集中。

为什么会取得这个成绩呢，我们主要做了以下工作。

1. 推进了专业投资公司建设。西部原来有一批工商企业，但恰恰在公共设施、基础设施里面没有专门企业。政府靠财政拿点钱搞基础设施，该一年做的事情拖了十年还做不下来。在这种情况下，我们推动了八大投资公司的建设，2002年开始推动，那一年是200亿元资产，到2009年底，八大投资公司是4 300亿元的资产，负债率在65%，负责了八个领域基础设施建设。为什么是八个呢？是因为我们计算了一下，在5～10年内，如果一个方面要投资500亿～1 000亿元，那我们就搞一个集团。因为把3 000亿元、4 000亿元的公共投资放在一个公司的话，它太大，会有官僚主义，也会出问题。如果100亿元～200亿元就去搞一个集团，那搞出几十个集团，太分散了，也不好。一个平台，一般500亿元～1 000亿元是比较合理的，于是我们选择了高速公路、高等级公路、水务、土地储备管理、城市建设管理等八个领域。

这八大集团的资产从哪儿来？大体有五部分，一是税费返还的注入。就是基建过程中应该交的税，交来再返回去注入。二是土地资产注入。三是相关规费的注入。比如说高速公路收费，那是可以注入的。四是有关的国债资金注入。国家发改委2000年以后，为了启动经济，朱镕基总理给大家发了差不多1万亿元国债，其中几千亿元是各地方政府投资，当时是戴帽下来，一个萝卜一个坑。西部拿了300多亿元国债，搞了几百个项目，到2002年、2003年，一大堆半拉子工程，国家的钱用完了，各地区配套的钱没有。穷地方，项目又不收费，公共设施搞了以后，没有钱还贷。我们当时把300多亿元钱索性统统注入八大投资集团。如果企业有了300多亿元国家资本，自然银行对企业至少有300亿元的融资，区县配套的钱也统统兑配了，保证了对基础设施大干快干。如重庆修50个污水处理厂，一个集团搞，质量什么都能保障。我把这个情况向曾培炎副总理报告过，他高度称赞这个办法。五是政府的一些存量资产注入。几十年来，我们的一些存量基础设施，也是资产，可盘活注入。通过这样五个注入形成了1 800亿元，银行当然也愿意融资了，差不多融资了2 000多亿元，我们实际上就形成了3 800亿元。当然，这些企业这些年也有增值，所以形成了4 000多亿元资产。它们每年要从事300亿元～400亿元的政府性基础设施、公共设施建设。所以重庆这六七年，八大投资公司至少完成了2 000亿元路沟桥大型基础设施建设。在全市1万亿元国资中，它们的资产占了40%。我们大体是“433”的比例，就是40%是基础设施、公共设施的资产，30%是工业、商业、贸易类和竞争类的企业资产，还有30%是金融类的资产。这样的比例，对整个国民经济的带动性、引领性起了较好的调控作用。

2. 推进了金融机构的改革重组。重庆作为西部城市，原来总部在地方的金融企业基本没有。我们有五个地方性的金融企业，如果报出账来，银监会、人民银行就要你关闭，要政府整顿。比如说我们的重庆商业银行，2004年、2005年没有重组以前，70亿元的贷款，36 亿元的坏账、死账，只有 2.7 亿元的资本金；当时银监会还没有成立，人民银行行长到重庆就讲这个企业的问题。第二个西南证券，16 亿元的资本金，坏账 15 亿元，只剩 1 亿元的资本金，还挪用了客户保证金 10 多亿元，负资产，实际上这个企业就该倒闭了。三峡库区的万州商业银行，1 亿元资本金，22 亿元贷款，16 亿元坏账。还有农信社，当时是 2 亿元资本金，300 亿元贷款，1% 的资本充足率都没有，但它有 300 亿元贷款，150 亿元坏账，一盘散沙。重庆这些金融机构，几乎都不是国有的。重庆商业银行，除了几个国有企业在里面是小股东，所有大股东都是民营企业；西南证券大股东都是民营企业；万州商业银行也是民营银行；农信社当然是民间的，农民和各种私人股东在投资操作。这些民营金融机构都有三大问题，一是现金不能流转，二是坏账多多，三是股东和法人实际上没有领导地位，跟美国金融危机出现的问题是一样的。所以，我们在国家有关部委的支持下，2004 年、2005 年对这五个金融机构采取以下措施。

一是剥离不良资产。十年前，朱镕基总理推动中国金融改革、企业改革就用了这个办法。在政府主导下，把重庆商业银行的 36 亿元坏账，剥离了 24 亿元，他们自己消化了 12 亿元，重商行目前的不良资产率 0.5%；农信社的 150 亿元坏账剥离了 100 亿元，他们消化了 50 亿元，现在他们的不良资产率从原来的 50% 降到现在的 3%，这是全国农信社体系最棒最优质资产的一个例子；西南证券的不良资产全部剥离，现在是一个要上市的证券公司；三峡银行的不良资产，16 亿元坏账全部处置完毕，现在的不良率是 0.7%。

二是改变股东层，注入现金流。这些银行当时倒闭的话，将带给各种储蓄户无边灾难。为了社会稳定，政府这时候注入国有资金是可以的。我们给五大金融机构注入了 30 多亿元，但这 30 多亿元的股权，目前在市场上，要变现的话，三个月内可以全部变现 300 多亿元，增长 10 倍。政府绝不是趁火打劫，而是出手相救。所以这些金融企业现在都是重庆市政府控股的、国有的。这不是国进民退，而是在危难时刻，政府为了社会稳定和宏观大局进行必要干预。当然也要算账，股东的重组、现金流的调整，政府的股权增长 10 倍，所有民间股东的资产当然也会增长 10 倍，皆大欢喜。现在，这五个金融机构，几乎国内外各种私募基金包括投资集团都想来买股权，我们当然也想考虑局部的退出。其实任何金融机构的改革重组，无非就是这些招。美国在金融危机当中也采取了这些办法，把所有国内要倒闭的银行重新进行重组。

3. 增强国企的控制力、影响力和带动力。我刚才说的“433”构架，如果构架不合理，不关注国企在国民经济中的整体控制力、影响力，那这个国有企业就失去了整体的竞争力。国有企业有特殊身份，在贯彻党中央国务院方针政策中有标杆作用和调控作用，也就是说国企不仅自身要带头执行中央政策，还要为整个社会贯彻落实中央政策作出示范。这是什么意思呢？比如说中小企业融资难，这是民营企业最头疼的问题，大银行不敢给它过多贷款，所以需要成立担保公司，而一般民间的资本不怎么愿意搞担保。重庆到 2004 年，整个社会担保公司只有 2 亿元资本金，这对一个几千亿元、上万亿元的经济系统，2 亿元资本金只是摆摆样子，不起什么作用。所以我们就推动国有企业来组建担保公司，在这几年里面组建了 6 个担保公司，拥有 60 亿元资本金。后来在国有资本带动下，现共有 107 个担保公司，有 120 亿元的资本金。按国家有关规定，1∶6 或 1∶8 担保，我们大体能担保 700 亿元、800 亿元资金。而真正要担保的企业普遍不是国有企业，这样一来，就形成了国有企业为民营企业担保，让大银行的资金进小企业，国企起了强有力的带动作用。

重庆民营经济每年以20%速度增长，所以这六七年，民营经济从30%多增长到2009年的60%。国企“八大投”搞的基础设施、道路交通，把城市环境改善了，又促进了民间投资的活跃。从这个意义上，重庆绝没有搞国进民退。有时候出现的国企进入，那是在危机当中，国企挺身而出，奉献自己。奉献自己，结果又壮大自己，这是该得的，在人家危机的时候，你在拯救。

4. 充分发挥国企创造的财富在公共建设中的作用。国企创造的财富，不能随意挥霍。国企的利润一部分交给国资委，成为国企进一步投资发展的资金来源；一部分应交给财政，成为公共服务资金的必要补充。国企的利润跟私人企业、上市公司的利润一样，也要分红。私人企业分到家里了，上市公司分到股东那儿，国企的利润应上交给财政局。从这个意义上，国企1万亿元的利润，应交3 000亿元给财政部门。实际上，重庆的国企在这六七年里，每年至少为重庆公共服务、公共支出提供100多亿元。所以，我们一直说重庆财政的三个口袋，一是预算内税收性的财政，管吃饭和运行；二是预算外的基金，一般占预算内的50%左右，这一笔钱用来搞建设；三是国企上缴的100多亿元红利，市委、市政府用作战略性的大事使用。比如说铁道部在重庆搞1 500公里铁路，要花1 000多亿元投资，铁道部出70%，地方要配套30%。对地方来说，当然要支付，出30%就30%，出300多亿元。这些钱如果在预算内拿，吃饭成问题；预算外基金拿，正常的建设也没办法干；那就把国有企业资金拿出一部分，就把这个事情解决了。另外我们也投入民生项目，2009年财政性的税收，就是预算内资金，51%用在民生上；全国一般预算内的资金用于民生是30%。为什么重庆会这么高？因为重庆有一块必须要支出的公共支出由国企给予了，这样财政的硬支出少了，民生支出就会增加一点。

以上是我介绍重庆市国企改革中的一些措施，我想对大家可能有互动和启发的意义。

（二）第二个案例，讲一件开放中的事例

我想，开放对在座的沿海各个省非常熟悉，但我们用沿海模式干不了，我们只能转型，动改革，调模式，用改革促开放。

首先是加工贸易。中国的加工贸易从20世纪90年代初开始，20年形成了12 000亿美元规模，占整个中国进出口贸易的20%，且99%都是在沿海。为什么内陆地区就那么不开放，引不到外资搞加工贸易？很简单，整个沿海的加工贸易基本上是两头在外、水平分工的加工贸易。所谓“两头在外”就是零部件在外，成品销售在外，在沿海地区搞组装、来料加工。这种两头在外，国外公司搞研究开发和销售，台湾很多企业搞代加工，然后第三城市都是搞零部件，零部件再通过物流，空运到中国组装。沿海因为交通方便，“两头在外”的模式是完全可行的。但到内陆，重庆到沿海就有2 000多公里，零部件运来运去，物流成本高昂，内陆地区成本再怎么低，加工贸易是做不了的。所以“两头在外”的模式，就一定是沿海加工贸易模式。

金融危机发生前，由于沿海加工贸易成本逐年上升，西部想成为沿海加工贸易的承接基地，让沿海加工贸易往西部中部转移。当然，加工成本内陆有竞争力，想承接，沿海也想把传统产业换到内陆来，但物流成本高，所以近20年没能做成。如仍用这个模式，今后20年也一样做不成。那怎样才能把这个问题解决呢？我们研究发现，既然过去20年反复出现在沿海，不出现在内陆，就有它内在的规律；如果要改变，必须调整思路和方法。后来我们用了一个模式，叫做垂直整合、水平分工。让它使零部件和整机一体化，我们把加工贸易改成一头在内，一头在外。零部件不从东南亚、沿海过来，就在重庆，把一个要加工贸易的整机 80% 本地化。做不到 80% 本地化的项目，就不去引，招商过来意义也不大。这个概念，我们在 2008 年金融危机的时候提出来，就去找企业，找企业的主要负责人。因为只有他们才能够搞体制改革，才能抉择；下面的人，就算有这个思考，层层汇报，几年都落实不了。我们选定笔记本电脑里面的王牌——惠普作为加工贸易的主要产品。

2008 年，我亲自到惠普洛杉矶总部，跟他们常务副总裁讨论了一天。我不仅从重庆的角度，我说整个世界，水平分工是不对的，因为世界是平的，世界任何一个地方都可以为某一种生产出力，然后用物流把它一体化。现在汽油从 20 美元一桶变成 80 美元，有可能再变成 160 美元，即使从省油出发，也应该零部件一体化，哪个地方零部件一体化，哪个地方就是加工贸易的高地。他们赞同这个概念，就给我们策划在重庆搞 4 000 万台笔记本电脑，全部出口欧美。他们当时基于这样判断：世界金融危机中，各种电子产品市场都在萎缩，唯独笔记本电脑每年要增长 25% ~30%；2008 年销售了 1.6 亿台，4 年后全球笔记本电脑销售会超过 3 亿台，2015 年后会到 5 亿台。因此，目前在中国沿海布局的 1 亿台，东南亚布局的 6 000 万台生产能力是不够的。哪个企业早着手布局新的生产基地，就将在未来的笔记本电脑市场上大有作为。所以，一出手就考虑今后新增的 4 000 万台在重庆生产。我们签订协议以后，立马去找台湾的代工厂，大老板就是郭台铭，还有广达、英业达。以前郭台铭只做零部件，到重庆既做零部件，又做整机。广达原来做 4 000 万台整机、不做零部件；到重庆又做整机，也带动零部件一起生产。所以，重庆成了三大代工厂商又做整机、又做零部件一体化。惠普下单，他们代工，变成了一体化的生产基地。项目实施之后，戴尔、宏基都认为一体化的基地比“两头在外”的水平分工基地更有竞争力。沿海也可以搞一体化，但制造成本会比内陆高得多。所以中国内陆的一体化加工贸易一定会取代“两头在外”的加工贸易模式，因为它把内陆加工成本低的优势彰显出来。至于整机做出来以后运到世界任何地方没有什么区别，因为从上海运美国和重庆运到美国基本是一样的成本，都是一个飞机起降，出项物流打平进项物流，一体化就能更省钱，这是我们在加工贸易上取得的重大成绩。

其次也是在加工贸易上取得的进步，就是加工贸易的结算。加工贸易结算有两个层面，一个层面是代工厂，就是整机加工厂与工厂职工工资结算，与当地政府税务上的结算，这是个结算是属地化的。沿海 12 000 亿美元加工贸易，这个账单都结清了，因为税收都搞了很多优惠政策，拿得不多；劳动力又是低成本的，血汗工厂，我们赚的是辛苦钱。另一个层面结算是网络上的，跨国公司从东南亚、全世界的零部件厂，把各种零部件做成组件，零部件和组件之间有结算；组件和总装厂又有结算；代工厂商把整机做出来给大公司销售，又有一个结算；这里面有很多专利，研发出来提供给总装厂，这又有专利费的结算。这其中是几百个企业的网络结账，这种结账变成了离岸金融的账户，可以在中国代工厂的总部所在地结算，也可以在世界各地结算。我想说的是，中国 12 000 亿美元的加工贸易就是属于这一类的网络结算。12 000 亿美元都在海外，其中 5 000 多亿美元在新加坡，3 000 多亿美元在香港。这里还有一个情况，就是我们国家外汇局有一个规定：直到 2009 年底，任何中国境内的法人和自然人都不能在中国境内开设离岸金融账户。而刚才说的网络账、大公司贸易的结算，都不能在中国开，只能开到国外去。这明明是我们加工 1 万多亿美元产生的结算，其中惠普在中国有1 000多亿美元，都是在新加坡结算。这1 000多亿美元放在新加坡银行里，银行做服务几十万亿美元，还有白领会计工资几十万亿美元，加起来就有上百万亿美元。所以，我们加工贸易很重要一块流到外面去了。

重庆2008年考虑做加工贸易后，问结算在哪儿，说是在新加坡。我们说，不行，到重庆生产，就该在重庆结算。在重庆、在印度、在新加坡结算都是一样的，现在是电脑通信，无非用网络通信加高级写字楼。我们花了三个月时间的讨论、谈判，终把这件事办成。现在美国惠普亚太结算中心放到了重庆，2009年9月签约，11月运行，每个月给我们带来几千万元的税收。我们现在一台电脑都没做，重庆的惠普电脑还在造厂、准备生产线，税收是从沿海地区那些进进出出的账产生的。但这不是我们从沿海抢来的，是从新加坡抢来的，因为沿海这十几年来的加工贸易结算都是在新加坡。我2010年发誓再搬1 000亿美元，三年、五年把1万亿美元搬回来，就是中国人的胜利。所以，改革很重要，制度安排很重要。加工贸易、扩大开放，沿海地区的模式移植到内陆来，要进行改革、调整和创新；不调整、原汁原味的照抄照搬，内陆就行不通。与时俱进的制度安排，使我们收获了改革开放的果实。

（三）第三个案例，是住房保障问题

最近几年全国各地遇上了一个普遍的问题：房价不断上涨，相当一部分人买不起房。尽管国家每年有几百亿元搞廉租房，但杯水车薪，解决不了问题。因为廉租房服务对象是低保人口，而低保人口只占城市人群的3%左右，但城市里至少有30%的人群买不起房，哪怕房价从1万元/平方米降到3 000元/平方米。对这个问题，大家讨论热烈，政府也拼命打压房地产市场和控制房地产商，但供求矛盾仍然解决不了，各种理论学派，各种观点纷纭繁杂。问题的关键，就是我刚才说的一句话，广泛存在的、普遍存在的，一定有制度上的问题。不是简单的道德讨论，批判某个方面就行，是个制度问题。

中国的住房制度，20世纪50年代到80年代，实行公房分配，造成的问题是资源不足。这20年，市场化、商品化，原来的公房低价转给个人，成为产权房，100%的走商品化道路。美国现在是65%的商品房，次贷危机的时候增加到68%，增加了3%。次贷危机爆发，让买不起房的人能够买得起房，坏账发生，上万亿美元的包袱到了证券市场，变成证券市场的危机。新加坡是双轨制，政府保障再加社会的商品房。重庆市借鉴了这个方式，2009年底市委市政府作了一个决策，推出双轨制的住房体系，大体上65%左右的商品房，30%多的安置房（公租房）由政府保障。最终形成低端有公租房、保障房来保障，中端有市场化的商品房来支撑，对百分之几的特别高端房，政策上也有一定的限制。

具体操作是：我们在主城区拿出20平方公里，本来是批给商品房、可以拿600亿元出让金（扣掉成本，可净得400亿元财政收入）的土地，划拨去造公租房。准备这几年造2 000万平方米，一个人20平方米，解决100多万人的住房问题。把公租房与商品房小区规划在一起，公租房的造价、档次基本上与重庆平均商品房档次、类型一致；不造贫民窟，但户型可以小一点，30、50、70、80平方米都有，最多不超过90平方米的小户型。现在有21个基地，每个基地建100万平方米，就形成2 000万平方米，2009～2010年两年各启动500万平方米。这样的公租房，一不收出让金，二不收配套费，也不算利润，比同类型的商品房成本至少降低40%～50%，租金跟商品房相比自然也比较低，这对低收入群体就提供了实惠。廉租房我们以后也造，中央交给我们造10万、20万户的任务，但我们不单独造廉租小区，就在公租房区内，公租房有几十万户，里面有几万户是廉租房。公租房每月每平方米 10 元，廉租房只要 1 元钱，专对低保对象。公租房住了五年，家庭有需要，想买下来长期住下去，可以。买了以后，有一天你想离开，想住商品房，想把房子卖了，对不起，你不能卖到市场上。哪儿买的，就还给谁，还给公租管理局。

中国的经济适用房制度为什么一直被批评？经济适用房的五个环节，问题出在第四环节上。第一个环节是造在哪儿，即城市规划；第二环节是谁来造，搞招投标，找个房产商把它造起来，不准赚钱，只能微利；第三个环节是谁来住，低收入群体，大家出证明，证明他是低收入群体；第四个环节是对房子的处置；为什么大家都要去买经济适用房，不是真想去住，而是想三五年后涨几倍再卖出去。如果第四环节控制了，卖出的时候，不准当商品房卖，只准卖给当时的低收入群体；经济适用房什么价买，你就什么价格卖，这时候就消减了赚资本差价的人，经济适用房也将回归原来的初衷。美国也有房产局，也搞低收入房，这个概念就是他们介绍的。他们一是规划，二是控制造价，三是控制进入的人群，四是特别控制出口的人群，五是整个房子产生的税费全部留在低收入住房体系作为投入资金的补充来源。这是五年前在纽约，他们房管局长跟我介绍的。现在重庆的低收入房、公租房里面也可以有产权的经济适用房，只要把出口把住了，有钱人也不愿住小房子。另外，我们的公租房服务对象：一是农民工，二是外来大学生，三是本地原居住民中的低收入群体。全国各地到重庆来打工、经商的人，不管你有没有户口，只要有工作，落地安稳，就可以租住。

当然，大家有时候说，你搞了那么多的公租房，是不是影响了商品房？既有影响，也不会有影响，在价格上有一定的影响。但住公租房这部分群体，即使商品房价格再低一点，他们也买不起。从这个意义上，这对商品房市场有健康的引导作用，而且建公租房与建商品房一样，都是拉动内需很重要的一方面。对高端的商品房，比如说几百平方米一套的别墅，及比正常商品房均价高五倍、十倍的高价房，是否应该遏制一下？我认为中国如果要收物业税，先对高端房收物业税，对老百姓的普通商品房没必要现在去收，要收也等三十年、五十年、七十年批租时间到了，以后不要再交批租费，收一些低的物业税就行了。但这是以后几十年的事，眼下对高端房应该收物业税。如果收 3% ~5% 的物业税，我可以肯定 100 万元的房子炒作成 200 万元、300 万元的情况就会消失。美国是普遍收物业税的国家，美国商品房 2008 年金融危机的价格，跟 1997 年亚洲金融危机的时候价格没有太大的变化，没有中国这样一个月翻倍的涨法。所以，对高端房进行遏制，征收特别物业税，或者特别的住房消费税是应该的。重庆政府在这方面，也跟中央财政部等有关方面提出了改革试点的申请，现在正在审理之中。

我今天就讲这些，讲这三个案例，表示在社会民生领域、开放领域和企业改革主体领域，改革都十分重要和必要。改革是我们过去 30 年发展的动力，也是我们今后 30 年、100 年发展的动力。谢谢大家。

（《云南改革报告》2010 年第 3 期　根据录音整理，未经本人审阅）

云南省2009年经济体制改革成效显著

2009年，我省各州市、各部门按照《云南省2009年深化经济体制改革工作的意见》（云政办发〔2009〕143号），积极推进全省经济体制改革，取得显著成效。

一、重要领域改革取得新突破

（一）医疗卫生体制改革全面启动

一是加强组织领导。4月中旬，省政府及时成立了以罗正富常务副省长挂帅的省医改领导小组及其办公室，落实了人员编制和工作经费，明确了职责分工，积极跟踪分析改革中的重点、难点和热点问题，主动与国家相关部委沟通衔接，狠抓工作落实。

二是研究出台配套文件。研究制定并出台了《中共云南省委、云南省人民政府关于深化医药卫生体制改革的意见》（云发〔2009〕17号）和《云南省人民政府关于印发云南省医药卫生体制改革3年实施方案（2009～2011年）的通知》（云政发〔2009〕199号）。对照国家的工作目标出台了《云南省2009年医药卫生体制五项重点改革主要任务和工作目标计划》。对应国家已出台的11个医改配套文件，我省已出台了7个，另有2个待批，2个正在拟定之中。

三是及时召开全省医改大会。12月23日，省政府召开了全省深化医药卫生体制改革工作会议，全面安排部署全省医改工作。秦光荣省长作了重要讲话，明确了医改目标，安排部署了医改任务。

四是稳步推进五项重点改革。全力推进了城镇职工、城镇居民医保和新农合，进一步提高了基本医疗保障水平，积极开展了城乡医疗救助工作。初步制定了《云南省基本药物制度工作方案》等工作制度，组建了药品遴选专家组，开展了我省增补目录遴选工作和部分基层医疗卫生机构实施基本药物制度工作。制定了《云南省招聘执业医师到乡镇卫生院工作项目实施方案》等一批加强我省基层医疗卫生服务的制度措施。启动实施了9项国家基本公共卫生服务项目和6项重大卫生服务项目。在公立医院改革方面，已向国家医改办申报推荐曲靖市、昆明市作为公立医院改革试点城市。国家已正式批准昆明市为全国公立医院改革试点城市。

（二）文化体制改革全面推进

一是出台进一步深化改革的政策性文件。省委、省政府出台了《关于进一步深化文化体制改革推进经营性文化事业单位转企改制的若干意见》（云发〔2009〕12号）。进一步明确了深化文化体制改革的指导思想、方针原则、总体目标和主要任务，对公益性文化事业单位改革、经营性文化事业单位转企改制、文化行政管理体制改革作了明确部署，为我省进行文化体制改革提供了有力的政策支持。

二是省级各项改革积极推进。到2009年底，省级宣传文化单位体制改革取得了实质性进展，云南民族电影制片厂、云南民族文化音像出版社、云南音像出版社、云南大学出版社、云南省歌舞剧院、云南省杂技团等文化事业单位相继实现转企改制；云南出版集团及所属7家经营性文化事业单位全部注销事业法人资格，成立了云南出版集团有限责任公司；云南日报报业集团推进宣传业务和经营业务的分离，成立了云南报业传媒（集团）有限责任公司；云南广播电视信息传输网络股份有限公司通过资产重组，按照“全省一张网”的目标，经整合后成为广电网络集团公司；云南文化产业投资控股集团有限责任公司在大胆整合资源和得到省财政资金专项扶持的基础上挂牌运营。另外，省歌舞剧院交响乐团和昆明市交响乐团整合重组为昆明聂耳交响乐团；省级电影职能划转工作圆满完成，省文化厅的电影管理职能全部划转省广电局；省级文化、出版、广电部门整合文化市场执法力量，成立了省文化市场综合执法总队，云南电视台、云南人民广播电台制播分离改革工作取得明显进展。

三是各州（市）文化体制改革进一步加强。丽江、保山、昆明等地整合文化、广播电视、新闻出版工作机构和职能，实现了“三局合一”；西双版纳、楚雄整合文化产业和旅游产业工作职能，组建了文化旅游产业办公室；昆明市整合相关的5家演艺单位资源，组建了昆明市歌舞剧院，成立了昆明广播电视台（集团）、昆明报业传媒集团、昆明演艺集团有限责任公司、昆明文体旅游产业开发投资有限责任公司等文化产业集团；其余州（市）也分别从新闻媒体、演艺院团、公共文化产品采购、文化的财政投入等不同方面进行了不同程度的探索和改革。楚雄、曲靖、玉溪等州（市）出台了相关的政策措施，为2010年全省全面开展文化体制改革工作打下了良好基础。

（三）国企改革进一步深化

一是进一步完善国资监管体系。积极探索有效的监管方式和途径，组织修订《省属企业总体发展规划（纲要）》等多个监管制度和规定，国资监管的法规体系进一步完善。建立国有资本经营预算制度，完善对国有企业资产的监管。建立完善以规划管理为龙头、以班子建设为关键、以产权管理为重点、以绩效考核为手段、以监事会为“第一抓手”、以党建和纪检监察为保障的国有资产保值增值体系。逐步形成了从国资委到企业的“考核层层落实、责任层层传递、激励层层链接”的经营业绩目标考核责任体系。建立了包括重大决策、监督、纪检监察、职工和社会监督等在内的安全重大投资、改制重组、国有产权、领导人员、法律风险、薪酬分配等各项基础管理以及经济责任审计、财务防控体系。

二是进一步推进省属企业整合重组和股份制改造。先后完成了引进三峡总公司对解化集团有限公司的重组、引入汕头百联兴业投资公司参与冶金集团的整体改制、旅游企业的整合重组等工作。推动煤化集团与三峡公司合作。顺利完成旅游企业“二变一”的整合重组，组建了云南省最大的旅游企业——世博旅游控股集团。积极推进机场集团、工投集团等企业引进战略投资者工作。深化省属企业股份制改革，采取企业之间相互参股、上市融资、非公开发行股票等方式使省属企业集团层面的股份制改革有了新的突破，实现了股权多元化。深入推进二级公司产权多元化的公司制改造，采取多种形式改善股权结构，推行企业扁平化管理，建立有效制衡的法人治理结构。目前，履行出资人职责的企业已全部完成公司制改造。

三是加强现代企业制度建设，转换企业运行机制。建立健全出资人代表委派董事制度和董事对出资人代表报告制度，完善出资人代表对委派董事的授权与问责、对董事业绩的考核评价以及董事按照出资人的意图依法参与董事会决策机制。完善了省属企业董事会议事规划，增强了决策的科学性和合理性，企业决策程序进一步规范。改革监事会的管理体制和工作制度。推行监事会与企业一对一的“外派内设”制度，监事会工作的重点从财务监控转变为对企业重大决策科学性和合规性的监督，从事后监督转变为对企业经营管理重大事项的全过程监督，加大了监事会对企业的监督约束力度。积极探索市场化选聘经理班子，公开招聘懂经营管理的人才充实到省属企业领导班子中。

（四）对外开放体制机制建设有了新进展

一是 2009 年我省以胡锦涛总书记视察云南提出重要要求为契机，正式确定了“两强一堡”发展战略，特别是提出建设面向东南亚、南亚开放的“桥头堡”，为全省进一步深化改革、扩大开放提供了十分难得的机遇和条件。这一构想的实施，将进一步促进我省对外开放和国际合作，为实现科学发展提供强大动力。

二是完善区域经济合作机制。通过举办第 17 届昆交会暨第 2 届南亚国家商品展、云南—老北合作特别会议暨工作组第 4 次会议，云南与越南老街、河江、奠边、莱州联合工作组第二次会议等，促进我省与这些国家和地区交流合作。“中缅边境贸易联委会合作机制”、“云南与老挝北部经贸合作机制”及“云南与越南北部协调机制”不断完善。做好第五届泛珠三角区域合作与发展论坛暨经贸洽谈会、孟中印缅地区经济合作论坛第八次会议等相关工作，进一步增强了我省在 GMS 合作方面的主导权。我省国际区域合作已从过去的主要与 GMS 国家间的合作，扩大到与东南亚、南亚国家间的合作，合作范围进一步扩大，层次进一步提高，成效进一步显现。

三是积极推动大通道建设。为推动昆曼公路从交通走廊向经济走廊转变，提出了推动昆曼公路通关便利化、提升人流物流的对策和建议。制订了澜沧江—湄公河航运突发事件处置协调应急预案。主动争取外交部、国家发展改革委、财政部举办的“大湄公河次区域经济合作国内内部协调会”在我省召开，增强了我省在 GMS 合作中的地位和作用。

四是推进口岸体制改革。理顺口岸管理机制，设立云南省人民政府口岸办公室统筹协调全省口岸工作。与泛珠三角区域 9 省区口岸办签署了《泛珠三角区域 9 省（区）口岸合作框架协议》，推进区域口岸互联互动、协调发展，加快区域口岸的通关便利化和一体化的通关环境建设。

（五）集体林权制度改革取得较大突破

一是主体改革基本完成。到 2009 年底，全省 15 个州（市）（迪庆州因特殊情况，将于 2010 年 10 月完成主体改革任务）共完成确权面积 25 726.12 万亩；发证面积 24 984.45 万亩，占已确权面积的 97%。发证 497.58 万本，涉及 602 万户。集体林均山到户率 81.9%，其中公益林 80%，商品林 83.4%。

二是配套改革稳步推进。出台了关于林地林木流转管理办法、地方公益林管理办法、云南省人民政府关于金融服务支持林业发展和集体林权制度改革的意见，修改了林地管理条例和森林资源资产评估、林权抵押贷款、森林保险等办法。逐步开展了林权抵押贷款，公益林生态效益补偿，森林采伐管理改革试点，林权流转服务和森林保险等配套改革。全省林权抵押贷款余额达 23.6 亿元。国家重点公益林新增补偿面积 1 700.2 万亩、省级 4 730.81 万亩公益林 2.37 亿元资金已全部下达，纳入国家林业局第三批森林采伐改革试点的15个县（市）和省级4个县（市）的试点工作已经启动。

（六）投融资体制改革成效显著

一是精简行政审批，完善运行机制。省发展改革委牵头起草，并以省政府的名义下发了《云南省省级重点项目并联并行审批或核准办法（试行）》、《云南省重大投资项目审批核准限时办结规定（试行）》、《云南省重大投资项目审批通报规定（试行）》。积极探索并联集中、高效便捷、公开透明、协调顺畅的审批运行体系和机制，按项目审批阶段进行整合，对阶段内的审批事项各相关部门实行同时收件、限时办结。建立了分工负责制、服务承诺制、协调运行制和责任追究制，有效改善了服务环境，简化了各项审批程序，提高了办事效率。

二是积极改革创新，扩展筹资渠道。省政府下发了由省发展改革委牵头起草的《云南省人民政府关于进一步开放投资市场　扩大投资规模的若干意见》（云政发〔2009〕45号），进一步统一了全省对开放投资市场、扩大投资规模重要性和紧迫性的认识；降低市场准入，开放投资市场，鼓励和引导社会资本的投入；创新项目前期工作机制，鼓励多渠道筹措资金；加大重点项目和扩大内需项目土地供应和保障的力度，建立环评、水土保持方案、地质灾害评价和征占用林地等审批绿色通道，加快审批进程。

三是补充完善了省预算内投资的民主决策机制和政府投资的后评价机制。对《云南省发展和改革委员会投资审批委员会暂行管理办法》进行了修改、调整和完善，制定出台了《云南省发展和改革委员会投资审批委员会工作规则》。健全了省发展和改革委员会科学、民主决策机制。省发展改革委研究起草了《云南省政府投资项目后评价实施办法》并报经省政府同意，由省发展和改革委印发执行。对建设完成并投入使用的项目，对投资产生的技术、经济、社会、生态和影响等方面进行综合科学评价，总结经验教训，提出相应的对策建议，提高投资决策水平和投资效益。

四是进一步加快发展专业投资公司。4月6日，省政府正式批准组建云南水务产业投资公司，并挂牌运营。5月31日，云南省林业投资有限公司正式挂牌成立。10月22日，云南省海外投资公司挂牌成立，标志着我省专业投资公司开始迈向海外市场，是我省投融资体制改革取得的重要突破。

通过一系列的体制机制建设，有效地促进了我省固定资产投资的快速增长。全年全省固定资产投资增长31.7%，增加1 000亿元。总投资需求对经济增长的贡献率达到56.1%。

（七）各项改革积极推进

一是农村综合改革稳步推进。在玉溪、红河、楚雄和保山4个州（市）24个县243个乡镇开展了改革试点。农村义务教育管理体制改革不断深化，农村义务教育经费保障机制不断完善。农民专业合作组织发展加快，研究起草了《云南省农民专业合作社条例》，到2009年底，全省农民专业合作组织达5 000多个，成员总数近80万户。新型农村金融服务体系进一步完善。全省华侨农场改革取得明显成效，13个农场的管理体制改革及配套改革已全面完成。

二是行政管理体制改革取得重大成效。2009年我省制定并下发了阳光政府四项制度，全省各级政府部门全面贯彻执行，促进政府职能进一步转变，服务职能不断加强。全省新一轮政府机构改革稳步推进。

三是社会事业领域改革积极推进。社会保障体制机制建设进一步完善。建立了就业政策机制、就业服务机制和就业领导机制；社会保障体系日益完善，社会保障覆盖面不断扩大。教育改革进一步深化。完成镇雄、鲁甸、澜沧三县的“普九”攻坚任务，积极推进办学体制改革，全省共组建省级职教集团15个，州（市）职教集团10个。科技管理体制创新，不断深化科技与金融结合机制。

四是财税、资源性产品价格改革等稳步推进。积极创新财政管理体制，省直管县财政改革、乡镇财政预算管理方式改革、非税收入管理改革及成品油税费改革稳步推进。积极探索推进资源性产品价格和生态环境补偿机制改革。水务改革、水管体制改革进一步深入，拟定了《2009年度全省深化水务改革计划》，农村小型水利工程管理体制改革取得了新的突破，水价改革稳步推进。

五是总体指导和统筹协调进一步加强。省发展和改革委认真履行职能职责，加强对改革工作的统筹协调和指导，及时制定改革年度意见，加强对全省改革的总体指导。研究制定并由省政府办公厅转发了《云南省2009年深化经济体制改革工作的意见》（云政办发〔2009〕143号），明确了2009年重点改革任务。积极争取国家批准我省为旅游产业发展改革试点。省发展和改革委社会处、体改处因此被省政府评为全省旅游产业发展先进集体。不断加强对改革试点的指导。直接参与红河州改革试点方案的制定，与省直有关部门共同研究制定《云南省人民政府关于进一步推进红河州综合改革试点，促进经济社会又好又快发展的意见》。策划并着手实施兰坪县开展工业反哺农业改革试点。圆满完成建国60年成就展组织工作。按照国家发展改革委的要求积极筹展，组织了一批资料、图片、影像和实物，成功将独特的云南元素和云南风采展现在全国成就展中，并配合省委宣传部完成了“云南辉煌60年”成就展各项工作。积极组织学习培训。组织全省发展改革系统从事体改工作的干部20余人次，参加了国家发展改革委及兄弟省（区、市）的考察学习和业务培训。

二、改革试点取得新进展

（一）旅游产业改革试点取得重大突破

2009年4月27日，国家发展改革委批复同意《云南省旅游产业发展和改革规划纲要》（以下简称《规划纲要》），并将我省旅游改革列为国家专项改革试点。我省紧紧抓住这一契机，大力推进旅游发展改革试点，并取得积极进展。

一是积极组织《规划纲要》的实施。首先是加大宣传，努力营造《规划纲要》实施的良好氛围。5月27日，省政府在北京隆重举行云南旅游产业综合改革新闻发布会，并与国家旅游局共同签订了关于推进云南旅游产业改革发展试点省建设的合作协议，建立更加紧密的省部合作机制，加快推进试点工作。其次是加大工作力度。省旅游局与省发展改革委等相关部门紧密配合，组建了《规划纲要》实施前期工作机构，制定了工作方案，明确了工作目标、思路、任务和方法，着力推进《规划纲要》的全面实施。

二是深入开展考察调研，制定政策措施。省旅游局、省发展改革委等相关部门人员组成调研组，分赴重庆、武汉、海南及省内保山、玉溪等试点地区开展综合调研，学习三省（市）的经验和做法，提出了推进云南旅游产业改革发展的工作建议。研究制定出台了《云南省人民政府关于云南省旅游产业发展和改革规划纲要的实施意见》（云政发〔2009〕

150号），将工作任务分解到各州（市）和各相关部门。研究提出了《云南省关于推进旅游产业发展和改革的若干政策》及省政府《关于进一步推进旅游重大（重点）项目建设的指导意见》、《关于进一步加快全省旅游公共服务设施建设的意见》、《关于引进国际知名品牌加快我省度假酒店建设的意见》等一系列旅游发展和改革试点的政策意见。

三是省级改革试点取得初步成效。保山腾冲在创新旅游管理体制和工作机制、推进旅游投融资体制改革、编制试点规划、推进试点支撑项目建设、推进城乡统筹等方面取得了明显成效。玉溪抚仙湖—星云湖综合改革试点在完善试点工作机构、试点规划编制、旅游大项目建设、机制体制和政策创新等方面进行了初步的探索和研究。大理苍洱地区综合改革试点完成了试点工作方案的报批，成立了试点工作机构，构建了投融资平台。昆明世博新区综合改革试点积极开展相关基础工作，着力以项目建设推进综合改革试点。

（二）各项改革试点进展顺利

昆明市全面推进综合改革。先后出台了《昆明市深入推进综合改革纲要》、《昆明市行政审批制度改革若干规定》和《昆明市关于进一步精简行政审批项目压缩行政审批时限的通知》等文件。行政审批制度改革成效显著，最大限度地精简审批项目、减少审批环节、简化办事程序、压缩审批时限、免收收费事项，市级审批项目由506项精简为96项，审批时限压缩三分之二以上，行政事业性收费项目由172减至95项，成为全国行政审批项目和收费事项最少的省会城市。制定了《昆明市人民政府关于认真贯彻落实省政府进一步支持现代新昆明建设若干政策的实施意见》和《关于进一步下放经济社会管理权限促进县域经济发展的实施意见》，积极做好省级相关经济社会管理权限下放该市后的具体承接、运转和落实工作。同时，干部人事制度改革、国企改革、投融资体制改革、社会领域改革等方面取得较大成效。在优化非公经济发展的体制环境方面进行了积极探索。

红河州综合改革试点在部分领域取得了成效和进展。以省人民政府出台的《关于进一步推进红河州综合改革试点促进经济社会又好又快发展的意见》（云政发〔2009〕167号）为契机，红河州加大了综合改革力度。在统筹城乡改革方面，加大了解决征地农民、失地农民劳动就业和社会保障的探索力度，在统筹推进城乡医疗保障一体化方面进行了大胆尝试，尤其是开远市城乡一体化改革，取得了较大成效。在经济管理体制改革方面，完成了红河州剩余的6户国有企业政策性关闭破产，启动了个旧市全国资源型城市经济转型与可持续发展的改革试点。在对外开放方面，健全完善了招商引资政策，初步建立了扩大对外开放、加强对外经济技术合作交流的体制机制。在社会事业改革方面，实施了教育综合改革后续配套完善工作；进一步理顺了州内文化产业集团的管理机制；完善了社会保障体系的各项改革。行政管理体制改革方面，在全省率先推行了州（县）两级党代会常任制，建立了州级行政审批服务中心。

省直管县财政改革和扩权强县改革试点进展顺利。镇雄县、宣威市和腾冲县三个财政直管试点前期准备工作基本完成，初步确定了改革后三个县（市）的体制划转基数，并按照财力与事权相匹配的原则和既定的财政支出政策，重新明确了省直管县财政改革后省、县支出责任。省政府正式下发了云南省开展扩权强县试点实施意见等四个文件，确定了石林县、东川区、马龙县、新平县、易门县、宁洱县、永胜县、云县等八个县作为试点县。各相关部门结合各自职能，正抓紧落实各项工作。

（三）城乡一体化改革和工业反哺农业试点顺利展开

曲靖麒麟区统筹城乡发展改革试点大力推进。根据《麒麟区开展城乡发展一体化建设试点实施意见》，重点围绕统筹发展规划、统筹基础设施建设、统筹公共服务、统筹社会保障和统筹建设管理的五项任务开展试点工作，破除城乡二元结构体制机制障碍，建立健全以工促农、以城带乡的体制机制，形成公共设施向农村延伸、公共服务向农民覆盖、现代文明向农村传播的城乡一体化发展新格局，实现城乡良性互动、协调发展。由省发展和改革委与怒江州、兰坪县策划研究并上报的兰坪县开展工业反哺农业改革试点方案已获省政府批准，兰坪县被省政府正式确定为全省工业反哺农业改革试点，我省工业反哺农业的试点工作正式展开。

三、各州市改革继续推进

玉溪市医药卫生体制改革不断深化，全市新农合参合率达 95.03%，高于全国及全省平均水平。

曲靖市着力推进政府机构改革，制定出台了《曲靖市人民政府推行重大决策听证、重要事项公示、重点工作通报、政务信息查询四项制度实施方案》和《曲靖市人民政府重大决策听证制度实施细则》等五项制度。

楚雄州集体林权制度改革成效显著，全州 2 901 万亩集体林，完成确权面积达 2 847.9 万亩，占应确权面积的 98.2%，并选定武定、大姚、双柏三个县积极开展集体林权制度配套改革试点。

普洱市不断完善节能减排机制，加快推进循环经济试点，草拟了普洱市《单位 GDP 能耗统计指标体系实施方案》、《单位 GDP 能耗监测体系实施方案》和《单位 GDP 能源考核体系实施方案》，并选定云景林纸股份公司作为全省循环经济试点企业。

保山市积极推进垄断行业改革，五县（区）城市垃圾处理厂已经全面实现市场化运作；隆阳区、龙陵县、昌宁县的供水公司进行了股份制改造。

大理市研究起草了《大理州关于深化医药卫生体制改革的实施方案》，医药卫生体制改革取得实质进展，全州城镇职工基本医疗保险参保率达 99%，并制定了 2009 年新农合的实施方案，合理确定补偿标准，医疗救助力度进一步加大。

西双版纳州进一步深化国有企业改革和国有资产监督管理体制改革，制定下发了《中共西双版纳州委、西双版纳州人民政府关于加强国有资产监督管理工作的意见》（西发〔2009〕10 号），明确国有资产监督管理范围，逐步实现国资监督管理全覆盖。

临沧市积极推进乡镇政府职能转变和乡镇财政预算管理方式改革，实现了“预算县编、账户统设、采购统办、票据统管”的乡镇预算管理模式。

文山州积极推进就业制度改革，落实就业岗位措施得力，工作到位，2009 年共发放“贷免扶补”和小额担保贷款 14 971.8 万元，帮助 3 088 人创业，带动 12 352 人就业。

四、2010 年推进改革的工作重点

2010 年是全面完成“十一五”规划改革发展目标十分关键的一年。做好 2010 年的经济体制改革工作，对“十二五”规划开好局、起好步，具有十分重要的意义。为此，我省经济体制改革工作要紧紧围绕建设绿色经济强省、民族文化强省和中国面向西南开放的桥头堡三大发展目标，按照省委、省政府的安排和部署，着力抓好以下九项工作。

（一）加强统筹协调，全面推进改革

结合我省实际，切实履行职能职责，拟定《云南省2010年改革工作意见》，认真规划，突出重点，全面推进全年的各项改革工作，力求在重点领域和关键环节取得新突破，为我省有效应对全球金融危机的影响，促进经济平稳较快增长提供体制保障。借鉴先进省（区、市）经验，建立完善云南省经济体制改革工作领导小组。

（二）加大农村改革力度，促进农村经济发展

加快推进农村社会公共事业改革。加快县域经济发展，形成城乡一体化发展格局。加快推进扩权强县试点，按照省政府《关于开展扩权强县试点实施意见》（云政发〔2009〕112号）要求，加强农村制度建设，稳定完善农村基本经营制度，赋予农民更加充分而有保障的土地承包经营权。加大集体林权制度改革，在完成主体改革任务的基础上，加大配套改革的力度，促进农民增收。继续深化农村综合改革，加快推进农村金融改革。

（三）继续深化国企改革，大力发展非公经济

进一步深化国有企业改革，推动国有资产战略重组，逐步实现国有经营性资产监管全覆盖。加大国有经济布局和结构调整力度，围绕省属企业发展规划，调整和优化投资构成，实现省属国有资本的战略性调整和可持续发展；围绕十大产业振兴规划，对省属企业进行战略重组，推进省属企业股份制改革。打破股权比例限制，进一步放大国有资本的效应，继续推进企业集团层次及子公司专业板块引进战略投资者，进行股权多元化改革工作。坚持政企分开、放宽准入、引入竞争、依法监管，加快推进垄断行业改革。按照省委省政府《关于加快非公有制经济发展的决定》（云发〔2009〕9号）的要求，继续大力发展非公经济，消除制约非公经济发展的体制机制障碍，放宽非公经济市场准入，确立平等的市场主体地位，加大财政支持力度，依法实行税收优惠，降低企业用地成本，促进我省非公经济做多、做大、做强。

（四）着力推进资源价格及财税金融改革，促进经济发展方式转变

进一步完善反映市场供求关系、资源稀缺程度、环境损害成本的生产要素和资源的价格形成机制，推进煤炭、电力、水、土地、矿产、林木等资源性产品价格改革，促进资源节约。围绕推进基本公共服务均等化和主体功能区建设，完善公共财政体系，增强各级政府提供公共服务的能力。合理划分政府间事权和支出责任，健全财力与事权相匹配的体制，加快形成统一规范透明的财政转移支付制度。实行有利于科学发展的财税制度，建立健全资源有偿使用制度和生态环境补偿机制。加快金融体制改革，加快推进地方商业银行改革，推进管理体制和经营机制创新，提高地方商业银行竞争力；改革企业融资机制，推动优质企业改制上市，提高直接融资比重。

（五）积极推进涉外经济体制改革，加快“桥头堡”建设

顺应经济全球化和区域经济一体化的发展趋势，围绕中国面向西南的“桥头堡”建设，扩大对东南亚、南亚的开放，深化与东南亚、南亚国家的交流合作。加大开放力度，进一步改善投资环境，提高开放水平，扩大开放领域，加快我省开放型经济的发展。加快“引进来”和“走出去”的步伐，通过创新体制和机制，建立和完善利用两种资源、开拓两个市场的支撑体系。

（六）进一步推进行政管理体制改革，构建服务型政府

进一步转变政府职能，创新政府管理体制，强化社会管理和公共服务职能，深化政府机构改革，优化政府机构设置，进一步调整和理顺政府部门职责，健全部门间的协调配合机制，大力建设服务型政府。完成州（市）、县级政府机构改革。继续推进“阳光政府”四项制度，进一步推进政府科学决策、民主决策、依法决策，健全科学民主决策机制和绩效评价机制，打造“效能政府”。

（七）继续深化社会事业领域改革，促进社会和谐

进一步深化医药卫生体制改革，巩固和完善新型农村合作医疗制度。认真贯彻执行国家基本药物制度。健全基层医疗卫生服务体系。加快促进基本公共卫生服务逐步均等化。积极稳妥地推进公立医院改革试点。要实施积极就业政策，建立以创业带动就业、劳动者自主择业、市场调节就业和政府促进就业的就业机制。坚持和完善按劳分配为主体、多种分配方式并存、各种生产要素按贡献参与分配的收入分配制度。以社会保险、社会救助、社会福利为基础，以基本养老、基本医疗、最低生活保障制度为重点，以慈善事业、商业保险为补充，加快完善社会保障体系。

（八）着力推进改革试点，充分发挥示范作用

一是旅游产业发展改革试点，要按国家发展改革委批复精神和省政府一系列文件要求，围绕规划纲要，健全工作机制，落实工作责任，加快推进步伐。二是昆明市和红河州要按照省委、省政府的要求，围绕改革突破口和重点领域，制定针对性强的政策措施，切实加快推进试点工作，为我省推进综合改革提供借鉴和示范。按省政府的有关要求，进一步做好曲靖市麒麟区统筹城乡经济社会改革试点和兰坪县工业反哺农业改革试点。三是积极开展电价改革试点，主动与电力部门协调，积极与国家相关部委沟通，争取在我省开展电价改革试点。四是各地、各部门要结合实际，深入贯彻落实省委、省政府深化改革的决定，有步骤、有选择地推进改革试点，努力在一些重点领域和关键环节实现突破，为全省改革发展探索方法、积累经验。

（九）做好“十二五”改革前期研究和专项规划

根据国家发展改革委的统一部署和省政府的有关要求，圆满完成《云南省深化经济体制改革总体思路研究》，启动并完成“十二五”改革专项规划，力争实现做到发展出题目，改革做文章，努力为我省经济社会实现科学发展，提供强有力的体制机制保障和政策支撑。

（《云南改革报告》2010年第4期）

坚定信心 奋发有为
努力推动我省经济体制改革迈上新台阶

——在2010年全省经济体制改革工作会议上的讲话

省发展改革委党组副书记、副主任 刁殿伟

2010年4月8日

同志们:

经研究，决定召开2010年全省经济体制改革工作会议。会议的主要任务是：全面贯彻落实党的十七大、十七届三中、四中全会和中央经济工作会议、全国经济体制改革工作会议精神，分析当前和“十二五”时期全省改革发展形势，以与时俱进的作风、科学求实的态度、开拓创新的精神，努力推动我省经济体制改革工作迈上新的台阶。借此机会，我讲三点意见，与同志们共同探讨。

一、奋力拼搏，开拓进取，“十一五”以来我省经济体制改革工作取得了突出成效

“十一五”以来，在省委、省政府的坚强领导下，在国家发展改革委的科学指导下，通过各级各部门和改革战线同志们的共同努力，我省各项改革顺利推进，成效显著，初步完成了“十一五”规划纲要提出的各项改革任务，取得以下六个方面的主要成绩。

（一）国企改革和国有资产监管体系建设进展明显

一是国有企业改革深入推进，经过两轮发动，截至2008年底，全省16个州（市）列入前三年深化国企改革考核范围的企业达2 351户，改革面达到92%以上。二是省属企业整合重组迈出新步伐，2009年重组成立云南世博旅游控股集团有限公司，成为我省旅游产业链最为完整、具有较强投融资能力和可持续发展能力的综合性旅游产业集团。三是制度建设有效推进，特别是在国有资本经营预算、企业业绩考核以及企业重大决策管理等方面取得实质性进展。四是实施大企业大集团战略取得明显成效，优质资源向优势行业和企业聚集的进程明显加快。五是省级企业国有资产监管体系基本建立，州（市）一级初步建立了企业国有资产监管机构，省国资委直接监管的省属企业年均国有资本保值增值率为107.7%、净资产收益率为6.1%、总资产报酬率为5.14%，经济效益指标均达到良好水平。

（二）文化体制改革成效显著

全省上下认真贯彻落实《中共云南省委、云南省人民政府关于建设民族文化强省的实施意见》（云发〔2008〕7号），紧紧围绕推动云南民族文化大省向民族文化强省转变的目标任务，在发展战略、政策保障、市场主体培育上求突破，在艺术表演团体、出版、发行、电影等经营性文化单位改革和新闻媒体、文化市场等分类改革上求实效，积极推进体制机制、艺术创作、运作方式三个创新，努力实现文化与旅游、科技、企业三个结合，提

高了全省文化产业的规模化、集约化、专业化水平，形成了一批富有活力的优势产业群，再创了云南文化产业发展新优势，在西部欠发达地区走出了一条具有云南特色的文化体制改革创新发展之路。同时，以文化体制改革促进文化产业发展方面取得重大成效，舞蹈云南、文学云南、音乐云南、影视云南等享誉全国，在全国创造了文化产业发展的“云南现象”。我省在2010年全国经济体制改革工作会议上交流的《以改革创新促进文化大繁荣》典型经验，获得国家发展改革委的肯定和与会各方的好评。我省文化产业及相关产业增加值占GDP的比重逐年提高，2009年达到360亿元以上，占GDP比重达5.9%，位于全国前列。

（三）集体林权制度改革取得较大实效

2006年以来，我们采取先行试点、逐步推开和主体先行、配套跟进的方式，加大了以明晰产权为主的集体林权制度改革力度，林业经营体系、服务体系、森林资源流转体系和森林管护体系建设等配套改革稳步推进。截至2009年底，我省15个州（市）确权工作基本结束，完成了主体改革任务，迪庆州也将于2010年底全面完成确权工作。随着林改的深入推进，我省“大资源、小产业、穷林农”的局面将得到有效改变，资源优势向经济优势转变的进程将进一步加快。

（四）行政管理体制改革取得积极进展

我省在推进行政管理体制改革和政府自身建设方面迈出了重要步伐。2007年以来，在省政府统筹安排与周密部署下，法治政府、责任政府、阳光政府建设工作不断推进，机关作风不断好转，办事效率不断提高，各项工作不断规范。2010年起在全省县级以上行政机关推行效能政府四项制度建设，是我省针对新情况、新问题、新任务，建设服务型政府的具体行动，是提高政府执行力和公信力的必然要求。目前，我省加强政府自身建设呈现“法治政府狠抓落实、责任政府巩固延伸、阳光政府坚持完善、效能政府全面实施”的良好态势，这一系列改革举措的推进，促进了全省的政府职能转变，加快了我省服务型政府建设的步伐。

（五）投融资体制改革步伐加快

一是坚持按照“现代企业制度运作、多渠道筹集资本金、政府投资主要集中于非竞争性基础设施和公益项目”的原则，积极搭建投融资平台，先后组建了电力、铁路、城投、旅游等15家专业投资公司。各专业投资公司紧紧围绕全省的投资需求，参与了许多重大项目及重点工程建设，为全省经济社会又好又快发展作出了积极贡献。二是着力完善配套政策体系，进一步深化行政审批制度改革，建立有利于加快项目审批核准的长效机制，先后出台了《云南省省级重点项目并联并行审批或核准办法》等一系列政策文件，进一步拓宽了投融资渠道、开放了投资市场、扩大了投资规模、提高了政府投资决策水平和投资效益。

（六）改革试点取得丰硕成果

昆明市、红河州2008年被省委、省政府确定为我省综合配套改革试点地区，国家发展改革委2009年批准了《云南省旅游产业发展和改革规划纲要》，将我省列为国家发展改革委旅游产业发展改革试点联系点，石林县等8个县（市、区）自2009年起积极开展扩权强县试点，镇雄县等3个县（市）积极开展财政直管试点。同时，在曲靖市麒麟区开展了统筹城乡发展综合改革试点，在怒江州兰坪县开展了工业反哺农业改革试点。通过试点先行与典型引路，带动和促进了全省大面工作的深入推进。

作为全省综合改革的两个试点地区，昆明市先后出台了《昆明市深入推进综合改革纲要》等一系列政策措施，最大限度地精简审批项目、环节、办事程序、审批时限等，市级审批项目由506项精简为96项，行政事业性收费项目由172项减至95项，成为全国行政审批项目和收费事项最少的省会城市。红河州加大统筹城乡改革工作力度，在解决征地失地农民劳动就业、社会保障、推进城乡医疗保障一体化方面积极探索，完成了红河州剩余的6户国有企业政策性关闭破产，启动了个旧市全国资源型城市经济转型与可持续发展的改革试点，健全完善了招商引资政策，实施了教育综合改革后续配套完善工作，进一步理顺了州内文化产业集团的管理机制，完善了社会保障体系的各项改革等，相关改革举措走在了全省前列。

近年来，全省各级发展改革部门认真履行职责，加大工作的统筹协调和指导力度，全省各项改革工作逐步走向了科学化、制度化、规范化轨道。省发展改革委在各地各有关部门的配合支持下，认真制订年度改革意见并督促实施；着力加强对改革试点的指导，直接参与红河州改革试点方案的制订；策划并促成省政府批准兰坪县开展工业反哺农业改革试点；圆满完成建国60年成就展组织工作，成功将独特的云南元素和云南风采展现在全国、全省成就展中；牵头组织完成了《云南改革开放三十年》大型文献的编撰出版；开展了多项重要课题的调研，完成了“十二五”改革思路研究，编撰了系列《云南改革报告》，为省委、省政府科学决策提供了重要参考。

工作成绩的取得，是省委、省政府坚强领导的结果，是国家发展改革委科学指导的结果，也是同志们开拓进取、奋力拼搏的结果。在此，我谨代表省发展改革委党组，对同志们表示衷心的感谢！在看到成绩的同时，我们更要清醒地认识到，我们的工作离省委、省政府的要求，离全省经济社会发展的需要，离人民群众的期望，还有不少差距，主要体现为：在思想认识上还有重发展轻改革的倾向，在工作机制上还需进一步健全完善，在总体工作上还需突出重点和整体推进，在部分重点领域和关键环节改革上还需力争突破，在人才队伍建设上还需继续加强等等。我们要总结成绩以增强信心，找准差距以明确方向，不断把改革工作引向深入。

二、提高认识，明确任务，着力推进全省经济体制改革工作的深入开展

2010年全国经济体制改革工作会议对当前改革形势作了全面阐述，就具体工作提出了明确要求，就编制“十二五”重要领域改革规划需要把握的几个问题作了突出强调。我们要在深入贯彻落实的基础上，结合我省工作实际，从以下三个方面入手，着力推动全省经济体制改革工作深入开展。

（一）进一步认清改革形势

从全球看，“十二五”时期，全球经济发展进入平衡调整期，对我国经济发展模式以及国际分工将产生重大影响，贸易与增长、内需与外需、投资与消费都将出现新的变化。国际区域竞争日趋激烈、全球气候变化、能源资源约束、低碳经济时代的到来等，将使我国在应对国内外发展环境变化中，面临新的机遇和挑战。

从全国看，经过30年的改革开放，我国社会主义市场经济体制基本形成，目前正处于进一步完善社会主义市场经济体制的新时期。改革推进过程中，既存在着旧体制改革不

彻底遗留的老问题，又面临着新体制培育中产生的新问题，各种社会矛盾越来越复杂多样，并集中暴露出来，各项改革的复杂性、艰巨性更加明显，改革进入了攻坚阶段，完善社会主义市场经济体制的任务非常艰巨。

从全省看，一是我省经济结构战略性转型任务艰巨。“十二五”时期工业化、城镇化、市场化、信息化和国际化进程将加快，投资与消费、资源环境约束与经济发展的矛盾将更加突出，实现经济发展方式转变的压力将更大。二是我省城乡一体化发展进程将不断加快。2009 年我国城镇化率是 46.6%，而我省的城镇化率低于全国平均水平 10 多个百分点。“十二五”期间，我省城市化和工业化将不断提升到新的水平，就业结构和产业结构将随之发生重大调整，人口不断向城镇流动，劳动力不断向第二、三产业转移，第二产业尤其是工业不断壮大，城市和农村、农业和非农业关系将有重大变化。三是社会公共需求快速增长。“十二五”时期，我国公共需求的全面快速增长与公共产品供给不足、基本公共服务不到位之间的矛盾日益突出，需要我们更加注重社会公平，更加注重社会事业、生态环境可持续发展，更加注重城乡协调发展，更加注重消费需求作用。

（二）进一步深化思想认识

我们要深刻认识到：继续深化改革是党和国家的重大战略举措。党中央、国务院始终把改革放在突出重要位置加以推进。如：十六届三中全会发布《中共中央关于完善社会主义市场经济体制若干问题的决定》纲领性文件，党的十七大对进一步深化改革开放作出了全面部署；2008 年我国隆重纪念改革开放 30 周年，系统总结取得的经验和成效，更加坚定了继续推进改革开放的信心和决心。批准了上海浦东、天津滨海新区等 7 个国家级改革试验区，开展综合配套改革试验，为全国改革发展提供示范和借鉴。2004 年以来，国务院每年都下发年度改革意见，历年中央全会、中央经济工作会议及全国“两会”都把改革工作作为主要内容之一，2009 年中央经济工作会议将深化经济体制改革作为 2010 年六大主要任务之一。这充分说明党和国家始终将改革开放视为决定中国前途命运的重大决策，作为引领中国实现民族伟大复兴的强大动力。

我们要深刻认识到：继续深化改革是省委、省政府的重大战略部署。省委、省政府多年来高度重视改革工作，2008 年在全省发动了“解放思想、深化改革、扩大开放、科学发展”大讨论，下发了《中共云南省委、云南省人民政府关于进一步深化改革的决定》（云发〔2008〕6 号），省政府每年都下发改革意见指导全省改革工作，省委八届八次全会提出了改革是推动我省科学发展的强大动力的重要思想，并把改革作为全省 2010 年经济社会发展的十大任务之一。这是省委、省政府以改革的手段解决我省思想解放不够、办法措施不多、开放引进不足、发展环境不优等问题的有效举措，是构建充满活力、富有效率、更加开放、有利于科学发展体制机制，促进全省经济社会又好又快发展的重大决策。

我们要深刻认识到：继续深化改革是我省切实转变发展方式，优化经济结构的重要抓手。我省经济发展方式粗放，经济结构不合理，自主创新能力不强，经济增长尚未摆脱“高投入、高消耗、高排放和低效率”的粗放型格局。如果没有体制机制上的重大突破，有效提高经济发展的内生动力，就难以实现经济发展方式的根本性转变，就不能促进经济增长由主要依靠投资拉动向消费、投资、出口协调拉动转变，由主要依靠第二产业带动向依靠第一、第二、第三产业协同带动转变，由主要依靠增加物质资源消耗向主要依靠科技进步、劳动者素质提高、管理创新转变。

我们要深刻认识到：继续深化改革是实现全省民生改善、社会和谐的有力保障。构建和谐社会，要缩小社会差距、促进社会公平、完善社会保障、发展社会事业，就必须改体制、创机制、建制度，全力推进就业、收入分配和社会保障制度改革，推进教育和卫生体制改革，特别是构筑和完善社会保障这一社会的“安全网”和经济调节器，建立有利于改变城乡二元经济结构、有利于实现基本公共服务均等化的体制机制。只有这样，才能使改革发展成果最大限度惠及全省人民，也才能真正实现社会的公平与正义。

我们要深刻认识到：继续深化改革是推动我省“两强一堡”战略实施的强大动力。建设绿色经济强省、民族文化强省及中国面向西南开放的重要桥头堡，是我省未来一段时期的重要发展战略。新时期我省要充分发挥连接东南亚、南亚的地缘优势，充分利用多年来的开放成果，充分利用中国—东盟自由贸易区建设等多个区域合作机制，利用两种资源、开辟两个市场，促进我省经济活动与国外高效率经济管理体制和运行规则的对接，充分学习借鉴国内外先进的管理经验，科学吸收和利用先进文明成果，加快“走出去”步伐，形成改革促开放、开放促改革的良好局面，以确保“两强一堡”战略目标的实现。

我们要深刻认识到：继续深化改革是发展改革部门认真履行职能职责的基本要求。发展改革部门是政府宏观经济运行、调节和管理的综合部门，肩负着推进经济体制综合改革的职能职责。我们要坚持“两条腿走路”、“两翼齐飞”，一手抓发展，一手抓改革，把改革和发展有机地结合起来，以改革促发展。特别是在后危机时代，国内经济回升基础还不牢固，我省遭受百年不遇旱灾，全省经济运行面临较大困难和矛盾时刻，迫切需要发挥改革的作用，迫切需要借助改革的动力，迫切需要解放思想、创新实践，努力破除发展的障碍，真正做到“发展出题目，改革做文章”。

（三）进一步突出目标要求

1. 关于“十二五”时期的改革工作。根据国家发展改革委和省政府对“十二五”规划的总体安排和部署，我委对“十二五”时期经济体制改革总体思路进行了研究，牵头负责的《云南省深化经济体制改革总体思路研究》课题已于2009年底通过了评审。2010年，我委将再次组织开展“十二五”重点改革专项规划，继续对未来五年改革思路、目标和任务进行深入研究和规划，请同志们积极思考，建言献策。关于“十二五”时期深化改革的主要工作，作如下三点强调。

把握总体思路：深入贯彻落实科学发展观，坚持以人为本和构建社会主义和谐社会，进一步解放思想，立足云南实际，围绕全省经济社会发展战略目标，以改革促发展。着眼于转变经济发展方式，激发内生动力，拓展发展空间，增强发展活力。促进社会公平正义，统筹城乡、区域发展，完善基本经济制度。促进公平竞争，建立内外联动、互利共赢、安全高效的开放型经济。协调推进经济、政治、文化、社会体制改革。

明确目标要求：通过“十二五”时期的改革，使我省国有经济布局结构不断优化，经济发展方式有实质性转变，国有企业活力不断增强，非公有制经济加快发展，城乡一体化建设取得新突破，教育、卫生和文化等社会事业改革取得新进展，对外开放水平不断提高，以财税、金融、价格等为重点的经济调节机制更加完善，政府社会管理和公共服务能力进一步提高。

落实八大任务：一是围绕统筹城乡发展，进一步深化农村改革；二是围绕提高经济发展活力，大力发展非公有制经济；三是围绕生态大省建设，建立完善资源有序开发、环境有效保护的体制机制；四是围绕“桥头堡”建设，加快涉外经济体制改革；五是围绕促进社会和谐，加快社会事业改革；六是围绕规范和完善政府职能，深化行政管理体制改革；七是围绕市场体系建设目标，加快推进资本市场建设；八是围绕重点领域和关键环节，积极开展改革试点。

2. 关于2010年的改革工作。2010年是全面完成“十一五”规划的最后一年，也是保持经济社会平稳较快发展的关键一年。做好2010年经济体制改革工作，对“十二五”开好局、起好步具有十分重要的意义。2010年改革意见的征求意见稿已印发给大家了，请同志们对文稿再次进行认真修改完善。关于2010年的主要工作，作如下两点强调。

总体要求：紧紧围绕建设绿色经济强省、民族文化强省和我国面向西南开放的桥头堡的战略部署，构建和完善科学发展、社会和谐的体制机制，加快改革试验区的探索步伐，协调推进重点领域和关键环节的改革，为我省增投资、扩消费，转方式、调结构，重民生、建和谐，快发展、上水平提供强有力的体制机制保障，推动全省经济平稳较快发展，促进社会和谐稳定。

主要任务：一是围绕抓转型、调结构，加快推进有利于保持经济平稳较快发展的体制改革。继续深化国有企业改革，进一步完善国有资产监管制度；大力发展中小企业和非公有制经济，着力缓解中小企业和非公有制经济的融资难问题；进一步深化财政、金融和投资体制改革，拓宽融资渠道，激发社会资本活力；推进资源管理体制改革，形成节约能源资源和保护生态环境的增长方式；加快涉外经济体制改革，为桥头堡建设构建畅通有效的开放合作机制。二是围绕保民生、促稳定，大力推进基本公共服务均等化的体制改革。围绕基本医疗保障全覆盖、医疗卫生事业大发展、医疗服务水平新提高的目标，推进医药卫生体制改革；以经营性文化事业单位转企改制为核心，继续推进全省文化体制改革；深化教育、科技体制改革；推进收入分配制度改革，加强对垄断行业企业的工资监管，继续深化事业单位实施绩效工资改革；进一步完善社会保障制度。三是围绕转职能、强服务，加快推进行政管理体制改革。加快转变政府职能，深化行政审批制度改革；加强政府自身建设，在继续推进法治政府、责任政府和阳光政府建设的同时，推行效能政府四项制度；稳步推进州（市）县政府机构改革，健全部门间的协调配合机制。四是围绕求创新、促发展，加快推进试点地区的体制改革。全力推进旅游产业发展和改革试点，破解制约旅游产业发展的体制性障碍；加快推进昆明、红河综合改革试点，为全省进一步深化改革、扩大开放提供借鉴和示范；认真做好扩权强县和省直管县财政体制改革试点，不断增强县域经济发展的活力；全面启动怒江州兰坪县工业反哺农业改革试点，为资源型县域经济可持续发展探寻新模式；深化曲靖市麒麟区统筹城乡发展改革试点，创新统筹城乡发展的体制机制，实现城乡经济社会协调发展。

三、加强领导，狠抓落实，努力强化新时期改革工作的组织保障

加强领导是我们做好各项工作的前提，狠抓落实是取得工作实效的保证。“十二五”和2010年改革工作任务艰巨、使命光荣，需要我们切实加大以下三个方面的工作力度，确保我省各项改革工作的全面推进。

（一）切实加强领导

全省各州（市）、各部门要切实加强对改革工作的领导，把改革工作列入重要议事日

程，定期分析改革形势，深入研究改革事项，及时部署相关工作，加大监督检查力度，努力把改革工作纳入强有力的领导之下。各级发展改革部门要加大工作汇报力度，积极提请当地党委、政府研究改革问题，部署推动改革工作，当好党委、政府的参谋和助手。要切实加大工作的衔接协调力度，以建立健全工作机制为抓手，以增强工作合力为目标，在加强工作交流沟通与统筹协调上下工夫，努力形成改革工作齐抓共管的局面。

（二）搞好调查研究

要把加强调查研究作为科学决策的重要一环。要加大调研的力度，创新调研的方式，积极与高等院校、科研机构等单位合作，总结实践经验，升华改革理论，大胆探索前行；要邀请有关专家学者参与改革工作调研，扩大调研工作的参与面，调动各个方面的积极性，真正使调研成果汇聚各个方面的智慧；要进一步强化求真务实的工作作风，积极跟踪、调研、分析经济社会发展形势和改革工作中的重点、难点和热点问题，努力为各级党委、政府科学决策提供第一手材料。2010 年我委将启动并完成“十二五”改革重点专项规划，请各州（市）、各部门抓好相应工作的落实。

（三）提高队伍素质

当前和今后一段时期，改革仍处于攻坚阶段，改革工作者自身素质是否过硬，一定程度上影响着全省改革工作能否顺利推进。各州（市）、各部门要结合机构改革和人员调整，选派更多的精兵强将充实到改革队伍中来。全省改革战线的同志们要加强理论政策学习，进一步提高正确判断形势、科学制定政策的能力与水平；要进一步增强改革工作的使命感与责任意识，充分认识改革工作的艰巨性、复杂性，将使命感转化为责任意识，将责任意识转化为扎实有效工作的动力。各级发展改革部门要大力实施素质提高工程，加大干部的教育培训力度，要进一步健全工作机构，强化组织保证，真正做到工作有人抓、事情有人办。

同志们，目标已经明确，蓝图已经绘就。只要我们进一步解放思想，坚定信心，开拓进取，扎实工作，就一定能在各项改革工作中作出新的、更大的成绩，就一定能为建设富裕、民主、文明、开放、和谐云南作出新的、更大的贡献！

（《云南改革报告》2010 年第 5 期）

东川资源枯竭城市转型调研报告

长期以来，昆明市东川区为国家经济建设及我省社会经济的发展作出了重大的贡献。目前面临着资源枯竭、经济转型和可持续发展的严重困难。今后将如何进一步加大对东川区的支持力度，促进东川区实现转型和可持续发展是一个艰巨而复杂的课题。

2010 年云南省第十一届人大三次会议代表提出了《关于恳请对昆明市东川区资源型城市转型和可持续发展给予支持的建议》（第 305 号建议），交省发展改革委牵头会同相关厅局办理。我委对东川区资源型城市转型和可持续发展情况进行了专题调研，有关情况报告如下。

一、经济社会现状

东川曾为我国六大产铜基地之一，隶属昆明市，辖 7 镇 1 乡、135 个行政村、44 个社区居委会，国土面积 1 859 平方公里，距昆明市区公路里程为 147 公里，总人口约 31 万人。辖区内矿产资源种类多、分布广，主要有铜、磷、铁、黄金、铅锌、河沙、石膏、墨玉等。东川小江两岸是昆明市最大的热带作物区，有“天然温室”的美称。境内旅游资源十分丰富，有被誉为“摄影家天堂”的红土地。

近年来，通过实施再就业特区政策，东川的经济得到较大发展，综合实力明显增强，社会事业全面进步，民生显著改善。2009 年，全区地区生产总值完成 32.7 亿元，增长 11.3%；地方财政一般预算收入完成 3 亿元，完成调整预算数的 100%；全社会固定资产投资完成 31.5 亿元，增长 40%；社会消费品零售总额完成 6.7 亿元，增长 18%；城镇居民人均可支配收入完成 13 266 元，增长 8%；农民人均纯收入完成 2 695 元，增长 14.1%；人口自然增长率为 2.7‰；城镇登记失业率为 16%。

二、转型进展情况

（一）转型的背景

1. 东川铜矿开发对国家贡献巨大。新中国成立后，东川成为我国六大产铜基地之一。60 年来，东川为国家经济建设作出了巨大贡献，一直是我国国防建设重要战略物资供应地。作为我国重要的铜原材料供应基地，为我国经济社会发展作出了突出贡献。到 2007 年末，国家累计对东川铜矿建设投入仅为 5 亿元，而东川自建国后累计为国家提供精矿含铜 60 万吨以上，白银 200 余吨，创造直接经济效益 120 亿元以上，上交利税超过 15 亿元，为国家的经济建设、国防建设作出了重大贡献。

2. 资源枯竭使东川经济衰退。东川区的产业具有明显的资源依托型特点，产业体系因铜矿开采而初步形成，曾经因铜矿繁荣而产业兴盛。随着铜矿资源的日趋枯竭，特别是东川矿务局的政策性关闭破产，东川面临经济结构失衡、资源型产业发展后劲不足、接续替代产业发展乏力、生态环境破坏严重、失业和贫困人口增多、城市基础设施建设滞后等诸多矛盾的困扰，经济社会发展陷入困境，并成为中国第一个因矿产资源枯竭、经济社会发展停滞、城市丧失可持续发展能力而被降格撤（地级）市设（县级）区的典型矿业城市。

3. 东川被列入国家资源枯竭型城市。2009 年 3 月 2 日，国务院确定了第二批 32 个资源枯竭城市名单，东川区被列为试点城市。按照国务院《关于促进资源型城市可持续发展的若干意见》（国发〔2007〕38 号）文件精神，国家、省、市要帮助东川这个资源枯竭型城市实现经济转型，建立资源开发补偿机制和衰退产业援助机制；安排国债资金和中央预算内基本建设资金，扶持发展一批接续替代产业；加强环境整治、环保监管和生态保护，着力解决困难群众生活问题；设立针对资源枯竭城市的财力性转移支付，加大政策支持力度，鼓励金融机构对资源型城市和资源型企业提供金融支持，设立可持续发展专项贷款。这一切为东川发展注入了新的活力和动力。

（二）转型的主要做法

东川资源型城市转型受到省市党委、政府高度重视，白恩培书记、秦光荣省长、仇和书记、张祖林市长都对东川发展作过重要批示。昆明市专门成立了东川资源型城市经济转型和可持续发展领导小组，对东川相关问题进行研究。

2009 年东川区列入国家第二批资源枯竭型城市转型试点之后，迅速启动资源型城市转型的有关工作，并按照“八个一”的要求组织实施。即：成立一个领导机构和工作班子，制订一个转型工作方案，编印一套《资源型城市转型相关政策汇编》，编制一个转型总体规划和专项规划，出台一个意见，建立一个转型项目库，建立一项市厅合作机制，搭建一个新的转型融资平台。东川推进资源型城市转型工作的基本思路是“调整经济结构，发展接替产业；建立长效机制，推进三个转型；再造东川优势，实现持续发展”。2008 年、2009 年、2010 年国家给予东川区的资源枯竭城市财力性转移资金分别是 9 500 万、13 800 万、16 500 万，2008 年和 2009 年资金已全部到位。东川区重点从以下三个方面着力推进转型：

1. 重点推进接续替代产业发展。为进一步优化承接产业转移的软硬件环境，培育接续替代产业，东川出台了一系列政策文件，编制了相关规划，制定了用地、用电、财税方面的优惠政策，在投资审批、登记办证、外汇管理、劳务培训、金融信贷等方面全力优化服务。积极做好“222 工程”，即一、二、三产业各实施两个主要项目，培育八大接替产业。重点培育壮大以铜为主的金属矿产品及深加工、磷化工、建筑建材三大支柱产业，积极培育新能源、医药及配套、机械加工和制造、农特产品加工、旅游开发五大新兴优势产业。目前，培育发展了一批涵盖制药业、农特产品加工、小商品加工、食品加工、机械制造业和以河沙为原料的新型建材等骨干企业，矿产业与非矿产业多元并举的产业结构初见雏形。

2. 着力解决矿区群众安居。按照市委市政府“用 5 至 10 年时间，把东川矿区存在安全隐患的居民、不具备生产、生活和不利于生态环境建设的村庄、散户全部搬迁完毕”的要求，东川区对矿山采空区塌陷区地质灾害隐患区近 8 万人进行移民搬迁。目前一期工程已完成，搬迁规模为 538 户 1 734 人，由政府统一采购商品房在城区进行安置，并让搬迁户享受城市居民最低生活保障，使移民群众安居乐业。

3. 突出抓好生态环境建设。在实施“长防工程”、“治沙工程”和“全国生态环境重点治理县（市）”的基础上，开展“东川国家级生态功能保护区”、“东川小江流域国土整治”等重点项目的可研报告及申报工作，通过生态保护区的建设和国土整治，继续实施退耕还林和天然林保护工程，对已遭破坏的生态系统进行恢复和重建，使水土保持、荒漠化控制、水源涵养和生物多样性保护等生态功能得到明显改善和提高，有效降低长江上游的输沙率，为保障长江水能资源开发和内河航运安全作出有益贡献。环境污染治理和节能减排工作得到加强，云铜凯通、金水冶炼、华新水泥等企业的技术改造全面推进，工业节能减排和水资源污染综合防治取得阶段性成效，单位GDP综合能耗降低到2.08吨标准煤/万元，同比下降10.3%，环境质量有所好转。

（三）转型的三个亮点

1. 首创“东川再就业特区”。东川作为因资源枯竭而由地级市降级为县级区的资源型城市，产业发展和产业工人就业面临巨大的困难，2003年城镇登记失业率一度高达40.2%，为了寻求解决东川就业再就业的办法，维护社会稳定，2004年4月13日，云南省人民政府决定采取特殊的政策，建立“云南东川再就业特区”。在税收、劳动就业、土地审批等方面采取特殊优惠政策，在财政补助资金、基础设施建设、易地开发扶贫等方面给予特殊支持，广泛吸引资金、技术、人才和产业项目，合理开发地方资源，最大限度吸纳下岗失业人员或者其子女就业和再就业。在优惠政策的推动下，经过短短的5年时间，东川实现了跨越式发展。城镇登记失业率由2003年底的40.2%下降到2009年的16%。同时，特区建设还带动了第三产业蓬勃发展，让5 560人实现了自主灵活就业。城镇居民年人均可支配收入也由2003年的6 982元上涨到2009年的13 266元。作为我国第一个再就业特区，我省针对制约东川发展的关键问题进行的大胆尝试和创新，在云南和全国都是有突破性的。东川尝试用新的思路和办法解决资源枯竭型城市共同存在的发展和就业难题，为全国解决资源型城市的可持续发展提供了一种新思路。

2. 首批开展“扩权强县”试点。2009年，省委、省政府决定在东川等8个县（区）开展扩权强县试点。根据文件规定，除国家法律、法规、规章有明确规定的以外，原需经市审批或管理的经济事项，原则上改为由试点县（区）自行审批、管理，报市备案；原需经市审核、报省审批的，采取市政府委托和授权等办法放权。在试点县（区）初步建立起事权与财权对等、权责利一致的县域经济管理体制和机制。东川区作为扩权强县试点县（市、区）之一，将获得财政、金融机构更大的支持，经济管理权限的进一步扩大，为东川转型增加后劲。

3. 建设异地工业园区。东川作为云南老工业基地，拥有丰富的矿产资源，工业基础较好，但是东川自然环境恶劣、环境容量有限，土地紧缺且成本高等问题突出。为了获得更多的发展空间，东川创新合作机制，加强与周边县区合作，突破地域，发挥互补优势，建设异地工业园区。和寻甸县联手打造“东川寻甸天生桥特色产业园区”，选址在寻甸县仁德镇天生桥村，东川、寻甸联合成立了建设指挥部，共同开发铜、磷矿资源，为东川的可持续发展探索新路子。

三、东川的转型存在四大难

（一）财政支出难

东川矿务局破产后，把下岗职工转移安置、发放失业补贴等庞大的社会包袱交给地方政府，给地方财政带来了很大的压力，当年地方财政支出中有2 000多万元用于矿务局破产后的下岗职工安置及再就业，而东川当年的地方财政收入仅3 896万元。2004年，东川再就业特区设立后全面实行税收优惠政策，减免地方税，加上经济基础薄弱，财源结构单一，财政入不敷出的矛盾十分突出。而东川在基础设施建设、铜矿工人的社会保障、生态环境建设等方面的欠账已经很多，因此进一步进行转型的财政支出压力巨大。

（二）结构调整难

东川以铜矿开采为主的第二产业比重大，一、三产业比重小，三次产业结构表现出明显的“两头小、中间大”的不均衡发展特征。2009年，全区完成工业总产值89.5亿元，工业经济占全区经济的比重达66.8%。产品结构层次较低，矿产品深加工处于全省中下水平，铜、铁、磷等矿产品仍以低附加值、技术含量低的初级产品为主，产品市场竞争力不强。东川再就业特区虽然经过五年的发展，但是由于新的产业集群尚未形成，工业产业层次仍然很低，产业集约化、规模化程度不高，特别是产业之间缺乏关联度，产业链较短，工业经济增长方式转变、产业结构调整的任务艰巨。

（三）资源开发难

尚未建立合理的探采机制，缺乏资源可持续开采规划，铜矿资源探采严重脱节，资源开发布局不合理，开采方式粗放、工艺落后，使得无序开采、资源纠纷、资源浪费等问题严重。也使东川铜矿资源逐年减少。经矿产部门统计，截至2007年底，东川累计探明铜金属储量为316万吨，保有铜金属储量38.6万吨，铜金属保有储量占累计探明储量的比重仅为12.2%。地表矿砂及浅层易开采资源基本枯竭，现存资源地质埋藏较深，平巷长达近万米，垂直提升高度600米以上，采掘、运矿难度加大。在现有铜矿资源储量中，深、远、难采的资源、开采难度大的资源接近80%以上，资源综合利用难度较大。

（四）生态治理难

长期以来对矿山的不合理开采，致使东川生态系统遭到毁灭性的破坏，生态环境严重恶化，水土流失严重。目前，东川水土流失面积仍占国土面积的54%，地表塌陷区面积达100余平方千米，地下采空区约600万立方米，300余年来开采的废土、弃渣近亿立方米，回填修复相当困难，形成严重灾害隐患。加之东川地处小江深大断裂带上，人为破坏加上特殊的地质条件使得东川成为全球泥石流等地质灾害发生最严重的地区之一，被称为泥石流天然博物馆。据统计，仅东川境内的小江河谷里就发育有107条泥石流沟，其中25条危害严重，平均每年爆发15次大型泥石流，年平均总侵蚀量为828.34万吨，平均侵蚀模数4.456吨每平方千米。

四、加快转型的措施建议

推进资源枯竭城市转型是一项长期而艰巨的系统工程。资源枯竭城市转型试点，是东川的一次历史性机遇，需要进一步加强上级政府领导和各级政府部门协调，全力推进转型工作。

（一）进一步加强组织领导

根据《关于促进资源型城市可持续发展的若干意见》（国发〔2007〕38号）文件精神，资源型城市的可持续发展工作由省级人民政府负总责，并要求省级政府切实加强对资源枯竭城市可持续发展工作的领导和支持。因此，建议省政府比照东北等省支持资源枯竭城市转型的做法，成立我省资源枯竭城市转型工作领导小组和建立市厅（局、行）联席会议制度，定期听取转型工作的进展情况汇报，加强具体问题的协调，进一步加强对转型工作的领导。逐步建立起国家有关部门共同推动、省级人民政府负总责、资源型城市为主体的上下联动、协调配合的工作机制。

（二）出台转型扶持政策

国务院出台的（国发〔2007〕38号）文件，从财政、税收、重点项目布点等方面提出了促进资源型城市可持续发展的指导性意见。建议昆明市结合东川区实际，组织专门力量认真研究制定促进东川全国资源枯竭试点城市转型的具体扶持政策，报省政府批复后发布实施，着力帮助解决东川区产业发展、项目建设、就业保障、环境治理和生态保护等突出问题。

（三）开展“两型社会”改革试点

东川是我省城市转型的典型代表，资源优势不但没有完全转化为经济优势，最终还演变成生态劣势，导致经济发展滞后，社会矛盾增多。要走出“东川困境”，单靠市场不行，靠一两个政策也不行。只有勇于探索，大胆尝试，重点从资源节约、生态环境治理保护方面着力推进改革试点，突破体制机制障碍，才能突破东川发展瓶颈。因此，建议昆明市在推进综合改革试点时，把东川区定为“两型社会”（资源节约型、环境友好型）试点区，参照国家“两型社会”试点地区（武汉市及长株潭城市群等）的成功经验，积极探索资源节约和生态环境保护的体制机制创新。

（四）加大扶持力度

东川区曾经为全省经济社会的发展作出了重大的贡献，目前面临着资源枯竭、经济转型和可持续发展的严重困难。省发展改革委以及省财政厅、省国土厅、省人力资源和社会保障厅、省交通厅、省工业和信息化委员会、省科技厅、省教育厅等相关部门，今后要加强对东川区的关注，结合各自的职能职责，在规划、资金、项目、科技、教育及人才等方面进一步加大支持力度，群策群力，省、市、区合力促进东川区实现转型和可持续发展。

（五）建立转型长效机制

1. 逐步建立资源开发补偿机制。认真贯彻落实好《云南省矿山地质环境恢复治理保证金管理暂行办法》（云政发〔2006〕102号），结合东川实际情况，制定具体的实施细则，督促采矿人履行矿山地质环境保护和恢复治理的义务，逐步理顺资源开发涉及的各种关系，增强矿山企业的自我发展和处理资源枯竭时有关问题的能力。

2. 建立衰退产业援助机制。东川要统筹规划，加快产业结构调整和优化升级，大力发展接续替代产业，积极转移剩余生产能力，引导和大力支持新兴产业的发展，同时加强各种职业培训，促进下岗失业人员实现再就业，完善社会保障体系，确保下岗职工生活保障、失业人员基本生活保障、城镇居民最低生活保障政策的实施。通过多种手段、多种渠道实施就业工程。大力发展第三产业，通过政府帮助、政策鼓励、信贷支持等多种方式鼓励失业人员自主创业，从事第三产业，逐步解决资源型企业历史遗留问题，保障资源枯竭企业平稳退出和维护社会安定。引导扶持资源型企业发展其下游产品加工企业和替代产业，以实现可持续发展。

3. 逐步探索完善资源性产品价格形成机制。加快资源价格改革步伐，逐步形成能够反映资源稀缺程度、市场供求关系、环境治理与生态修复成本的资源性产品价格形成机制。逐步探索制定资源性产品成本科学的财务核算办法，把矿业权取得、资源开采、环境治理、生态修复、安全设施投入、基础设施建设、企业退出和转产等费用列入资源性产品的成本构成。

（《云南改革报告》2010 年第 6 期）

我省2010年上半年经济体制改革进展情况

2010年上半年，省发展改革委研究制定了《云南省2010年深化经济体制改革工作意见》，并由省政府办公厅"以云政办发〔2010〕95号"文件下发，各州市、省直各部门按照意见要求着力推进各项改革，重点领域改革取得了新进展。现将有关情况报告如下。

一、重点领域改革取得新突破

（一）医疗卫生体制改革积极推进

一是基本医疗保障制度建设加快。巩固扩大了基本医疗保障覆盖面。巩固新型农村合作医疗制度（以下简称新农合）。截至2010年6月，全省参加2010年新型农村合作医疗的农村居民人数达到3 412.1451万人，参合率达到了95.29%，为历年来最高；参合人数比2009年增加了118.65万人，参合率比2009年提高了2.37个百分点。进一步提高了基本医疗保障及基本医保基金管理水平。新农合筹资标准、报销比例提高，开展了重大疾病医疗保障试点，探索研究医疗卫生服务保障并网工程，提高基本医疗保险统筹层次，整合医疗保险资源，并继续做好大病补充医疗保险试点工作。

二是实施国家基本药物制度。在昆明、曲靖、玉溪三个试点城市启动实施国家基本药物制度的基础上，2010年在红河、文山、楚雄、大理、保山、普洱等6个州（市）基层医疗卫生机构和其他7个州（市）政府所在地的市（区、县）启动实施国家基本药物制度。落实国家基本药物医保报销政策，已将国家基本药物目录和国家基本药物目录云南省补充药品目录全部纳入新型农村合作医疗报销补偿范围。规范基本药物招标配送制度。组建了由政府主导、非营利性的云南省药品网上集中采购交易监督平台。

三是健全基层医疗卫生服务体系。加快推进了基层医疗卫生机构建设。启动实施以全科医生为重点的基层医疗卫生队伍建设规划。制定农村医疗卫生岗位需求计划。制定出台了住院医师规范化培训实施方案。巩固和完善三级医院与县级医院长期对口协作关系，提高县级医疗机构服务能力和水平。开展合作办医试点工作。在昆明市开展省、市级医疗机构专家进社区合作办医工作试点。发挥农村卫生室在基层医疗卫生服务网络中的网底功能，推进乡村一体化管理。

四是继续推进基本公共卫生服务均等化。继续实施9项国家基本公共卫生服务项目。制定完善基本公共卫生服务项目考核办法，3月下发了《云南省基本公共卫生服务绩效考核办法（试行）》。继续实施重大公共卫生服务项目并对重大公共卫生服务项目实施情况进行考核评估。加强公共卫生服务能力建设，提高防治重大疫病和应对突发公共卫生事件的能力。

五是积极推进公立医院改革试点。制定了公立医院改革方案。《云南省人民政府关于鼓励社会资本进入医疗服务市场加快民营医院发展的意见》，已经省医改领导小组审议通过。《云南省公立医院改革试点实施意见》已经省人民政府批准，6月已印发各州市实施。昆明市（国家联系的试点城市），出台了《昆明市公立医院改革（国家联系试点城市）实施方案（2010～2012年）》，正组织实施。曲靖市、省第三人民医院等省级公立医院改革综合试点，正抓紧完善试点实施方案。

（二）文化体制改革取得新突破

一是省级单位改革基本完成。进一步加大有关改革的组织推动工作，推动改革政策落实，推进改革整体上不断走向纵深。艺术院团、新闻单位和出版单位改革基本完成。新组建的昆明聂耳交响乐团已于3月25日挂牌运营。省京剧院、省滇剧院、省花灯剧院、省话剧院确定为公益性文化事业单位，进行了以劳动人事、收入分配和社会保障为主体的"内部三项制度"改革。云南艺术剧院转企改制移交云南文投集团经营管理。省歌舞剧院、省杂技团实行整体转企改制已完成人员安置报批方案，正进行工商注册，组建云南演艺股份有限公司。启动了春城晚报社等非时政类报刊转企改制工作。云南人民广播电台、云南电视台整体改革方案已获批准，云南云视传媒集团有限公司、云南云广传媒集团有限公司分别于2010年4月和6月挂牌成立。

二是文化管理体制改革和文化事业单位改革进一步推进。省文化市场综合行政执法总队组建各项工作全部完成并步入规范运行正轨，省级电影行政管理体制改革工作完成由省文化厅向省广电局的划转并开始规范运转。省文化厅所属省文物总店实行转企改制正在推进相关政策落实工作，省图书馆、省文化馆、省博物馆、省美术馆、省民族艺术研究院、省文物考古研究所、云南文化艺术职业学院、省非物质文化遗产保护中心、云南新闻图片社等公益性文化事业单位三项内部制度改革工作计划在9月底前完成。

三是大型国有文化企业组建工作不断深化。云南文投集团不断完善发展战略定位和发展基本思路，成立了集团控股企业丽江文投公司，在北京注册成立了云文影视公司，建设云南文化艺术中心、艺术家园区、亚广传媒产业区及云南文苑经营性项目获得进展。云南广电网络集团加快整合步伐，已正式领取企业法人营业执照，推进了与华数传媒集团的业务合作于5月签署战略合作协议，并积极参与筹建中国广电网络联合发展公司相关工作并签署了相关合作协议。

（三）旅游产业改革加快推进

一是旅游改革试点工作稳步推进。保山腾冲、玉溪抚仙湖—星云湖、大理苍洱、昆明世博新区等四个试点地区的改革工作深入推进。省政府已批复"保山腾冲"、"玉溪抚仙湖—星云湖片区"两个试点地区的总体规划；大理成立了以州委书记和州长为组长的规划编制工作领导小组，全面启动规划编制工作。启动了各专项改革试点，着重抓好专项改革规划的编制和试点启动工作。丘北普者黑专项改革试点总体规划和康辉旅行社专项改革试点工作方案正在拟定。

二是旅游业体制机制创新有了新突破。围绕《云南省旅游产业发展和改革规划纲要》的贯彻落实，省政府相继出台了规划纲要的实施意见及配套的任务分解等纲领性文件，强化了对旅游改革发展的目标责任考核，形成了各地、各部门各负其责、齐抓共管、统筹协调推进的发展体制和工作机制。进一步完善旅游重大项目建设推进机制。制定并由省政府下发了《云南省人民政府关于加快旅游重大（重点）项目建设的指导意见》，着力破解旅游重大项目在土地、融资、项目审批等方面的政策性难题。

三是旅游标准化建设积极推进。启动了《云南省旅游标准化体系建设研究》和《云南省旅游标准化发展战略规划2010年～2015年》的立项申报工作，明确了我省旅游标准化工作中长期发展的目标和重点。抓好旅游各要素产业开发建设和服务管理标准的制定。通过建立政府引导、协会主体、企业参与、中介推动的机制，加快研究制定我省旅游各要素产业地方标准，目前已完成《导游服务规范》和《旅游购物场所等级划分与评定》两个地方标准的制定工作，获省质监局批准，报国家质检总局备案，并将于10月1日实施。《旅游购物场所等级评定与划分》的地方标准已完成公开招标和编制工作，现已进入审批备案阶段。

四是旅游市场监管不断强化。进一步落实好云南省政府办公厅下发的《关于加强全省旅游市场秩序综合整治工作的意见》，尤其是联合工商、税务、发改等部门重点推进旅游购物环节“公对公”佣金制度的逐步实施，开展对强迫购物、强迫参加自费项目等游客反映比较集中的问题的专项整治。结合全省旅游市场整治需要，加快旅游行业监管平台与行业诚信平台建设，实现行业信息共享、监管互动、诚信透明。完善旅游从业人员职业准入制度。

（四）集体林权制度改革成效明显

一是主体改革成效显著。各地积极组织主体改革“回头看”和整改完善工作，取得了明显的成效。2010年5月与2009年8月相比，林改资金投入由10.58亿元增加到11.75亿元，增加了1.17亿元；参加林改人员由56.77万人次增加到75.81万人次，增加了19.04万人次；已确权面积由25 639.45万亩增加到26 262.10万亩，增加了622.65万亩，确权率从94.4%提高到96.3%；确权宗地数由1 087.11万宗增加到1 198.84万宗，增加了111.73万宗；集体林均山到户率由52.0%提高到88.7%。其中商品林的均山到户率由69.4%提高到87.5%；林权纠纷起数调处率由97.7%提高到98.7%，面积调处率由83.0%提高到96.3%；林权证发放本数由468.07万本增加到548.22万本，增加了80.15万本，发放股权证213.35万本，均利证115.63万本；集体统一管理的公益林签订了管护责任到户责任书面积6 781.31万亩，涉及333.40万户。

二是配套改革措施到位。加强林权管理体系建设。落实林权的管理机构和管理人员，确保政策、措施的贯彻落实。加强林权服务中心建设。全省已建立县级林权服务中心89个。建立并完善林权管理信息系统。建立省、州（市）、县（市、区）、乡镇四级林权管理信息系统。提供林权登记、查询、信息发布、政策咨询、评估咨询、网上产权交易、公示等服务。完善金融服务制度。建立全省林业金融服务联席会议制度，加强对集体林改金融服务的组织协调，完善林业部门与金融部门的信息共享机制。探索森林政策性保险有效途径，积极争取财政部和国家林业局将我省列为全国第二批森林综合保险试点省。

三是积极推进林木采伐管理改革。按照“长大于消、总额控制、分类经营、分类管理”的要求，进一步简化商品林木采伐管理环节和林木采伐作业设计及审批管理手续，抓紧建立和完善林木采伐的具体实施细则和管理办法，继续做好商品林采伐管理改革试点，全面推行林木采伐指标分配“阳光操作”。

四是进一步规范林权流转。在加强调研的基础上，按照相关法律法规，研究制订我省林权登记管理办法和集体林权流转管理办法，加快林业有形市场和无形市场建设，搭建市场交易、信息发布、政策咨询、中介服务、市场监管平台。建立和完善市场交易规则、收费标准和信息发布等制度，逐步形成资源变资本、资本有序进出的林业资本运作平台。

五是加大扶持林农专业合作社的建设。积极引导林农以林地、林木、资金、技术、信息等要素为纽带，依法组建林农专业合作社，现已组建了各类专业合作组织325个，不断规范运行机制，健全组织形式，完善服务功能，充分发挥其联系市场、政府和农户的纽带作用。

（五）非公经济和中小企业发展环境进一步改善

一是抓好政策完善及贯彻落实。认真做好国发〔2009〕36号《国务院关于进一步促进中小企业发展的若干意见》和云发〔2009〕9号《省政府贯彻落实〈国务院关于进一步促进中小企业发展的若干意见〉的实施意见》的贯彻落实工作，制定9号文件的各项配套实施办法，完善政策支持体系。组织开展贯彻中小企业、非公经济政策的宣传和督查活动，强化落实，改善发展环境。启动成长型中小企业培育工程。筛选认定500户成长型中小企业，给予重点扶持，力争做精、做专、做强、做大一批成长型中小企业。

二是建立完善中小企业运行监测体系并推进信息化建设。在健全和完善现有非公经济统计监测体系的基础上，建立中小企业统计、监测、分析和发布制度。逐步扩大直接监测企业范围，增加重点监测企业数量。选取了10户示范企业，围绕生产、研发、管理和营销四个环节，促进企业管理创新和业务流程的再造，推进工业化与信息化的融合。同时，提升中小企业管理水平。实施千名企业家素质提升工程和管理咨询工程，促进中小企业管理水平提升。

三是促进中小企业结构调整和升级。以国家和省产业政策为指导，省级重点工业园区为依托，具有发展潜力的优势产业为基础，着力推动生产要素合理流动和配置，加大对带动性强的龙头中小企业的支持和培育，积极引导特色产业集群化发展。

（六）财政体制改革稳步推进

一是进一步深化财政体制改革。深入推进项目支出预算评审改革，下发了《2010年推进部门预算支出预算评审工作意见的通知》（云财预〔2010〕194号）。继续在省级12个部门实施部门预算内部公示试点。探索建立基本支出预算定额标准体系，研究制定了《云南省省属中等职业学校综合定额核定办法（试行）》（云财预〔2010〕6号）。探索构建项目支出绩效评价体系。进一步深化财政国库集中支付改革，财政国库集中支付改革继续“扩面增量”，财政统发工资范围继续扩大，中央专项转移支付资金逐步实行国库集中支付。

二是扎实推进行政成本控制制度。成立专门机构，制定工作方案，组织业务培训，确保行政成本控制制度推进工作。以推行公务卡结算制度为突破口，积极推进行政成本控制制度工作。研究制定了全面开展公务卡结算工作的方案，严控预算单位现金管理，保障公务卡结算制度顺利实施。以严格控制和规范会议、文件、庆典、论坛、考察“五控”为抓手，确保全省行政成本控制工作取得实效。

三是继续推进省级财政追加预算支出审批制度建设。对全省各级政府推进财政追加预算支出审批制度建设作了具体安排。成立了云南省财政追加预算支出审批制度推进协调工作小组，省以下各级政府和财政部门也健全了领导机构。进一步推进和规范全省财政追加预算支出审批制度建设，印发了《云南省财政追加预算支出审批制度推进工作实施方案》（云财预〔2010〕223号）。制定下发了《云南省财政厅关于进一步做好预算执行工作的实施意见》（云财预〔2010〕186号），进一步规范和细化了省本级财政追加预算支出的立项、申报、评审、审核等程序。

四是积极推进省直管县财政改革试点。对省直管县财政改革试点的昭通市、曲靖市、保山市及三市所辖的镇雄县、宣威市和腾冲县2008年的基数划转进行了认定。在此基础上，对三个市及三个试点县（市）2009年财政收支数据进行了清理，省财政与三个试点县（市）直接办理了年终结算。草拟了《省直管县财政改革具体实施意见》，即将下发试点市、县（市）执行。

（七）金融改革步伐加快

一是人民币跨境贸易结算试点正式启动。人民银行等六部委出台了《关于扩大跨境贸易人民币结算试点有关问题的通知》，云南成为享受跨境贸易结算和指定口岸结算及退税的双重优惠政策的四个省区之一。在昆明建立人民币结算中心已纳入国家建设桥头堡的重要组成部分，昆明泛亚金融服务中心已列入新昆明建设规划。

二是富滇银行改革步伐加快。已完成增资扩股方案，在老挝设立办事处、在重庆设立分行的相关筹备工作已基本完成，并已上报中国银监会审批。在州市设立分支机构、发起设立村镇银行、参与落实农村金融服务空白乡镇等工作积极推进。

金融投资控股集团公司组建方案已正式上报省政府。同时，中国进出口银行云南分行抓紧筹备，拟于9月开业。云南冶金集团财务有限公司正式挂牌营业。股权投资基金方案得到省政府同意，正在拟定资金筹措方案、引导基金管理中心方案，加快组建一支引导基金。地方保险公司筹备工作加快进行。云南小额信贷协会成立，小额贷款公司发展进一步强化了科学规划、合理布局、风险监管，累计成立181家，资本金达到63.25亿元，覆盖全省75个县（市、区），填补了16个空白县。

（八）国企改革不断深化

一是继续深化国资监管体制改革。加强对国资监管工作的领导。各州市调整充实成立国资监管和国企改革工作领导小组，同时结合实际对监管机构进行了充实加强，初步做到了机构到位、职责到位、人员到位。省政府与全省16个州市签订考核责任书，各州市也与国资监管机构签订责任书，责任明确到国资监管和国企改革的各个关键环节、重要领域。国有资产监管范围逐步扩大。昆明、大理、文山等州市制定全覆盖试点工作方案，不断扩大国有资产监管范围，采取直接监管、授权监管和委托监管方式基本实现对各类国有资产的全覆盖监管。昆明、楚雄还将国资监管向县级国有资产延伸。

二是企业改革重组取得新进展。云南煤机厂、沾益柴油机厂的关闭破产工作稳步推进。企业主辅分离、企业办社会和离退休职工社会化管理工作基本完成。省属企业在全部完成集团层面公司制改造的基础上，进一步推进内部法人治理结构的健全和完善。西交集团引入战略投资者工作取得阶段性进展；十四冶、工投引进战略合作者工作也在积极推进；农垦集团公司的重组也取得实质性进展，与西双版纳州签订了组建版纳橡胶公司的框架性协议；二级企业股份制改革工作取得积极进展，机场集团引入民营企业，重组构建百事特公司。

三是资本运营力度进一步加大。通过定向增发、公开增发、发行债券、权证行权等方式，多渠道开展直接融资工作。昆钢、冶金、云天化、工投等企业发行了短期融资券，开展中期票据和企业债券的发行工作；城投、云天化发行了信托产品，为企业开展正常的生产经营活动提供了资金保障。昆钢集团借壳马龙产业上市工作平稳有序推进，西交集团整体上市工作进展迅速。

二、存在的主要困难和问题

2010 年上半年我省改革工作虽然取得一些成效，但仍然存在一些困难和问题，主要体现在以下三个方面：

一是改革工作推进难。由于当前改革的内容复杂、改革任务重，工作难度大，一些地方和少数部门仍然存在等待观望思想，工作上有畏难情绪，导致改革工作措施不够到位，任务难以落实，改革推进比较慢。

二是改革职能发挥难。各级发展改革部门以及执行改革的职能部门，在推进改革工作中，不同程度存在机构不完善，人员配备不足，人员综合素质参差不齐，认识水平、工作水平的局限性等因素，很多工作不能够很好地落到实处，致使改革部门职能难以得到很好发挥。

三是改革试点推进难。在推进改革试点过程中，还存在体制制约，与国家相关部委及各部门综合协调难度也较大，很多改革试点需要进一步明确职责，一些试点的配套改革政策也有待进一步制定、完善和落实。

三、推进 2010 年下半年改革工作的建议

认真贯彻落实省委八届九次会议精神，按照国务院批转的国家发展和改革委关于 2010 年深化经济体制改革工作的意见和省政府办公厅转发省发展和改革委制定的《云南省 2010 年深化经济体制改革工作意见》有关要求，紧紧围绕我省“两强一堡”战略目标，着力推进改革工作。

（一）切实落实改革意见

各州市、各部门单位要继续落实《云南省 2010 年深化经济体制改革工作意见》，按照意见要求以及任务分解，认真结合各地、各部门的工作实际，进一步细化任务，突出改革的重点任务，采取有力措施，扎实有效地推进本地区、本部门单位的各项改革。各牵头部门要按照任务分解，主动会同相关部门制定实施方案，确定改革的步骤和时限要求，分工负责，落实责任，扎扎实实推进重点改革任务。

（二）加快推进改革试点

一是继续推进昆明市和红河州的综合改革试点工作，落实好试点实施方案确定的各项任务，切实加快推进试点工作，为我省推进综合改革提供借鉴和示范。二是加快旅游产业发展改革试点。要按规划纲要实施意见及任务分解，落实好工作责任，加快推进步伐，并积极与国家相关部委联系对接，努力争取把我省列为国家旅游业发展改革试点省。三是继续推进怒江州兰坪县的工业反哺农业试点、曲靖市麒麟区统筹城乡试点以及扩权强县试点工作。四是积极探索资源性产品价格改革，争取将我省列为国家电价改革试点省。

（三）编制完成改革规划

认真编制完成“十二五”重点领域改革专项规划。按照国家发改委体改司的统一部署以及我省对“十二五”重点专项规划编制的具体要求，认真开展好我省“十二五”重点领域改革专项规划编制工作，确保按质、按时完成好规划编制任务，为我省“十二五”期间加快推进重点领域改革打下坚实基础。

（《云南改革报告》2010 年第 7 期）

学习成都经验 谋划云南发展
进一步推进我省统筹城乡发展和改革

党的十六届三中全会提出了统筹城乡发展，并将其放在“五个统筹”之首。党的十七大报告要求：“统筹城乡发展，推进社会主义新农村建设，加强农业基础地位，走中国特色农业现代化道路，建立以工促农、以城带乡长效机制，形成城乡经济社会发展一体化新格局。”省委八届九次全会上，白恩培书记提出要坚定不移地统筹城乡发展，进一步加快推进城镇化进程。可见，统筹城乡发展在贯彻落实科学发展观和全面小康社会建设中具有重大、深远的战略意义。

成都是中国历史文化名城，是国务院确定的西南地区科技、商贸、金融中心和交通、通信枢纽，是国家统筹城乡综合配套改革试验区。2010 年 6 月，国家发展改革委在成都召开全国综合配套改革试点工作会议，组织与会人员实地参观考察了成都双流县蛟龙工业港、彭镇羊坪村农民集中居住区、花木基地和交易市场、都江堰市天马镇灾后重建安置点金陵花园、温江区万春镇大同上郡集中居住区及社会公共服务情况，学习推广成都统筹城乡经济社会发展和改革的经验和做法，我委刁殿伟、郑林同志参加了会议和学习考察。现将有关情况报告如下。

一、成都市统筹城乡发展的主要做法和成效

近年来，成都市深入实施城乡统筹，其主要做法是“打造一个理念，推进三个集中，深化五项改革，实现六个一体化”。

（一）打造“全域成都”理念，坚持规划先行

成都市坚持规划先行，确立统筹城乡科学发展的路线图。一是对全域成都进行科学规划。把全市 1.24 万平方公里的区域看成一个整体进行统一规划，统一建设，打造“全域成都”。着眼于推动市域经济、政治、文化、社会建设一体化发展，将经济和社会发展规划、城乡总体规划及土地利用规划有机衔接，完善市域城镇体系、土地利用规划、区（市）县域总体规划、乡镇和农村新型社区建设规划，以及市域一体化的产业体系、交通体系、公共服务体系等规划。整体推进城市和农村的现代化，构建现代城市和现代农村和谐相融、历史文化与现代文明交相辉映的新型城乡形态。并划分了三个圈层：五城区及高新区为中心城；周边七个县市为近郊区，与中心城共同构成主城区；远郊区为八个区（市）县。通过划分圈层，提供城乡一体化发展的基础坐标系，明确分区功能定位和产业发展重点，凸显区域经济比较优势和特色。二是建立统筹发展的规划管理体制。建立了市、县（区）和乡（镇）三级规划行政管理机构和规划工作监督机制，实现了城乡规划编制、管理、监督工作满覆盖，城乡规划编制一盘棋，各项规划高度衔接。将分散于有关部门的涉及城乡建设的规划职能统一划入市规划局。制定了城乡体系规划和城乡一体化的

产业发展、基础设施建设、社会事业发展、生态环境建设等规划，以及一系列城乡建设规划技术规范和标准。建立了规划执行和监督机制，规划一经制定，就作为推进城乡建设的法定依据，对不符合规划的项目，不批准不予供地，违反规划的坚决查处。

（二）推进“三个集中”，努力实现城乡资源合理配置与优化

“三个集中”是成都统筹城乡发展的重要抓手。即实施工业向集中发展区集中、农民向城镇集中、农地向规模经营集中，开辟统筹城乡的发展路径，推进经济社会资源配置的集聚与优化。

1. 推进工业向集中发展区集中，促进新型工业化。一是在三个层面进行分类指导。第一层面是成都高新区、成都经济技术开发区两个国家级开发区：重点对重大产业化项目的落户给予引导，对重大招商引资项目给予引荐，对基地设施建设给予大力支持。第二层面是19个工业集中发展区：重点按照产业定位，对集中发展区基础设施建设招商引资给予指导，并帮助协调解决出现的土地、电力供应等方面的问题。第三层面，对适合发展特色工业的集中区着重指导制定产业布局规划，发展特色产业。出台土地、资金支持、技术创新和技改、土地出让金返还等优惠政策。在推进成都工业布局和开发区建设，尤其是抓产业集群项目的实践中，成都创新地提出了建设城区工业与异地发展的“飞地工业”。二是在落实工业集中发展战略中，强调五个“坚持”：始终坚持突出自身的优势和特色，并不断发展和创造新优势、新特色，依托优势和特色来引导企业实现集中；坚持节约集约用地，对集中区土地进行统一储备、统一规划、统一管理，新进的工业企业进入集中发展区落户，引导企业集约发展；坚持保护环境，按照科学发展观的要求，注意眼前利益与长远利益并重，不盲目引进有污染的项目；坚持提高经济效益，把优先引进科技含量高、附加值高、劳动密集型的工业项目作为重点，积极扶持、加快推进；坚持维护好、实现好、发展好群众利益，以人为本，解决好征地拆迁安置、失地农民培训、就业等相关问题。

2. 推进农民向城镇集中，促进新型城镇化。遵循“因地制宜、农民自愿、依法有偿、稳步推进”的原则，有组织分层次地引导农民向城镇和第二、第三产业转移。在中心城区，实行农村与城市社区完全接轨，按照城市社区标准建设新型社区，推动农民向市民转变；以县城和区域中心镇为重点，按照城市社区标准建设城镇新型社区，引导农民向城镇集中；在有条件的农村地区，参照城镇社区的标准建设农村新型社区，引导农民向农村新型社区集中。开展了以统一规划、统一供地、统一标准、统一配套、统一建设、统一管理的“六统一”方式，建设用以集中安置农村居民的城市化居住小区和都市村落式的农民居住点“新居工程”。提出城市建设用地区和非城市建设用地区不同的实施模式和建设目标，并在用地政策和房屋产权管理上大胆提出了一系列创新性的政策措施。如城市建设用地区内的“新居工程”建设用地采取土地整理、宅基地置换的办法使用集体土地，对集中建房及其配套设施、道路、管网用地，由政府或政府组建的投资公司采取租地的方式，以租金的形式予以补偿；对中心城区新建房屋产权实行统一管理，无论土地性质是集体还是国有，均由市房管部门受理产权登记，土地未征用的房屋注明土地性质为“集体”，待土地转为国有性质后，再完善产权手续，更换房屋所有权证，办理国有土地使用权，并可上市交易。对非城市建设用地区的“新居工程”建设，则要求结合城郊特点和城市绿地建设，发展观光农业、休闲服务业，以发展“都市绿色产业”来统揽“新居工程”居住点的规模、布局和房屋改造。

按照“政府主导、公司运作”的原则，确立了“新居工程”的市场化运作模式，在五城区由市、区两级分别按60%和40%比例注入资金，共同组建了成都青羊建设、中锦建设、金信源建设、武侯建设、睿华建设五家投资公司，和兴光华、兴东两家城建投资公司共同担任城市规划区内建设用地“新居工程”建设项目的实施主体，承担土地开发整理和“新居工程”投融资及建设职能。在“新居工程”建设中，成都高度重视以基础设施和公共设施的配套建设来提升小区人居环境质量，做到基础设施、公共设施建设与城区相统一；五城区非城市建设用地内的“新居工程”建设紧密结合城郊特点和城市建设，按照宜聚则聚、宜散则散的原则，积极对现有村落进行改造，既改善农村居民的居住条件，又通过产业结构调整发展生态旅游观光休闲农业，实现农民的就业增收，如锦江区成功地打造了红砂村和幸福梅林模式。

3. 推进土地向规模经营集中，促进农业产业化。成都辖区有280万农民，人均耕地不足0.8亩，12个县为山区丘陵。在统筹城乡、推进城乡一体化的进程中，为解决农村耕地家庭承包经营规模偏小、布局过于分散、效益差、抗自然风险和市场风险能力弱的问题，成都在农村大力开展了农业产业化经营、农村发展环境建设、农村扶贫开发“三大工程”。成都坚持以稳定农村家庭承包经营为基础，按照依法、自愿、有偿的原则，采取转包、租赁、入股等形式，稳步推进土地向农业龙头企业、农村集体经济组织、农民专业合作经济组织和种植大户集中，实施规模化、集约化经营。形成龙泉驿区20万亩优秀水果生产带、双流县15万亩枇杷和4万亩冬草莓基地、温江区10多万亩苗木、彭州20多万亩蔬菜，促进了农村剩余劳动力转移和农民收入提高。在不具备城市化和工业化条件的农村地区，走的是农业结构调整的路子，大力发展特色农业，以农业的产业化来具体落实和有效夯实城乡一体化基础，将广大农民群众增收致富的动力和基层政府为人民服务的主观能主动性结合起来。锦江区红砂村的花乡农居、幸福梅林，成都郫县的农科新村，成都邛崃市的花楸村等，都是立足于自己的特色资源禀赋，针对中心城市大市场的有效需求，转换业态，输出长项，成功地把第一产业和第三产业结合起来，使农业产业化立足于多元化特点，适度低层次起步，汇集多数农户参与，取得良好效果。

（三）深化五项改革，完善市场经济体制

1. 推进农村产权制度改革。产权清晰是市场交换的基本前提。成都市围绕农地确权和流转积极进行探索，通过明确界定农民的财产性权利，在城乡之间更好地分配城镇化发展带来的土地增值收益。一是扎实推进确权颁证，落实农民对土地和房屋的财产权。明确法律法规赋予农民的土地、房屋等要素的权益，向村组集体颁发集体土地所有证，向农户颁发土地使用证和房屋所有权证。实行农村承包地实测，确权颁证，保证农村产权权属清晰，开展土地承包经营权长久不变试点。二是推进农村产权流转，推动农村资产资本化。建立完善农村产权流转交易平台，制定《成都市集体建设用地使用权流转管理暂行办法》、《成都市农村土地承包经营权流转管理办法（试行）》等农村产权流转的配套办法和流转的相关程序，建立全国首个农村产权综合交易平台，在区（市）县建立了农村产权交易分所，在乡镇建立了农村产权流转服务站。

2. 推进农村土地管理制度改革。一是坚持规划先行，实施土地整理和项目挂钩。成都市依据新一轮土地利用总体规划、城乡总体规划和产业发展规划等，按照田、水、路、林、村综合整治，因地制宜、先易后难、循序渐进的原则，认真编制了《成都市土地整理规划》、《成都市土地整理近期实施规划》和《城乡建设用地增减挂钩专项规划》，为应对土地整治项目和挂钩项目综合效益不明显的问题，从2008年开始实行土地综合整治：即把土地整理项目和挂钩项目结合起来，一并实施，切实发挥综合整治效益。二是坚持资源整合，形成集成效应。通过整合资金和力量，变国土部门"单兵突进"为各部门共同管理、共同负责、协调推进。建立国土部门主导，市、县两级建设、规划、农业、财政、水利、交通、监察等部门通力协作、共同推进的工作机制。坚持以国土部门土地整治专项资金投入为主，农业、水利、交通等部门的涉农资金为辅，将中低产田改造资金、农田水利建设资金、"六小工程"资金、农村道路建设资金、农业开发资金等一并纳入专项资金账户统一安排使用（即："1 + N"的资金整合模式）。三是坚持"四性"原则，高标准建设新农村。按照新农村建设"发展性、多样性、相融性、共享性"的四性原则，统筹推进农民生产方式和生活方式转变。鼓励耕地规模化经营，培育和发展现代农业，推进农业产业化发展；充分利用自然地形地貌和民风民俗，在建筑形态、环境、材质、色彩等方面塑造各自特色；把保护自然资源、发展乡村旅游和农民集中居住区建设相结合，实现建筑与环境协调、自然与人文和谐相融；统一规划修建水电气、道路、通讯、文化休闲等配套基地设施，以及社区服务中心、医疗室、治安室、商店、广场等公共设施，逐步实现城乡基础设施和公共服务均衡化。

3. 推进投融资体制改革，完善多元化投入机制。一是探索扩大农村抵押担保物范围。出台《成都市农村产权抵押融资总体方案》以及配套的《成都市集体建设用地使用权抵押融资管理办法（试行）》，促进农村产业直接向金融机构质押、抵押融资。二是进一步健全农村金融服务体系。成都市已发展了5家村镇银行，兴办了9家小额贷款公司，成都市农村信用社改制为成都农村商业银行，出台了《关于进一步推进成都市农村信用社体系建设的意见》，农村信用社环境进一步改善，农村金融机构加快发展。三是加快发展农业农村保险。开展农村小额人身保险试点，进一步扩大政策性农业保险覆盖面，新增油菜为政策性农业保险品种。四是建立政府引导、市场运作的投融资平台。组建了市级政策性现代农业发展投资公司和小城镇、建设投资公司，多渠道增加对"三农"的投入。

4. 推进农村管理体制和运行机制改革。建立健全农村新型基层治理机制，按照"一加强、两完善、三分离"的原则（即加强和改进农村党组织的领导，构建村级治理框架；完善农村公共服务和社会管理体系、完善集体经济组织运行机制；决策权与执行权分离、社会职能与经济职能分离、政府职能与自治职能分离），以建立村民议事会制度为突破，一是推行村民议事会。建立村民议事会和监事会制度是新型农村治理机制建设的有益探索。村民议事会作为村级自治事务的常设议事决策机构，受村民会议委托，在授权范围内行使村级自治事务决策权、监督权，使村民自治的决策权、执行权和监督权实现了相对分离、相互制衡，保障了村民自治。村民监事会负责对村民议事会议定事项及执行情况进行监督。二是调整村级组织职能定位。调整村委会村级事务决策者和集体经济经营管理者职能，使村委会成为村民（代表）会议和村民议事会的执行者和政府下移公共服务和社会管理职能的承接者。村集体经济组织与村委会逐步分离，成为自主经营的独立市场主体，按照市场经济规律运行。三是优化村级组织运行机制。重点完善民主决策机制，明确村民会议和村民议事会职责范围，健全议事决策规则。完善村务监督机制，健全村级事务监督体系，强化全程监督，突出决策执行监督，健全过程纠错规则。完善集体经济组织经营管理机制，健全法人治理结构，保障集体经济组织依法独立开展经营活动。完善村级公共服务机制，健全城乡一体的公共服务和社会管理体系，形成覆盖农村基层的服务网络。四是在市县级层面强力推进行政管理体制改革并积极探索政治体制改革。

5. 推进农村公共服务和社会管理改革。村级公共服务和社会管理改革目的在于提高农村公共服务和社会管理水平，促进城乡基本公共服务均等化。一是界定农村公共服务和社会管理范围，建立分类供给机制。明确供给责任，将村级公共服务和社会管理分为文体、教育、医疗卫生、就业和社会保障、农村基础设施和环境建设、农业生产服务、社会管理7个大类59个具体项目。分类供给内容、供给主体、供给方式等都做了细化明确。按照“公益性服务政府承担、福利性服务适度补贴、经营性服务推向市场”的思路，明确了政府、村（涉农社区）自治组织和市场主体的供给责任。引导社会力量参与村级公共服务和社会管理。二是加大公共财政投入力度，建立经费保障机制。建立公共服务和公共管理村级专项资金，从2009年开始，各级政府将公共服务和公共管理村级专项资金纳入财政预算，根据经济社会发展水平制定了每个村（含涉农社区）至少20万元/年的经费标准，市县两级财政实际划拨专项资金76 756万元。对近郊区（县）按照市、县两级财政5:5的比例，远郊县（市）按照7:3的比例分级负担。实施公共服务和公共管理村级融资建设项目，市政府确定以市小城镇投资公司作为融资平台，按照《成都市公共服务和公共管理村级融资建设项目管理办法》，村（涉农社区）在民主决策的基础上，可以按专项资金标准最多放大7倍向小城投公司融资，用于村一级的基础设施和公共服务设施建设。三是因地制宜做好规划，建立设施统筹建设机制。按需编制村（社区）规划。对有大型产业化项目的村（社区），依据相关要求编制较为详细的村（社区）规划；对以传统农业为主、目前尚无大型产业化项目的村（社区），先编制公共服务设施、基础设施布局规划。村（社区）规划的编制以乡镇为主体，区（市）县规划部门牵头协调教育、卫生、文化、交通、水务、农业等部门，结合镇（乡）域规划和各部门专项规划，对村级公共服务设施、基础设施布局规划进行审查，出具意见书报统筹部门备案。四是整合资源，统筹建设。按照统筹推进“三个集中”的原则，突出重点，因地制宜，整合村级公共服务场所、设施等资源，优化功能，集中投入，统筹建设村级公共服务设施，促进公共服务和社会管理职能有序向农村延伸覆盖。

（四）以实现六个一体为目标，切实推进各项工作

1. 推进城乡规划一体化。着眼于城乡经济、社会、自然和人的协调发展，结合土地利用总体规划和城市总体规划修编，高起点、高标准、高质量地编制城乡一体发展的各项规划，打破城乡规划分割的格局，建立了城乡一体规划新格局。

2. 推进城乡产业布局一体化。从完善城镇功能和加快城乡经济一体发展出发，按照集约发展、效益优先原则，进一步调整和优化城乡产业布局，进一步优化城乡产业布局。促进三次产业协调发展，坚持“一二三产业互动、城乡经济相融”的原则，促进城乡一二三产业有机融合、协调发展。重视大型工商企业的配套协作，培育一批中小企业群体，开发附加产品及服务项目，延长了产业链。

3. 推进城乡就业和社会保障制度一体化。市委、市政府先后出台了5个关于统筹城乡充分就业的配套文件，争取成为国家统筹城乡就业试点城市。建立城乡统一开放的劳动力市场，取消对农民进城就业的限制性规定，建立农民工工资支付监控管理制度，健全农民职业培训教育制度，提高农业的就业能力。逐步建立城乡基本统一的社会保障制度，建立以养老保险、医疗保险和最低生活保障为主要内容的农村社会保障制度。

4. 推进城乡基础设施建设一体化。加快城乡网路建设。按照城乡一体化要求，搞好城乡公路网规划修编和调整，加快构建成都市域 1 小时公路交通圈和都市区半小时公路交通圈。完善市域高速公路网，发挥中心城市对周边城市群的集聚和辐射功能。加强城乡水利建设，深化水利体制改革，建立城乡一体的水资源管理体系。以“三治一植”为重点，加强城乡生态建设；建立城乡一体的污染防治监控管理体系，加大对各类污染源的治理力度。

5. 推进城乡社会事业发展一体化。加强农村教育事业建设，按照城乡一体化的要求，着力调整农村教育布局和结构，加快农村中、小学标准化建设；加强农村卫生事业建设，积极推进新型农村合作医疗建设，完成 192 个乡镇卫生院、1 072 个村卫生所和 45 个社区卫生服务中心标准化建设，建立有效的农民健康保障制度；加强农村文化事业建设，加快文化管理体制和运行机制创新，实施了农村特色文化建设和文化服务网络建设等工程，扩大城市先进文化向农村的辐射。

6. 推进城乡政策一体化。2004 年起就在全国率先建立城乡统一的新型户籍管理制度，逐步对本市户籍人口取消农业和非农业的户口性质划分，按实际居住地登记为“居民户口”，在农村有承包土地的，其土地承包经营权可保留，同时依法享有和承担农村集体经济组织成员应有的权利及义务。对市外迁入人员实行准入条件的管理办法，加速城镇人口和人才、资金等生产要素集聚。

二、主要经验和启示

（一）领导重视，社会参与是统筹城乡发展的前提

统筹城乡发展、推进城乡一体化涉及思想观念、发展方式、体制机制、领导方式方法等全面而深刻的变革，需要各级政府和社会各界凝聚共识，把解放思想、真抓实干与实事求是的科学态度结合起来，切实加强领导，精心组织实施，才能扎实有效推进。成都市从 2003 年开始，由市委书记李春诚亲自负责，建立工作机构，配强工作力量，制定政策措施，将任务分解到包括党委组织部在内的政府各职能部门，增强了工作部门的主动性和自觉性。广泛宣传动员，让全市人民了解掌握党委政府的工作重点、目标，用浅显易懂的连环画将统筹城乡发展的好处和做法印发广大农民群众知晓。充分尊重群众意愿，努力做好群众工作，把实现、维护和发展好最广大人民群众的根本利益作为工作的出发和归宿，弘扬敢闯敢试、勇于探索、大胆创新的精神，为推进统筹城乡发展改革创造有利条件。

（二）规划先行，持之以恒是统筹城乡发展的关键

打造全域成都理念，将全域成都进行统一科学规划。进入 21 世纪初即开始部署统筹城乡发展工作。2003 年 3 月确定在所辖双流、大邑等 5 个区县进行加快城市化进程的试点。2004 年发布了《关于统筹城乡经济社会发展推进城乡一体化的意见》，明确指导思想、目标任务、工作重点和政策要求。2005 年，市委提出把推进城乡一体化作为成都经济社会发展总体战略的建议，次年纳入成都国民经济和社会发展“十一五”规划。2007 年，市委、市政府发布《关于推进统筹城乡综合配套改革试验区建设的意见》，2009 年 5 月，国务院正式批复了《成都市统筹城乡统筹配套改革试验总体方案》。多年来，成都市以全

域规划引领城乡统筹，持之以恒推进城乡一体化建设，以创新促统筹，以统筹促发展，开创了统筹城乡的成都模式，得到了国家的认可和重视，成为全国学习和借鉴的典范。

（三）培植产业，壮大经济是统筹城乡发展的基础

成都市坚持一二三次产业互动发展，夯实统筹城乡发展的基础。不断加快新型工业化进程，完成工业集中发展区基础设施投资160亿元，聚集规模以上工业企业1 920户，工业集中度达70%。推进中小企业成长工程，新增规模以上企业500户和销售收入过百亿企业2户。2009年成都规模以上工业增加值1 477.1亿元，增长21.5%；完成工业投资1 254.1亿元，增长32.9%；全年民营经济实现增加值2 389.1亿元，比上年增长17.1%，占GDP的比重达53.1%，对经济增长的贡献率为61.1%。快速发展现代服务业，完善服务业体系，大力发展金融、物流、会展、科技和中介等生产性服务业，着力培育信息、文化、体育等新兴服务业，促进现代服务向农村延伸；实施旅游带动战略，建设国际知名旅游城市。加快建设了国际商贸城等重大商贸业项目，引进投资过亿物流项目10个，新增中外运等知名物流企业8家。2009年成都服务业增加值2 233亿元，增长13.4%。加快推进农业产业化，积极调整农业结构，建设一批规模化标准化农产品生产基地，着力打造西部农业特色优势产业集中发展区、农产品加工中心、现代农业物流中心、现代农业科技创新转化中心。2009年，成都实现生产总值4 502.6亿元，同比增长14.7%，逐步增强的经济实力为进一步推进城乡统筹奠定了坚实基础。

（四）勇于突破，改革创新是统筹城乡发展的动力

成都市坚持以改革破题、以创新推动，深入推进经济、社会、文化和政治“四位一体”的改革创新。探索建立了符合市场经济规律的产权归属清晰、权责明确、保护严格、流转顺畅的现代农村产权制度体系，将农村土地权利“赋权于民，还能于民”。通过改革让一切生产要素、包括资本、技术、经营管理、信息尤其是土地和劳动力，都可以按照人本的思想和逐利的原则，在增长和发展的过程中流动起来，在资本的黏合下，最大化各类生产要素收入。全面实施投融资体制改革，规范和完善要素市场，促进城乡资产经营市场化，农民耕地承包权资本化，农业经营企业化，农村建设投入社会化，充分发挥了市场在资源配置中的基础性作用。通过推进户籍、就业、教育、医疗、科技和文化等改革，促进城乡基本公共服务的均等化，促进了城乡的经济社会的统筹协调发展。

（五）围绕中心，协同推进是统筹城乡发展的核心

成都市围绕创中西部创业环境最优、人居环境最佳、综合竞争力最强的现代特大中心城市，并最终建成“世界现代田园城市”的历史定位和长远发展目标，立足现实基础，把握历史发展机遇，充分发挥比较优势，明确分“三步走”战略步骤，心往一处想，劲往一处使，举全市之力推进统筹城乡发展，推动成都市域经济、政治、文化、社会建设一体化进程。正确处理改革发展稳定的关系，积极争取国家支持，明确各级各部门职责，推进部门联动、上下互动的试点工作推进机制，积极有序推进配套改革试点进程。

三、推进我省统筹城乡改革发展的六条建议

我省2008年起先后在曲靖市麒麟区和红河州开远市开展统筹城乡发展改革试点工作，取得了一定的成效，得到省委和省政府有关领导的肯定。但总体上看，我省在此项工作中办法措施还不多，工作力度还不大，成效亦还不十分显著。在学习借鉴成都经验的基础

上，结合实际，提出我省推进统筹城乡发展改革的六条建议。

（一）提高对统筹城乡发展重要性的认识，在进一步解放思想上求突破

统筹城乡发展，居“五个统筹”之首，是科学发展观的重要组织部分，关系到改革开放和社会主义现代化建设全局。推进统筹城乡改革发展，加快破除城乡二元结构，不仅是构建新型工农城乡关系、推进城乡经济社会发展一体化的根本途径，也是加快完善社会主义市场经济体制、保持经济社会长期可持续发展和促进社会和谐的重大战略性任务。国家发改委已将统筹城乡发展改革作为全国改革试验区建设的重中之重加以推进。在新的发展阶段，我省实现现代化和全面小康社会目标，最艰巨繁重的任务在农村，各级各部门要进一步解放思想、提高认识、大胆突破、勇于创新，把统筹城乡发展作为我省农业产业化、新型工业化、新型城镇化和教育现代化四轮驱动的重要抓手，加快我省统筹城乡发展的步伐，推动全省经济社会又好又快发展。

（二）注重科学规划，在城乡空间有序融合上求突破

我省在推进城乡统筹发展进程中，要把规划作为城乡一体化发展改革的龙头。一是确立全新的规划理念。重视规划的先导引领作用，确立开放式、全覆盖、片区发展和多规叠合的规划理念。突破乡镇、村庄行政界限，合理划分主体功能区，形成中心城市、产业园区、生态保护区、特色镇、新型社区、自然村落为载体的市（县）城乡空间布局结构。二是形成城乡一体化的规划体系。市（县）是统筹城乡发展的主体，城镇化是构建城乡一体化新格局的重要载体和推动力量，以市（县）域为空间单元、以中心镇为支点编制城乡总体规划，在此基础上再编制片区规划、重点区域控制性详细规划、专业专项规划、乡镇总体规划、镇村布局规划等。三是建立集中统一的规划管理体制。破除各部门各行业分管、各自独立自成一体，相互缺乏衔接的现行规划体制，把分散的规划职能统一划给规划管理部门，建立定位清晰、功能互补、衔接协调的新体制，建立科学的城乡一体化发展规划体系运作程序。

（三）坚持因地制宜，在加快新型工业化、农业现代化和新型城镇化上求突破

成都及其他开展统筹城乡发展改革较好的地区经验告诉我们，有较强的经济实力和产业基础是统筹城乡发展的必要基础。我省除曲靖、红河州开展的统筹城乡发展要继续推进外，昆明市、玉溪市及大理、楚雄等部分地区也具备了统筹城乡发展的基础和条件，当地党委政府应提高认识，不失时机地开展这一工作。推进工业向集中发展区集中，促进新型工业化；推进农民向城镇集中，促进新型城镇化；推进土地向规模经营集中，促进农业产业化。这“三个集中”是成都市的主要做法和经验，也是沿海及全国其他地区推进统筹城乡发展的重要抓手，我省各级各有关部门应认真学习和借鉴，并创造性地开展工作。加快以现代产业发展为重点的绿色经济强省和民族文化强省建设，巩固提升传统产业，培育新兴产业，促进经济又好又快发展。加快城镇建设步伐，进一步提高城镇化水平，做多、做强、做大各中小城镇。

（四）深化土地管理制度改革，在城乡土地要素市场化配置上求突破

土地管理制度改革，要按照“确权是基础，流转是核心，配套是保障”的思路，在城乡土地要素市场化配置上求突破。一是切实明晰农村土地产权主体。对农民及集体经济组织的承包地、宅基地、集体建设用地、林地等，建立明晰的土地产权关系，进行确权登记，发放使用权证，为市场配置土地奠定基础。二是建立起城乡居民住宅产权同质化为基础的住宅产权登记和交易流转统一管理制度。在规划区内，加快农村土地和住房从实物形态向价值形态转变。三是积极探索农村集体建设用地流转机制。从彻底破除城乡二元结构制度安排、保障农民合法土地权益的高度，逐步改革传统征地制度，将农村集体用地纳入城乡统一的土地市场，与国有土地“同地、同权、同价”，通过招拍挂实行流转，建立起城乡建设用地统筹利用和土地收益统筹分配的土地管理制度。四是鼓励有条件的地区积极探索城乡建设用地增减挂钩。在确保建设用地总量不增加、耕地面积不减少和农民利益得到切实保障的前提下，实行城镇建设用地增加与农村建设用地减少相挂钩的政策，挂钩项目的占补平衡在地区范围内实施，挂钩指标在本地区范围内调剂，充分运用土地级差收入原理，实现土地资源在更大范围内优化配置。

（五）创新政府公共资源配置机制，在城乡基本公共服务均等化上求突破

实现基本公共服务均等化是消除城乡差距的重要标志。一是建立城乡基本公共服务均等化制度体系。建立适应农民生产生活方式转变要求的基本公共服务标准体系，建立保障有力、满足运转需要的公共财政投入保障机制，建立民主决策、民主评议、民主监督的公共服务管理体制，形成覆盖全程、综合配套、便捷高效、城乡统一的社会化公共服务体系。推进户籍制度改革，消除依附在户籍制度上的公共服务和社会福利城乡差别。二是合理配套基本公共服务资源。建立城乡义务教育均衡发展机制，建立城乡居民方便共享的公共卫生和基本医疗服务体系，鼓励医务人员向农村流动。三是推进城乡基础设施一体化。统筹推进城乡交通、水利、电力、电信、环保等重大基础设施建设，加快城乡道路、供水管网的对接，促进城乡基础设施共建共享共用。

（六）着力发展现代农业，在农业发展方式转变上求突破

立足农村现有的基本经营制度，推进农业的规模化、产业化、高效化、组织化和特色化，加快形成现代农业产业体系，促进农业发展方式转变。一是加快农业规模化经营。大力推进土地承包经营权流转，加快发展土地股份合作组织，加快建设农业规模化示范区和现代农业园区的步伐。二是积极发展特色高效农业。大力推进农业技术进步，着力建设一批特色高效农业示范基地，提高农产品竞争力。三是完善现代农业服务体系。推进农业产业化经营，延长农业产业链，促使农业由弱势产业向强势产业转变。加强各类农业产业化服务组织建设，增强农业生产的组织化程度。

（《云南改革报告》2010 年第 8 期）

麒麟区、开远市统筹城乡发展改革调研报告

2008年以来，乘省委、省政府《关于进一步深化改革的决定》（云发〔2008〕6号）发布的东风，曲靖麒麟区和红河州开远市先后开展统筹城乡发展改革试点，并取得积极的成效。为了解两地的推进情况，总结经验，帮助研究破解发展中存在的问题和困难，省发展改革委体改处于近期到两地进行调研，现将有关情况报告如下。

一、曲靖市麒麟区梯级推进城乡统筹发展

2009年11月，麒麟区委、区政府下发了《关于城乡发展一体化建设试点的实施意见》，遵循突出重点、区别对待、分类实施的原则，按照经济社会发展水平、集体经济状况和城中村、城郊村、远郊村及城市规划区内与规划区外等不同类型村的特点，开展城乡发展一体化建设。

（一）全面统筹，科学规划，用清晰的思路引领城乡发展一体化建设

结合曲靖市2020年城市发展总体规划，按照“规划在先，建设在后；超前规划，分步建设”的原则，统筹编制城乡结合部城乡发展一体化建设规划，形成包括产业发展、小区建设、公共基础设施建设、社会事业发展、生态绿化、社会保障、精神文明建设等在内的整体规划。根据各社区经济社会发展、自然地理条件等方面的差异，坚持从实际出发，采取“三个一批”的办法，在科学规划的指导下着力推进环境建设与整治，不断改善城乡结合部居民的生产生活条件。一是城市社区化一批。以重点工程征地拆迁为契机，实施“农民上楼”工程，推行商住分离。新建居民小区基础设施的建设维护以及社区服务等，全部纳入城市建设与管理，一步到位实现城市化。二是规范完善提高一批。加强对已基本成型的村庄进行规范、完善和提升，全面开展村容村貌综合整治行动，切实改善居民生活环境。三是规划整建一批。对农户居住相对分散的村，紧紧围绕城市建设与发展，立足长远、科学规划、分步实施，逐步建成一批集中成型的居民新区。

（二）先行先试，率先突破，用创新的模式推动城乡发展一体化建设

近年来，麒麟区在全面推进社会主义新农村建设中，探索形成了城乡结合部城乡发展一体化建设的四种模式：一是迁村并点、商住分离模式。南宁潇湘三组和寥廓玄坛、南城门十组、西城街道三岔社区鸡街居民小组、珠街小河湾社区等，抓住城中村改造的机遇，盘活资源，融入资金，对接城市规划，融入城市发展，让农民在商业区经营发展，在小区单元房居住生活。二是培育市场、依市兴村模式。把专业市场、专业街建设纳入新村规划，由过去“只顾生产、不问市场”，转变为“市场主导、产销结合”，建立“农户+村组+市场”的模式。如潇湘社区先后建成货运物流一条街、旅店住宿一条街、特色饮食一条街，使农民失地不失业，收入稳步增长。三是统拆统建、集体盘活模式。白石江丰登一

组、沿江庄家圩等村组，保护耕地，节约建设用地，引进学校和企业，拆旧村，建新村，统一规划、统一建设，实行土地合理流转，从而壮大集体经济，增加居民收入，让农民住小区，就近务工。四是镇村共建、延伸辐射模式。对沿江（含珠街）、温泉（含三宝）、越州三组团集镇、村庄进行统一规划，促进产业向园区集中、人口向集镇集中、居住向小区集中，使集镇和小区功能互补、共同发展。目前，全区城镇化率以年均1.5%的速度增长，已达57%。

（三）强化领导，形成合力，用有效的机制保障城乡发展一体化建设

麒麟区在加快城乡一体化建设的进程中，建立健全了五个机制。一是领导责任机制。区委、区政府制定下发《关于城乡发展一体化建设试点的实施意见》统领全区城乡发展一体化建设工作，成立由副市长任组长的城乡发展一体化建设领导小组，要求各试点乡镇（街道）和相关职能部门要及时成立相应的工作机构，配备必要的工作人员和落实必要的工作经费。二是全民参与机制。召开全区城乡发展一体化建设试点动员大会和建设现场会，增强各级领导干部推进城乡发展一体化工作的主动性、创造性和责任感。各试点乡镇（街道）结合学习实践科学发展观活动，把统筹城乡发展、推进城乡一体化作为学习实践科学发展观的主要抓手和整改重点，深入实际摸底调查，做到问计于民、问政于民、问需于民，制订了切合可行的实施方案。三是多方筹资机制。对每个试点村社，区财政补助100万元（西城街道的7个试点社区，由开发区财政每个补助100万元），分两年到位。区财政安排城乡发展一体化建设试点考核奖励及工作经费60万元，2010年、2011年各安排30万元。同时，积极争取省、市资金支持，注重金融资本、社会资金多渠道投入，千方百计多方筹集经费，为城乡一体化试点建设提供资金保障。四是整体联动机制。在城乡发展一体化建设试点中，根据不同部门的职责，提出了不同的服务要求，以文件形式下发，并制定了一月一督查、一季度一碰头、半年一总结、一年一评选的考核机制，真正做到部门联动、齐抓共管。形成了区、乡镇（街道）、社区三级干部群众上下联动，全民参与的强大合力。五是督查奖惩机制。把推进城乡发展一体化的工作实绩作为考核各级干部实绩的重要内容，建立相应的统计制度和目标考核管理办法，把各项工作量化分解到各级各部门，实行目标责任制，加强对推进城乡发展一体化工作的督促检查。区城乡发展一体化建设领导小组办公室牵头对各试点乡镇（街道）的工作进行督促检查，建立责任明确、绩效考核的工作机制，确保城乡发展一体化建设的各项工作落到实处。

二、红河州开远市综合推进城乡统筹发展

开远市委、市政府高度重视统筹城乡工作，成立了以市委书记为组长的统筹城乡发展领导小组，组建“统筹办”负责具体工作，制定出台了《开远市统筹城乡发展试点指导意见》和《开远市统筹城乡发展试点实施意见》，明确了统筹城乡发展规则、新型空间格局、产业发展、基础设施建设、社会事业发展、劳动就业、社会管理、生态建设、综合改革“九大统筹”任务，推进产业向优势特色区域集中、农村土地向合作经济组织和种植大户集中、工业向产业园区集中、人口向中心村和城镇集中“四个集中”，采取有力措施推进试点，取得了明显成效。

（一）以基础设施建设为突破口，促进城乡基础设施迈向一体化

以解决农民行路难、饮水难、就医难、就学难、用电难、看电视难、照明难、入厕

难、洗澡难、安居难、燃气难、娱乐难、养老难、保健难等“十四难”为统筹城乡发展的切入点，狠抓农村交通、水利、环境、能源和信息化等工作，构建了城乡衔接的路网、水网、电网、信息网、销售网和生态网，推进了城乡生产、生活、生态一体化。

（二）以产业建设为根本支撑，促进城乡经济统筹发展

开展了土地集零为整工作，实现土地集零为整 3 753 亩，带动了土地流转 18 295 亩，方便了群众，推进了农业规模经营。实施了“5510”工程，发展了 5 万亩优质稻、5 万亩甘蔗、5 万亩烤烟、5 万亩温带特色水果及 10 万亩以核桃为主的林产业、10 万亩蔬菜基地，农业产业化进一步形成，现代农业建设取得了新进展。加大对有机绿色食品、无公害生产基地、农产品以及商标注册的扶持、促进，目前，全市已建成无公害生产基地 17.58 万亩，无公害认证农产品 3 个、绿色食品 2 个，农业生产的层次和水平得到了较大提高。扶持和引进农业龙头企业 31 个，发展农民合作经济组织 42 户，农民协会 15 家，提升了农业产业化经营水平。推动了农村劳务经济的发展，解决了农村 1.9 万人的就业问题，有效增加了农民的收入。大力推进新型工业发展。实施“上大项目、大上项目”战略，推进新型工业化，突出发展新型煤化工、电力、建材等支柱产业，制定特殊优惠政策着力推动中小企业发展，

（三）以社会事业建设为重要内容和重要抓手，促进城乡社会事业统筹发展

市委、市政府提出新农村建设“三大主体论”。三大主体即党委政府、基层组织、农民。党委政府干公益的事，基层各种组织发动和组织农民干集体的事，农民干自己的事、参与集体的事、支持公益的事。市委、市政府把加快农村社会事业发展作为重要抓手来看待、作为不可缺少的重要内容来抓，促进了农村社会事业的全面、较快发展。

（四）以社会保障建设为着力点，促进城乡社会保障统筹发展

逐步建立起的广覆盖、保基本、多层次的农村社会保障体系，在促进农村和谐、稳定等方面发挥出了积极的影响和作用。开远市 2006 年建立了农村低保制度，对人均年收入低于 840 元的农民给予补贴，共有 2 118 户、7 000 人享受农村低保。深入实施新型农村合作医疗，实行城乡居民同比例报销医疗费，农民大病报销最高额度达 15 万元，为红河州最高标准。为失地农民提供生活保障，对全市 5 600 多名失地农民每人每月给予 156 元的生活补助。率先实施了农民工养老保险补贴，对全市辖区内为农民缴纳养老保险的企业，财政给企业每人每年 500 元的补贴。在全州率先实施农民工参加基本医疗保险补助，将农民工纳入城镇居民基本医疗保险。采取免费、补助、奖励、保险等方式实施了覆盖城乡的 83 项民生关爱工程，涵盖了社保、济困、助弱等方方面面，其中有多项在省内外领先。

（五）以努力形成多渠道筹融资机制为杠杆，为促进城乡统筹发展提供有力保障

致力于形成多元化的投入机制，提供资金保障。一是调整分配格局，财政资金大幅度向农村倾斜。2008 年，开远市财政对“三农”投入就达 1.6 亿元，占财政总支出的 14.5%；2009 年，开远市财政对农村和城市投入，基本形成了对半分的格局。二是积极构建融资平台。成立了云南首家新农村投资公司、新农村投资担保公司、城市开发投资公司、小额贷款等公司，拓宽了融资渠道。3 年来，这些融资平台同其他各金融机构一起，为统筹城乡建设提供了 3 亿多元的资金。2009 年，各金融机构投入“三农”的贷款资金达 10 亿元。三是充分调动社会各界的投入积极性。3 年来，各类龙头企业投入“三农”的资金累计达 6.4 亿元。四是充分发挥农民群众投入的主体作用。通过补助水泥、财政奖

励、财政补助及贷款贴息等方式，引导、带动农民投入3.2亿元资金用于村庄建设和改造。

三、继续推进我省统筹城乡发展的五点建议

2010年9月9日，我委发布了2010年第8期《云南改革报告》，在全面总结成都市统筹城乡发展的主要做法和成功经验的基础上，提出了推进我省统筹城乡改革发展的六点建议。结合麒麟区和开远市实地调研情况，我们再提出以下五点建议。

（一）进一步加强领导，建立健全工作机制

统筹发展是全面贯彻落实科学发展观的必然选择，是正确处理工农业关系的根本途径，是破解城乡二元结构的客观需要。目前我省正处在改革开放和全面建设小康社会的关键时期，统筹城乡发展肩负着完善社会主义市场经济体制、推动科学发展的重大任务，做好这一工作将对保持全省经济社会持续、快速、健康发展和建设富裕、民主、文明、开放、和谐云南具有重大而深远的意义。从麒麟区和开远市推进城乡统筹来看，两区（市）都高度重视此项工作，成立了由区（市）长挂帅的领导小组。但由于职权相对较小，推进中困难较多，进展亦不够快，亟待在更高层次加以推进。因此，建议在省级和州（市）级成立相应领导机构，由省、州（市）级领导挂帅，进一步加强领导，推进我省城乡统筹发展。

（二）进一步发展壮大经济，增强城乡统筹发展的动力

统筹城乡发展，要协调推进工业化、城镇化和农业现代化，促进公共资源在城乡之间均衡配置、生产要素在城市之间自由流动，推动城乡经济社会发展，加快建立以工促农、以城带乡长效机制。麒麟区、开远市及我省其他地区，在推进城乡统筹时，要将发展壮大区域经济、特色经济作为工作重中之重，统筹协调三次产业全面发展，避免将城乡统筹片面认为仅是建设新农村，要高度重视工业的发展，用工业化推进城镇化，用发展工业的理念来促进农业现代化，进一步增强经济实力，只有经济实现了全面发展，才能激发城乡统筹的活力，增强统筹的动力。

（三）进一步深化改革，扫除城乡统筹发展的体制机制障碍

一要合理配置土地资源。要积极推进全域规划的制订和实施，将农村土地整治和城乡建设用地增减挂钩有机结合，着力盘活农村存量建设用地，引导和规范农村闲置宅基地合理流转，更多利用市场机制探索进城农村人口土地承包权、宅基地退出和补偿机制，促进土地向适度规模经营集中、居住向中心村镇集中、产业向园区集中。二要大力推进城乡公共服务水平的均等化。对涉及区域、城乡和不同社会群体的利益格局进行调整，深入推进涉及面较宽的户籍制度改革，尽快实现城乡之间基本公共服务制度的衔接和统一。三要加快产权制度改革。我省在城镇化进程中，一部分农村土地要转变为城市建设用地，将会产生巨大的土地级差地租，要继续探索建立归属清晰、责权明确、保护严格、流转顺畅的现代农村产权制度，依法保障农民对承包土地的占有、使用、收益等权利和农户宅基地用益物权，建立健全土地承包经营权流转市场和城乡统一的建设用地市场，通过明晰产权和健全市场机制切实保护和提高农民的财产性收入。

（四）进一步加大支持，形成统筹城乡发展改革的合力

麒麟区和开远市开展统筹城乡发展改革，得到了省委、省政府有关文件的批准和认

可，省有关领导也给予了高度的关注。省级各相关部门特别是发改、财政、农业、建设、国土、交通等应进一步提高对统筹城乡发展的认识，加大支持力度，从规划、基础设施建设、产业发展、社会事业建设等方面给予项目、资金、政策等扶持，形成部门联动、上下互动、社会推动的改革试点工作推进机制，形成统筹城乡发展改革的合力，增强两地及其他开展同样工作地区的发展动力。

（五）进一步加强宣传引导，鼓励支持有条件的地区积极开展城乡统筹探索

在我省滇中等相对发达地区，已初步具备了以工促农、以城带乡、统筹城乡发展的基础和条件。要加大宣传动员，鼓励和引导有条件的地区积极探索，从不同领域、不同方向开展试点实践，加强对先进省区的学习借鉴，探索更多适应本地区发展的经验和模式。在其他相对落后的地区，也要树立城乡统筹发展的理念，创造条件开展工作，加快推进我省统筹城乡的步伐。

（《云南改革报告》2010 年第 9 期）

部分州市旅游产业发展和改革规划纲要实施情况的调研报告

为贯彻实施国家发展改革委批准的《云南省旅游产业发展和改革规划纲要》，深入推进全省旅游产业综合改革，切实加快旅游“二次创业”，省政府以“云政发〔2009〕150号”文下发了云南省旅游产业发展和改革规划纲要的实施意见。根据实施意见的安排部署，我委体改处相关同志，从2010年4月下旬开始，分别对大理、楚雄、西双版纳、普洱、迪庆等州市及云南世博集团的旅游产业发展和旅游管理体制改革推进情况进行了专题调研，现将有关情况报告如下：

一、进展情况

所到州（市）党委、政府高度重视旅游业发展，紧紧抓住我省旅游“二次创业”的机遇，以旅游开发为重点，加快经济结构调整，依托良好的资源条件和区位优势，充分发挥政府主导作用，整合旅游资源，优化配置旅游要素，明确市场定位，挖掘发展潜力，努力开拓旅游市场，各地旅游经济呈现出高速增长的态势。2000年到2009年，大理州接待游客从525万人次增加到1 141.22万人次，海外游客人数从10万人次增加到35.3万人次，年均增长29%；旅游业总产值占全州GDP的22.8%。截至2009年底，楚雄州共接待国内外游客814万人次，实现旅游业总收入21.6亿元，同比分别增长31.7%和31.5%。普洱市2006年至2009年四年间，共接待国内外游客1 001.75万人次，实现旅游总收入44.91亿元。西双版纳州2009年接待国内外游客732.03万人次，同比增长17.2%，其中：接待海外旅游者15.18万人次，同比增长34.2%，全年实现旅游总收入50.34亿元。迪庆州2009年接待国内外游客526.11万人次，其中接待海外游客65.54万人次，实现旅游总收入54.45亿元。

二、各地主要做法

（一）集中力量，实施大项目带动战略

一是加大投入力度，着力打造特色旅游产品。楚雄投资6亿元、占地1平方公里的禄丰世界恐龙谷于2008年4月18日开园迎宾，成为楚雄州第一个日接待游客1万人、门票收入过百万元的景区；总投资100亿元、占地15平方公里的中国彝族文化大观园项目开发建设进展顺利，彝人古镇1至4期已建成对游客开放。投资200亿元左右，占地50平方公里的世界和平文化园旅游区项目总体规划已通过评审。黑井、石羊、光禄、炼象关和罗婺彝寨5个旅游小镇加快推进建设，累计完成投资2.5亿元。大项目的成功开发和特色产品的打造为建设我省新兴旅游目的地奠定了坚实的基础。

二是激活多类投资主体，推进重点项目建设。以2006年底省政府西双版纳旅游现场

会确定重点支持发展的18个旅游重点项目为抓手，西双版纳州加强招商引资，激活各类投资主体，实施“政府引导、企业为主、行业促进、市场推动”的发展模式，调动了各类投资主体的积极性，不断扩大服务领域，加大旅游开发建设的力度，为当地旅游产品质量提升，推进精品建设，发挥了积极的助推作用。三年来，全州共确定旅游重大重点项目50个，总投资306.16亿元，三年共完成旅游项目投资41.47亿元。旅游重点项目建设和投入使用有效支撑了全州旅游业“二次创业转型升级再创辉煌”目标的实现。

（二）因地制宜，积极推进体制改革

一是稳步推进改革试点。大理苍洱地区旅游发展改革规划已基本完成。云南世博旅游控股集团资产重组和资源整合工作进展顺利，产权关系初步理顺，积极引进战略性合作伙伴，推进以投资主体多元化为目标的股份制改革正在深入，世博股份成功更名为云南旅游。昆明康辉旅行社有限公司的改革方案待批，省旅游投资公司的投融资功能有所增强。丘北普者黑旅游循环经济试点工作取得进展，建立健全旅游产业与生态环境保护的互动运行机制，构建游客容量控制和环境监测的新机制。普洱市计划用3到4年的时间，在全市启动和推广旅游投融资体制、旅游循环经济、旅游与城乡统筹、旅游企业改革、跨境旅游等旅游专项改革，逐一破解普洱市旅游发展的突出问题。

二是深化国有旅游企业改组改制。迪庆州成立了梅里雪山景区管理局、普达措国家公园管理局、松赞林寺景区管理局、东竹林寺景区管理局和独克宗古城管理委员会等综合性的旅游景区管理机构，建立了统一管理、集中开发、规范经营的景区开发模式。组建了迪庆旅游开发投资有限公司，加大招商引资力度，吸引了国内外一批投资商，先后有香格里拉大峡谷、独克宗古城、蓝月山谷、悦榕山庄、天界神川等一大批旅游项目建成或在建。先后组建了国有控股的卡瓦格博国际旅行社经营管理有限责任公司、迪庆藏民家访集团营销中心和迪庆阳光旅游购物有限责任公司等一批集团化旅游企业，增强了迪庆旅游发展的后劲。

三是积极探索改革发展新途径。普洱市深入挖掘地方优势，积极探索旅游经济（区）改革新路。思茅区以弘扬普洱茶文化、打造国际旅游休闲度假之都，探索建立城市与旅游互动发展机制为主题的综合试点改革。澜沧、孟连、西盟三县，依托独特的自然、人文和生态的优势，以文化为灵魂，品牌为先导，突出“景迈澜沧”、“土司孟连”、“西盟狂欢佤部落”主题，全力打造世界级的旅游区，积极探索县域旅游区域合作的新机制。墨江以挖掘北回归线和碧溪风水文化，探索旅游带动县域经济发展的新机制。景东以无量山旅游区开发为主题，将生态保护与旅游开发结合起来，探索旅游扶贫新模式。景谷以举办全国汽车场地越野锦标赛景谷雨林分站赛为契机，建设自驾车旅游大本营，打造国际型的自驾车旅游示范区。宁洱加快旅游商品生产基地建设，探索以普洱茶为主的旅游商品研发模式，提升旅游业开发水平。

（三）创新机制，不断增强旅游发展活力

一是创新行政管理模式，优化旅游发展环境。大理州高度重视旅游二次创业工作，制定了全州旅游二次创业工作、旅游重大项目推进、引进知名品牌酒店、旅行社促销业绩等一系列考核奖励办法，对工作推动有成效的单位和个人给予奖励，对工作不力的实行行政问责，完善了工作激励机制。相关州（市）、县政府围绕工作的重点和难点，在用好用足现有政策的基础上，借鉴其他地区经验，大胆创新、力求突破，切实为重大旅游项目的审批、落地、建设提供高效优质的服务。

二是创新宣传促销方式，有效提升旅游整体形象。西双版纳州通过建立政府、行业协会、旅游企业“经费共担、市场共拓、形象共塑、利益共享”的宣传促销保障机制和政企联手、上下联动的宣传促销运作机制，进一步增强了统筹安排、联合促销的整体意识。全州旅游行业紧紧围绕“热带雨林、和谐家园、避寒胜地、神秘风情”的旅游宣传主题，不断创新宣传方式，全力打造“神奇美丽的西双版纳”旅游品牌，市场拓展取得新突破。2009年3月由《行游天下》杂志社、搜狐旅游、中国旅游胡同社区等媒体联合推出的“中国最美旅游胜地评选”活动中，西双版纳傣族园勇摘中国最美十大主题公园桂冠，西双版纳原始森林公园入围中国最美的十大森林公园第二名；2010年景洪市被国家住建部评为“国家级园林城市”。迪庆州坚持精品名牌发展战略，不断培育和建设精品旅游产品，提高迪庆旅游的知名度和影响力，强力打造和提升香格里拉品牌。实施“捆绑式”的整体营销策略，高密度连续推出精品，抢占市场份额；充分利用广电、网络、平面等媒体促销平台，开展了多角度、全方位的网络营销，全面宣传和展示香格里拉旅游形象，提高香格里拉旅游的知名度和吸引力。

三是加快制度建设，规范旅游发展市场。大理州积极促进旅游管理的立法工作，《大理州旅游管理条例》已经州人大审议通过，正报请省人大批准后颁布实施；进一步健全了旅游业协会的组织机构，修改和充实行业《自律公约》，组建行业自律组织。按照政府实施行业管理和协会开展行业自律的“双轮驱动”模式，引导旅游企业积极参与到整顿和规范旅游市场秩序的工作中来，强化市场规范管理，引导旅游者理智消费，打击“黑社”、“黑导”、“黑车”等不规范旅游经营行为，构建诚信旅游体系；在组建大理州旅游产业发展三大平台的基础上，又组建了“大理散客旅游集散中心”和“大理古城旅游电动车公司”，新的旅游产业发展格局粗具雏形。

（四）更新观念，实现文化与旅游互动发展

一是坚持以大思路为先导推进文化旅游产业大发展。楚雄州提出了“打造彝族文化精品、发展文化旅游产业、建设彝族文化名州”的战略目标，把文化旅游产业作为全州经济发展的五大重点产业之一来培植，坚持围绕建设两大文化旅游经济带，重点抓好三大文化旅游工程，打造四大文化旅游品牌，实施“六个一”工程，建设十大民族文化生态旅游村，把楚雄建设成为集观光、休闲、度假、康体、娱乐、美食、科考为一体的旅游黄金走廊。

二是坚持文化与旅游互动推进文化旅游产业大发展。以创意为先导，凭着“无中生有、有中生奇、敢为人先、争创一流”的精神，楚雄州推出了以中国禄丰世界恐龙谷、元谋东方人类祭祖坛和中国彝族文化大观园为重点的一批文化旅游项目。彝族大型风情歌舞《太阳女》的成功上演，极大地提升了楚雄文化旅游的知名度、品牌美誉度和影响力。深入挖掘彝族文化内涵，加强彝族文化研究与旅游开发项目的结合。初步形成了旅游产业与文化产业资源共享、市场共享、互为支持、互为促进、共同提升的发展新格局。

三是坚持城乡统筹推进文化旅游产业大发展。楚雄州在推进文化旅游产业发展中，依托“彝州乡风文明示范带”的建设，选择交通区位优越、民族文化特色浓郁、生态环境优美、经济发展基础较好的自然村落，进行包装策划、提升打造，使之成为民族文化遗产保护传承和发展乡村旅游的示范基地。全州乡村旅游异军突起，纳入统计管理的乡村旅游接待点达261个，已成为农民群众增收致富的重要渠道。结合城镇化的推进，积极争创优秀旅游城市和打造特色旅游县城。楚雄市启动了创建中国优秀旅游城市的工作；南华县充分依托野生菌资源，大力挖掘、提升县城旅游形象，打造“野生菌王国”；禄丰县以丰富的恐龙化石资源为载体，积极打造特色旅游县城，提升旅游形象；永仁县积极包装、打造“太阳城”特色旅游县城。城乡的有机统筹，推进了全州文化旅游产业的大发展。

三、存在的主要问题

近年来，我省旅游产业得到了长足发展，但从更高层次和更大范围看，仍存在着产业规模“小、散、弱”，竞争力不够强，思想观念还有待进一步提高，体制机制不能适应新形势的需要，休闲度假旅游产品等二次创业目标尚未实现大突破等问题，尤其管理体制不顺、条块分割、无序低价竞争等，更是严重制约了云南旅游的发展。从旅游业体制改革工作来看，主要存在以下问题：

（一）综合改革试点进展不平衡

从四个综合试点推进程度来看，保山腾冲县推进较快，初步形成了全县统筹协调推进旅游产业发展和改革、将旅游产业培育为地方支柱产业的体制机制，尤其是引入社会资金参与县域旅游产业发展方面成效明显。大理苍洱地区统筹各县旅游资源，积极打造环洱海、环大理、环滇西旅游圈，消除地区间的行政壁垒，加强区域旅游合作，开发跨区域精品旅游产品，形成互惠互利、合作共赢的发展格局方面有一定进展。玉溪抚仙湖—星云湖发展改革规划已获省政府批准，环湖旅游项目审批权已集中到市，但澄江、江川、华宁三县统筹协调发展区域旅游的体制机制还未完全形成，未取得突破性进展。昆明世博新区的综合改革，还没有形成省市互动局面，协调机制没有建立，无实质性进展。世博新区范围至今难以确定，试点工作的组织领导还需加强，世博新区核心区部分核心资源面临清理。

（二）专项改革试点推进不理想

景洪（含磨憨、打洛）、河口、瑞丽的跨境旅游试点改革由于受边境旅游管理政策的限制，在边境旅游异地办证政策没有突破的情况下，仍然无法开展较大规模的跨境旅游活动。简化出入境旅游手续，建立旅游“大通关”的运作机制，探索口岸管理协调一体化的新机制，跨境旅游线路的开发和延伸、扩大区域旅游合作等工作受到制约。投融资体制改革专项试点进展不明显。筹建旅游创业投融资担保公司，建立省旅游产业引导基金，引导旅游企业发行企业债券，引入风险投资基金、私募基金进行旅游开发建设等工作进展不明显。10个旅游与城乡统筹改革试点工作还待启动。

（三）体制机制重大政策研究创新力度不够

受金融危机、国家宏观调控、土地、环评、准入等政策的影响，一些地方和相关部门缺乏必要的应对措施，对国家一些政策的研究和把握不够积极，导致项目审批、核准、投融资难度加大，很多项目难以启动，部分重大项目推进较慢。多年来努力推动的客源共享协调统筹机制尚未建立；旅游环线公路建设滞后；文化旅游整体形象不够鲜明，稳定、系统的宣传促销体系和合力尚未形成，对外知名度、美誉度和影响力不高；迪庆州国家公园管理体制亟须完善；与国家相关部委政策对接、争取支持的力度不够等；在工作中，各地、一些部门重发展轻改革，重项目和招商引资，轻体制机制建设的倾向依然存在；在改革路径上，存量改革进入攻坚阶段，难以绕开避让，将涉及越来越多的既得利益调整，阻力在加大。

四、几点建议

（一）进一步统一思想，加大督促检查落实

各州市要深入贯彻落实《国务院关于加快发展旅游业的意见》和《云南省旅游产业发展和改革规划纲要》，紧紧围绕省委、省政府对全省旅游二次创业以及旅游产业发展和改革综合试点工作的决策部署，按照实施意见的要求，坚持“生态为本，文化为魂”，进一步推进四个综合、六个专项、五大体制机制改革试点工作，推动昆明、大理、楚雄、西双版纳、迪庆等州市旅游从单一的观光型向观光、休闲、度假、康体、会展多元型转变，努力把旅游业培育成为我省国民经济的战略性支柱产业和人民群众更加满意的现代服务业。同时，按照省政府“云政发〔2009〕150号”文的安排部署，重点抓落实，建议年底前省旅游产业发展改革领导小组办公室、省政府督查室组织一次督导检查。

（二）全面启动专项改革试点，加大改革支持力度

力争2010年年底前全面启动跨境旅游、企业改革、投融资体制、旅游循环经济、旅游与城乡统筹、旅游与文化产业互动发展六项旅游专项改革试点工作，逐一破解全省旅游发展中的突出问题。积极争取把3A级及以下景区（点）评定、旅行社审批、导游证颁发和导游年检等相关审批权限下放到州（市）旅游局，切实加强旅游市场宏观调控和管理力度。各州（市）、县要围绕试点工作的重点和难点，在用好用足现有政策的基础上，借鉴其他地区经验，在项目审批等方面，大胆创新，积极争取省级相关部门支持，力求突破，切实为重大旅游项目的审批、落地、建设提供高效优质的服务。

（三）抓好政策研究工作，加大旅游发展五大体制机制的创新力度

一是以整合旅游行政资源，转变政府职能，强化服务，强化监管，完善旅游公共服务平台为重点，努力构建更加高效的“政府主导、市场运作、企业主体”的旅游管理体制和运行机制，实现旅游管理由分散向集中转变。二是以完善政府投资决策和引导机制，建立健全旅游投融资平台，引导社会资本跟进为重点，创新旅游投融资机制，切实破解全省旅游建设资金短缺的难题。三是以旅游与文化等相关产业互动发展为重点，以业态和开发模式创新为主体内容，通过延伸旅游产业链带动其产业发展，不断提高旅游产业的综合效益，建立和完善旅游城乡统筹发展新机制。四是以建立五大沿边特色旅游开放区为切入点，着力构建“资源互享、客源互送、引资引智、市场无障碍、企业受益”的区域合作机制。加快推进与国际规则和国际服务标准的对接，创新旅游促进对外开放新机制。五是研究制定旅游重大项目设施景观化、垃圾无害化、污水零排放的建设标准，积极开展旅游循环经济试点，探索旅游建设促进生态环境保护的新机制。

（四）落实好现有政策，继续加大争取国家相关部委的支持力度

认真落实省政府与国土资源部签订的关于探索建立国土资源管理新机制促进云南旅游产业改革发展合作协议，认真研读协议文本，把握政策突破的实质，加快推进《云南省旅游产业土地利用专项规划（2010－2015年）》的编制工作，对旅游重点建设项目给予土地、林地利用方面的政策倾斜，特别是在不占用国家基本农田和环保工作到位的情况下，规范发展高尔夫等休闲度假旅游项目。省级相关部门要认真研究和梳理相关政策，参照海南国际旅游岛建设的相关政策突破，提出云南省在建设、环保、林业、文化、水利、旅

游、基础设施等方面的政策支持要求，尽快与国家相关部委对接，争取支持，签订省部合作协议。

（五）整合资源，进一步加大投入力度

由省级有关部门牵头，进行资源整合，对确定为全省旅游重点建设的项目，在项目单位向银行贷款时给予支持。同时，加大政府引导资金的投入力度，加快旅游企业债券发行、引入风险投资基金、私募基金进行旅游开发建设及旅游企业上市的工作进度。加大对旅游重大建设项目的前期工作经费、项目贴息的支持力度。在保持现有省旅游发展专项资金规模的基础上，省财政每年再安排 1 亿元的旅游综合改革试验专项资金，主要用于改革试点的前期工作、重大项目和公共服务设施建设、招商引资等。

（六）支持鼓励大理、迪庆和西双版纳等旅游资源大州开展旅游管理体制改革试点探索工作

借鉴海南省建立国际旅游岛的经验，强化州级旅游管理体制改革试点探索工作。目前，我省已建和拟建国家公园的地域范围与部分世界遗产地、自然保护区和风景名胜区存在重叠，国家公园的建设和管理与区域内有关部门的行政职权存在一定的冲突。以理顺迪庆州国家公园管理体制为重点，探索成立州级旅游发展委员会的路径和可能。

（《云南改革报告》2010 年第 10 期）

重庆市户籍制度改革引起国内外广泛关注

一、重庆市推进户籍制度改革的背景和意义

当前和今后相当长一段时间，中国城镇化将处于快速发展阶段，推进城镇化是关系现代化建设全局的重大战略。预计在“十二五”期间，我国的城镇化率将突破50%。但是，在快速城镇化的进程中，城乡二元结构并未完全打破，城乡之间由于户籍等因素形成的藩篱将长期存在，大量城市外来务工者并未融入成为真正的“城市人”，也没有充分享受城镇化带来的积极成果。解决户籍制度问题，将是“十二五”期间的重要任务。

2009年中央经济工作会议上胡锦涛总书记指出：“要把解决符合条件的农业转移人口逐步在城镇就业和落户作为推进城镇化的重要任务，放宽中小城市和城镇户籍限制。”2010年的政府工作报告中，温家宝总理也强调“要推进户籍制度改革，放宽中小城市和小城镇落户条件”。这表明户籍制度改革已被提上国家议事日程，并且指明了户籍改革的方向。推进户籍制度改革，是贯彻落实中央决策部署的具体体现。

重庆成立直辖市以来，常住人口城镇化率从31%上升到51.6%；户籍人口城市化率仅从19.5%上升到29%，两者差距从11.5个百分点扩大到22.6个百分点，说明重庆市城乡二元架构并未实现本质性的转变。现有户籍制度已不适应城乡统筹发展、实现全面建设小康社会等战略目标的需要，阻碍了城乡一体化和现代化进程，必须尽快加以改革和破解。

推进户籍制度改革，对于促进重庆经济社会发展、构建和谐社会具有十分重要的意义。一是有利于促进城市人口集聚，加快城市化进程；二是有利于维护农民工合法权利，实现同工同权；三是有利于扩大内需，转变经济发展方式；四是有利于促进城乡要素流动，盘活城乡资源；五是有利于提高农业生产集约化水平，推动农业产业化。

二、重庆市户籍制度改革的核心理念

一是以人为本，充分保障转户居民利益。在户籍制度改革政策设计过程中，重庆市委、市政府把转户居民利益摆在第一位。在推进户籍制度改革的过程中，坚决防止损害农民利益，防止农民流离失所，防止出现城市贫民窟现象，确保农民带着尊严进城、带着财富进城。

二是综合配套，建立完善制度体系。改革力求摆脱“就户籍改户籍”的思路，配套设计了土地、社保、教育、卫生等10个方面的政策，形成了系统的配套制度体系，以实现城乡制度之间的有效衔接，保证农民转户的平衡过渡。

三是自愿有偿，将权利交给农民。在设计户籍改革政策和推进过程中，始终坚持自愿有偿原则。首先，转户自愿。农民自己决定是否转为城镇居民，决不强迫。其次，退地自愿。设计了弹性的退地制度，转户居民可以行使多项自由选择权。再次，退地有偿。转户

退出农村土地的，立即按照有偿的原则给予补偿和补助，充分显化土地的资产价值。增加转户居民的财产性收入。

三、重庆户籍制度改革的总体思路和政策体系

改革的总体思路，概括起来就是“三分”，即：分阶段推进，分群体实施，分区域布局。

一是分阶段推进。重庆户籍制度改革计划分两个阶段推进。2010～2011年，力争用两年时间新增城镇居民300万人，非农户籍人口比重由目前的29%上升到37%。2012～2020年，通过系统的制度设计，建立完善土地、住房、社保、就业、教育、卫生支撑保障机制，进一步放宽城镇入户条件，力争每年转移80万～90万人，到2020年新增城镇居民700万人，非农户籍人口比重提升至60%，形成自由互通、权益公平，城乡一体的户籍制度体系。

二是分群体实施。率先在有条件的重点群体中实施。今明两年重点解决两类七种重点群体的户籍问题，共338.8万人。第一类是有条件农民工及新生代，包括：在主城区务工经商五年以上、在远郊区县城务工经商三年以上的农民工、农村籍的大中专学生、农村退役士兵3个群体。第二类是历史遗留问题，包括：已用地未转非人员、大中型水利水电工程建设失地未转人员、城中村未转非人员、农村集中供养五保对象等4大群体，约44.7万人。解决好这两类群众的户籍问题，既满足了已在城镇长期生活的有条件农民工的转户需求，又解决了因城市化用地产生的户籍遗留问题，为深入推进户籍制度改革奠定了基础。

三是分区域布局。为解决好户籍制度改革后人口大量进入大城市。重庆户籍制度改革实行分区域布局，按照宽严有度、分级承接原则，适度放宽主城区、进一步放开区县城、全面放开乡镇落户条件，力图通过规范设定标准，促进人口在主城区、区县城、小城镇三级城镇体系合理分布，使户籍转移呈现梯次渐进、分布合理的良性发展态势。

按照“三分”的总体思路，重庆户籍制度改革设定了土地、社保、教育、医疗、住房等一系列政策，概括起来就是“335”，即3年过渡、3项保留、5项纳入。

一是3年过渡。对农村土地处置设定3年过渡期，允许转户居民最长3年内继续保留宅基地和承包地的使用权及收益权。对转户居民自愿退出宅基地使用权及农房的，对农村住房及其附着物给予一次性补偿，并参照地票价款政策一次性给予宅基地使用权补偿及购房补助；对自愿退出承包地的，按本轮土地承包期内剩余年限和同类土地的平均流转收益给予补偿，从而避免了农村居民转户急转身。

二是3项保留。为了切实保障农民权益，在户籍制度改革中设计了农村权益3项保留，允许农村居民转户后继续保留农村林地使用权、原户籍地计划生育政策和农村种粮直补、农机具直补等与土地结合的各项补贴共3项权益，最大限度地保障转户居民和利益。

三是5项纳入。农村居民转户后，在就业、社保、住房、教育、医疗五大保障上实现一步到位，与城镇居民享有同等待遇，实现与城镇政策的完全衔接。

四、重庆市户籍制度改革的初步成效

在经历了启动研究、深入调研、集中起草、反复决策、全面启动五个阶段之后，重庆

市户籍制度改革于2010年8月15日正式启动。截至10月17日，全市共办理农村居民转为城镇居民363 207人，其中整户71 863户。从转户情况看，一是在制度改革政策设计的各类重点群体均有转户人员出现，说明政策效应正在逐渐显现；二是转户人员在三级城镇分布相对均衡，转入其他乡镇人数最多，远郊31区县城其次，转入主城数量最少，与设置的转户准入条件相一致。

目前，重庆户籍改革社会反响总体良好，引起全国上下广泛关注。

一是中央和国家部委支持肯定。重庆户籍改革启动后，温家宝总理在中央办公厅《互联网信息摘报》上作出重要批示，要求有关各方关注重庆户籍制度改革。国家发改委、中农办、公安部、人社部等国家部委也密切关注并支持重庆户籍制度改革。国家发改委专题形成了《重庆户籍制度改革的做法与启示》分析报告，已于2010年8月17日以国家发改委《经济情况与建议》报送中共中央办公厅、国务院办公厅以及全国人大和全国政协领导参阅。同时，中农办陈锡文主任赞成重庆户籍改革分两步走的思路，认为重庆当前推进户籍改革是顺时应势之举。中国社会科学院人口与劳动经济研究所所长蔡昉撰文认为，“重庆推行的这一轮户籍制度改革，具有实质性意义，同时满足了均等化公共服务和降低准入门槛两个标准，值得给予认可。”

二是新闻媒体高度认同。据统计，截至目前，共有300多家市内外媒体对重庆户籍改革进行了报道，其中95%以上均持支持肯定态度，如新华社连续刊发了以重庆户籍改革的尝试报道，认为重庆借助市场力量，引导社会各方面分担改革成本，体现了执政理念的变化，已送中央高层领导参阅。《人民日报》分别在2010年7月30日要闻版和8月2日头版连续对重庆户籍制度改革政策体系进行了跟踪报道。中央电视台《今日中国》认为“重庆的户籍制度改革正在打破千百年来形成的户籍障碍”。中央人民广播电台，《新华社每日电讯》、《经济参考报》、《财经》杂志、《农民日报》分别从不同角度对重庆户籍制度改革给予肯定。国外媒体也高度关注和肯定重庆户籍制度改革，如新加坡《联合早报》认为，“重庆这次推出的是全国规模最大，配套最完善的户籍制度改革”。

三是广大农村居民积极拥护。重庆户籍制度改革政策推出后，得到了广大农村居民的热烈响应，大量符合条件的农村居民踊跃申请办理转户。转户数量由启动之初的平均每天1 000多人增长到目前的每天9 000多人。

（《云南改革报告》2010年第11期）

安徽省直管县财政体制改革力度大成效好

为进一步理顺财政分配关系，加快县域经济发展，安徽省从2004年起，全面实行省直管县的财政体制改革，并在实践中不断改进和完善，形成了较为成功的改革模式。

一、改革的背景

一是县域经济缺乏活力，发展缓慢，县级财政普遍困难，县财政的困难基本上要靠省财政帮助解决，省财政实际承担着县财政保工资、保运转的责任。二是绝大部分市级财政自身困难，市带县的作用难以发挥。不仅如此，市财政还不同程度地存在着集中县级财力的问题。三是省财政为缓解县乡财政困难而采取的一些支持政策、补助资金等措施因体制不顺往往很难及时贯彻落实到位。四是省财政难以掌握县级财政的真实状况，信息缺失，不利于省财政加强对县财政的管理和监督。2004年，安徽省决定改革和创新财政管理体制，实行省直管县，加大对县级财政的支持、管理和监督力度，促进县域经济加快发展，从根本上改善县级财政状况。

二、现行的财政体制

（一）管理层级方面

安徽现有17个地级市，5个县级市、56个县、44个市辖区。1994年分税制改革后，实行省管市、市管县的财政管理体制。2004年以后实行省直管县财政管理体制。目前，实行的是省管17个市、57个直管县，市管44个市辖区、4个非直管县的财政体制。省财政通过取消县级原体制递增上解、调减县级原体制上解数额、将相对固定的结算补助和专项上解合并后进入体制基数等措施，进一步规范了省对市、县的财政分配关系（数额直接核定到县）。同时取消了市对县的各种形式、各种名义的财力集中（市级由此造成的财力缺口，省财政予以适当补助），规范了市对县的财政分配关系。

（二）收入划分方面

分税制改革以后，虽然实行省管市、市管县的财政体制，但增值税、营业税都是按属地原则分享，省、市都没有分享县级的增值税、营业税等主体税种；所得税方面，除省属企业所得税作为省级固定收入外，增值税25%部分以及地方税种全部按属地原则划归市县。2004年，进一步调整和完善了所得税收入分享改革方案，所得税收入基数也直接核定到县。同时，省对下的财政体制基数（包括原体制的收支范围和收支基数）、转移支付、重要的结算项目等直接核定到县。同时将中央下划所得税和省属企业所得税全部按属地原则划归市县（中央企业跨地区经营集中缴纳的企业所得税、高速公路经营企业所得税、烟草销售企业所得税、中央下划电力企业所得税、彩票个人所得税地方分享的40%部分仍作为省级收入)。目前除所得税省级分享15%以外，省以下没有再层层划分和分享其他税种，财政收入划分相对清晰，分配关系较为简单。

(三) 体制补助方面

与中央分税制改革时新老体制双轨并行相衔接，省对各市以1993年为基期年，按市应上解省或省应补助的数额，作为各市体制上解（补助）基数，对上解市实行逐年递增上交，递增率5%。从2002年起，又将相对固定的省对下农村税改转移支付、调资转移支付、结算补助等并入体制补助基数（市为定额补助基数），同时取消县级5%递增上缴，减少县体制上缴基数1亿元。调整后，所有县均为体制补助县，财政较弱的四个市为体制补助市，其他市为体制上解市。

(四) 税收返还方面

对于上划“两税”，省对各市、县按基数加增长返还，其中增长返还为上划“两税”增长率的1∶0.15。对于所得税，省按基数返还。

三、改革的基本经验

(一) 创新体制，把减少财政管理层级和理顺分配关系作为省直管县财政体制改革的核心内容

一是建立直接高效的扁平化财政管理体制。实行省直管县财政体制后，省财政在体制补助、税收返还、转移支付、财政结算、资金调度、项目申报、债务偿还、工作部署及联系等方面直接到县。同时，按照“三权不变”原则，将扁平化管理体制延伸到乡镇，全面实施“乡财县管”改革。

二是理顺省以下财政分配关系。取消市对县各种形式的财力集中，明确规定不得将应属于县级收入范围的收入收归市级；调整和完善所得税收入分享改革办法，规范跨地区煤矿生产、卷烟工业企业的税收分配。同时，理顺市辖区和非省直管县财政分配关系，市级财政统一管理非省管县和市辖区财政体制。近两年，各市按照“收入范围明确、支出责任明晰、财力重心下移”的要求，相继调整完善了市对区的财政体制。

三是深化乡镇财政体制改革。结合农村综合改革，以提高乡镇财政保障能力为目标，省财政厅下发文件，进一步明确了县财政支出责任和收入范围，明确了乡镇的支出顺序和支出标准，各地均按省财政厅的统一要求，调整了县对乡镇的财政体制，从体制上确保乡镇工资正常发放和机构正常运转。

(二) 加大支持，把促进县域经济又好又快发展作为省直管县财政体制改革的根本任务

一是进一步提高县级财政保障能力。省财政不断加大对下转移支付力度，中央财政下达到省的转移支付资金，绝大部分都按照重心下移的原则分配到市县。在转移支付资金的安排上，第一，注重统筹省与市县的分配关系，同步建立了规范的市级转移支付和县级转移支付，对15个县改区和4个非直管县享受县级同等转移支付政策；第二，注重资金分配的公平、公正和科学、规范，从2007年起调整和完善了一般性转移支付分配方法，坚持用标准收支统一衡量区域财力差异，优化选择影响标准收支的客观因素，采用公式化方式进行规范化分配，同时大力推进转移支付制度建设；第三，注重资金分配的时效性，尽可能提前下达各类转移支付资金，有利于各地及早谋划，促进资金尽快发挥效益。从2008

年起，每年提前告知下年度省对市县一般性转移支付和专项转移支付预计数，并要求市县列入年初预算，提高预算编制的完整性。

二是进一步激发县级加快发展的动力。通过不断改进和完善，安徽省已基本建立起具有当地特色的均衡性、政策性、激励性相互统一、相互促进的一般性转移支付体系，其中激励性转移支付主要体现鼓励县域经济加快发展。实行税收增长奖励政策，对县级地方企业一般预算收入中的税收收入比上年增长部分，省财政按增收额的20%进行奖励；实行企业所得税增收奖励政策，对县级企业所得税省级分成超上年基数部分全额予以奖励；实行财政强县奖励政策，对2010年财政收入规模超过10亿元、纳入考核范围的18个县（市）奖励发展资金；实行出口退税财政补助政策，对县级出口退税超基数地方负担部分全额给予补助。大力强化对县域经济发展的激励机制，发展越快，得到的实惠越多。

三是进一步增强县域经济的活力。2008年出台了《关于省财政支持县域经济发展的若干意见》，从支持园区建设、支持企业发展、健全体制机制、完善政策措施、拓宽融资渠道等方面提出了22条省财政支持县域经济发展的政策措施，对促进县域经济又好又快发展起到极大的推动作用。大力发展园区经济，积极培育县域经济增长极。安排县域工业园区贴息和奖励资金，筹集安排县域工业园区发展资金，支持县域工业园区基础设施建设和园区企业发展。着力构建信用担保体系，促进中小企业发展。以省信用担保集团为龙头，采取股权投资、资金合作、共设担保基金等多种方式，运用参股、控股、再担保等经济手段，带动县域信用担保体系建设。对纳入省信用担保集团再担保体系的毗邻苏浙两省的县级担保机构，省财政实行贴费政策，并逐步扩大省财政贴费政策覆盖面。建立化解县乡政府债务激励约束机制，减轻县域经济发展负担。全面实施化解县乡政府债务试点，对化解债务确有成效的县实行“以奖代补”。

（三）加强管理，把规范县级财政收支行为作为省直管县财政体制改革的保障措施

一是全面推行规范化的县级部门预算改革。为促进县级财政科学、合理安排预算，省财政建立了县级预算审查制度，对县级预算安排不符合要求的，按规定程序要求其进行调整。在此基础上，经过充分调研和试点，2008年按照统一性和灵活性相结合的原则，将县级部门预算编制的主要模式在全省统一，推进县级部门预算改革高效、规范进行。从编制2009年预算起，全省县（含市辖区）全面实行了规范化的部门预算，有效提高了县级预算编制水平，也为进一步推进预算管理改革，实行省对市县预算的动态监控奠定了基础。

二是选派省直管县财政联络员。2004年，在厅级机关选派了57名处级干部，作为省直管县财政联络员负责对口联络57个省直管县。2007年按照交流轮换、业务处室联络贫困县、南北对调三个原则对直管县重新选派了联络员，以进一步掌握县级财政的真实情况，提高县级财政管理水平，加强省与县之间的工作沟通和联系。

三是加大财政系统培训力度。省财政以业务培训为重点，以提高财政干部能力为核心，以推动财政改革与发展为目标，对全省财政干部开展了大轮训。2009年，共培训108位县（区）财政局长和1 390位乡镇财政所长。

四、改革的主要成效

（一）促进了县域经济加快发展

财政收入增长速度明显加快，对全省财政增收的贡献率进一步提高。2009年，县域财政较快增长的势头仍是财政运行中的突出亮点，呈现出收入增长、速度加快、贡献扩大的良好格局，全省县级财政总收入470.6亿元，比上年增长23.9%，高于全省增幅近7个百分点；增收额占全省增收额的40.3%，比上年提高10个百分点。县域财政已成为全省财政收入新的重要增长极。

（二）增强了县级财政保障能力

随着财政收入的快速稳定增长和省财政支持县域经济发展力度的不断加大，初步实现了县域经济的良性互动发展，县乡财政保障能力显著提高。2009年，县级可用财力671.4亿元，其中地方一般预算收入为285.4亿，占42.5%；税收返还及各项财力性补助为386亿元，占57.5%。与2007年相比，在可用财力增幅中，县级自有收入带动增长26.7%，省补助收入带动增长29%。

（三）转变了县级财政发展理念

实行省直管县财政体制后，为避免各县滋生依赖思想，省财政出台的各项配套措施，在体现规范与公平的同时，注重激励与约束，县财政究竟能从省管县财政体制中受益多少，关键看自身发展。这对县级既是动力也是压力，促使县级注意力最大限度地集中到加快发展、加强管理上来。

（四）提高了财政管理效率

实行省直管县财政体制前，省以下财政管理层级过多，增加了行政成本，降低了财政管理效率。中央、省支持县乡发展的政策、资金、项目等都要层层下达，容易出现截留挪用现象，难以全部、及时落实到位，影响了财政分配的效率。实行省直管县后，减少了管理环节，增加了交流机会，财政工作更加直接有效，显著提高了运行效率。

（五）提升了财政管理水平

省财政厅通过县级预算审查、选派省直管县财政联络员、全面推进统一规范的县级部门预算、加大培训力度等措施，进一步加大了对县财政的指导、管理和监督力度，增强了对县级财政真实情况的了解，发现了县级财政管理的薄弱环节，有针对性地出台了各项财政管理办法和配套措施，县级财政收支逐步规范，财政管理的科学化、精细化水平明显提升。

（《云南改革报告》2010年第12期）

中国“十二五”改革国际论坛论点摘要

——发展方式转变与改革选择

2010 年 10 月 30 ~ 31 日，中国（海南）改革发展研究院、国家发改委体改司、中国经济体制改革研究会和德国技术合作公司在海口联合召开了以“发展方式转变与改革选择”为主题的中国“十二五”改革国际论坛。全国人大法律委员会副主任洪虎，国家计生委副主任赵白鸽，国务院发展研究中心副主任刘世锦，海南省副省长姜斯宪，国务院发展研究中心原党组书记、副主任陈清泰，中国国际经济交流中心秘书长魏建国，中国改革发展研究院董事局主席高尚全，来自中央有关部委、研究机构、高等院校、企业和 25 个省（市、自治区），以及来自联合国、德国、巴西、印度、挪威、越南、吉尔吉斯斯坦、蒙古、波兰、俄罗斯、新加坡、英国、美国、乌兹别克斯坦等国家的官员和学者共计 400 余人参加本次论坛。与会专家就我国“十二五”时期发展方式转变与改革突破等主题进行了深入探讨，我委体改处相关同志参加此次论坛，现将部分专家观点进行摘编整理，供各级领导和同志们参阅。

一、改革成为经济发展转型的强大动力

刘世锦（国务院发展研究中心副主任）：我国劳动力供求关系正在呈现根本性变化，低成本优势将逐步消逝。中国经济增长速度在今后 3 ~ 5 年进入一个次高或者中速增长期，如果我国经济完全以内需为基础，未来 10 年的情形将从目前 10% 的高增长向 6% 的增长转变，现在中央的政策安排就是要控制这个收敛速度和幅度，中速增长将成为今后的常态。

魏建国（中国国际经济交流中心秘书长）：“十二五”是我国经济结构调整和发展方式转型的战略机遇期，也是深化改革发展、扩大我国经济国际影响力、由世界大国走向世界强国的重要历史时期。推动转型，第一，大力发展新兴战略性产业，抢占制高点；第二，加快实施“走出去”的战略；第三，坚持实施“引进来”的战略，加大引进国外先进科学技术和高端人才的力度；第四，加强国际经济合作，特别是要加强与新兴经济体和发展中国家的合作，共同推动国际金融体系改革，建立国际经济合作新秩序；第五，保持人民币汇率稳中有升，推动人民币国际化。

高尚全（中国·海南改革院董事局主席）：我国发展方式转变长期滞后有深刻的体制机制原因。第一，从资源配置来看，我国生产要素市场还不健全，市场机制难以充分发挥作用。第二，从市场主体来看，不少地方政府过多地直接干预经济活动，有的直接成为市场投资主体。第三，从财税体制来看，目前的制度安排不利于节约资源、集约发展。

宋立（国家发改委经济研究所副所长）：工业化、城市化加速与资源环境变化的不期而遇，资源、环境与发展矛盾突出。“十二五”期间我国将面临节能降耗、减排和耕地红

线“三大约束”，逼迫我们加快经济发展方式转变。

曹远征（中银国际控股有限公司首席经济学家）：近年来农村青壮劳动力50%已转入到城市和非农产业，劳动力成本上升了20%，人口红利还能用多久是一个极大挑战。另外，未来10年人口结构中17%是60岁以上人口，未富先老；储蓄率很快会下降，以高储蓄率维持的高投资率将受到威胁，投资驱动型经济增长方式受到严重削弱。

艾森·布莱特（德国技术合作公司首席执行总裁）：金融危机后世界把眼光投向了中国与其他新兴经济体的发展模式。现在，以“金砖四国”为首的新兴经济体面临内在巨大的转型压力。比如俄罗斯面临技术创新放缓、产业结构不合理以及腐败等社会问题；巴西这些年经济增长率低于5%，就业问题再次突出，资源环境对经济增长的约束仍然较大。

二、把人的全面发展作为改革的出发点和落脚点

赵白鸽（国家人口和计划生育委员会党组副书记、副主任）：在新一轮的发展起点上，所有的发展都是为了人，是人的参与，是人的共享。我国的发展将会由以经济建设为中心向以人的全面发展为中心转变，其中经济转变是一个前提。发展目标是实现所有人自由而全面的发展，而不是指少数人、也不是指部分人的发展，其中性别平等和妇女问题应引起高度关注。发展的重点是实施人力资本的综合开发战略，优先投资于人。人口均衡型应该提升到国家战略层面，未来要建立人口均衡型、资源节约型、环境友好型社会。

迟福林（中国·海南改革发展研究院院长）：未来五年，随着内外环境的深刻变化，我国的经济社会发展迫切需要初步实现“四大转变”：即从投资主导转向消费主导、从工业化主导转向城市化主导、从中高碳经济转向低碳经济、从公共产品短缺转向城乡基本公共服务均等化。实现这四大转变将是经济社会领域的一场深刻变革。当前人的自身发展引发的发展型消费需求，已经成为经济社会发展的内生动力，人对物的追求在向自身发展追求的转变。今后我国的发展导向应由经济总量转向国民收入导向的转变，推进由国富优先向民富优先的转变，使发展成果惠及所有社会成员，逐步提高居民的收入水平和消费率，使13亿人的发展型需求成为经济结构战略性调整的巨大推动力。

孙立平（清华大学社会学系教授）：以能动社会的建设为先导，推动公民社会建设，可能是一种更现实的选择。能动社会与公民社会的双重建设，可以以建立劳资博弈机制推动“能动社会”建设，并在劳资双方之间建立起利益均衡的机制，促进劳资利益的均衡。

施巴尼·斯温（印度政府计划委员会发展政策与战略规划司司长）：印度实施“包容性增长”的改革战略，“十一五”计划（2007~2012年）“包容性增长”的重点是解决社会民生和反贫困，强调控制地区差距、城乡差距、贫富差距和社会不平等，把促进社会公平提到新的高度，明确了包括健康、教育、医疗、卫生、贫困和人力发展等社会发展指标目标，加强教育、医疗和农业发展方面的投入和相关改革，提高社会福利，增加国民购买力。为促进包容性增长，印度进一步完善公共治理结构，设立了专门机构（如少数民族事务委员会），规范政府专项支出，建立贫困人口收入信息账户等措施，保障贫困人口和弱势群体的社会权利，提高他们的生活质量。

三、把结构调整作为经济体制改革的主攻方向

刘世锦（国务院发展研究中心副主任）：农业的产业化、现代化，工业主要是制造业

的进一步专业化、高端化，服务业特别是生产性服务业的加快发展，都对中高级生产要素市场化提出了新的要求。人才、技术、金融、教育、医疗、文化领域要素市场化对经济结构的升级至关重要。第一，对教育体制进行减行政化，去官僚化的改革，促进学术主导、知识创造。第二，促使义务教育与职业教育的衔接，培养更多的技术工人，特别是把对农民工的职业教育放在更加重要的位置。第三，深化科研体制改革，促进科研机构和优势产业结合。第四，建立产业政策的竞争导向，改变我国现有世界五百强大多依靠占用资源、行业垄断的局面。第六，推进金融改革创新，为企业特别是创新型中小企业提供有效的支持。

陈清泰（国务院发展研究中心原党组书记、副主任）：要深化国有资产管理体制改革，把全面履行国家出资人职责的三个性质完全不同领域，分立由不同机构承担。第一，政府公共管理部门负责国有资本战略布局和结构调整宏观管理。第二，推进国有资产管理立法，建立一套严格的法律制度和财务制度，明确委托主体和受托主体，明确委托财产的边界、责任和权力。第三，中央和地方政府应按《公司法》，经工商注册分别设立国有资本运营机构，在财政部门和国投公司分别建立资产负债表，形成可以量化评价和可追溯责任的体制和机制。国投公司经营运作的目标、国有资本“进”和“退”的政策，应遵循国有资本经营预算和国有经济布局调整政策，体现政府意志；而经营运作的操作则按市场方式、遵循市场规则。第四，对国有资本运营的监督，国有资本投资控股公司向同级政府报告工作，接受政府授权的部门，要对受托国有资本运营状况、运作的合规性进行审计监督。

高尚全（中国·海南改革院董事局主席）：加快以完善生产要素市场为重点的市场化改革。应进一步深化市场取向的经济体制改革，尽快形成反映资源要素稀缺程度的价格形成机制、公平竞争的市场秩序，充分发挥市场在资源配置中的基础性作用。要遏制资源和要素过度需求引发的外延扩张式增长，要改变定价机制，完善资本、土地、自然资源等生产要素市场，由市场决定稀缺生产要素的价格，完善有利于经济发展方式转变的财税体制、政策体系和制度性安排，调控资源的供给和需求。

迟福林（中国·海南改革发展研究院院长）：“十二五”要以资源红利社会共享为目标，实现国有资源的合理配置。一是反思国有资本配置的基本原则，要把国有资本主要配置在社会领域；二是尽快推进资源税改革，改革国有资源的税费体系，理顺资源性产品的分配格局。要尽快出台详细的《反垄断法》实施细则。尽快建立常态化的垄断行业和国有企业收租分红机制，建议将征收“特别收益金”改为征收“超额利润税”，将垄断利润以税收名义收归公共所有；建立全口径的财政预算体系，尤其是涵盖国有企业的资源使用租金和利润分红。

杨团（中国社会科学院社会政策研究中心副主任）：要让农村跟上整个社会的现代化步伐，农村现有的社会基础结构需要再造。农村不是非主流，农村不是只能够向城市转移。城市的现代化和农村的现代化要能够共进、并行、共存，农村要争取就地实现现代化。这就需要建设新农村综合发展协会——兼有社会功能与经济功能的职业农民团体，是以经济手段完成社会目标的社会企业类型的伞状经济社会组织，是政府各项政策贯彻实施的组织平台，是中国农村实现可持续发展的社会基础结构。其建设应纳入国家重大战略，在“十二五”时期进行政策试验和理论探索。

范金（江苏省行政学院经济社会发展研究所副所长）：要积极推进税收体制从间接税为主向直接税为主的转变，减轻中低收入者的税收负担。积极研究开征财产税、遗产税、社会保障税和环境税，适当扩大消费税的征收范围。在交易环节，通过征收资本利得税和印花税等来缩小贫富差距，并且将这部分税收用于促进低收入群体消费的社会保障支出。

马可·卡布拉（巴西驻华大使馆经济处一等秘书）：巴西一直在推进经济发展模式转变，促进高碳经济向低碳经济发展模式转变。巴西正试图建立资源环境可持续的产业体系和贸易体系。一方面是促进高碳农业向低碳农业转变，建立农业生态区、发展非耕农业，改善农产品贸易结构；另一方面，建立严格的环境立法和环境准入许可等制度保障，大力推进节能减排和再生能源的开发利用。从 2004 年至今，巴西碳排量下降了 70% 左右，单位 GDP 能耗已经远远低于 OECD 国家的水平。目前，巴西可再生能源占能源比重在 44% 左右，达到挪威、瑞典等北欧国家的水平。

四、把理顺收入分配关系作为社会体制改革的主线

洪虎（全国人大法律委员会副主任委员）：把收入分配体制改革作为“十二五”改革的突破口。当前收入分配体制改革既是全社会所关注的热点，又是加快转变经济发展方式的难点，涉及行政管理体制、财税体制、垄断行业改革、民营经济发展、缩小城乡差距、改善公共服务和提高政府公信力等多个领域的改革。

杨宜勇（国家发改委社会发展研究所所长）：2010 年我国城乡居民收入实际增长预计分别为 10% 和 8.9%，与 GDP 增长速度大概同步。中长期要保持“两个同步”，需要加快相应的体制建设。要促进地区间的基本公共服务均等化，加大对中西部地区的资金投入，逐步缩小中西部地区经济发展差距，从而缩小地区间收入差距。

高尚全（中国·海南改革院董事局主席）：保障和改善民生是发展经济的最终目的，也是加快经济发展方式转变的重要内容。经过 30 多年的改革发展，我国已从私人产品短缺时代进入公共产品短缺时代。“十二五”时期，社会体制改革应着眼于实现基本公共服务均等化，更要通过城乡基本公共服务均等化启动农村市场，扩大国内消费需求特别是居民消费需求，增强消费对经济增长的拉动作用。

迟福林（中国·海南改革发展研究院院长）：“十二五”时期，收入分配制度改革成为检验经济发展方式转变成功与否的核心指标。要通过收入分配体制改革，促进城乡居民收入普遍较快增加，满足多数人基本的发展型需求，并建立“藏富于民”的基础制度。这些年财税体制以及相关的结构性改革滞后，是收入分配关系难以理顺的根本原因，“十二五”初期要尽快启动财政税收体制改革。明显加大对所得和财产的征税力度，控制政府财政收入增长速度，大幅调整财政支出结构，保障基本公共产品供给。

收入分配体制改革重在利益关系调整，它涉及国家、企业、居民之间利益格局的重大调整，涉及城乡、地区、行业之间利益格局的重大调整，涉及中央地方利益格局的重大调整，涵盖了经济基础、上层建筑的整体架构，其难度和复杂性远远超出以往的改革。

于吉（国资委企业分配局局长）：深化收入分配改革核心在于扩大国有资本收益上缴范围，提高垄断行业利润的上缴比例，发挥国有资本收益对收入分配调节作用，对垄断行业获取的政策性垄断超额收益进行合理分配，控制垄断行业的工资水平和福利待遇，逐步消除公众对收入分配失衡的感受。

沈坤荣（南京大学经济学院副院长）：要从总需求方面推进我国经济结构转型，改善目前国民收入分配模式，尽快提高“两个比重”。要从两个方面入手建立“两个同步”的稳定机制。一方面，在初次分配方面，应当依照经济发展的客观规律，调整经济结构，促进劳动密集型服务业发展，创造更多的非农就业机会。另一方面，在收入的再分配领域，主要是从收支两方面提高中低收入阶层的实际收入和降低他们的生活负担，最终形成和谐的居民收入分配关系，通过公共支出手段，优化社会消费环境，改善居民的收入预期。

孙立平（清华大学人文学院教授）：收入分配不仅仅是收入问题，更重要的是财富和资源的分配问题。要加强机制建设，尤其是社会建设，建立市场经济条件下的利益均衡机制：一是实现弱势群体与强势群体在博弈能力上的对等或博弈权利上的基本对等；二是实现对强势既得利益集团的社会性制约。

周长城（武汉大学生活质量研究与评价中心主任）：“十二五”应完善工资集体协商制度，从微观层次治理收入分配的过度失衡。即赋予工人团结权、谈判权、集体争议权这三种权力。一方面，推进企业工会制度改革；另一方面完善相关法律法规，尽快对集体合同与工资集体协商制度进行专门立法。

五、把政府转型作为行政体制改革的突破口

高尚全（中国·海南改革院董事局主席）：政府职能转变是经济发展方式转变的关键。应通过加快政府职能转变和深化投资体制改革，消除地方政府投资扩张的冲动，增强其社会管理和公共服务功能。应通过进一步深化行政体制改革，积极推进政府从经济建设型政府向公共服务型政府转变，强化政府的社会管理和公共服务职能，创造有利于经济发展方式转变的行政体制和制度环境。

迟福林（中国·海南改革发展研究院院长）：政府转型决定“十二五”改革全局。解决资源环境约束的矛盾，关键在于经济运行机制由政府主导向市场主导的转变；解决收入分配差距拉大的矛盾，关键在于强化政府在完善收入分配体制中的基本责任；解决基本公共产品短缺的矛盾，关键在于确立政府在公共产品供给中发挥的主体地位和主导作用；解决公共治理建设滞后的矛盾，关键在于加强政府自身建设与改革。过去的改革实践表明，如果不将重点放在政府转型上，行政体制改革很难有实质性突破。

刘国军（广东湛江市委党校教授）：政府应解放思想，实现从“办”文化向“管”文化转变，由直接管理向宏观调控转变。强化服务意识和管理意识，加快文化行政管理部门职能转变，深化行政审批制度改革，健全文化法律法规和政策体系，建立党委领导、政府管理、行业自律、文化企事业单位依法运营的文化管理体制，实现文化产业跨越式发展。

（《云南改革报告》2010 年第 13 期）

专题篇

云南省“十一五”经济体制改革回顾及“十二五”工作打算

“十一五”以来，我省紧紧围绕建设绿色经济强省、民族文化大省和中国连接东南亚、南亚国际大通道三大目标，始终把完善体制机制、拓展发展空间作为加快发展的强大动力，着力破解阻碍科学发展的体制机制，进一步深化重点领域和关键环节的改革，促进经济社会又好又快发展，为“十二五”乃至更长一个时期加快发展奠定了坚实基础。预计全省生产总值从“十五”末的3 462亿元增加到“十一五”末7 000亿元左右，实现翻番；城镇居民人均可支配收入从9 266元增加到15 800元，增长47%；农民人均纯收入从2 042元增加到3 750元，增长53%。

一、“十一五”经济体制改革成效显著

（一）不断加大总体经济体制改革的力度，改革的统筹性协调性逐步加强

1. 加强组织机构建设。通过积极努力，建立了跨部门的改革工作统筹协调机制，于2006年建立了全省改革联络员制度，2010年成立了由省委常委、常务副省长罗正富同志任组长的改革工作领导小组，进一步加强总体经济体制改革的统筹协调，增进各地、各部门在推进改革工作中的协同与配合。

2. 制定年度改革意见。省委、省政府于2008年制定《关于进一步深化改革的决定》（云发〔2008〕6号）。我省以解决发展中存在的突出矛盾和问题为着力点，进一步深化重点领域和关键环节的改革，连续五年发布了《云南省深化经济体制改革意见》，并以省政府文件下发各州市政府、省直各部门贯彻执行，将改革任务进行分解，每年年底进行检查，督促落实各项改革任务。

3. 注重改革总体规划和顶层设计。2009年完成“十二五”改革思路研究，2010年启动并完成“十二五”改革重点领域规划，为新时期推进改革进行超前研究和整体规划。同时开展了一系列统筹城乡发展、垄断行业改革、食品安全等重大课题研究。

（二）稳步推进农村改革，农村发展后劲不断增强

1. 积极推进农村综合改革。加快乡镇机构、农村义务教育和深化县乡财政管理体制改革，落实各项支农惠农政策，建立健全减轻农民负担的有效机制。制定出台了关于深化乡镇机构改革的指导意见；切实抓好农村义务教育保障机制政策的落实，进一步提高农村中小学公用经费补助标准；建立县乡最低财政支出保障机制，健全乡镇财政管理体制，探索建立确保农村税费改革后村级组织正常运转的长效保障机制。

2. 开展村级公益事业建设一事一议财政奖补试点改革。云南省被列为全国首批开展村级公益事业建设一事一议财政奖补三个改革试点省之一。省政府及时制定并下发了《云南省人民政府关于印发云南省村级公益事业建设一事一议财政奖补试点实施意见的通知》(云政发〔2008〕114号),召开了全省试点现场会议,对一事一议财政奖补试点改革工作进行了全面部署。目前,试点工作已在全省全面推开。2010年,中央和省级财政加大投入力度,拨付一事一议财政奖补资金17.22亿元,比上年增加7.25亿元,增长72.7%;全省批准实施一事一议财政奖补项目25 000个,项目总投资达84.1亿元。

3. 积极推进农垦管理体制及运营机制改革。制定了《中共云南省委、云南省人民政府关于深化改革加快农垦发展的若干意见》,对工作任务进行了分解。挂牌成立了省国土资源厅农垦国土资源管理局,研究拟定了《云南天然橡胶产业股份有限公司上市框架方案》。成立农垦工业公司和云南农垦物流有限公司。启动了“云南暨东南亚天然橡胶、化工物资批发市场及物流储运中心”项目建设。2009年12月30日印发了《中共云南省委、云南省人民政府关于推进农垦改革发展维护垦区稳定的若干意见》。推进属地管理,撤销农垦分局,将农场属地到县(市、区)管理。通过建立新型农垦管理体制,充分发挥农垦资源、产业、规模、科技和组织等优势,进一步加快农垦经济发展,全面推动云南农垦“二次创业”。

4. 集体林权制度改革有效推进。从2006年开始,采取试点先行、全面推开、逐步深入等方式,逐步推进集体林权制度改革。经过五年努力,主体改革已基本结束,进入到配套改革阶段,成为全国集体林权制度改革的先行省区之一,也是西部地区最早完成明晰产权任务的省份。截至2010年11月30日,全省共成立林改组织领导机构17万多个,参加林改人员76.01万人;林改资金投入13.43亿元,全省应确权集体林地面积27 277.11万亩,其中,已确权集体林地面积26 861.42万亩,占全省集体林面积的98.4%;确权宗数1 207.09万宗;全省发证本数879.47万本,发证率94.4%。

(三)以制度建设为突破口,进一步加大行政管理体制改革

1. 加强制度建设,促进政府职能转变。2007年实施法治政府四项制度,2008年实施责任政府四项制度,2009年实施阳光政府四项制度,2010年实施效能政府四项制度,进一步强化了行政责任,规范了行政行为和公务员职业操守,提高了政府的执行力和公信力,对进一步深化行政管理体制改革,促进机关工作作风的转变,优化政务环境,加强政府自身建设,促进政府职能转变起到了积极的促进作用。

2. 深化行政管理体制改革,构建服务型政府。一是认真组织实施行政审批制度改革。按照《行政许可法》的相关规定和国务院、省政府关于行政审批制度改革的要求,2008年开展了第四轮行政审批项目的清理工作,对58个省级部门1 107项行政审批项目进行了清理,取消和调整392项,精简率为27%,对保留和下放的审批项目,压缩审批时限1/3以上的占95%。对保留实施的810项行政审批项目,首次向社会公布了目录及审批时限。二是积极推进政务服务中心建设。通过加快全省政务服务中心体系建设,推动政府管理方式向以人为本、便民高效、程序规范、公正透明转变,保障人民群众的民主权利,提高依法行政水平,加强对行政权力的监督,进一步提高了人民群众对政府建设的满意度。三是开展扩权强县试点。2008年底,省政府出台了《关于开展扩权强县试点的实施意见》,在保持现有行政区划不变的前提下赋予试点县(市、区)与地级市相同的部分经济管理权限。首批选择了8个县市区开展试点，目的是通过扩权强县试点，构建事权与财权对等、权责利一致的县域经济管理体制和机制，发展壮大县域经济。

3. 理顺行政执法体制，行政执法行为逐步规范。一是梳理和公告执法依据与执法职权职责。全省各级政府法制机构对本级政府部门的执法依据与执法职权职责进行了梳理，并通过云南日报、云南省政府电子政务网等媒体向社会公布。二是建立健全制度建设的长效机制。先后制定下发了《云南省行政执法责任追究办法》和云南省人民政府《行政执法评议考核办法》、《对州、市人民政府行政执法评议考核标准》、《对省直机关行政执法评议考核标准》等规定，全省行政执法单位基本建立了行政执法责任制、执法过错和错案追究制、依法赔偿制、评议考核制等制度。三是积极推进相对集中行政处罚权和实行综合行政执法工作。全省16个州市政府以及滇池管理局、渔洞水库等都已先后开展了综合行政执法工作。经省政府批准成立的昆明市综合行政执法局、潞西市城市管理综合行政执法局等综合行政执法机构，较好地解决了多头执法、重复执法、交叉执法等问题。

4. 逐步完善监督机制，不断强化行政行为监督。一是创新层级监督新机制，不断规范行政复议工作。制定了《云南省行政复议规定》等制度。加强实地调查取证，推行公开听证，引入专家咨询，强化行政复议监督，切实发挥行政复议化解行政争议的作用。二是建立行政复议与行政诉讼、信访工作联系机制。根据行政复议工作与行政诉讼、信访工作关系密切的特点，各级政府对依法可以通过行政复议或者行政诉讼解决的投诉、请求，由信访工作机构告知当事人可以选择行政复议或者行政诉讼途径；对依法属于复议前置的行政争议案件，积极引导当事人先行复议，降低了群众的上访率。

5. 干部人事制度改革积极推进。试行公务员公开选调制度，研究制定了《云南省州市以上机关公开选调公务员试行办法》、《云南省州市以上机关从基层考试录用公务员试行办法》，加强公务员队伍的建设和管理。结合省情特点研究起草了全省新一轮政府机构改革方案，省级新一轮机构改革已经完成，州市、县级机构改革全面展开。

6. 分类推进事业单位改革取得初步进展。按照政事分开、事企分开和管办分离的原则，对现有事业单位分类进行改革。按照中央编办“事业单位分类改革，条件成熟一家改革一家，时机成熟一个行业推进一个行业改革”的精神，结合我省不同类别的事业单位，加强调研，认真研究，做好准备。

（四）国企改革不断深化，非公经济加快发展

1. 国有资本经营预算、企业业绩考核以及企业重大决策失误追究等制度建设方面有较大进展。制定了《云南省省属企业国有资本收益收取管理暂行办法》、《云南省省本级国有资本经营预算编报试行办法》和《云南省国有企业重大事项决策失误造成国有资产重大损失责任追究暂行办法》，填补了我省国有企业领导人决策失误责任追究制度的空白，得到了国务院国资委的充分肯定。

2. 规范国有资本流动机制工作成效明显。成功引进了一批国内外战略投资者，采取增资扩股、产（股）权转让等方式，对省属企业集团公司实施股份制改造，国有企业和国有控股企业的效益进一步提高，对国民经济发展的支撑作用日益凸显。按照建立完善的现代产权制度的要求，推进国有资本有序流转。努力实现国资监管工作的“四个转变”：即着力推进省属企业从生产经营型向资本运作型转变，着力推进企业发展从资源依赖型向创新推动型转变，着力推进党组织的政治优势向竞争优势转变，着力推进国资监管从管资产向管资本转变。产权交易市场在促进国有产权交易有序流转的同时，将功能延伸至促进各种所有制和多种类型的产权流转。

3. 不断深化以产权制度改革为核心的国有企业改革。2009 年顺利完成新一轮国有企业改革任务，全省深化国企改革的目标任务基本实现，纳入考核的 2 546 户企业，2 521 户已完成预期改革目标，州市企业和省属企业改制面均达 99%。积极稳妥推进政策性关闭破产工作，完成了省政府提出的工作目标。继续推进主辅分离，党政机关与所属 136 户企业的脱钩工作如期完成；433 所企业办普通中小学全部移交地方政府。

4. 以资产重组和资源整合为主要手段，着力调整优化国有经济布局和结构。按照省委、省政府提出的“重组、改造、培育壮大一批”的要求，实施大企业大集团战略，大力推进行业整合重组。实施资源整合，使优质资源向优势行业和企业聚集。积极推进企业股份制改革，企业资本运作成效明显。省国资委履行出资人职责的企业减为 20 户。以云锡公司为主的锡资源整合取得历史性的突破，成为国土资源部推广的模式；以云铜集团为主的铜资源整合、以云天化集团为主的磷资源整合、以昆钢集团为主的铁资源整合、以冶金集团为主的铅锌资源整合、以农垦集团为主的天然橡胶资源整合、以东源集团为主的煤炭资源整合等，都取得明显成效。

5. 建立和完善有效的国有资产监管体系。2008 年 5 月，省委、省政府出台了《关于加强国有资产监督管理工作的意见》（云发〔2008〕10 号），提出在省一级要逐步将经营性国有资产纳入监管范围；在州（市）一级，选择昆明、大理、曲靖、文山等州（市），进行国有资产监督管理全覆盖试点，取得经验后在全省范围内逐步推开。加快建立健全州（市）国有资产监督管理机构，确保国资监管工作机构到位、人员到位和职责到位。省政府分别与省国资委及全省 16 个州（市）人民政府签订了加强国资监管工作年度考核责任书。初步建立了行之有效的经营业绩目标考核责任体系。健全了包括重大决策、重大投资、改制重组、国有产权、法律风险、薪酬分配、统计评价、经济责任审计、财务监督、纪检监察等在内的企业国有资产监管体系。

6. 营造公平竞争的环境，非公有制经济不断发展。近几年我省始终坚持以完善政策法规、营造发展环境、促进加快发展为主线，使全省非公经济总量持续扩大，民间投资平稳增长，已成为我省经济社会，尤其是县域经济发展的重要力量。制定《云南省人民政府关于加快中小企业发展的若干意见》，并配套实施 2008 ~ 2012 年全民创业和非公经济发展两个行动计划。制定和修改完善了中小企业融资相关政策。如《云南省中小企业促进条例》、《云南省银行业中小企业贷款奖励办法》等；探索建立初创型小企业贷款风险补偿机制，实施小企业贷款风险补偿政策。非公有制经济快速发展，对全省国民经济增长的贡献率已超过 40%。

（五）财税、金融、投资体制改革稳步推进，宏观调控体系不断完善

1. 推进财税体制改革。一是理顺省以下财政管理体制。围绕“十一五”规划中提出的目标任务，省财政确立了“保机构运转、保收支平衡、保社会稳定；促财源培养、促结构调整、促财力均衡”的指导思想和“省规划、州市调整、县区努力、乡镇改革”的总体思路。加快公共财政体系建设，在理顺省以下财政管理体制方面取得了一些新进展。制定实施省对州市“十一五”财政管理体制方案，进一步规范了省与州市的收支划分，敦促州市财政调整对其所属县区的财政管理体制，积极向下转移财力；加快县区财源建设步伐，强化县区预算管理，通过县区的自身努力解决其财政困难；加大对乡镇财政监管力度，积极推进乡镇财政“乡财县管乡用”改革。目前已初步完成了“十二五”财政体制预案，进一步调整和完善省对下财政管理体制。二是完善转移支付制度。截至目前，省财政建立了较为完善的转移支付制度，主要包括完善专项转移支付、民族地区转移支付和一般性转移支付制度，使之成为省对县市财政管理体制的基本内容和省政府的宏观调控手段。三是积极推进预算管理改革。在全国率先启动省级预算单位基础信息动态管理，各部门按月申报人员、车辆等基础信息变更数据，定期下达基本支出动态预算，有效解决了预算编制时点与预算年度的差异性问题。进一步规范省级追加预算支出申报流程，推动全省财政追加预算支出审批制度建设。四是建立财政绩效预算管理体系。制定了《云南省财政绩效评价暂行管理办法》，明确了财政绩效评价的范围、对象、主体、工作程序、结果应用等，对全省绩效评价工作提出了新的要求，以制度指导和规范全省财政绩效评价工作。目前全省16个州市财政局都已成立了绩效评价机构。

2. 金融体制改革促进金融与经济良性互动发展。一是金融开放迈出重大步伐。人民币跨境贸易结算试点正式启动，2010年7月27日，跨境贸易人民币结算试点启动。自批准试点以来至2010年11月末，我省相关银行共办理跨境贸易人民币结算业务总金额达74.42亿元，金融开放步伐明显加快。地方法人机构“走出去”迈出实质性步伐，富滇银行老挝代表处成立，成为全国首家在境外设立代表处的城市商业银行；富滇银行在省内已设置9家分支行，重庆分行获中国银监会批复。二是坚持不懈深化银行业改革，不断完善银行机构体系。成功组建富滇银行，积极支持工行、建行、中行和农业银行的股份制改革、邮政储蓄银行分支机构组建；积极引进香港恒生银行在我省设立分支机构；引进深圳发展银行、民生银行、兴业银行等股份制银行设立昆明分行；大力推进云南信托公司成为全国第一批变更公司名称、实施新办法管理的信托机构，稳步实现业务转型，昆明信托公司重组登记及复牌工作也取得突破性进展。富滇银行继续推进集约化改革，整体经营管理水平迈上了新的台阶。截至2010年11月末，富滇银行各项存款余额492.8亿元，比年初增加99.92亿元；各项贷款余额355.28亿元，比年初增加61.7亿元，不良贷款占比1.4%。三是保险市场体系不断健全。全省保险公司主体29家，分支机构2 237家，专业中介机构从无到有，发展到了44家法人机构，94家分支机构，兼业代理机构3 353家。农业保险实现新突破。我省开办的农业保险业务涵盖产业化、市场化程度较高，对地方经济影响较大的优势特色主导产业，烤烟、农房、林业等保险业务实现稳定增长，奶牛、甘蔗等保险业务正积极推动。探索了农村计划生育保险，积极引导保险公司参与新型农村合作医疗业务。围绕城镇郊区失地农民、外出务工农民和水电工程移民等群体的需求，积极发展商业养老、健康和人身意外伤害保险等业务。四是全面推进农村金融体系建设，新型农村金融机构和小额贷款公司快速发展。截至2010年11月末，村镇银行成立7家，存款余额17.24亿元，贷款余额12.39亿元，多家银行正在积极筹建村镇银行；小额贷款公司总数突破200家目标，达228家，比2009年增加101家，共覆盖16个地州90个县区，预计累计发放贷款突破100亿元，新增70多亿元。农村信用社基本完成了产权制度改革。全省农信社农业贷款余额和增量占全省金融机构80%以上，农户小额贷款达到610万户，贷款面达70%，是农村金融的主力军。

3. 投资体制改革全面推进。一是组建专业投资公司，搭建投融资平台。坚持按照现代企业制度运作、多渠道筹集资本金、政府投资主要集中于非竞争性基础设施和公益项目的原则，先后组建了电力、铁路、城投、旅游、农业、公路、水利水电、工业、科技、城乡建设、水务等专业投资公司，至今，全省共有14家专业投资公司。各专业投资公司紧紧围绕我省的投资需求，参与了许多重大项目及重点工程的建设，为我省经济社会又好又快发展作出了贡献。二是完善配套政策体系，进一步深化行政审批制度改革。为建立有利于加快项目审批核准的长效机制，省发展和改革委员会研究起草了《云南省省级重点项目并联并行审批或核准办法》、《云南省重大投资项目审批核准限时办结规定》和《云南省重大投资项目审批核准通报规定》三项制度，并以省政府办公厅文件下发执行。积极拓宽投融资渠道。为进一步开放投资市场，多渠道筹措资金，努力扩大投资规模，省发展和改革委员会研究起草并由省政府下发了《云南省人民政府关于进一步开放投资市场扩大投资规模的若干意见》。为建立和完善政府投资项目后评价制度，规范项目后评价工作，提高政府投资决策水平和投资效益，根据《国家发展改革委关于印发中央政府投资项目后评价管理办法（试行）的通知》规定，省发改委起草《云南省政府投资项目后评价实施办法》并报经省政府同意，印发全省执行。

（六）继续推进市场体系建设，市场在资源配置中的基础性作用进一步发挥

1. 进一步完善土地市场及价格形成机制。目前，全省有108个县（市）成立了土地收购储备交易机构，110个县（市）实行了建设用地信息发布制度，建立土地有形市场70个，已经形成了相对完善、规范、有效的市场体系和运行机制，土地市场土地有偿使用比例连年提高，土地市场规范运行制度基本建立。

2. 技术市场健康发展。一是技术市场规模不断扩大，技术合同成交金额逐年增加；二是技术市场服务体系不断完善，培育了一批专门从事技术市场中介服务的专业机构；三是技术市场服务手段和方法不断提高，从2006年起实施了技术合同的网上登记，实现了国家、省、州（市）技术合同登记三级联网；四是按照科技部《关于加快发展技术市场的意见》文件精神和总体部署，结合云南实际，采取有效措施，引导各创新主体积极开展创新活动和技术转移、转化，使技术开发活动成为技术市场主体，政府科技计划外项目首次成为技术交易主流，企业成为技术市场交易活动主体，高新技术产业引领了技术市场发展。

3. 人力资源市场规范发展。通过推进劳动力市场科学化、规范化、现代化建设，全省劳动力市场载体建设形成了以省级劳动力中心市场为龙头，以16个州、市为劳动力分市场，128个（不含丽江市古城区）县级公共介绍机构为骨干、其他民办职业介绍机构为补充的劳动力市场体系。全省统一对劳动力市场的职业介绍服务规则进行了规范，对职业介绍机构的服务流程进行了整顿，实行"一站式"就业服务；推行职业指导员资格制度和就业准入制度，促进职业指导工作和劳动预备制的开展；设立并公布举报信箱和电话，使用人单位和求职者合法权益得到有效及时保护。

4. 资本市场粗具规模。我省资本市场总体呈现平稳健康运行的良好态势，全省共有28家上市公司，68家证券经营机构，2家期货公司。全省累计直接融资达415.95亿元，有力地支持和服务了云南地方经济的发展。同时，紧密结合云南资本市场实际，完成了一系列成效显著、有利于促进我省资本市场健康发展的重大改革举措：完成信、证分业，并在此基础上组建综合类券商红塔证券；稳妥处置恒丰期货公司违规挪用客户保证金风险；

平稳处置云南证券风险；清理大股东占用上市公司资金；证券公司综合治理；全面完成上市公司股权分置改革工作；推动一些绩差公司更换主业借壳重生；开展上市公司治理专项活动；严厉打击我省各种非法证券活动等。以上改革和举措，夯实我省资本市场基础建设，有效化解了社会风险和金融风险，促进了我省上市公司和证券期货公司规范运作，为提高我省上市公司质量和促进证券期货经营机构规范运作奠定了基础。

（七）继续拓宽社会领域改革，社会事业管理体制进一步健全

1. 积极推进科技体制改革，建立促进产学研结合的现代科研院所制度。一是省属科研机构改革取得新的进展。进一步推动有条件的转制院所加快产权制度改革步伐，积极探索公益类科研院所科技创新能力评价方式，深化内部改革，推动建立现代科研院所制度。对省属公益类科研机构开展综合绩效评价，探索各类公益性科研机构持续发展的体制机制。加快构建科技投融资平台，2007 年成立的云南省科技创业投资有限公司运行良好，以新的管理运作模式探索创业投资引导基金发展之路，筛选符合我省产业政策、科技含量高、市场前景好、辐射带动性强的科技成果或项目进行投资，累计投资 1.6 亿元。二是对 22 家转制科研机构努力提供发展的良好政策环境。对应用开发类科研机构推进了以股份制为核心的现代企业制度建设，大力推进用人制度和分配制度改革，使资本、管理、技术等生产要素参与收益分配，建立有效的激励机制和约束机制，“开放、流动、竞争、协作”的新机制正在建立。省橡胶所、省轻工所、省机电所等转制院所开展了产权制度改革试点工作，在现代企业制度建设方面迈出了实质性的步伐。2007 年 2 月，省机电所整体进入民营企业——云立集团，成为我省转制科研机构“国退民进”第一家。省政府批准成立的两家由我省转制院所为主发起成立的高科技股份有限公司——贵研铂业股份有限公司、昆明冶研新材料股份有限公司运转情况良好。

2. 积极推进教育体制改革。完善义务教育经费保障机制，促进义务教育均衡发展，积极推进“两基”攻坚，加强农村义务教育经费保障机制改革。落实“两免一补”政策，全省义务教育公办学校学生全部实现“两免”，其中有 245.8 万名学生享受小学 500 元、初中 750 元的寄宿制学生生活补贴。同时，农村义务教育经费保障机制工作有序推进。义务教育免费教科书循环使用制度启动实施。大力发展职业教育。认真实施“云南省加快中等职业教育发展行动计划”，采取校企结合，校校联合的方式，积极探索职业教育集团办学模式，充分发挥集中建设的职教园区的作用，扩大办学规模。目前已建成轻工业、旅游、交通、冶金、农业、文化、经管等 8 个省级职教集团，国家级重点中等职业学校已达 50 所，省部级重点中等职业学校达 56 所。大力推进高校改革，下发了深化改革大力发展高等教育的决定，明确了高校改革发展的四大改革和五大建设任务。积极探索建立和完善政府对民间资本投入教育的鼓励机制，加大引资办教和银校合作的力度，吸引国内外各个领域的资本向云南教育领域聚集，千方百计吸引社会资本支持教育发展。2010 年民办高校招生 39 027 人，比 2009 年增长 13%。

3. 大力推进文化体制改革。一是制定下发了《中共云南省委、云南省人民政府关于建设民族文化强省的实施意见》。提出了推动云南民族文化大省向民族文化强省转化的目标任务，提出了艺术表演团体、出版、发行、电影等经营性文化单位改革和新闻媒体、文化市场等分类改革的思路和要求，提出要推进体制机制创新、艺术创新、运作方式创新，推进文化与旅游、文化与科技、文化与企业的结合，提高文化产业的规模化、集约化、专业化水平，形成一批富有活力的优势产业群。制定实施了《中共云南省委、云南省人民政府关于进一步深化文化体制改革推进经营性文化事业单位转企改制的若干意见》，明确了文化体制改革的“时间表”和“路线图”，并对改革中人员分流安置、社会保障、改革成本、文化国有资产管理、经济扶持等方面的具体政策进行了明确。二是省级文化事业单位改革基本完成。新组建的昆明聂耳交响乐团已于2010年3月25日挂牌运营。省京剧院、省滇剧院、省花灯剧院、省话剧院确定为公益性文化事业单位，进行了以劳动人事、收入分配和社会保障为主体的“内部三项制度”改革。云南艺术剧院转企改制移交云南文投集团经营管理。省歌舞剧院、省杂技团实行整体转企改制已完成人员安置报批方案，正进行工商注册，组建云南演艺股份有限公司。启动了春城晚报社等非时政类报刊转企改制工作。云南人民广播电台、云南电视台整体改革方案已获批准，云南云视传媒集团有限公司、云南云广传媒集团有限公司分别于2010年4月和6月挂牌成立。三是进一步推进文化管理体制改革和文化事业单位改革。省文化市场综合行政执法总队组建各项工作全部完成并步入规范运行轨道。省级电影行政管理体制改革工作完成由省文化厅向省广电局的划转，并开始规范运作。省文化厅所属省文物总店实行转企改制正在推进相关政策落实。四是大型国有文化企业运作不断规范。云南文投集团不断完善发展战略定位和发展基本思路，成立了集团控股企业丽江文投公司，在北京注册成立了云文影视公司，建设云南文化艺术中心、艺术家园区、亚广传媒产业区及云南文苑经营性项目获得进展。云南广电网络集团加快整合步伐，已正式领取企业法人营业执照，推进了与华数传媒集团的业务合作，并于2010年5月签署战略合作协议。积极参与筹建中国广电网络联合发展公司，签署了相关合作协议。

4. 医药卫生体制改革向纵深推进。2009年4月成立医改领导小组及其办公室，医疗卫生体制改革全面启动。按照国家统一部署和我省实际，省委、省政府出台了《关于深化医药卫生体制改革的意见》和《三年实施方案》。经省卫生厅与省财政厅多次协商，形成《云南省2009～2011年医改重点工作投入测算明细表》，预计三年投入医改资金约420亿元。并稳步启动了医保制度、国家基本药物制度、基层医疗卫生服务体系、公共卫生服务均等化和公立医院改革试点五项重点改革。截至2010年12月，全省参加新型农村合作医疗的农村居民人数为3 412.15万人，参合率95.29%，覆盖城乡的疾病预防控制和应急医疗救治体系基本建成。积极引入社会资金参与公立医药机构的改制。出台了发展民营医疗机构的有关政策，促进了民营医疗机构的发展。药品集中采购招标工作深入开展。网上竞价（限价采购）品种达15 000余种。在全省范围内全面推进“药品统一采购、统一配送”的宣威模式，目前已在128个县市区全面开展。在五个省州市三级医院开展了药房托管试点。拟定了公立医疗机构开展“院长公选制、职工聘用制及绩效工资制”和“引入社会资本、发展医疗卫生事业”的指导意见。

5. 就业和收入分配体制改革不断推进，社会保障体系建设力度加大。继续深化收入分配制度改革，规范个人收入分配秩序，着力提高低收入者收入，逐步提高扶贫标准和最低工资标准，建立企业职工工资正常增长机制和支付机制；加强政府调节职能，扩大转移支付，强化税收调节，打破经营垄断，创造机会公平。促进企业、机关、事业单位基本养老保险制度改革，探索建立农村新型社会养老保险制度试点正在16个州市展开；全面推进城镇职工基本医疗保险、城镇居民基本医疗保险、新型农村合作医疗保险制度；完善城乡居民最低生活保障制度，健全社会救助体系。健全廉租住房制度，加快解决城市低收入家庭住房困难。以养老、医疗、失业、工伤、生育保险，城市居民最低生活保障和农村养老保险构成的社会保障体系框架初步形成，社会保障工作稳步发展，基本实现“十一五”计划确定的目标。

二、突出亮点

总体上看，我省已顺利完成了“十一五”规划纲要提出的各项改革任务。经济、社会、文化等各项改革顺利推进，加快形成了促进发展方式转变、实现协调可持续发展的体制机制，对全省持续快速健康发展提供了动力。无论从纵向和横向比，凸显很多亮点：

一是国企改革和国有资产监管体系建设成绩突出。我省在国有资本经营预算、企业业绩考核以及企业重大决策管理等制度建设取得了较大进展，实施了大企业大集团战略，大力推进行业整合重组，实施资源整合，使优质资源向优势行业和企业聚集。

二是集体林权制度改革取得较大进展。昭通、曲靖、文山、大理、保山、德宏、丽江、西双版纳、怒江、临沧等10个州市确权工作基本结束，稳步推进了配套改革。随着林改的深入推进，将尽快改变我省“大资源、小产业、穷林农”的局面。

三是文化改革发展成效斐然。积极推进“三创新”、“三结合”，再创云南文化产业发展新优势。大型原生态打击乐舞《云南的响声》、聂耳音乐节活动等，在全国引起巨大反响，取得了较好的经济和社会效益。文化体制改革工作按照中央和省委、省政府的要求，基本完成了预定的主要任务，结束了多年徘徊的局面，走到了全国的前列。

四是行政管理体制改革取得新突破。2007 年，我省出台了《云南省省属企业国有资产处置审批制度》等四项工作制度，努力规范政府行为，着力打造“法治政府”；2008 年，出台了行政负责人问责办法等四项制度，努力提高政府的服务水平和行政效率，着力打造“责任政府”；2009 年，在全省县级以上行政机关全面推行重大决策听证、重要事项公示、重点工作通报、政务信息查询等四项制度，着力打造“阳光政府”；2010 年，出台了行政绩效管理、行政成本控制、行政行为监督、行政提升等四项制度，着力打造“效能政府”，以提高各级政府的公信力和执行力。这些举措在全国引起了极大关注，也得到了国家领导人的充分肯定。

五是试点正成为推进改革的新抓手。省委、省政府审时度势，2008 年明确了昆明、红河州作为我省统筹城乡综合配套改革试点地区，通过试点的示范和创新，有力地带动了全省改革工作的深入推进。2009 年 4 月，国家发改委批准了《云南省旅游产业发展和改革规划纲要》，将我省列为国家发改委推进改革试验工作联系点，国家旅游局也将我省列为旅游产业改革发展试点省份。省政府印发了《关于云南省旅游产业发展和改革规划纲要的实施意见》。2009 年，我省确定了昆明市石林县、东川区，曲靖市马龙县，玉溪市新平县、易门县，普洱市宁洱县，丽江市永胜县，临沧市云县等 8 个县（市、区）开展扩权强县试点，继而又选择了 3 个县开展了财政直管试点，此举标志着我省探索省直管县、推进县域经济发展改革有重大进展。此外，曲靖市麒麟区开展了统筹城乡发展综合改革试点，怒江州兰坪县开展了工业反哺农业试点。

六是昆明市综合改革成就引人注目。昆明市先后出台了《昆明市深入推进综合改革纲要》等一系列文件。最大限度地精简审批项目、环节、办事程序、审批时限等，市级审批项目由506项精简为96项，行政事业性收费项目由172减至95项，成为全国行政审批项目和收费事项最少的省会城市。同时，在干部任用、选聘、考核、问责等方面，在政府职能转变、建设效能政府，在投融资体制改革等方面都进行了大胆探索和实践，在全国引起很大反响。

七是初步形成了以开放促改革的新局面。近年来，我省抓住中国—东盟自由贸易区建设、泛珠三角“9+2”区域合作等机遇，加大对外开放力度。对外开放不仅促进了我省经济活动与国外市场高效率的经济管理体制和运作机制的对接，也使建设中的新体制接纳了国内外的先进管理体制的优点，科学吸收和利用世界资源条件和先进文明成果，继而推进了改革的步伐。当前我省正在紧紧抓住把云南建成我国向西南开放桥头堡的重大历史机遇，进一步扩大开放，以开放促改革，以改革促开放的良好局面正在形成。

三、主要经验

一是省委、省政府和各级领导高度重视是推进改革的有力保证。2008年，省委、省政府出台了进一步深化我省经济体制改革的意见，并确定在昆明、红河州开展综合改革试点；省政府也连续5年发布了年度改革意见。我省“十一五”改革工作中呈现出的多个亮点，是各级领导高度重视改革的结果。

二是在改革推进方式上，采取了先易后难、循序渐进，实行重点突破与整体推进的有机结合。改革是具有开创性、探索性的工作，选择一些具有代表性的地方、行业、企业进行相关改革试验，有利于防止改革出现大的曲折和失误。同时改革的复杂性，使得必须采取从实际出发、先易后难、由浅入深、循序渐进的渐进式总体改革战略。同时还要抓住一些关键的环节进行重点突破，以此来带动全面改革。循序渐进的改革战略和整体推进、重点突破的改革方式，既使改革保持了必要的力度、速度和连续性，又使改革措施和成效逐步为社会所认识，并获得支持。我省的集体林权制度改革、红河州的户籍制度改革、文化体制改革等都是通过以点到面的改革方式逐步推开的，取得了显著的成效，促进了我省经济社会的健康发展。

三是始终将改革作为促进发展的强劲动力来抓，改革为经济社会发展提供了有力支撑。近年来我省经济体制改革工作取得了显著成效，为经济社会发展注入了强大的动力和活力，极大地促进了社会生产力发展，为实现全省经济又好又快发展创造了良好的体制机制环境。2002年全省经济增速实现止跌回升；2006年全省生产总值一举突破4 000亿元大关，比上年增长11.9%，与2000年相比，经济总量翻了一番；2007年GDP增速达到了12.5%，是1989年以来的最高水平；2008年虽受国际金融危机的影响，但GDP增速仍达11.0%；2009年全省生产总值完成6 168亿元，增长12.1%；2010年全省生产总值预计完成7 000亿元左右。“十一五”期间是全省经济发展10多年来最好的时期。

四是在科学发展观的引领下，及时出台、调整了一系列改革举措。纵观近年来我省的改革举措，无不体现着科学发展和构建和谐社会的理念。为寻求破解长期以来困扰我省经济社会发展的城乡二元经济结构等体制机制障碍问题，我省确定了昆明、红河州开展以城乡统筹为主要内容的综合改革试点；为发挥我省的旅游资源优势，促进旅游业“二次创业”，争取成为全国的旅游产业发展改革试点省份；先在红河州，继而在全省推开的户籍管理制度改革为解决农民进城提供了制度保障；通过深入挖掘、发挥我省民族文化特色优势，以建设民族文化强省为目标的文化体制改革成效显著；为发挥我省面向东南亚、南亚的区位优势，我省不断加大了改革开放力度，及时将“大通道”战略调整为“桥头堡”战略。

五是以推动改革工作的体制机制建设为重要抓手，不断加强改革的统筹协调和总体指导。近年来在省委、省政府领导下，我省不断加强推动改革工作的体制机制建设。自2005年起，通过制定出台年度改革指导文件，加强了对改革工作的总体指导。在每年一次的全省发展和改革工作会议期间及其他合适时机，组织召开全省经济体制改革工作专题会议。为切实履行总体指导和综合协调推进我省改革工作的职能职责，通过积极努力，“十一五”期间我省初步构建了跨地区、跨部门的改革工作统筹协调机制，2006年建立了云南省改革联络员制度，每年召开1~2次改革联络员座谈会；2010年又恢复成立了云南省经济体制改革工作领导小组，省政府分管领导亲任领导小组组长。

四、云南“十二五”深化改革的总体思路

（一）指导思想

高举中国特色社会主义伟大旗帜，以邓小平理论和“三个代表”重要思想为指导，深入贯彻落实科学发展观，按照省委八届八次、九次和十次全委会精神要求，紧紧围绕建设绿色经济强省、民族文化强省和中国面向西南开放的桥头堡战略目标，进一步解放思想，加快改革攻坚，创新体制机制，强化统筹推进，进一步深化经济、社会、文化和行政管理体制改革，使改革开放相促进、改革发展稳定相统一，为加快转变经济发展方式、推动科学发展提供更加强大的动力。

（二）基本思路

基本思路是：以开放的突破实现改革发展的突破，在大开放中推进大改革，在大改革中实现跨越式发展。

对外开放——以整合对内对外区域合作机制为基本平台，以优化开放格局、提高对外开放水平为目标，以构筑连接东南亚、南亚国际大通道为途径，推动对外开放的跨越式发展。

经济体制改革——继续深入推进以投融资体制改革、国有企业改革、城乡一体化体制机制改革、科技创新体制改革和资源环境要素价格为核心的改革，构建桥头堡建设坚实的市场基础。

社会体制改革——大力推动以基本公共服务均等化为重点、以维护民族团结、巩固边疆稳定、促进社会和谐为目标，以加强边境民族贫困地区社会建设为途径的社会体制改革。

文化体制改革——着力推进旅游与文化产业高度融合、公益性文化事业和经营性文化产业和谐发展的文化体制改革。

行政管理体制改革——进一步加快政府职能转变和政府自身建设，打破政府行政壁垒，全力建设法治政府和服务型政府，实现公共服务型政府建设的重大突破。

（三）重点任务

1. 对外开放的主要任务。加快完善对外开放的体制机制，实现开放格局、体制和政策的突破，以改革为动力推进全面开放，构筑全方位、多层次、宽领域的大开放格局，推

动云南跨越式发展。一是构建和完善有利于国际大通道建设的体制机制。完善口岸机制，逐步建立全方位、多层次、信息共享、分工明确、监督有力、事权集中的新型口岸管理体系，建立健全口岸对外联系沟通机制，创新完善通关查验监管模式，探索建立大通关管理体制和管理方式。建立完善跨境经济合作机制，促进跨境经济区建设。完善跨境经济合作区管理机制，推进跨境经济区管理运行机制创新，加快建立综合保税区，构建国际物流大进大出的绿色大通道。二是构建和完善产业开放机制。深化外贸管理体制改革，加快构建资金引进和对外投资的产业合作互利机制。完善招商引资机制，加大产业“引进来”步伐；完善境外投资机制，促进产业开放；完善外商投资管理体制和投资促进合作机制。构建技术交流和人力资源双向合作机制，提升核心竞争力和自主创新能力。三是加快建设和完善区域合作机制。健全对外合作协调机制，完善国际合作机制和对内区域合作机制，建立与泛珠三角、长三角区域多层次、多形式对接机制，积极推进区域间产业转移，完善云南和周边省区的合作机制，促进省内各州市的联合与协作。四是推进金融开放。创新金融工具，建立适应企业“走出去”战略实施的金融保障体系，加快发展地方金融体系，积极扩大人民币跨境结算试点工作，构建财政金融联动机制。

2. 经济体制改革的主要任务。以桥头堡建设为目标，加快市场化改革，推进结构调整，转变发展方式，加快完善市场经济体制，建设绿色经济强省，实现可持续发展，奠定桥头堡的市场基础。一是加快构建环境保护机制。推进环境产权制度建设，建立完善的现代环境产权制度，积极探索建立生态补偿机制。二是实现企业改革的突破。加快推进国有企业改革、调整国有资本配置结构，优化发展环境、推进非公经济发展。三是优化资源价格形成机制，推进财税体制改革。加快构建资源能源价格市场化形成机制，实施鼓励资源节约的税收政策，推进财税体制改革。四是推进农村改革，加快城乡一体化进程。深化土地制度改革，推进土地有序流转；改革农产品价格形成等机制，加强农业合作组织和农村专业合作社建设，继续推进农垦改革，深化林权改革。五是推进科技创新体制改革。创新科技管理体制，大力发展科技中介服务体系，完善科技创新社会化服务机制，推进科技成果转化。六是推进投融资体制改革。转变政府投融资方式，强化企业主体地位，充分发挥投融资公司的作用，理顺地方投融资平台。

3. 社会体制改革的主要任务。把推进基本公共服务均等化作为社会体制改革的重点，探索建立“边疆基本公共服务均等化改革试验区”，切实解决民生问题，促进民族团结，维护边疆稳定。一是加快推进基本公共服务均等化进程。推进教育体制改革，实现教育公平发展；完善基本医疗卫生体系，提高医疗卫生水平；以实现新型农村养老保险全覆盖为重点，全面提升社会保障水平；进一步完善公共就业服务体系；以着力解决民族和边境地区住房问题为重点，加强基本住房保障体系建设。二是调整收入分配结构，缩小收入差距。进一步增加公共服务供给，进一步提高边境贫困地区基本公共服务水平，缩小地区和城乡收入差距。三是完善利益协调机制。构建和完善社会利益协调和矛盾调处机制，建立健全政府与社会组织、社区分工协作的社会管理机制。

4. 文化体制改革的主要任务。创新云南文化大发展大繁荣的体制机制，充分发挥文化建设在促进民族团结、维护边疆稳定、推进经济发展方式转变等方面的重要作用，尽快实现向民族文化强省的跨越。一是改善文化民生，创新文化事业发展体制。创新促进公益性文化事业发展的体制，构建面向基层、面向普通群众的公共文化服务体系，建立促进和改善民族地区、边疆地区、贫困地区文化基础设施建设的体制机制。完善公共文化服务体制，建立健全民族文化传承保护开发机制。二是继续构建文化产业大发展的体制机制。建立有利于民族文化资源优化配置的市场机制和开放型的文化产业发展机制，创新文化产业投融资体制。三是建立和完善文化传播体系，扩大区域文化交流合作。建立区域性国际文化论坛、会展交流合作机制，构建民族文化交流信息平台，改革文化管理体制。

5. 行政体制改革的主要任务。以构建法治、服务政府为目标，加快推进政府转型，强化政府公共服务职能，提高政府效能，为桥头堡建设创造良好的环境，加快推进绿色经济强省和民族文化强省建设。一是调整优化政府公共服务职责分工。强化省级政府的基本公共服务职责，加强州（市）、县政府的基本公共服务职责，明确乡（镇）政府的基本公共服务职责。二是推进省直管县改革。探索将农业大县和边境县纳入财政省直管县改革范围，经济发展到一定规模的县率先实现行政省直管县。三是推进政府自身建设。继续打造法治政府、阳光政府、责任政府、效能政府。全面实施政务公开，建立和完善社会参与机制，强化行政问责机制。

6. 积极开展改革试点。对重点领域和关键环节大胆进行改革试点探索，是新时期推进改革的一项重要措施，也是尊重地方、群众改革首创精神的具体体现，要根据国家的条约，结合云南实际，不失时机地开展改革试点。加快推进昆明、红河州综合改革试点，深化旅游发展改革试点，积极探索省直管县、建立滇东北内陆开放经济圈、推进统筹城乡改革、加快推进工业反哺农业改革等专项改革试点，探索开展边疆民族基本公共服务均等化改革试点，争取建立文化综合改革试验区。

昆明市“十一五”经济体制改革回顾及“十二五”工作打算

“十一五”以来，在省委、省政府的正确领导下，我市全面贯彻落实科学发展观，以加快现代新昆明建设为主线，以改革开放、科技进步为动力，以提高人民生活水平为根本出发点，不断破解阻碍昆明发展的体制、机制等方面的深层次矛盾和问题，促进昆明实现追赶型、超常规、跨越式发展，在新形势下发挥综合改革试点在全省改革开放中的引领作用，为“十二五”跨越式发展奠定了坚实的基础。

一、“十一五”改革推进情况

（一）着力推进行政管理体制改革，建设服务政府、法治政府

完成政府新一轮机构改革，行政效能明显提升。撤销乡（镇）建制35个。开发区和园区实体化管理改革成效显著。深化行政审批制度改革，市级行政审批事项由506项精简到86项，行政事业性收费项目由172项减至85项，下放市级经济社会管理权限62项，成为全国行政审批项目最少、时限最短、收费最低的省会城市。全面建立“最严厉的问责制度、最严格的限时办结制度和最严肃的服务承诺制度”。初步打造“以创业最宽松、社会最文明、人居最安全为目标，以低交易成本、低生产成本、低行政成本、低社会成本为主导”的投资发展软环境。实施重大决策听证制度、重要事项公示制度、重点工作通报制度、政务信息查询制度等阳光政府四项制度，打造廉洁政府、服务政府、务实政府、高效政府和法治政府。

（二）全面推进经济体制改革，进一步优化经济结构

坚持以产权制度改革为核心，以建立现代企业制度和市场化为导向，加大国有资本从竞争性领域退出力度，激活存量、引进增量、做大总量，全面完成国有企业改革任务。非公经济实现增加值935亿元，占全市地区生产总值的44%。组建昆明泛亚产权交易中心。全面推进投融资体制改革，成立发展投资集团公司、建设管理公司、国有资产管理公司，建立“投、建、管”专业化分工、产业化运作的投融资机制。成功试点引进股权投资，推进股权资本市场建设。财政综合改革稳步推进，财力保障、资金安排、预算管理、财政监管等机制逐步建立。推进资源管理体制改革，对城市供水、供气、污水处理、垃圾处理、公共交通等涉及公共资源和公共设施的实行特许经营管理，发挥政府性资源在融资等方面的杠杆效应，最大化地放大政府性资源的效用。积极稳妥推进资源性产品价格和环保收费改革，对我市管理权限内的产品价格，在兼顾成本、社会承受能力和群众利益的原则下，对自来水价格和污水价格（二步水价）、城市生活垃圾处理费、城市基础设施配套费、医疗废弃物处置等进行了调整，制定了二氧化硫排污权交易服务费和危险废物处置价格，探索二氧化硫排污权交易和扬尘排污收费，建立能够充分反映市场供求关系、资源稀缺程

度、环境损害成本的资源要素价格形成机制。积极推进招商引资，瑞士雀巢、法国拉法基等一批世界500强企业落户昆明，引进哈电、中国南车等19家央企，累计实际利用外资和实际到位市外资金分别达28.5亿美元和2 722亿元，是“十五”时期的11倍和9.8倍。

（三）深化社会体制改革，以改善民生为重点促进和谐社会建设

全力推进公立医院改革，全面启动了昆明市公立医院改革试点工作。引进战略合作伙伴参与昆明市人民医院等3家公立医院进行股权多元化改革，形成投资主体多元化、投资方式多样化的办医格局，民营医院达到122家。深入推进教育体制改革，实施城乡免费义务教育，义务教育巩固率达到99%以上。实施职业教育“十一五”攻坚，大力发展职业教育，积极推进安宁、嵩明两个职教基地建设。加大政策落实力度，积极发展民办教育，民办学校达912所，在校生27.6万人。大力推进经营性文化事业单位改革，组建昆明报业传媒集团、昆明演艺集团等五大文化产业集团。深化科技体制改革，面向社会公开发布科技计划项目申报指南，引导市属科研改制机构申报市级科技计划项目。利用改制科研机构的科技资源，加大宣传力度，引导市属改制科研机构积极参与创新型城市建设。完成了10个市属运用型科研机构的改制工作。

二、“十一五”改革主要成效

（一）建立健全了改革推进制度

“十一五”时期，市委、市政府出台了442个规章性和政策性文件，创新6 000多项制度，为城市发展注入了不竭活力。2008年到2010年，昆明在全国所获荣誉30多项。

2008年，昆明确定了转变政府职能大力推进行政管理、促进科学发展，大力推进都市经济、激发创富潜能，大力推进非公经济、推动工作落实，大力推进干部队伍建设等12个方面的207项制度创新任务，并将其细化分解到82个牵头单位。

2009年，昆明重点确定了创新开展效能建设，强力提升行政效率，创新城市规划建设管理体制机制，创新园区管理服务体制，创新总部经济发展模式，创新推进城乡规划、产业发展、基础设施建设等12个方面的108项制度任务。另外，还把省市两会上人大代表、政协委员提出的98项建议、提案，以及政务、村务公开方面的21个项目作为制度创新重点。

2010年，市委、市政府重点确定了建设品质春城、完善现代市场体系、强化生态文明建设，加快创新水环境治理制度等11个方面的284项制度创新项目，一个充满创新活力的创新型城市开始显现。

在制度建设中，许多创举频出，其中，“公开人大代表建议、政协委员提案办理结果”，在全国省会城市尚属首次；《昆明市建立职务犯罪预测预警机制实施办法》在全省及西部省市率先出台后，市人大常委会将其纳入地方性法规。《关于对强行劝酒逼酒酗酒行为进行问责的规定》则在全国公务人员中首开劝酒被罚规定先河。“河长制”被正式纳入地方法规，意味着这个创新性制度将形成河道治理的长效机制。

（二）国有资产配置进一步优化

“十一五”以来，市委、市政府进一步加大国有企业深化改革工作力度，以产权制度改革为核心，以“盘活存量，引进增量，做大总量”和“靠外、靠大、靠强”为战略，以市场化改革为目标，以引进优强战略合作伙伴打造龙头企业，培育壮大优势产业，提升城市综合经济实力为导向，全力推进国有企业深化改革。至2009年底，491户国有企业已全面完成了改革改制。

通过深化改革，引入了16家境内外大型资本落户昆明，对我市市属骨干企业实施了重组整合，使相关产业一步跨入了国内一流行列，有力地提升了区域经济综合竞争力。通过深化改革，吸引了域外资本在昆投入197 516万元和4 738万美元，“十二五”还将投入资金120亿元以上，预计企业年销售收入将增加到300亿元以上，税收超过20亿元，有效盘活了存量，引入了增量，快速做大了地方经济总量。通过深化国企改革，吸纳了国内外一流的高压和特高压输变电技术、大功率发电机制造技术、数控机床制造技术等高端核心技术，现代观光农业、燃气供应、现代乳业生产等领域的产业，引进了现代企业科学的管理体制、优化企业的市场结构和品牌，为区域内企业发展注入新的动力。通过深化改革，使昆明市国有资产从竞争性领域向公共事业领域、从产业领域向基础设施领域转移，政府由拥有资产转为拥有资本，实现了竞争性领域向民营资本、域外资本的全面放开，进一步搞活了区域经济。

（三）投融资改革成效显著

2009年起，昆明启动投融资体制改革，从“有多少钱办多少事”，转向“办多少事找多少钱”，加快投融资公司战略转型，在坚持“投、建、管”分离的基础上，强化政府性资源整合，增强政府投融资平台的融资能力，组建了昆明发展投资集团有限公司、昆明建设管理有限公司和昆明国有资产管理有限公司。鼓励和支持企业创新融资方式，积极推动投融资公司通过股权信托、发行债券、BT等方式创新融资模式。城投公司采用股权融资方式融资22亿元用于二环快速系统建设和羊肠片区土地一级开发，土投公司通过发行信托产品融资19亿元用于草海下穿隧道、西坝路下穿隧道建设，新都公司采用发行信托产品融资14.98亿元用于呈贡新城建设，滇投公司通过发行企业债券融资8亿元用于滇池治理。“十一五”以来，昆明市属投融资公司累计完成融资1 141多亿元，完成投资853多亿元，有力地保障了主城改造、新城建设、滇池治理等重大城市基础设施项目的建设。

（四）新医改增强发展凝聚力

作为全国16家公立医院改革试点城市之一，昆明市按照坚持公立医院的公益性质，通过改革公立医院办医模式、管理体制、运行机制、保障机制，提高医疗服务质量和社会满意度，降低医疗服务成本和医药费用，缓解群众看病贵、看病难。同时，为拓宽投入渠道，吸引社会资本进入医疗卫生领域，鼓励多种所有制形式办医，发展了一批有规模、有质量、有技术、有品牌的民营医院，与现有公立医院形成良性竞争，从外部促进公立医院的自身改革和发展。

一是启动了市第一人民医院、口腔医院、儿童医院等3家医院的股份制改革工作。市一院与云南省城市建设投资有限公司联合成立甘美医疗投资管理有限公司，标志着我市乃至我省第一家“三甲”公立医院成功实行股份制办院。此外，市口腔医院已与通策医疗集团签订合作协议，共同建设全省一流口腔专科医院，公立医院股份制改革有所突破。二是在全国率先开展医师多点执业试点。昆明地区主治医师以上职称的医师，经卫生行政部门批准，就可以利用业余时间开展多点执业，使基层医疗机构、民营医疗机构都能合理合法的使用大医院的优质人才资源，逐步建立各级各类医疗机构高层次卫生人才合理流动机制。经分析评估，现已办理的1 156人多点执业中，在职人员占77.42%，高职以上人员占67.99%。人员流向呈现出市级医院向县级医院和社区服务中心（站）流向、县级医院向乡镇卫生院流向的形势。三是放宽民营医院准入条件，从税费和土地政策优惠、许可准入和人员待遇平等、投资奖励和补偿制度倾斜等角度制定了9个方面的优惠政策，同时建立公共财政激励办医机制。目前，昆明地区民营医院机构数达到122所，床位数达到7 802张，资产数达到27.8亿元、从业人员数达到9 882人，民营医院数量、床位、资产和人员比2007年增长60.5%、146.4%、379.3%和121.1%，民营医院发展呈现出前所未有的迅猛势头。四是昆明作为云南省国家基本药物制度试点城市，自2010年2月25日起，全市100%的政府办基层医疗卫生机构全部配备和使用基本药物，并实行零差率销售。其他各类政府办医疗卫生机构将基本药物作为首选药物优先使用，逐步取消药品加成。取消药品加成后，各级政府补助基层医疗卫生机构经费共计1.08亿元。截至12月7日，昆明市通过省药品采购平台采购配送药品8.72亿元，其中基本药物2 097个品种、2.11亿元。全市卫生院处方金额平均下降25.33%；社区卫生服务中心（站）平均下降34.7%；村卫生室平均下降20%。

三、"十二五"改革思路

"十二五"时期是昆明重要战略机遇期，是昆明步入更快发展的提速期，我们将紧紧抓住作为省综合改革试点城市的机遇，加快推进以政府转型为主线的行政体制改革、以经济增长方式转变为主线的经济体制改革、以社会公共需求转型为主线的社会体制改革和以统筹城乡为目标的农村综合改革，初步建立比较完善的科学发展体制机制，为建设现代新昆明提供制度保障。

（一）加快推进行政体制改革

以提高政府效能、增强政府公信力为出发点，以建设服务型政府为落脚点，加快推进管理体制创新、运行机制创新，基本完成政企分开、政资分开、政事分开、政社分开任务，推进政府转型，加快建立公共服务型政府。

1. 深化政府机构改革。优化政府结构，深化大部门制改革，明确界定部门分工和权限，强化政府公共服务职能，提升行政服务能力。建立健全决策权、执行权、监督权既相互制约又相互协调的权力结构和运行机制。适时调整行政区划，制定扩权强县、扩权强镇改革方案，科学划分市、县（市）区和乡镇的职责职权，增强县（市）区统筹服务能力。确立各级政府的主体责任，探索建立各级政府事权与财力平衡的体制，实现由层级财政向辖区财政的转型。学习发达地区经验，争取开展"镇级市"试点。全面完成机关后勤服务社会化改革，构建机关后勤服务保障新体制。

2. 深化事业单位改革。逐步完成事业单位分类改革，力争在教育、卫生、文化等领域率先取得实质性突破。按照行政管理类、生产经营服务类、社会公益类三类，对事业单位进行分类定位、分别改革、分开管理。承担行政职能的事业单位逐步转为行政机构或将行政职能划归行政机构，从事生产经营活动的事业单位逐步转型为企业，从事公共服务的事业单位变为非政府组织。采取经费全额拨付、按照项目拨付、购买服务、适当资助或给予其他扶持等多种方式支持公共事业，保障财政资源的公平合理配置和财政资金使用效益的最大化。完善事业单位全员聘用、绩效工资、社会保险等配套制度，在全市事业单位广泛建立全员聘用制度，全面推行绩效工资。

3. 注重提升行政效能。全面落实责任政府四项制度、阳光政府四项制度和效能政府四项制度。深化行政审批制度改革，探索网上审批和上下联动机制。继续下放行政审批权限，精简和规范行政审批事项，实行行政审批代办制，逐步实行市级行政审批“零收费”，使昆明在全国持续保持“审批项目最少、审批时限最短、审批效率最高”的省会城市，着力打造“三最四低”的发展软环境，成为全国省会城市中行政收费项目最少、收费标准最低的地区。

（二）加快推进经济体制改革

以扩大内需为总体目标，以调整经济结构为中心环节，以深化市场化改革为基本路径，强化市场在资源配置中的基础性作用，转变政府主导型经济增长方式，实现经济运行机制由政府主导向市场主导转变。

1. 调整所有制结构。进一步放宽非公有制企业市场准入，加快非公有制经济与国有经济的融合发展。以建立现代企业制度和市场化为导向，鼓励不同所有制企业相互参股，实现股权多元化。加快国有资本从竞争性领域退出步伐。完善国有企业法人治理结构，加强业绩考核和薪酬管理，强化财务监督和审计监督。完善国资监管制度体系，确保国有资产保值增值。加大政府对民营企业融资的支持，完善民营企业金融服务、融资担保等制度，重点鼓励民间资本进入基础产业和基础设施、市政公用事业、社会事业、金融服务、商贸流通等领域，引导民间资本参与国有企业改革，创造各类市场主体平等使用生产要素的环境，让民营经济在用地、信贷、税收等方面享受与国有企业同等的待遇，做到市场准入无歧视、税费征收无差别、资源配置无偏颇。设立中小企业创新基金，扩大小额贷款发放范围，多渠道解决中小企业融资困难。“十二五”期间，非公有制经济增加值占GDP的比重达到48%以上。

2. 创新投融资体制。鼓励市属投融资平台以市场化方式对各类资源进行资本运营，打造具有实体产业赢利模式、现金流支撑，体系职能定位准确、边界清楚、运作高效、管理到位的投融资主体，增强自我发展能力和可持续融资能力。全面推进投融资平台战略转型，实现政府性融资载体向主体转变。按照一个实体、一个平台的架构，精简整合县区投融资平台。消除制约民间投资的体制性障碍，鼓励民营企业上市融资、发行债券融资和以BOT、BT等方式开展融资活动，增强民营企业投资能力。鼓励社会资金、境外资本参与出租汽车经营、加油站和加气站经营、公交运营线路和长途客运线路经营、旅游客运线路和政府投资的旅游设施经营等公用事业特许经营。创新对中小企业融资支持，不断改进财政贴息和资金补助方式。争取外国政府、国际组织和金融机构给予更多的项目资金支持和中长期贷款。创新金融开放合作机制，发挥金融部门的融资优势和政府的组织协调优势，加大重点项目融资力度。加强银政、银企合作，促进产业资本和金融资本整合。推进股票、债券、基金等资本市场建设，鼓励有条件的企业进入资本市场，扩大直接融资比例。

3. 完善财政体制。明确界定市与县区级政府事权及财政支出责任，加快建立县级基本财力保障机制，健全市县两级政府财力与事权相匹配的体制。完善市级与三个开发（度假）区财政分配体制。规范财政转移支付制度，推进“乡财县管”等财政管理方式改革。加强财源建设，逐步形成结构优化、优势突出、后劲充足的财源建设新格局。继续推进预算管理制度改革，进一步完善由公共财政预算、国有资本经营预算、政府性基金预算和社会保障预算组成的有机衔接，形成完整的政府预算体系。完善国库集中收付制度，实现全口径的“收支两条线”预算管理，逐步实现部门预算制度的科学化、规范化。建设统一的招投标平台，规范政府采购行为。

4. 改革资源性产品价格形成机制。加快资源性产品价格改革，建立和完善反映市场供求关系和资源稀缺程度以及环境损害成本的生产要素和资源价格形成机制。积极配合推进电价改革，建立水电全成本上网电价机制，扩大大用户直供电试点，对居民用电实行阶梯价格。深化水价改革，扩大水资源费征收范围，推进农业用水价格改革，完善再生水优惠价格。健全环保收费制度，提高污水处理、垃圾处理费征收覆盖面。实行排污权交易，建立集立法、信息公示、监控系统、总量控制、排污权分配和市场交易为一体的排污权交易体系。

（三）加快推进社会事业改革

转变社会事业发展模式，在公共服务领域引入多元供给主体，清除社会资本进入社会事业领域的体制机制障碍，以增量改革带动存量改革，形成多元化的公共服务供给机制。

1. 加快教育改革步伐。深化办学体制改革，坚持教育公益性原则，健全政府主导、社会参与、办学主体多元、办学形式多样、充满生机活力的办学体制。按照“一保三放开”的原则，保障义务教育均衡发展，放开放活学前教育、高中教育和职业教育，扩大优质学校办学规模，盘活教育资源存量，扩张民办教育资源总量。积极推进股份制合作形式办学，试行非义务教育公办学校“国有民办”，允许非义务教育公办学校举办、参与举办民办学校或整体转制为民办学校。深化教育管理体制改革，完善教职工聘用机制，改革校长选拔任用制度，完善校长考核奖励办法。鼓励教师在公、民办学校间合理流动。推动公办学校和民办学校享受同等待遇。到 2015 年，民办高中阶段教育在校学生人数达到 9 万人，所占比重提高到 45% 以上。

2. 改革医疗卫生体制。积极推进公立医院改革，全面完成公立医院改革任务。坚持公立医院的公益性质，实行政事分开、管办分开、医药分开、营利性与非营利性分开。建立和完善医院法人治理结构，落实公立医院独立法人地位。改革以药补医机制。通过实行药品购销差别加价、设立药事服务费等多种方式逐步改革或取消药品加成政策，采取适当调整医疗服务价格、增加政府投入、改革支付方式等措施完善公立医院补偿机制。完善分配激励机制，推行聘用制度和岗位管理制度。引导社会资本兴办民营医院，落实民营医院在土地、税收、医保定点、科研立项、职称考评和继续教育等方面与公立医院享受平等待遇。鼓励各级各类医院之间进行合作、托管、重组，扩大医疗资源总量，最大限度满足人民群众需求。到 2015 年，民营医疗机构床位占到全市医疗机构总床位的 50% 以上。

3. 推进文化体制改革。按照政企、政事分开和管办分离的原则，逐步完成出版发行、电影、演艺、广电网络等领域国有经营性文化单位转企改制，培育一批有实力、有竞争力、有影响力的文化公司。深化公益性文化单位人事、收入分配和社会保障制度改革，全面推行全员聘用制、岗位责任制和绩效考评制。加快投资主体多元化改革，建立文化产业发展基金、创业投资基金、风险投资基金，改革公共文化供给方式，进一步激发发展活力，增强文化发展后劲，提高文化发展效益。

昭通市“十一五”经济体制改革回顾及“十二五”工作打算

一、“十一五”改革进展情况

（一）围绕调结构、转方式，全面推进经济体制改革

1. 国企改革取得显著成效，非公经济发展加快。一是继续深化以产权制度为核心的企业改革。到2010年，列入省级考核的138户新一轮改制企业全部完成，纳入市级改革考核的33户国有企业全面完成。积极推进昭通交运集团公司重组改造，引进合作伙伴，拓展开发新业务。市县乡镇企业改革、省下划农机公司改革等工作圆满结束。二是积极扶持和发展非公经济。2010年预计非公经济组织达75 562户，比“十五”末增加33 933户、增长81.5%；从业人员21.9万人，比“十五”末增长95.5%；上缴税金14.8亿元，比“十五”末增长4.63倍；实现增加值137.5亿元，比“十五”末增长2.3倍。

2. 财政体制改革进展顺利，金融体制改革稳步推进。一是深化预算管理改革，全面推进部门预算改革和信息化管理。规范预算编制，强化预算约束。积极推进省直管县镇雄试点改革，加快乡镇财政预算管理方式改革。国库管理制度改革取得新进展，全面推行集中收付管理，公务卡结算制度全面启动。建立完善政府采购制度，政府采购规模不断扩大、效益不断提高。非税收入管理进一步强化，加强行政事业收费、罚没收入、矿产品税费和土地出让收入的征收管理。财政监管体系不断完善，财政宏观调控能力不断增强。预计全市财政总收入由2005年的26.75亿元增加到2010年的70.6亿元，增长1.6倍。全市财政一般预算收入由2005年的8.52亿元增加到2010年的25.58亿元，增长2倍；全市财政地方一般预算支出由2005年的37.18亿元增加到2010年的142.59亿元，增长2.8倍。二是积极推进各项金融体制改革，加强现代化金融体系建设。不断创新金融组织体系和发展模式，大力丰富金融产品，努力提高服务水平，金融整体实力不断壮大，有力地促进了地方经济发展。加快建立完善中小企业融资担保制度，切实缓解中小企业融资难问题。切实整合优质资产和金融资源，创新融资模式，增强重大项目的融资能力。农村信用社深化改革试点取得重要进展，全市建成一家农村合作银行，十家县级农村信用社。积极推动昭通昭阳富滇村镇银行各项业务发展，农村合作金融机构总体上步入良性发展轨道。

3. 投融资体制改革继续深化，积极推行项目代建制。认真贯彻落实《国务院关于投资体制改革的决定》和云南省6个推进投资体制改革配套文件，全面推进投融资体制改革，有力促进全市固定资产投资持续快速增长。预计“十一五”期间全市累计完成投资1 036亿元，年均增长28.5%，是“十五”期间投资的4.2倍。

一是积极推进审批制度改革。严格执行《云南省省级预算内投资管理办法》，进一步健全政府投资项目管理机制，全面推行专家咨询论证制度。严格执行《云南省企业投资项

目核准实施办法》及《备案办法》，按照《核准目录》，简化审批程序，全面推行核准制、备案制。制定了《昭通市重大投资项目审批和核准实施办法》、《昭通市重大投资项目并联并行审批或核准办法》、《昭通市重大投资项目限时办结规定》、《昭通市重大投资项目审批或核准通报规定》等管理办法。明确投资项目审批和核准具体时限，均比省重大投资项目审批核准限时办结规定缩短一半。

二是积极拓展投融资渠道。进一步放宽市场准入条件，不断拓展投融资渠道，促进投资主体多元化。非国有投资比重明显上升，固定投资资金来源对国有资金的依赖进一步下降；利用国内贷款、债券、企事业自筹、直接利用外资和其他来源等多渠道的投入成为固定资产投资增长的主要支撑。2009 年，全市完成固定资产投资 251. 8 亿元，其中：国有投资 136. 8 亿元，比重为 54. 3%；非国有投资 115 亿元，非国有投资比重从 2005 年的 14% 提高到 2009 年的 45. 7%。

三是积极创新融资模式，打造政府融资平台，推行公益性项目代建制。先后组建了昭通市开发投资公司、交通投资公司和城市建设开发投资有限公司等三大融资平台及一批县级融资平台公司，积极探索 BOT、TOT、BT 等间接融资方式，加强银政银企合作，积极争取金融机构加大对我市重点领域和薄弱环节的信贷支持。初步统计，三大投资公司融资总规模达到 104. 6 亿元。进一步深化政府投资工程管理体制改革，制定了《昭通市市级公益性项目代建管理办法》，积极推进市级公益性项目代建。由市开投公司代建的一批市级重点公益性建设项目进展顺利。

4. 资源性价格体制改革稳步推进，取得阶段性成果。2005 年以来，有步骤、分阶段积极稳步推进资源性价格体制改革。一是全面推进水价改革。扩大水资源费征收范围，限制地下水开采政策相继出台。全面推进城市供排水价格改革，调整了全市十个县区的城市供水价格和污水处理收费标准。推行面向农民的终端水价制度，审批并调整了渔洞水库、昭阳区中小水库、永善县云荞水库、彝良县双河水库等面向农民的终端水价。二是积极推进电价改革。规范电价管理，2006 ~ 2007 年，对各县区电价执行情况进行了彻底的清理整顿，全面理顺了十一县区电力价格，全市统一执行省电网目录电价。合理调整销售电价并实行丰枯峰谷电价政策，先后两次调整居民生活用电价格。完善差别电价政策，先后两次调整差别电价政策，提高限制类企业、淘汰类企业电价加价标准。三是完善石油天然气价格形成机制，先后十七次调整了成品油价格，并实行成品油价格划分价区管理。理顺天然气出厂价格，先后三次上调了水富县天然气销售价格，制定并两次上调昭阳区城市天然气销售价格。四是全市煤炭企业实现了自主定价，全面实现煤炭价格市场化。同时，于 2009 年出台了煤炭价格调节基金征收管理办法，开征煤炭价格调节基金。

5. 资源管理体制改革稳步推进，生态环境进一步改善。紧紧围绕“七彩云南昭通行动”，加强资源环境管理。建立资源节约监管制度，规范矿产资源开发利用，制定了《昭通市矿产资源开发利用方案审查暂行规定》。加大矿产资源整合力度，全市十个产煤县区煤炭资源整合实施方案已全部经省煤炭资源整合领导小组批复，现全市共计保留煤矿 291 座。促进节约集约用地，下发了《昭通市人民政府关于促进节约集约用地的意见》。执行重点饮用水源监测报告制度，规范环境执法，全社会环保意识进一步提高，生态环境进一步改善。

（二）围绕保民生、促和谐，大力推进社会公共服务改革

1. 农村综合改革继续深化，各项工作扎实开展。一是村级公益事业一事一议财政奖补试点工作取得明显成效。2008 年以来，全市共有 4 759 个自然村建成一事一议财政奖补项目 5 394 个，总投资达 5.06 亿元，共硬化村内道路 5 114 千米，蓄水池 2 773 个；兴建村内公共活动场所、文化室、体育场所等 80 个 3.6 万平方米；修建小型灌溉渠 237 条，小水窖 58 口，打井 204 口，184 万农民直接受益。二是深入推进农村综合改革。加快推进乡镇机构改革，制定了《昭通市关于深化乡镇机构改革的指导性意见》，全市已撤并减少乡镇行政机构 586 个，整合减少乡镇事业机构 1 117 个，整合设置乡镇事业性综合服务中心 271 个。加快推进农村义务教育体制改革，健全经费保障机制，“两免一补”政策全面落实。2010 年，上级下达公办义务教育阶段学校免杂费补助 407.46 万元、农村义务教育阶段学校公用经费保障补助 4.65 亿元、农村困难家庭寄宿生生活补助 3.1 亿元，34.97 万人受益，义务教育阶段公办学校全部学生均享受免费教科书。农村义务教育“普九”债务化解试点工作取得明显成效，共化解农村“普九”债务 1.84 亿元，占应化解总额的 56%。全面推进乡镇财政预算管理方式改革。认真贯彻落实《云南省人民政府关于深化乡镇财政预算管理方式改革的意见》、《云南省乡镇财政预算管理方式改革实施细则》，完成全市 143 个乡镇（办事处）改革任务。三是积极推进“乡村流通工程”建设。到 2010 年，全市建设、改造提升农资流通网点 1 200 多个，日用品经营网点 1 100 多个，农产品采购网点近 500 个，建设县配送中心 28 个，乡村市场 24 个。积极发展农村合作组织，至 2010 年，全市累计发展“两社一会”农村合作经济组织（专业合作社、综合服务社、协会）1 905 个，比“十五”末增加了 1 557 个。

2. 集体林权主体改革全面完成，配套改革同步推进。我市集体林权制度主体改革工作从 2006 年底开始启动，到 2010 年，共完成 11 个县区、143 个乡镇、1 183 个村民委员会、23 220 个村民小组的主体改革任务。完成确权面积 1 315.45 万亩，占应改面积的 99.05%。集体林均山到户率 91.01%，公益林均山到户率 93.3%，商品林均山到户率 86.85%。林权证宗地发证率 97.78%，林权证面积发证率 97.59%。我市获全省集体林权制度主体改革目标考核奖励一等奖，有 22 个单位、30 人获得省委省政府表彰。

3. 医疗卫生体制改革顺利推进，保障覆盖面逐步扩大。2009 年，市政府成立了昭通市深化医药卫生体制改革领导小组和办公室，全面启动医药卫生体制改革工作。2010 年，召开全市深化医药卫生体制改革工作会议，先后出台《昭通市医药卫生体制五项重点改革近期主要任务和工作目标计划》、《昭通市医药卫生体制改革 3 年实施方案（2009 ~ 2011）》、《昭通市 2010 年医药卫生体制改革主要任务和工作目标》、《昭通市城镇居民基本医疗保险门诊医疗费用统筹办法》等政策措施，各项工作有效推进。基本医疗保障覆盖面进一步扩大。城镇职工基本医疗保险参保人数 17.93 万人，城镇居民基本医疗保险实际参保人数 21.83 万人，新农合参合农民达到 483.31 万人。国家基本药物制度稳步实施，昭阳区 3 个社区服务中心及 18 个乡镇卫生院启动实施国家基本药物制度。基层医疗卫生机构建设步伐加快，以全科医生为重点的基层医疗卫生队伍建设规划启动实施，基本公共卫生服务和重大公共卫生项目有效推进。

4. 文化体制改革取得突破，文学获奖作品层出不穷。2006 年，我市出台《关于加快文化产业发展的实施意见》，加快新闻媒体、艺术表演团体、公益性文化事业单位、经营性文化单位的体制改革。昭通市图书馆、文化馆、文管所、2131 电影放映管理站、文化体育场馆管理中心等公益性文化事业已全面实行聘任制，推行竞争上岗。2008 年，市政府下发《关于印发市歌舞剧团京剧团影剧院和市电影公司人民电影院改革方案的通知》，全面展开市直文化艺术单位体制改革，撤销昭通市歌舞剧团、京剧团、影剧院，重组成立昭通市文化艺术剧院和昭通市文化产业有限公司；撤销了昭通市电影公司、人民电影院、市体育场馆管理中心，成立了昭通市2131电影放映管理站和昭通市文化体育场馆管理中心。

昭通作家群活跃国内文坛，许多作品在《人民文学》、《当代》等全国性刊物上发表。各类获奖作品层出不穷，我市创作编排的彝族舞蹈《甩铃》进入全国第十五届“群星奖”舞蹈类作品决赛，并荣获该赛事最高荣誉——“群星奖”，取得了我市艺术创作在全国舞台上的最佳成绩。创编的《苗族健身操》参加“沃特杯”云南省全民健身日暨云南省少数民族健身操展演比赛获得金奖，傣族民族健身操获得银奖，昭通市获得优秀组织奖。潘文燃在云南省首届职工“独唱、独奏、独舞”大赛决赛中荣获舞蹈类古典舞组银奖。

5. 社会保障事业改革进展顺利，民生问题逐步改善。一是积极推进就业再就业工作，全市就业规模持续扩大，就业结构明显改善，市场导向的就业机制已经形成。截至2010年底，全市累计新增城镇就业岗位10.64万个，城镇登记失业率控制在4.3%以内，3.16万名下岗失业人员实现了再就业，特殊困难群体就业11 257人，开展职业培训24.44万人次。二是社会保障体系不断完善，社会保险参保人数大幅攀升，社会保障水平大幅提高。进一步完善城镇职工基本养老保险、城镇职工基本医疗保险、失业保险、工伤保险、生育医疗保险，全面推进新型农村合作医疗制度，分批分期启动了巧家、威信、水富县新型农村养老保险试点，初步建成门类齐全，全民覆盖的社会保障体系。全市各种社会保险参保人数从“十五”末的27.9万人增加到现在的116.67万人，增幅达318%。

（三）围绕转变职能、强化服务，加快推进行政管理体制改革

1. 深入推进四项制度实施，着力推行政务公开。积极推进效能政府、法治政府、责任政府、阳光政府四项制度的实施，有序推进依法行政能力提升制度建设，建立健全推行重大决策听证制度长效机制，强化督促指导，完善监督网络。2010年，全市共举行重大决策听证事项70项。

2. 行政审批制度改革工作取得新成效，规范性文件备案工作得到进一步强化。2008～2009年成立了工作领导小组和办公室，对市直59个市级部门和单位320项行政审批项目进行全面清理和规范，保留行政审批项目79项，取消和调整行政审批项目241项，取消和调整率达75.3%。同时，制定了《昭通市人民政府办公室关于印发效能政府四项制度实施方案的通知》、《昭通市行政机关行政能力提升制度实施工作方案》和《昭通市规范行政审批行为的监督检查实施方案》，加大对行政审批行为监督检查。切实加强规范性文件的制定和备案工作，严格审查登记和备案程序，严把“起草、审查、决定、登记、公布、备案”六个关口，确保规范性文件合法有效。

3. 政府机构改革工作稳步推进。按照国家和省的要求，稳步推进市、县区政府机构改革，《昭通市人民政府机构改革方案》省委、省政府已批准，昭通市人民政府设置工作部门32个，部门管理机构2个。全市11个县区政府机构改革方案，市委、市政府已批复。

“十一五”期间我市各项深化改革工作扎实推进，取得了较好的成绩，在加快发展的进程中积累和丰富了宝贵的经验。

一是市委、市政府高度重视改革工作。高举改革开放大旗，解放思想，与时俱进，建立健全领导组织机构，认真贯彻落实国家和省关于经济体制改革实施意见，分年度制定我市经济体制改革实施意见，扎实有力地推进改革工作。

二是坚持以科学发展观统揽全局。紧紧抓住发展这个第一要务，始终坚持以经济建设为中心，不断破除制约加快发展的思想障碍，创建思想统一、上下一致、风清气正的良好氛围，为改革工作推进创造了较好的环境。

三是坚持解放思想。始终坚持“解放思想、实事求是”这条思想路线，勇于探索、锐意创新、大胆改革，破除机制体制障碍，以思想大解放促进经济社会大发展，不断增添发展的活力源泉。

四是坚持统筹兼顾，切实转变经济发展方式。努力推进经济与社会、资源与环境、城乡和区域之间协调发展，增强可持续发展能力。

五是坚持以人为本，保障和改善民生。始终围绕全面建设小康社会这个奋斗目标，以人为本，富民优先，以扩大就业和提高城乡居民收入水平为一切工作的出发点和落脚点，把民生问题作为发展之本、执政之要，不断完善社会保障体系，维护广大人民群众的根本利益，让各族人民共享改革发展成果。

二、存在主要困难和问题

（一）经济发展水平相对滞后

受客观经济条件的制约，地方财政十分困难，基础设施建设落后，改革成本支出较大，导致我市财政、教育、文化、卫生、公共服务体系等领域的改革与发达地方相比还有差距。

（二）统筹城乡发展任务重

受经济发展水平影响，社会发展滞后，城乡二元结构矛盾突出，社会保障程度低，公共服务体系不完善，缩小城乡差距压力较大。上学难、看病难、养老难、饮水难、行路难等仍然存在。

（三）非公有制经济发展不足

我市非公经济发展滞后，企业规模普遍较小，实力较弱，整体素质不高。非公经济发展产业不平衡，主要集中在投资少、见效快、技术含量低的行业，缺乏在国内和国际市场上有较强竞争能力的大型非公有制企业。非公经济发展缓慢对我市所有制结构调整和完善产生一定影响。

（四）民生问题亟待进一步改善

就业压力较大，新增就业岗位空间不足，劳动力总量供过于求的矛盾日益突出。社会保障覆盖能力不足，养老、医疗、工伤、生育、农保以及失业保险覆盖面需要进一步扩大。上学难、看病难、养老难、饮水难、行路难等仍然存在。

（五）体制机制、配套政策和规章有待进一步完善

在实际工作中，存在体制机制制约，综合协调难度大；配套改革政策有待进一步制定和完善。

（六）改革工作本身存在一些问题

在实际改革中存在机构不完善，人员配备不足，综合素质参差不齐，认识水平的局限性等因素，改革工作推进不尽如人意。

三、“十二五”深化改革的重点任务

（一）继续深化农村各项改革

稳定完善农村基本经营制度，巩固家庭联产承包责任制，完善农村资源流转机制，规范农业用地经营制度，严格耕地保护管理，逐步完善农村集体建设用地使用权流转和农村房屋所有权登记流转制度。深化农村综合改革，继续推进乡镇机构改革，突出强化公共服务和社会管理，完善农村义务教育经费保障机制和乡财政管理机制。巩固深化集体林权制度改革，加快推进水利管理和农村小型水利设施产权制度改革。深入推进农村金融、流通和农业投资管理等改革。

（二）深化行政管理体制改革

按照精简、统一、效能的原则和决策、执行、监督相协调的要求，深化政府机构改革，建立事权与财权相统一的机制。着力打造“今日昭通效率”，进一步规范行政审批，减少审批事项和环节。加强行政效能建设，完善电子政务系统，加快公共资源交易管理服务中心平台建设。全面推进依法行政和行政问责制，建立决策失误责任追究制度，健全纠错改正机制。建立健全各类预警和应急机制，提高各级政府应对突发事件和风险的能力。

（三）推进社会事业领域改革

深化教育体制改革，进一步完善农村义务教育管理体制。建立和完善以政府投入为主，多渠道筹措经费的投入机制，形成以公办教育为主，公办和民办教育共同发展的办学新体制。深化科技体制改革，构建多元化科技投入机制，形成以企业为主体的技术创新体系。深化文化体制改革，培育文化市场主体，建立富有活力的文化产品生产经营体制。深化医疗卫生体制改革，切实解决群众“看病难、看病贵”问题。深入推进就业和社会保障体制改革，建立城乡一体的就业体系。加快完善社会保险、医疗救助、住房保障、社会救助、城乡居民最低生活保障等制度，逐步建立多层次社会保障体系。

（四）深化财税、金融体制改革

完善公共财政体系，加强对公共服务和社会民生事业等重点领域的投入力度。认真落实省直管县财政管理改革。建立健全预算编制、执行、监督的管理体制，强化预算约束和支出效果管理。完善地方税收政策，加强税收征管和非税收入管理。加大金融机构对地方经济发展的支持力度，促进富滇银行、农村合作银行等地方金融机构向广大农村的延伸，健全广覆盖可持续的农村金融体系。推进资本市场发展，积极探索资产证券化的途径和渠道。

（五）深化投融资体制改革

进一步完善投资核准和备案制，落实企业投资自主权。规范政府投资行为，加强政府债务监管，完善政府投资项目决策、咨询、论证、公示制度，健全政府投资决策评估体系和决策责任制度。积极推行政府投资公益性项目代建制。充分发挥融资平台的作用，改善投资环境，加大招商引资，扩大社会投资，促进投资多元化。

（六）深化资源性要素价格改革

积极稳妥推进能源、矿产、土地、水资源等资源性产品价格改革，逐步建立健全能够反映市场供求关系、资源稀缺程度和环境损害成本的生产要素和资源价格形成机制，充分发挥价格杠杆对资源开发利用的调节作用。加快资源产权交易市场建设，引入民间资本参与资源产权竞争和经营，构建以产权为基础的资源价格形成机制。健全重大资源合理开发的体制机制。深化环保排污收费改革，完善节能减排机制，落实差别电价政策，积极探索建立生态补偿机制。

（七）大力发展非公有制经济

进一步消除非公有制经济发展的体制机制障碍，放宽非公有制经济市场准入，鼓励和支持非公有制经济参与国有企业改革，进入资源开发、基础产业、基础设施、公用事业、金融服务等领域。加大政策扶持力度，建立中小企业信用担保机构体系，完善贷款风险补偿机制，加大贷款支持，拓宽融资渠道，完善非公有制企业创业环境。

曲靖市“十一五”经济体制改革回顾及“十二五”工作打算

“十一五”期间，面对复杂多变的国际国内形势，曲靖全市各族人民在市委、市政府的带领下，认真贯彻落实中央和省扩大内需等一系列政策措施，紧紧围绕“富民强市”总目标，坚定不移地实施农业稳市、工业强市、商旅活市、科教兴市、生态立市、依法治市战略，有效应对金融危机冲击，战胜了五十年不遇的冰雪灾害和百年未遇的特大干旱灾害；不断深化改革、扩大开放，着力解决经济社会发展中的突出矛盾和问题，推动形成有利于科学发展与社会和谐的体制机制，为全面建设小康社会提供强大动力和体制保障，较好地实现率先发展、科学发展、安全发展、和谐发展，经济综合实力实现历史性跨越，生产总值在全省第二个迈上千亿元台阶，经济总量占全省 GDP 比重比“十五”期末提升 1.5 个百分点。预计 2010 年生产总值突破 1 000 亿元，年均增长 13%，人均 GDP 突破 15 000 元；财政总收入突破 240 亿元，年均增长 20.5%，地方一般预算收入 70 亿元，年均增长 18.9%；固定资产投资突破 700 亿元，五年累计突破 2 000 亿元，年均增长 25.3%；农民人均纯收入达 4 000 元，超过全省平均水平；城镇居民人均可支配收入达 15 538 元；单位 GDP 能耗下降 18%。实现了经济建设、政治建设、文化建设、社会建设、生态文明建设和党的建设的共同发展，被评为新中国成立 60 周年城市发展代表之一。

一、“十一五”经济体制改革进展情况

在市委、市政府的领导下，我市认真贯彻落实科学发展观，坚持以改革为动力，以开放促发展，切实加强对经济体制改革的总体指导和统筹协调，拟定全市各年度深化经济体制改革工作的意见，经市政府转发执行。“十一五”期间，全市经济、政治、文化、社会、对外体制改革全面深化，改革试点不断推进，一些重点领域和关键环节取得突破，体制改革取得新进展。“十一五”规划纲要所确定的体制改革和对外开放主要目标任务基本落实和完成。

（一）加快行政管理体制改革，建设服务型政府

以转变政府职能为重点，推进政府机构改革，完成机构改革方案编制和上报。加强制度建设，不断优化经济社会发展软环境，全面贯彻落实阳光政府四项制度，不断完善制度措施。努力打造城乡政务服务网络，初步建成管理科学、功能完备、运行规范、上下联动、覆盖城乡的市县乡村 4 级政务服务体系。推进依法行政，加强纠风执法，切实解决损害群众利益的突出问题。减少和规范行政审批，认真清理精简了行政审批项目和行政专业性收费项目。设立“曲靖市政务服务中心”，集中受理市级 40 个部门 392 项行政审批和服务事项。制定了《市级部门（单位）社会评价办法》，增强政府的公信力。

（二）深化经济体制改革，完善基本经济制度

积极引导企业深化内部改革，推进机制、体制创新，完善改制企业公司法人治理结构，国有企业改革进一步深化，所有制结构进一步优化。着力解决改制困难，妥善处理历史遗留问题，建立了企业跟踪监管制度，完善改制重组企业建设现代企业制度。着力改善非公经济、中小企业发展环境，继续推动服务业发展。财政、金融、投资体制改革不断深化并取得新的突破。市政府先后出台了《曲靖市市级政府投资管理办法》等一系列投资体制改革政策和重大项目集中办公审批制、投资审批网上公开制等配套措施，并积极探索对项目的全过程管理。金融体制改革步伐不断加快，初步形成了金融机构健全，机构网点布局合理，竞争能力强，内部控制风险机制健全的金融体系。积极稳妥推进资源性产品价格改革。加强对煤焦价格、住房与土地市场价格监测。制定了《应对市场价格异常波动价格工作预案》，建立健全了价格应急机制，提高了应对市场价格异常波动的能力。水价改革取得突破。建立和完善有利于资源环境协调发展的体制机制。

（三）深化社会体制改革，着力改善民生

教育体制改革局面喜人。校长公选、教职员工聘任、绩效工资制试点改革得到重点推进。义务教育经费保障机制改革不断深化，标准得到提高。扩展投入渠道大力发展学前教育和特殊教育；着力推动各县（市）区申报民办教育项目的评审、推荐、上报工作；民办教育的教育教学质量和办学水平稳步提高；农村中小学校点布局进一步优化，教育发展层次、质量得到提升。2010 年高中阶段招生考试工作重大改革圆满完成。农村教育协调均衡发展。巩固“两基”成果成效明显。

医药卫生体制改革再上新台阶。2007 年，全面启动全国新型农村合作医疗首批试点，提前三年超额完成参合率 90% 目标，实现全覆盖。2009 年，全市基本药物制度和基层卫生综合改革启动，相继出台完善医改政策体系，提高基层医疗工作者补助，加大投入开展基本公共卫生服务项目。在全省率先实施农村卫生标准化、规范化建设。全市所有政府举办的社区卫生服务中心（站）和乡镇卫生院及村卫生所，全部实行基本药物制度。加大公立医院资源整合力度推动省级公立医院试点工作。市医改领导小组及其办公室成立，办公室设在市发改委。基层医药卫生体制综合改革试点等工作正逐步推进，新型农村合作医疗全面推进，农村卫生及社区服务体系逐步健全，公立医院改革进一步推进。

科技、文化体制改革有效推进，完善四大科技创新集成体系建设，通过了《关于建设创新型曲靖行动计划的意见》，不断修改完善《曲靖市科学技术奖励办法》，支持和鼓励自主创新。

文化单位改革取得阶段性成果。转企改制成效显现，公益性文化单位服务质量和水平全面提升，经营性文化单位的经营收入创历史新高。珠江源文化品牌初步树立。

深化社会保障制度改革，社会保险覆盖面进一步扩大。全面建立了企业工资指导线、劳动力市场工资指导价位、行业人工成本发布制度、企业工资总额备案制度。全市公务员津贴补贴规范和义务教育学校绩效工资改革顺利实施。城镇职工、城镇居民医疗保险待遇和覆盖面逐步提高，城乡居民最低生活保障基本做到应保尽保。

（四）深化农村改革，统筹城乡发展

户籍制度改革有新突破。打破户口“二元”结构，在全市范围内取消“农业户口”、“非农业户口”的划分，统称“居民户口”。进一步认真贯彻落实中央、省一系列支农惠民政策，农村综合改革稳步推进，农村小型水利产权制度改革、集体林权制度改革效益显现。先后实施和推进贫困村整村推进“866”新农村建设工程、小康示范村建设、整乡推进“8666”工程和新村庄、新社区“两新工程”建设，使100万贫困农民整体生活水平向前跨越了11～20年时间，统筹城乡发展步伐进一步加快。

（五）推进涉外经济体制改革，对外开放取得新成果

积极发展外向型经济，提高利用外资规模和水平，转变对外贸易增长方式，加快“走出去”步伐，推进国内区域合作，制定出台了进一步扩大对内对外开放的意见和配套办法，完善区域经济合作机制，优化促进涉外经济发展的体制环境。切实转变政府职能，简化办事程序，对招商引资项目实行全程代理服务制度，实行“一条龙”服务。同时，进一步加强基础设施建设，为投资者提供良好的硬环境，取得对外开放新的成果。

（六）积极开展改革试点示范

麒麟区统筹城乡发展试点取得初步成效。坚持以规划为龙头，编制城乡结合部城乡一体化建设整体规划，制定《麒麟区关于城乡发展一体化建设试点的实施意见》，实行主要领导挂帅，全民参与，整体联动，督查奖惩，整合资源，开展城乡一体化建设。以城市社区化一批、规范完善提高一批、规划整建一批为出发点，形成迁村并点、商住分离，培育市场、依市兴村，统拆统建、集体盘活，镇村共建、延伸辐射四模式。在深化改革方面，开展了“集体土地有偿有序流转、村（社区）两委班子与公司统分运行、农民变市民户籍和保障制度改革、试点范围内农民建房办理土地和房产证以及服务体系建设”等五项改革试点，取得初步成效。在下一步工作中，需要结合区域实际，进一步解决制约发展的如土地、户籍等瓶颈问题，推动统筹城乡改革试点工作再上新台阶。

马龙县扩权强县试点工作启动实施。编制了工作方案，强化与各级各部门工作衔接，进一步明确各相关单位职能职责，分解落实工作任务，跟踪调查推进情况，实时掌握放权后工作动态。马龙县成立以发改局长为组长的扩权强县工作领导小组，及时分解落实任务，明确工作职责，积极做好与省对接协调、汇报工作，全县县域经济发展迅速。

宣威市财政直管县试点稳步有序推进。完成2009年数据清理测算工作，明确提出有关上解、补助事项划转建议方案等。

总结“十一五”以来经济体制改革完成情况和取得的成绩，曲靖市深化经济体制改革工作的主要经验是：加强对体制改革工作的领导，成立曲靖市体制改革工作领导小组；健全统筹协调推进改革的工作机制。发改部门加强总体指导、协调推进和调查研究，相关部门积极配合；年度工作责任目标明确，将体制改革工作与市委、市政府的中心工作结合起来，着力解决热点难点问题；将总体任务下达与推进改革试点结合起来，着力推进重点领域和关键环节改革，探索体制改革和机制创新途径，为全面建设小康社会提供强大动力和体制保障。

二、存在的主要困难和问题

“十一五”改革取得了较大进展，但是与完善社会主义市场经济体制的要求相比，各方面的改革进展很不平衡，重点领域和关键环节的改革还未取得实质性突破。一是政府、企业和市场体系的改革还没有到位，政府在很多领域仍然主导了资源配置，生产要素的市场化程度较低。二是一些制约科学发展的深层次体制障碍还没有根本性突破。从统筹城乡发展看，城乡二元体制尚未打破，城乡一体化的发展要求过多源于短期和表层，城乡差距仍在继续扩大。三是随着经济体制改革的内容进一步向纵深拓展，统筹城乡、改善民生、转变经济发展方式以及资源节约和环境友好等都涉及深层体制问题的制约，改革呈现出分散化的特点，甚至出现相互掣肘、相互牵制而导致改革难以实质推进的复杂情况。

从经济社会发展层面看，曲靖仍然存在着发展不足、发展不协调、发展内生动力不足、发展基础不牢固、可持续能力不强等困难和问题，到2020年与全国全省同步实现全面小康社会任务艰巨。从体制改革工作层面看，客观上存在着改革涉及面广、工作量大、综合性强、经费缺乏，有些领域历史遗留问题较多等困难；主观上存在着领导重视程度不够，认识不统一；部门积极性不高，有畏难情绪；组织机构不健全，工作协调难等问题，导致改革的政策措施不明晰，缺少具体操作方案，改革总体进程缓慢，难以有效推进和突破，还需要逐步探索开展工作的有效途径和方法。

三、“十二五”深化改革的重点任务

“十二五”时期，是曲靖全面建设小康社会的关键时期，是深化改革、扩大开发的重要时期。全市各级各部门将按照国家和省对深化经济体制改革工作的战略部署，围绕市委、市政府对经济体制改革工作的总体要求，加强领导，真抓实干，紧紧围绕全市经济社会发展战略目标，以改革促进经济发展方式转变，有效化解经济社会发展进程中的深层次矛盾和问题；着力深化重点领域和关键环节的改革，构建和完善科学发展、社会和谐的体制机制，为创新发展提供强大动力和制度保障。扎实推进经济体制改革各项工作，确保行政管理、财税金融、科教文卫、社会保障和资源性产品价格等重点领域改革成果不断巩固，机制不断健全，服务型、效能型政府建设深入推进。开放水平不断提升，经济外向度不断提高，推动经济平稳较快发展，促进社会和谐稳定。

（一）深化行政管理体制改革

切实转变政府职能，进一步推进政企分开、政资分开、政事分开、政府与市场中介组织分开，提高运用市场配置资源的能力。分类指导、稳步推进事业单位改革。继续深化行政审批制度改革，简化程序，降低成本，全面建成管理科学、功能完备、运行规范、上下联动、覆盖城乡的市县乡村四级政务服务体系。加强对行政审批和服务事项的事前、事中、事后监察。健全科学民主决策机制和绩效评价机制，探索建立重大决策责任追究制。继续推进法治政府和服务型政府建设，全面推行效能政府四项制度。加快曲靖市公共资源交易中心建设。

（二）深化医药卫生体制改革

积极稳妥推进医药卫生体制改革，坚持公共医疗卫生的公益性质，以建立完善覆盖城乡居民的基本医疗卫生服务体系，实现人人享有基本医疗卫生服务为目标，加快公共卫生服务体系、城乡医疗服务体系、城乡居民医疗保障体系、药品供应保障体系建设。建立协调统一的医药卫生管理、基层医疗机构管理服务、医药卫生机构运行、政府主导的多元卫生投入、医疗服务价格形成、医药卫生监督、医药卫生科技创新和人才保障、医药卫生信息系统、医药卫生法制环境方面的体制机制，实现全市基本医疗卫生全覆盖、医疗卫生事业大发展、医疗卫生服务水平新提高。建立和完善以国家基本药物制度为基础的药品供应保障体系，确保药品安全。政府举办的基层医疗机构全部配备使用基本药物，并实行零差率销售，逐步取消“以药养医”的机制。强化区域卫生规划，优化公立医院规模水平、布局，支持县级医院建设，稳步推进公立医院改革，完善公立医院补偿机制，形成公立医院与基层医疗卫生机构双向转诊和互助协作的格局。积极引导社会力量发展卫生事业，形成多元化办医格局，鼓励社会力量创办补充医疗保险和商业医疗保险。加强全行业监管，提高服务质量和效率，满足群众多样化的医疗需求。建立政府主导的统一、精简、高效的食品安全综合协调机制和突发公共卫生事件应急处置机制。

（三）深化资源性产品价格改革

按照社会受益、使用者付费的原则，加快建立现代环境产权制度，建立完善环境权益补偿机制。稳妥推进以电价、水价为主的资源性产品价格改革，逐步建立能够反映市场供求关系、资源稀缺程度、环境损害成本的生产要素和资源价格形成机制，运用价格杠杆，促进节能减排。明确重大资源开发利用项目的准入标准，逐步形成由开发企业承担环境成本的新机制。建立健全统一、开放、竞争、有序的资源市场体系，促进资源产权和产品的合理流动。进一步推进环保收费改革，完善排放费征收使用管理等制度。健全完善生态补偿机制，探索建立自然保护区、重要生态功能区、资源开发和流域水环境保护体系。

（四）深化投融资体制改革

激活民间投资，盘活政府可调控的资产、资金、资源，规范政府投融资协调服务和监管，加大上市公司培育力度，支持发行企业债券，积极推动以资本为纽带的战略性重组。逐步形成投资责任明晰、融资体系完善、中介服务规范、民间投资活跃、宏观调控有效的新型投融资体制。加强政府性投资计划管理，完善重大项目决策咨询制，建立和完善项目招投标机制和代建制，推行政府投资项目稽查和后评价体制，逐步形成程序科学、投向合理、运作规范、监管严格的政府投资管理体制。

（五）深化财税体制改革

围绕推进基本公共服务均等化和主体功能区建设，健全公共财政体系，增强各级政府提供基本公共服务的能力。以推进经济增长方式转变和区域协调发展为重点，加快财政支出结构改革，增加对公共服务和社会事业等重点领域投入力度，加快完善支持农村建设的财政专项转移支付制度。深入推进预算管理改革，建立健全规范的预算公开机制和监督机制，不断加大收入分配制度改革力度，建立健全财权与事权相匹配的财政管理体制。加强税收调节，完善税收征管和非税收入管理体制。

（六）深化社会事业体制改革

积极稳妥推进科技、教育、文化、体育等社会事业改革。培育扶持和依法管理社会组织，支持、引导其参与社会管理和服务。改革基本公共服务提供方式，引入竞争机制，扩大购买服务，实现提供主体和提供方式多元化。推进非基本公共服务市场化改革，增强多层次供给能力，满足群众多样化需求。

（七）推进涉外经济体制改革

以云南建设中国面向西南开放桥头堡战略为契机，促进曲靖区域对外开放，提高对外开放水平。立足曲靖优势，积极融入滇中城市经济群、贵昆经济带、成渝经济带、北部湾经济带，主动承接长三角、珠三角产业转移，依托内力、借用外力，构建珠江源经济圈。力争把曲靖建成全国优质烟生产加工基地、冶金基地，西部能源基地、新材料基地、化工基地、汽车和装备制造基地，全省特色优势农产品基地；建成云南桥头堡，建设区域物流中心和出省入滇交通枢纽；建成开放生态宜居珠江源大城市。

加快涉外经济体制改革，强化利用外资的产业导向，着力发挥比较优势和竞争优势，主动承接国际产业转移和东部地区产业转移，大力培育产业聚集区，加大现代农业、现代服务业、基础设施和公用事业等领域引入力度，不断优化利用外资结构。进一步加大招商引资步伐，不断提高利用外资的质量和水平，推动“招商引资”向“选商择资”、“招才引智”转变，树立“客商至上、亲商为民、便捷高效、服务一流”的理念，坚持和完善“一窗式受理、一站式办结、一条龙服务”，建立一个稳定、公平、廉洁、透明的政策体系和服务体系。促进企业与市外企业互动发展，鼓励企业通过境外上市、国际国内融资等方式加大对国际国内金融资本的利用。“十二五”期间，累计实际利用外资达2亿美元，累计引进市外国内资金1 000亿元。

（八）继续推动改革试点工作

明确目标、强化责任，继续认真开展各项改革试点工作，力争取得突破性进展。进一步巩固统筹城乡发展成果，夯实统筹局面，延伸统筹领域，创新统筹方式，探索统筹机制，深化麒麟区统筹城乡发展改革试点工作；进一步加强与省级部门的对接，理顺县级权责关系，探索县域经济管理新体制和新机制，做好马龙县扩权强县试点工作；进一步加大财政改革力度，调整规范财政分配关系，抓好相关基础工作，扎实推动宣威省直管县财政改革试点工作。

楚雄州“十一五”经济体制改革回顾及“十二五”工作打算

“十一五”期间，楚雄州按照全面建设小康社会的宏伟目标，在州委、州政府的领导下，突出又好又快发展这一主题，加快经济体制改革和经济增长方式转变，按照州委确定的“努力把楚雄建设成为经济特色显著、彝族文化荟萃、人与自然和谐、群众生活富裕、充满生机和活力的新型工业重镇、绿色经济强州和彝族文化名州”的楚雄州“十一五”经济社会发展战略定位，扎实推进各项改革工作，使彝州经济社会得到长足发展，取得了辉煌成就。

一、“十一五”改革推进情况

（一）经济体制改革稳步推进

1. 国有企业改革得到深化。围绕楚雄州“十一五”规划以及五大重点产业的发展目标，采取多种形式分类推进国有企业改制和产权制度改革，通过多种途径加快国有企业股份制改造。三年深化国有企业改革阶段性工作任务完成后，楚雄州按照省委、省政府的统一部署，开展新一轮深化国有企业改革工作。出台《中共楚雄州委、楚雄州人民政府关于进一步深化国有企业改革的实施意见》，抓好列入改革目标任务和未列入三年改革目标任务企业的深化改革工作，并抓好已改制企业的扫尾完善，巩固改革成果，保障企业健康发展。楚雄州新一轮深化国有企业改革工作已完成，并得到省国企改革考核验收组检查验收。

2. 市政公用行业改革继续推进。为建立与楚雄州市政公用行业管理相适应的价格管理机制。确保市政公用行业市场化改革顺利进行。2006 年 9 月，楚雄州发改委、建设局等相关部门通过前期调研，提出了《楚雄彝族自治州市政公用行业改革指导意见》，2008 年 6 月 30 日第十届州人民政府八次常务会通过推行实施。力求通过积极推进楚雄州市政公用行业市场化改革，充分发挥市场配置资源的基础性作用，吸引外资和社会资金参与城市基础设施的建设和运营，实现投资主体多元化，逐渐从政府主导向政府引导转变。目前，楚雄州市政公用行业改革正积极向前推进。

3. 财政改革稳步推进。一是大力推进部门预算管理改革。根据州人民政府《楚雄彝族自治州州级部门预算编制试点工作意见》和州财政局《关于州财政局内部部门预算编制具体流程和编制过程中各科室职责的通知》，州本级选取了 5 个部门 33 家单位进行了部门预算编制试点工作。2009 年，对 2008 年预算软件使用情况进行了修改和完善，州本级 95 个部门 160 个预算单位全部使用预算软件编制部门预算，10 县市 861 个部门 1 303 个单位全部使用预算软件编制部门预算。二是积极推进乡镇财政预算管理方式改革。楚雄州 2006 年开始实施乡镇预算管理方式改革，2009 年，州财政局下发了《楚雄州财政局关于实施

〈云南省乡镇财政预算管理方式改革实施细则〉若干问题的指导意见》，组织召开了乡镇财政预算管理方式改革工作会议，进一步深化改革。同时，通过制定《楚雄州财政局关于进一步加强财政资金安全管理规定的通知》，对乡镇财政所的会计核算管理、拨款印鉴管理、拨款人员和稽核人员的分设进行了完善和加强。三是严格执行账户管理和国库改革制度，切实加强财政资金安全管理。从 2009 年 3 月起，楚雄州财政局认真开展了财政资金安全管理检查工作，目前已基本结束。同时，严格按照制度开展州级预算单位的银行账户管理工作。

4. 投融资体制改革取得突破。一是小额贷款公司试点工作取得突破。目前，全州共成立了禄丰县德润小额贷款股份有限公司、楚雄市汇通小额贷款股份有限公司等 5 家小额贷款公司，对楚雄州现行的金融体系做了有益的补充。二是全力做好企业债券发行工作。2010 年 9 月 19 日，楚雄州 15 亿元市政项目建设债券正式得到国家发改委的核准批复，10 月 18 日，债券正式公告发行。10 月 21 日，债券募集资金全部到位，11 月 8 日，15 亿元楚雄州市政项目建设债券公开上市。三是建立健全中小企业信用担保风险补偿机制。目前，共有 3 家担保公司已经运营，2 家担保公司处于筹备阶段，尚未开展业务。同时，楚雄州还努力引导中小企业信用担保体系建设遵循政府扶持与市场化运作相结合、开展担保与提高诚信水平相结合、支持发展与防范风险相结合、扩大规模和逐步规范相结合、适度竞争和行业自律相结合的原则，在内容和形式上有新的突破，为中小企业信用担保行业营造良好的发展环境。四是大力做好中小企业集合债券的宣传工作。楚雄州发改委认真贯彻落实两次全省债券发行会议的精神，不断与州工商联、州经委等单位合作，组织楚雄州部分中小企业进行培训，不断宣传中小企业集合债券的发行条件、操作流程等相关知识。五是改革小额到户贷款扶贫管理办法。出台了《楚雄州扶贫到户小额信贷管理办法》，改革过去由乡镇小额信贷工作站承贷承还，全额贴息，政府承担风险的运作模式为由承贷金融机构自主放贷，自主回收，财政差额贴息、金融机构自担风险的新模式。

5. 金融服务改革卓有成效。一是积极引导银行业金融机构持续深化改革，提升核心竞争力，提高服务经济的能力和水平。二是科学灵活把握新型农村金融机构市场准入关口，积极稳妥做好新型农村金融机构的引入和组建工作。目前，楚雄州已有禄丰龙城富滇银行和楚雄兴彝村镇银行两家村镇银行。三是解决好空白乡镇金融服务缺失问题。楚雄州共有 4 个金融服务缺失乡镇，为推动“两个规划”的稳步有序落实，楚雄州银监分局采取切实有效措施，积极开展工作，截至 2010 年 11 月底，设立了姚安县太平信用社，其余 3 个乡设立（村镇/简易）服务站，实现了楚雄州乡镇金融服务全覆盖。

6. 改革和创新激励机制。一是实施和完善招商引资激励机制。为适应不断变化的招商形势和工作要求，建立科学的招商引资绩效评价体系，制定出台了《楚雄州州级部门招商引资奖励暂行办法》、《楚雄州驻外招商引资联络处管理暂行办法》、《楚雄州招商引资工作考核办法》，进一步完善了招商引资责任制和激励机制，有效调动了全州各级各部门主动参与招商、为招商引资牵线搭桥、出谋划策的积极性。二是进一步建立完善投资促进和服务机制。制定完善了《楚雄州对外来投资企业服务若干规定》等相关制度，并积极筹备建设楚雄州外来投资服务中心，竭尽全力为投资商开创绿色通道，竭力营造尊重客商、善待客商、优惠客商的良好投资环境和招商氛围。

（二）农村综合改革深入推进

1. 农村改革不断深入。一是认真做好减轻农民负担工作。州农业部门树立减负就是增收的观念，积极开展专项检查，认真调查处理农民反映问题，全力做好减轻农民负担工作。通过坚持农民负担监督卡制度、建立农民负担动态监测制度、严格执行监督管理四项制度、严格执行“一事一议”筹资筹劳管理办法、加大村干部经济责任和离任审计工作力度等工作制度，有效减轻了农民负担。二是巩固和完善农村土地承包经营权制度。开展多种形式宣传，面向农民群众宣讲国家有关农村土地承包经营的法律、法规，对全州10县（市）土地经营权证书落实情况进行督查，加大执法力度，严肃查处土地承包违法案件。三是实施新型农村合作医疗制度。经中央和省批准，2003年8月楚雄州在楚雄市、禄丰县实施新型农村合作医疗制度试点，2006年新增大姚、元谋两个试点县，2007年全州10县市全面推开。

2. 集体林权制度配套改革稳步推进。一是集体林权制度主体改革基本完成。以明晰产权为主要内容的主体改革从2006年开始，历时近4年来，截至2010年11月底，全州涉及林改的103个乡（镇）、1 084个村委会、14 677个村民小组基本完成了主体改革。楚雄州集体林权制度主体改革经省集体林权制度改革工作领导小组检查考核，被省委、省人民政府考评为一等奖。二是集体林权制度配套改革进一步加快。在抓好主体改革的同时，州人民政府出台了《楚雄州关于加快林业产业发展的意见》、《关于全面推进集体林权制度配套改革的意见》、《关于加快推进中低产林改造的实施意见》和《楚雄彝族自治州木材经营加工管理办法》等文件。制定了《楚雄州中低产林改造项目管理办法》和《楚雄州中低产林界定标准》，草拟了《楚雄州松脂采集管理办法》，为配套改革提供了政策保障。

3. 水利改革进一步深化。一是抓好水务改革工作。目前，楚雄州水利局编制上报了《楚雄州水务管理体制改革实施方案》，州、县水务改革工作已列入州政府与县市政府年度工作目标任务考核。二是抓好农村小型水利工程管理体制改革工作。编制完成了《楚雄州农村小型水利工程管理体制改革实施方案（初稿）》，待报州政府审批。南华试点县在完成摸底调查、公示了资产评估、各件工程的改革方式等的基础上，按照农民意愿开展工作，1 444件工程签订了委托管理合同，对43 214件自建自用自管的工程明确了权属。三是按照水管体制改革的要求，进一步督促各县市巩固、落实“两定”和“两费”。目前武定、大姚、牟定、南华、双柏、永仁、姚安、元谋8县小（一）型水库已全面完成水管体制改革任务。

（三）公共服务均等化体制改革积极推进

1. 基础教育改革进一步推进。一是积极支持民办学前教育的发展。组织开展布局调整后农村闲置校舍利用情况专题调研，完成7所民办幼儿园申报云南省民办教育专项资金工作，抓好区域内学前教育规划布局工作，完成了全州新建和改扩建100所幼儿园初步规划。二是推进农村义务教育经费保障机制改革，春季学期“两免一补”资金和“中小学生人均公用经费”已全部落实到了义务教育学校。三是教育体制改革步伐加快。继续全力推进楚雄州教育改革与发展。按照全省高中课改的部署，楚雄州积极准备高中课改各项工作。从2009年下半年开始，组织教育科研部门学科教研员和高中骨干教师学习研究普通高中各学科课程标准和不同版本的高中课本教材，提早掌握普通高中课改的基本情况。四是推进中小学布局调整优化。抓住国家实施中长期教育改革发展规划和中小学校舍安全工程的机遇，坚持走“高中阶段学校办到县、市，初中阶段学校办到县、乡镇，小学办到乡镇、村”规模办学的路子，全力推进中小学布局调整优化工作，全州中小学布局不断优化。到2010年底，全州计划撤并学校933所，其中“一师一校”办学点659所，小学211所，初中63所。新建中小学校18所。小学撤并学校数的比例为49.2%，初中撤并学校数的比例为46%。

2. 文化体制改革有力推进。根据中央《关于深化文化体制改革的若干意见》及省州党委、政府的总体部署，楚雄州成立了由州委、州政府分管领导分别任组长和副组长，州级各相关部门负责同志为成员的文化体制改革领导小组和指导委员会，负责协调全州文化体制改革工作。州博物馆、图书馆、文化馆等公益性文化事业单位的人事、收入分配和社会保障制度改革有序推进。

3. 医药卫生体制改革稳步推进。一是结合国家和省的医改《意见》和三年实施方案，制定下发了《楚雄州深化医药卫生体制改革实施意见》和《楚雄州深化医药卫生体制改革三年实施方案》；对即将出台实施的《楚雄州关于加快民营医疗机构发展的意见》、《关于加强公共卫生服务体系建设的意见》、《关于卫生事业单位党政主要领导公选制实施意见》、《关于卫生事业单位职工聘用制实施意见》、《关于卫生事业单位绩效工资制实施意见》5个讨论稿进行了征求意见和进一步修改完善。二是农村卫生管理体制进一步完善，乡村卫生组织服务一体化管理率达100%；全州乡镇卫生院均实行院长公开竞聘使用；实施“万名城市医师支援农村卫生工程”，实施了乡镇卫生院会计委派制、农村公共卫生服务券付费制和三级以上医院药房托管试点，实施了以州为统筹单位的州、县、乡、村定点医疗机构新型农村合作医疗和城镇居民医保用药统一竞限价采购、统一配送制度，实施了门诊费用总额预付包干制、住院日费用分类分段包干制，实施了部分常见病限价收费、临床路径管理等卫生管理、运行机制改革。三是研究制定了楚雄州实施国家基本药物制度工作方案。自2010年11月1日开始，全州政府建办的基层医疗卫生机构（包括乡镇卫生院、社区卫生院和村卫生室）全部开始配备使用307种国家基本药物及70种省补充药物，并实行零差率销售。“十一五”末，州级医疗机构采购使用基本药物比例达20%，县级医疗机构达35%，乡镇卫生院、村卫生室100%使用基本药物。四是稳步推进公立医院改革试点。州卫生局与昆明医学院合作编制了《楚雄州区域卫生规划》，对公立医院布局、设置准入条件进行了明确。

（四）行政管理体制改革加快推进

1. 事业单位人事制度管理不断深化。根据全州事业单位岗位需求和空编情况，结合楚雄州引进重点产业、专业紧缺人才和全州社会事业发展对专业人才的需要，楚雄州对事业单位公开招聘进行了改进。一是实行州属事业单位和10县市招聘岗位经审核后在《楚雄日报》和“楚雄人事人才网”上统一发布公告，加大了事业单位公开招聘考试的宣传力度，进一步做到了招聘信息公开、招聘岗位公开；二是对州属事业单位实行由州人事局统一组织《公共基础知识》考试。对全州县市的公开招聘考试进行了统一规范，降低了招聘工作行政成本，增强了公开招聘工作的严肃性和公正性。

2. 政府机构改革稳妥推进。一是认真做好政府机构改革前期准备工作。通过加强机构改革政策的学习宣传、深入基层调查研究、发放征求意见表、暂停机构编制审批和人员调入等措施，为政府机构改革做了准备工作。成立了楚雄州政府机构改革工作领导小组及其办公室，拟订了机构改革工作方案，明确州县市政府机构改革工作的具体时间、方法、步骤及机构改革领导小组的工作职责和任务。二是拟订上报了楚雄州人民政府机构改革方案。在深入州级部门调查研究、广泛征求意见和认真分析州政府机构设置、职能配置情况的基础上，结合实际拟订了《楚雄州人民政府机构改革方案》，经向省编办多次请示汇报，反复修改完善，报州政府常务会议和州委常委会议讨论同意后，上报省委、省人民政府批准。三是州委、州政府下发了关于楚雄州人民政府机构改革的实施意见，2010 年 12 月 31 日，召开了机构改革大会，宣布州人民政府设置 32 个工作部门。四是加强县市政府机构改革工作的指导。重点抓好《中共云南省委、云南省人民政府关于州市县政府机构改革的实施意见》（云发〔2009〕10 号）的贯彻落实。按省州要求，县市政府机构改革正稳步推进。

3. 政府职能得到明显转变。一是进一步规范行政执法主体和依据。转发了《云南省人民政府法制办公室关于在全省开展行政执法主体资格清理公告、投诉举报电话公布和行政执法证件清理汇总工作的通知》，明确了重点单位、工作原则和内容范围，并提出了相关要求。二是加强行政许可审批后续监管。为规范行政许可审批，加强后续监管，简化审批手续，强化服务职能，适时开展行政许可审批项目清理，下发了《公开行政审批项目备案表》和《公开行政审批项目目录表》。

二、存在的主要问题

（一）深化投融资体制改革难度加大

针对国际和国内经济形势，2010 年上半年，银监会连续向金融机构下发了《项目融资业务指引》、《固定资产贷款管理暂行办法》、《流动资金贷款管理暂行办法》和《个人贷款管理暂行办法》，贷款准入门槛提高，贷后监管更加严格。6 月国务院出台了《关于加强地方政府融资平台公司管理有关问题的通知》的政策规定，使地方投融资平台利用政府信用进行融资工作的开展难度加剧，扩大融资渠道、进一步深化投融资体制改革难度加大。2010 年下半年，为适应经济形势的新变化，国家调整为稳健的货币政策，客观上使楚雄州投融资体制改革遇到了新的难题。

（二）市政公用行业市场化改革推进较慢

按照“政企分开、事企分开、管养分离”的原则，城市供水、污水和垃圾处理等经营性事业单位，要与行业主管部门脱钩，实行改革改制，完成人员身份置换等，由于涉及多方利益的关系调整，改革推进步伐不够理想。

（三）深化医药卫生体制改革遇到困难

按照国家和省的医改要求，坚持基层医疗卫生机构的公益性质，对政府办的乡镇卫生院、社区卫生服务机构，在严格界定功能和任务、核定人员编制、核定收支范围和标准、转变运行机制的同时，政府负责保障按国家规定核定的基本建设、设备购置、人员经费和其承担的公共卫生服务的业务经费的落实遇到现实困难。

三、“十二五”推进改革的设想

全面贯彻落实十七大及四中、五中全会精神，积极践行科学发展观，认真学习中央经济工作会议和国家、省经济体制改革精神，在州委、州政府的领导下，坚定不移推进经济体制综合改革。

（一）继续深化经济体制改革

1. 继续推进市政公用行业改革。继续贯彻落实《楚雄州市政公用行业市场化改革指导意见》，加快推进市政公用行业改革步伐，扩大城市供水、污水和垃圾处理等特许经营范围，加大城市污水和垃圾处理等市场化运作改革力度。

2. 继续推动非公经济和中小企业发展。认真贯彻落实《中共云南省委、云南省人民政府关于加快非公有制经济发展的决定》（云发〔2009〕9号）精神，抓住沿海产业向内地和西部转移、省内产业结构和所有制结构加速调整的有利时机，破解非公有制经济发展中的体制机制障碍，进一步改善发展环境。

3. 深化财政体制改革。以促进基本公共服务均等化为主线，以推进经济增长方式转变和区域协调发展为重点，建立财权和事权相匹配的财政管理体制，进一步完善财政转移支付办法，形成统一、规范、透明的财政转移支付制度，进一步深化预算管理体制改革，不断深入推进项目支出预算评审改革，试点实施部门预算信息内部公开，积极探索参与式预算改革。探索建立基本支出预算定额标准体系，构建完善项目支出绩效评价体系。推进国库集中支付改革，完善国库管理制度。

4. 深化投融资体制改革。进一步推进投融资体制改革，深入贯彻落实《楚雄州深化投融资体制改革指导意见》。充分发挥开发投资公司投融资平台作用，积极推进开发性金融合作，加快引进和发展地方金融机构，打造区域性融资平台，培育更多的投融资主体，在搭建多元化投融资平台，建立多元化、多层次、多专业的投融资体系上取得突破。创新方式，鼓励和吸引社会资金投向公益性、基础性项目。科学界定政府投资和民间投资范围，进一步放宽民间资本准入条件，加快形成平等准入、公平竞争的市场环境，激发民间投资活力。

5. 推进资源管理体制改革。理顺资源价格形成机制，加快建立能反映资源稀缺程度和环境成本的价格形成机制，建立健全资源有偿使用制度和生态环境补偿机制。坚持把节能减排作为转变经济发展方式的突破口，推进节能减排制度创新，贯彻国家和省节能减排法规，完善节能减排工作措施。配合建立健全更加有效的节能减排监督管理体系和科学合理的考核激励机制，加快形成节约能源资源和保护生态环境的增长方式，建立资源节约监管制度。

6. 加快涉外经济体制改革。要抓住把云南建成我国面向西南开放桥头堡的重要机遇，配合国家和省研究提出楚雄州区域发展与国家战略相配合、省内区域规划与对外开放布局相衔接的桥头堡建设规划。完善招商投资管理体制和外贸管理体制。进一步优化投资环境，创新利用内外资方式，把引进内外资同转变发展方式、提升产业结构相结合，引进大企业、大集团到楚雄投资建设。进一步加快对外开放平台的建设。

（二）加快推进公共服务均等化体制改革

1. 进一步推进农村综合改革。稳定和完善农村基本经营制度，加强对农村土地承包经营权流转中的管理和服务，建立土地承包经营权流转价格增长机制，积极稳妥地推进农村土地承包经营权流转，促进土地适度规模经营。继续推进征地制度改革，健全征地补偿机制和安置办法，完善被征地农民社会保障体系。巩固集体林权制度改革成果，制定和完善政策措施，全面推进集体林权制度配套改革，适时启动国有林场、国有林区改革。扩大新型农村金融机构试点，继续争取发展农村资金互助社，继续努力增加村镇银行和小额贷款公司。深化农村综合改革，建立完善村级公益事业建设“一事一议”财政奖补长效机制，在推进农村义务教育债务化解的同时，有选择地开展清理化解其他公益性乡村债务试点。尝试加快组建农民专业合作组织，培育发展专业化、市场化的农业社会服务体系。

2. 全面推进医药卫生体制改革。一是贯彻落实国家、省医药卫生体制改革的精神。推进医药卫生体制改革。制定年度工作计划。确保改革任务的圆满完成。二是研究出台楚雄州医改配套政策。根据《云南省基层医药卫生体制综合改革试点实施意见》精神，研究出台楚雄州医改“一主三辅四配套政策”，即“一主”：楚雄州基层医药卫生体制综合改革试点实施意见；“三辅”：楚雄州乡镇卫生院、城市社区卫生服务机构、村卫生室改革三个试点方案；“四配套”：楚雄州乡镇卫生院改革机构编制标准、基层医疗卫生机构绩效考核、运行补偿、基本药物和补充药品使用采购配送4个试点办法。三是建立健全医改考核评估机制。定期开展医改督导检查，摸底公布各县市医改进展情况，奖励先进，督促落实，确保改革按既定的进度和目标推进。四是加强督查调研工作。通过调研，及时研究解决医改工作中出现的新情况、新问题，提出有针对性的对策建议。会同相关部门加强指导和督促，确保楚雄州医改工作操作规范、凸显特色、取得实效。

3. 进一步深化水利体制改革。结合新一轮政府机构改革，积极推动全州水务管理体制改革，完成《楚雄州水务管理体制改革实施方案》审批和州水务局组建、挂牌，同步完成10县市水务改革实施方案的审批工作和水务改革启动工作；深化内部改革，健全各项管理规章制度，进一步提高规范管理水平；认真贯彻落实云南省人民政府关于农村小型水利工程管理体制改革的意见，结合试点县南华县的经验，加快农村小型水利工程管理体制改革工作；规范和推进农民用水户协会建设，建立“政府引导、自愿参与，民主管理、自我发展”的农田水利建设新机制，按照州委、州人民政府《进一步加快水利发展与改革的决定》进一步研究制定有关贯彻实施办法。

4. 加快推进城乡居民的社会保障体系。坚持“广覆盖、保基本、多层次、可持续”方针，加快推进覆盖城乡居民的社会保障体系建设。实现新型农村社会养老保险制度全覆盖，完善实施城镇职工和居民养老保险制度，推动机关事业单位养老保险制度改革。

（三）加快推进行政管理体制改革

1. 切实转变政府职能。继续推进政企分开、政资分开、政事分开、政府与市场中介组织分开，提高运用市场配置资源的能力。加强对本地区经济社会事务的统筹协调，推进行政执法体制改革，强化执法监督职责，加强社会管理，注重公共服务。进一步深化行政审批制度改革，规范审批行为，减少审批事项，简化程序，下放权限。强化行政权力监督，切实加强审批事项后续监管。

2. 加强政府自身建设。进一步加强政府自身建设，提高推进科学发展能力和水平。要以服务型政府建设为主线，在继续推进法治政府、责任政府、阳光政府和效能政府建设的同时，以提高服务能力和水平为方向。稳步推进州县（市）政府机构改革，进一步理顺部门职责关系，健全部门间的协调配合机制。

玉溪市“十一五”经济体制改革回顾及“十二五”工作打算

“十一五”期间，我市以农村改革、国企改革、行政管理体制改革、财政投资体制改革为重点，统筹经济和社会事业改革，开拓创新，加快形成促进经济发展方式转变、实现可持续发展的体制机制，为全市经济社会发展提供了强大动力。

一、“十一五”改革推进情况

（一）农村改革向纵深发展

1. 全面完成了农村税费改革。积极推进乡镇机构、农村义务教育和县乡财政管理体制改革，落实支农惠农政策，建立健全减轻农民负担的有效机制，在总结“乡财县管”改革试点的基础上，按省政府要求圆满完成乡镇财政预算管理方式改革任务，达到了改革的预期目标，取得了阶段性成果。

2. 华侨农场改革进展顺利。一是新机构挂牌、授印。根据市政府批复两个华侨农场的改革实施方案，采取划并乡镇、保留牌子的模式进行改革，将我市 13 个华侨农（林）场率先在全省实现彻底融入地方的改革目标。二是华侨农场体制改革后，及时理顺机构，人员到位，为华侨农场今后发展注入了新的活力。三是结合新机构实际情况，以“三融入”为目标，不断推进华侨农场的改革和发展，重点做好了危房改造、矛盾纠纷调处和社区近期发展规划工作。在生产工作方面，发挥气候、区位、交通优势，有效流转土地，调整种植结构，培植冬早蔬菜、花卉等，促进农民增收致富；在主导产业上，加强引导，组织开展了芒果、甘蔗种植与管理技术等培训 10 期，受训人员 3 126 人；积极推进归侨难民危房改造工作，新机构主动为群众解决土地、资金、建设规划等问题。

3. 继续深化集体林权制度主体改革和配套改革。一是主体改革各项工作任务已基本完成。全市共批复乡镇林改方案 75 个，批复行政村林改方案 637 个，批复率均为 100%；全市共投入林改工作经费 5 964 万元，抽调 16 792 位干部和专业技术人员参与林改，全市完成确权面积 1 370 万亩，签订公益林管护责任书 11.9 万份，核发林权证 11.06 万本；共排查纠纷 4 962 起，调处 4 869 件，调处率 98.13%；调处面积 54.34 万亩，调处率 83.29%。全市商品林面积均山到户率达 72.66%。基本实现了山有其主，基本完成了集体林权主体改革任务。二是积极筹备综合配套改革工作。首先，学习借鉴外地配套改革经验，积极谋划我市配套改革。于 2008 年 10 月组织各县（区）林改办和林业部门工程技术人员赴福建、浙江考察学习，通过学习考察，初步掌握了配套改革的主要内容、基本构架和政策措施。其次，深入开展调研，听取基层意见。于 2009 年 1 月份，深入林区，进村入户，走访群众，召开座谈会，听取林权所有者、造林大户、林地承包经营户对林业配套改革的意见建议。再次，抓好试点，探索路子。市委、市政府把新平县确定为我市配套改革试点县，并派出市驻新平县配套改革指导组，通过半年的工作，初步探索了“五步走”的配套改革试点工作方法。围绕林权抵押贷款、林地林木评估等，起草制定了16个指导性、政策性系列文件，同时在易门县六街镇柏树办事处第25组开展林地转让试点；铜厂乡沙衣村委会白石岩小组开展木材采伐试点。通过召开村民小组会议、提出申请、公示，林业站技术员跟踪监督，探索林木、林地转让、林木采伐的新路。

（二）国企改革进一步深化

我市国企改革，在推进新一轮深化国有企业改革中积极参与行业整合，坚持以产权制度改革为突破口，甘当配角，引进大企业大集团，做大做强地方企业；积极依靠大企业大集团引进大项目、促进大发展，实现优势资源向优势企业集中，使资源优势变为经济优势；积极开展对改制企业的回访调查和跟踪问效工作，取得了改制的129户企业连续两年总产值、销售收入、实缴税金、职工收入四大指标全面增长，资产负债率下降的“四增一降”可喜局面；积极探索企业退休人员社会化管理模式，使企业退休人员不仅老有所养、老有所医，还做到老有所管、老有所乐；积极深化改制企业改革，推进具备条件的改制企业进行公司化改造，建立现代企业制度。

（三）行政管理体制改革不断深入

以政府自身建设为核心，积极推进政府职能转变。在全市行政机关实施法治政府、责任政府、阳光政府、效能政府。对进一步促进机关工作作风转变、优化政务环境、加强政府自身建设、推进政府职能转变起到了明显作用，产生了积极的社会影响。完成了第三轮、第四轮行政审批制度改革，进一步规范了行政审批行为。理顺市区行政管理体制。扩权强区、强县，向红塔区下放部分市级经济社会管理权限，推动红塔区中心城区经济社会发展；启动了向县区下放部分市级经济、社会管理权限的工作。新一轮政府机构改革稳步推进。分类推进事业单位改革取得初步进展。

（四）财政投资体制改革稳步开展

进一步深化投资体制改革，不断健全制度。完善创新重大项目审批、核准、备案工作机制，加强工作衔接，确保各个工作环节按规定程序限时办结。按照行政机关“四项制度”的要求，提高行政服务效率，建立并联集中、高效便捷、公开透明、协商流畅的重大项目并联并行审批和核准机制。加快投融资平台整合步伐，着力突破投融资瓶颈制约。已出台整合现有市属投资公司方案，完善法人治理结构，整合各部门分散垄断的资源，壮大资产规模，改善资产结构，提高融资平台和融资能力。

（五）医药卫生体制改革积极推进

1. 试点总结经验，逐步在全市推进医药改革。开展社区、乡镇以及村三级医疗机构中实行基本药物零差率销售试点工作。认真贯彻落实《中共中央国务院关于深化医药卫生体制改革的意见》和《国务院关于印发医药卫生体制改革近期重点实施方案（2009～2011）年的通知》精神，将玉溪市医药卫生体制改革推向深入，逐步实现医药分家，有效降低群众医疗费用负担，确保2011年在全市建立基本药物制度，为基本药物实行零加成奠定基础。开展八县一区社区、乡镇以及村三级医疗机构中实行基本药物零差率销售试点。根据玉溪市医药卫生体制改革领导小组的总体部署，结合部门及工作实际，按照“积极稳妥、突出重点、分步实施、先行试点、逐步推开”，保证医药卫生体制改革成果惠及全市人民的改革原则，在充分调研和认真总结玉溪市药品招标采购“四统一”工作的基础上，有效开展社区、乡镇以及村三级医疗机构中实行基本药物零差率销售试点。确定了玉溪市实行国家基本药物零差率销售保障措施：一是建立玉溪市基本药物制度管理运行组织机构。二是明确各部门职责。三是完成配送企业遴选工作。

2. 巩固完善新农合制度，农民受益水平不断提高。2009 年，在全面推行新型农村合作医疗制度的基础上，进一步完善各项政策措施，努力提高群众受益水平。参合农民每人每年筹资标准由 2008 年的 90 元调整为 100 元，农民个人自筹 20 元。全市新农合覆盖农业人口 1 744 761 人，参合 1 658 047 人，参合率 95. 03%，高于全国全省参合率的平均水平。

（六）改革试点进展顺利

1. 全面落实《云南省旅游产业发展和改革规划纲要》和《纲要实施意见》，积极争取省委、省政府的支持，2008 年，经省政府同意，设立抚仙湖—星云湖生态建设与旅游改革发展综合试验区。试验区设立后，我市迅速成立管委会，并成立了市委书记任组长的玉溪市旅游产业改革发展领导小组，召开了全市旅游文化产业发展大会，出台了《关于加快全市旅游文化产业发展的决定》，全面部署试验区建设工作，明确全市旅游产业改革发展思路、目标任务、工作重点和政策措施，编制完成了试验区总体规划，加强了试验区内基础设施建设，全面开展试验区生态保护和建设。按照统一规划、统一开发、统一管理、属地为主的原则，以旅游重大项目为突破口，建立了试验区重大项目审核机制和推进机制，太阳山、仙湖·锦绣、承德国际养生中心、帽天山国际养生园等首批重大示范性项目推进顺利。进一步夯实了全市旅游产业发展基础。

2. 扩权强县试点积极推进。2009 年 6 月，省政府下发了云南省开展扩权强县试点实施意见等四个文件，我市新平县、易门县作为试点县，各相关部门结合各自职能，正抓紧落实各项工作。

二、存在的主要问题

“十一五”期间，在推进改革过程中一些深层次的问题亟待解决。一是从思想认识上有待进一步提高，二是改革的总体指导和统筹协调机制有待完善，三是改革进展不平衡，四是改革对促进经济发展方式转变、战略性结构调整作用有待强化。

三、“十二五”改革思路

贯彻落实国家和省的一系列改革措施，突出重点领域，力求在深化财政、投融资、资源性产品价格和要素市场改革等关键领域有新突破，进一步转变政府职能，提高公共服务的能力和效力，努力构建有利于经济社会又好又快发展的体制机制和发展环境。

（一）深化行政管理体制改革

1. 转变政府职能。深化政府机构改革，进一步理顺部门职责关系，优化结构，提高效能，形成责权一致，分工合理，执行流畅、监督有力的行政管理体制。继续深化行政审批体制改革，推进政企分开、政资分开、政事分开、政府与市场中介组织分开，规范行政行为。大力推进服务型政府建设，健全政府职责体系，完善政府调节和市场监管职能，强化社会管理和公共服务职能，围绕加快建立公共服务体系目标，全面增强政府公共服务能力，提高服务基层、服务企业、服务群众的水平。提高公务员素质，建设一支人民满意的公务员队伍。

2. 依法行政。深入推进法治政府、责任政府、阳光政府和效能政府建设，着力打造行为规范、运转协调、公正透明、廉洁高效的行政体系。建立健全政府科学决策、民主决策、依法决策的机制，完善部门间协调配合机制，健全行政争议化解机制，努力提高政府执行力和公信力，推进政务公开，提高政府制定公共政策的透明度，保障群众知情权、参与权和监督权。全面落实行政执法责任制，科学建立责任目标考核制度，完善监察、审计等监督机制。

（二）深化投融资体制改革

1. 深化投资体制改革。加强政府投资管理，合理界定政府投资范围，加大政府在改善民生、建立公共服务的投入，逐步降低政府在非公共服务领域直接投资的比例。坚持“谁投资、谁决策、谁收益、谁承担风险”原则，确立企业投资主体地位，保障各类投资主体的合法权益。着力改善投资环境，进一步简化审批程序，建立“绿色通道”，推行“一站式”服务，开放投资领域，激发民间投资主体活力，引导社会资金投向社会事业、基础设施、基础产业和高新技术领域，完善政府投资项目的后评价、重大项目的公示和责任追究制度。

2. 切实拓宽融资渠道。进一步发挥政府投资的导向作用和杠杆作用，整合政府融资平台，按照平台实体化、运作市场化、经营企业化、项目实施专业化的方向，规范和做大政府性投资公司规模，增强融资能力，提高运营效率。规范发展各类民营投资公司和担保公司，加快地方金融机构的发展，建立多元化、多层次、多专业的投融资体系，努力开拓资本市场，推进企业上市直接融资。大力发展投资中介服务组织，提升服务功能。

（三）推进资源要素价格改革

1. 健全重大资源合理开发的体制机制。要依法科学确定重大资源开发利用项目的准入条件，明确重大资源开发利用的准入标准，逐步形成由开发企业承担环境成本的新机制。严格按照国家法律、法规和规章规定的程序，强化对重大资源开发利用项目的监管。提高资源开发利用效率，建立健全开源节流机制，建立完善以规划和标准控制为前提、以政策约束为导向、以监管考核为保障、以有偿使用和市场配置为基础的资源节约利用制度。

2. 加快建立资源价格形成机制。建立完善反映市场供求关系、资源稀缺程度、环境损害成本的资源价格形成机制，形成资源要素市场。对于不可再生的资源，通过市场化的方式进行矿业权评估作价后，可作为国有资本注入上市公司直接实现资本化，也可通过加大行业整合的方式促进资源向优势企业聚集，形成优良资产，为其资本化做准备，以实现资源的合理开发利用。对于可以持续利用和循环使用的资源，可以按经营权与所有权分离的原则，通过实施特许经营的方式，吸引民间资本进入开发，政府主要抓好规划、监管和保护工作。

（四）深化社会事业领域改革

1. 完善就业和社会保障体系改革。继续实施积极的就业政策，促进以创业带动就业，提升创业促进就业的管理机制，加快制定有利于促进以创业带动就业的财政税收金融政策，实施鼓励劳动者多渠道多形式就业扶持政策。建立统筹城乡区域的就业体系。按照“广覆盖、保基本、多层次、可持续”的基本方针，加快完善社会保障体系建设，提高政府保障能力，健全覆盖城乡居民的社会保障体系。探索社会保障城乡一体化，建立正常的养老金调整机制。健全新型农村社会养老保险制度。推进机关事业单位退休金制度改革。健全城乡居民最低生活保障制度。逐步实现基本社会保障制度的统一和城乡衔接。

2. 深化教育体制改革。全面贯彻中长期教育改革和发展规划纲要，创新人才培养体制、办学体制、管理体制。改革质量评价和考试招生制度，积极探索适应各类学校的办学体制。深化素质教育改革试点、考试招生制度改革试点。创新政府、行业及社会各方面分担职业教育基础能力建设机制，推进校企合作制度化。积极探索职业教育集团化办学模式。

3. 加快医药卫生体制改革。健全覆盖城乡居民的基本医疗保障制度，逐步提高保障标准。继续扩大基本医疗卫生保障覆盖面，扩大国家基本公共卫生服务项目，扎实推进基本公共卫生服务均等化。积极稳妥推进公立医院改革。优化医疗卫生资源配置，新增卫生资源重点向农村和城市社区等薄弱环节倾斜。健全基层医疗卫生机构补偿机制。完善民营医院的鼓励与扶持政策，鼓励社会资本以多种形式举办医疗机构。加快建立以国家基本医药制度为基础的药品供应保障体系。进一步规范药品生产流通秩序。

4. 推进文化体制改革。按照创新体制、转换机制、面向市场、增强活力的要求，加快经营性文化单位转企改制，建立健全法人治理结构，培育一批投资主体多元化、多种所有制共存的大中型文化企业，构建统一开放竞争有序的现代文化市场体系。稳步推进公益性文化事业单位人事、收入分配和社会保障等改革，完善内部管理制度，创新公共文化服务机制，激发发展活力。有效提供不同需求的文化服务。

红河州“十一五”经济体制改革回顾及“十二五”工作打算

“十一五”期间红河州的体制改革工作，在州委、州政府的领导下和省发改委的指导下，认真贯彻党的十七大、十七届二中全会和省第八次党代会、省委八届四次会议精神，紧紧围绕全面落实科学发展观和构建社会主义和谐社会的要求，进一步完善社会主义市场经济体制，形成有利于我州又好又快发展的体制机制，认真落实《红河州国民经济和社会发展第十一个五年规划》提出的各项改革目标、任务，进一步深化我州各项改革。改革成果显著，亮点频出，为推动红河州新发展注入了新的活力和动力。

一、十一五期间改革推进情况及取得的成效

（一）着力推进经济管理体制改革

1. 重点加快企业布局、调整、重组步伐，消除阻碍非公经济发展的思想障碍、体制弊端和政策限制。坚持以产权制度改革为核心，以建立现代企业制度为改革方向，各级各部门协调配合，明确责任，扎实工作，稳步推进，圆满完成了深化国有企业改革的各项目标任务。全州剩余的个旧市6户国有企业已全部完成了破产程序的上报工作；个旧全国资源型城市经济转型与可持续发展改革试点工作有序展开，开远全省发展循环经济试点工作稳步推进；坚持政府主导与市场主体有机结合，进一步完善了有利于调动各县市参与红河工业园区建设的管理机制。

2. 以深化财税、金融和投资体制改革为重点，形成有利于落实科学发展观的宏观调控体系。进一步完善公共财政体系，推进了预算管理体制、国库管理制度、政府采购管理体制、“收支两条线”管理体制、出口退税负担机制等多项改革。

3. 加快建立健全多渠道的投融资保障机制。加快股份制银行的引进和地方性银行的组建步伐，富滇银行、交通银行在红河设立了分支机构，发行20亿企业债券的工作已取得积极进展，新引进了3家保险企业。

4. 深化投融资体制改革。改革政府对企业投资的管理制度，确立企业的投资主体地位，健全政府投资项目决策机制。成功地完成了弥泸师二级、个屯一级公路的BOT项目，对河口北山国际口岸道路工程实施了BT建设模式，州级许多工程实行了城建部门行政代建。在项目审批方式上，继续简化审批手续。

5. 深化价格体制改革。积极发挥价格杠杆作用，控制价格总水平过快上涨，积极推进电价改革、水价改革和成品油价格形成机制综合配套改革。

6. 以发展生产要素市场为重点，进一步完善现代市场体系。规范发展土地市场，加大土地出让力度，出让土地收储力度，加强土地监管，促进土地出让收入对我州经济建设发挥积极作用；积极发展和规范中介服务机构，加强社会信用体系建设，进一步提升了我

州的市场规范化管理水平。

7. 以创新资源环境管理体制为重点，加快建设资源节约型、环境友好型社会。进一步完善和规范资源开发利用管理体制和运行机制，促进资源有序开发和合理利用，确保资源开发产业的进一步做大做强，实现资源开发与经济、社会和环境效益的有机统一。制定出台了《红河州人民政府关于加强矿产资源管理的若干规定（试行）》。建立完善促进循环经济发展和节能减排的体制机制，制定并下发了《红河州节能减排实施意见》，开远市省级循环经济试点工作稳步推进，成效显著。狠抓工业节能工作，淘汰高污染落后产能，提前关停了巡检司电厂、小龙潭电厂高耗能发电机组。淘汰落后生产能力水泥 81 万吨、钢铁 7 万吨、铁合金 9.56 万吨、黄磷 2.1 万吨。

（二）以改善民生为重点，推进社会领域各项改革

1. 深化收入分配制度改革。颁布了我州企业工资指导线、企业职工平均工资劳动力市场工资指导价位，完善劳动力市场建设，建立与市场经济制度相适应的企业工资宏观调控体系，建立与现代企业制度相适应的工资收入分配制度，充分发挥市场机制对工资分配的基础性调节作用，为企业合理确定工资水平和工资关系以及为劳动者择业提供科学的指导依据。规范公务员津贴补贴，改革公务员工资制度。

2. 加快建立覆盖城乡居民的社会保障体系。不断扩大养老保险覆盖面，确保养老金按时足额发放，稳步推进城镇企业职工基本养老保险。加快统筹城乡医疗保险体系建设步伐，不断完善医疗保险制度。制定出台了《红河州城镇居民基本医疗保险办法（试行）》及《红河州城镇居民基本医疗保险门诊补助试行办法》。进一步完善失业保险制度，失业保险促进再就业取得成效。以农民工参保为重点，进一步完善工伤、生育保险的扩面力度，制定了《红河州实施农民工“平安计划”加快推进农民工参加工伤保险工作方案》。积极推进农村养老保险，被征地农民社会保障工作。企业退休人员社会化管理服务工作取得新的进展。

3. 深化医药卫生体制改革。在认真总结前一阶段医疗卫生体制改革的经验和问题的基础上，按照 2008 年州委六届二次党代会提出的“坚持公共医疗卫生的公益性质，大力推进卫生服务体系建设，提高新型农村合作医疗参合面和补助标准，强化医疗卫生体制改革，提高疾病预防控制、卫生应急和医疗救治能力，努力让广大人民群众享有安全、有效、方便、价廉的医疗卫生服务”方针，开展了新一轮的深化医疗卫生体制改革。拟定出台了《关于进一步完善和深化卫生事业改革的意见》。借我州列为全省经济社会和城乡综合改革试点之机，把深化医疗卫生体制改革工作列为重点突破的改革领域。力求在进一步深化改革方面有新的突破。

4. 全面推进教育体制改革。围绕巩固义务教育、提升高中教育、壮大职业教育、发展学前教育、关心特殊教育，缩小差距、提高质量、促进公平的目标，坚持统筹南北教育发展，加快南部教育发展步伐；统筹基础教育与职业教育发展，实现普通高中与中等职业教育协调并进；统筹规模与效益、数量与质量发展，走内涵发展之路。通过深化改革，义务教育各项政策措施得到全面落实，高中教育发展步伐加快，职业教育发展加快，州卫校申报升格为红河医学高等专科学校顺利通过省高等学校设置评审委员会专家组的评审。民办教育得到发展，各类民办教育机构达 204 个。

5. 深化文化体制改革。进一步贯彻落实党中央、国务院关于深化文化体制改革的若干意见，深化文化事业单位改革。积极组织实施文化产业创新计划，积极打造民族文化节目品牌，努力推介文化产业开发项目，积极扶持文化企业发展，打造以建水和石屏为重点的历史文化资源优势，以元阳哈尼梯田为核心的生态优势，以民俗风情、民族歌舞为突破口的民族文化资源优势，努力培育文化产业示范基地。

6. 推进科技体制改革。创新人才培育机制，积极开发和提升各类人才的创新能力。完善人才流动机制，大力引进和集聚高层次创新人才。组织实施各级科技计划项目，支持鼓励企业成为技术创新主体。加强企业为主体、市场为导向、产学研相结合的技术创新体系建设。多项企业与院校合作项目被科技部分别列为星火计划、火炬计划、中小企业创新基金、科技人员服务企业行动计划等科技项目。

（三）进一步扩大开放，加快推进涉外经济体制改革

1. 完善区域经济合作机制。积极参与“泛珠三角”、“长三角”等区域合作，实施招商引资战略，推进全州经济社会全面进步，坚持扩大引进项目、技术、信息、管理、人才与增强自主创新能力相结合，采取积极有效措施，着力改善投资环境。截至2009底，我州新签项目180个，新签协议资金201亿元，审批外商投资企业2户，合同利用外资1 200万美元，实际利用外资248万美元。

2. 优化促进涉外经济发展的体制环境。创新项目开发，开展优势项目招商。狠抓项目载体建设，创优经济发展环境。出台承接产业转移、招商引资奖励政策。促进跨境经济合作区建设，完善口岸大通关机制。区域经济合作不断深化，成功举办中越（河口）边境经济贸易交易会，与越方共同推进中国红河—越南老街跨经济合作区建设，主动融入中国—东盟自贸区建设。

3. 积极探索建立蒙自综合保税区。红河州以《红河州人民政府关于建立红河综合保税区的请示》（红政发〔2010〕187号）文件正式向云南省人民政府申报。成立了红河综合保税区申报工作领导小组及办公室，《设立云南省红河综合保税区可行性研究报告》已于2010年10月13通过评审，为下一步的申报工作奠定了基础，争取早日获得国家有关部门批准，为我省“桥头堡”建设构筑重要平台。

（四）以转变政府职能为重点，深化行政管理体制改革

1. 切实转变政府职能。继续削减和调整行政审批事项，切实把政府职能转到主要为市场主体服务和创造良好发展环境上来。于2008年8月组建了州级政务服务中心，在州政府法制办加挂红河州政务服务中心牌子。逐步将行政审批事项、行政事业性收费和服务项目纳入政务服务中心集中办理。

2. 全面实施阳光政府四项制度。制定下发了《红河州人民政府关于做好阳光政府四项制度有关工作的通知》，推行重大决策听证制、重要事项公示制、重点工作通报制和政务信息查询制。进一步落实行政负责人问责办法和首问责任制、服务承诺制、限时办结制，加强政府自身建设，着力提高政府工作透明度、公信力和执行力。建立健全科学民主决策机制，依法管理公共事务。推行政务公开工作，建立“红河纠风热线”，部门的领导走进电台直播间与听众进行了交流。

3. 全面推进依法行政。理顺行政执法体制，强化行政执法监督，不断提高行政效率。强化行政复议工作，发挥复议层级监督的功能和作用。开展政府工作绩效评估，建立领导干部综合考核评价体系、政府绩效考评体系，探索行政效能信息化管理。全面推行“一线工作法”、“工作成果倒逼法”。

（五）综合改革试点工作稳步推进

2008 年 4 月省委、省政府把红河州与昆明市确定为全省经济社会综合改革和城乡综合改革试点。经过两年多的探索和实践，各项改革试点工作正在稳步有序推进。

1. 积极推进城乡综合改革。我州在全省率先制定出台了《中共红河州委红河州人民政府关于推进统筹城乡发展的意见》，明确了我州推进城乡统筹改革的指导思想、总体目标、基本原则和工作重点，提出了将从统筹城乡规划、统筹城乡产业发展、统筹城乡基础设施、统筹城乡社会事业、统筹城乡社会保障体系、统筹城乡分配等六大方面加快推进城乡综合改革的任务和要求。

2. 用活用足政策，做好改革项目的实施。为推进红河州综合改革试点工作，省政府下发了《云南省人民政府关于进一步推进红河州综合改革试点促进经济社会又好又快发展的意见》。州政府以红政办〔2009〕102 号文件对各项政策、项目进行了责任分解，部门主要领导为第一责任人，要求上下对口衔接、把政策逐条落实到位并认真组织好项目的实施。目前各项政策已初步落实到位，项目和工程稳步推进。

3. 重点突破，部分领域改革初显成效。一些县市和部门在部分领域改革中探索出了不少有益的经验和做法，取得了初步的成效。蒙自县对被征地农民实施了给农民留预留地征用的实践探索，对失地农民生活保障采取统一纳入城镇低保统筹解决；在农村土地流转方面，开远、蒙自、建水等县市实施了农村土地由分散经营向集中规模经营的尝试性探索，目前取得了较好的农业规模种植效益；开远市在统筹城乡发展方面已经取得初步的成效，得到了省委、省政府的认同。

4. 综合改革试点工作纳入“十二五”规划。综合改革是一项长期、复杂、系统的工程，各项改革思路和措施必须与红河州“十二五”发展规划相衔接，才能达到促进红河新发展的根本目的。在制定我州“十二五”规划时，把综合改革试点工作纳入了“十二五”规划，并完成了《加快推进综合改革配套思路》、《红河州统筹城乡发展意见》的两个重大课题研究。

二、存在的主要困难和问题

改革是思想观念的转变，体制机制的创新，利益格局的调整，涉及面广、情况复杂、任务艰巨。目前，影响综合改革的制约因素主要有三个方面：

一是思想观念障碍。解放思想是一个长期渐进的过程，经过 30 年的改革开放，全州干部群众的思想有了前所未有的大解放，但与改革开放的新形势新任务相比，思想观念仍然不适应。主要的表现是满于现状，小富即安，不思进取，求稳怕乱，缺乏敢闯敢干、争创一流的观念和气魄。认为改革是高层的事情，基层权力小，改革空间不大，上面不改下面改，改不出什么名堂，对综合改革信心不足，主动参与改革的积极性不高。

二是政策和条条限制。在中央宏观调控政策下，土地利用、银行信贷、项目环评等方面有了最严格的限制，对经济社会发展相对滞后的边疆民族地区的改革发展带来一些新情况新问题。个别单位从部门利益出发，对基层改革支持不够，一味要求对口设置，否则在项目和资金上为难基层，等等。

三是州级财力有限，改革成本压力大。近几年，红河州经济发展速度加快，财力不断增强，2009 年财政总收入突破百亿元大关。但全州经济总量小，基础薄弱，基础设施建设、产业培植、社会事业建设等历史欠账太大，目前已经进入还债高峰，资金缺口很大，吃饭、建设、还债矛盾突出。面对改革的巨额成本，财政压力很大。

三、“十二五”期间推进改革的设想和打算

（一）准确把握综合改革试点的指导思想

坚持以邓小平理论和“三个代表”重要思想为指导，深入贯彻落实科学发展观，进一步解放思想，锐意进取，按照完善社会主义市场经济体制的要求，以统筹城乡和区域发展为重点，以突破制约我州经济社会发展的体制机制障碍为关键，以扩大改革开放为动力，加大重要领域和关键环节的改革，形成有利于科学发展、和谐发展的新体制，为我州全面建设小康社会提供体制保障和强大动力。

（二）抓好六个重要领域的改革

进一步强化创新突破意识，重点是破除封闭落后的思想观念，建立与改革开放相适应的思想观念和发展理念，以锐意进取的精神推进综合改革试点。深化经济体制改革；全面推进农村各项改革；加快行政管理体制改革；强化社会体制改革；积极发展开放型经济；建立统筹城乡发展体制。

（三）力争实现五个方面的突破

坚定不移打基础，在解决基础设施瓶颈制约上取得新突破；加快滇南中心城市建设，在促进城乡统筹上取得新突破；统筹区域协调发展，在缩小南北差距上取得新突破；调整优化经济结构，在推进产业转型升级上取得新突破；积极发挥区位优势，在建设独具特色的开放型经济带方面取得新突破。通过综合改革试点，使我州经济发展的质量和水平进一步提高，经济社会发展更具活力，城乡协调发展的格局逐步形成，科技对经济社会发展的引领作用更加突出。全州综合经济实力、统筹城乡区域发展水平、创新发展能力等位居全省前列，滇南地区重要增长极的作用充分发挥，在建设中国向西南开放重要桥头堡中的作用进一步显现。

文山州“十一五”经济体制改革回顾及“十二五”工作打算

“十一五”以来，文山州经济体制改革综合工作，总的来说，是坚持以邓小平理论和“三个代表”重要思想为指导，深入贯彻落实科学发展观，以转变经济发展方式为主线，把加快发展作为第一要务，认真贯彻落实党的路线、方针、政策，围绕全州的中心工作，扎实推进各项改革工作，破除阻碍经济社会发展的不和谐因素，为实现“十一五”目标任务，提供强有力的体制支撑和机制保障，推动全州经济社会平稳又好又快发展，促进了社会和谐稳定。

一、“十一五”改革推进情况

（一）以转变政府职能为重点，扎实推进行政管理体制改革

紧紧围绕建设法治政府、阳光政府、责任政府、效能政府和廉洁政府的总体部署和要求，推进行政审批制度改革，强化行政责任，提高政府工作透明度和行政效能。全面推行行政执法责任制，将618个行政执法主体在《文山日报》上公告，接受社会和媒体的监督。落实四项制度，颁布了《文山州行政负责人问责办法》；州属部门制定问责实施细则和三项制度管理办法，在各单位网站、州政府政务网和《文山日报》上向社会公开服务承诺事项，挂牌上岗。

全面推行“重大决策听证、重要事项公示、重点工作通报、政务信息查询制度”阳光政府四项制度。全州在网上公开信息2 415条，开展重大决策听证20项、重要事项公示433项、重点工作通报617项、政务信息在线解答4 552条，监察机关对181件工作进行了在线督办；“96128”政务信息查询专线共接到查询电话6 019个，转接成功4 839个，转接成功率为93.5%，用户满意率为97.91%。

按照“转变政府职能、理顺职责关系、明确强化责任、优化组织结构、规范机构设置、强化机构编制管理”的改革任务：突出重点工作，抓住关键环节，积极推进行政机构改革和机构编制管理。州政府设置工作部门32个，部门管理机构2个。其中调整组建11个，保留设置23个；清理撤并了13个机构，其中正处级3个、副处级3个、正科级7个。

按照“按需设岗，精简高效，合理设置，科学管理，兼顾现状，注重发展”的岗位设置原则进行事业单位人事制度改革，完成事业单位岗位设置管理方案的核准、人员聘用及聘后认定工作，实现事业单位岗位设置与绩效工资相衔接。

（二）以深化农村综合改革为重点，扎实推进社会主义新农村建设

按“生态建设产业化、产业发展生态化”的要求，稳步推进以明晰产权为主的集体林权制度改革，圆满完成主体改革工作任务，配套改革工作有序推进，实现了“山有其主、主有其权、权有其责、责有其利”的目标。涉及林改乡镇数102个、村委会数924个、村

民小组数 14 896 个，涉及林改户数 642 299 户、人数 2 976 511 人。目前，已完成林改村组数 14 821 个，占任务数的 99.7%；确权户数 599 644 户，占任务数的 91.3%；确权面积 2 289.1 万亩，占任务数的 97.4%；发放林权证 529 416 本，发证率为 97.4%；拿到林权证户数 525 281 户，占确权户数的 87.6%；集体林均山到户率为 85.5%（其中：集体公益林均山到户率 90%，集体商品林均山到户率 82.6%）。

积极宣传《农村土地承包法》和《农村土地承包经营纠纷调解仲裁法》等法律法规，健全土地承包及经营权证档案管理制度，坚持和完善以家庭承包经营为基础、统分结合的双层经营体制，稳定完善土地承包关系，五年来共补发农村土地承包经营权证 64.63 万份，补签承包合同书 4.61 万份。按照“企业 + 合作社 + 农户”的组织形式积极发展农民专业合作经济组织，推进农业产业化进程，加快现代农业的基地化、规模化、商品化、组织化生产经营建设步伐，“十一五”期间共组建农民专业合作经济组织 351 个（其中协会 121 个、合作社 230 个）。根据《农村土地承包经营权流转管理办法》的有关规定，按照依法、自愿、有偿的原则，开展土地流转，积极培育土地承包经营权流转市场；探索农户间转包、转让、互换等土地流转方式；建立健全流转市场，规范流转行为，加强合同管理，鼓励有条件的县发展多种形式的适度规模经营。推行村级会计委托代理服务制，农村民主氛围进一步增强，农村集体资产管理进一步规范。目前全州 15 074 个村小组基本实现了村级会计委托代理，代管资金 7 569.07 万元；加大对农村集体资产和村干部的经济监管和离任审计工作力度，保护群众利益，促进农村社会稳定。

完成文山民丰村镇银行，文山州邮政储蓄银行组建工作。各县农村信用合作联社完善乡镇服务网点，服务农村经济，为实现“十一五”农村经济发展目标提供金融支持。

（三）以调结构增活力为重点，稳步推进国企改革

以产权制度改革为核心，打破股权比例限制，加快推进国有经济布局和结构调整，鼓励不同所有制企业相互参股，实现股权多元化。采取“一企一策”改制政策，完成云南汽车车轮厂、文山锑品冶炼厂、云南白药集团文山七花公司的股份制改造，努力推进文山州交通集团公司、文山州食品总公司、文山州农机公司、文山州冶金工贸中心等企业改制工作。

供销社企业改革稳步推进，完成改制 94 户，进入改制程序 8 户，企业改制面达 88.99%。文山农垦改革取得突破性进展，六个农场已于 10 月 12 日正式移交到县属地管理，农垦两个工商企业于 11 月 3 日正式移交文山州政府管理。

全州 11 个国有林场完成森林资源及森林经营区划、生产生活基础设施、经营管理和产业发展和债务等情况调查摸底，为启动国有林场、林权改革试点打好基础。

（四）以转变发展方式为重点，为保持经济平稳较快发展创造良好的体制机制环境

建立和完善“市场引导、企业自主决策、融资方式多样、中介服务规范、政府调控有效”的新型投融资体制。合理配置州级国有资产，做大做强文山州城乡开发投资公司，壮大政府投融资平台，促进地方经济发展。整合州水投公司等专业投融资公司，将州水投公司国有股权划拨到州城乡开发投资公司，使其成为城投公司全资子公司。将州政府所持有的斗南锰业股份公司 810 万元股权划转州城乡公司经营管理；对部分具备划转条件的州属企业国有资产划拨到州城乡开发公司；将州级行政事业单位非转经资产和闲置资产，划拨给州城乡开发投资公司，增加公司资产规模。截至 2010 年 6 月，州城乡开发投资公司资产规模已达到35.55亿元，注册资本从原来的1.2亿元增加到现在的10亿元，净资产由原来的1亿元增加到现在的24.32亿元，公司投融资能力不断增强。

充分发挥政府投融资平台作用，缓解企业融资压力。为应对国际金融危机对我州实体经济的影响，州本级、文山和砚山县共筹集5 000万元资金，注入州城乡开发投资公司及州中小企业融资担保公司，帮助11户重点企业置换到期贷款1.08亿元。2010年州中小企业融资担保公司为企业提供贷款担保余额6.2亿元。

加大资源整合力度，实行矿电结合，提高资源利用率，逐步实现优势资源向经济优势转变，带动地方经济发展。以马关都龙矿区、麻栗坡钨矿、砚山铅锌矿为主，重点推进锌、锡、钨等矿产资源整合工作，有效解决了采矿权设置分散、盲目无序开采、生产技术水平低、布局不合理、资源综合利用率低、安全隐患大等诸多问题，资源利用率和产业集中度明显提高，为培育、引进大企业、大集团，谋划大项目促进大发展奠定坚实基础。麻栗坡引进紫金公司进行统一规划，统一开发，统一管理，实现双赢；马关都龙矿区以华联锌铟公司为主进行开发，在对锌、锡矿进行开发的同时，对稀有金属铟进行开发，建成年产60吨铟，引进云冶集团来文山开发铝业，延长产业链，为实现“十一五”目标打下基础。

理顺资源价格形成机制，加快建立能反映资源稀缺程度和环境成本的价格形成机制，建立健全资源有偿使用制度和生态环境补偿机制。成立领导和管理机构，制定了节能减排工作规划，加强工作力度，促进资源有序开发和合理利用，实现资源开发与经济社会、环境效益的有机统一。调整了上网电价和文山县城供排水价格，充分发挥市场机制和价格杠杆在水资源配置的作用。坚持把节能减排作为转变经济发展方式的突破口，推进节能减排制度创新，促进循环经济发展，完成云南壮山公司、华联锌铟公司、木利锑业公司、特安呐公司、斗南锰矿等单位循环经济试点，建立和完善节能减排指标体系、监测体系和考核体系，实施排放总量控制和排放许可，加快形成节约能源资源和保护生态环境的增长方式，逐步向资源节约性社会迈进。

（五）以保民生为重点，推进社会事业各项改革

进一步强化政府统筹责任，完善农村义务教育经费保障机制，扩大“两免一补”覆盖范围，2010年省州财政安排学校公用经费19 373.21万元，寄宿制困难学生生活补助21 766.91万元，中小学校舍安全工程资金17 896万元，农村义务教育保障机制得到落实。按照“科学规划，合理布局，宜并则并，需增则增，先建后撤”的原则，推进中小学区域布局调整，撤并校点867个，进一步改善民族地区、边疆地区和贫困地区办学条件，促进教育均衡发展。创新职业学校与企业和行业深度合作办学的机制和人才培养模式，推进职业教育集团化办学。优化高等学校学科专业，在培养方式、管理制度及学校评价制度、教师考核制度等方面探索创新，不断提高高等教育质量。

积极推进收入分配制度改革，规范个人收入分配，逐步提高最低工资标准。根据经济社会的发展，制定了文山州企业工资指导线、劳动力市场工资指导价位、最低工资标准。州级及文山县的最低工资标准由原来的480元/月调整为610元/月，其他七县由原来420元/月调整为520元/月；企业货币工资增长基准线为12%，企业货币平均工资增长上限为18%，企业货币工资增长下限为零增长或负增长。

逐步建立以社会保险、社会救助、社会福利为基础，以基本养老、基本医疗、最低生活保障制度为重点，以慈善事业、商业保险为补充的社会保障体系。积极推进麻栗坡、马关县新农保试点工作，努力扩大保障民生。2010 年，完成年满 16 周岁以上参保登记 215 383 人，收取保险费 1 343. 50 万元；年满 60 周岁以上农村老年人审核通过 30 516 人，发放基础养老金 1 872 万元。

全面推进医药卫生体制改革，扩大基本医疗保障覆盖面，全州城镇职工和居民参保人数为 31. 078 6 万人，其中城镇职工参保 17. 140 1 万人，城镇居民 13. 938 5 万人；全州居民医保筹资标准成人已达人均 240 元，学生儿童达到 120 元。2010 年全州新型农村合作参合人数达 2 967 376 人，参合率 95%。新型农村合作医疗筹资标准提高到每人每年 140 元。健全基层医疗卫生服务体系，逐步解决群众"看病难"问题。调整公立医院布局和结构，完善管理体制，稳步推进公立医院改革试点，提高医疗服务质量和水平。

以经营性文化事业单位转企改制为核心，扎实推进全州文化体制改革。文山报社积极推进劳动用工、分配制度改革，建立现代企业制度。积极探索"制播分离"模式，成立文山电视台映象传媒有限公司，完成了州级广播电视媒体广告整合前期工作，实现宣传业务和经营业务分开的目标。成立了文山州文化市场综合行政执法支队，加强对文化市场监管。

二、"十二五"改革思路

（一）深化农村各项改革

积极探索农村土地流转方式，加快推进农村土地管理制度改革，完善农村集体经营性建设用地流转和宅基地管理机制。完善集体林权制度配套改革，推进农垦和国有农（林）场改革。推进水利管理体制、农村小型水利设施产权制度和农村用水价格的改革。

（二）推进行政体制改革

加快政府职能转变，规范行政审批，强化服务职能，推进依法行政。加强行政问责，完善政府绩效评估制度，改进行政复议和行政诉讼，提高政府公信力。加快推进"扩权强镇"和"扩权强园区"改革，进一步创新行政审批运行方式。深化电子政务应用，加强政府部门重要业务系统的建设，完善政府门户网站，整合提升政府公共服务和管理能力。

（三）深化国有企业改革

以产权制度改革为核心，实现股权多元化；加大资源整合，优化资源配置；完善各类国有资产管理体制；健全国有资本经营预算和收益分享制度。

（四）深化社会事业改革

加快推进教育体制改革，完善义务教育保障机制。加快推进医药卫生体制改革，稳步实施公立医院改革，正确引导社会参与发展医药卫生事业。加快推进文化体制改革，公益性文化事业单位以推进内部管理体制改革为重点，经营性文化事业单位以转企改制为重点。加快推进科技事业改革，鼓励发展科技中介服务，完善科技成果评价奖励制度，推进科技成果产业化。加快推进旅游产业改革，以普者黑旅游度假区为重点，按照市场化运作和开发与保护并举的要求，推动旅游产业"二次创业"。加快推进价格改革，建立价格的形成、监测、调控机制，有效保障市场稳定和供应。

（五）深化投融资改革

加快投融资体系建设步伐，规范和完善现有投融资机构的运作机制，大力扶持发展小额贷款机构、担保机构、典当机构、信托投资机构和股份制商业银行。深化农村金融改革，创新农村金融发展模式，鼓励发展村镇银行、社区银行、农村资金互助社等新型金融机构。加快商业银行改革，改进金融服务，完善县乡缺失网点，努力满足快速发展的金融需求。加强信用担保体系建设，切实改善投融资环境。

（六）全面落实和推进收入分配制度改革

坚决贯彻落实中央和省关于“按劳分配为主体，多种分配方式并存”的分配制度。初次分配和再分配都要处理好效率和公平关系，再分配要更加注重公平，努力提高中等收入者的比重，创造条件让更多的居民拥有财产性收入。加强税收对收入分配的调节作用，有效调节过高收入，努力扭转城乡、区域、行业和社会成员之间收入差距扩大的趋势。大力发展农村非农产业，壮大县域经济，促进农民转移就业，增加农民收入。逐步提高最低工资标准，保障职工工资正常增长和支付。落实公务员工资制度和住房公积金制度，进一步推进事业单位收入分配制度改革。

普洱市“十一五”经济体制改革回顾及“十二五”工作打算

“十一五”期间，普洱市以农村综合改革、国有资产管理体制改革、财政金融投资体制改革、集体林权制度改革、水务体制改革为重点，统筹经济和社会事业改革，加快形成促进经济发展方式转变、实现协调可持续发展的体制机制，对全市经济保持快速发展提供了动力。

一、“十一五”经济体制改革取得的主要成就

（一）政府职能进一步转变，经济社会管理方式更加科学

“十一五”期间，以政府机构改革、行政审批制度改革和政务信息公开为主要内容的政府管理体制改革全面展开。为适应市场经济发展的要求，重点解决了职能交叉等影响和制约行政管理体制协调运行的一些突出矛盾和问题，推行“法治政府”、“责任政府”、“阳光政府”、“效能政府”系列制度，经济综合部门得到加强，政府组织结构不断完善，推进了政府职能转变。不断深化行政审批制度改革，行政审批和微观经济干预逐渐减少。“十一五”期间，市政府取消和调整行政审批项目284件，调整幅度达31.9%；废止了不适应市场经济要求的规范性文件42件，修改了6件。政府管理经济从主要依靠行政手段转向了综合运用经济、法律等间接手段转变。按照建设法治、责任、服务型政府的要求，建立政府信息公开监督评议机制，提高政府决策的透明度和科学化。

（二）农村综合改革向纵深发展

全面完成了农村税费改革。积极推进乡镇机构、农村义务教育和县乡财政管理体制改革，落实支农惠农政策，建立健全减轻农民负担的有效机制。积极开展村级公益事业建设一事一议财政奖补工作。大力扶持发展农业专业合作组织，全市已有农业专业合作组织249个，成员5.5万户。积极推进供销社体制改革，转化经营机制，创新管理体制，努力探索为“三农”服务新模式。全面推进集体林权制度改革，稳步推进林业经营体系、服务体系、森林资源流转体系和森林管护体系建设等配套改革。截至2010年12月31日，全市共完成确权面积2 659.09万亩；发证面积2 563.84万亩，占已确权面积的97.2%。发证46.13万本，涉及农户46.4万户。集体林均山到户率91.9%，其中公益林100%，商品林89.7%。建立林权流转服务中心11个。小城镇建设步伐加快，功能增强。农村剩余劳动力的培训、就业机制逐步建立。农民收入有了较大幅度增加，由2005年的1 553元增加到2010年的3 250元，年均增长15.9%。农林牧渔业生产在结构调整中继续保持平稳增长，农业基础设施条件不断改善，农村教育、卫生、文化、社会保障等社会事业加快发展，农业的基础地位得到进一步强化。

全面推进水务体制改革。以水资源统一管理为基础，以水价改革为突破口，探索水利

工程建设投融资新模式。实行“一龙管水”，促进水利工程管理以政府为主，向政府引导、企业为主、社会参与、市场运作转变。如普洱主城区的梅子湖等水库，改革前负债660万元，改革后全部还清债务。积极推进水利工程产权改革，整合水资源，合理调整水价，鼓励社会资本、民间资本投资，多元化投资水利建设的格局逐步形成，市场在水资源配置中的基础性作用开始显现，增强了水务可持续发展能力。

（三）不断完善国有资产监管体系

进一步完善经营性资产及非经营性资产、自然资源资产等国有资产监管体系，形成有利于促进国有资产保值增值的监管模式和运行机制。以资产重组和资源整合为主要手段，着力调整优化全市经济布局。进一步理顺出资人关系，整合市属国有企业，完善国有企业管理体制，提高国有资本的经营效益。如矿产业，“十一五”期间，先后开展两轮以“规范秩序、促进开发”为重点的矿业权治理整顿工作，整合矿权55个。同时，引入云铜、云冶和中国黄金等大型企业，优化资源配置，实现产业开发布局进一步优化，资源综合开发利用水平明显提升，初步建立矿产资源管理长效机制。铜矿石（氧化矿）选矿回收率由原来45%提高到70%以上，入选品位由原来1.5%降低到0.8%以下。萝卜山矿区整合主体澜沧铅矿，投入1.4亿元改造炼锌工艺，建成具有自主知识产权、世界先进的电锌生产线，率先在同行业中实行干堆处理尾矿。2010年，预计全市完成矿业产值26亿元，税收2.6亿元。

（四）财政金融体制及投资体制改革稳步开展

1. 深化财政体制改革。继续深化和规范部门预算编制改革，提高年初预算编制到位率。稳步推进国库集中支付改革，完善县乡国库集中支付制度，逐步将预算单位实有资金账户纳入国库集中支付管理。认真研究探索扩权强县财政改革实施方案，积极推进乡镇财政预算管理方式改革，全面推进非税收入管理改革，实行“收支两条线”管理。截至2010年底，五年累计完成一般预算非税收入19.870 5亿元，专户管理非税收入10.738 4亿元。

2. 投融资体制改革取得新进展。推进行政审批制度改革。认真研究国家投融资体制改革政策措施，落实好重点项目并联并审、限时办结的审批制度，简化审批手续，重点推进事关全市经济社会发展大局的重点项目审批工作。创新投融资管理体制。一方面，加大资源整合力度，结合普洱城区改造，将原市委办等行政资产评估注入市城投等公司，抵押担保贷款，为市政基础设施建设提供资金支持；另一方面，积极筹备发行公司债券工作，在有关专家和中介机构指导下，以市国有资产经营有限责任公司为平台，向国家发改委申报发行10亿元公司债券。

3. 完善服务体系，稳步推进非公经济发展。进一步完善支持和引导非公有制经济发展的政策措施。完善企业服务体系，实行大企业、大集团重点服务制；建立专人负责服务制度，对有意投资的企业，从政策咨询、审批服务等方面给予全方位的对接和服务。放宽非公有制经济市场准入，确立平等的市场竞争主体地位，非公实体已全面参与金融服务、公用事业、基础设施等领域建设。全市注册的商业担保机构达4户。

（五）加快推进社会体制改革，促进社会各项事业全面发展

1. 深化教育体制改革。扎实稳步推进“两基”工作，全市10个县（区）“普九”人口覆盖率达100%。加快推进思茅师专新校区等重点项目建设，全面启动全市中小学校舍安全工程，继续做好“新农村卫生新校园建设工程”，努力改善办学条件。积极落实国家“两免一补”、农民子女、贫困学生资助等各项教育惠民政策。大力发展职业教育，扩大教育资源总量，完善职业教育管理体制。

2. 深化文化体制改革。以增强活力、改善服务为重点，切实推进市文化馆、图书馆、文管所等公益文化事业单位的人事、分配和管理三项制度改革，建立竞争激励机制，创新服务方式，提高服务能力。组织召开文化单位负责人座谈会，草拟改革方案，着力推进市歌舞团“一团两制”改革。

3. 启动医药卫生制度改革。出台《普洱市深化医药卫生体制改革的意见》和《普洱市医药卫生体制改革三年实施方案》，认真落实医药卫生体制五项制度重点改革任务和年度工作任务。加快推进基本医疗保障制度建设，逐步扩大城镇职工、城镇居民和新型农村合作医疗覆盖面，提高筹资标准和报销补偿比例。完善城乡医疗救助制度，提高医疗救助水平。启动实施国家基本药物制度，基层医疗机构配备基本药物并实行零差率销售。健全基层医疗卫生服务体系，加强卫生机构基础设施建设，投入资金4.8亿元，实施市、县、乡卫生机构及村卫生室建设项目625个。稳步推进公共卫生服务机构改革，完善卫生人才培养机制，实施基层医疗机构全科医生培训。加强公共卫生服务体系能力建设，促进基本公共卫生服务逐步均等化。积极探索医疗机构管理运行新机制，完善便民服务措施，促进多元化办医，稳步推进各项改革。2010年末，城镇职工基本医疗保险和城镇居民基本医疗保险参保人数分别达17.6万人、13.7万人，新型农村合作医疗参合人数达187.6万人，参合率95%。

4. 劳动和社会保障体系进一步完善。认真落实各项就业再就业政策，就业和再就业取得新突破。2010年末，全市城镇就业人数达24.2万人，新增城镇就业人数达3.98万人，城镇登记失业率控制在4.4%，新增转移农村劳动力13.59万人。推进分配制度改革，建立健全和完善工资指导线、劳动力市场工资指导价及最低工资制度。出台一系列创业就业优惠政策，成功消除“零就业家庭”。开展多层次、多形式的职业技能培训，为农民工和下岗失业人员提供良好的就业再就业服务。五年来培训人员达9.86万人。完善基本养老保险制度，启动事业单位失业、工伤、生育意外伤害等保险，建立新型农村养老保险制度，2010年末，城镇职工基本养老保险参保人数达11.09万人，新型农村养老保险达34.35万人。

（六）涉外体制改革不断深化，对外开放水平进一步提高

加快内外贸一体化进程，涉外经济管理体制进一步理顺。抓住东部沿海发达地区产业转移的重大机遇，进一步扩大利用外资的规模，推动产业层次的提高。企业开拓国际市场的能力得到增强，出口商品和服务的结构进一步优化，出口竞争力不断提高。“走出去”战略取得新进展，不断完善对外投资服务体系。2010年完成进出口总额1.7亿美元，是2005年的3.2倍，年均增长27%。五年来我市累计实际利用外资9 213万美元，2010年实际利用外资3 033万美元，是2005年的7.56倍。五年累计到位市外资金308.88亿元，2010年实际到位76.97亿元，是2005年的2.42倍。

（七）改革试点进展顺利

稳步推进扩权强县试点工作。2009年12月，市政府正式下发普洱市扩权强县试点实施意见，各职能部门正抓紧落实，推进各项工作。

二、存在的主要问题

（一）政府职能转变与经济发展新形势有一定差距

政府在依法行政，政策透明度和统一性，减少行政审批和干预微观事务，行使公共管理职能等方面，存在着“越位”、“错位”和“缺位”现象。有些应由市场或社会承担的职能，还由政府承担；有些应由政府来承担的职能，又由市场或社会来完成。社会管理职能还显薄弱，应对突发事件的预警、组织、协调和应急处理等机制还不够健全。政府机构设置及权责配置还存在不合理的地方，部门关系、层级关系没有完全理顺，部门职能交叉、职责不明的问题依然存在，深化政府机构改革的任务仍然十分繁重。

（二）非公经济发展相对滞后

我市非公经济总量仅居全省第十位，与省内发达州市相比差距明显，与东部沿海地区相比更显不足。企业规模普遍偏小、实力较弱，整体素质不高。在各县区与各行业之间发展也不平衡，主要集中在内地县区，集中在投资少、见效快、技术含量低的行业。在一定程度上影响我市所有制结构的合理调整和完善。

（三）生态建设的体制机制不完善

我市是资源大市，但资源的合理开发利用的体制机制尚不健全，对资源的开发利用项目监管不到位。政府对生态补偿的调控手段和政策措施不完善，未能有效发挥市场机制对生态资源利用的调节作用。节能减排的体制机制不健全。

（四）对外开放的体制机制不健全

近些年，我市不断加大改革开放力度，但是发展过程中比较优势、区位优势和资源优势没有得到充分发挥，对外开放水平仍然处于低起点，资源优势仍然没有转变为产业优势。普洱市具有面向东南亚、南亚开放的区位优势，但是开放力度还不够，最根本的原因就是涉外经济体制机制不健全，在很大程度上制约我市“前沿”优势。

（五）改革工作本身还存在一些亟须解决的问题

首先是对改革攻坚重要性认识不到位，改革内容及方式不适应形势变化的要求。其次是改革的工作机制不完善，以改革促进发展的作用发挥不充分。另外还存在工作制度不健全，各县、行业改革参差不齐，改革队伍不适应新形势的要求等问题，制约着改革的深入推进。

三、“十二五”深化经济体制改革的思路

“十二五”时期是全面建设小康社会的重要时期，是应对国际金融危机、经济社会平稳转入科学发展轨道的重要时期，也是改革攻坚的关键时期。我市深化经济体制改革的主要任务，就是要结合普洱实际，紧紧围绕建设“两强一堡”和“生态普洱、和谐普洱、妙曼普洱”战略目标，在重点领域和关键环节改革中取得新突破。

（一）深化行政管理体制改革，切实转变政府职能

强化社会管理和公共服务，建设“精简、统一、效能”的法治政府、责任政府、阳光政府和服务政府。深化政府机构改革职能转变，行政管理体制进一步完善，公共财政体制不断健全，政府投资体制改革取得新突破，经济社会发展环境明显优化。

（二）完善所有制结构，增强微观经济活力

调整和完善经济布局和结构，完善国有资产监管体制。进一步改善投资环境，落实非公经济发展的有关政策法规，消除制约非公经济发展的各种障碍，建立和完善促进非公经济发展的长效机制，形成多种所有制经济平等竞争、共同发展的格局。“十二五”末实现非公经济增加值130亿元。

（三）统筹城乡发展

逐步形成以城带乡、以工促农、城乡协调发展的机制。进一步缩小城乡发展差距，农民人均纯收入年均增长12%。

（四）加强市场建设

进一步增强市场在资源配置中的基础性作用，资本、土地、人力资源等市场更加规范，社会信用体系更加完善，形成更加有利于公平竞争的市场环境。

（五）推进社会事业领域改革

理顺政府和市场的责任边界，形成经营性与公益性、政府投资和社会投资相结合的格局。社会公共服务质量和水平不断提高，就业、收入分配和社会保障制度更加完善，社会更加和谐稳定。

（六）建立比较完善的涉外经济体制

充分利用“两个市场、两种资源”、扩大“双向”开放，提高利用外资的水平。推进“引进来”和“走出去”战略，不断深化区域合作。

（七）形成促进经济社会人口环境和谐发展的新机制

坚持科学发展观，促进人口、经济和环境协调发展，大力发展循环经济，建设节约型社会。

西双版纳州“十一五”经济体制改革回顾及“十二五”工作打算

一、“十一五”体制改革推进情况

全州建成了比较完善的社会主义市场经济体制，为实现“十一五”经济社会发展目标提供强有力的体制保障。政府职能实现转变，基本建成公共服务型政府；全面完成国有企业改革，非公有制经济发展环境进一步改善，基本形成国有经济布局比较合理、多种所有制经济共同发展的格局；农村综合改革取得良好成效，基本形成有利于社会主义新农村建设的体制保障体系；市场在资源配置中的基础性作用得到更大程度的发挥，基本建立起统一开放、竞争有序的区域性现代市场体系；投资、财税、金融、价格等体制改革取得较大进展，宏观调控体系更趋健全；社会事业领域单位改革步伐加快，基本建立市场导向的就业制度、效率与公平并重的分配制度和多层次的社会保障体系；对外开放水平进一步提高，基本形成对外经济通行规则的涉外经济管理体制。

（一）政府职能转变取得新成效

按照建设责任政府、服务政府、法治政府的要求，着力推进政企分开、政资分开、政事分开、政社分开，将政府的主要职能切实转变到经济调节、市场监管、社会管理和公共服务上来。合理设定经济调节目标，进一步减少和规范行政审批。消除和废止影响市场流通的体制性障碍和限制性规定，维护市场秩序。把保障人民群众必需的基本公共服务作为各级政府履行公共服务职能的重点和切入点，增加义务教育、公共卫生、就业服务、社会保障、公共设施等公共服务的有效供给，建立政府主导、社会参与、机制灵活、监管有力的公共服务体系。着力推进机构改革，理顺各级政府间和部门间的权责分工，简化行政层级和管理架构的有效形式，调整政府机构设置，减少行政层级，建立健全职能争议协调机制，加强政府对所属部门职能争议的协调。围绕深化农村综合配套改革，基本完成乡镇机构改革。深化行政执法体制改革，全面推进城市管理、农业管理、文化市场管理、交通管理等领域相对集中行政处罚权和行政许可权改革，提高综合执法水平。加强执法监督，全面推行执法责任制和执法过错追究制，提高行政执法水平。健全科学民主决策机制，落实国家关于进一步推进政务公开的意见，大力推行政务公开。完善公务员制度，贯彻实施公务员法，完善公务员管理制度，推行领导干部公开选拔和竞争上岗制度，建立健全公务员培训、交流等制度，着力提高公务员素质，规范公务消费。

（二）推进所有制改革进入新阶段

加速国企改革和国有经济战略性调整，全面完成国企“三个一批”（发展壮大一批、转制搞活一批、关闭破产一批）改革，建立起比较完善的公司法人治理结构和现代企业制度。推进垄断行业和公用事业改革，引入竞争机制，配合国家推进邮政、电力、电信等垄断行业和烟草等专卖专营行业改革，积极推进水管和公路养护等行业改革。加快城市公用事业市场化改革，形成多元化城市公用事业投融资体制，规范城市公用事业特许经营和行业监管。改善非公有制经济发展环境，落实《西双版纳州人民政府关于鼓励支持和引导个体私营等非公有制经济发展的实施意见》，放宽市场准入，清理和清除妨碍非公有制经济发展的体制障碍和政策性因素，完善私有财产保护制度，改善非公有制经济投融资环境。允许非公有制资本进入垄断行业以及金融服务，鼓励非公有制经济参与市政公用事业和城市基础设施的投资、建设和运营，支持非公有制经济进入文教体卫等社会事业领域。理顺中小企业、非公有制经济管理工作体制，加快建立促进中小企业、非公有制企业发展的政策法规、财税金融和社会服务支持体系。

（三）农村体制改革实现新突破

推进乡镇机构改革，精简乡镇机构，整合乡镇事业站所，调整乡镇行政区划。推进农村义务教育体制改革，建立分级管理、以县为主的农村义务教育管理体制，全面实施“两免一补”政策。完善农村基本经营制度和土地制度，稳定和完善以家庭承包经营为基础、统分结合的农村基本经营制度，建立土地承包经营权有序流转机制。完善土地利用规划管理体制、健全基本农田保护制度。严格控制征地范围和规模，完善征地程序，规范征地行为，健全征地补偿的程序和标准，建立多种形式的安置制度。深化粮食流通体制改革，以产权制度改革为核心，全面完成国有粮食购销企业改革，完善粮食市场准入制度，发展多种所有制粮食企业，建立健全支持粮食加工企业技术改造和产品升级的扶持机制，健全粮食总量平衡、储备、市场网络、信息监测等四个体系为重点的粮食调控体系，规范粮食流通管理。深化国有农垦管理体制改革，积极探索改革发展稳定的途径和办法。

（四）投资、金融、财税、价格、资源环境等领域改革得到新推进

健全企业投资项目核准制和备案制，切实落实企业投资自主权。出台《西双版纳州重大投资项目审批和核准制度实施意见》、《西双版纳州重点项目并联并行审批或核准办法》、《西双版纳州重大投资项目审批核准通报规定》，合理界定政府投资范围，规范政府投资管理和政府投资项目审批程序。实行政府投资项目公示制和专家评议制，完善政府投资制衡机制。深化金融体制改革，配合国家做好国有商业银行股份制改造，配合推进国家开发银行、农业发展银行等政策性银行改革，推进投融资平台建设。加快财税体制改革，合理界定三级政府的事权和财权，合理划分三级政府收支范围，推进政府收支分类改革。建立加大财政对社会保障、社会事业、农业、环境保护等重点领域投入的机制，强化公共财政职能。完善转移支付制度，加大对基层的财政转移支付力度，优化财政支出结构。建立预算编制、执行的制衡机制，扩大部门预算范围，加快实行全口径预算管理。深化国库集中收付、政府采购和收支两条线管理制度改革，进一步完善非税收入收缴管理制度。加强和改进财政监督管理，建立财政预算绩效评价体系，提高财政预算和执行监督管理透明度。深化价格体制改革，加强重要农副产品、医药用品、生产资料和服务项目价格的监管，建立粮食、农资、能源等重要商品价格调节基金和储备制度。落实和完善已经出台的涉及就业和再就业及低保户的价费优惠政策，健全对低收入弱势群体的价格救助机制，着力解决教育、医药、农资、住房等热点难点价格问题。积极清理整顿各种收费，切实加强对垄断性价格监管，基本建立起较为完善的价格决策听证和收费公示制度。加快建立资源节约型和环境友好型社会的体制机制，研究出台有利于资源节约的价格和财税政策，建立和完善资源有偿使用和补偿机制。开展循环经济试点，探索发展循环经济的有效模式。理顺和完善环境监管体制，提高环境监管和应对突发环境污染事故的能力，加大环保执法力度，严格执行环境影响评价制度，实施排放总量控制和排放许可，保护生态环境。

（五）社会事业体制改革跨入新阶段

推进事业单位改革。按照政事分开、事企分开的原则，制定出台事业单位分类意见、改革方案及配套政策，清理现有事业单位，进一步明确事业单位的性质和职能，调整事业单位的规模、布局和结构，分类分步推动事业单位改革。深化科技体制改革。坚持“自主创新、重点跨越、支持发展、引领未来”的方针，调整科技事业单位的布局、结构和规模。深化科技投入机制改革，加强科研条件基础平台建设，优化公共科技资源配置，加快建立公共科技资源共享机制和科技投入增长机制。建立企业增强自主创新能力和形成自主知识产权的激励机制，加快建立现代科研院所制度，形成产学研相结合的有效机制。建立科研人员培养、激励机制，改革科研成果评审和评估制度、科技成果评价和奖励制度。加大对知识产权保护力度，加强对民间科技力量的管理。深化教育体制改革。进一步改革教育投入机制，形成义务教育由政府负全责，高中阶段教育以政府投入为主，高等教育和职业教育实行政府投入与社会投入并举的教育投入机制。制定鼓励政策，优化民办教育发展环境，鼓励、支持和规范民办教育发展，建立管理者、出资者权责明确，行为规范的教育管理体制，形成公办教育与民办教育共同发展的格局。推进招生考试与评价制度改革，促进学校教育与社会教育、家庭教育有机结合，形成适应素质教育要求的教学体制。加速医疗卫生体制改革。坚持政事分开、管办分离、医药分开、营利性与非营利性分开的原则，明确政府提供公共卫生服务的责任，建立不同层级政府责任分担与资金筹措机制，切实解决看病难、看病贵的问题。打破行业垄断和条块分割，推进公立医疗机构改革，鼓励社会资金进入医疗市场，建立投资主体多元化、投资方式多样化的办医体制和投入机制。深化文化体制改革。坚持以发展为主题，以改革为动力，以体制机制创新为重点，努力形成科学、规范、有序的宏观文化管理体制。推进文化事业改革，推进文化机构经营性业务与公益性业务分离，增强文化事业单位活力，提高文化事业单位服务能力。推进经营性文化单位转企改制，积极发展非公有制文化企业，形成公有制为主体、多种所有制共同发展的文化产业格局，增强文化创新能力。

（六）就业、收入分配和社保体制改革再获新成效

深化就业体制改革。坚持劳动者自主择业、市场调节就业和政府促进就业相结合，更大程度地发挥市场调节就业的作用。建立健全大中专毕业生就业指导服务体系，鼓励毕业生自主创业。取消限制劳动者自由流动的不合理规定，完善鼓励企业增加就业岗位、加强就业培训的财税、信贷政策。加强劳动力就业技能培训，提高劳动者的就业和创业能力。深化收入分配制度改革，完善最低工资制度和劳动力指导价位制度，加快建立与经济增长相适应的工资增长长效机制。建立规范的公务员工资制度和工资管理体制，推进事业单位分配制度改革。完善社会保障制度，完善社会统筹与个人账户相结合的城镇基本养老保险制度，扩大基本养老、医疗、失业、工伤、生育等社会保险覆盖面。完善城镇职工基本医疗保险制度，扩大新型农村合作医疗试点范围，健全新型农村合作医疗制度，建立多层次的医疗保障体系。完善工伤保险和生育保险制度。继续完善城市居民最低生活保障制度，建立农村居民最低生活保障制度，妥善处理下岗职工基本生活保障制度向失业保险制度并轨的遗留问题。出台机关事业单位养老保障制度改革方案，推进行政、事业单位社会保障制度改革。建立城镇低收入家庭廉租住房制度，健全城乡社会救助体系。

（七）涉外经济体制改革加快

围绕西部大开发和把云南建设成为中国面向西南开放的桥头堡的战略，全面推进“开放活州”进程，提升西双版纳在全省开放格局中的战略地位。构建开放合作新格局，按照“服务全省全国、服务东盟各国、发展西双版纳”的基本思路，以通道、基地、平台、窗口建设为突破口，加快国际区域合作步伐，与邻为善，深化与周边国家的合作，努力提升大湄公河次区域经济合作的层次和水平。围绕实现外贸、外经、外资、外游倍增计划，加快经济结构调整，推动外贸转型升级，提高对外贸易的质量和效益。优化进出口商品结构，推动出口产品向高技术含量、高附加值转化。着力推进物流、商贸、加工、现代服务4个基地建设，打造中老泰边境地区“边境贸易圈”和“国际旅游圈”，抓好“蔬菜换石油”、“花卉换水果”、“冷果换热果”项目实施。以产业结构调整升级、培育主导产业和工业园区开发建设为重点，加大招商引资力度，以优势发展项目吸引国内外客商前来投资兴业，引进一批国内外有实力的大企业、大集团。创新招商引资方式，不断拓宽引资渠道，努力打造网络、节庆、展会、园区和中介招商等平台。

二、存在的主要困难和问题

“十一五”期间，紧紧围绕建立完善社会主义市场经济体制的总体目标，抓住影响经济社会发展全局的深层次矛盾，坚持用改革创新的办法解决体制机制问题，增强经济社会发展活力。近年来，全州经济体制改革取得了较大进展，体制创新在全州经济社会发展中发挥了重要作用，但目前改革面临的一些困难和问题，一是进一步深化改革的难度很大，经济社会发展要求相匹配的改革任务还很重；二是制约城乡协调发展的体制障碍没有根本消除，农村改革还需进一步深化；三是有碍经济发展方式转变的深层次矛盾没有根本化解，体制创新工作需要进一步加强；四是行政管理体制改革滞后，政府社会管理和公共服务职能的履行相对薄弱，财政体制还不能很好地适应政府转变职能的需要；五是社会事业某些领域的改革步伐较慢，影响了人民群众日益增长的公共服务需求的满足；六是在某些方面对改革重视不够，思想不够解放，改革的氛围不浓，整体推进合力不足，配套性不强，推进改革的机制不健全，改革的统筹综合、协调推进与落实科学发展观、建立和谐社会的要求还不能很好地适应。

三、“十二五”推进改革的设想

“十二五”期间，要围绕四个“更加注重”，进一步加大重点领域和关键环节改革力度。一是更加注重调整经济结构。这对加快经济发展方式转变具有决定性意义，也是提升国民经济整体素质、在后危机时期赢得竞争主动权的根本途径。二是更加注重激发市场主体活力。要着力消除制约扩大社会需求的体制机制性障碍，进一步发挥市场在资源配置中的基础性作用。三是更加注重保障和改善民生。四是更加注重提升对外开放水平，加快转变外贸发展方式，坚持“引进来”和“走出去”相结合，拓展对外开放的广度和深度。

（一）深化行政管理体制改革

大力推进行政权力公开透明运行，不断提高政务服务水平，深入推进行政审批制度改革，继续精简现有审批事项，下放审批权限，加快政府职能的转变。建立健全层级清晰、覆盖城乡的州、县（市）、乡、村4级联动的政务为民服务体系，建立州、县（市）级公共资源交易中心，把政务服务中心建设成为密切联系群众和为基层办实事的重要窗口。

（二）深化国有企业改革，着力发展非公经济

推进国有经济布局和结构调整，鼓励不同所有制企业相互参股，实现股权多元化。推进市政公用事业、城市污水和垃圾处理等市场化运作改革。推行垄断行业改革，理顺地方电力体制，加快剥离电网企业电源业务，实现电力体制厂网分离的目标。发展个体、私营等非公有制经济，改善发展环境，加大金融支持力度，拓宽融资渠道，健全完善融资担保体系。加强和改进对非公有制企业的服务和监管。

（三）推进财政、金融和投资体制改革

深化预算管理体制改革，深入推进项目支出预算评审改革。规范和加强地方政府性债务管理，编制债务预算，有效防范和化解潜在财政风险。推进国库集中支付改革，完善国库管理制度。加强银政合作和银企、保企合作，推动金融机构参与重大项目建设，引入保险资金支持经济发展，加大对新型投融资模式和投融资工具的运用。充分发挥投资公司投融资平台作用，推进开发性金融合作，培育更多的投融资主体，搭建多元化投融资平台，建立多元化、多层次、多专业的投融资体系，通过政府投资补助、贴息等方式，鼓励和引导社会资金投向公益性项目。

（四）深化资源管理和涉外经济体制改革

理顺资源价格机制，建立能反映资源稀缺程度和环境成本的价格形成机制，建立健全资源有偿使用制度和生态环境补偿机制。推进节能减排制度创新，建立资源节约监管制度。进一步完善生态功能区财政转移支付制度，扩大生态转移支付补偿地区范围。探索与东南亚相邻国家合作的模式，制定加快服务外包发展的扶持政策。拓展边境旅游贸易交易会平台服务功能，突出国际化特色。

（五）深化科技、文化教育和医疗卫生体制改革

深入实施创新型行动计划，建立以企业为主体、市场为导向、产学研相结合的技术创新体系，推动优势产业技术创新战略联盟的构建，建立公共技术研发平台和公共科技服务平台。以推进经营性文化事业单位转企改制为核心，推进全州文化体制改革。贯彻《国家中长期教育改革发展规划纲要》，强化政府统筹责任，健全公共财政对村民办教育的扶持政策，改善办学条件，促进城乡、区域教育均衡发展。扩大中等教育规模，探索创新高等学校的培养方式。围绕基本医疗保障全覆盖、医疗卫生事业大发展、医疗服务水平新提高的目标，扩大基本医疗保障覆盖面，提高医保筹资标准、统筹层次和报销标准，提高基本医疗救助水平。完善新型农村合作医疗制度，解决农民看病难的问题。推进公立医院改革试点，提高医疗服务的质量和水平。

（六）深化农村、收入分配和社会保障制度改革

稳定和完善农村基本经营制度，加强对农村土地承包经营权流转中的管理和服务。巩固集体林权制度改革成果，制定和完善政策措施，全面推进集体林权制度配套改革。合理控制收入分配差距，完善公务员工资制度，推进义务教育学校绩效工资改革，加强对垄断行业的工资监管。深化事业单位实施绩效工资和退休人员补贴政策改革。推进新型农村养老保险试点，完善农村社会保障体系，缩小城乡差距，实现农村居民老有所养的社会目标。

（七）推进农垦改革与发展

坚持以垦区群众收入持续增加和生活水平不断提高为目标，着力创新体制机制，着力改善民生和加快基础设施建设，着力培育壮大特色优势产业和增强自我发展能力，积极稳妥推进农垦改革，促进新农场经济社会又好又快发展。

大理州“十一五”经济体制改革回顾及“十二五”工作打算

一、“十一五”改革推进情况

“十一五”以来，大理州在党中央、国务院和省委、省政府的正确领导下，以邓小平理论和“三个代表”重要思想为指导，认真贯彻落实科学发展观，始终坚持把改革贯穿到经济社会发展的各个环节，不断增强发展的动力和活力，各项改革稳步推进。

（一）农村改革向纵深发展

全面完成了农村税费改革，2005 年起全面取消农业税，当年为农民减负 1.1 亿元，减负率为 59.74%。积极推进乡镇机构、农村义务教育和县乡财政管理体制改革，落实支农惠农政策，建立健全减轻农民负担的有效机制。全面推行“乡财县管乡用”的财政管理新模式。建立了一事一议财政奖补试点工作的长效机制。乡村债务化解工作扎实推进。建立农村义务教育经费投入的长效机制，不断扩大两免一补的覆盖范围。建立土地承包经营权流转价格增长机制，积极稳妥地推进农村土地承包经营权流转。积极推进征地制度改革，健全征地补偿机制和安置办法，完善被征地农民社会保障体系。推进农村小型农田水利设施产权制度改革，建立了农田水利建设管理的良性运行机制。集体林权制度主体改革全面完成，配套改革全面推进。全州集体林地已明晰产权 2 687.65 万亩，确权率达 99.39%，发证率 99.81%。组建了林权流转机构，搭建林权流转平台，全州成立了 13 个林权流转管理服务中心，成立了森林资源资产评估机构，成立了 126 个林产业协会、137 个“三防”组织或管护协会和 44 个林业合作组织。深化供销社改革，全州共创建和领办农村综合服务社 1 646 家，专业合作社 696 家，农产品协会 64 家，共计 2 406 家。深化农村金融体制改革。全州农村信用社以县联社（市农合行）为单位的统一法人的产权制度改革顺利完成。扩大新型农村金融机构和小额贷款公司试点，发展了一批村镇银行、农村资金互助社，健全了支农资金稳定增长长效机制。

（二）国有企业和国有资产管理体制改革不断深化

深化国有企业改革，主要在多渠道分流人员、重组企业、优化股权结构、公司制改造等方面取得重大进展，全州 46 户股份合作制企业深化产权制度改革稳步推进，全面完成了新一轮深化国企改革任务。深化粮食流通体制改革，全州 12 个县市全面完成粮改工作，不断完善粮食市场准入制度。电力体制改革取得新进展。大理电网全部实现“一张网、全覆盖、一体化”管理，理顺了全州的电力管理体制，有效整合和利用电力资源，实现电网的统一规划、统一建设、统一调度、统一管理。加大企业上市的培育力度，已有 9 户企业纳入了大理州培育上市企业，其中有 7 户企业列入了云南省中小和非公企业上市培育重点企业名单。深化国有资产管理体制改革。组建了州国有资产监督管理委员会，建立完善各级国有资产监督管理机构，明确了国有资产管理的主体及职能职责，基本实现了国有资产从配置审批、政府采购、使用管理、资产处置、收益分配的管理。强化国有资产产权交易监管，规范交易行为。成立“云南产权交易所有限公司滇西产权交易所”，使产权交易行为逐步走向规范化、法制化。

（三）非公有制经济发展壮大

认真贯彻落实中央、省关于鼓励、支持和引导非公经济发展的相关政策，按照“政府创造环境，企业创造财富”的理念，我州先后制定出台了《中共大理州委、州人民政府关于大理州加快发展中小企业及非公有制经济发展的意见》（大发〔2006〕28号）、《中共大理州委、州人民政府关于加快全州工业暨非公有制经济发展的若干意见》（大发〔2010〕10号）等鼓励加快发展中小企业及非公有制经济的政策措施。坚持和完善重点企业挂牌保护制度，大理啤酒厂等38户企业被挂牌保护。坚持和完善企业评议行政经济管理和公共服务部门制度，不断提高各级各部门服务中小企业的质量。进一步放宽市场准入，允许非公有资本进入法律法规未禁止的所有行业和领域，鼓励非公有资本参与基础设施、重点产业和公用事业建设。加快信用担保体系建设，大理州、县两级都以政府财政资金成立了中小企业融资担保公司，每年州级财政注入资本金1 000万元，增强了州担保公司实力，同时积极鼓励民间资本进入，逐步提高了融资担保能力，有效缓解了中小企业融资难的问题。积极帮助企业技改，对列入全州培育上市的企业给予重点帮扶。培植扶持发展了一批主业突出、行业优势明显的骨干企业，其中：祥云飞龙、力帆骏马两户中小企业培育成为大型企业；大理啤酒、蝶泉乳业等35户中小企业的销售收入达到亿元以上。目前，全州个体工商户达80 366户，私营企业达5 587户。2010年，非公经济完成增加值占全州GDP的比重达45%。

（四）财税金融体制改革及投资体制改革稳步推进

以部门预算、国库集中收付、政府采购、政府收支分类改革为主的财税体制改革全面实施。全州纳入预算编制范围的部门和单位达100%。制订了《大理州州本级财政资金管理办法（暂行）》、《大理州财政追加预算支出审批制度推进工作实施方案》，对于预算执行中的必要追加，实行集中审核报批管理，增强了预算管理的约束力。进一步加强转移支付制度改革。推进国库集中收付制度改革。全州2 429个预算单位中，共有1 887个单位纳入集中支付改革范围。政府采购制度改革不断完善。积极创新乡镇财政管理方式，从2006年起全州统一实施“乡财县管乡用”的财政管理新模式。优化整合国有资产，非税收入管理不断加强。推进公务卡结算制度改革，实行公务卡结算单位1 135个，办卡26 936人，实现公务报销451万元。认真落实增值税转型改革。允许全国范围内的所有增值税一般纳税人抵扣其新购进设备所含的进项税额，实现增值税生产型转为消费型。从税收政策上支持企业产能扩张、技术改造，不断提升地方企业的市场竞争力。金融体制改革进一步推进。国有商业银行大理州分支机构通过股份制改革。农发行逐步由专项性业务向商业性业务转变，积极支持“三农”建设、中小企业贷款等多种商业化贷款业务。邮储银行继续深化改革，逐渐扩大经营范围。农村信用社改革取得新成效，逐步向为农民、农业和农村经济发展服务的社区性地方金融机构转变。信用担保体系建设逐步建成。15家从事担保业务的公司注册资本32 586万元，总资产54 108万元，担保余额58 845万元，较好地解决了企业融资难问题。小额贷款公司试点工作力度进一步加大，成效明显，全州已获批小额贷款公司14家，注册资本金3.6亿元，9家已正式营业，为农户和中小企业提供了“短、频、急、小”的贷款服务。投资管理体制改革不断完善。一是深化审批制度改革。逐步健全和规范了核准制和备案制，使企业投资项目的核准和备案工作有序开展，对企业不使用政府性资金投资建设的一般项目，一律取消审批制，进一步确立了企业投资主体地位。二是完善投资体制改革配套方案。制定了严格规范的核准制度，明确核准的范围、内容、申报程序和办理时限，并通过州政府公众信息网和社会公告。三是切实加强政府投资项目管理。制定了加强政府性投资项目建设管理的相关措施和规定。修订了《大理白族自治州建设工程招标投标管理办法》，完善了项目的申报审批、招标投标、建设管理工作。建立审批监督和责任追究制度。认真落实《云南省人民政府关于第四轮取消和调整行政审批项目的决定》，精简行政审批事项64项。出台了《大理白族自治州人民政府关于精简下放部分行政审批和监管权限促进投资快速增长的意见》，精简下放部分行政审批和监管权限，有力促进投资快速增长。

（五）科技、文化、教育体制改革进一步深化

推进科技管理创新，深化科研机构产权制度改革，完善社会公益类科研机构内部制度改革。按照一所一策，分类改革的思路，对州级科研机构分别进行了企业化和事业性改革。不断完善以企业为主体、以市场为导向、产学研相结合的科技创新体系，支持鼓励企业成为技术创新主体、加速科技成果转化。2010年，科技进步对国民经济增长的贡献率达48.8%。文化体制改革全面启动。制定了《大理州关于进一步深化文化体制改革推进经营性文化事业单位转企改制的实施意见》，出台了改革的相关配套政策。继续推进州图书馆、州博物馆、州群艺馆等公益性文化单位内部改革，推进大理日报社、州人民广播电台、大理电视台“两分离”的改革，完善云南广电网络传输股份有限公司大理分公司的改革，推进州民族歌舞剧院等文艺院团改革，全州广播电视网络相关单位已完成“事转企”各项工作。加大文化创新力度，积极促进文化产业与旅游产业相结合，以文化为灵魂，实现旅游产业第二次创业，运用旅游支柱产业搭建市场平台，开拓特色文化消费市场，以文化力驱动旅游经济力，推进文化产业和旅游产业的和谐发展。率先启动了全州文化市场综合执法改革工作，成立了大理州文化市场综合执法支队，进一步加强文化市场监管。深化教育体制改革。普及和巩固九年制义务教育，全面落实义务教育“两免一补”政策，累计发放寄宿制学生生活补助3.31亿元。全面推行校长负责制、教职工全员聘任制、分配绩效制，学校自主办学地位基本确立。创新管理机制、扩大办学规模、提高教育质量，切实加大投入，加快了普通高中的发展。普通高中教育教学质量稳步提高，2010年高考升学率达98.7%，连续五年居全省前列。大理学院办学综合实力和知名度明显提高，在校学生总数1.6万人，留学生600多人。深化职业教育办学体制改革，组建成立了大理州旅游职业教育集团和加工制造职业教育集团。积极鼓励社会力量办学，民办教育开始显现出旺盛的生机和活力。

（六）劳动就业、社会保障、医疗卫生等民生领域的体制改革稳步推进

不断完善就业工作机制，明确目标任务层层落实责任，大力营造就业工作舆论氛围，千方百计拓宽就业渠道稳定就业。“十一五”时期，累计开发公益性岗位1.4万个、新增城镇就业10.5万人、下岗失业人员再就业4.9万人、就业困难人员实现就业1.9万人，城镇登记失业率控制在4.2%。社会保障制度改革取得新进展。加强全州城市居民和农村特困居民最低生活保障工作制度建设，建立健全社会救助体系，颁布实施了《大理州城市居民最低生活保障工作细则》和《大理白族自治州农村特困居民最低生活保障试行办法》，进一步推进低保工作的法制化、规范化、制度化进程。累计发放城乡最低生活保障金3.6亿元，29.3万困难群众基本生活得到有效保障。社会保险覆盖面进一步扩大，全州基本养老、基本医疗、失业、工伤、生育保险参保人数分别为14.28万人、42.16万人、10.4万人、7.73万人、6.21万人。19万城镇居民参加基本医疗保险。新型农村合作医疗提前三年实现全覆盖，累计兑付补贴10.5亿元，人均筹资标准提高到140元。鹤庆县、永平县、洱源县全国新型农村社会养老保险试点启动实施。全面推进医药卫生体制改革。下发了《大理州深化医药卫生体制改革实施方案》和《大理州医药卫生体制五项重点改革2010年主要任务和工作目标》。全州医改工作平稳起步、扎实推进、健康发展，取得初步成效。基本医疗保障覆盖面进一步扩大，保障水平明显提高。城镇居民基本医疗保险相关政策进一步健全完善，全州有22.57万人参加城镇职工基本医疗保险，有17.26万人参加城镇居民基本医疗保险，逐步实现了城乡居民基本医疗保障全覆盖的目标。基本医疗保障水平不断提高。城镇居民基本医疗保险的筹资标准提高到220元。城镇居民基本医疗保险起付标准在原来的基础上降低了100元至50元，统筹基金最高支付限额从1.6万元提高到了2.5万元，报销比例在原来的基础上提高了5%，并将生育医疗费用纳入城镇居民基本医疗保险报销范围，启动实施了城镇居民基本医疗保险门诊统筹。启动实施城镇职工基本医疗保险州级统筹，城镇职工基本医疗保险的统筹基金的调节共济和抵御风险的能力得到增强。积极开展重大疾病的医疗保障试点。新型农村合作医疗工作稳步推进，参合农民受益面和受益水平大幅提高，全州287万人参合，参合率达95.38%，人均筹资标准提高到140元，筹集到位资金27 170.62万元，住院封顶线提高到3万元。城乡医疗救助制度进一步完善，全面推行“简便易行、及时高效、便民利民”的一站式即时结算服务管理模式。基层医疗卫生服务体系进一步充实完善。全州医疗卫生服务网络不断健全。促进基本公共卫生服务逐步均等化扎实推进。全州基层医疗机构已全面启动实施基本药物制度。积极探索公立医院改革，积极开展运行机制改革创新，加强内部管理，力争在2012年基本完成公立医院改革试点。

（七）行政管理体制改革不断深入

切实转变政府职能，不断加强自身建设，成立了州、县市政府自身建设工作委员会及办公室，统筹推进政府制度建设和管理建设。先后在全州实施了法治政府、责任政府、阳光政府、效能政府四项制度，积极促进政府职能转变。优化政府服务环境，建立州政务服务中心。完成了第三轮、第四轮行政审批制度改革，进一步规范了行政审批行为。建立健全重大投资项目、追加预算支出、国有资产处置和重要资源开发利用审批制度，进一步规范行政行为。全面推进行政问责、首问责任、服务承诺和限时办结四项制度，对部分干部职工实施了行政问责。创新阳光政府建设，加大信息公开力度，重要事项公示2 210项、重大决策听证321项、重点工作通报6 300项，在全省率先推行114政府信息直通车，推进公共服务电话整合和“96128”专线品牌化建设。推进效能政府建设，加大重点工作、重大项目和惠民工程专项督查力度，推动工作落实。强化责任落实，对重要工作实行目标倒逼管理。组建大理州公共资源交易市场管理委员会办公室及大理州公共资源交易中心。加快全州招投标工作的公开化、社会化、市场化，实现公共资源交易活动公开、公平、公正，制约行政权力运行，从源头上预防和治理腐败。积极推进干部人事制度改革，试行公务员公开选调制度。分类推进事业单位改革取得了初步进展。新一轮政府机构改革稳步推进。

（八）苍洱片区旅游产业发展和改革综合试点积极推进

我州围绕“做精大理，提升品牌”，以科学发展观为指导，以“优化结构，转型升级，提质增效”为重点，以改革创新为抓手，采取了一系列行之有效的政策措施，顺利推进旅游二次创业，全面启动苍洱片区旅游产业发展和改革综合试点工作，旅游产业初步实现转型升级，旅游产业的经济、社会和生态环境效益稳步增长。大理古城、苍山大索道、鸡足山景区、“希夷之大理”等重大项目扎实推进。崇圣寺三塔文化旅游景区通过国家5A级景区资源评价，新华村国家4A级景区正式挂牌运营。高端度假酒店建设和品牌管理公司引进取得突破。周城、寺登、新华、光明4个省级特色旅游村通过验收。成功打造大理国际影会、洱海开海节等特色文化旅游品牌，大理的知名度和影响力不断提升。2010年，接待国内外旅游者13 337.7万人次，是“十五”末的1.9倍，年均递增11.2%，旅游社会总收入115.5亿元，是“十五”末的2.3倍，年均递增15.1%。旅游产业发展和改革综合试点工作稳步推进。制定了《大理州苍洱片区旅游产业发展和改革综合试点工作实施方案》。编制完成了《大理滇西中心城市旅游集散中心规划》、《大理州苍洱片区旅游产业发展和改革综合试点总体规划》、《大理州旅游产业发展战略与规划》和《旅游重大项目初步可研》。《大理州苍洱片区旅游产业发展和改革综合试点总体规划》已上报省政府审批，《大理州旅游产业发展战略与规划》已通过省旅游局审查。创新体制机制，引领行业组建了“大理散客旅游集散中心”，整合现有旅行社及两城区收客网点，实行统一价格，统一经营，优质服务。组建了“大理州旅游营销服务中心”，健全自律监管机制，对景点、酒店和购物店实行统一采购、统一考核奖励，启动了吸引团队住宿考核奖励和会展旅游奖励，增强了行业的凝聚力，促进旅行社的健康发展；组建大理州导游服务公司，为导游人员提供技能培训、全程考核和年检服务，探索导游人员分类管理和派遣服务新模式，完善导游管理；积极推进旅游服务标准化体系建设。研究编制了覆盖“吃、住、行、游、购、娱”六大要素，既与国际接轨，又彰显地方民族特色的《大理州旅游行业服务标准规范（初稿）》。

二、存在的主要困难和问题

一是对外开放度不高，对外开放水平较低，对外开放的体制机制有待完善。二是经济发展方式粗放，经济结构不合理，自主创新能力不强，对自然资源的依赖极大，资源开发利用水平低，产业结构不合理，出口和消费对经济的拉动作用小，非公经济发展慢，科技创新能力弱，转方式、调结构的体制机制有待健全。三是社会公共事业特别是城乡社会保障体系建设滞后，人民群众住房难、看病难、上学难，以及区域发展不平衡、个人收入差距扩大等问题没有得到有效解决，协同推进经济体制、社会体制和行政管理体制改革困难较多，公共服务需求的体制机制有待完善。四是全州经济总量小，整体实力弱，财力有限，对改革的重视程度不够，改革动力不足，创新性不强，改革的办法少，改革的思路窄，没有形成改革合力。五是少数干部思想解放不够，改革创新意识不强，作风有待改进，制约科学发展的体制机制障碍仍然存在，推进科学发展的体制机制有待完善。

三、“十二五”推进改革的设想

（一）“十二五”经济体制改革的总体思路

以邓小平理论和“三个代表”重要思想为指导，深入贯彻落实科学发展观，围绕“争当民族团结进步模范州、生态文明建设排头兵、旅游二次创业生力军、滇西城镇化进程领跑者、建设民族文化强省先行者”的要求，坚持“生态优先、农业稳州、工业强州、文化立州、旅游兴州、和谐安州”的发展思路，以科学发展为主题，以加快转变经济发展方式为主线，以保障和改善民生为根本出发点，以深化改革扩大开放为强大动力，促进经济长期平稳较快发展和社会和谐稳定，努力将大理建成中国面向西南开放桥头堡的滇西中心城市和独具特色的少数民族自治州。解放思想，加快改革攻坚，创新体制机制，强化统筹推进，进一步深化经济、社会、文化和行政管理体制改革，使改革开放相促进、改革发展稳定相统一，为加快转变经济发展方式、推动科学发展提供更加强大的动力。

（二）基本原则

坚持以人为本，促进和谐发展。把人民群众的切身利益作为深化改革的出发点和落脚点，使人民群众在改革过程中得到实惠，共享改革成果，促进和谐发展。

坚持统筹兼顾，促进协调发展。统筹当前和长远发展、局部和整体关系、个人和集体利益，兼顾城市与农村、经济发展与社会建设，促进协调发展。

坚持立足州情，促进特色发展。坚持从大理州实际出发，通过改革充分发挥大理州区位优势、资源优势，促进大理特色的工业化、城镇化发展。

坚持试点先行，促进持续发展。坚持解放思想、勇于探索、锐意创新，大胆试点，破除体制机制障碍，促进经济、社会、文化、生态可持续发展。

（三）“十二五”深化经济体制改革的重点任务

1. 继续深化经济体制改革。坚持和完善基本经济制度，毫不动摇地巩固和发展公有制经济，毫不动摇地鼓励、支持和引导非公经济发展。营造各种所有制经济，依法平等使用生产要素，公平参与市场竞争，同等受到法律保护的体制环境。推进国有经济战略性调整，健全国有资本有进有出、合理流动机制。深化垄断行业和国有企业改革，完善各类国有资产管理体制，健全国有资本经营预算和收益分享制度。加大资本运作力度，增强企业融资能力，加快企业上市步伐。加大政策扶持力度，改善和完善金融服务，扩大信贷支持规模，完善个体私营企业创业环境，促进非公经济快速发展。

2. 深化行政管理体制改革。按照建设法治政府、责任政府、阳光政府、清廉政府、效能政府的要求，深化行政管理体制改革。加快转变政府职能，进一步减少和规范行政审批，减少政府对微观经济活动的干预，提高经济调节和市场监管水平，强化社会管理和公共服务职能。按照精简、统一、效能的原则和决策权、执行权、监督权既相互制约又相互协调的要求，进一步优化政府组织结构，完善行政运行机制。按照政事分开、事企分开和管办分离的原则，加快事业单位分类改革。按照公开、透明、高效、廉洁的要求，加强政府自身建设，提高政府公信力。

3. 深化农村改革。稳定和完善农村基本经营制度。完善农村土地承包法律法规和政策，确保农村现有土地承包关系保持稳定并长久不变。加强土地承包经营权流转管理和服务，健全流转市场，在依法自愿有偿流转的基础上发展多种形式的适度规模经营。有序推进农村土地管理制度改革。建立耕地保护补偿机制，着力提高农业生产经营组织化程度。推动家庭经营向采用先进科技和生产手段的方向转变，推动统一经营向发展农户联合与合作，形成多元化、多层次、多形式经营服务体系的方向转变。壮大农村集体经济组织实力，为农民提供多种有效服务。大力发展农民专业合作社，扶持农民专业合作社自办农产品加工企业。积极推进林业改革。深化以明晰产权、承包到户为重点的集体林权制度改革，加快推进配套改革。

4. 深化社会事业领域改革。深化教育管理体制改革。继续完善义务教育“政府负责，分级管理，以县为主”，非义务教育“分级管理，地方为主，政府统筹，社会参与”的管理体制。深化办学体制改革，坚持教育公益性原则，健全政府主导、社会参与、办学主体多元、办学形式多样、充满活力的办学体制。大力促进民办教育较快发展。创新学校内部管理机制，加强学校现代管理。健全学校内部管理制度，落实和扩大学校办学主权，深化教育教学改革。完善普通中小学和中等职业学校校长负责制、聘任制、目标奖惩责任制。在各级各类学校全面实行教职工全员聘任制，绩效工资制。加快科技管理体制改革。建立分工明确、权责统一、协调联动、分类指导的科技管理机制。完善科技资源配置方式，促进科技资源开放和共享。深化科研站所改革，大力推行科研站所负责人公选制、全员聘任制和分配绩效制“三项制度”，加大机制创新力度，进一步完善“开放、流动、合作、竞争”的运行机制，构建以企业为主体的技术创新体系。完成公益性文化事业单位内部三项制度改革任务，全面推进聘用制和岗位责任制，建立健全竞争激励机制；深化各级艺术院团内部运行机制和管理制度改革，逐步形成面向市场和基层的运行机制。完成州文物商店的改制工作，落实配套政策。完成全州文化市场综合执法改革。积极稳妥推进公立医院改革。加强监管责任落实，完善投入政策，制定切实可行的财政补偿政策。支持基层医疗机构提高服务水平，转变以药养医机制。改革人事和收入分配制度。加大医疗服务行业、医疗质量、医药收费的监督管理力度。规范医疗行为，努力控制医药费用增长，稳步推进基本药物制度。深入推进苍洱片区旅游产业发展和改革综合试点工作和大理州开展服务业综合改革试点工作。

5. 深化投融资体制改革。深化投资体制和行政审批制度改革，优化和规范投资项目办事程序，改善投资环境。进一步确立企业投资主体地位。深化金融体制改革，不断做大做强专业投资公司。进一步放宽投资领域，鼓励和引导民营资本进入教育、卫生、城镇供排水、垃圾处理及社会养老等领域。创新投融资方式，扩大 BTO、BOT、债券等的融资规模。改进和完善金融服务，逐步提高中小企业中长期贷款规模和比重。组建多层次中小企业融资担保基金和担保机构，支持、规范发展小额贷款公司，综合运用资本注入、风险补偿和奖励补助等多种方式，提高担保机构对中小企业的融资担保能力。推进中小企业信用制度建设，提高中小企业的融资信用等级。

6. 深化财税体制改革。围绕基本公共服务均等化，完善公共财政体系。继续调整优化财政支出结构，增加一般性财政转移支付，增加对公共服务和社会事业等重点领域投入力度。深化预算制度改革，建立健全预算编制、执行、监督相互协调、相互制衡的管理体制。加强对财政绩效的管理和预算的约束。完善转移支付制度，完善税收征管和非税收入管理。按国家的统一部署，积极做好收入分配制度改革、资源性产品价格和要素市场改革。

保山市“十一五”经济体制改革回顾及“十二五”工作打算

“十一五”时期是保山市发展极不平凡的五年。面对国内外环境复杂变化、重大自然灾害以及全球金融危机的负面影响，在省委、省政府的领导下，保山市委、市人民政府团结带领全市各族人民，以邓小平理论、“三个代表”重要思想为指导，深入贯彻落实科学发展观，按照国家、省推进改革的总体部署，进一步解放思想，深化改革开放，努力消除不利于经济社会发展体制机制障碍，有力地促进了全市经济社会平稳较快发展。到2010年末，全市实现生产总值256亿元，年均增长13%，超过规划目标3个百分点。完成全社会固定资产投资211亿元，五年累计完成投资690亿元，是“十五”期间的4.3倍，年均增长28.5%，超过规划目标10.5个百分点。实现财政总收入35.3亿元，年均增长23.5%，其中一般预算收入21.4亿元，年均增长26.9%，分别超过规划目标13.5个和17.9个百分点。结构调整初见成效，全市三次产业结构由“十五”末的36.4∶24.2∶39.4调整为31.5∶30.4∶38.1；非公有制经济占生产总值比重达38.5%，比“十五”末提高了5.8个百分点。

一、“十一五”改革进展情况

（一）农村改革稳步推进

农村基本经营制度得到巩固和完善。积极推进农村土地承包经营权流转，完成了农村土地承包经营权证补、换、发工作。落实支农惠农政策，建立健全减轻农民负担的有效机制。村级公益事业建设一事一议财政奖补工作积极开展。全面完成了农村税费改革，化解乡村债务工作取得成效。“村财乡管”和“农民一折通”全面实施。农村义务教育管理体制改革全面完成；“两免一补”政策全面落实。国有农场改革稳步推进。集体林权制度主体改革基本完成，试点县腾冲县林改工作被省委、省政府考核为一等奖。搭建了林业融资信用、林业产权交易、森林资源评估“三个”平台，林权制度配套改革取得新进展。

（二）行政管理体制改革有序推进

贯彻落实法治政府、责任政府、阳光政府、效能政府四项制度，积极促进政府职能转变。全面推进基层农业技术推广体系改革，事业单位分类改革取得进展。乡镇机构取得成效，全市现有乡镇数比改革前减少13个，合并乡镇行政事业单位565个，村委会4个，村民小组130个，精简乡镇干部2 052人。加快行政许可清理，明确行政许可实施主体，行政审批制度改革不断深化。加强依法行政制度建设，依法行政自觉性进一步增强。落实执法责任，制定了对县（区）人民政府和对市政府各部门行政执法责任制绩效考核标准。

（三）所有制结构调整加快

以深化产权制度改革为核心的新一轮国有企业改革基本完成。37户股份合作制企业已完成改制35户，占改革面的95%，超额完成了省下达的80%的考核目标。贯彻落实《国务院关于进一步促进中小企业发展的若干意见》，废止、修改对非公有制经济有限制歧视性条款的文件43项，降低非公企业市场准入条件，坚持整治“四乱”行为，实施对非公有制企业挂牌保护制度。规范发展中小企业信用担保体系，拓宽非公企业的融资渠道，着力解决中小企业“融资难”问题。

（四）社会体制改革加快推进

以校长选配制、教职工聘任制、绩效工资制等为主的教育改革稳步推进。城乡养老、医疗和最低生活保障制度建设取得重大进展。城镇职工基本养老保险、医疗保险、失业保险、工伤保险、生育保险参保覆盖率不断提高。城镇居民的医疗保险全面实施，施甸县、昌宁县新型农村社会养老保险试点稳步推进。农村五保人员困难人群救助体系全面落实。企业退休人员的社会化管理服务工作取得新进展。新农合成果进一步巩固。2010年末，全市农民参合率达96%。付费制改革试点取得初步成效。实施国家基本药物制度有序推进，切实落实国家基本公共卫生服务逐步均等化工作。公立医院改革试点推进顺利。

（五）文化、旅游体制改革全面推进

经营性文化事业单位转制和改制不断深化，保山市艺术团转企改制启动实施。推进广电系统政企、政事分开，将保山市电视台、教育电视台、市人民广播电台、市广播电视转播台合并重组完成。完成了公益性文化事业单位三项制度改革，内部活力得到增强。推动文化产业与旅游产业实现深度结合、互动发展，文化产业在创新中稳步发展。旅游综合改革试点取得新突破。腾冲旅游综合改革试点总体规划已得到省政府批复。推进旅游支撑项目建设，以项目集聚旅游产业推动产业结构优化升级。制定了《腾冲县中缅边境旅游管理办法（试行）》，旅游市场监管不断强化，旅游从业人员职业准入制度进一步完善。

（六）投融资、财税、价格体制改革不断深化

贯彻落实国家关于投资体制改革的决定，投资主体多元化、投资方式多样化、资金来源多渠道、项目建设市场化的格局逐步形成。制定出台了《保山市市级预算内投资管理办法（试行）》，市级预算内投资行为进一步得到规范。部门预算改革，国库集中收付改革全面推行。政府采购制度进一步完善。非税收入收支改革继续深化。省直管县试点工作积极推进。公务卡结算制度和库存现金限额管理得到推行。法人管理制度进一步规范，国有资产监管进一步加强。加大水、电、天然气、城市供水、城市垃圾等价格改革力度。污水处理、农业生产用水、医疗废物集中处理等收费制度改革扎实推进。

（七）对外开放取得新进展

南亚国际大通道和口岸基础设施建设步伐加快，对缅交流与合作取得新突破，猴桥与甘拜地口岸实现对等通关，对外文化交流不断加强，对缅农业、旅游、水电资源、矿产等开发合作取得实质性成果。招商引资成效显著。制定出台了《保山市招商引资项目管理办法（暂行）》，建立了招商引资责任目标责任制。双友、云南煤化工、云天化、云冶、昆钢、世纪金源等一批大型企业集团入驻保山，五年累计引进市外到位资金243亿元，是“十五”期间的6.7倍，有力地促进了保山产业结构的调整优化。

二、主要经验

“十一五”以来，保山经济社会发展取得了显著成就，为我们推进全面小康社会建设、实现社会主义现代化奠定了坚实的基础，同时，也为我们未来的改革开放积累了一定的经验，归纳起来主要有以下五条。

（一）改革开放是加快保山发展的必由之路

通过对农村经营体制、国企体制、财税体制等的一系列成功改革，破除了限制发展的体制机制障碍，全市上下创造活力充分涌现。始终把对外开放作为工作中的一大重点，扎实推动“走向南亚·保山先行一步”战略的实施，在扩大开放中寻找新的发展机遇和发展空间，有力地促进了全市经济社会发展。

（二）加强组织领导是推进改革的重要保障

成立了市县（区）行政主要领导为组长的经济体制改革领导小组，提出深化改革的年度意见，明确改革工作的牵头部门和责任部门，使各项改革任务得到分解落实。同时，千方百计筹措改革资金，确保各项改革工作推进实施。

（三）创新工作方式是推进改革的关键

建立完善改革工作联席会议制度，明确各相关部门改革责任，合力推进改革。建立联络员制度，定期了解改革情况，交流改革信息，协调解决部门推进改革中存在的问题，为改革的推进和落实提高了保障。

（四）以人为本是推进改革的保证

把人民群众最关心、最直接、最现实的问题作为改革工作的出发点和落脚点，重视和加强以民生为重点的各项改革。坚持把每项改革决策与广泛征询群众意见结合起来，努力使改革决策兼顾到各方面利益、反映各族群众的要求，确保了改革的顺利推进。

（五）求实创新是推进改革的关键

坚持把中央、省推进改革的总体部署与我市实际相结合，把经济体制改革和探索促进县域经济发展的体制机制有机地结合起来，根据现实和可能确定改革重点，围绕当地重点难点问题，选准最有利于促进发展的改革任务，创新方式，因地制宜推进改革。

三、存在的问题和困难

尽管过去的五年，我市各项改革取得了明显的成效，但是，我们也充分认识到，全市改革工作仍然存在着改革促发展意识不强、合力推进改革机制不健全、改革办法不多、改革机构和队伍薄弱、改革成本筹措困难、某些领域改革缺乏配套政策等问题和矛盾。

四、“十二五”深化改革的重点任务

（一）指导思想

高举中国特色社会主义伟大旗帜，以邓小平理论和“三个代表”重要思想为指导，全面贯彻落实科学发展观，围绕全市经济社会发展过程中存在的深层次矛盾和突出问题，进一步解放思想，加快改革开放，创新体制机制，加强统筹协调，努力在行政管理、财政体制、投融资、资源要素价格、社会事业等重点领域改革取得重大突破，为构建富裕、民主、文明、开放、和谐保山提供强大活力和制度保障。

（二）主要任务

1. 深化行政管理体制改革。着力转变职能、理顺关系、优化结构、提高效能，形成权责一致、分工合理、决策科学、执行顺畅、监督有力的行政管理体制。加强和改进制度建设，深化行政审批制度改革，加快推进政企分开。继续优化政府结构、职能责任，降低行政成本。健全科学决策、民主决策、依法决策机制，推进政务公开，强化行政监督和问责，完善政府绩效评价制度，提高政府公信力。

2. 加快财税体制改革。完善公共财政体系，建立健全财权与事权相协调的财政管理体制。加强财政管理，继续深化部门预算、国库集中支付、政府采购和收支两条线管理制度改革，建立健全预算编制、执行、监督绩效预算管理体制，强化对财政支出效果的管理和预算支出的约束。调整优化财政支出结构，努力增加农业、义务教育、生态建设、弱势群体、科技卫生等公共服务和公共管理的投入，推进基本公共服务均等化。配合做好省直管县财政管理体制改革。

3. 深化投融资体制改革。深化投资体制改革。继续推进政府投资体制改革，完善项目备案、审批、核准，并联并行审批制度，规范和优化投资项目报批程序，完善投资项目后评价、重大项目公示和责任追究制度。进一步优化投资环境，激发民间投资主体活力，吸引社会资金投入公益性社会事业、基础设施、基础产业和高新技术领域。加强银政企合作，建立金融服务体系，努力拓宽融资渠道。做大做强投融资平台，探索建立中小企业金融专业服务机构，加快社会信用体系建设，支持、规范小额贷款公司发展，争取每县区组建1~2家村镇银行。大力发展以企业为主体、社会资金积极参与的多层次、多形式民营担保公司，鼓励企业开展多种形式的互助性融资担保，完善市、县两级中小企业信用担保体系建设。综合利用银企合作、企业上市、发行债券、股权基金、盘活存量、引进增量等方式，大力创新融资方式，拓宽融资渠道。

4. 深化农村综合改革。稳步推进农村管理制度改革，建立健全农村土地征收、拆迁安置补偿、土地使用权和房屋所有权流转机制，依法保障农民土地承包权、生产自主权和经营收入权。加快推进户籍制度改革，促进符合条件的农业转移人口在城镇落户并享有与当地城镇居民同等的权益。深化集体林权制度和农垦系统改革，全面推进国有林场体制改革。深化农村流通体制改革，完善供销社管理体制。

5. 积极推进资源类产品价格改革。积极稳妥地推进能源、矿产、水资源、土地等资源类产品价格改革。加快水资源价格改革步伐，扩大水资源费征收范围并适当提高征收标准，推行面向农民的终端水价制度，合理提高水利工程供水价格。合理制定水电、风能、太阳能、生物质能等清洁可再生能源上网电价。推行居民用电用水阶梯价格制度。深化环境收费改革，全面开征污水处理费，建立完善环境权益补偿机制。加强矿产、土地开发利用等价格收费管理，探索基准地价制定与管理办法，做好涉及房地产开发与交易等环节收费管理。

6. 加快教育、文化、卫生等社会事业领域改革。深化教育体制改革。全面贯彻中长期教育改革和发展规划纲要，创新人才培养体制、办学机制、管理体制。深化素质教育和考试招生制度改革，积极探索适应各类学校的办学体制。探索政府举办和鼓励社会力量办幼儿园的制度改革试点。鼓励发展民办教育，积极推进职业学校与事业单位、社会团体、民办职业学校与个人合作办学，形成政府主导，社会力量积极参与的多元化办学格局。深化以校长选聘制、教职工竞聘制和绩效工资制为主要内容的三制改革，充分调动各级各类学校和广大教职工的积极性。

加快医药卫生体制改革。按照基本医疗保障全覆盖，医药卫生大发展，医疗服务水平新提高的要求，深入推进基本医疗保障制度，逐步提高保障标准。继续扩大基本医疗卫生保障覆盖面，建立以国家基本药物制度为基础的药品供应保障体系，扩大国家基本公共卫生服务项目，扎实推进基本公共卫生服务均等化。完善民营医院的鼓励与扶持政策，鼓励社会资本以多种形式举办医疗机构。进一步规范药品生产流通秩序。积极稳妥推进公立医院改革。

推进文化体制改革。以创新体制、转换机制、面向市场、增强活力的要求，推进经营性文化事业单位改革。构建统一、开放、竞争、有序的现代文化市场体系。继续深化公益性文化事业单位改革，继续推动纪念馆、文化馆等向社会免费开放。

7. 深化其他领域改革。进一步深化企业体制改革。加快垄断行业改革，积极推进集体企业改革，不断完善公司法人治理结构，建立健全现代企业制度。大力发展股份制、合作制等混合经济和个体私营等民营经济。建立统筹城乡发展体制，积极推进城乡一体化改革试点。着力抓好收入分配制度改革，规范初次分配，改善再分配制度，促进国民收入分配向低收入群体和农民倾斜。深入推进旅游综合改革试点。探索建立旅游管理、产品转型升级、特色产业带动县域经济发展的新模式。积极推进边境经济管理运行机制，完善外商投资管理体制，建立健全外来投资促进政策体系和服务平台。

德宏州“十一五”经济体制改革回顾及“十二五”工作打算

“十一五”是我州加快市场化进程，建立健全与国际经济规则相衔接的经济体制和运行机制的关键时期，是改革攻坚的时期。全州结合国家“十一五”经济体制改革有关要求，认真落实党的十七大和十七届三中、四中、五中全会精神，深入贯彻落实科学发展观，抢抓机遇，开拓创新，“十一五”规划主要任务圆满完成，各项工作都取得了优异成绩，体制改革取得实质性进展，对外开放实现历史性跨越。

一、“十一五”改革工作推进情况

“十一五”期间，我州始终坚持把改革开放贯穿到经济社会发展的各个环节，不断增强发展的动力和活力。各项改革全面推进，农村、财税金融、投融资、行政管理体制、医疗卫生体制、成品油价税费、收入分配、资源性产品价格、集体林权制度等重要领域和关键环节改革迈出新步伐。开放德宏建设取得新成效，把德宏建设成为中国面向西南开放桥头堡的黄金口岸前期工作进展顺利。边境经济合作区建设步伐加快，开放平台建设不断加强。预计2010年，进出口总额可望完成11亿美元；实际利用外资大幅增长，五年累计达到1.07亿美元，超额完成规划目标。

（一）着力推进行政管理体制改革，转变政府职能，努力建设服务型政府

1. 加快政府职能转变，强化行政责任。围绕国家、省、关于建设法治政府、服务政府、责任政府、文化政府和廉洁政府的总体部署，加强了行政管理体制的改革，出台了一系列相关措施，各单位相继在办公区设立了政务公开服务承诺公告栏，成立了县、市人民政府服务中心，进一步加快了服务型政府的转变，加快推进行政管理体制改革。

2. 政府机构改革进一步深化。根据党的十七大和十七届二中全会关于深化行政管理体制改革的精神，按照国家、省相关文件精神，结合我州实际，制定实施《德宏州人民政府机构改革实施意见》，进一步推进政府职能转变，理顺职责关系，明确和强化责任，规范机构设置，不断提高行政效能，加快改革步伐。

我州始终坚持把改革开放贯穿到经济社会发展的各个环节，不断增强发展的动力和活力。各项改革全面推进，农村、财税金融、投融资、行政管理体制、医疗卫生体制、成品油价税费、收入分配、资源性产品价格、集体林权制度等重要领域和关键环节改革迈出新步伐。开放德宏建设取得新成效，把德宏建设成为中国面向西南开放桥头堡的黄金口岸前期工作进展顺利。边境经济合作区建设步伐加快，开放平台建设不断加强。预计2010年，进出口总额可望完成11亿美元；实际利用外资大幅增长，五年累计达到1.07亿美元，超额完成规划目标。

（二）农村体制改革取得积极进展，统筹城乡发展的体制机制建设取得新的成效

一是农村土地流转积极推进，流转程序进一步规范。完善农村土地流转制度，推进农村集体建设用地管理制度改革，探索建立统一规范的城乡建设用地市场。二是深化农村综合改革，统筹城乡发展，大力推进城乡一体化改革。围绕调整优化农业产业结构的思路，我州通过多渠道筹措资金，加大对特色产业的扶持力度。三是集体林权改革顺利推进，截至2010年11月28日，全州确权面积743.66万亩；林地确权率为98.66%；已确权149 926户。全州排查林权纠纷累计8 211起，涉及面积为64.82万亩，已调处7 951起，已调处面积58.72万亩，面积调处率为96.8%；协议调处7 906起，行政裁决45起，协议调处率90.6%。四是积极深化农村其他各项改革。加大对基本农田的保护力度，不断培育和发展健康有序的土地经营市场。进一步深化粮食流通体制改革，切实保护农民种粮积极性，不断发展和壮大农村集体经济组织，进一步深化农垦体制改革，为农垦“二次创业”提供良好的外部环境。

（三）推进民生领域体制改革，继续深化社会事业体制改革

全州始终坚持以人为本，注重社会事业的发展，着力改善民生。实施积极的就业政策，“十一五”期间，五年新增城镇就业1.4万人，城镇登记失业率控制在4.4%以内。五年累计转移农业劳动力15.47万人。城乡居民收入稳步提高，预计2010年，城镇居民人均可支配收入和农村居民人均纯收入分别达到13 750元和3 368元，年均增长分别为9.5%和19%。价格总水平基本稳定，社会消费增加，社会消费品零售总额预计可达到56亿元。扶贫开发全面推进，五年累计减少贫困人口10.4万人。教育全面发展，“两基”攻坚目标如期实现。公共卫生大力推进，城镇居民基本医疗实现全州覆盖，新型农村合作医疗覆盖率不断提高。全州疾病预防控制体系和医疗救治体系不断完善，基本实现远程可视医疗县县通。社会保障体系建设步伐加快，城乡最低生活保障制度不断完善，保障水平不断提高。城镇居民基本医疗保险、新型农村社会养老保险试点工作积极推进，预计2010年农村社会养老保险参保人数将达到12.27万人。切实改善困难群众生活，五年建成3 328套保障性住房。旅游文化体育事业较快发展，“五大文化惠民工程”全力实施。“十一五”期间，社会建设不断加强，人民生活水平持续提高。

（四）围绕推进转变经济增长方式，努力激发市场主体活力

1. 进一步完善现代企业制度。认真做好中央、省级财政支持中小企业发展的资金项目申报工作，积极争取上级财政支持。加强对改制企业的后续管理，促进经济社会和谐发展。

2. 贯彻落实非公经济发展政策，加快非公经济健康快速发展。加强对中小企业及非公有制经济的服务管理工作，各项发展目标任务得到有效落实。截至2010年9月底，全州共有非公企业和个体工商户40 405户，注册资金955 487万元，非公经济完成增加值42.24亿元，完成2010年省下达目标任务数37亿元的114.16%；非公企业上缴税金10.66亿元，完成2010年省下达目标任务数13亿元的82%；非公经济从业人员数量为102 726人。

3. 加快健全地方金融服务体系。着力强化商业性金融支农的主体地位。紧密结合农村金融发展的实际情况，进一步加强农村信用社的支农主体作用，强化农业银行与邮政储蓄银行的支农机制，积极吸引国有股份制银行到县域及农村地区设立分支机构，拓展农村信贷业务市场，增加对“三农”的信贷资金供应。

4. 加快发展会展经济，达到“文化搭台、经济唱戏”的目的。充分利用传播媒体、会展活动，对我州招商引资政策和项目进行广泛宣传，通过中缅边交会、珠宝文化节、玉石公盘等节庆，使国内外客商更进一步认识到了我州的口岸区位优势，认识到了我州在西部开发、参加东南亚、南亚国际区域经济合作进程中发挥的独特作用，为做大做强我州珠宝产业和中缅贸易发展提供了更为广阔的空间。同时，积极组织企业参加“仰交会、厦洽会、昆交会”等国内外各种会展活动，充分展示我州作为国家沿边开放的试验区、“桥头堡黄金口岸”等区位优势，加强产品信息的快速交流，将我州推向全国、推向全世界。

（五）加快推进涉外经济体制改革，加强境外资源管理

1. 企业跨国经营“双向”开放扩大。招商引资环境大为改善，利用外资质量提高、范围扩大，企业境外经营管理自主权扩大，审批程序大为简化，境外投资数额增大，大宗商品进出口协调机制得到完善。

2. 加强跨境资源在我州的管理。支持企业到境外开展罂粟替代种植，发展替代产业，努力推动罂粟替代种植发展项目。截至 2010 年 8 月，我州已申报开展境外罂粟替代种植项目的企业有三户，并已到省商务厅申请办理了《云南省境外罂粟替代种植企业证书》，3 户企业共投资禁毒境外替代种植项目 12 654.38 万元，种植面积共计 67 410.50 亩，2010 年完成境外罂粟替代种植项下返销国内农产品进口 1 739.99 万元，同比增长 63.2%。

（六）建立健全资源节约和环境保护机制

一是完善节能减排体制机制。进一步探索完善节能减排政策法规体系，推进重点地区、重点领域、重点行业、重点企业的节能减排。二是构建资源节约长效机制。深入推进矿产资源开发秩序整顿与资源整合，提高资源开发利用和矿山生态保护水平，推进矿产资源补偿费征收制度改革，探索建立与资源利用水平和环境治理挂钩的浮动费率机制。三是促进生态文明建设。按照生态立州的要求，正确处理发展与保护的关系，积极探索和学习生态文明建设综合配套改革试点示范，推行有利于节约资源、保护环境的生产方式、生活方式和消费模式。推进城镇污水和生活垃圾处理设施建设，加强德宏自然生态保护和建设，深入推进林业重点生态工程。

二、存在的困难和问题

（一）发展内生动力不足

增长主要依赖投资拉动，消费贡献率弱。基础设施仍然滞后，物流成本高。观念还跟不上新形势要求，政府职能转变还不完善。区位优势没有得到充分发挥，开放水平仍需提升。招商引资工作力度不够，致使有限的投资助推器乏力。

（二）集体林权制度改革存在两方面问题

一是一些历史遗留纠纷还未得到妥善解决，特别是州市之间和县市之间纠纷久拖不决，对林改工作和林区稳定造成了一定的影响。专业技术员严重缺少。二是金融政策和金融机构对林业支持力度不够，林农和个体经济组织很难得到林业贷款支持，影响了林业的发展。

（三）机构改革存在的问题

机构撤并后，人员分流难度大，核销机关混用事业编制后，原占用事业编制的行政机关存在严重超编问题；撤并的单位领导职数超编，如何消化超编人员将成为一大难题。

（四）医药卫生体制改革方面存在的问题

一是医保机构经办能力不足，随着全民医保制度的建立，参保人员逐年增加，但经办机构人员、经费、网络系统建设等，没有相应的配套制度。现有的人员数量、专业设备难以适应当前工作的需要。二是卫生人员缺编、乡级卫生人员缺口大，影响群众就医。

（五）资源环境方面问题

资源环境代价过大，能源结构性矛盾突出，节能降耗、减排任务艰巨，资源开发、环境保护和结构调整的压力增大。

（六）金融改革存在的问题

一是企业融资难问题依然严峻。银行承贷“挑大弃小”，中小企业获得贷款的难度较大，融资形势不容乐观；二是政府对非公（中小）企业扶持力度不够。非公（中小）企业发展中营造品牌能力意识不强，知名企业和品牌少。由于企业规模小、企业生产经营较为粗放，企业管理水平较低，企业整体实力弱，大部分企业至今没有自己的研发设计机构，专业技术人员、设计人员严重缺乏，研发投入不足，企业创新能力不足，应对市场能力差。

三、“十二五”改革设想

深入贯彻科学发展观，以科学发展为主题，以加快转变经济发展方式为主线，以推进全域城市化为载体，以持续改善民生为出发点和落脚点，调整经济结构，增强创新能力，保护生态环境，加快社会建设，紧紧抓住国家重大战略决策部署带来的难得机遇，打造“桥头堡黄金口岸”，建设“一枢纽，一实验区，三基地、三平台、三窗口”；实施“五个百亿元工程”，建设特色产业体系；建设“五大文化”，形成特色文化体系；“一都三城，玉美黄金口岸”；“花果城乡，扮靓黄金口岸”等。

（一）加大结构调整力度，进一步提高经济发展质量

加快企业重组改造升级步伐，通过改革，使我州经济结构不断优化，经济发展方式有实质性转变，国有企业活力不断增强，非公有制经济加快发展，城乡一体化建设取得新突破。加快社会事业配套改革，使教育，卫生和文化等社会事业改革取得新进展，对外开放水平不断提高，使财税、金融价格等为重点的经济调节机制更加完善。大力培育上市公司，鼓励和支持上市公司开展融资，内涵和外延发展并重，实现公司做优做强。

（二）以改善民生为导向，构建民生幸福的和谐社会

以持续保障和改善民生为重点，努力提高社会建设水平，加快推进社会事业发展，积极为人民群众办好实事，促进社会和谐。深化医药卫生体制改革，巩固和完善新型农村合作医疗制度。认真贯彻执行国家基本药物制度。健全基层医疗卫生服务体系。加快促进基本公共卫生服务逐步均等化。要积极稳妥地推进公立医院改革试点。要实施积极就业政策，建立以创业带动就业、劳动者自主择业、市场调节就业和政府促进就业的就业机制。坚持和完善按劳分配为主体、多种分配方式并存、各种生产要素按贡献参与分配的收入分配制度。以社会保险、社会救助、社会福利为基础，以基本养老、基本医疗、最低生活保障制度为重点，以慈善事业、商业保险为补充，加快完善社会保障体系。

（三）深化改革开放，为又好又快发展提供强大动力

按照经济社会发展转型的要求，在深化经济体制改革上取得重大突破，为创新发展模式提供强大动力和制度保障。一是继续深化农村综合改革。稳步推进农村土地管理制度改革，完善农村土地流转机制。巩固深化集体林权制度改革，稳步推进农垦和国有农（林）场改革。继续推进德宏州森林采伐管理改革和低效林改造试点，为竹产业基地发展提供法律、政策支持。二是深化行政管理体制改革。按照“转变职能、理顺关系、优化结构、提高效能”的要求，深化行政管理体制改革。完善政府经济调节和市场监管职能。三是深化资源要素价格改革。按照“贡献者受益、使用者付费”的原则，加快建立现代环境产权制度，建立完善环境权益补偿机制，实现各级财政之间合理的资源收入分配，提高资源所在地收益获得的比例。建立健全统一、开放、竞争、有序的资源市场体系，促进资源产权和资源产品的合理流动。四是深化投融资体制改革。积极开展企业整合、公司并购、债务重组、发行债券等投资银行业务。继续深化投融资体制改革，做大做强我州专业投资公司，吸引和筹集更多的资金投入各项建设事业。深化农村金融改革，创新农村金融发展模式。改进和完善金融服务，加大对非公有制企业的信贷支持力度，完善中小企业信用担保体系。五是深化财税体制改革。深化预算制度改革，建立健全预算编制、执行、监督相互协调、相互制衡预算管理体制。建立完善财政预算评价体系，加强财政支出结构改革，增加对公共服务和社会事业等重点领域投入力度。

（四）以改革为动力，努力争创振兴发展新优势，加大改革攻坚力度，切实增强民营经济发展活力，提高对内对外开放水平

加大涉外经济体制改革，发展开放型经济。顺应经济全球化和区域经济一体化的发展趋势，抓住建设中国—东盟自由贸易区的机遇，研究制定如何发挥我州桥头堡黄金口岸作用的相关政策。扩大对东南亚、南亚的开放，对省外、州外的开放，特别要用足用活我州特有的“境内关外”的边境政策，进一步改善投资环境，提高对外开放水平，扩大对外开放领域，增强对外开放优势，加快我州开放型经济的发展。加快“引进来”和“走出去”的步伐，通过创新体制和机制，建立和完善利用两种资源、开拓两个市场的支撑体系。

（五）着力抓好旅游与文化的互动发展

深入挖掘德宏文化资源，努力将资源转化为产品，不断提升德宏旅游的文化内涵，实现德宏旅游的跨越式发展。

（六）完善口岸通关机制，推进电子口岸建设，实现大通关业务流程及相关信息的互联互通和信息共享，提升口岸的通关效率和整体动作能力

进一步简化外汇管理和出国人员审批手续，完善地方与口岸、海关、检验检疫等垂直管理部门的协调机制。投资 7.89 亿元，继续完善以国家一类口岸为核心、二类口岸为辅助、省级通道为补充的口岸体系。进一步推进口岸基础设施和软环境建设，完善口岸功能，提高服务水平，积极创造与黄金口岸目标相匹配的基础条件，全面提升德宏黄金口岸整体形象。

（七）加强领导，完善措施，配套推进改革重点领域工作

积极稳妥推进我州农场、粮食国有企业、供销社等行业的改革进程。积极向上级汇报，争取高位推进瑞丽开发开放试验区的发展。

丽江市“十一五”经济体制改革回顾及“十二五”工作打算

“十一五”以来，丽江市按照建立健全社会主义市场经济体制的要求，以改革促发展，不断完善保障我市经济社会又好又快发展的体制机制，顺利地推进了全市各项改革工作，在旅游、文化体制改革等方面实现了重点突破，成效显著。

一、“十一五”重点改革进展顺利、成效显著

（一）旅游体制改革不断深化，旅游快速发展

“十一五”以来，丽江市紧紧围绕国际精品旅游胜地建设目标，以“六个转变”为抓手，不断用改革的方式来解决丽江旅游发展中的问题和矛盾。通过体制机制创新，旅游业在“十一五”时期得到了快速发展。

1. 促进“六个转变”，创新发展体制机制。丽江将实现“六个转变”作为旅游业发展的前提条件，明确提出：要创新发展模式，实现旅游发展由政府主导为主，逐步向政府引导调控、市场主导为主转变；要提高旅游发展质量，实现旅游由数量规模型向质量效益型转变；要转变发展方式，实现旅游由粗放型逐步向集约型转变；要优化旅游产品结构，实现观光旅游逐步向休闲度假康体等综合旅游转变；要优化旅游管理，实现由行政手段管理为主逐步向依法治旅为主转变；要完善旅游功能，实现由旅游目的地向旅游集散地转变。

以“六个转变”为抓手，丽江旅游业经历了一系列改革。

一是进行管理体制改革。建立旅游产业发展协调联席会议制度和部门联动机制，创建行政管理与行业自律相结合，分工协作、齐抓共管的管理模式，加强了旅游业监管。为规范旅游市场秩序、营造一个健康、规范、有序的旅游环境提供了必要的组织保证。

二是依托骨干景区，实施资源重组。以统一打包促销，整体推向旅游市场的方式，玉龙雪山景区投资管理公司整合了玉水寨、东巴谷、玉峰寺、玉柱擎天、东巴万神园、东巴王国等景点的经营权，实现了统一管理，创建了集自然景观、文化体验、休闲度假于一体的“大玉龙”景区。“大玉龙”景区从2008年1月1日正式运转，2009年总产值突破6亿元大关。

三是深化旅行社改革，推进旅行社战略性整合和结构调整。将全市25家旅行社整合为6大旅行社集团，并在旅行社经营管理公司的基础上成立旅游结算公司。建立了统一采购、统一定价、统一操作平台、统一业务结算和分散经营、分级核算的运行机制，提高了旅游企业市场竞争力和抵御风险能力，改善了其“小、散、弱、差、乱”的经营状态，推动了旅行社行业转型升级。

四是建立市委、市政府决策的专项支撑体系。与云南大学旅游文化学院共同组建丽江市旅游发展研究中心，加强对旅游业发展的分析研究和监测，加强决策服务支撑。

五是制定旅游行业地方管理办法和标准，规范旅游法治环境。出台和实施了《丽江市旅游管理暂行办法》、《丽江市旅游局关于进一步深化全市旅行社行业改革的指导性意见》、《丽江市旅游宣传促销管理办法》以及《丽江市特色等级饭店、民居（客栈）管理办法》。建立了全国第一部关于特色等级饭店评定的地方行业标准，促进旅游管理向依法治旅转变。

六是加强与文化事业单位丽江文化研究会、纳西文化研究会等部门和社会组织的合作，进行旅游文化产品研发、文化旅游市场培育，促进旅与游文化进一步融合。

七是实施“走出去”和“请进来”方针，搭建旅游会展、旅游论坛平台，开展区域营销、网络营销，创新旅游集散地建设机制。与民航、铁路等交通运输部门的合作，搭建了丽江与主要客源城市的空中走廊，吸引8个航空公司进入丽江经营；在北京、南京、成都、上海、重庆、西安、广州、拉萨等地设立丽江市旅游局驻外办事处；加强与大香格里拉区域内的迪庆、林芝等地的交流与合作，与林芝地区旅游局签署了《云南省丽江市旅游局、西藏林芝地区旅游局关于促进两地旅游合作的框架性协议》。在2009年全省旅游产业发展大会上丽江荣获“开拓海外旅游市场、开拓国内旅游市场、旅游经济发展贡献”三个奖项。

2. 旅游改革取得显著成效。“十一五”是丽江旅游飞速发展、旅游改革转型升级的五年。五年来，改革使丽江旅游品质全面提升，旅游发展也为改革积累了较为丰富的经验。

五年来，丽江共计接待海内外游客3 245.92万人次，年平均增长18.10%；旅游综合收入363.73亿元人民币，年平均增长21.80%，提前一年完成“十一五”旅游发展各项指标；接待海内外游客由2005年的404万人次发展到2010年的909万人次，增长了2.25倍，旅游综合收入由2005年的34亿元人民币增长到2010年的106亿元人民币，增长了3.12倍，以旅游业为主的第三产业对全市经济的贡献率达到46.8%，拉动GDP增长6.1个百分点。

目前，丽江的高端休闲度假酒店集群粗具规模，休闲度假方式日益多元，酒吧休闲文化逐渐成形，旅游市场日趋成熟，旅游服务水平不断提高，管理不断规范，民俗特色旅游蓬勃发展。其产业规模不断壮大，产业要素日益齐备，产业体系趋于完善。全市现共有1 500户旅游基本单位，占全省总量的13%；6家旅行社集团含有27家旅行社；有星级酒店208家，其中，五星级5家，四星级13家；全市有6家旅游汽车公司，600多辆旅游车；有29家旅游购物会员商店；有22个旅游景区（点），其中，国家5A级1个，4A级5个、3A级4个；有注册导游5 679人，其中外语种导游188人，实际从事导游工作约3 000人左右。全市直接从事旅游的员工约4万人，间接从事旅游业的超过10万人。先后荣获世界上最令人向往的旅游目的地、欧洲人喜爱的中国旅游城市、全球人居环境优秀城市、联合国教科文组织亚太地区文化遗产保护优秀奖、世界最新锐城市、国家首批5A级景区、中国最美丽的地方、全国文明风景旅游区、中国最具吸引力的地方、CCTV中国十大魅力城市、中国旅游竞争力百强城市、中国青年喜爱的旅游目的地、中国最佳休闲度假胜地、中国十大优秀生态旅游景区、全国民族文化旅游十强品牌、中国品牌百城上榜城市、十佳绿色城市、全国改革开放十八个典型地区之一等荣誉称号。

（二）文化体制改革继续深入，文化事业繁荣发展

1. 继续推进文化体制改革。早在“十五”期间，丽江就率先在全国开展文化体制改革，在丽江市民族歌舞团、市电影公司、有线电视网络公司、木府博物院、丽江日报社、丽江电视台和东巴博物馆等7家单位推行改革试点。改革使丽江文化事业发展格局发生了重大改变，赋予了公益性文化和经营性文化不同的发展空间，2.1亿元原公益性资产被盘活进入市场经营，203人进行身份置换后脱离了财政供养，“丽水金沙”等一批自负盈亏的企业迅速发展壮大。“丽水金沙改革案例”、“市电影公司改制案例”、“丽江市推动群众性广场文化活动繁荣城乡文化生活”等成为全国改革典范。

进入“十一五”，丽江在7家单位改革试点取得经验和成功的基础上，相继开展了市直和一区四县31家文化事业单位的体制改革工作，继续引领全省文化体制改革。

一是合理配置资源，创新公共文化服务运行机制。增加公益性文化事业的投入，支持公共文化设施、图书馆、文化馆以及乡镇综合文化站、农家书屋建设；完成市博物院一期工程，并实现免费开放。至2009年，广播覆盖率达80.03%，电视覆盖率达88.22%；电影“2131”工程共放映20 000多场，服务观众500多万人次，极大丰富了民间物质文化生活。

二是设立“丽江市文学艺术创作奖”和“丽江市优秀社科奖”，对优秀文艺人才和社科人才予以表彰奖励，营造有利于文化事业发展的良好氛围。现丽江民间自发组建的文学、书法绘画、摄影、文博、演艺等团体达50多家；大批文艺人才参加全国、全省各种大奖赛并获奖。

三是开辟更广阔的市场，以展示丽江优美的自然风光和绚丽多彩的人文风情来吸引更多世人。目前，“纳西古乐”率团到英国等十多个国家和地区访问演出，获得了巨大的成功；“一米阳光”、“茶马古道”、“千里走单骑”等60多个电影、电视剧组进入丽江拍摄，并在中央电视台和20多个省台播出。丽江国际国内的知名度和影响力进一步提升。

目前，全市文化体制改革任务基本完成，体制性障碍基本消除，文化软实力明显增强。2009年8月丽江市被评为“全国文化体制改革先进地区”。

2. 改革显成效，文化事业大发展。通过文化体制改革，丽江涌现出了一大批“自主经营、自负盈亏、自我约束、自我发展”的现代文化企业，形成了“丽水金沙”、“纳西古乐”、“印象丽江·雪山篇”等品牌，以及以文艺演出、旅游工艺品加工销售、休闲娱乐为主的古城文化圈，以东巴文化展示及民族文化体验为主的白沙文化圈、以民俗生态旅游为主的玉龙县黄山文化圈和以摩梭互动歌舞为主的宁蒗泸沽湖摩梭文化圈。全市文化产业增加值从2001年的2.35亿元增至2009年的13.25亿元，占全市GDP的11.3%；实现利税从2001年的2 900万元增至2009年的2.52亿元，年均增长26%；文化产业新增就业岗位3 900多个，文化企业职工人均月工资水平从2001年的700元左右上升到目前的2 000元以上。

（三）国有企业改革不断深化，成效逐步显现

1. 不断推进国有企业改革。在“十一五”时期，我市公司制改造不断深入。58户企业中有42户在政府支持和帮助下实行公司制改造。丽江市古城区物资公司、丽江华丽印刷有限公司、丽江贸易公司、丽江市古城区民族用品纺织厂、丽江市古城区砖厂、丽江市古城区饮食服务公司等股份合作制企业在政府的支持和引导下进行了公司制改造。

行业改革进展顺利。一是电力企业改革，在做好市属丽江黑白水电力股份有限公司以及区县电力公司深化改革的基础上，实行了厂网分离。组建了丽江市电网有限公司，完成了黑白水电力公司、永胜电力公司、金龙电力公司部分资产的上划工作，使市电网公司的注册资本从1 600万元增加到10 655万元；将原有的市、县电力公司的一些小型水电站向社会进行了公开拍卖，让国有资本进一步退出了小型水电市场，引进社会力量兴办小水电。二是加紧推进交通运输企业的改革重组工作。通过股权整合，以原丽江总站（丽江交通运输集团）为依托对各区县的交通运输企业进行了收购、兼并，形成了全市较为统一的客运运输市场体系。

国有企业的配套改革平稳推进。全面完成了国有企业所办学校、派出所、医院的分离与移交工作，妥善处理分离和移交工作中出现的各种矛盾和问题，全面落实了分离企业办社会职能所需的全部资金，保持了社会稳定。

2. 国有企业改革成效逐步显现。丽江市深化国有企业改革的成效正逐步显现。

一是通过国企改革，绝大部分企业建立了规范的现代企业制度和公司法人治理结构，建立了适应市场经济要求的运营机制，企业经济效益明显提高，职工人均收入大幅度增加。电力、物资和旅游开发行业，通过股份制吸引组织了更多的社会资本，壮大了国有资本的功能，提高了国有经济的控制力。

二是产权制度改革，促进国有资产合理流动和转移，在较大程度上盘活了国有资产，刺激了社会和民间投资的参与，促进投资主体多元化，使全市工业经济发展后劲明显增强。如丽江市电网股份公司挂牌成立，整合了电力资源，形成了规模，促进了电力产业的健康发展。丽江玉龙雪山旅游股份有限公司在深圳成功上市，成为云南省上市的第一家旅游企业。云南华盛化工有限责任公司、映华植化有限公司、得一食品有限公司等一批私营、民营企业参与国企改革、收购，自己不断发展壮大。

（四）行政管理体制改革进展顺利

丽江市施行了《丽江市行政机关能力提升制度实施方案》、《丽江市提升依法行政能力实施方案》、《丽江行政成本控制制度》、《丽江市行政绩效管理制度》，积极推进政府管理体制创新，深化行政审批制度改革，建立高效的行政管理体制和运行机制，建立健全决策权、执行权、监督权既相互制约又相互协调的权力结构和运行机制。成立投资项目审批委员会，进一步加强项目管理，严格项目审批。完善政务公开、政务信息公开，采用信息公示栏、政务网站、报纸、广播电视等多种方式及时发布政务信息，提高政府工作透明度和公信力，建设高效廉洁政府等方面取得新的进展。

（五）财政管理体制改革继续深化

一是把乡镇作为县财政的一级拨款预算管理单位。二是全面实施部门预算改革。制定《丽江市本级基本支出预算管理暂行办法》、《丽江市本级项目支出预算管理暂行办法》、《丽江市财政局部门预算编制工作规程（试行）》、《关于市本级公用经费基准定额核定办法》等一系列管理办法，提高依法理财水平。三是进一步提高预算编制、预算执行的民主参与程度，逐步扩大部门预算信息内部公开试点范围，不断增加向市人大报送审查预算的部门数量，促进预算管理公开、透明。四是狠抓预算执行管理，进一步提高预算执行和财政资金运行管理水平。五是积极稳妥地推进公务卡结算改革。起草了《丽江市预算单位公务卡管理暂行办法》，有步骤、有组织地推进公务卡结算工作，减少单位公用经费现金支付结算，提高支付透明度。六是清理和规范市本级预算单位银行账户，进一步加强和规范行政事业单位银行账户管理，逐步将预算单位实有资金账户纳入国库单一账户体系，进一步健全防治“小金库”的长效机制。

（六）农村综合改革进一步深化，林权制度配套改革全面推开

一是继续推进乡镇机构、农村义务教育、县乡财政管理体制等改革工作，不断完善配套措施，巩固改革成果。

二是集体林权制度主体改革取得了明显成效。全市集体林确权率达到99.64%。共发放林权证154 650本，涉及面积1 901.55万亩。宗地勘测综合合格率94.5%，档案管理综合合格率97.6%，群众满意率97%，集体均山到户率91%，集体商品林均山到户率87%。各项指标均符合省级规定的要求。

三是创新机制，加快集体林权制度配套改革。出台了《丽江市深化集体林权制度配套改革实施意见（送审稿）》、《丽江市林权流转管理机构建设方案》、《丽江市各县（区）林权流转服务中心建设案（建议案）》。创新生态公益林管理机制，成立丽江市林业产权交易管理站（同时并加挂“丽江市森林资源评估管理中心”的牌子）。各县（区）也积极创造条件筹建林业综合服务中心，认真组织开展森林资源资产评估及抵押贷款试点工作，推进配套改革。

（七）教育体制改革取得新进展

一是推进中学教育改革。在市一中进行教育综合改革试点，首次推出校长公选，全员聘任和绩效工资的新三制改革。其他学校结合各自实际推出了强化管理、奖优罚劣的各种改革措施。目前，一区四县多所中小学相继进行了校长、副校长公开招聘选拔，教育“新三制改革”正在全市稳步推进。二是积极探索中等职业教育发展新路子。出台了《中共丽江市委、丽江市人民政府关于大力发展职业教育的决定》，鼓励社会支持民办教育。

（八）社会保障体制改革稳步推进，医药卫生体制改革全面启动

一是开展了新型农村社会养老保险试点工作，各项社会保险工作稳步推进。截至2010年，全市共有参保企业980户，养老保险参保人数达到6.07万人，完成目标任务6.05万人的103%。

二是加强了城镇居民基本医疗保险工作，启动实施了城镇职工基本医疗保险市级统筹，积极开展了异地持卡就医等工作。

三是进一步加强了失业调控和工伤保险工作。失业保险参保完成全年目标任务30 000人的101%。高风险行业的工伤保险面进一步扩宽。工伤保险参保835户4.31万人。

四是《丽江市2010年医药卫生体制5项重点改革主要任务和工作目标计划实施意见》和《实施方案》（送审稿）已由丽江市第10次市委常委会议审定并原则通过，即将出台。基本医疗保障制度建设，将把全体居民纳入基本医疗、保障制度覆盖范围。

五是调整新农合实施方案，加大补偿力度。现各区县调整2010年新农合实施方案，参合农民最高补偿封底线由2万元提高到3万元，达到了当地农民人均收入8倍水平，参合农民住院费用实际报销比例比2009年提高了5个百分点。

六是全市公办的医疗机构均按不同的比例配备和使用基本药物，落实国家基本药物制度。全市所有医疗机构都实行了基本药物网上集中采购、统一配送。从2010年下半年起，首先在古城区公办的医疗机构和城市社区卫生服务机构将全面实施取消药品加成、实行基本药物零差率销售。

七是促进基本公共卫生服务逐步均等化。逐步向城乡居民统一提供疾病预防控制、妇幼保健、健康教育等9项基本公共卫生服务和免费为高血压、糖尿病、精神病、艾滋病等人群提供防治指导等6项重大公共卫生服务。全市一区、四县均开展了三类九项基本公共卫生服务项目工作，共建立了居民健康档案130 073份。

八是积极稳妥地推进公立医院改革试点。市医院为我市公立医院改革试点单位，待市委、市政府出台医改《实施意见》和《实施方案》后，市政府医改办另行制订试点方案报市政府批准后组织实施。

（九）不断创新资源环境管理体制

一是深化水价及水管体制改革，创新农村饮水安全项目管理体制。成立了农民用水者协会，完善了管理。二是深化电力体制及电价改革。三是建立多元化的节能环保投入机制和推广高效节能环保产品的财税激励机制，实行了节能减排工作责任制和问责制。

二、取得的主要经验

丽江在文化旅游等重点领域改革方面做了许多有益的尝试，其主要经验和体会概括起来主要有以下几点：

一是领导重视，不断为改革顺利实施提供坚强组织领导和指导。这是取得成效的根本原因。

二是思想解放，敢为人先，敢于创新。为改革奠定了较好的前提条件。

三是注重发挥市场功能。一方面促进市场主体发展和壮大，使之与市场对接，另一方面积极优化市场发展环境。

四是为改革提供配套支持政策。营造了“谁改革支持谁、早改革早受益、早改革早发展”的良好氛围。

五是抓住了文化与旅游发展互补共赢的本质，在全国率先探索建立了文化与旅游相结合的改革路子，激发文化体制和旅游体制的活力。

三、存在的困难和问题

（一）丽江旅游仍然存在“五个不适应”和五个差距

五个不适应，即思想观念和打造旅游文化名市、建设国际旅游胜地的目标不相适应；旅游管理体制与旅游产业发展的要求不相适应；旅游产品的开发与旅游需求的多样化、个性化不相适应；旅游人才队伍与旅游发展的要求不相适应；旅游投入力度融资的水平与旅游业的发展需求不相适应。“五个差距”，即旅游发展水平与建设国际旅游胜地的目标还有较大差距；旅游资源开发与综合型旅游还有很大差距；以交通为主的基础设施建设、区域一体化进程与区域旅游发展还有差距；旅游企业规模实力与适应激烈的市场竞争要求还有差距；旅游城市功能环境建设与打造大旅游产业的要求还有差距。

（二）公益性文化事业发展面临一些困难

丽江市公共文化基础设施建设比较滞后，公益性文化事业经费投入不足，文化事业发展与人民群众快速增长的精神文化需求不相适应；文化体制改革配套措施还需要进一步完善，公益性事业单位内部活力不足，公共文化服务体系不健全；文学艺术创作的水平有待进一步提高，民族文化资源的挖掘利用、保护与弘扬，以及文艺人才队伍建设工作有待进一步加强，文化产业结构单一，创新能力不强，与“文化立市”、促进丽江文化大繁荣大发展的目标任务还有差距。

（三）关系民生问题的社区卫生发展滞后

城镇居民“看病难、看病贵”的问题有待改善。农村卫生人才培养与技术引进的力度不够，科技进步对卫生事业的发展促进力度不大；乡村医生队伍整体素质与“小病不出村、大病不出县”的目标要求差距较大，直接影响新型农村合作医疗制度的顺利推进。卫生监督机构条件简陋，手段落后，卫生监督执法缺乏权威性和有效性，难以全面维护人民群众的健康权益。

（四）乡镇财政预算管理改革还存在后续问题

乡镇财政预算管理方式改革投入不足，缺少必要的、统一的计算机网络、会计核算软件支持。改革后，县财政局人员编制较紧，工作量大、压力重。财源结构单一，财政收支矛盾突出，市县级财政平衡压力大。乡镇政府性债务包袱重，历史欠账多，时间跨度大，构成复杂，改革后，各方面潜在的风险将逐步向县级财政转移和积聚，防范和化解财政潜在风险的任务较为艰巨。提高乡镇理财水平，培育后续财源建设等方面的积极性有待进一步加强。

（五）教育发展不均衡现象十分明显

城区“上学难”问题开始显现。外来务工人员子女入学难的问题一时难以完全解决。巩固“普九”成果的任务还十分艰巨。统计显示全市小学辍学率为1.11%，初中辍学率为1.24%，从基本“普九”到全面“普九”还有大量的工作要做。教育的结构性供求矛盾突出，主要表现在中等职业技术教育发展相对滞后，与先进地区相比，我市的教育发展远远不能适应丽江经济发展的需要。

四、“十二五”改革思路

（一）继续深化旅游体制改革

一是优化旅游空间布局，加快国家公园立法，规范国家公园的建设和管理。

二是加强行业管理。完善旅游管理体制、投融资机制、旅游与相关部门的联动机制，积极推行旅游业标准化等级评定制度，加强行业监督管理。

三是加快旅游法制化建设进程，改革旅游监管制度，规范旅游市场秩序，营造公平、公正、竞争的市场环境。

四是探寻旅游业反哺农业的协调发展之路，充分发挥旅游业的综合带动效应，为特色农产品的开发提供市场空间，拓展就业空间。

五是推进旅游安全社会化、国际化。在医疗救助方面加强社会合作、国际合作，保障社区居民财产安全和游客旅游安全。

六是推进旅游产业要素建设。在旅行社业、旅游餐饮业、旅游饭店业、旅游交通运输业、旅游娱乐购物业等方面的建设有重大突破。

七是优化市场结构，积极开拓客源市场，重点开拓中高端消费市场，为丽江打造国际精品旅游胜地提供坚实的市场基础。

（二）文化体制改革思路

一是加快推进覆盖全社会的公共文化服务体系建设，更好地保障人民基本文化权益。

二是进一步完善文化体制改革的相关配套改革。推进公益性文化事业单位人事制度、收入分配制度和社会保障制度改革，引入竞争和激励机制，全面推行聘用制度和岗位管理制度。继续把经营性部分从事业体制中剥离出来，组建面向市场的经济实体。健全和完善鼓励文化产业发展的财政、金融、税收、土地等方面的配套政策，推动文化产业不断发展壮大。

三是打破地区分割和行业壁垒，鼓励和支持跨地区、跨行业整合文化资源，培育和壮大一批文化企业集团，促进文化产业与其他产业有机融合，打造一批具有核心竞争力的文化品牌和知名企业。制定《丽江市影视作品奖励办法》，对宣传丽江、提高丽江知名度有较好作用，社会效益和经济效益俱佳的影视作品，采取以奖代补形式进行扶持和奖励。

四是建立工作责任制，把文化建设作为评价地方发展水平，衡量发展质量和领导干部工作实绩的重要内容。

（三）其他改革思路

国企改革，重点是进一步推进地方国有经济的布局结构。进一步推进国有企业股份制改革，优化股权结构。进一步重视发挥国有经济的引领带动作用。

林权制度改革，重点是进一步加强资源林政管理，推进林业内部改革、林木采伐管理制度改革和林业融资体系改革，建立规范的森林资源流转体系、林业社会化服务体系、森林资源管护体系和发达的新型林业产业体系，逐步实现森林资源增长、林业产业发展、农民生活宽裕、林区社会和谐的目标。

怒江州“十一五”经济体制改革回顾及“十二五”工作打算

“十一五”期间，在州委、州政府的正确领导下，在省发改委的指导下，全州各族人民团结一心、开拓进取、扎实工作，经受住了金融危机影响和特大旱灾的考验，各项改革工作按照上级的安排部署顺利推进，有力推动了全州经济社会又好又快发展，促进了社会和谐稳定，改革工作取得了可喜成绩。

一、“十一五”改革推进情况

（一）积极开展以工哺农改革试点

一是协调财政、税务部门，按照财权、事权相匹配的原则，遵循各级政府在工业反哺农业的过程中应承担的责任和义务的总体原则，充分考虑兰坪作为人口较少民族自治县和藏区维稳县，参照藏区政策，研究提出了增值税征缴后返回资源初始地的比例问题（初步建议返回该县比例由25%提高到60%），并逐级上报相关部门，请求给予省级及国家层面的政策支持。二是进一步做好开征资源开发生态环境补偿费相关工作。三是进一步做好将支农支出列入企业成本，加大工业反哺农业的力度。四是编制并组织实施好兰坪县沿江兔峨、营盘、石登、中排四乡（镇）小集镇建设规划，引导黄登电站、大华电站的移民向中小城镇集聚，提高小城镇建设规模，加速农特产业发展，提升群众增收能力。

（二）深化医药卫生体制改革

1. 基本医疗保障制度建设取得明显进展。

（1）提高基本医疗保障水平。一是全面落实各级财政对城镇居民的医保补助。二是提高城镇职工医保最高支付限额。城镇职工基本医疗保险最高支付限额为5万元，大病补充最高支付限额13万元，两项合计18万元，超过怒江州职工平均工资的6倍。三是提高城镇居民最高支付限额。城镇居民基本医疗保险最高支付限额为3万元，超过当地居民平均可支配收入的2倍。四是提高参保职工住院费用报销比例。城镇居民基本医疗保险住院费用降低起付标准，报销比例提高到60%以上，城镇职工基本医疗保险报销比例超过80%。

（2）提高新农合管理水平。一是从2009年开始，我州参合农民到州内定点医疗机构住院治疗，相关费用实行现场减免，减免费用由定点机构垫付，有效减轻了参合农民住院的费用垫付负担，避免了参合农民因财力不足而难以及时住院的状况。二是2010年我们还启动实施了兰坪县、贡山县和泸水县新农合门诊总额预付制改革，以县为单位的新农合门诊总额预付制改革覆盖率达100%。三是建立和完善基金分析预警机制，定期对每个县的基金支出进行分析，发现问题及时预警，保证基金的安全运行。同时，加强合作医疗证管理，实行统一编码、统一发证、联网管理。四是全州所有的新型农村合作医疗定点医疗机构实行集中采购、统一配送。五是严格定点医疗机构监管，不断规范定点医疗机构医疗服务行为，防止开大处方、人情方、乱检查、滥用药，及时发现和查处虚报套骗合作医疗基金的行为，最大限度地保护好患者的合法权益。

2. 积极探索公立医院改革。结合我州实际情况，在公立医院改革方面，我们进行了积极探索。一是不断简化门诊服务流程，在尊重患者诊疗付费习惯的同时，为患者提供“先诊疗、后结算”服务。同时积极改进入、出院流程，拓宽出院结算方式，努力做到工作日、节假日及时结算，缩短了患者结算等候时间。二是加强院务公开，要求所有医疗机构诊疗服务项目和收费标准必须公开，县级以上医疗机构必须实行住院费用“一日清单制”，提高医疗消费透明度，主动接受群众和患者的监督，让患者明白消费。

（三）电力体制改革取得实效

2009 年，怒江电网有限公司改制为云南电网公司全资子公司，为我州电网建设和开拓州外电力市场扫清了体制上的障碍。经过改革，怒江农村电力管理体制取得实质性成效，一是改变供电模式，农村电力管理实现了“五统一”、“四到户”、“三公开”，有效改变了农村的用电秩序，减少了农村供电中间环节，提升了人员素质，提高了企业效率，降低了成本费用，减轻了农民负担。二是实行政企分开，根据省委、省政府确定的“一张网，全覆盖”电力体制改革精神，为进一步深化电力体制改革，加快怒江州电力建设，促进本地区电力工业和地方经济发展，实现电网“统一规划、统一建设、统一调度、统一管理”，重组云南怒江电网有限责任公司，供电质量得到提高，全州城乡居民用电基本实现了同网同价。

（四）人事制度改革深入推进

一是坚持“民生为本，人才优先”的工作思路，开展了编制《怒江州人才发展“十二五”规划》和《怒江州人力资源和社会保障事业发展“十二五”规划》工作，继续配合组织部门开展了《怒江州人才队伍建设中长期规划纲要（2009～2020）》的编制工作，从宏观上统筹了各类人才队伍的发展。二是狠抓公务员各项管理制度建设，公务员队伍的整体素质有了明显提高。三是全面推进事业单位岗位设置管理工作。全年核准事业单位 211 个，占全州事业单位总数的 72%，核准岗位数 9 997 个，占岗位数总量的 78%。圆满完成了省厅下达的目标任务，事业单位人事制度改革进一步深化。

（五）积极推进行政管理体制改革

1. 全面推进州县政府机构改革工作。严格按照省委省政府、州委州政府的统一部署，全面启动和部署实施了州县政府机构改革工作。在全面组织实施州级政府机构改革工作的同时，不断加大对县级政府机构改革工作的指导力度，目前，各县的《政府机构改革方案》已经省编办审核通过，县级各部门的“三定”工作也正在紧张有序地进行。

2. 严格规范机构编制管理。认真贯彻国家和省机构编制政策法规，严格审批机构编制，加强机构编制的规范化管理。一是严格机构编制审核。对州级机关事业单位和各县提交的机构编制进行了严格审核，并适当增设（更名）了部分机构，增加了部分职数和人员编制。二是合理安排了省编委下达的编制。三是严格按照机构编制管理法规和政策文件规定，经省编办同意，成立了怒江州人民政府政务服务中心。四是加强我州部分乡镇治安综合治理组织建设力度，在乡镇现有职数中明确了社会治安综合治理分管领导，建立了目标考核责任制。五是认真做好深化乡镇机构改革前期准备工作；对州级卫生系统和教育系统机构编制情况进行了摸底调研；对全州公安系统机构设置情况开展了清理核对；对州级未开展“三定”工作的37家事业单位重新进行了“三定”。

3. 规范事业单位登记管理。认真贯彻落实《事业单位登记管理暂行条例实施细则》，进一步规范事业单位法人登记程序和登记管理工作，目前，全州已登记的事业单位有253家。

4. 加强机构编制监督检查。多次深入到各县对政府机构改革、贯彻执行机构编制法规政策等情况进行了监督检查，维护了机构编制工作的权威性和严肃性。

（六）集体林权制度改革基本完成

1. 认真开展主体改革工作。根据省委林业工作会议和全省集体林权制度改革领导小组扩大会议精神，落实集体林和集体商品林均山到户率达到80%以上、林权纠纷调处率达到95%以上的目标要求。2009年底，四县全面进入主体改革整改完善工作阶段。2010年初，州林改办成立了州级复查工作组，赴4县开展复查工作，全州应确权集体林698.02万亩中，已确权681.53万亩，共计197 889宗地，101 024户，确权率97.64%。其中：集体商品林确权453.63万亩，均山到户面积405.11万亩，均山到户率为87%；集体公益林确权227.90万亩，均山面积123.88万亩，签订完成管护到户责任书35 536份共95.87万亩。全州集体林均山到户率89.5%；两项指标均已达到省林改领导小组关于“集体林、集体商品林均山到户率都要达80%以上”的目标要求。全州集体林权制度主体改革工作全面结束。

2. 配套改革扎实推进。

（1）推进林权服务平台建设。按照建立“产权归属清晰、经营主体到位、责权划分明确、利益保障严格、流转规范有序”，经营者、管理者、投资者之间责、权、利相统一的林业经营管理机制和适应社会主义市场经济体制要求的现代产权制度的总体目标要求，于2010年率先在兰坪、泸水两县建立了林权流转服务中心，但由于主体改革未全面结束和相关配套政策出台不够，尚未正式开展林权流转服务。此外，兰坪县已建成通甸木材交易市场，启动金顶、营盘两个木材交易市场建设。

（2）研究出台相关配套政策和管理办法。兰坪县作为全省九个试点县之一，配套改革率先启动，目前已制定完成《兰坪县集体林地林木流转管理办法》、《兰坪县森林资源资产评估管理办法》、《兰坪县林权证管理办法》、《兰坪县木材运输管理办法》、《兰坪县森林限额采伐管理办法》、《兰坪县林权档案管理办法》、《兰坪县林产品经营加工管理办法》和《兰坪县林权抵押贷款管理办法》等，为推动全州集体林权制度配套改革起到了带动作用。根据《中国人民银行昆明中心支行、云南省林业厅关于做好云南省林权抵押贷款业务发展重点推进县（市）工作的通知》（昆银发〔2010〕210号）要求，泸水县制定出台了《泸水县集体林权抵押登记管理暂行办法》，正式启动了林权抵押贷款业务。

（3）各项配套改革工作有序推进。目前，州林改办即将建立“全州林权管理服务中心”和“怒江州森林资源资产评估中心”。福贡、贡山两县正积极推动建立林权流转和林权管理服务中心。

（七）深化投融资体制改革

全面推进政府投融资体制改革工作，在坚持“投建管”分离的基础上，强化政府性资源整合，增强政府投融资平台公司融资能力，打造具有实体产业盈利模式、现金流支撑，体系职能定位准确、边界清楚、运作高效、管理到位的投融资主体，全面推进投融资平台战略转型，实现政府性融资载体向主体的转变。

（八）深化财政体制改革

完善财政转移支付制度，加大一般性转移支付、生态转移支付，增强基层政府提供基本公共服务的能力，注重财政资金的使用效益，推进财政精细化管理进程。创新国资监管体制，进一步完善国资监管体系和企业法人治理结构，确保国有资产保值增值。

二、“十二五”改革思路

（一）进一步深化行政体制改革

深化行政体制改革，行政审批制度改革，减少和规范行政审批，加强社会管理和公共服务，强化行政权力监督，提高运用市场配置资源和统筹系统、集中力量办大事的能力。继续推进法治政府、责任政府、阳光政府和效能政府建设，建立行为规范、运转协调、公正透明、廉洁高效的管理体制和运行机制。

（二）进一步扩大开放合作

充分利用好两个市场、两种资源，以东部产业转移为契机，做好特色农业、旅游和矿冶承接文章，进一步拓宽开放领域、提高开放水平、提升开放层次，以更宽的眼界，更大的动作，明确“桥头堡”建设等发展指标，积极参与国内外经济、文化、旅游等领域的交流合作。

（三）进一步创新投资环境

构筑“你发财、我发展、民致富”的招商引资新机制。强化行政服务中心职能，推行项目委托审批、领导责任推进、全程跟踪服务为主要内容的招商引资绿色通道。

（四）进一步深化社会体制改革

深化医药卫生体制综合改革、以工哺农试点改革等工作。整合中小学教学资源，抓好中小学布局调整，争取把怒江的普通高中和中等职业教育纳入义务教育范围，推动怒江尽快实现 12 年义务教育。逐步将中等职业教育和普通高中全部纳入义务教育范围。完善民族教育体系，推动民族教育事业跨越式发展。

迪庆州“十一五”经济体制改革回顾及“十二五”工作打算

一、“十一五”改革推进情况及经验启示

（一）积极推进各项改革

1. 推进民生领域改革。在“十五”末实行“两免一补”政策的基础上，通过向省争取，使境内的所有的农民子女获得补助。连续几年实施“民心工程”，为人民解决通路、通水、通电、医疗、安居温饱、劳务输出、文化活动建设等问题，为群众办实事。以迪政发〔2007〕13号文件为依据，实施农民健康工程，着力改善农村医疗卫生基础设施状况，深化农村卫生体制改革，优化卫生资源配置，以从整体上提高农民的健康水平和生活质量，着力解决农民“看病难、看病贵”的问题。

2. 推进旅游产业改革发展。按照“一个集散中心、五大国家公园、一条精品环线”的布局，不断打造精品旅游景点和线路，引进了国内外诸多知名旅行社和酒店落户我州，促进了香格里拉旅游从观光游到度假游、生态游的根本转变，使旅游业发展跃上新的台阶。加大改革力度，积极整合旅游资源。实行旅游行业运营一卡通，成立了卡瓦格博国际旅行社经营管理有限责任公司、迪庆藏民家访集团营销中心等一批集团化旅游企业，旅游市场得到了进一步规范，促进了旅游业提质增效。

3. 推进电力体制改革。按照“藏电外送”、“矿电结合”的发展方向，做好全州骨干电网和农网改造建设，形成较为完善的电网结构。积极探索建立直供电价、电矿价格联动等机制，优化资源配置，实现电矿“双赢”。

4. 促进非公有制经济发展。建立了发展非公经济目标考核责任制，把非公经济的发展速度和水平作为政府宏观经济调控的主要指标和政绩考核的重要内容。起草了《迪庆州委、迪庆州人民政府关于鼓励支持和引导个体私营等非公有制经济发展的实施意见》。在六个方面提出了21条促进我州中小企业和非公经济发展的政策措施。成立了我州历史上第一家中小企业信用担保机构——迪庆合鑫融资担保有限责任公司，以加强融资。

5. 推进教育体制改革。在先行试点的基础上，制定出台了《中共迪庆州委、迪庆州人民政府关于进一步加强教育工作的决定》（迪发〔2009〕13号），并下发了《中共迪庆州委、迪庆州人民政府印发〈迪庆州关于进一步调整全州中小学区域布局 推进城乡基础教育均衡发展的方案〉的通知》（迪发〔2010〕1号）。按照“州办高中、县办初中、乡（镇）办小学、村办学前班”的办学思路，采取“撤、并、建”等措施，大力加强寄宿制学校建设，加快学校区域布局调整步伐，提高办学的集中度，推进城乡基础教育均衡发展。

（二）经验和启示

“十一五”期间，全州始终保持了经济快速发展，社会全面进步，民族团结和睦，宗教和谐有序，生态建设加快推进，人民生活不断改善的良好局面，走出了一条具有云南藏区特色的改革发展路子，改革取得了许多经验和启示，主要包括：

一是审时度势，制定科学的发展思路。1998 年党中央、国务院做出全面禁伐天然林的决定后，州委、州政府坚定不移认真执行，令行禁止，审时度势，顺势而谋，在深化对州情再认识的基础上，及时调整全州经济和产业结构，积极寻求和培植新的经济增长点。经过多年的探索和实践，逐步确立了“围绕把迪庆建成全国最好藏区之一的目标，突出跨越发展和长治久安两件大事，推进生态立州、文化兴州、产业强州、和谐安州建设，培育旅游、生物、水电、矿产四大支柱产业，打牢生态、农业、教育、交通、城镇五个基础”的发展思路。思路决定出路，实践证明，坚持解放思想、改革开放是迪庆历史上所有发展思路的核心本质，是实现跨越发展的根本保证和根本动力。

二是培育壮大支柱产业，促进经济又好又快发展。我州改革发展的历史经验表明，要促进经济又好又快发展，必须有“内外”两个因素的有机结合。“内”就是将我州丰富的资源优势转化为资本，培养自身的经济增长点，从而从根本上找到拉动经济增长的不竭动力。“外”就是资本的投入和经济体制改革的推进，为发展创造一个良好的基础。从 1998 年以来的探索表明，我州丰富的水能、矿产、自然资源在合理的开发利用下，可以有效转化为经济优势。以旅游业、生物产业、矿产业、水电产业为主的四大支柱产业建设体系既符合州内实际，又符合国家和省的政策导向。我州的具体做法是：坚持生态优先、发展与保护并重的原则，依托资源优势，采取一系列切实可行的措施扎实推进以旅游为龙头的四大支柱产业建设，使全州经济从单一的“木头财政”向全面综合方向快速发展，质量效益明显提高，可持续发展能力不断增强。第一，不断提升“香格里拉”和“三江并流”世界自然遗产两大品牌，整合旅游资源，坚持在保护中开发、在开发中保护理念，创新旅游发展模式，建设“香格里拉国家公园”，全面推进旅游“二次创业”，促使旅游产业快速发展。目前，“香格里拉”已经成为具有 600 亿元价值的世界级旅游品牌，迪庆成为滇川藏“中国香格里拉生态旅游区”的核心区和优先发展区，旅游人次连续跨越 100 万、200 万、300 万几个台阶。第二，充分利用丰富的水能资源，大力发展水电产业。截至 2009 年，全州共建成电站 74 座，总装机容量达 40.8 万千瓦，完成发电量 11.1 亿千瓦时。规划到“十一五”末，州内中小水电总装机容量达 140 万千瓦，通过积极推进“金沙江”、“澜沧江”两江水电开发，把迪庆建成云南重要的水电基地和“藏电外送”的重要通道。第三，坚持“规模化集约经营”，立足特色、创立品牌，创新生物资源开发。走区域集中和产业聚集的发展道路，依托绿色产业、松茸加工、香格里拉花卉、高山植物四大生物园区，大力扶持核桃、青稞、葡萄、蚕桑、药材五大基地建设，重点发展饮品、食品、药品、观赏品四大工程。到 2009 年，全州生物产业实现产值 11 亿元，同比增长 21.6%。第四，坚持开发与保护并重，走“绿色矿山”之路，稳步推进矿产业。以羊拉、普朗、红山铜矿和德钦江坡、维西庆福铁矿为重点，整合资源，有序开发。推进香格里拉工业园区建设，形成集群效应，走出了一条藏区新型工业化之路。

三是重视生态环境保护，打造经济持续发展屏障。“十五”之前的经验教训，促使自治州坚持“生态立州”为基础，力求“发展经济不以牺牲环境为代价”，从“先开发后治理”转向“在保护生态环境下合理开发”。加强污染防治和生态修复，加大天然林保护、退耕还林、退牧还草、荒山荒地造林、水土保持等重点生态修复工程建设力度，坚持最严格的环保审批制度，实施“七彩云南香格里拉保护行动”，在全国率先开展“禁塑”活动，创新开发模式，建成中国内地第一个国家公园——普达措国家公园。1998 年以来，全州累计投入生态建设和环境保护资金达 10 亿元，2 583 万亩天然林得到有效保护，森林面积以平均每年十余万亩的速度递增，到 2009 年森林覆盖率达 76%，居全省首位，人居环境得到进一步改善。初步实现了迪庆香格里拉天更蓝、水更清、人与自然更加和谐的目标。

四是实施精品品牌战略，助推经济社会跨越发展。软实力是一个地区经济发展质量的基础保障，州委、州政府把实施品牌战略作为跨越发展的重大举措常抓不懈。自中甸县成功更名为香格里拉县以来，我州在拥有“香格里拉”和“三江并流”两大世界级品牌的同时，先后荣获“一佳四美”等多项殊荣。通过实施品牌战略，成功举办香格里拉县更名庆典、滇藏川青毗邻地区艺术节、梅里雪山文化年、维西旅游文化年、建州 50 年大庆、奥运火炬传递等节庆活动，迪庆从一个无名小州成为备受国内外关注的旅游胜地，知名度和影响力进一步提升。一批高品位的精品品牌的成功打造，成为迪庆经济持续发展强有力的“助推器”。

五是实施投资拉动战略，突破基础环境瓶颈。针对我州发展不足、发展不够的问题和基础建设滞后的实际，我州坚持全力推进投资拉动战略。“八五”以来，充分发挥了“跑百厅百部”精神和实施“请进来、走出去”全方位对外开放战略。在积极争取中央和省级政策扶持、资金支持、项目倾斜的同时，不断改善投资环境、拓展投融资渠道，进一步扩大对外开放，加大招商引资力度，突出重点领域，大项目促进大发展得以实现。交通、旅游、市政、农业、通讯等一大批基础设施得到明显改善，增强了发展后劲。

六是促进社会全面发展，确保云南藏区长治久安。州委、州政府始终把改善民生作为一切工作的出发点和落脚点，不断提高各族人民的幸福感和满意度，广泛宣传党的宗旨和国家的政策，确保了云南藏区和谐稳定。第一，加大扶贫攻坚力度，大力发展农村经济，加快以农村公路、农田、水利、饮水安全、电网为主的基础设施建设，群众的生产生活条件得到明显改善。第二，坚持优先发展教育，不断加大对教育的投入。实施“两免一补”政策和藏区高原农牧民学生救助工程，免除农村义务教育阶段寄宿学生的生活费，全面实现“普九”。第三，切实加强就业和社会保障工作。在城镇建立了以养老保险、医疗保险、失业保险、最低生活保障为主的社会保障体系。从 2007 年起，全面启动农村特困农民和城镇特殊困难家庭最低生活保障工程。第四，进一步完善公共卫生服务体系。积极推进新型农村合作医疗试点工作，全面启动农民健康工程，设立农家卫生室，配备了农家卫生员。实施农村文化推进工程、农村民居地震安全工程和新农村、新家庭——大香格里拉地区人口健康促进项目，农牧民群众“五难”问题得到了有效缓解。第五，加强宣传，促进社会稳定。1989 年的拉萨动乱、2008 年的藏区骚乱，自治州都通过组织干部职工深入基层、深入寺院，大力宣传党的宗旨和国家的政策，及时妥善地处理了各种不良苗头，防患于未然，保证了迪庆藏区宗教有序、社会相对稳定的局面。

回顾 5 年来的改革工作，我们深切地体会到，要加快迪庆的改革开放和现代化建设，必须把握以下几个方面：

1. 必须始终坚持中国共产党的领导、社会主义制度和民族区域自治制度。与党中央保持政治上的高度一致，坚决贯彻落实省委对云南藏区的工作方针，不断提高执政能力，提高制度创新能力，积极探索管长远、管根本的长效机制，是藏区发展和稳定的保障，也是新形势下贯彻实践科学发展观的基本要求。

2. 必须始终坚持解放思想、扩大开放。迪庆经济社会发展的历史证明，我州每一次思想的大解放，都促进了思想观念的大转变，促进了经济社会的大发展。如果没有解放思想，改革开放，就闯不出“生态立州、文化兴州、产业强州、和谐安州”这一条符合迪庆实际的科学发展、跨越发展的新路子，就不会有“香格里拉”、“三江并流”两个世界级知名品牌的树立，就不会有旅游文化、水电、生物、矿产这四大支柱产业的建立和壮大，也就没有团结稳定、经济发展、人民群众安居乐业的大好局面。

3. 必须始终坚持自力更生、艰苦奋斗。我们之所以能够较好地推进迪庆的各项事业，根本的一条，就在于我们始终坚持立足迪庆实际，把国家和省的大政方针、决策部署同迪庆实际相结合，把国家和省的支持与自力更生、艰苦奋斗相结合，抓住主要矛盾，理清发展思路，突出工作重点，走出了一条符合州情、自立自强的发展道路。

4. 必须始终把加快发展作为第一要务。虽然改革开放以来我州有了很大发展，但是发展不充分、发展不平衡、发展质量不高依然是我们面临的最大问题。实践证明，加快发展、跨越发展是解决迪庆一切困难和矛盾的根本途径，无论在任何时候、任何情况下，只有聚精会神搞建设、一心一意谋发展，才能全面振兴迪庆各项事业。

5. 必须始终坚持科学发展观。经济发展的最终目的是为了满足人民群众日益增长的物质文化需求，经济建设、社会发展都要以人为本，在最大限度上符合人民群众的根本利益。任何时候、任何情况下，都要正确处理“强州”与“富民”的关系，都要兼顾城乡统筹发展、区域协调发展、人与自然和谐发展。政绩考核、绩效评判都要遵循科学发展的根本要求。

6. 必须始终把保持团结稳定作为根本保障。迪庆处在藏区发展改革和反分裂、反渗透的前沿，维护祖国统一、民族团结、社会稳定的任务十分繁重，必须倍加珍惜来之不易的稳定环境，加强民族团结，维护社会稳定，为跨越发展创造团结稳定的社会环境。

7. 必须始终坚持远期目标与近期目标相结合。要充分体现科学发展观的要求，在全面估量、正确判断、科学预测国内外经济环境和宏观经济形势及发展趋势，深入调查研究、广泛听取各方面意见的基础上，提出符合迪庆实际的经济和社会发展战略、主要任务、宏观调控目标和政策措施，科学制定中长期发展规划，保持政策和重大建设项目的连续性，并根据中长期规划实施过程中和年度经济运行中出现的新情况、新问题，适时适度灵活调控，不断提高谋划发展、规划发展的能力。

二、改革中存在的问题

回顾走过的五年，纵向比，虽然取得了巨大成绩，但横向比，我们的发展水平离全面建设小康社会和现代化的目标还有较大的差距，与省内先进州市相比，差距在继续拉大。发展不充分、发展不平衡、发展质量不高仍是我州当前面临的三大难题，主要表现在以下两个方面：

（一）经济和社会发展不平衡

我州经济和社会发展不平衡，表现在经济发展格局的内在失衡和社会发展速度低于经济增长速度上。经济发展内在失衡，主要表现在我州四大支柱产业虽然取得了较大发展，但遭遇了科技“瓶颈”。矿业精深加工项目少，产业链短，资源综合利用效率低，现有工业中，资源初加工型产业占主导地位，大多数产品技术含量低，上不了档次，企业市场竞争力弱。绿色食品开发、农畜产品深加工、藏医药、新能源等特色产业开发和环境保护等领域存在许多技术难点，短期内难以解决，产业集群程度低、规模小，“拳头”产品少、竞争力弱，制约了特色产业群体的发展。在三次产业的发展上，虽然结构逐步趋向合理，但现代流通服务业、金融服务业等广义的第三产业发展还相对薄弱。在推动经济增长的“三驾马车”中，我州对投资的依赖过大，而消费对经济的拉动作用较小，外贸出口能力弱。社会发展的速度相对较慢，我州经济底子薄，地方财政自给率低，拿不出配套资金而丧失了许多建设的机会。此外由于投资渠道单一，融资能力差，多渠道筹资机制不完善，投入严重不足，致使社会事业基础设施十分薄弱，社会发展与经济发展不相适应。社会事业公共服务体系制度建设和体制机制改革比较滞后，城乡之间、行业之间社会事业发展不足、不平衡的问题比较突出，各种矛盾和冲突均有不同形式、不同程度的表现，而解决问题的方法不多、措施不力，严重制约着社会事业的发展。

（二）改革还有待向纵深推进

一是制约农村发展的因素仍然存在：城乡二元结构矛盾仍然突出，无法适应构建统筹城乡经济社会发展一体化新格局的紧迫要求；农业发展方式依然粗放，保持农业稳定发展的难度加大；农民持续增收的机制仍未完全建立，城乡居民收入差距进一步扩大；许多农村的面貌仍然较落后，实现城乡基本公共服务均等化任重道远。二是创新意识有待加强。面对发展改革工作的新形势和新任务，我们不能以全局的眼光看待问题、分析问题、解决问题，对新形势的分析判断和重大问题研究方面，机械地“照搬照抄”，缺乏创新思维。遇到困难和挫折就退缩，缺乏一抓到底的韧劲。三是思想认识有待进一步提高。深化改革，扩大开放，科学发展的认识不到位，工作中“说”和“做”不一样，制定的制度和措施与实际操作不一致，还没有从根本上彻底解决不合时宜的观念、不合时宜的做法和体制束缚等问题，计划经济思想仍顽固地左右着我们某些方面的思维、观念和做法。四是对国家宏观调控政策的研究把握还不够全面，在贯彻落实尤其是用好国家和省鼓励发展的政策方面还需要进一步加强。思想保守，观念陈旧，墨守成规，对新生事物接受慢，干起事来总是框框多、顾虑多，思维模式单一，遇到问题往往束手无策。五是在拓宽筹融资渠道、加强重大项目前期工作、抓好项目储备工作、强化项目建设监管等方面还有待不断改进。主要是对建立服务型政府的改革还不够深入，政府的公共管理和公共服务职能不到位。扩大开放的软硬件环境仍需建设完善，金融保障能力弱，招商引资的体制机制障碍仍然存在。六是转变观念、转变职能、转变作风还不到位，在调查研究、协调配合、服务意识、工作效率等方面仍存在一些不尽如人意的地方。

三、“十二五”改革的设想

“十一五”着力推进改革工作，促进了全州经济社会大发展，迪庆已成为全国发展最快、最好、稳定较好的藏区，但在新时期，我州的发展、改革环境将面临新的挑战与机遇。一方面，由于国际、国内经济环境的不确定性，国家宏观经济调控政策在未来将更具灵活性。另一方面，国家将会更加重视民生，进一步加大对科技、教育、文化、卫生等领域的投入。将会进一步加强西部大开发力度，更加重视藏区的和谐安康。只要我们贯彻执行好国家的宏观政策、用好用足国家的宏观政策，将给自治州带来新的发展机遇。

今后一段时期，我们要坚持州委所确立的基本发展思路不动摇，要在科学发展观的统领下，进一步解放思想，强化责任意识和创新意识，增强发展的紧迫感和危机感，坚决破除阻碍跨越发展和长治久安的体制机制障碍，努力推进“示范区”建设。在思想建设方面，始终坚持“六破六立”：破除片面追求经济增长的发展思路和观念，树立“以人为本”、全面协调可持续发展的科学发展观；破除计划经济的思维定式，树立适应改革开放、发展社会主义市场经济思想意识和价值观念；破除墨守成规、保守僵化的思想束缚，树立敢于实事求是、一切从实际出发、善于把中央大政方针与本地区、本单位实际相结合、创造性地开展工作的理念；破除小富即安、稍进则满、不思大进取的小农意识，树立与时俱进、锐意进取的精神风貌；破除“肥水不流外人田”，害怕与人合作吃亏的心态，树立投资者与本地互利双赢的合作思想；破除封闭保守心态，树立海纳百川、兼收并蓄的宽广视野和博大胸怀。在经济社会发展方面，始终坚持“五个结合”：一是科学发展、和谐稳定与保护生态相结合。二是坚持党和国家的基本制度与改革创新相结合。三是坚持上级支持与自力更生艰苦创业相结合。四是旗帜鲜明反分裂、反渗透与全面贯彻党的民族宗教政策相结合。五是加快发展、扩大开放与保障民生相结合。按照新的发展思路，我州将全力以赴做好以下几个方面的发展和改革工作。

（一）创新发展理念

继续深化对州情的认识，与时俱进，进一步完善发展思路，在发展中涵盖政治建设、文化建设、经济建设、社会建设。狠抓“四州”建设，特别是要进一步提高对“和谐安州”的重视度，把稳定工作作为一项硬任务。一方面，在经济高速发展的同时，加大对社会事业领域的改革力度，通过招商引资、引入竞争等手段，增强科学、教育、文化、卫生事业的发展能力，提高全民享受公共服务的程度，使发展的成果真正惠及全民。另一方面，按照国家的部署，健全农村土地管理各项制度，促进农业结构战略性调整、加快农业科技创新、加强农业基础设施建设、建立新型农业社会化服务体系、促进农业可持续发展、扩大农业对外开放，从而提高农业综合生产能力。建立以工促农、以城带乡长效机制，加快发展农村公共事业，促进农村社会全面进步，从而破除城乡二元结构，促进城乡大和谐。

（二）加快推进新型工业化

依托工业园区，集中力量做大做强生物、水电、矿产支柱产业，培植形成一批产业集群、骨干企业和名牌产品。以资源的综合利用为突破口，进一步加快优势产品的延伸加工和精深加工，提升产业层次，延长产业链条，提高工业经济的支撑带动力。

（三）增创发展新优势，努力实现由资源依赖向自主增长的转变

加快把迪庆打造成为国际重要生态功能区，国家绿色产业经济开发区，国家民族和谐稳定示范区，国家多元民族文化重点保护区，国家藏区科学发展试验区，东部藏区游客集散中心、物资集散中心和重要交通枢纽、信息枢纽建设。

（四）推动第三产业的提质增效

提升发展传统服务业，培育发展现代服务业，大力推动以金融服务业、物流服务业为重点的第三产业，以增强第三产业对经济的服务作用和拉动能力。

（五）加快城镇化进程，创新发展模式

树立经营城市的理念，严格城市管理，增强城市功能，加强市政重大项目建设，抓好城镇环境综合整治，努力把中心城镇建设的文章做活做好。实现多元化发展。坚持一手抓扩大开放招商引资，广借外力促发展；一手抓全民创业发展民营经济，充分激发内在动力，努力形成“百姓创家业、能人创企业、干部创事业”的良好局面。根据东南沿海地区“资本外溢，产业转移”的趋势，积极承接效益好、环境影响小、资源利用率高的优质产业，实现对外开放新突破。以引进战略投资者为重点，全力引进实施一批产链长、附加值高的龙头项目，推动经济的快速发展。

（六）努力推进重大（点）项目建设

认真落实重大（点）项目目标责任制，搞好协调，强化服务，主动做好与项目建设单位的衔接沟通，形成推动项目建设的强大合力，加大对项目建设的督促检查力度，全程跟踪项目建设情况，推进全州重大（点）项目的顺利实施。

改革是助推器，改革是发展的动力，只要我们继续高举中国特色社会主义的伟大旗帜，坚定不移地推进改革开放，坚定不移地促进科学发展、社会和谐，坚定不移地为全面建设小康社会奋斗，迪庆高原将更加繁荣富强，各族人民将更加幸福安康，香格里拉将更加誉满天下。

临沧市“十一五”经济体制改革回顾及“十二五”工作打算

“十一五”期间，临沧市始终坚持把改革开放贯穿到经济社会发展的各个环节，在市委、市政府的正确领导下，坚持以科学发展观为统领，以加快发展为主题、经济结构调整为主线、改革开放和科技进步为动力、提高人民生活水平、构建平安和谐临沧为根本出发点，围绕全市经济社会发展的深层次矛盾和体制性问题，结合实际，积极推进各项改革，一些重要领域改革取得了新的突破。抢抓机遇，抓“三子”促“三化”，突出提升“三个核心指标”，强力推进“三个一百”任务，全力实施“新家园行动计划”，开展“优化软环境，增强软实力”活动，国民经济保持了快速发展的良好势头，社会事业全面进步。“十一五”规划确定的主要改革任务和目标圆满完成，全市呈现出经济发展、社会进步、文化繁荣、民族团结、边境稳定、人民生活水平不断提高的良好局面，为“十二五”发展奠定了坚实基础。

一、“十一五”改革进展情况

（一）新一轮政府机构改革工作

根据国家和省政府机构改革的有关精神，按照推进“大部制”改革的要求，我市认真研究制定了市县政府机构改革方案，《临沧市人民政府机构改革方案》已经省委、省政府批准，县区《人民政府机构改革方案》已经省编委备案同意，市委、市政府批准执行。

（二）新一轮深化国企改革和国有资产管理改革工作

临沧市上一轮列入省深化国企改革目标责任制考核的国有及国有控股企业114户，完成改制重组112户，占114户的98.25%，已基本完成了改革任务。为了巩固上轮企业改革成果，我市认真贯彻《关于规范国有企业改制工作的意见》精神，继续做好已改制企业规范完善工作。一是采取了有力措施，切实降低企业改制中因经营者承债持股，以及用净资产安置职工而形成的潜在风险；二是对已关闭解散的企业，组织力量，抓紧资产、债权债务处置，促使企业依法合规办理工商注销手续，彻底退出市场，解除政府对企业的无限责任；三是积极筹措资金，处理好企业改制中遗留的历史问题，尤其是重点解决了关停、破产、解散企业职工的安置费、医疗保险、养老保险等资金缺口问题；四是积极引导已改制企业采取股权有序流转等方式，促进公司法人治理结构的完善，增强企业运行活力，通过市内企业的整合重组和积极引进有实力有信誉的民营企业、外资企业，以及中央和外地国有企业入临合作，加快实现投资主体多元化，发展混合所有制经济；五是结合市、县（区）区域经济发展规划的实施，通过产业引导、政策扶持和扩大开放，促进企业不断增强自我发展能力。

我市新一轮纳入省考核的20户企业基本完成了改制任务。通过政府引导和市场化运作，鼓励和支持企业采取并购、联合、重组等形式，进行以优化资源配置为重点的行业整合，使糖业整合进一步深化，在市内形成了南华晶莹糖业、凤庆糖业、永德糖业和大雪山四个糖业企业集团的格局，电网整合正朝着全市一张网的目标积极推进；地方水电资源、矿产资源、酒饮料、建材、茶叶、橡胶等行业整合也逐步开展，初步形成了一批能带动地方经济发展的企业集团。完成了剥离企业办社会职能的工作，24 所中小学校移交地方管理，涉及教职工 537 人；地方接收企业办的公安机构人员 40 人；地方接管市交通运输集团公司办的医院 1 所，医务人员 12 人。进一步推进社会保障和企业退休人员社会化管理服务工作。继续实施了失业保险和城镇居民最低生活保障制度，为失业职工提供生活保障；通过政府举办社区管理、小区管理、城市环保等公益事业开发就业岗位，扶持企业做大做强扩大就业；加强了劳动力市场建设，开展了职业介绍，促进了劳动力的合理流动和就业；加强了对失业职工的职业培训，提高了素质，为失业职工的再就业创造了条件；加强社区建设，尽量把企业退休人员移交社区，实行社会化管理。加快国有资产监督管理体制和运行机制改革，建立和完善国有资产监督管理体系，包括国有资产监督机构的组建和完善、国有资本经营预算制度的建立、国有资本调整和国有企业重组方案的制订、建立国有股权代表委派制度等方面。实行了企业国有资产统计、企业财务报表制度和企业国有资产处置审批制度，加强了对国有资产的监管；成立了独立的市国有资产监管委员会，进一步加强了资产监管。

（三）林权制度改革工作

我市深化集体林权制度改革工作在省委、省政府的正确领导和省林改办的精心指导下，深入贯彻落实《中共中央国务院关于全面推进集体林权制度改革的意见》、《中共云南省委、云南省人民政府关于深化集体林权制度改革的决定》精神，紧紧围绕“抓林改、做产业、强队伍”的指导思想，结合社会主义新农村建设，精心组织，周密部署，始终保持高位推动、强力推进的工作态势，坚持把解放思想作为根本动力，把为民惠民作为根本宗旨，把规范操作作为根本要求，把发展现代林业作为根本方向，把构建和谐林区作为根本目标，按照以发证为龙头，以纠纷调处为重点，以集中人力设备为保障，以质量为根本的方法，全面深化集体林权制度改革。通过三年多来全市各级各部门的积极参与、支持配合和广大干部群众的共同努力、辛勤工作，圆满完成了主体改革目标任务。

全市 8 个县（区）涉及林改 77 个乡（镇、街道）、921 个村（社区）、11 278 个组、436 433 户农户。经市、县（区）检查验收：全市已确权面积 1 646.4 万亩，确权率 100%；宗地勘界合格率 94.9%。在确权的集体林 1 646.4 万亩中，均山到户面积 1 540.38 万亩，集体林均山到户率 93.6%；已确权农户 436 433 户，已发林权证 548 542 本，林权证发证率 100%。经市级检查验收，档案合格率 96.8%，群众满意率 99.6%。

（四）农村综合改革工作

一是不断深化农村综合改革。乡镇机构改革。在全市撤并 14 个乡镇（撤并率达 15%），并按照“按事设岗，按岗定人，一岗多专”的原则，精简人员，转变乡镇政府职能；以加强基层农技推广体系为突破口，加快整合事业站所，积极探索乡镇事业单位改革的路子；积极地做好人员分流安置工作。农村义务教育改革，建立了“以县管为主”的教育管理体制。按照中央、省、市、县共同筹资，分步实施的办法，积极安排专项资金，做好寄宿制学校建设和进行危房改造工作，农村义务教育经费保障机制逐步完善。通过免除学杂费，补助公用经费、校舍维修改造、免费教科书，寄宿生的生活费的补助等改革的实施，减轻了农民的教育负担，农村中小学公用经费的保障水平有了提高，学校运转正常，农村学校乱收费的行为得到了有效遏制；加快教育部门自身改革，深化学校人事制度改革，推行校长公选制，实行了校长负责制；合理调整学校布局，改善办学条件，加强教学管理，提高教育资源利用效率；积极筹措资金，努力解决“两基”欠债问题，促进农村教育平衡发展。县乡财政管理体制改革。在2006年临翔区、凤庆县及2007年永德、沧源、双江五个试点县区施行“乡财乡用县监管理”的县乡财政管理体制改革取得初步成效的基础上，其余三县也于2008年初启动了此项改革。目前，全市的县乡财政管理体制改革已全面展开，部分县（区）还积极探索“村财民理乡代管”的管理方式。二是推进乡村债务化解工作。出台并组织实施了《临沧市人民政府办公室关于坚决制止发生新的乡村债务有关问题文件的通知》，坚决制止乡村发生新的债务；积极开展农村“普九”债务清理核实工作，建立和完善农村社会保障制度。全面落实农村五保户供养政策，继续实施农村独生子女“奖、优、免、补”政策。三是拟订了《临沧市开展村级公益事业建设一事一议财政奖补试点工作实施意见》，为全市顺利开展村级公益事业建设一事一议财政奖补试点工作打下了坚实的基础。四是推进和深化国有农场税费改革工作。按照国家和省要求，不折不扣执行全面取消农业税和免除类似农村“乡镇五项统筹”收费政策，切实减轻农工负担；进一步规范国有农场税费管理，切实维护农工合法权益；严格执行“两个50%”政策，切实规范转移支付资金使用。

（五）华侨农场划归地方管理的改革工作

根据国务院〔2007〕6号文件和《云南省人民政府关于推进全省华侨农（林）场改革和发展的实施意见》（云政发〔2008〕13号）文件精神，按照全省华侨农（林）场改革和发展工作会议安排部署，我市高度重视，启动了深化华侨农场管理体制改革工作，市、县及时成立了华侨农场改革发展协调领导小组，切实加强对农场改革发展工作的领导，明确任务责任，协调指导农场的改革工作。华侨农场所在地的县派出工作组，驻场开展工作，形成一级抓一级，层层抓落实的工作格局。“十一五”期间，我市全面启动和完成了勐库、耿马华侨农场的改革工作。一是按照“体制融入地方，管理融入社会，经济融入市场”的总体目标，结合临沧实际，在充分调研的基础上，经华侨农场、所在地的县、市政府由下往上逐级研究，确定我市两个华侨农场在管理体制上，采取保留华侨农场牌子，设立华侨管理区及其管委会，挂靠周边乡（镇）的改革模式，目前两个华侨农场按照干管权限，调整充实农场领导班子，并完成了机构人事改革工作。二是继续实行承包经营责任制，土地权属不变。按照“尊重历史、承认现实、互利互让”的原则，稳步推进土地确权办证工作，目前，勐库华侨农场的土地和林用地确权办证工作已全面完成，耿马华侨农场已完成地籍测绘工作。三是自2008年起，市、县各部门在申报、安排国家和农业农村基本建设投资、农业综合开发、以工代赈、财政支农资金、农村小型水利设施建设资金、农业产业化扶持资金、农村劳动力转移培训资金，以及良种补贴、农机补贴、化肥综合补贴等各项惠农政策时，将华侨农场纳入其中，并予以优先安排。四是华侨农场基础设施建设和社会事业发展已纳入当地“十一五”规划统筹安排，逐年实施。五是认真贯彻落实《贯彻省政府关于推进全省华侨农（林）场改革和发展的实施意见做好劳动保障工作的通知》（云劳社办〔2008〕148号）文件精神。对两个华侨农场欠缴养老保险的“4050”归难侨共447人、非“4050”归难侨共320人已作妥善处置。六是按照《云南省华侨农（林）场归难侨危房改造工程实施意见》的各项政策，两个农场结合各自实际编制出危房改造工程建设规划，从2007年至2009年，三年内完成侨居房新建改造1 554户。做到统一规划、自主选择，居民点公共基础设施纳入社会主义新农村建设规划同步实施。七是认真落实《云南省深化国有农场税费改革方案》，两个华侨农场已全面取消农业税和免除类似农村“乡镇五项统筹”收费，两个华侨农场人均减负326元，亩均减负91元。

（六）完善社会保障体系工作

一是适当提高企业退休人员的工资。根据省劳动保障厅、财政厅《关于2008年调整企业退休人员基本养老金的通知》（云劳社发〔2008〕1号）要求，按时完成了我市企业退休人员养老金调待工作。此次调待涉及全市企业退休人员13 201人，支出养老金共计125.8万元。二是适当提高我市农村低保水平。按照农民人均纯收入693元的贫困测算标准，我市对19万农村绝对贫困人口，占全市农业人口近10%，实施了60元/人·月的最低生活保障，在原享受补助水平的基础上，为每人每月按时增补了10元。三是适当增加城市低保对象补助和实施临时救助。为妥善安排城市居民最低生活保障家庭生活，积极化解物价继续上涨对城市低收入家庭带来的影响，按照市委、市政府的要求，对全市44 929名城镇低保对象在原享受补助水平和三次临时补助的基础上，又为每人每月按时增发了15元的补助。四是健全完善城乡医疗救助制度。八个县（区）相继成立了城市医疗救助制度试点工作协调小组，出台了《城市低保对象医疗救助实施办法》等文件，明确了城市医疗救助的范围、救助标准、申请审批程序等，为我市逐步建立起管理制度化、操作规范化的城市医疗救助制度打下了坚实基础。五是稳步推进城镇居民基本医疗保险试点工作。六是健全完善“零就业家庭”动态管理和帮扶的长效机制。进一步确定就业困难人员和零就业家庭的具体范围，建立了零就业家庭工作台账，制定有针对性的援助计划，确保“零就业家庭”的动态清零。

（七）教育、文化、医药卫生改革工作

1. 教育方面。认真落实义务教育各项保障机制，中小学调整优化布局已完成。完善家庭经济困难学生资助政策体系，巩固和提高“两基”成果。建立进城务工农民子女平等就学制度。提高农村中小学校公用经费标准，增加农村义务教育公用经费。实施义务教育学校绩效工资制度。推行中等职业教育发展行动计划，扩大职业教育办学规模，建立面向农村地区的免费中等职业教育制度。在理顺管理模式、教育资源整合、实现“两基”目标、探索办学模式改革、学校人事制度改革等综合改革取得明显成效的基础上。认真落实国家教育惠民政策，制定并实施了《临沧市中小学校财务管理暂行办法》和《临沧市学校国家助学金管理暂行办法》，确保各项惠民政策落到实处。

2. 文化方面。一是加大政府对公益性文化事业的投入，逐步形成覆盖全社会的比较完备的公共文化服务体系，深化公益性文化事业单位内部人事、分配等制度改革。二是以产权制度改革为核心，推动经营性文化事业单位转企改制、面向市场，培育文化企业和文化企业集团，大力发展文化市场主体，创新文化管理体制、提高文化产业发展的质量和效益。

3. 医药卫生方面。成立了深化医药卫生体制改革工作机构。围绕医药卫生体制五项改革，出台了《临沧市关于深化医药卫生体制改革的实施意见》。在加快推进基本医疗保障制度建设方面，突出以稳定参合率和提高保障水平工作为重点，2010 年全市新型农村合作医疗参合率达 96.2%；在初步建立国家基本药物制度方面，重点做好规范新型农村合作医疗定点医疗机构药品统一采购、统一配送工作；在健全基层医疗卫生服务体系方面，主要抓好基层医疗卫生机构的基础设施建设和人才队伍建设；在促进基本公共卫生服务逐步均等化方面，严格按照省安排部署，及时成立了专项工作机构；在推进公立医院改革试点方面，正在积极准备县级以上公立医院改革试点的各项工作。积极探索新形势下公立医疗机构投入体制模式，主要采取招商引资等方式加快医院发展；继续推进人事分配制度改革。实行科室负责人竞争上岗和双向选择，全面搞活津贴分配，通过人事和分配制度的改革，进一步推动了医院后勤服务社会化等项改革。进一步规范医疗设备和药品集中招标采购工作。在县及县以上医疗机构网上招标采购药品的基础上，积极推行药品统一竞价、统一配送和医疗机构药房托管工作，努力做到以县区区域为单位，实现药品同药同质同价，减轻群众医疗费用负担。深化农村卫生改革，进一步完善了乡镇卫生院管理体制和内部运行机制改革，乡镇卫生院服务模式逐步向预防、保健和基本医疗服务型转变。

（八）深化行政审批制度改革和投资体制改革工作

临沧市在推进行政审批制度改革过程中，认真贯彻落实《国务院关于投资体制改革的决定》（国发〔2004〕20 号）、《云南省人民政府关于印发〈云南省企业投资项目核准实施办法（试行）〉等六个投资体制改革文件的通知》（云政发〔2004〕224 号）、《云南省人民政府关于印发云南省开展扩权强县试点实施意见等 4 个文件的通知》（云政发〔2009〕112 号）等文件精神。按照临沧市开展优化软环境增强软实力活动实施意见、优化软环境增强软实力活动集中整治阶段工作方案、行政效能监察实施办法、行政效能建设责任制规定、首问首办责任制规定、服务承诺制规定、限时办结制规定、行政执法机关涉企处罚管理规定、涉企检查准入规定、行政审批制度改革规定、行政事业性收费管理规定、投资项目否决报备规定、领导干部问责工作实施办法等 13 个相关规定的要求，深入推进行政审批制度改革，进一步改善投资环境、简化投资审批程序、努力提高投资效率。市委、市政府成立了临沧市投资促进委员会和临沧市投资监督委员会，投资促进委员会下设办公室在市发改委。并制定出台了《临沧市投资促进委员会工作规则》和《临沧市投资监督工作办法》，实行领导挂钩、限时办结、代办、上报跟踪促进、情况通报、统计台账、督办落实监察、考核奖励和行政问责等相关制度。对全市行政审批事项进行了梳理，进一步压缩审批事项、精简审批环节，下放审批权限。行政审批制度改革工作方案实施以来，工作效率得到不断提高，服务能力得到进一步增强，并取得了一定的成效。

根据国家修订的企业投资项目核准目录，以推进行政审批制度改革为重点，进一步缩小投资审批范围，下放审批权限，规范审核程序。健全政府投资管理机制，建立和完善投资项目后评价、重大事项公示和责任追究制度；科学界定政府投资领域和范围，优化政府投资流程，充分发挥政府投资对社会投资的引导和带动作用。探索非经营性政府投资项目代建制。

（九）建立健全资源节约和环境保护机制改革工作

“十一五”期间，临沧市建立健全节能减排目标责任评价考核体系和多元化节能环保投入机制，健全高效节能环保产品推广激励制度及落后产能退出机制，推进重点领域、重点行业、重点企业的节能减排。加快调整经济结构，淘汰落后生产能力，培育低碳经济、循环经济和环保产业，逐步建立循环经济考核体系，不断提高可持续发展水平。加快推进污水处理、垃圾处理等收费制度改革。深入推进矿产资源开发秩序整顿与资源整合，提高资源开发利用和矿山生态保护水平，切实增强重要资源对全市经济社会发展的长期保障能力。推进矿产资源补偿费征收制度改革，建立与资源利用水平和环境治理挂钩的浮动费率机制。积极探索生态文明建设综合配套改革，推行有利于节约资源、保护环境的生产方式、生活方式和消费模式。全面加强城乡环境污染防治，抓好重点水源和重点流域水污染综合治理。推进城镇污水和生活垃圾处理设施建设，加强自然生态保护和建设，深入推进林业重点生态工程。

除上述改革之外，“十一五”期间我市在就业和收入分配制度、金融体制、科技体制、市场体系等方面的改革也进一步推进和深化，区域经济合作得到加强，招商引资力度不断加大，全市立体开放体系不断完善。

二、存在主要困难和问题

（一）改革的系统性、综合性不强，配套性亟待加强

主要表现在：行政管理体制改革滞后，政府职能转变困难较大，制约了整个经济体制改革的全面推进；区域之间、城乡之间、行业之间改革进度不平衡；单项改革一时推进较快，但因综合配套相对滞后，只能放慢速度。

（二）社会矛盾日益凸现

出现贫富差距和分配不公的现象；劳动力供求矛盾突出，就业形势日趋严峻，而社会保障脆弱。不稳定因素增加，维稳工作日趋重要且难度增大。

（三）改革进入攻坚阶段，改革难度加大

主要是人民群众对改革的期望值增加，而改革中热点、难点问题又一时难以解决，使经济体制改革的进一步推进和深化的难度加大。

三、“十二五”深化改革的重点任务

“十二五”期间，我市经济体制改革工作指导思想是：全面贯彻落实党的十七大、十七届五中全会，省委八届十次全会和市委二届十次全会精神，以邓小平理论和“三个代表”重要思想为指导，以科学发展观为主题，转变经济发展方式为主线，加大重点领域和关键环节的改革，加快改革攻坚步伐，争取在重要领域和关键环节取得实质性突破，着力解决经济社会发展中的突出矛盾和问题，促进临沧经济社会又好又快发展。主要任务：把应对危机作为进一步推进改革的契机，围绕扩内需、保增长、调结构、惠民生的总体要求，将围绕市委、市政府中心工作与解决重大热点难点问题结合起来，将发展经济与更加关注民生结合起来，将立足当前与着眼长远结合起来，将加强宏观调控与发挥市场机制结合起来，将整体部署与局部试点推进结合起来，统筹协调推进各项改革，进一步推动形成有利于科学发展与社会和谐的体制机制，为临沧全面建设小康社会提供强大动力和体制保障。

（一）坚持和完善基本经济制度

坚持公有制为主体、多种所有制经济共同发展的基本经济制度，努力构筑多种所有制经济公平参与的竞争格局。深化国有企业改革。规范国有资产监督和管理，健全国有资本

经营预算和收益分享制度，促进国有资产保值增值。完善和落实促进中小企业和非公有制经济发展的政策措施，全面加快非公有制经济发展。

（二）推进投融资体制改革

规范政府投资行为，明确界定政府投资领域。组建融资担保基金和担保机构，支持、规范发展小额贷款公司，争取设立优势产业投资基金和地方政策性农业保险公司。支持优势企业上市，提高直接融资比重。完善和规范专业投资公司运作机制，增强吸引和筹集资金的能力。放宽市场准入，支持民间资本进入基础产业、基础设施、市政公用事业、社会事业、金融服务等领域。积极支持银行、保险等金融业发展，加快推进地方金融机构改革发展。

（三）推进行政体制改革

加快政府职能转变，全面推进依法行政，减少和规范行政审批，强化社会管理和公共服务职能，继续推进法治、责任、阳光和效能政府建设。稳步适时推进行政区域的调整改革。优化政府组织结构，规范机构设置。积极探索省直接管理县的体制。健全科学决策、民主决策、依法决策机制，探索完善决策权、执行权、监督权相协调的行政运行机制。加快社会事业体制改革，改革基本公共服务提供方式，推进非基本公共服务市场化改革，增强多层次供给能力。继续深化财税、资源性产品价格和要素市场改革，加快社会信用体系建设。

后　　记

2007年4月，云南省确立全省改革进程分析报告制度，由省发展和改革委员会牵头，有关部门共同参与组成了全省改革进程分析报告制度工作小组，并以《云南省改革进程分析报告》的形式，不定期将全省各项改革工作进程报送省委、省政府领导及有关部门。2008年6月，省发改委把《云南省改革进程分析报告》改版为《云南改革报告》，将全国改革成功经验、改革学习调研报告等一并纳入，使内容更丰富、涉及面更广泛、更具时代性。

《云南改革报告》力求及时准确把握各项改革工作的进程，前瞻性地提出改革的措施和政策建议，推介、学习借鉴全国各地改革经验，发现问题并提出对策性意见，以增强全省改革工作的针对性、时效性和指导性。一些报告被国家发改委转载，有些报告也多次得到省委、省政府领导的批示肯定。此次汇编收录了到2010年12月止全部已刊发的《云南改革报告》（包括《云南省改革进程分析报告》）共34期，其中阶段性改革工作总结分析12篇、专项改革研究7篇、改革调研报告9篇、会议总结6篇。另外，2010年是规划年，省发改委和各地发改委都分别制定了“十二五”国民经济和社会发展规划，省发改委还第一次组织编制“十二五”全省重点领域改革规划。各州市都对“十一五”改革工作进行回顾总结，提出了“十二五”深化改革的设想和打算。为丰富本书内容，我们将全省及各地“十一五”改革进展情况和“十二五”工作打算共17篇一并收录作为专题篇。《云南改革报告》是全省改革工作者智慧的结晶，将其汇编成册，是对我省改革经验的总结和阶段性改革成果的展示，也是对全省改革工作者的褒奖。同时，也想以《云南改革报告（2006～2010）》的出版为契机，加强与全国各地改革工作者的交流和学习，以达到相互启发、共同提高。本书在编辑过程中得到了省级有关部门、各州市发展改革委和曾经在体改处工作过的同志们的支持和帮助，在此一并致谢。

把云南建设成为绿色经济强省、民族文化强省和我国面向西南开放的“桥头堡”，是我省“十二五”期间乃至未来较长时间的中心工作。改革工作要紧紧围绕这一目标，为我省实现科学发展和方式转变提供有力的制度保障，为全面建设小康社会创造良好的体制环境。这就要求作为我省改革工作标志性刊物的《云南改革报告》，要本着求真务实、开拓创新的理念，不断加强向国家发改委体改司和全国各省区市的学习和联系，加强与省内各地各有关部门的沟通合作，采用更加科学的方法，进一步增强报告的前瞻性、针对性、指导性，为我省推进改革提供理论指导和经验参考，为广大改革工作者提供有益的启示和镜鉴。希望通过我们的努力，能得到各级领导和社会各界的支持理解，共同推进我省发展改革的大局。

编　者

二○一一年一月